7급 행정법

기출문제 정복하기

7급 공무원 행정법
기출문제 정복하기

초판 인쇄 2024년 07월 01일
초판 발행 2024년 07월 03일

편 저 자 | 공무원시험연구소
발 행 처 | ㈜서원각
등록번호 | 1999-1A-107호
주 소 | 경기도 고양시 일산서구 덕산로 88-45(가좌동)
교재주문 | 031-923-2051
팩 스 | 031-923-3815
교재문의 | 카카오톡 플러스 친구[서원각]
홈페이지 | goseowon.com

▷ ISBN과 가격은 표지 뒷면에 있습니다.
▷ 파본은 구입하신 곳에서 교환해드립니다.

Preface

모든 시험에 앞서 가장 중요한 것은 출제되었던 문제를 풀어 봄으로써 그 시험의 유형 및 출제경향, 난도 등을 파악하는 데에 있다. 즉, 최단시간 내 최대의 학습효과를 거두기 위해서는 기출문제의 분석이 무엇보다도 중요하다는 것이다.

7급 공무원 기출문제 정복하기는 이를 주지하고 그동안 시행되어 온 국가직 및 각 지방직 기출문제를 연도별로 수록하여 수험생들에게 매년 다양하게 변화하고 있는 출제경향에 적응하도록 하였다. 본서에 수록된 기출문제 일부는 수험생의 기억에 의해 복원된 문제를 재구성한 것으로, 실제 문제와는 다를 수 있으나 출제유형 및 경향을 파악할 수 있게 하여 공무원의 꿈을 이루고자 노력하는 수험생들에게 커다란 보탬이 되고자 하였다.

7급 공무원 시험이 점점 더 치열해지고 있다. 하지만 위기는 곧 기회라는 말이 있듯이 지금 당장 어렵다고 인생의 방향을 쉽게 결정할 것이 아니라 공무원이라는 안정된 직업을 위해 매진하는 것이 장래 긴 시간을 두고 볼 때 현명한 선택인 것이다. 자신을 믿고 끝까지 노력하여 합격의 결실을 맺기 바란다.

Structure

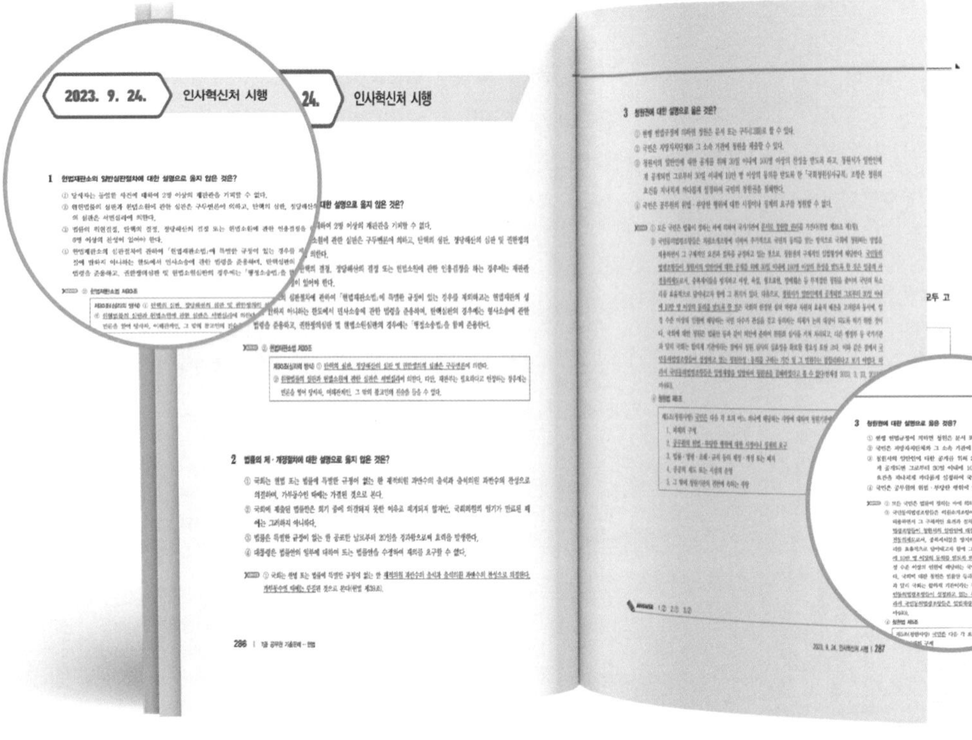

최신 기출문제분석

최신 기출문제를 비롯하여 그동안 시행된 7급 공무원 기출문제를 수록하였다.
매년 시험마다 반복적으로 출제되는 핵심내용을 확인하고, 변화하는 출제경향을 파악하여 실제 시험에 대한 완벽대비를 할 수 있도록 하였다.

상세한 해설

상세한 해설을 통해 한 문제 한 문제에 대한 완전학습을 꾀하였다.
더하여 정답에 대한 해설뿐만 아니라 오답에 대한 보충설명도 실어주어 별도의 이론서를 찾아볼 필요 없이 효율적인 학습이 될 수 있도록 하였다.

Contents

7급 행정법

2018. 3. 24. 제1회 서울특별시 시행

1 「행정소송법」에 의한 임시의 권리구제에 관한 설명으로 가장 옳은 것은?

① 본안청구의 이유없음이 명백한 때에는 집행정지를 하지 못한다.
② 무효등확인소송에서는 집행정지가 준용되지 않으므로 「민사집행법」의 가처분이 적용된다.
③ 「행정소송법」이 정하는 집행정지의 요건은 '중대한 손해'의 예방 필요성이다.
④ 집행정지는 본안이 계속되어 있는 법원이 당사자의 신청에 의하여 한다. 처분권주의가 적용되므로 당사자의 신청 없이 직권으로 하지 못한다.

ADVICE ① 행정처분의 효력정지나 집행정지를 구하는 신청사건에 있어서는 행정처분 자체의 적법 여부는 원칙적으로는 판단할 것이 아니고 그 행정처분의 효력이나 집행을 정지할 것인가에 대한 행정소송법 제23조 제2항 소정의 요건의 존부만이 판단의 대상이 되나 본안소송에서의 처분의 취소가능성이 없음에도 불구하고 처분의 효력정지나 집행정지를 인정한다는 것은 제도의 취지에 반하므로 집행정지사건 자체에 의하여도 신청인의 본안청구가 이유 없음이 명백할 때에는 행정처분의 효력정지나 집행정지를 명할 수 없다(대판 1992. 8. 7. 92두30).

② 무효등확인소송에서는 취소소송의 집행정지에 관한 규정이 준용되며(행정소송법 제38조 제1항, 제23조), 항고소송에 있어서는 민사소송법중 가처분에 관한 규정은 준용되지 않는다(대판 1980.12.22. 80두5).

③ 행정소송법상 집행정지는 '회복하기 어려운 손해를 예방하기 위한 긴급한 필요'가 있어야 한다.
참고) 행정심판법상 집행정지는 '중대한 손해가 생기는 것을 예방할 필요성이 인정'되어야 함.

④ 취소소송이 제기된 경우에 처분등이나 그 집행 또는 절차의 속행으로 인하여 생길 회복하기 어려운 손해를 예방하기 위하여 긴급한 필요가 있다고 인정할 때에는 본안이 계속되고 있는 법원은 당사자의 신청 또는 직권에 의하여 처분등의 효력이나 그 집행 또는 절차의 속행의 전부 또는 일부의 정지를 결정할 수 있다. 다만, 처분의 효력정지는 처분등의 집행 또는 절차의 속행을 정지함으로써 목적을 달성할 수 있는 경우에는 허용되지 아니한다. 집행정지는 공공복리에 중대한 영향을 미칠 우려가 있을 때에는 허용되지 아니한다.(행정소송법 제23조 제2항, 제3항).

2 회계관계직원 등의 변상책임과 관련된 설명으로 가장 옳지 않은 것은?

① 회계관계직원 등이 고의 또는 과실로 법령 기타 관계규정 및 예산에 정해진 규정을 위반하여 국가 등의 재산에 손해를 끼친 때에는 변상책임이 있다.

② 현금 또는 물품을 출납 · 보관하는 자가 그 보관에 속하는 현금 또는 물품을 망실 · 훼손하였을 때 선량한 관리자로서 주의를 태만히 하지 아니함을 증명하지 못하면 배상책임이 있다.

③ 관계직원의 상급자로서 위법한 회계관계행위를 명하였을 때에는 당해 상급자도 연대하여 변상책임을 진다.

④ 감독기관의 장과 해당기관의 장은 감사원의 변상책임의 유무 및 배상액 판정 전에는 회계관계직원 등에 대하여 변상을 명할 수 없다.

ADVICE ④ 회계직원책임법 제6조 제1항.

> 제6조(감사원의 판정 전의 회계관계직원의 변상책임)
> ① 다음 각 호의 어느 하나에 해당하는 사람은 회계관계직원이 제4조에 따른 변상책임이 있다고 인정되는 경우에는 감사원이 판정하기 전이라도 해당 회계관계직원에 대하여 변상을 명할 수 있다.
> 1. 중앙관서의 장(「국가재정법」 제6조에 따른 중앙관서의 장을 말한다. 이하 같다)
> 2. 지방자치단체의 장
> 3. 감독기관(국가기관이나 지방자치단체의 기관이 아닌 경우만 해당한다. 이하 같다)의 장
> 4. 해당 기관(국가기관이나 지방자치단체의 기관이 아닌 경우로서 감독기관이 없거나 분명하지 아니한 경우만 해당한다. 이하 같다)의 장

① 회계관계직원은 고의 또는 중대한 과실로 법령이나 그 밖의 관계 규정 및 예산에 정하여진 바를 위반하여 국가, 지방자치단체, 그 밖에 감사원의 감사를 받는 단체 등의 재산에 손해를 끼친 경우에는 변상할 책임이 있다(회계직원책임법 제4조 제1항).
지문에서 '고의 또는 과실' 표현은 논란의 여지가 있는 부분이다.

② 현금 또는 물품을 출납 · 보관하는 회계관계직원은 선량한 관리자로서의 주의를 게을리하여 그가 보관하는 현금 또는 물품이 망실(亡失)되거나 훼손(毁損)된 경우에는 변상할 책임이 있다(회계직원책임법 제4조 제2항).

③ 회계관계직원의 상급자가 회계관계직원에게 법령이나 그 밖의 관계 규정 및 예산에 정하여진 바를 위반하는 회계관계행위를 지시하거나 요구함으로써 그에 따른 회계관계행위로 인하여 변상의 책임이 있는 손해가 발생한 경우에는 그 상급자는 회계관계직원과 연대하여 제4조에 따른 변상의 책임을 진다(회계직원책임법 제8조 제1항).

ANSWER 1.① 2.④

3 **국세에 대한 과세처분의 판례 내용으로 가장 옳지 않은 것은?**

① 과세관청이 과세처분을 한 뒤에 과세표준과 세액을 감액하는 경정처분을 한 경우에는 위 감액경정처분은 처음의 과세표준에서 결정된 과세표준과 세액의 일부를 취소하는 데 지나지 아니하는 것이므로 처음의 과세처분이 감액된 범위 내에서 존속하게 되고 이 처분만이 쟁송의 대상이 되며 이 경우 전심절차의 적법여부는 당초 처분을 기준으로 하여 판단하여야 한다.

② 증액경정처분이 있는 경우 당초 신고나 결정은 증액경정 처분에 흡수됨으로써 독립된 존재가치를 잃게 된다고 보아야 할 것이므로, 원칙적으로는 당초 신고나 결정에 대한 불복 기간의 경과 여부 등에 관계 없이 증액경정처분만이 항고 소송의 심판대상이 된다.

③ 과세처분이 있은 후 이를 증액하는 경정처분이 있고, 다시 이를 감액하는 재경정처분이 있으면 재경정처분은 위 증액경정처분과는 별개인 독립의 과세처분으로서 그 실질은 위 증액경정처분의 변경이고 그에 의하여 세액의 일부 취소라는 납세의무자에게 유리한 효과를 가져오는 처분이라 할 것이므로, 감액재경정결정이 항고소송의 대상이 된다.

④ 원천징수의무자에 대하여 납세의무의 단위를 달리하여 순차 이루어진 2개의 징수처분은 별개의 처분으로서 당초 처분과 증액경정처분에 관한 법리가 적용되지 아니하므로, 당초 처분이 후행 처분에 흡수되어 독립한 존재가치를 잃는다고 볼 수 없고, 후행 처분만이 항고소송의 대상이 되는 것도 아니다.

ADVICE ③ 과세표준과 세액을 감액하는 경정처분은 당초 부과처분과 별개 독립의 과세처분이 아니라 그 실질은 당초 부과처분의 변경이고, 그에 의하여 세액의 일부취소라는 납세자에게 유리한 효과를 가져오는 처분이라 할 것이므로 그 경정결정으로도 아직 취소되지 않고 남아 있는 부분이 위법하다 하여 다투는 경우 항고소송의 대상은 당초의 부과처분 중 경정결정에 의하여 취소되지 않고 남은 부분이고, 경정결정이 항고소송의 대상이 되는 것은 아니다(대판 1993.11. 9. 93누9989).

① 과세표준과 세액을 감액하는 경정처분은 당초 부과처분과 별개 독립의 과세처분이 아니라 그 실질은 당초 부과처분의 변경이고, 그에 의하여 세액의 일부 취소라는 납세자에게 유리한 효과를 가져오는 처분이므로 그 감액경정처분으로도 아직 취소되지 아니하고 남아 있는 부분이 위법하다 하여 다투는 경우, 항고소송 대상은 당초의 부과처분 중 경정처분에 의하여 취소되지 않고 남은 부분이고, 경정처분이 항고소송의 대상이 되는 것은 아니며, 이 경우 적법한 전심절차를 거쳤는지 여부, 제소기간의 준수 여부도 당초 처분을 기준으로 판단하여야 한다(대판 2007.10.26. 2005두3585).

② 과세표준과 세액을 증액하는 경정처분이 있은 경우 그 경정처분은 당초처분을 그대로 둔 채 당초처분에서의 과세표준과 세액을 초과하는 부분만을 추가 확정하려는 처분이 아니고, 재조사에 의하여 판명된 결과에 따라서 당초처분에서의 과세표준과 세액을 포함시켜 전체로서의 과세표준과 세액을 결정하는 것이므로, 증액경정처분이 되면 먼저 된 당초처분은 증액경정처분에 흡수되어 당연히 소멸하고 오직 경정처분만이 쟁송의 대상이 되는 것이다(대판 1999. 5.28. 97누16329).

④ 원천징수의무자에 대하여 납세의무의 단위를 달리하여 순차 이루어진 2개의 징수처분은 별개의 처분으로서 당초처분과 증액경정처분에 관한 법리가 적용되지 아니하므로, 당초 처분이 후행 처분에 흡수되어 독립한 존재가치를 잃는다고 볼 수 없고, 후행 처분만이 항고소송의 대상이 되는 것도 아니다(대판 2013. 7.11. 2011두7311).

4 「지방자치법」상 지방자치단체의 사무에 대한 설명으로 가장 옳지 않은 것은?

① 국가가 위임한 단체위임사무는 국가사무가 지방자치단체에 위임되었기 때문에 국가의 감독은 적법성감독과 더불어 합목적성감독을 포함한다.

② 지방자치단체는 원칙적으로 그 고유사무인 자치사무에 대하여는 자치조례를 제정할 수 있으나 법령에 의하여 위임된 단체위임사무에 관하여는 조례를 제정할 수 없다.

③ 국가의 기관위임사무에 대한 감독은 국가의 하급행정기관에 대한 감독에 해당하기 때문에 적법성 여부뿐만 아니라 합목적성 여부에 대한 감독까지 포함한다.

④ 국가사무가 지방자치단체의 장에게 위임된 기관위임사무와 같이 지방자치단체의 장이 국가기관의 지위에서 수행하는 사무일 뿐 지방자치단체 자체의 사무라고 할 수 없는 것은 원칙적으로 자치조례의 제정범위에 속하지 않는다.

ADVICE ②④ 지방자치단체는 주민의 복리에 관한 사무를 처리하고 재산을 관리하며, 법령의 범위 안에서 자치에 관한 규정을 제정할 수 있다(헌법 제117조 제1항). 지방자치법 제22조, 제9조에 따르면, 지방자치단체가 조례를 제정할 수 있는 사항은 지방자치단체의 고유사무인 자치사무와 개별 법령에 따라 지방자치단체에 위임된 단체위임사무에 한정된다. 국가사무가 지방자치단체의 장에게 위임되거나 상위 지방자치단체의 사무가 하위 지방자치단체의 장에게 위임된 기관위임사무에 관한 사항은 원칙적으로 조례의 제정범위에 속하지 않는다. 법령상 지방자치단체의 장이 처리하도록 규정하고 있는 사무가 자치사무인지 기관위임사무인지를 판단할 때 그에 관한 법령의 규정 형식과 취지를 우선 고려하여야 하지만, 그 밖에도 사무의 성질이 전국적으로 통일적인 처리가 요구되는 사무인지 여부나 그에 관한 경비부담과 최종적인 책임귀속의 주체 등도 아울러 고려하여야 한다(대판 2017.12. 5. 2016추5162).

①③ 지방자치단체장이 국가 기관위임 사무를 행하는 경우와 지방자치단체가 국가의 단체위임사무를 행하는 것은 국가기관으로서의 행위이므로, 국가는 적법성과 합목적성 여부에 대한 감독을 할 수 있다.

ANSWER 3.③ 4.②

5 행정심판에 관한 설명으로 가장 옳은 것은?

① 취소재결의 경우 기판력과 기속력이 인정된다.
② 무효등확인심판은 심판청구기간의 제한이 없고, 사정재결도 인정되지 않는다.
③ 피청구인의 경정이 있으면 심판청구는 피청구인의 경정시에 제기된 것으로 본다.
④ 고시 또는 공고에 의하여 행정처분을 하는 경우에는 고시 또는 공고의 효력발생일을 처분이 있는 날로 보아 그 날로부터 180일 이내에 행정심판을 청구할 수 있다.

ADVICE ② 무효등확인심판청구와 부작위에 대한 의무이행심판청구에는 심판청구기간을 적용하지 아니한다(행정심판법 제27조 제7항). 또한 사정재결에 관한 규정은 무효등확인심판에는 적용하지 않는다(행정심판법 제44조 제3항).

① 행정심판의 재결은 피청구인인 행정청을 기속하는 효력을 가지므로 재결청이 취소심판의 청구가 이유 있다고 인정하여 처분청에 처분을 취소할 것을 명하면 처분청으로서는 재결의 취지에 따라 처분을 취소하여야 하지만, 나아가 재결에 판결에서와 같은 기판력이 인정되는 것은 아니어서 재결이 확정된 경우에도 처분의 기초가 된 사실관계나 법률적 판단이 확정되고 당사자들이나 법원이 이에 기속되어 모순되는 주장이나 판단을 할 수 없게 되는 것은 아니다(대판 2015.11.27. 2013다6759).

③ 경정결정이 있으면 종전의 피청구인에 대한 심판청구는 취하되고 종전의 피청구인에 대한 행정심판이 청구된 때에 새로운 피청구인에 대한 행정심판이 청구된 것으로 본다(행정심판법 제17조 제4항).

④ 통상 고시 또는 공고에 의하여 행정처분을 하는 경우에는 그 처분의 상대방이 불특정 다수인이고, 그 처분의 효력이 불특정 다수인에게 일률적으로 적용되는 것이므로, 그에 대한 행정심판 청구기간도 그 행정처분에 이해관계를 갖는 자가 고시 또는 공고가 있었다는 사실을 현실적으로 알았는지 여부에 관계없이 고시가 효력을 발생하는 날인 고시 또는 공고가 있은 후 5일이 경과한 날에 행정처분이 있음을 알았다고 보아야 한다(대판 2000. 9. 8 99두11257).

6 공무수탁사인에 해당되지 않는 것은?

① 「도로교통법」상 견인업무를 대행하는 자동차견인업자
② 「민영교도소 등의 설치운영에 관한 법률」상 교정업무를 수행하는 민영교도소
③ 「항공안전 및 보안에 관한 법률」상 경찰임무를 수행하는 항공기의 기장
④ 「공익사업을 위한 토지 등의 취득 및 보상에 관한 법률」상 토지수용권을 행사하는 사인

ADVICE ① 자동차 견인업자는 행정주체의 행정임무 수행을 보조하는 행정보조인에 해당한다.

7 항고소송의 소의 이익에 대한 판례로서 가장 옳지 않은 것은?

① 처분청이 당초의 운전면허 취소처분을 철회하고 정지처분을 하였다면, 당초의 처분인 운전면허 취소처분은 철회로 인하여 그 효력이 상실되어 더 이상 존재하지 않는 것이고 그 후의 운전면허 정지처분만이 남아 있는 것이라 할 것이며, 존재하지 않는 행정처분을 대상으로 한 취소소송은 소의 이익이 없어 부적법하다.

② 주택건설사업계획 사전결정반려처분 취소청구소송의 계속 중 구 「주택건설촉진법」의 개정으로 주택건설사업계획 사전결정제도가 폐지된 경우 소의 이익이 없다.

③ 지방의회 의원에 대한 제명의결 취소소송 계속 중 의원의 임기가 만료된 사안에서, 제명의결의 취소로 의원의 지위를 회복할 수는 없다 하더라도 제명의결 시부터 임기만료일까지의 기간에 대한 월정수당의 지급을 구할 수 있는 등 여전히 그 제명의결의 취소를 구할 법률상 이익이 있다.

④ 건축허가처분의 취소를 구하는 소를 제기하기 전에 건축 공사가 완료된 경우에는 소의 이익이 없으나, 소를 제기한 후 사실심 변론종결일 전에 건축공사가 완료된 경우에는 소의 이익이 있다.

ADVICE ④ 위법한 행정처분의 취소를 구하는 소는 위법한 처분에 의하여 발생한 위법상태를 배제하여 원상으로 회복시키고 그 처분으로 침해되거나 방해받은 권리와 이익을 보호 · 구제하고자 하는 소송이므로 비록 그 위법한 처분을 취소한다 하더라도 원상회복이 불가능한 경우에는 그 취소를 구할 이익이 없다 할 것인바, 건축허가에 기하여 이미 건축공사를 완료하였다면 그 건축허가처분의 취소를 구할 이익이 없다 할 것이고, 이와 같이 건축허가처분의 취소를 구할 이익이 없게 되는 것은 건축허가처분의 취소를 구하는 소를 제기하기 전에 건축공사가 완료된 경우 뿐 아니라 소를 제기한 후 사실심 변론종결일 전에 건축공사가 완료된 경우에도 마찬가지이다(대판 2007. 4.26. 2006두18409).

① 처분청이 당초의 운전면허 취소처분을 신뢰보호의 원칙과 형평의 원칙에 반하는 너무 무거운 처분으로 보아 이를 철회하고 새로이 265일간의 운전면허 정지처분을 하였다면, 당초의 처분인 운전면허 취소처분은 철회로 인하여 그 효력이 상실되어 더 이상 존재하지 않는 것이고 그 후의 운전면허 정지처분만이 남아 있는 것이라 할 것이며, 한편 존재하지 않는 행정처분을 대상으로 한 취소소송은 소의 이익이 없어 부적법하다(대판 1997. 9.26. 96누1931).

② 구 주택건설촉진법은 제32조의4에서 주택건설사업계획의 사전결정제도에 관하여 규정하고 있었으나 위 법률이 1999. 2. 8. 법률 제5908호로 개정되면서 위 제32조의4가 삭제되었고, 그 부칙 규정에 의하면 개정 후 법은 1999. 3. 1.부터 시행되며(부칙 제1조), 개정 후 법의 시행 당시 종전의 제32조의4의 규정에 의하여 사전결정을 한 주택건설사업은 종전의 규정에 따라 주택건설사업을 시행할 수 있다고 규정되어 있을 뿐(부칙 제2조), 개정 후 법의 시행 전에 사전결정의 신청이 있었으나 그 시행 당시 아직 사전결정이 되지 않은 경우에도 종전의 규정에 의한다는 취지의 규정을 두지 아니하고 있고, 따라서 개정 전의 법에 기한 주택건설 사업계획 사전결정반려처분의 취소를 구하는 소송에서 승소한다고 하더라도 위 반려처분이 취소됨으로써 사전결정신청을 한 상태로 돌아갈 뿐이므로, 개정 후 법이 시행된 1999. 3. 1. 이후에는 사전결정신청에 기하여 행정청으부터 개정 전 법 제32조의4 소정의 사전결정을 받을 여지가 없게 되었다고 할 것이어서 더 이상 소를 유지할 법률상의 이익이 없게 되었다고 할 것이다(대판 1999. 6.11. 97누379).

③ 지방의원에 대한 제명의결 취소소송 계속 중 임기가 만료되어 제명의결의 취소로 지방의회 의원으로서의 지위를 회복할 수는 없다 할지라도 그 취소로 인하여 최소한 제명의결시부터 임기만료일까지의 기간에 대해 월정수당의 지급을 구할 수 있는 등 여전히 그 제명의결의 취소를 구할 법률상 이익은 남아 있다고 보아야 한다(대판 2009. 1.30. 2007두13487).

ANSWER 5.② 6.① 7.④

8 「국가배상법」상 공무원의 개인책임에 대한 설명으로 가장 옳지 않은 것은?

① 공무원책임에 대한 규정인 헌법 제29조 제1항 단서는 그 조항 자체로 공무원 개인의 구체적인 손해배상책임의 범위까지 규정한 것으로 보기는 어렵다.

② 공무원의 불법행위책임을 국가 자신의 책임으로 보는 입장에서는 일반적으로 공무원의 피해자에 대한 책임을 부인한다.

③ 공무원의 위법행위가 고의 · 중과실인 경우에는 공무원의 개인책임이 인정된다.

④ 국가가 공무원의 불법행위로 인한 손해배상을 한 경우에 공무원에게 고의 또는 중대한 과실이 있으면 국가는 그 공무원에게 구상권을 행사할 수 있다.

ADVICE ② 국가배상책임에 대한 자기책임설에서는 공무원의 피해자에 대한 책임을 인정(선택적 청구 인정)한다. 공무원의 피해자에 대한 책임을 부인하는 견해는 대위책임설이다. 공무원이 피해자에게 부담할 불법행위 책임을 국가가 대신 부담하기 때문에 공무원 개인에게는 책임을 물을 수 없다고 한다.

①③④ 헌법 제29조 제1항 단서는 공무원이 한 직무상 불법행위로 인하여 국가 등이 배상책임을 진다고 할지라도 그 때문에 공무원 자신의 민 · 형사책임이나 징계책임이 면제되지 아니한다는 원칙을 규정한 것이나, 그 조항 자체로 공무원 개인의 구체적인 손해배상책임의 범위까지 규정한 것으로 보기는 어렵다. 공무원이 직무를 수행함에 있어 경과실로 타인에게 손해를 입힌 경우에는 그 직무수행상 통상 예기할 수 있는 흠이 있는 것에 불과하므로, 이러한 공무원의 행위는 여전히 국가 등의 기관의 행위로 보아 그로 인하여 발생한 손해에 대한 배상책임도 전적으로 국가 등에만 귀속시키고 공무원 개인에게는 그로 인한 책임을 부담시키지 아니하여 공무원의 공무집행의 안정성을 확보하고, 반면에 공무원의 위법행위가 고의 · 중과실에 기한 경우에는 비록 그 행위가 그의 직무와 관련된 것이라고 하더라도 그와 같은 행위는 그 본질에 있어서 기관행위로서의 품격을 상실하여 국가 등에게 그 책임을 귀속시킬 수 없으므로 공무원 개인에게 불법행위로 인한 손해배상책임을 부담시키되, 다만 이러한 경우에도 그 행위의 외관을 객관적으로 관찰하여 공무원의 직무집행으로 보여질 때에는 피해자인 국민을 두텁게 보호하기 위하여 국가 등이 공무원 개인과 중첩적으로 배상책임을 부담하되 국가 등이 배상책임을 지는 경우에는 공무원 개인에게 구상할 수 있도록 함으로써 궁극적으로 그 책임이 공무원 개인에게 귀속되도록 하려는 것이라고 봄이 합당하다(대판 1996. 2.15. 95다38677(전합)).

9 **행정행위의 취소에 대한 설명으로 가장 옳지 않은 것은?**

① 변상금 부과처분에 대한 취소소송이 진행 중이라도 처분청은 위법한 처분을 스스로 취소하고 그 하자를 보완하여 다시 적법한 부과처분을 할 수 있다.

② 수익적 행정처분의 경우 상대방의 신뢰보호와 관련하여 직권취소가 제한되나 그 필요성에 대한 입증책임은 기존 이익과 권리를 침해하는 처분을 한 행정청에 있다.

③ 처분청의 행정처분 후 사정변경이 있거나 중대한 공익상 필요가 있는 경우 법적근거가 없어도 그 처분의 효력을 상실케 하는 별도의 행정행위로 이를 철회할 수 있다.

④ 명문의 규정을 불문하고 처분청과 감독청은 철회권을 가진다.

ADVICE ④ 처분청은 명문 규정 유무를 불문하고 철회권을 가지나, 감독청은 명문규정이 있어야 철회권이 인정된다.

① 소멸시효는 객관적으로 권리가 발생하여 그 권리를 행사할 수 있는 때로부터 진행하고 그 권리를 행사할 수 없는 동안만은 진행하지 아니하는데, 여기서 권리를 행사할 수 없는 경우라 함은 그 권리행사에 법률상의 장애사유가 있는 경우를 말하는데, 변상금 부과처분에 대한 취소소송이 진행중이라도 그 부과권자로서는 위법한 처분을 스스로 취소하고 그 하자를 보완하여 다시 적법한 부과처분을 할 수도 있는 것이어서 그 권리행사에 법률상의 장애사유가 있는 경우에 해당한다고 할 수 없으므로, 그 처분에 대한 취소소송이 진행되는 동안에도 그 부과권의 소멸시효가 진행된다(대판 2006. 2.10. 2003두5686).

② 일정한 행정처분으로 국민이 일정한 이익과 권리를 취득하였을 경우에 종전 행정처분에 하자가 있음을 전제로 직권으로 이를 취소하는 행정처분은 이미 취득한 국민의 기존 이익과 권리를 박탈하는 별개의 행정처분으로, 취소될 행정처분에 하자가 있어야 하고, 나아가 행정처분에 하자가 있다고 하더라도 취소해야 할 공익상 필요와 취소로 당사자가 입게 될 기득권과 신뢰보호 및 법률생활안정의 침해 등 불이익을 비교·교량한 후 공익상 필요가 당사자가 입을 불이익을 정당화할 만큼 강한 경우에 한하여 취소할 수 있는 것이며, 하자나 취소해야 할 필요성에 관한 증명책임은 기존 이익과 권리를 침해하는 처분을 한 행정청에 있다(대판 2014.11.27. 2014두9226).

③ 행정행위를 한 처분청은 비록 처분 당시에 별다른 하자가 없었고, 처분 후에 이를 철회할 별도의 법적 근거가 없더라도 원래의 처분을 존속시킬 필요가 없게 된 사정변경이 생겼거나 중대한 공익상 필요가 발생한 경우에는 그 효력을 상실케 하는 별개의 행정행위로 이를 철회할 수 있다. 다만 수익적 행정행위를 취소 또는 철회하거나 중지시키는 경우에는 이미 부여된 국민의 기득권을 침해하는 것이 되므로, 비록 취소 등의 사유가 있다고 하더라도 그 취소권 등의 행사는 기득권의 침해를 정당화할 만한 중대한 공익상의 필요 또는 제3자의 이익을 보호할 필요가 있고, 이를 상대방이 받는 불이익과 비교·교량하여 볼 때 공익상의 필요 등이 상대방이 입을 불이익을 정당화할 만큼 강한 경우에 한하여 허용될 수 있다(대판 2017. 3.15. 2014두41190).

ANSWER 8.② 9.④

10 행정행위 부관의 자유성에 대한 설명으로 가장 옳지 않은 것은?

① 부관을 붙일 수 있는 경우에도 신뢰보호의 원칙, 부당결부금지의 원칙에 위배되어서는 안 된다.

② 수익적 행정처분에 있어서 특별한 법령의 근거규정이 없다고 하더라도 부관으로서 부담을 붙일 수 있으나 그와 같은 부담처분을 하기 이전에 협약을 통하여 내용을 정할 수 없다.

③ 사업자에게 주택사업계획 승인을 하면서 그 주택사업과 아무런 관련이 없는 토지를 기부채납하도록 하는 부관을 주택사업계획 승인에 붙인 경우 부당결부금지원칙 위배로 위법하다.

④ 주택건축허가를 하면서 영업목적으로만 사용할 것을 부관으로 정한 경우에, 이러한 부관은 주된 행정행위의 목적에 위배된다.

ADVICE ② 수익적 행정처분에 있어서는 법령에 특별한 근거규정이 없다고 하더라도 그 부관으로서 부담을 붙일 수 있고, 그와 같은 부담은 행정청이 행정처분을 하면서 일방적으로 부가할 수도 있지만 부담을 부가하기 이전에 상대방과 협의하여 부담의 내용을 협약의 형식으로 미리 정한 다음 행정처분을 하면서 이를 부가할 수도 있다. 행정청이 수익적 행정처분을 하면서 부가한 부담의 위법 여부는 처분 당시 법령을 기준으로 판단하여야 하고, 부담이 처분 당시 법령을 기준으로 적법하다면 처분 후 부담의 전제가 된 주된 행정처분의 근거 법령이 개정됨으로써 행정청이 더 이상 부관을 붙일 수 없게 되었다 하더라도 곧바로 위법하게 되거나 그 효력이 소멸하게 되는 것은 아니다. 따라서 행정처분의 상대방이 수익적 행정처분을 얻기 위하여 행정청과 사이에 행정처분에 부가할 부담에 관한 협약을 체결하고 행정청이 수익적 행정처분을 하면서 협약상의 의무를 부담으로 부가하였으나 부담의 전제가 된 주된 행정처분의 근거 법령이 개정됨으로써 행정청이 더 이상 부관을 붙일 수 없게 된 경우에도 곧바로 협약의 효력이 소멸하는 것은 아니다(대판 2009. 2.12. 2005다65500).

①③ 수익적 행정행위에 있어서는 법령에 특별한 근거규정이 없다고 하더라도 그 부관으로서 부담을 붙일 수 있으나, 그러한 부담은 비례의 원칙, 부당결부금지의 원칙에 위반되지 않아야만 적법하다. 지방자치단체장이 사업자에게 주택사업계획승인을 하면서 그 주택사업과는 아무런 관련이 없는 토지를 기부채납 하도록 하는 부관을 주택사업계획 승인에 붙인 경우, 그 부관은 부당결부금지의 원칙에 위반되어 위법하지만, 지방자치단체장이 승인한 사업자의 주택사업계획은 상당히 큰 규모의 사업임에 반하여, 사업자가 기부채납한 토지 가액은 그 100분의 1 상당의 금액에 불과한 데다가, 사업자가 그 동안 그 부관에 대하여 아무런 이의를 제기하지 아니하다가 지방자치단체장이 업무착오로 기부채납한 토지에 대하여 보상협조요청서를 보내자 그 때서야 비로소 부관의 하자를 들고 나온 사정에 비추어 볼 때 부관의 하자가 중대하고 명백하여 당연무효라고는 볼 수 없다(대판 1997. 3.11. 96다49650).

④ 부관의 자유성은 내용상의 한계를 의미하며, 주된 행정행위의 목적에 위배되는 부관은 붙일 수 없다. 주택은 거주를 목적으로 하는 것이므로 영업목적으로만 사용할 것을 내용으로 하는 부관은 붙일 수 없다.

11 A도 내 B시에 거주하는 갑(甲)은 「학교폭력예방 및 대책에 관한 법률」에 의하여 교내에서 출석정지 5일의 처분을 받고 이에 대해서 행정심판을 제기하여 다투고자 한다. 이에 관한 설명으로 가장 옳지 않은 것은?

① 행정심판의 제기기간은 처분 통지서를 받은 날부터 90일 이내이다.

② 행정심판기관은 A도교육청에 설치된 행정심판위원회이다.

③ 행정심판기관은 출석정지 처분을 피해학생에 대한 서면 사과 처분으로 변경하는 재결을 할 수 있다.

④ 서면사과도 과중한 처벌이라고 하여 불복하는 경우에는 재결을 취소소송의 대상으로 한다.

ADVICE ④ 재결(서면사과)을 취소소송의 대상으로 하기 위해서는 원처분에는 없는 재결자체의 고유한 위법이 인정되어야 하므로(행정소송법 제19조 단서), 서면사과가 과중하다는 이유로 소송을 제기하는 경우 원처분(출석정지 5일)을 대상으로 하여야 한다.

① 국세기본법의 적용을 받는 처분과 달리 행정심판법의 적용을 받는 처분인 과징금부과처분에 대한 심판청구기간의 기산점인 행정심판법 제18조 제1항(현행 제27조 제1항) 소정의 '처분이 있음을 안 날'이라 함은 당사자가 통지·공고 기타의 방법에 의하여 당해 처분이 있었다는 사실을 현실적으로 안 날을 의미하고, 추상적으로 알 수 있었던 날을 의미하는 것은 아니라 할 것이며, 다만 처분을 기재한 서류가 당사자의 주소에 송달되는 등으로 사회통념상 처분이 있음을 당사자가 알 수 있는 상태에 놓여진 때에는 반증이 없는 한 그 처분이 있음을 알았다고 추정할 수는 있다. 아파트 경비원이 관례에 따라 부재중인 납부의무자에게 배달되는 과징금부과처분의 납부고지서를 수령한 경우, 납부의무자가 아파트 경비원에게 우편물 등의 수령권한을 위임한 것으로 볼 수는 있을지언정, 과징금부과처분의 대상으로 된 사항에 관하여 납부의무자를 대신하여 처리할 권한까지 위임한 것으로 볼 수는 없고, 설사 위 경비원이 위 납부고지서를 수령한 때에 위 부과처분이 있음을 알았다고 하더라도 이로써 납부의무자 자신이 그 부과처분이 있음을 안 것과 동일하게 볼 수는 없다(대판 2002. 8.27. 2002두3850).

- 행정심판은 처분이 있음을 알게 된 날부터 90일 이내에 청구하여야 한다(행정심판법 제27조 제1항).

② 행정심판법 제6조 제3항 … 다음 각 호의 행정청의 처분 또는 부작위에 대한 심판청구에 대하여는 시·도지사 소속으로 두는 행정심판위원회에서 심리·재결한다.

1. 시·도 소속 행정청
2. 시·도의 관할구역에 있는 시·군·자치구의 장, 소속 행정청 또는 시·군·자치구의 의회(의장, 위원회의 위원장, 사무국장, 사무과장 등 의회 소속 모든 행정청을 포함한다)
3. 시·도의 관할구역에 있는 둘 이상의 지방자치단체(시·군·자치구를 말한다)·공공법인 등이 공동으로 설립한 행정청

③ 위원회는 취소심판의 청구가 이유가 있다고 인정하면 처분을 취소 또는 다른 처분으로 변경하거나 처분을 다른 처분으로 변경할 것을 피청구인에게 명한다(행정심판법 제43조 제3항).

ANSWER 10.② 11.④

12 신뢰보호의 원칙에 관한 설명으로 가장 옳지 않은 것은?

① 행정청의 공적 견해 표명이 있었는지의 여부를 판단하는 데 있어 반드시 행정조직상의 형식적인 권한분장에 구애될 것이 아니라 담당자의 조직상의 지위와 임무, 당해 언동을 하게 된 구체적인 경위 및 그에 대한 상대방의 신뢰가능성에 비추어 실질에 의하여 판단하여야 한다.

② 폐기물처리업 사업계획에 대하여 적정통보를 하였다면, 이것은 당해 사업을 위해 필요한 그 사업부지 토지에 대하여 국토이용계획 변경신청을 승인하여 주겠다는 취지의 공적인 견해표명을 한 것으로 볼 수 있다.

③ 신뢰가 보호할 만한 것인가는 정당한 이익형량에 의한다. 사후에 선행조치가 변경될 것을 사인이 예상하였거나 중대한 과실로 알지 못한 경우 또는 사인의 사위나 사실은폐 등이 있는 경우에는 보호가치가 있는 신뢰라고 보기 어렵다.

④ 선행조치는 반드시 관세관청이 납세자에 대하여 비과세를 시사하는 명시적 언동이 있어야만 하는 것은 아니고, 묵시적인 언동 다시 말하면 비과세의 사실상태가 장기간에 걸쳐 계속되는 경우에 그것이 그 사항에 대하여 과세의 대상으로 삼지 아니하는 뜻의 과세관청의 묵시적인 의향 표시로 볼 수 있는 경우에도 이를 인정할 수 있다.

ADVICE ② 폐기물관리법령에 의한 폐기물처리업 사업계획에 대한 적정통보와 국토이용관리법령에 의한 국토이용계획변경은 각기 그 제도적 취지와 결정단계에서 고려해야 할 사항들이 다르다는 이유로, 폐기물처리업 사업계획에 대하여 적정통보를 한 것만으로 그 사업부지 토지에 대한 국토이용계획변경신청을 승인하여 주겠다는 취지의 공적인 견해표명을 한 것으로 볼 수 없다(대판 2005. 4.28. 2004두8828).

① 행정상의 법률관계에 있어서 행정청의 행위에 대하여 신뢰보호의 원칙이 적용되기 위하여는, 첫째 행정청이 개인에 대하여 신뢰의 대상이 되는 공적인 견해표명을 하여야 하고, 둘째 행정청의 견해표명이 정당하다고 신뢰한 데에 대하여 그 개인에게 귀책사유가 없어야 하며, 셋째 그 개인이 그 견해표명을 신뢰하고 이에 어떠한 행위를 하였어야 하고, 넷째 행정청이 위 견해표명에 반하는 처분을 함으로써 그 견해표명을 신뢰한 개인의 이익이 침해되는 결과가 초래되어야 하며, 이러한 요건을 충족할 때에는 행정청의 처분은 신뢰보호의 원칙에 반하는 행위로서 위법하게 된다고 할 것이고, 또한 위 요건의 하나인 행정청의 공적 견해표명이 있었는지의 여부를 판단하는 데 있어 반드시 행정조직상의 형식적인 권한분장에 구애될 것은 아니고 담당자의 조직상의 지위와 임무, 당해 언동을 하게 된 구체적인 경위 및 그에 대한 상대방의 신뢰가능성에 비추어 실질에 의하여 판단하여야 한다(대판 1997. 9.12. 96누18380).

③ 행정행위를 한 처분청은 그 행위에 하자가 있는 경우에는 별도의 법적 근거가 없더라도 스스로 이를 취소할 수 있고, 다만 수익적 행정처분을 취소할 때에는 이를 취소하여야 할 공익상의 필요와 그 취소로 인하여 당사자가 입게 될 기득권과 신뢰보호 및 법률생활 안정의 침해 등 불이익을 비교·교량한 후 공익상의 필요가 당사자가 입을 불이익을 정당화할 만큼 강한 경우에 한하여 취소할 수 있으며, 나아가 수익적 행정처분의 하자가 당사자의 사실은폐나 기타 사위의 방법에 의한 신청행위에 기인한 것이라면 당사자는 처분에 의한 이익이 위법하게 취득되었음을 알아 취소가능성도 예상하고 있었다 할 것이므로, 그 자신이 처분에 관한 신뢰이익을 원용할 수 없음은 물론 행정청이 이를 고려하지 아니하였다고 하여도 재량권의 남용이 되지 않는다(대판 2006. 5.25. 2003두4669).

④ 국세기본법 제18조 제2항에서 정한 일반적으로 납세자에게 받아들여진 국세행정의 관행이 있으려면 반드시 과세관청이 납세자에 대하여 불과세를 시사하는 명시적인 언동이 있어야만 하는 것은 아니고 묵시적인 언동 다시 말하면 비과세의 사실상태가 장기간에 걸쳐 계속되는 경우에 그것이 그 사항에 대하여 과세의 대상으로 삼지 아니하는 뜻의 과세관청의 묵시적인 의향표시로 볼 수 있는 경우 등에도 이를 인정할 수 있다(대판 1985.11.12. 85누549).

13 공무원의 징계책임에 대한 판례의 내용으로 가장 옳지 않은 것은?

① 징계권자이자 임용권자인 지방자치단체장은 소속 공무원의 구체적인 행위가 과연 「지방공무원법」에 규정된 징계사유에 해당하는지 여부에 관하여 판단할 재량은 있지만, 징계사유에 해당하는 것이 명백한 경우에는 관할 인사위원회에 징계를 요구할 의무가 있다.

② 법문에 의한 재심사 청구가 인정되지 않은 기관에 설치된 징계위원회 의결에 대하여는 그 기관의 상급기관에 징계위원회가 설치되어 있지 않다고 하더라도 개별 법령에서 당해 징계위원회에 재심사를 청구할 수 있도록 규정되어 있지 않은 이상 「국가공무원법」에 근거하여 징계의결 요구권자가 당해 징계위원회에 재심사를 청구할 수는 없다.

③ 징계위원회의 심의과정에 반드시 제출되어야 하는 공적 사항이 제시되지 않은 상태에서 결정한 징계처분은 징계 양정이 결과적으로 적정한 경우에는 법령이 정한 징계절차를 지키지 않은 것으로서 위법하다고 할 수 없다.

④ 수 개의 징계사유 중 그 일부가 독립하여 징계사유가 되지 않는다 하더라도, 인정되는 타의 일부 징계사유만으로도 징계처분을 함에 족하다고 인정되는 경우에는 그 징계처분 자체가 무효로 되거나 취소되어야 한다고 볼 수 없다.

ADVICE ③ 징계위원회의 심의과정에 반드시 제출되어야 하는 공적(功績) 사항이 제시되지 않은 상태에서 결정한 징계처분은 징계양정이 결과적으로 적정한지 그렇지 않은지와 상관없이 법령이 정한 징계절차를 지키지 않은 것으로서 위법하다(대판 2012. 6.28. 2011두20505).

① 지방공무원의 징계와 관련된 규정을 종합해 보면, 징계권자이자 임용권자인 지방자치단체장은 소속 공무원의 구체적인 행위가 과연 지방공무원법 제69조 제1항에 규정된 징계사유에 해당하는지 여부에 관하여 판단할 재량은 있지만, 징계사유에 해당하는 것이 명백한 경우에는 관할 인사위원회에 징계를 요구할 의무가 있다(대판 2007. 7.12. 2006도1390).

② 국무총리 소속으로 설치된 징계위원회 및 국회 · 법원 · 헌법재판소 · 선거관리위원회의 중앙인사관장기관에 설치된 상급 징계위원회의 의결에 대하여는 징계의결요구권자가 당해 징계위원회에 재심사를 청구할 수 있지만, 이와 같이 법문에 의한 재심사 청구가 인정되지 않은 기관에 설치된 징계위원회 의결에 대하여는 그 기관의 상급기관에 징계위원회가 설치되어 있지 않다고 하더라도 개별 법령에서 당해 징계위원회에 재심사를 청구할 수 있도록 규정되어 있지 않은 이상 국가공무원법 제82조 제2항에 근거하여 징계의결요구권자가 당해 징계위원회에 재심사를 청구할 수는 없다. 그런데 국가정보원의 직근 상급기관인 대통령에는 징계위원회가 설치되어 있지 않고, 국가정보원 직원에 관한 징계절차 등을 규정한 국가정보원직원법 및 같은 법 시행령에는 징계의결요구권자가 당해 징계위원회에 재심사를 청구할 수 있는 규정을 두고 있지 않다. 따라서 앞서 본 법리에 비추어 볼 때 국가정보원직원법 제30조에서 직원에 대하여 특별한 규정이 있는 경우를 제외하고 국가공무원법 중 일반직공무원에 관한 규정을 준용하도록 하고 있지만, 국가정보원 직원의 징계에 관하여는 국가공무원법 제82조 제2항에 근거하여 징계의결요구권자가 당해 징계위원회에 재심사를 청구할 수 없다고 보아야 한다(대판 2012. 4.13. 2011두21003).

④ 국가공무원인 원고에 대한 수개의 징계사유 중 그 일부가 인정되지 않는다 하더라도 인정되는 타의 일부 징계사유만으로도 징계처분을 함에 족하다고 인정되는 경우에는 그 징계처분은 유효하다(대판 1983. 4.26. 82누405).

ANSWER 12.② 13.③

14 행정계획에 관한 설명으로 가장 옳은 것은?

① 행정계획의 절차에 관한 일반법은 없고, 행정계획의 절차는 각 개별법에 맡겨져 있다.

② 국민의 기본권에 직접적으로 영향을 끼치고 법령의 뒷받침에 의해 실시될 것이라고 예상될 수 있다 하더라도 비구속적 행정계획안의 경우 헌법소원의 대상이 될 수 없다.

③ 확정된 행정계획에 대하여 사정변경을 이유로 조리상 변경 신청권이 인정된다.

④ 판례에 따르면 행정계획의 구속효는 계획마다 상이하나 집중효에 있어서는 절차집중과 실체집중 모두 인정된다.

ADVICE ② 행정 각 부의 장관이 국가 예산을 재원으로 사회복지사업을 시행함에 있어 예산 확보 방법과 그 집행 대상 등에 관하여 정책결정을 내리고 이를 미리 일선 공무원들에게 지침 등의 형태로 고지하는 일련의 행위는 장래의 예산 확보 및 집행에 대비한 일종의 준비행위로서 헌법소원의 대상이 될 수 없지만, 위와 같은 정책결정을 구체화시킨 지침의 내용이 국민의 기본권에 직접적으로 영향을 끼치고, 앞으로 법령의 뒷받침에 의하여 그대로 실시될 것이 틀림없을 것으로 예상될 수 있을 때에는 예외적으로 헌법소원의 대상이 될 수도 있다(헌재결 2007.10.25. 2006헌마1236).

③ 국토이용관리법상 주민이 국토이용계획의 변경에 대하여 신청을 할 수 있다는 규정이 없을 뿐만 아니라, 국토건설종합계획의 효율적인 추진과 국토이용질서를 확립하기 위한 국토이용계획은 장기성, 종합성이 요구되는 행정계획이어서 그 계획이 일단 확정된 후에 어떤 사정의 변동이 있다고 하여 지역주민이나 일반 이해관계인에게 일일이 그 계획의 변경을 신청할 권리를 인정하여 줄 수 없다(대판 2003. 9.26. 2003두5075).

④ 판례는 절차집중만을 인정하고 있다.
건설부장관이 구 주택건설촉진법 제33조에 따라 관계기관의 장과의 협의를 거쳐 사업계획승인을 한 이상 같은 조 제4항의 허가·인가·결정·승인 등이 있는 것으로 볼 것이고, 그 절차와 별도로 도시계획법 제12조 등 소정의 중앙도시계획위원회의 의결이나 주민의 의견청취 등 절차를 거칠 필요는 없다(대판 1992.11.10. 92누1162).

15 사실행위에 관한 설명으로 가장 옳지 않은 것은?

① 위법한 행정지도에 따라 행한 사인의 행위는 법령에 명시적으로 정함이 없는 한 위법성이 조각된다고 할 수 없다.

② 헌법재판소는 "수형자의 서신을 교도소장이 검열하는 행위는 이른바 권력적 사실행위로서 행정심판이나 행정소송의 대상이 되는 행정처분으로 볼 수 있다."라고 하여 명시적으로 권력적 사실행위의 처분성을 긍정하였다.

③ 위법한 행정지도로 손해가 발생한 경우 국가 등을 상대로 손해배상을 청구할 수 있으나, 이 경우 「국가배상법」 제2조가 정한 배상책임의 요건을 갖추어야 한다.

④ 판례에 의하면, 행정규칙에 의한 불문경고 조치는 차후 징계감경사유로 작용할 수 있는 표창대상자에서 제외되는 등의 인사상 불이익을 줄 수 있다 하여도 이는 간접적 효과에 불과하므로 항고소송의 대상인 행정처분에 해당하지 않는다.

ADVICE ④ 행정규칙에 의한 '불문경고조치'가 비록 법률상의 징계처분은 아니지만 위 처분을 받지 아니하였다면 차후 다른 징계처분이나 경고를 받게 될 경우 징계감경사유로 사용될 수 있었던 표창공적의 사용가능성을 소멸시키는 효과와 1년 동안 인사기록카드에 등재됨으로써 그 동안은 장관표창이나 도지사표창 대상자에서 제외시키는 효과 등이 있다는 이유로 항고소송의 대상이 되는 행정처분에 해당한다(대판 2002. 7.26. 2001두3532).

① 토지의 매매대금을 허위로 신고하고 계약을 체결하였다면 이는 계약예정금액에 대하여 허위의 신고를 하고 토지 등의 거래계약을 체결한 것으로서 구 국토이용관리법 제33조 제4호에 해당한다고 할 것이고, 행정관청이 국토이용관리법 소정의 토지거래계약신고에 관하여 공시된 기준시가를 기준으로 매매가격을 신고하도록 행정지도를 하여 그에 따라 허위신고를 한 것이라 하더라도 이와 같은 행정지도는 법에 어긋나는 것으로서 그와 같은 행정지도나 관행에 따라 허위신고행위에 이르렀다고 하여도 이것만 가지고서는 그 범법행위가 정당화될 수 없다(대판 1994. 6.14. 93도3247).

② 수형자의 서신을 교도소장이 검열하는 행위는 이른바 권력적 사실행위로서 행정심판이나 행정소송의 대상이 되는 행정처분으로 볼 수 있으나, 위 검열행위가 이미 완료되어 행정심판이나 행정소송을 제기하더라도 소의 이익이 부정될 수 밖에 없으므로 헌법소원심판을 청구하는 외에 다른 효과적인 구제방법이 있다고 보기 어렵기 때문에 보충성의 원칙에 대한 예외에 해당한다(헌재결 1998. 8.27. 96헌마398).

③ 국가배상법이 정한 배상청구의 요건인 '공무원의 직무'에는 권력적 작용만이 아니라 행정지도와 같은 비권력적 작용도 포함되며 단지 행정주체가 사경제주체로서 하는 활동만 제외된다(대판 1998. 7.10. 96다38971).

16 「행정대집행법」 제2조가 규정하고 있는 행정대집행의 요건에 관한 설명으로 가장 옳은 것은?

① 의무자에게 부과된 의무는 행정청에 의해서 행해진 명령에 한하며 법률에 의해 혹은 법률에 근거하여 행해진 명령은 해당되지 않는다.

② 대체적, 비대체적 의무 모두 해당되지만 부작위의무가 아니어야 한다.

③ 당해 행정청은 의무자가 하여야 할 행위를 제3자로 하여금 행하게 할 수도 있다.

④ 다른 수단에 의한 이행의 확보도 가능하지만 그 수단이 행정대집행보다 비용이 많이 들어야 한다.

ADVICE ①③④ 법률에 의하여 직접명령되었거나 또는 법률에 의거한 행정청의 명령에 의한 행위로서 타인이 대신하여 행할 수 있는 행위를 의무자가 이행하지 아니하는 경우 다른 수단으로써 그 이행을 확보하기 곤란하고 또한 그 불이행을 방치함이 심히 공익을 해할 것으로 인정될 때에는 당해 행정청은 스스로 의무자가 하여야 할 행위를 하거나 또는 제삼자로 하여금 이를 하게 하여 그 비용을 의무자로부터 징수할 수 있다(행정대집행법 제2조).

② 행정대집행법 제2조는 '행정청의 명령에 의한 행위로서 타인이 대신하여 행할 수 있는 행위를 의무자가 이행하지 아니하는 경우'에 대집행할 수 있도록 규정하고 있는데, 이 사건 용도위반 부분을 장례식장으로 사용하는 것이 관계 법령에 위반한 것이라는 이유로 장례식장의 사용을 중지할 것과 이를 불이행할 경우 행정대집행법에 의하여 대집행하겠다는 내용의 이 사건 처분은, 이 사건 처분에 따른 '장례식장 사용중지 의무'가 원고 이외의 '타인이 대신' 할 수도 없고, 타인이 대신하여 '행할 수 있는 행위'라고도 할 수 없는 비대체적 부작위 의무에 대한 것이므로, 그 자체로 위법함이 명백하다(대판 2005. 9.28. 2005두7464).

ANSWER 14.① 15.④ 16.③

17 다음 중 하자의 승계가 인정되는 경우가 아닌 것은?

① 도시계획결정과 수용재결처분
② 계고처분과 대집행비용납부명령
③ 귀속재산의 임대처분과 후행매각처분
④ 한지의사시험자격인정과 한지의사면허처분

ADVICE ① 도시계획의 수립에 있어서 도시계획법 제16조의2 소정의 공청회를 열지 아니하고 공공용지의 취득 및 손실보상에 관한특례법 제8조 소정의 이주대책을 수립하지 아니하였더라도 이는 절차상의 위법으로서 취소사유에 불과하고 그 하자가 도시계획결정 또는 도시계획사업시행인가를 무효라고 할 수 있을 정도로 중대하고 명백하다고는 할 수 없으므로 이러한 위법을 선행처분인 도시계획결정이나 사업시행인가 단계에서 다투지 아니하였다면 그 쟁소기간이 이미 도과한 후인 수용재결단계에 있어서는 도시계획수립 행위의 위와 같은 위법을 들어 재결처분의 취소를 구할 수는 없다고 할 것이다(대판 1990. 1.23. 87누947).

② 대집행의 계고 · 대집행영장에 의한 통지 · 대집행의 · 실행 · 대집행에 요한 비용의 납부명령 등은, 타인이 대신하여 행할 수 있는 행정의무의 이행을 의무자의 비용부담하에 확보하고자 하는, 동일한 행정목적을 달성하기 위하여 단계적인 일련의 절차로 연속하여 행하여지는 것으로서, 서로 결합하여 하나의 법률효과를 발생시키는 것이므로, 선행처분인 계고처분이 하자가 있는 위법한 처분이라면, 비록 하자가 중대하고도 명백한 것이 아니어서 당연무효의 처분이라고 볼 수 없고 대집행의 실행이 이미 사실행위로서 완료되어 계고처분의 취소를 구할 법률상 이익이 없게 되었으며, 또 대집행비용납부명령 자체에는 아무런 하자가 없다 하더라도, 후행처분인 대집행비용납부명령의 취소를 청구하는 소송에서 청구원인으로 선행처분인 계고처분이 위법한 것이기 때문에 그 계고처분을 전제로 행하여진 대집행비용납부명령도 위법한 것이라는 주장을 할 수 있다(대판 1993.11. 9. 93누14271).

③ 귀속 재산처리법 제29조는 같은 법 제15조를 귀속재산의 임대차 또는 관리에 적용한다 규정하였으므로 귀속재산의 임대차에 관하여 같은 법 제15조가 규정한 우선권자가 있음에도 불구하고 타인에게 임대차 한 경우에는 그 임대에는 하자가 있는 경우에 해당하며 그 임대를 취소할 수 있을 뿐만 아니라 그 임대자의 존재를 전제로 한 불하처분도 취소할 수 있는 것이다(대판 1963. 2. 7. 62누215).

④ 한지의사 자격시험에 응시하기 위한 응시자격인정의 결정을 사위의 방법으로 받은 이상 이에 터잡아 취득한 한지의사 면허처분도 면허를 취득할 수 없는 사람이 취득한 하자있는 처분이 된다 할 것이므로 보건사회부장관이 그와 같은 하자있는 처분임을 이유로 원고가 취득한 한지의사 면허를 취소하는 처분을 하였음은 적법하다(대판 1975.12. 9. 75누123).

18 〈보기〉의 행위 가운데 처분성이 인정된 것을 모두 고른 것은?

〈보기〉

㉠ 인감증명행위
㉡ 자동차운전면허대장상 등재행위
㉢ 지적공부상 지목신청변경 반려행위
㉣ 건축물대장작성신청의 반려행위

① ㉠, ㉢
② ㉡, ㉢
③ ㉢, ㉣
④ ㉡, ㉢, ㉣

ADVICE ㉢ 지목은 토지에 대한 공법상의 규제, 개발부담금의 부과대상, 지방세의 과세대상, 공시지가의 산정, 손실보상가액의 산정 등 토지행정의 기초로서 공법상의 법률관계에 영향을 미치고, 토지소유자는 지목을 토대로 토지의 사용·수익·처분에 일정한 제한을 받게 되는 점 등을 고려하면, 지목은 토지소유권을 제대로 행사하기 위한 전제요건으로서 토지소유자의 실체적 권리관계에 밀접하게 관련되어 있으므로 지적공부 소관청의 지목변경신청 반려행위는 국민의 권리관계에 영향을 미치는 것으로서 항고소송의 대상이 되는 행정처분에 해당한다(대판 2004. 4.22. 2003두9015).

㉣ 건축물대장은 건축물에 대한 공법상의 규제, 지방세의 과세대상, 손실보상가액의 산정 등 건축행정의 기초자료로서 공법상의 법률관계에 영향을 미칠 뿐만 아니라, 건축물에 관한 소유권보존등기 또는 소유권이전등기를 신청하려면 이를 등기소에 제출하여야 하는 점 등을 종합해 보면, 건축물대장의 작성은 건축물의 소유권을 제대로 행사하기 위한 전제요건으로서 건축물 소유자의 실체적 권리관계에 밀접하게 관련되어 있으므로 건축물대장 소관청의 작성신청 반려행위는 국민의 권리관계에 영향을 미치는 것으로서 항고소송의 대상이 되는 행정처분에 해당한다(대판 2009. 2.12. 2007두17359).

㉠ 인감증명행위는 인감증명청이 적법한 신청이 있는 경우에 인감대장에 이미 신고된 인감을 기준으로 출원자의 현재 사용하는 인감을 증명하는 것으로서 구체적인 사실을 증명하는 것일 뿐, 나아가 출원자에게 어떠한 권리가 부여되거나 변동 또는 상실되는 효력을 발생하는 것이 아니고, 인감증명의 무효확인을 받아들인다 하더라도 이로써 이미 침해된 당사자의 권리가 회복되거나 또는 곧바로 이와 관련된 새로운 권리가 발생하는 것도 아니므로 무효확인을 구할 법률상 이익이 없어 부적법하다(대판 2001. 7.10. 2000두2136).

㉡ 자동차운전면허대장상 일정한 사항의 등재행위는 운전면허행정사무집행의 편의와 사실증명의 자료로 삼기 위한 것일 뿐 그 등재행위로 인하여 당해 운전면허 취득자에게 새로이 어떠한 권리가 부여되거나 변동 또는 상실되는 효력이 발생하는 것은 아니므로 이는 행정소송의 대상이 되는 독립한 행정처분으로 볼 수 없고, 운전경력증명서상의 기재행위 역시 당해 운전면허 취득자에 대한 자동차운전면허대장상의 기재사항을 옮겨 적는 것에 불과할 뿐이므로 운전경력증명서에 한 등재의 말소를 구하는 소는 부적법하다 할 것이다(대판 1991. 9.24. 91누1400).

ANSWER 17.① 18.③

19 **행정규칙에 대한 설명으로 가장 옳지 않은 것은?**

① 행정규칙이 법령의 규정에 의하여 행정관청에 법령의 구체적 내용을 보충할 권한을 부여한 경우, 평등의 원칙이나 신뢰보호의 원칙에 따라 행정기관은 그 상대방에 대한 관계에서 그 규칙에 따라야 할 자기구속을 당하게 된다.

② 상급행정기관이 하급행정기관에 대하여 업무처리지침이나 법령의 해석적용에 관한 기준을 정하여 발하는 행정규칙은 일반적으로 행정조직 내부에서만 효력을 가질 뿐 대외적인 구속력을 갖는 것은 아니다.

③ 행정규칙도 행정작용의 하나이므로 하자가 있으면 하자의 정도에 따라 무효 또는 취소할 수 있는 행정규칙이 된다.

④ 어떠한 처분의 근거나 법적인 효과가 행정규칙에 규정되어 있다고 하더라도, 그 처분이 행정규칙의 내부적 구속력에 의하여 상대방에게 권리의 설정 또는 의무의 부담을 명하거나 기타 법적인 효과를 발생하게 하는 등 그 상대방의 권리 의무에 직접 영향을 미치는 행위라면, 이는 항고소송의 대상이 되는 행정처분에 해당한다.

ADVICE ③ 행정규칙에는 공정력이 인정되지 않기 때문에 하자가 있으면 무효가 되며, 취소의 문제는 발생하지 않는다.

① 재량준칙은 일반적으로 행정조직 내부에서만 효력을 가질 뿐 대외적인 구속력을 갖는 것은 아니므로 행정처분이 이를 위반하였다고 하여 그러한 사정만으로 곧바로 위법하게 되는 것은 아니고, 다만 그 재량준칙이 정한 바에 따라 되풀이 시행되어 행정관행이 이루어지게 되면 평등의 원칙이나 신뢰보호의 원칙에 따라 행정기관은 상대방에 대한 관계에서 그 규칙에 따라야 할 자기구속을 받게 되므로, 이러한 경우에는 특별한 사정이 없는 한 그에 반하는 처분은 평등의 원칙이나 신뢰보호의 원칙에 어긋나 재량권을 일탈·남용한 위법한 처분이 된다(대판 2013.11.14. 2011두28783).

② 상급행정기관이 하급행정기관에 대하여 업무처리지침이나 법령의 해석적용에 관한 기준을 정하여 발하는 이른바 행정규칙이나 내부지침은 일반적으로 행정조직 내부에서만 효력을 가질 뿐 대외적인 구속력을 갖는 것은 아니므로 행정처분이 그에 위반하였다고 하여 그러한 사정만으로 곧바로 위법하게 되는 것은 아니고, 다만 재량권 행사의 준칙인 행정규칙이 그 정한 바에 따라 되풀이 시행되어 행정관행이 이루어지게 되면 평등의 원칙이나 신뢰보호의 원칙에 따라 행정기관은 그 상대방에 대한 관계에서 그 규칙에 따라야 할 자기구속을 받게 되므로, 이러한 경우에는 특별한 사정이 없는 한 그에 위반하는 처분은 평등의 원칙이나 신뢰보호의 원칙에 위배되어 재량권을 일탈·남용한 위법한 처분이 된다(대판 2009. 3.26. 2007다88828).

④ 항고소송의 대상이 되는 행정처분이란 원칙적으로 행정청의 공법상 행위로서 특정 사항에 대하여 법규에 의한 권리 설정 또는 의무 부담을 명하거나 기타 법률상 효과를 발생하게 하는 등으로 일반 국민의 권리의무에 직접 영향을 미치는 행위를 가리키는 것이지만, 어떠한 처분의 근거가 행정규칙에 규정되어 있다고 하더라도, 그 처분이 상대방에게 권리 설정 또는 의무 부담을 명하거나 기타 법적인 효과를 발생하게 하는 등으로 상대방의 권리의무에 직접 영향을 미치는 행위라면, 이 경우에도 항고소송의 대상이 되는 행정처분에 해당한다고 보아야 한다(대판 2012. 9.27. 2010두3541).

20 공공기관의 정보공개 절차에 관한 설명으로 가장 옳지 않은 것은?

① 정보의 공개 및 우송 등에 소요되는 비용은 실비의 범위에서 청구인의 부담으로 한다. 다만 그 액수가 너무 많아서 청구인에게 과중한 부담을 주는 경우에는 비용을 감면할 수 있다.

② 공개대상의 양이 과다하여 정상적인 업무수행에 현저한 지장을 초래할 우려가 있는 경우에는 이를 기간별로 나누어 교부하거나 열람과 병행하여 교부할 수 있다.

③ 국가안전보장 · 국방 · 통일 · 외교관계 분야 업무를 주로 하는 국가기관의 정보공개심의회 구성 시 최소한 3분의 1 이상은 외부 전문가로 위촉하여야 한다.

④ 공개대상정보의 일부 또는 전부가 제3자와 관련이 있다고 인정하는 때에는 공공기관은 지체 없이 관련된 제3자에게 통지하여야 한다.

ADVICE ① 정보의 공개 및 우송 등에 드는 비용은 실비의 범위에서 청구인이 부담한다. 공개를 청구하는 정보의 사용 목적이 공공복리의 유지 · 증진을 위하여 필요하다고 인정되는 경우에는 비용을 감면할 수 있다(정보공개법 제17조).

② 정보공개법 제13조 제2항, 제3항.

> 제13조(정보공개 여부 결정의 통지)
> ② 공공기관은 청구인이 사본 또는 복제물의 교부를 원하는 경우에는 이를 교부하여야 한다.
> ③ 공공기관은 공개 대상 정보의 양이 너무 많아 정상적인 업무수행에 현저한 지장을 초래할 우려가 있는 경우에는 해당 정보를 일정 기간별로 나누어 제공하거나 사본 · 복제물의 교부 또는 열람과 병행하여 제공할 수 있다.

③ 심의회의 위원은 소속 공무원, 임직원 또는 외부 전문가로 지명하거나 위촉하되, 그 중 3분의 2는 해당 국가기관 등의 업무 또는 정보공개의 업무에 관한 지식을 가진 외부 전문가로 위촉하여야 한다. 다만, 제9조 제1항 제2호(국가안전보장 등) 및 제4호(진행중인 재판 등)에 해당하는 업무를 주로 하는 국가기관은 그 국가기관의 장이 외부 전문가의 위촉 비율을 따로 정하되, 최소한 3분의 1 이상은 외부 전문가로 위촉하여야 한다(정보공개법 제12조 제3항).

④ 공공기관은 공개 청구된 공개 대상 정보의 전부 또는 일부가 제3자와 관련이 있다고 인정할 때에는 그 사실을 제3자에게 지체 없이 통지하여야 하며, 필요한 경우에는 그의 의견을 들을 수 있다(정보공개법 제11조 제3항).

ANSWER 19.③ 20.①

2018. 6. 23. 제2회 서울특별시 시행

1 행정행위의 하자에 대한 설명으로 가장 옳지 않은 것은?

① 선행 도시계획시설사업시행자 지정처분이 당연무효이면 후행처분인 실시계획인가처분도 당연무효이다.

② 과세처분 이후 조세 부과의 근거가 되었던 법률규정에 대하여 위헌결정이 내려진 후에 행한 처분의 집행은 당연 무효이다.

③ 재건축주택조합설립인가처분 당시 동의율을 충족하지 못한 하자는 후에 추가동의서가 제출되었다는 사정만으로 치유될 수 없다.

④ 출생연월일 정정으로 특례노령연금 수급요건을 충족하지 못하게 된 자에 대하여 지급결정을 소급적으로 직권취소하고, 이미 지급된 급여를 환수하는 처분은 위법하다.

ADVICE ④ 행정처분을 한 처분청은 처분의 성립에 하자가 있는 경우 별도의 법적 근거가 없더라도 직권으로 이를 취소할 수 있다고 봄이 원칙이므로, 국민연금법이 정한 수급요건을 갖추지 못하였음에도 연금 지급결정이 이루어진 경우에는 이미 지급된 급여 부분에 대한 환수처분과 별도로 지급결정을 취소할 수 있다. 이 경우에도 이미 부여된 국민의 기득권을 침해하는 것이므로 취소권의 행사는 지급결정을 취소할 공익상의 필요보다 상대방이 받게 될 불이익 등이 막대한 경우에는 재량권의 한계를 일탈한 것으로서 위법하다고 보아야 한다. 다만 이처럼 연금 지급결정을 취소하는 처분과 그 처분에 기초하여 잘못 지급된 급여액에 해당하는 금액을 환수하는 처분이 적법한지를 판단하는 경우 비교·교량할 각 사정이 동일하다고는 할 수 없으므로, 연금 지급결정을 취소하는 처분이 적법하다고 하여 환수처분도 반드시 적법하다고 판단하여야 하는 것은 아니다(대판 2017. 3.30. 2015두43971).

① 실시계획인가를 통해 사업시행자에게 도시·군계획시설사업을 실시할 수 있는 권한과 사업에 필요한 토지 등을 수용할 수 있는 권한이 부여된다. 결국 도시·군계획시설결정과 실시계획인가는 도시·군계획시설사업을 위하여 이루어지는 단계적 행정절차에서 별도의 요건과 절차에 따라 별개의 법률효과를 발생시키는 독립적인 행정처분이다. 그러므로 선행처분인 도시·군계획시설결정에 하자가 있더라도 그것이 당연무효가 아닌 한 원칙적으로 후행처분인 실시계획인가에 승계되지 않는다(대판 2017. 7.18. 2016두49938).

② 조세 부과의 근거가 되었던 법률규정이 위헌으로 선언된 경우, 비록 그에 기한 과세처분이 위헌결정 전에 이루어졌고, 과세처분에 대한 제소기간이 이미 경과하여 조세채권이 확정되었으며, 조세채권의 집행을 위한 체납처분의 근거규정 자체에 대하여는 따로 위헌결정이 내려진 바 없다고 하더라도, 위와 같은 위헌결정 이후에 조세채권의 집행을 위한 새로운 체납처분에 착수하거나 이를 속행하는 것은 더 이상 허용되지 않고, 나아가 이러한 위헌결정의 효력에 위배하여 이루어진 체납처분은 그 사유만으로 하자가 중대하고 객관적으로 명백하여 당연무효라고 보아야 한다(대판 2012. 2.16. 2010두10907).

③ 변경인가처분은 이 사건 설립인가처분 후 추가동의서가 제출되어 동의자 수가 변경되었음을 이유로 하는 것으로서 조합원의 신규가입을 이유로 한 경미한 사항의 변경에 대한 신고를 수리하는 의미에 불과하므로 이 사건 설립인가처분이 이 사건 변경인가처분에 흡수된다고 볼 수 없고, 또한 이 사건 설립인가처분 당시 동의율을 충족하지 못한 하자는 후에 추가동의서가 제출되었다는 사정만으로 치유될 수 없다(대판 2013. 7.11. 2011두27544).

2 국가배상에 대한 설명으로 가장 옳지 않은 것은?

① 국가배상청구의 요건인 공무원의 직무에는 비권력적 작용도 포함되며 행정주체가 사경제주체로서 하는 활동도 포함된다.

② 어떠한 행정처분이 후에 항고소송에서 취소되었다고 할지라도 당해 행정처분이 곧바로 공무원의 고의 또는 과실로 인한 것으로서 불법행위를 구성한다고 단정할 수는 없다.

③ 공무원의 직무집행이 법령이 정한 요건과 절차에 따라 이루어진 것이라면 특별한 사정이 없는 한 이는 법령에 적합한 것이고, 그 과정에서 개인의 권리가 침해되는 일이 생긴다고 하여 그 법령적합성이 곧바로 부정되는 것은 아니다.

④ 국가배상청구권은 피해자나 그 법정대리인이 그 손해 및 가해자를 안 날로부터 3년간 이를 행사하지 아니하면 시효로 인하여 소멸한다.

ADVICE ① 국가배상법이 정한 배상청구의 요건인 '공무원의 직무'에는 권력적 작용만이 아니라 행정지도와 같은 비권력적 작용도 포함되며 단지 행정주체가 사경제주체로서 하는 활동만 제외된다(대판 1998. 7.10. 96다38971).

② 어떠한 행정처분이 후에 항고소송에서 취소되었다고 할지라도 그 기판력에 의하여 당해 행정처분이 곧바로 공무원의 고의 또는 과실로 인한 것으로서 불법행위를 구성한다고 단정할 수는 없는 것이고, 그 행정처분의 담당공무원이 보통 일반의 공무원을 표준으로 하여 볼 때 객관적 주의의무를 결하여 그 행정처분이 객관적 정당성을 상실하였다고 인정될 정도에 이른 경우에 국가배상법 제2조 소정의 국가배상책임의 요건을 충족하였다고 봄이 상당할 것이며, 이 때에 객관적 정당성을 상실하였는지 여부는 피침해이익의 종류 및 성질, 침해행위가 되는 행정처분의 태양 및 그 원인, 행정처분의 발동에 대한 피해자측의 관여의 유무, 정도 및 손해의 정도 등 제반 사정을 종합하여 손해의 전보책임을 국가 또는 지방자치단체에 부담시켜야 할 실질적인 이유가 있는지 여부에 의하여 판단하여야 한다(대판 2007. 5.10. 2005다31828).

③ 국가배상책임은 공무원의 직무집행이 법령에 위반한 것임을 요건으로 하는 것으로서, 공무원의 직무집행이 법령이 정한 요건과 절차에 따라 이루어진 것이라면 특별한 사정이 없는 한 이는 법령에 적합한 것이고 그 과정에서 개인의 권리가 침해되는 일이 생긴다고 하여 그 법령 적합성이 곧바로 부정되는 것은 아니라고 할 것인바, 불법시위를 진압하는 경찰관들의 직무집행이 법령에 위반한 것이라고 하기 위하여는 그 시위진압이 불필요하거나 또는 불법시위의 태양 및 시위 장소의 상황 등에서 예측되는 피해 발생의 구체적 위험성의 내용에 비추어 시위진압의 계속 수행 내지 그 방법 등이 현저히 합리성을 결하여 이를 위법하다고 평가할 수 있는 경우이어야 한다(대판 1997. 7.25. 94다2480).

④ 국가배상청구권은 피해자나 그 법정대리인이 그 손해 및 가해자를 안 날로부터 3년간 이를 행사하지 아니하면 시효로 인하여 소멸한다(국가배상법 제8조, 민법 제766조 1항).

ANSWER 1.④ 2.①

3 「질서위반행위규제법」의 내용으로 가장 옳은 것은?

① 지방자치단체의 조례상의 의무를 위반하여 과태료를 부과하는 행위는 질서위반행위에 해당되지 않는다.

② 법원의 과태료 재판이 확정된 후 법률이 변경되어 그 행위가 질서위반행위에 해당하지 아니하게 된 때에는 변경된 법률에 특별한 규정이 없는 한 과태료의 징수 또는 집행을 면제한다.

③ 과태료는 행정청의 과태료 부과처분이 있은 후 3년간 징수하지 아니하면 시효로 인하여 소멸한다.

④ 과태료 부과에 대한 이의제기는 과태료 부과처분의 효력에 영향을 주지 아니한다.

ADVICE ② 행정청의 과태료 처분이나 법원의 과태료 재판이 확정된 후 법률이 변경되어 그 행위가 질서위반행위에 해당하지 아니하게 된 때에는 변경된 법률에 특별한 규정이 없는 한 과태료의 징수 또는 집행을 면제한다(질서위반행위규제법 제3조 제3항).

① 지방자치단체의 조례상의 의무를 포함한다(질서위반행위규제법 제2조 1호).

③ 과태료는 행정청의 과태료 부과처분이나 법원의 과태료 재판이 확정된 후 5년간 징수하지 아니하거나 집행하지 아니하면 시효로 인하여 소멸한다(질서위반행위규제법 제15조 제1항).

④ 이의제기가 있는 경우에는 행정청의 과태료 부과처분은 그 효력을 상실한다(질서위반행위규제법 제20조 제2항).

4 지방자치에 대한 설명으로 가장 옳지 않은 것은?

① 지방자치단체는 개별 법령에서 특별히 위임하고 있을 경우에도 기관위임사무에 관하여는 조례를 제정할 수 없다.

② 재의요구에 따라 지방의회가 한 재의결의 내용 일부만이 위법한 경우에도 대법원은 의결 전부의 효력을 부인하여야 한다.

③ 조례 자체로 인하여 직접 그리고 현재 자기의 기본권을 침해받은 자는 그 권리구제의 수단으로서 조례에 대한 헌법소원을 제기할 수 있다.

④ 지방자치단체의 의결기관인 의회는 기본권의 주체가 될 수 없고 따라서 헌법소원을 제기할 수 있는 적격이 없다.

ADVICE ① 지방자치법 제9조 제1항과 제15조 등의 관련 규정에 의하면 지방자치단체는 원칙적으로 그 고유사무인 자치사무와 법령에 의하여 위임된 단체위임사무에 관하여 이른바 자치조례를 제정할 수 있는 외에, 개별 법령에서 특별히 위임하고 있을 경우에는 그러한 사무에 속하지 아니하는 기관위임사무에 관하여도 그 위임의 범위 내에서 이른바 위임조례를 제정할 수 있지만, 조례가 규정하고 있는 사항이 그 근거 법령 등에 비추어 볼 때 자치사무나 단체위임사무에 관한 것이라면 이는 자치조례로서 지방자치법 제15조가 규정하고 있는 '법령의 범위 안'이라는 사항적 한계가 적용될 뿐, 위임조례와 같이 국가법에 적용되는 일반적인 위임입법의 한계가 적용될 여지는 없다(대판 2000.11.24. 2000추29).

② 조례안 일부가 법령에 위반되어 위법한 경우에 의결 일부에 대한 효력을 배제하는 것은 결과적으로 전체적인 의결 내용을 변경하는 것으로 의결기관인 지방의회의 고유권한을 침해하는 것이 된다. 뿐만 아니라 일부만의 효력 배제는 자칫 전체적인 의결 내용을 지방의회의 당초 의도와는 다른 내용으로 변질시킬 우려가 있다. 또한 재의요구가 있는 때에는 재의요구에서 지적한 이의사항이 의결 일부에 관한 것이더라도 의결 전체가 실효되고 재의결만이 새로운 의결로서 효력이 생긴다. 따라서 의결 일부에 대한 재의요구나 수정 재의요구는 허용되지 않는다. 이러한 점들을 종합하면, 재의결 내용 전부가 아니라 일부만 위법한 경우에도 대법원은 의결 전부의 효력을 부인하여야 한다(대판 2017.12. 5. 2016추5162).

③ 조례는 지방자치단체가 그 자치입법권에 근거하여 자주적으로 지방의회의 의결을 거쳐 제정한 법규이기 때문에 조례 자체로 인하여 직접 그리고 현재 자기의 기본권을 침해받은 자는 그 권리구제의 수단으로서 조례에 대한 헌법소원을 제기할 수 있다(헌재결 1995. 4.20. 92헌마264).

④ 국가나 국가기관 또는 국가조직의 일부나 공법인은 기본권의 '수범자'이지 기본권의 주체로서 그 '소지자'가 아니고 오히려 국민의 기본권을 보호 내지 실현해야 할 책임과 의무를 지니고 있는 지위에 있을 뿐이므로, 공법인인 지방자치단체의 의결기관인 청구인 의회는 기본권의 주체가 될 수 없고 따라서 헌법소원을 제기할 수 있는 적격이 없다(헌재결 1998. 3.26. 96헌마345).

5 법규명령에 대한 설명으로 가장 옳지 않은 것은?

① 법률이 대통령령으로 정하도록 규정한 사항을 부령으로 정했다면 그 부령은 무효이다.

② 조례에 대한 법률의 위임은 반드시 구체적으로 범위를 정하여 해야 한다.

③ 위임의 근거가 없어 무효인 법규명령도 나중에 법개정으로 위임의 근거가 부여되면 그때부터 유효한 법규명령으로 볼 수 있다.

④ 조례가 집행행위의 개입 없이 직접 국민의 구체적 권리의무에 영향을 미치는 등의 효과를 발생하면 그 조례는 항고소송의 대상이 된다.

ADVICE ② 조례의 제정권자인 지방의회는 선거를 통해서 그 지역적인 민주적 정당성을 지니고 있는 주민의 대표기관이고 헌법이 지방자치단체에 포괄적인 자치권을 보장하고 있는 취지로 볼 때, 조례에 대한 법률의 위임은 법규명령에 대한 법률의 위임과 같이 반드시 구체적으로 범위를 정하여 할 필요가 없으며 포괄적인 것으로 족하다(헌재결 1995. 4.20. 92헌마264).

① 헌법 제75조에 의하면 대통령령은 법률에서 구체적으로 범위를 정하여 위임받은 사항과 법률을 집행하기 위하여 필요한 사항에 관하여 발하는 것이므로, 이는 모법인 법률이 위임한 사항이나 법률이 규정한 범위 내에서 법률을 현실적으로 집행하는 데 필요한 세부적인 사항만을 규정할 수 있을 뿐, 법률의 위임 없이 법률이 규정한 개인의 권리·의무에 관한 내용을 변경·보충하거나 법률에 없는 권리제한 사유를 추가로 규정할 수는 없다(대판 1995. 1.24. 93다37342(전합))

③ 조세법률주의 원칙은 과세요건 등 국민의 납세의무에 관한 사항을 국민의 대표기관인 국회가 제정한 법률로써 규정하여야 하고, 법률을 집행하는 경우에도 이를 엄격하게 해석·적용하여야 하며, 행정편의적인 확장해석이나 유추적용을 허용하지 아니함을 뜻한다. 그러므로 법률의 위임 없이 명령 또는 규칙 등의 행정입법으로 과세요건 등에 관한 사항을 규정하거나 법률에 규정된 내용을 함부로 유추·확장하는 내용의 해석규정을 마련하는 것은 조세법률주의 원칙에 위배된다. 일반적으로 법률의 위임에 따라 효력을 갖는 법규명령의 경우에 위임의 근거가 없어 무효였더라도 나중에 법 개정으로 위임의 근거가 부여되면 그때부터는 유효한 법규명령으로 볼 수 있다. 그러나 법규명령이 개정된 법률에 규정된 내용을 함부로 유추·확장하는 내용의 해석규정이어서 위임의 한계를 벗어난 것으로 인정될 경우에는 법규명령은 여전히 무효이다(대판 2017. 4.20. 2015두45700(전합)).

④ 조례가 집행행위의 개입 없이도 그 자체로서 직접 국민의 구체적인 권리의무나 법적 이익에 영향을 미치는 등의 법률상 효과를 발생하는 경우 그 조례는 항고소송의 대상이 되는 행정처분에 해당한다(대판 1996. 9.20. 95누8003).

ANSWER 3.② 4.① 5.②

6 행정절차에 대한 설명으로 가장 옳지 않은 것은?

① 귀속재산을 불하받은 자가 사망한 후에 불하처분 취소처분을 수불하자의 상속인에게 송달한 때에는 그 상속인에 대하여 다시 그 불하처분을 취소한다는 새로운 행정처분을 한 것으로 본다.

② 당사자가 처분의 근거를 알 수 있을 정도로 상당한 이유를 제시할 뿐 그 구체적 조항 및 내용까지 명시하지 않으면, 해당 처분은 위법하다.

③ 경미한 처분으로서 당사자가 그 이유를 명백히 알 수 있는 경우에는 당사자에게 그 근거와 이유를 제시하지 아니할 수 있다.

④ 납세자가 아닌 제3자의 재산을 대상으로 한 압류처분은 당연무효이다.

ADVICE ② 행정절차법 제23조 제1항은 행정청은 처분을 하는 때에는 당사자에게 그 근거와 이유를 제시하여야 한다고 규정하고 있는바, 일반적으로 당사자가 근거규정 등을 명시하여 신청하는 인·허가 등을 거부하는 처분을 함에 있어 당사자가 그 근거를 알 수 있을 정도로 상당한 이유를 제시한 경우에는 당해 처분의 근거 및 이유를 구체적 조항 및 내용까지 명시하지 않았더라도 그로 말미암아 그 처분이 위법한 것이 된다고 할 수 없다(대판 2002. 5.17. 2000두8912).

① 귀속재산을 불하받은 자가 사망한 후에 그 수불하자 대하여 한 그 불하처분은 사망자에 대한 행정처분이므로 무효이지만 그 취소처분을 수불하자의 상속인에게 송달한 때에는 그 송달시에 그 상속인에 대하여 다시 그 불하처분을 취소한다는 새로운 행정처분을 한 것이라고 할 것이다(대판 1969. 1.21. 68누190).

③ 행정절차법 제23조 제1항은 행정청이 처분을 할 때에는 당사자에게 그 근거와 이유를 제시하도록 규정하고 있다. 이는 행정청의 자의적 결정을 배제하고 당사자로 하여금 행정구제절차에서 적절히 대처할 수 있도록 하는 데 그 취지가 있다. 따라서 처분서의 내용, 관계 법령, 처분에 이른 전체적인 과정 등을 종합하여, 처분 당시 당사자가 어떠한 근거와 이유로 처분이 이루어졌는지를 충분히 알 수 있어서 행정구제절차로 나아가는 데 별다른 지장이 없었다고 인정되는 경우에는, 처분서에 처분의 근거와 이유가 구체적으로 명시되어 있지 않았다고 하더라도 그 처분이 위법하다고 할 수 없다(대판 2009.12.10. 2007두20348).

④ 체납처분으로서 압류의 요건을 규정한 국세징수법 제24조 각 항의 규정을 보면 어느 경우에나 압류의 대상을 납세자의 재산에 국한하고 있으므로, 납세자가 아닌 제3자의 재산을 대상으로 한 압류처분은 그 처분의 내용이 법률상 실현될 수 없는 것이어서 당연무효이다(대판 1993. 4. 27. 92누12117).

7 공물의 사용관계에 대한 설명으로 가장 옳지 않은 것은?

① 판례는 기부채납받은 국유재산의 사용허가도 일반 사용 · 수익허가와 동일하게 특허로 본다.

② 지방자치단체가 관할하는 공립학교가 국가 소유의 땅을 무단으로 사용한 때에는 해당 지방자치단체가 국가에 부당이득을 반환하여야 한다.

③ 공물의 일반사용자가 원고적격이 인정되기 위해서는 공용폐지행위 등에 의해 개인의 중요하고 구체적인 이익이 직접 침해되었거나 그 침해가 예상되어야 한다.

④ 하천의 점용허가권은 특허에 의한 공물사용권의 일종으로서 하천관리주체에 대하여 대세적 효력이 있는 물권에 해당한다.

ADVICE ④ 하천의 점용허가권은 특허에 의한 공물사용권의 일종으로서 하천의 관리주체에 대하여 일정한 특별사용을 청구할 수 있는 채권에 지나지 아니하고 대세적 효력이 있는 물권이라 할 수 없다(대판 2015. 1.29. 2012두27404).

① 공유재산의 관리청이 하는 행정재산의 사용 · 수익에 대한 허가는 순전히 사경제주체로서 행하는 사법상의 행위가 아니라 관리청이 공권력을 가진 우월적 지위에서 행하는 행정처분이라고 보아야 할 것인바, 행정재산을 보호하고 그 유지 · 보존 및 운용 등의 적정을 기하고자 하는 지방재정법 및 그 시행령 등 관련 규정의 입법 취지와 더불어 잡종재산에 대해서는 대부 · 매각 등의 처분을 할 수 있게 하면서도 행정재산에 대해서는 그 용도 또는 목적에 장해가 없는 한도 내에서 사용 또는 수익의 허가를 받은 경우가 아니면 이러한 처분을 하지 못하도록 하고 있는 구 지방재정법 제82조 제1항, 제83조 제2항 등 규정의 내용에 비추어 볼 때 그 행정재산이 구 지방재정법 제75조의 규정에 따라 기부채납받은 재산이라 하여 그에 대한 사용 · 수익허가의 성질이 달라진다고 할 수는 없다(대판 2001. 6.15. 99두509).

② 지방자치단체가 설립 · 경영하는 학교의 부지 확보, 부지의 사용료 지급 등의 사무는 특별한 사정이 없는 한 지방교육자치의 주체인 지방자치단체의 고유사무인 자치사무이고, 국가는 법률과 예산의 범위 안에서 지방교육자치를 실현하고 있는 지방자치단체에 재정을 지원할 의무가 있으며, 이러한 국가의 지원범위를 벗어나 지방자치단체가 법률상 원인 없이 국유재산을 학교부지로 임의 사용하는 경우에는 민법상 부당이득이 성립될 수 있다(대판 2014.12.24. 2010다69704).

③ 일반적으로 도로는 국가나 지방자치단체가 직접 공중의 통행에 제공하는 것으로서 일반국민은 이를 자유로이 이용할 수 있는 것이기는 하나, 그렇다고 하여 그 이용관계로부터 당연히 그 도로에 관하여 특정한 권리나 법령에 의하여 보호되는 이익이 개인에게 부여되는 것이라고까지는 말할 수 없으므로, 일반적인 시민생활에 있어 도로를 이용만 하는 사람은 그 용도폐지를 다툴 법률상의 이익이 있다고 말할 수 없지만, 공공용재산이라고 하여도 당해 공공용재산의 성질상 특정개인의 생활에 개별성이 강한 직접적이고 구체적인 이익을 부여하고 있어서 그에게 그로 인한 이익을 가지게 하는 것이 법률적인 관점으로도 이유가 있다고 인정되는 특별한 사정이 있는 경우에는 그와 같은 이익은 법률상 보호되어야 할 것이고, 따라서 도로의 용도폐지처분에 관하여 이러한 직접적인 이해관계를 가지는 사람이 그와 같은 이익을 현실적으로 침해당한 경우에는 그 취소를 구할 법률상의 이익이 있다(대판 1992. 9.22. 91누13212).

ANSWER 6.② 7.④

8 「공공기관의 정보공개에 관한 법률」에 대한 설명으로 가장 옳은 것은?

① 정보공개청구의 거부에 대해서는 의무이행심판을 제기할 수 없다.
② 검찰보존사무규칙에서 정한 기록의 열람 · 등사의 제한은 「공공기관의 정보공개에 관한 법률」에 의한 비공개대상에 해당한다.
③ 법인 등의 경영 · 영업상 비밀은 사업활동에 관한 일체의 비밀사항을 의미한다.
④ 국가정보원이 직원에게 지급하는 현금급여 및 월초수당에 대한 정보는 비공개대상에 해당하지 아니한다.

ADVICE ③ 공공기관의 정보공개에 관한 법률 제9조 제1항 제7호에서 정한 '법인 등의 경영 · 영업상 비밀'은 '타인에게 알려지지 아니함이 유리한 사업활동에 관한 일체의 정보' 또는 '사업활동에 관한 일체의 비밀사항'을 의미하는 것이고 공개 여부는 공개를 거부할 만한 정당한 이익이 있는지에 따라 결정되어야 하는데, 그러한 정당한 이익이 있는지는 정보공개법의 입법 취지에 비추어 엄격하게 판단해야 한다(대판 2011.11.24. 2009두19021).

① 의무이행심판은 당사자의 신청에 대한 위법 · 부당한 거부처분이나 부작위에 대하여 일정한 내용의 처분을 하도록 하는 행정심판을 의미하며(행정심판법 제5조 제3호), 정보공개청구 거부에 대해서는 의무이행심판을 제기할 수 있다.

② 검찰보존사무규칙이 검찰청법 제11조에 기하여 제정된 법무부령이기는 하지만, 그 중 불기소사건기록의 열람 · 등사의 제한을 정하고 있는 위 규칙 제22조는 법률상의 위임근거가 없는 행정기관 내부의 사무처리준칙으로서 행정규칙에 불과하므로, 위 규칙 제22조에 의한 열람 · 등사의 제한을 공공기관의 정보공개에 관한 법률 제4조 제1항의 '정보의 공개에 관하여 다른 법률에 특별한 규정이 있는 경우' 또는 같은 법 제9조 제1항 제1호의 '다른 법률 또는 법률이 위임한 명령(국회규칙 · 대법원규칙 · 헌법재판소규칙 · 중앙선거관리위원회규칙 · 대통령령 및 조례에 한한다)에 의하여 비밀 또는 비공개 사항으로 규정된 경우'에 해당한다고 볼 수 없다(대판 2012. 6.28. 2011두16735).

④ 국가정보원이 그 직원에게 지급하는 현금급여 및 월초수당에 관한 정보는 국가정보원 예산집행내역의 일부를 구성하는 것이므로, 위 현금급여 및 월초수당에 관한 정보는 국가정보원법 제12조에 의하여 비공개 사항으로 규정된 정보로서 공공기관의 정보공개에 관한 법률 제9조 제1항 제1호의 비공개대상정보인 '다른 법률에 의하여 비공개 사항으로 규정된 정보'에 해당한다고 보아야 하고, 위 현금급여 및 월초수당이 근로의 대가로서의 성격을 가진다거나 정보공개청구인이 해당 직원의 배우자라고 하여 달리 볼 것은 아니다(대판 2010.12.23. 2010두14800).

9 「행정절차법」에서 규정하는 '당사자등'에 대한 설명으로 가장 옳은 것은?

① 행정청이 직권으로 행정절차에 참여하게 한 이해관계인은 당사자등에 해당하지 않는다.
② 법인이 아닌 재단은 당사자등이 될 수 없다.
③ 다수의 대표자가 있는 경우 그 중 1인에 대한 행정청의 통지는 모든 당사자등에게 효력이 있다.
④ 당사자등은 당사자등의 형제자매를 대리인으로 선임할 수 있다.

ADVICE ④ 행정절차법 제12조 제1항 … 당사자등은 다음 각 호의 어느 하나에 해당하는 자를 대리인으로 선임할 수 있다.
1. 당사자등의 배우자, 직계 존속 · 비속 또는 형제자매

① 행정절차법 제2조 4호 … "당사자등"이란 다음 각 목의 자를 말한다.

가. 행정청의 처분에 대하여 직접 그 상대가 되는 당사자

나. 행정청이 직권으로 또는 신청에 따라 행정절차에 참여하게 한 이해관계인

② 법인 아닌 재단도 처분의 직접 상대방이 된다면 행정절차법상 당사자가 될 수 있다.

③ 행정절차법 제11조 제6항… 다수의 대표자가 있는 경우 그중 1인에 대한 행정청의 행위는 모든 당사자등에게 효력이 있다. 다만, 행정청의 통지는 대표자 모두에게 하여야 그 효력이 있다.

10 「행정심판법」상 재결에 관한 내용으로 가장 옳은 것은?

① 재결에 의하여 취소되는 처분이 당사자의 신청을 거부하는 것을 내용으로 하는 경우라도 그 처분을 한 행정청이 재결의 취지에 따라 다시 이전의 신청에 대한 처분을 하여야 할 의무는 없다.

② 행정심판위원회는 재처분의무가 있는 피청구인이 재처분 의무를 이행하지 아니하면 지연기간에 따라 일정한 배상을 하도록 명할 수는 있으나 즉시 배상을 할 것을 명할 수는 없다.

③ 행정심판 청구인은 행정심판위원회의 간접강제 결정에 불복하는 경우 그 결정에 대하여 행정소송을 제기할 수 없다.

④ 행정심판청구에 대한 재결이 있으면 그 재결 및 같은 처분 또는 부작위에 대하여 다시 행정심판을 청구할 수 없다.

ADVICE ④ 행정심판법 제51조

① 재결에 의하여 취소되거나 무효 또는 부존재로 확인되는 처분이 당사자의 신청을 거부하는 것을 내용으로 하는 경우에는 그 처분을 한 행정청은 재결의 취지에 따라 다시 이전의 신청에 대한 처분을 하여야 한다(행정심판법 제49조 제2항).

② 위원회는 재처분의무가 있는 피청구인이 재처분 의무를 이행하지 아니하면 청구인의 신청에 의하여 결정으로 상당한 기간을 정하고 피청구인이 그 기간 내에 이행하지 아니하는 경우에는 그 지연기간에 따라 일정한 배상을 하도록 명하거나 즉시 배상을 할 것을 명할 수 있다(행정심판법 제50조의2 제1항).

③ 청구인은 행정심판위원회의 간접강제 결정에 불복하는 경우 그 결정에 대하여 행정소송을 제기할 수 있다(행정심판법 제50조의2 제4항).

ANSWER 8.③ 9.④ 10.④

11 행정소송에 대한 설명으로 가장 옳지 않은 것은?

① 사업시행자가 환매권의 존부에 관한 확인을 구하는 소송은 민사소송이다.

② 명예퇴직한 법관이 명예퇴직수당액의 차액 지급을 신청한 것에 대해 법원행정처장이 거부하는 의사표시를 한 경우 항고소송으로 이를 다투어야 한다.

③ 국가에 대한 납세의무자의 부가가치세 환급세액청구는 민사소송이 아니라 당사자소송으로 다투어야 한다.

④ 공무원연금법령상 급여를 받으려고 하는 자는 구체적 권리가 발생하지 않은 상태에서 곧바로 공무원연금공단을 상대로 한 당사자소송을 제기할 수 없다.

ADVICE ② 법관은 퇴직규정에서 정한 정당한 산정 기준에 따라 산정된 명예퇴직수당액을 수령할 구체적인 권리를 가진다. 따라서 위 법관이 이미 수령한 수당액이 위 규정에서 정한 정당한 명예퇴직수당액에 미치지 못한다고 주장하며 차액의 지급을 신청함에 대하여 법원행정처장이 거부하는 의사를 표시했더라도, 그 의사표시는 명예퇴직수당액을 형성·확정하는 행정처분이 아니라 공법상의 법률관계의 한쪽 당사자로서 지급의무의 존부 및 범위에 관하여 자신의 의견을 밝힌 것에 불과하므로 행정처분으로 볼 수 없다. 결국 명예퇴직한 법관이 미지급 명예퇴직수당액에 대하여 가지는 권리는 명예퇴직수당 지급대상자 결정 절차를 거쳐 명예퇴직수당규칙에 의하여 확정된 공법상 법률관계에 관한 권리로서, 그 지급을 구하는 소송은 행정소송법의 당사자소송에 해당하며, 그 법률관계의 당사자인 국가를 상대로 제기하여야 한다(대판 2016. 5.24. 2013두14863).

① 구 공익사업을 위한 토지 등의 취득 및 보상에 관한 법률 제91조에 규정된 환매권은 상대방에 대한 의사표시를 요하는 형성권의 일종으로서 재판상이든 재판 외이든 위 규정에 따른 기간 내에 행사하면 매매의 효력이 생기는 바, 이러한 환매권의 존부에 관한 확인을 구하는 소송 및 구 공익사업법 제91조 제4항에 따라 환매금액의 증감을 구하는 소송 역시 민사소송에 해당한다(대판 2013. 2.28. 2010두22368).

③ 납세의무자에 대한 국가의 부가가치세 환급세액 지급의무는 그 납세의무자로부터 어느 과세기간에 과다하게 거래징수된 세액 상당을 국가가 실제로 납부받았는지와 관계없이 부가가치세법령의 규정에 의하여 직접 발생하는 것으로서, 그 법적 성질은 정의와 공평의 관념에서 수익자와 손실자 사이의 재산상태 조정을 위해 인정되는 부당이득 반환의무가 아니라 부가가치세법령에 의하여 그 존부나 범위가 구체적으로 확정되고 조세 정책적 관점에서 특별히 인정되는 공법상 의무라고 봄이 타당하다. 그렇다면 납세의무자에 대한 국가의 부가가치세 환급세액 지급의무에 대응하는 국가에 대한 납세의무자의 부가가치세 환급세액 지급청구는 민사소송이 아니라 행정소송법 제3조 제2호에 규정된 당사자소송의 절차에 따라야 한다(대판 2013. 3.21. 2011다95564(전합)).

④ 공무원연금법령상 급여를 받으려고 하는 자는 우선 관계 법령에 따라 공무원연금공단에 급여지급을 신청하여 공무원연금공단이 이를 거부하거나 일부 금액만 인정하는 급여지급결정을 하는 경우 그 결정을 대상으로 항고소송을 제기하는 등으로 구체적 권리를 인정받아야 하고, 구체적인 권리가 발생하지 않은 상태에서 곧바로 공무원연금공단을 상대로 한 당사자소송으로 권리의 확인이나 급여의 지급을 소구하는 것은 허용되지 아니한다. 이러한 법리는 구체적인 급여를 받을 권리의 확인을 구하기 위하여 소를 제기하는 경우뿐만 아니라, 구체적인 급여수급권의 전제가 되는 지위의 확인을 구하는 경우에도 마찬가지로 적용된다(대판 2017. 2. 9. 2014두43264).

12 행정법상의 행정행위와 관련된 설명으로 가장 옳지 않은 것은?

① 부관의 사후변경은, 법률에 명문의 규정이 있거나 그 변경이 미리 유보되어 있는 경우 또는 상대방의 동의가 있는 경우에 한하여 허용되는 것이 원칙이지만, 사정변경으로 인하여 당초에 부담을 부가한 목적을 달성할 수 없게 된 경우에도 그 목적달성에 필요한 범위 내에서 예외적으로 허용된다.

② 도로점용허가의 점용기간은 행정행위의 본질적인 요소에 해당한다고 볼 것이어서 부관인 점용기간을 정함에 있어서 위법사유가 있다면 이로써 도로점용허가 처분 전부가 위법하게 된다.

③ 민사소송에 있어서 어느 행정처분의 당연무효 여부가 선결 문제로 되는 때에는 이를 판단하여 당연무효임을 전제로 판결할 수는 없고, 반드시 행정소송 등의 절차에 의하여 그 취소나 무효확인을 받아야 한다.

④ 일반적으로 행정처분이나 행정심판 재결이 불복기간의 경과로 확정될 경우 그 확정력은, 처분으로 법률상 이익을 침해받은 자가 당해 처분이나 재결의 효력을 더 이상 다툴 수 없다는 의미일 뿐, 판결과 같은 기판력이 인정되는 것은 아니다.

ADVICE ③ 행정행위가 무효 또는 부존재인 경우에는 행정행위의 공정력이 인정되지 않으므로 민사법원이 직접 행정행위의 무효 또는 부존재를 판단할 수 있다.

① 행정처분에 이미 부담이 부가되어 있는 상태에서 그 의무의 범위 또는 내용 등을 변경하는 부관의 사후변경은, 법률에 명문의 규정이 있거나 그 변경이 미리 유보되어 있는 경우 또는 상대방의 동의가 있는 경우에 한하여 허용되는 것이 원칙이지만, 사정변경으로 인하여 당초에 부담을 부가한 목적을 달성할 수 없게 된 경우에도 그 목적달성에 필요한 범위 내에서 예외적으로 허용된다(대판 1997. 5.30. 97누2627).

② 도로점용허가의 점용기간은 행정행위의 본질적인 요소에 해당한다고 볼 것이어서 부관인 점용기간을 정함에 있어서 위법사유가 있다면 이로써 도로점용허가 처분 전부가 위법하게 된다(대판 1985. 7. 9. 84누604).

④ 일반적으로 행정처분이나 행정심판재결이 불복기간의 경과로 인하여 확정될 경우, 그 확정력은 그 처분으로 인하여 법률상 이익을 침해받은 자가 당해 처분이나 재결의 효력을 더이상 다툴 수 없다는 의미일 뿐, 더 나아가 판결에 있어서와 같은 기판력이 인정되는 것은 아니어서 그 처분의 기초가 된 사실관계나 법률적 판단이 확정되고 당사자들이나 법원이 이에 기속되어 모순되는 주장이나 판단을 할 수 없게 되는 것은 아니다(대판 1994.11. 8. 93누21927).

ANSWER 11.② 12.③

13 행정청이 행하는 행정처분에 대한 설명으로 옳은 것을 〈보기〉에서 모두 고른 것은?

〈보기〉

㉠ 일반적으로 조례가 법률 등 상위법령에 위배된다는 사정은 그 조례의 규정을 위법하여 무효라고 선언한 대법원의 판결이 선고되지 아니한 상태에서는 그 조례 규정의 위법여부가 해석상 다툼의 여지가 없을 정도로 명백하였다고 인정되지 아니하는 이상 객관적으로 명백한 것이라 할 수 없으므로, 이러한 조례에 근거한 행정처분의 하자는 취소 사유에 해당할 뿐 무효사유가 된다고 볼 수는 없다.

㉡ 하자 있는 행정행위의 치유는 행정행위의 성질이나 법치주의의 관점에서 볼 때 원칙적으로 허용될 수 없는 것이고, 예외적으로 행정행위의 무용한 반복을 피하고 당사자의 법적 안정성을 위해 이를 허용하는 때에도 국민의 권리나 이익을 침해하지 않는 범위에서 구체적 사정에 따라 합목적적으로 인정하여야 한다.

㉢ 행정처분을 한 처분청은 그 처분의 성립에 하자가 있는 경우 이를 취소할 별도의 법적 근거가 없다고 하더라도 직권으로 이를 취소할 수 있다.

㉣ 행정행위를 한 처분청이 그 행위에 하자가 있어 수익적 행정처분을 취소할 때에는 이를 취소하여야 할 공익상의 필요와 그 취소로 인하여 당사자가 입게 될 기득권과 신뢰 보호 및 법률생활 안정의 침해 등 불이익을 비교·교량한 후 공익상의 필요가 당사자가 입을 불이익을 정당화할 만큼 강한 경우에 한하여 취소할 수 있다.

㉤ 행정행위를 한 처분청은 그 처분 당시에 그 행정처분에 별다른 하자가 없었고 또 그 처분 후에 이를 철회 또는 변경할 별도의 법적 근거가 없다 하더라도 원래의 처분을 그대로 존속시킬 필요가 없게 된 사정변경이 생겼거나 또는 중대한 공익상의 필요가 발생한 경우에는 별개의 행정행위로 이를 철회하거나 변경할 수 있다.

① ㉡, ㉢　　② ㉠, ㉣, ㉤

③ ㉡, ㉢, ㉣　　④ ㉠, ㉡, ㉢, ㉣, ㉤

ADVICE ㉠ 하자 있는 행정처분이 당연무효로 되려면 그 하자가 법규의 중요한 부분을 위반한 중대한 것이어야 할 뿐 아니라 객관적으로 명백한 것이어야 하므로, 행정청이 위법하여 무효인 조례를 적용하여 한 행정처분이 당연무효로 되려면 그 규정이 행정처분의 중요한 부분에 관한 것이어서 결과적으로 그에 따른 행정처분의 중요한 부분에 하자가 있는 것으로 귀착되고, 또한 그 규정의 위법성이 객관적으로 명백하여 그에 따른 행정처분의 하자가 객관적으로 명백한 것으로 귀착되어야 하는바, 일반적으로 조례가 법률 등 상위법령에 위배된다는 사정은 그 조례의 규정을 위법하여 무효라고 선언한 대법원의 판결이 선고되지 아니한 상태에서는 그 조례 규정의 위법 여부가 해석상 다툼의 여지가 없을 정도로 명백하였다고 인정되지 아니하는 이상 객관적으로 명백한 것이라 할 수 없으므로, 이러한 조례에 근거한 행정처분의 하자는 취소사유에 해당할 뿐 무효사유가 된다고 볼 수는 없다(대판 2009.10.29. 2007두26285).

㉡ 행정소송에서 행정처분의 위법 여부는 행정처분이 있을 때의 법령과 사실상태를 기준으로 하여 판단하여야 하고, 처분 후 법령의 개폐나 사실상태의 변동에 의하여 영향을 받지는 않는다고 할 것이며, 흠이 있는 행정행위의 치유는 행정행위의 성질이나 법치주의 관점에서 볼 때 원칙적으로 허용될 수 없는 것이고, 예외적으로 행정행위의 무용한 반복을 피하고 당사자의 법적 안정성을 위해 이를 허용하는 때에도 국민의 권리나 이익을 침해하지 않는 범위에서 구체적 사정에 따라 합목적적으로 인정하여야 할 것이다(대판 2002. 7. 9. 2001두10684).

㉢ 행정행위를 한 처분청은 처분 당시에 행정처분에 별다른 하자가 없었고 처분 후 취소할 별도의 법적 근거가 없더라도 원래의 처분을 존속시킬 필요가 없게 된 사정변경이 생겼거나 또는 중대한 공익상의 필요가 발생한 경우에는 그 효력을 상실케 하는 별개의 행정행위로 이를 취소할 수 있다(대판 1989. 4.11. 88누4782).

㉣㉤ 행정행위를 한 처분청은 비록 그 처분 당시에 별다른 하자가 없었고, 또 그 처분 후에 이를 철회할 별도의 법적 근거가 없다 하더라도 원래의 처분을 존속시킬 필요가 없게 된 사정변경이 생겼거나 또는 중대한 공익상의 필요가 발생한 경우에는 그 효력을 상실케 하는 별개의 행정행위로 이를 철회할 수 있다고 할 것이나, 수익적 행정처분을 취소 또는 철회하는 경우에는 이미 부여된 그 국민의 기득권을 침해하는 것이 되므로, 비록 취소 등의 사유가 있다고 하더라도 그 취소권 등의 행사는 기득권의 침해를 정당화할 만한 중대한 공익상의 필요 또는 제3자의 이익보호의 필요가 있는 때에 한하여 상대방이 받는 불이익과 비교·교량하여 결정하여야 하고, 그 처분으로 인하여 공익상의 필요보다 상대방이 받게 되는 불이익 등이 막대한 경우에는 재량권의 한계를 일탈한 것으로서 그 자체가 위법하다(대판 2004.11.26. 2003두10251).

14 「개인정보보호법」의 내용으로 가장 옳지 않은 것은?

① 개인정보는 살아 있는 개인에 관한 정보로서 성명, 주민등록번호 및 영상 등을 통하여 개인을 알아볼 수 있는 정보이며, 해당 정보만으로는 특정 개인을 알아볼 수 없다면, 다른 정보와 쉽게 결합하여 그 개인을 알아볼 수 있는 경우라도 개인정보라 할 수 없다.

② 개인정보처리자는 법령상 의무를 준수하기 위하여 불가피한 경우에는 개인정보를 수집할 수 있으며 그 수집 목적의 범위 내에서 이용할 수 있다.

③ 개인정보처리자로부터 개인정보를 제공받은 자는 정보주체로부터 별도의 동의를 받은 경우나 다른 법률에 특별한 규정이 있는 경우를 제외하고는 개인정보를 제공받은 목적 외의 용도로 이용하거나 이를 제3자에게 제공하여서는 아니 된다.

④ 개인정보처리자의 고의 또는 중대한 과실로 인하여 개인정보가 유출된 경우로서 정보주체에게 손해가 발생한 때에는 법원은 그 손해액의 3배를 넘지 아니하는 범위에서 손해배상액을 정할 수 있다.

ADVICE ① 해당 정보만으로는 특정 개인을 알아볼 수 없더라도 다른 정보와 쉽게 결합하여 알아볼 수 있는 정보도 개인정보라 할 수 있다(개인정보보호법 제2조 1호 나목).

② 개인정보처리자는 다음 각 호의 어느 하나에 해당하는 경우에는 개인정보를 수집할 수 있으며 그 수집 목적의 범위에서 이용할 수 있다(개인정보보호법 제15조 제1항).

2. 법률에 특별한 규정이 있거나 법령상 의무를 준수하기 위하여 불가피한 경우

③ 개인정보처리자로부터 개인정보를 제공받은 자는 다음 각 호의 어느 하나에 해당하는 경우를 제외하고는 개인정보를 제공받은 목적 외의 용도로 이용하거나 이를 제3자에게 제공하여서는 아니 된다(개인정보보호법 제19조).

1. 정보주체로부터 별도의 동의를 받은 경우
2. 다른 법률에 특별한 규정이 있는 경우

④ 개인정보처리자의 고의 또는 중대한 과실로 인하여 개인정보가 분실·도난·유출·위조·변조 또는 훼손된 경우로서 정보주체에게 손해가 발생한 때에는 법원은 그 손해액의 3배를 넘지 아니하는 범위에서 손해배상액을 정할 수 있다. 다만, 개인정보처리자가 고의 또는 중대한 과실이 없음을 증명한 경우에는 그러하지 아니하다(개인정보보호법 제39조 제3항).

ANSWER 13.④ 14.①

15 **행정상 제재에 대한 설명으로 가장 옳지 않은 것은?**

① 「도로교통법」에서 규정하는 경찰서장의 통고처분은 행정 소송의 대상이 되는 행정처분이다.

② 행정기관의 과태료부과처분에 대하여 상대방이 이의를 제기하여 그 사실이 「비송사건절차법」에 의한 과태료의 재판을 하여야 할 법원에 통지되면 당초의 행정기관의 부과처분은 그 효력을 상실한다.

③ 「독점규제 및 공정거래에 관한 법률」상의 부당내부거래에 대한 과징금에는 행정상의 제재금으로서의 기본적 성격에 부당이득환수적 요소도 부가되어 있다.

④ 가산세는 형벌이 아니므로 행위자의 고의 또는 과실 · 책임 능력 · 책임조건 등을 고려하지 아니하며, 조세의 부과절차에 따라 과징할 수 있다.

ADVICE ① 도로교통법 제118조에서 규정하는 경찰서장의 통고처분은 행정소송의 대상이되는 행정처분이 아니므로 그 처분의 취소를 구하는 소송은 부적법하고, 도로교통법상의 통고처분을 받은 자가 그 처분에 대하여 이의가 있는 경우에는 통고처분에 따른 범칙금의 납부를 이행하지 아니함으로써 경찰서장의 즉결심판청구에 의하여 법원의 심판을 받을 수 있게 될 뿐이다(대판 1995. 6.29. 95누4674).

② 행정청의 과태료 부과에 불복하는 당사자는 과태료 부과 통지를 받은 날부터 60일 이내에 해당 행정청에 서면으로 이의제기를 할 수 있다. 이의제기가 있는 경우에는 행정청의 과태료 부과처분은 그 효력을 상실한다(질서위반행위규제법 제20조).

참고) 옥외광고물등관리법에 의하여 부과된 과태료처분의 당부는 최종적으로 비송사건절차법에 의한 절차에 의하여만 판단되어야 한다고 보아야 할 것이므로 위와 같은 과태료처분은 행정소송의 대상이 되는 행정처분이라고 볼 수 없다(대판 1993.11.23. 93누16833).

③ 공정거래법의 과징금은 그 취지와 기능, 부과의 주체와 절차 등을 종합할 때 부당한 공동행위의 억제라는 행정목적을 실현하기 위하여 그 위반행위에 대하여 제재를 가하는 행정상의 제재적 성격에 부당이득 환수적 성격이 겸유되어 있다(대판 2011. 6.30. 2009두12631).

④ 가산세는 세법에서 규정하는 의무의 성실한 이행을 확보하기 위하여 세법에 따라 산출한 세액에 더하여 징수하는 금액을 의미하며 조세부과 절차에 따라 징수한다.

16 **행정조사에 대한 설명으로 가장 옳지 않은 것은?**

① 행정기관의 장은 법령 등에 특별한 규정이 있는 경우를 제외하고는 행정조사의 결과를 확정한 날로부터 7일 이내에 그 결과를 조사대상자에게 통지하여야 한다.

② 행정기관의 장은 당해 행정기관이 이미 조사를 받은 조사 대상자에 대하여 위법행위가 의심되는 새로운 증거를 확보하는 경우에는 재조사할 수 있다.

③ 「지방세기본법」은 지방자치단체장의 세무조사권에 대한 남용금지를 규정하고 있다.

④ 지방자치단체장의 세무조사결정은 납세의무자의 권리 · 의무에 간접적 영향을 미치는 행정작용으로서 항고소송의 대상이 되지 않는다.

ADVICE ④ 부과처분을 위한 과세관청의 질문조사권이 행해지는 세무조사결정이 있는 경우 납세의무자는 세무공무원의 과세자료 수집을 위한 질문에 대답하고 검사를 수인하여야 할 법적 의무를 부담하게 되는 점, 세무조사는 기본적으로 적정하고 공평한 과세의 실현을 위하여 필요한 최소한의 범위 안에서 행하여져야 하고, 더욱이 동일한 세목 및 과세기간에 대한 재조사는 납세자의 영업의 자유 등 권익을 심각하게 침해할 뿐만 아니라 과세관청에 의한 자의적인 세무조사의 위험마저 있으므로 조세공평의 원칙에 현저히 반하는 예외적인 경우를 제외하고는 금지될 필요가 있는 점, 납세의무자로 하여금 개개의 과태료 처분에 대하여 불복하거나 조사 종료 후의 과세처분에 대하여만 다툴 수 있도록 하는 것보다는 그에 앞서 세무조사결정에 대하여 다툼으로써 분쟁을 조기에 근본적으로 해결할 수 있는 점 등을 종합하면, 세무조사결정은 납세의무자의 권리 · 의무에 직접 영향을 미치는 공권력의 행사에 따른 행정작용으로서 항고소송의 대상이 된다(대판 2011. 3.10. 2009두23617,23624).

① 행정조사기본법 제24조.

② 행정조사기본법 제15조 제1항.

③ 지방세기본법 제80조에서 '지방자치단체장의 세무조사권 남용 금지'에 대해 규정하고 있다.

17 「행정소송법」상 집행정지에 대한 설명으로 가장 옳은 것은?

① 본안소송이 무효확인소송인 경우에도 집행정지가 가능하다.

② 거부처분에 대해서도 그 효력정지를 구할 이익이 인정된다.

③ 집행정지의 결정에 대한 즉시항고에는 결정의 집행을 정지하는 효력이 있다.

④ 집행정지결정의 효력은 정지결정의 대상인 처분의 발령시점에 소급하는 것이 원칙이다.

ADVICE ① 취소소송에서의 집행정지 규정(행정소송법 제23조)은 무효등확인소송의 경우에 준용한다(행정소송법 제38조 제1항).

② 허가신청에 대한 거부처분은 그 효력이 정지되더라도 그 처분이 없었던 것과 같은 상태를 만드는 것에 지나지 아니하는 것이고 그 이상으로 행정청에 대하여 어떠한 처분을 명하는 등 적극적인 상태를 만들어 내는 경우를 포함하지 아니하는 것이므로, 교도소장이 접견을 불허한 처분에 대하여 효력정지를 한다 하여도 이로 인하여 위 교도소장에게 접견의 허가를 명하는 것이 되는 것도 아니고 또 당연히 접견이 되는 것도 아니어서 접견허가거부처분에 의하여 생길 회복할 수 없는 손해를 피하는 데 아무런 보탬도 되지 아니하니 접견허가거부처분의 효력을 정지할 필요성이 없다(대결 1991. 5. 2. 91두15).

③ 집행정지의 결정 또는 기각의 결정에 대하여는 즉시항고할 수 있다. 이 경우 집행정지의 결정에 대한 즉시항고에는 결정의 집행을 정지하는 효력이 없다(행정소송법 제23조 제5항).

④ 집행정지결정은 장래효를 가진다.

ANSWER 15.① 16.④ 17.①

18 행정법의 일반원칙에 대한 설명으로 가장 옳지 않은 것은?

① 평등의 원칙에 의할 때, 위법한 행정처분이 수 차례에 걸쳐 반복적으로 행하여졌다면 설령 그러한 처분이 위법하더라도 행정청에 대하여 자기구속력을 갖게 된다.

② 지방자치단체의 세자녀 이상 세대 양육비 등 지원에 관한 조례안은 저출산 문제의 국가적 · 사회적 심각성을 십분 감안하여 향후 지방자치단체의 출산을 적극 장려토록 하여 인구정책을 보다 전향적으로 실효성 있게 추진하고자 세자녀 이상 세대 중 세 번째 이후 자녀에게 양육비 등을 지원할 수 있도록 하는 것으로서, 위와 같은 사무는 지방 자치단체 고유의 자치사무이므로 그 제정에 있어서 반드시 법률의 개별적 위임이 따로 필요한 것은 아니다.

③ 재량준칙이 정한 바에 따라 되풀이 시행되어 행정관행이 이루어지게 되면 평등의 원칙이나 신뢰보호의 원칙에 따라 행정청은 상대방에 대한 관계에서 그 규칙에 따라야 할 자기구속을 받게 되므로, 이러한 경우에는 특별한 사정이 없는 한 그에 반하는 처분은 평등의 원칙이나 신뢰보호의 원칙에 어긋나 재량권을 일탈 · 남용한 위법한 처분이 된다.

④ 병무청 담당부서의 담당공무원에게 공적 견해의 표명을 구하는 정식의 서면질의 등을 하지 아니한 채 총무과 민원 팀장인 공무원이 민원봉사차원에서 상담에 응하여 안내한 것을 신뢰한 경우, 신뢰보호원칙이 적용되지 아니한다.

ADVICE ① 일반적으로 행정상의 법률관계 있어서 행정청의 행위에 대하여 신뢰보호의 원칙이 적용되기 위하여는 행정청이 개인에 대하여 신뢰의 대상이 되는 공적인 견해표명을 하였다는 점이 전제되어야 한다. 그리고 평등의 원칙은 본질적으로 같은 것을 자의적으로 다르게 취급함을 금지하는 것이고, 위법한 행정처분이 수차례에 걸쳐 반복적으로 행하여졌다 하더라도 그러한 처분이 위법한 것인 때에는 행정청에 대하여 자기구속력을 갖게 된다고 할 수 없다(대판 2009. 6.25. 2008두13132).

② 지방자치법 제15조에 의하면 지방자치단체는 그 내용이 주민의 권리의 제한 또는 의무의 부과에 관한 사항이거나 벌칙에 관한 사항이 아닌 한 법률의 위임이 없더라도 그의 사무에 관하여 조례를 제정할 수 있는바, 지방자치단체의 세자녀 이상 세대 양육비 등 지원에 관한 조례안은 저출산 문제의 국가적 · 사회적 심각성을 십분 감안하여 향후 지방자치단체의 출산을 적극 장려토록 하여 인구정책을 보다 전향적으로 실효성 있게 추진하고자 세 자녀 이상 세대 중 세 번째 이후 자녀에게 양육비 등을 지원할 수 있도록 하는 것으로서, 위와 같은 사무는 지방자치단체 고유의 자치사무 중 주민의 복지증진에 관한 사무를 규정한 지방자치법 제9조 제2항 제2호 (라)목에서 예시하고 있는 아동 · 청소년 및 부녀의 보호와 복지증진에 해당되는 사무이고, 또한 위 조례안에는 주민의 편의 및 복리증진에 관한 내용을 담고 있어 그 제정에 있어서 반드시 법률의 개별적 위임이 따로 필요한 것은 아니다(대판 2006.10.12. 2006추38).

③ 재량준칙이 정한 바에 따라 되풀이 시행되어 행정관행이 이루어지게 되면 평등의 원칙이나 신뢰보호의 원칙에 따라 행정청은 상대방에 대한 관계에서 그 규칙에 따라야 할 자기구속을 받게 되므로, 이러한 경우에는 특별한 사정이 없는 한 그에 반하는 처분은 평등의 원칙이나 신뢰보호의 원칙에 어긋나 재량권을 일탈 · 남용한 위법한 처분이 된다. 한국전력공사가, 甲 주식회사가 광섬유복합가공지선 구매입찰에서 담합행위를 하였다는 이유로 6개월의 입찰참가자격 제한처분(1차 처분)을 한 다음, 1차 처분이 있기 전에 전력선 구매입찰에서 담합행위를 하였다는 이유로 甲 회사에 다시 6개월의 입찰참가자격 제한처분(2차 처분)을 한 사안에서, 위 2차 처분은 재량권을 일탈 · 남용하여 위법하다(대판 2014.11.27. 2013두18964).

④ 병무청 담당부서의 담당공무원에게 공적 견해의 표명을 구하는 정식의 서면질의 등을 하지 아니한 채 총무과 민원팀장에 불과한 공무원이 민원봉사차원에서 상담에 응하여 안내한 것을 신뢰한 경우, 신뢰보호 원칙이 적용되지 아니한다(대판 2003.12.26. 2003두1875)

19 권한의 위임과 위탁에 대한 설명으로 가장 옳은 것은?

① 권한의 위임과 위탁은 법률의 명시적 근거를 필요로 한다.
② 수임사무의 처리에 드는 비용은 수임기관이 부담하는 것이 원칙이다.
③ 권한의 위탁은 수탁자가 자신의 이름으로 권한을 행사하고 그 권한의 행사의 효과는 위탁자에게 귀속한다.
④ 위임청은 기관위임사무의 수행에 대하여 지방자치단체의 기관을 지휘 · 감독할 수 없다.

ADVICE ① 권한의 위임이란 행정기관이 소관사무의 일부를 보조기관 또는 하급행정기관이나 다른 행정기관에 이전하여 권한을 행사하게 하는 것을 말하며, 다른 행정기관에 권한을 이전하는 것을 특히 위탁이라고 한다. 권한의 위임과 위탁은 법령에 의한 권한 배분에 변경을 가져오므로 명시적 근거를 필요로 한다.
② 원래 위임자의 권한에 속하는 사항에 관해 위임한 것이므로 위임자가 수임사무 처리과정에서 발생한 비용부담자가 된다.
③ 수탁자는 자신의 이름으로 권한을 행사하고 스스로 책임을 진다.
④ 수임청의 기관위임사무의 수행은 국가기관으로서 지위에 기한 행위이므로 위임청은 수임청의 기관을 지휘 · 감독할 수 있다.

ANSWER 18.① 19.①

20 공무원법과 관련하여 가장 옳지 않은 것은?

① 「국가공무원법」상 직무상 비밀이라 함은 국가 공무의 민주적, 능률적 운영을 확보하여야 한다는 이념에 비추어 볼 때 당해 사실이 일반에 알려질 경우 그러한 행정의 목적을 해할 우려가 있는지 여부를 기준으로 판단하여야 하며, 구체적으로는 행정기관이 비밀이라고 형식적으로 정한 것에 따를 것이 아니라 실질적으로 비밀로서 보호할 가치가 있는지 등이 객관적으로 검토되어야 한다.

② 「국가공무원법」 품위유지의무는 공무원에게 직무와 관련된 부분은 물론 사적인 부분에 있어서도 건실한 생활을 할 것을 요구하며, 여기에서 '품위'라 함은 주권자인 국민의 수임자로서의 직책을 맡아 수행해 나가기에 손색이 없는 인품을 말한다.

③ 「공무원연금법」에 의한 퇴직연금 등은 임용결격자가 공무원으로 임용되어 사실상 근무하여 왔고 또 공무원연금제도가 공무원의 재직 중의 성실한 복무에 대한 공로보상적 성격과 사회보장적 기능을 가지고 있으므로, 적법한 공무원으로서의 신분을 취득하지 못한 자라고 하더라도 공무원연금법 소정의 퇴직연금을 청구할 수 있다고 할 것이다.

④ 공무원이 그 직무를 수행함에 즈음하여 하관은 소속상관의 적법한 명령에 복종할 의무는 있으나 그 명령이 대통령 선거를 앞두고 특정후보에 대하여 반대하는 여론을 조성할 목적으로 확인되지도 않은 허위의 사실을 담은 책자를 발간·배포하거나 기사를 게재하도록 하라는 것과 같이 명백히 위법 내지 불법한 명령인 때에는 이는 벌써 직무상의 지시명령이라 할 수 없으므로 이에 따라야 할 의무가 없다.

ADVICE ③ 공무원연금법에 의한 퇴직연금 등은 적법한 공무원으로서의 신분을 취득하여 근무하다가 퇴직하는 경우에 지급되는 것이고, 당연무효인 임용결격자에 대한 임용행위에 의하여서는 공무원의 신분을 취득할 수 없는 것이므로, 임용결격자가 공무원으로 임용되어 사실상 근무하여 왔고 또 공무원연금제도가 공무원의 재직 중의 성실한 복무에 대한 공로보상적 성격과 사회보장적 기능을 가지고 있다고 하더라도, 적법한 공무원으로서의 신분을 취득하지 못한 자로서는 공무원연금법 소정의 퇴직연금을 청구할 수 없다(대판 1995. 9.29. 95누7833).

① 국가공무원법상 직무상 비밀이라 함은 국가 공무의 민주적, 능률적 운영을 확보하여야 한다는 이념에 비추어 볼 때 당해 사실이 일반에 알려질 경우 그러한 행정의 목적을 해할 우려가 있는지 여부를 기준으로 판단하여야 하며, 구체적으로는 행정기관이 비밀이라고 형식적으로 정한 것에 따를 것이 아니라 실질적으로 비밀로서 보호할 가치가 있는지, 즉 그것이 통상의 지식과 경험을 가진 다수인에게 알려지지 아니한 비밀성을 가졌는지, 또한 정부나 국민의 이익 또는 행정목적 달성을 위하여 비밀로서 보호할 필요성이 있는지 등이 객관적으로 검토되어야 한다(대판 1996.10.11. 94누7171).

② 국민으로부터 널리 공무를 수탁하여 국민 전체를 위해 근무하는 공무원의 지위를 고려할 때 공무원의 품위손상행위는 본인은 물론 공직사회에 대한 국민의 신뢰를 실추시킬 우려가 있으므로 지방공무원법 제55조는 국가공무원법 제63조와 함께 공무원에게 직무와 관련된 부분은 물론 사적인 부분에 있어서도 건실한 생활을 할 것을 요구하는 '품위유지의무'를 규정하고 있고, 여기에서 '품위'라 함은 주권자인 국민의 수임자로서의 직책을 맡아 수행해 나가기에 손색이 없는 인품을 말한다. 출장근무 중 근무장소를 벗어나 인근 유원지에 가서 동료 여직원의 의사에 반하여 성관계를 요구하다가 그 직원에게 상해를 입히고 강간치상죄로 형사소추까지 당하게 된 경우, 당해 공무원의 이러한 행위는 사회통념상 비난받을 만한 행위로서 공직의 신용을 손상시키는 것이므로 지방공무원법 제69조 제1항 제3호 소정의 품위손상행위에 해당한다(대판 1998. 2.27. 97누18172).

④ 공무원이 그 직무를 수행함에 즈음하여 상관은 하관에 대하여 범죄행위 등 위법한 행위를 하도록 명령할 직권이 없는 것이며, 또한 하관은 소속상관의 적법한 명령에 복종할 의무는 있으나 그 명령이 대통령 선거를 앞두고 특정 후보에 대하여 반대하는 여론을 조성할 목적으로 확인되지도 않은 허위의 사실을 담은 책자를 발간 · 배포하거나 기사를 게재하도록 하라는 것과 같이 명백히 위법 내지 불법한 명령인 때에는 이는 벌써 직무상의 지시명령이라 할 수 없으므로 이에 따라야 할 의무가 없다(대판 1999. 4.23. 99도636).

ANSWER 20.③

2018. 8. 18. 인사혁신처 시행

1 **신뢰보호의 원칙에 대한 설명으로 옳지 않은 것은? (다툼이 있는 경우 판례에 의함)**

① 「행정절차법」에 명문의 근거가 있다.

② 확약이 있은 후에 사실적 · 법률적 상태가 변경되었다면, 그 확약은 행정청의 별다른 의사표시를 기다리지 않고 실효된다.

③ 법률에 따른 개인의 행위가 국가에 의하여 일정 방향으로 유인된 신뢰의 행사가 아니라 단지 법률이 부여한 기회를 활용한 것이라 하더라도, 신뢰보호의 이익이 인정된다.

④ 개정 법령이 기존의 사실 또는 법률관계를 적용대상으로 하면서 종전보다 불리한 법률효과를 규정하고 있는 경우에도 그러한 사실 또는 법률관계가 개정 법률이 시행되기 이전에 이미 종결된 것이 아니라면 이를 헌법상 금지되는 소급입법이라고 할 수는 없다.

ADVICE ③ 의무사관후보생의 병적에서 제외된 사람의 징집면제연령을 31세에서 36세로 상향조정한 구 병역법 제71조 제1항 단서의 경우 국가가 입법을 통하여 개인의 행위를 일정방향으로 유도하였다고 볼 수는 없고, 따라서 청구인의 징집면제연령에 관한 기대 또는 신뢰는 단지 법률이 부여한 기회를 활용한 것으로서 원칙적으로 사적 위험부담의 범위에 속하는 것이다(헌재결 2002.11.28. 2002헌바45).

① 행정청은 법령등의 해석 또는 행정청의 관행이 일반적으로 국민들에게 받아들여졌을 때에는 공익 또는 제3자의 정당한 이익을 현저히 해칠 우려가 있는 경우를 제외하고는 새로운 해석 또는 관행에 따라 소급하여 불리하게 처리하여서는 아니 된다(행정절차법 제4조 제2항).

② 행정청이 상대방에게 장차 어떤 처분을 하겠다고 확약 또는 공적인 의사표명을 하였다고 하더라도, 그 자체에서 상대방으로 하여금 언제까지 처분의 발령을 신청을 하도록 유효기간을 두었는데도 그 기간 내에 상대방의 신청이 없었다거나 확약 또는 공적인 의사표명이 있은 후에 사실적 · 법률적 상태가 변경되었다면, 그와 같은 확약 또는 공적인 의사표명은 행정청의 별다른 의사표시를 기다리지 않고 실효된다(대판 1996. 8.20. 95누10877).

④ 소급입법은 새로운 입법으로 이미 종료된 사실관계 또는 법률관계에 적용케 하는 진정소급입법과 현재 진행 중인 사실관계 또는 법률관계에 적용케 하는 부진정소급입법으로 나눌 수 있는바, 이 중에서 기존의 법에 의하여 이미 형성된 개인의 법적 지위를 사후입법을 통하여 박탈하는 것을 내용으로 하는 진정소급입법은 개인의 신뢰보호와 법적 안정성을 내용으로 하는 법치국가 원리에 의하여 허용되지 아니하는 것이 원칙인 데 반하여, 부진정소급입법은 원칙적으로 허용되지만 소급효를 요구하는 공익상의 사유와 신뢰보호를 요구하는 개인보호의 사유 사이의 교량과정에서 그 범위에 제한이 가하여지는 것이다(대판 2007.10.11. 2005두5390).

2 「공공기관의 정보공개에 관한 법률」에 대한 설명으로 옳지 않은 것은? (다툼이 있는 경우 판례에 의함)

① 공공기관이 공개청구대상 정보를 청구인이 신청한 공개방법 이외의 방법으로 공개하는 결정을 한 경우, 정보공개청구 중 정보공개방법 부분에 대하여 일부 거부처분을 한 것이다.

② 정보비공개결정 취소소송에서 공공기관이 청구정보를 증거로 법원에 제출하여 법원을 통하여 그 사본을 청구인에게 교부되게 하여 정보를 공개하게 된 경우에는 비공개결정의 취소를 구할 소의 이익이 소멸한다.

③ 통일에 관한 사항으로서 공개될 경우 국가의 중대한 이익을 현저히 해칠 우려가 있다고 인정되는 정보는 비공개대상정보에 해당한다.

④ 공개하는 것이 공익을 위하여 필요한 경우로서 법령에 따라 국가가 업무의 일부를 위탁 또는 위촉한 개인의 성명 · 직업은, 공개되면 사생활의 비밀 또는 자유가 침해될 우려가 있다고 인정되더라도 공개대상정보에 해당한다.

ADVICE ② 청구인이 정보공개거부처분의 취소를 구하는 소송에서 공공기관이 청구정보를 증거 등으로 법원에 제출하여 법원을 통하여 그 사본을 청구인에게 교부 또는 송달되게 하여 결과적으로 청구인에게 정보를 공개하는 셈이 되었다고 하더라도, 이러한 우회적인 방법은 정보공개법이 예정하고 있지 아니한 방법으로서 정보공개법에 의한 공개라고 볼 수는 없으므로, 당해 정보의 비공개결정의 취소를 구할 소의 이익은 소멸되지 않는다(대판 2016.12.15. 2012두11409,11416).

① 공공기관이 공개청구의 대상이 된 정보를 공개는 하되, 청구인이 신청한 공개방법 이외의 방법으로 공개하기로 하는 결정을 하였다면, 이는 정보공개청구 중 정보공개방법에 관한 부분에 대하여 일부 거부처분을 한 것이고, 청구인은 그에 대하여 항고소송으로 다툴 수 있다(대판 2016.11.10. 2016두44674).

③④ 정보공개법 제9조 제1항 제2호, 제6호

> 제9조(비공개 대상 정보)
>
> ① 공공기관이 보유 · 관리하는 정보는 공개 대상이 된다. 다만, 다음 각 호의 어느 하나에 해당하는 정보는 공개하지 아니할 수 있다.
>
> 2. 국가안전보장 · 국방 · 통일 · 외교관계 등에 관한 사항으로서 공개될 경우 국가의 중대한 이익을 현저히 해칠 우려가 있다고 인정되는 정보
>
> 6. 해당 정보에 포함되어 있는 성명 · 주민등록번호 등 개인에 관한 사항으로서 공개될 경우 사생활의 비밀 또는 자유를 침해할 우려가 있다고 인정되는 정보. 다만, 다음 각 목에 열거한 개인에 관한 정보는 제외한다.
>
> 마. 공개하는 것이 공익을 위하여 필요한 경우로서 법령에 따라 국가 또는 지방자치단체가 업무의 일부를 위탁 또는 위촉한 개인의 성명 · 직업

ANSWER 1.③ 2.②

3 「행정소송법」상 행정청의 소송참가에 대한 설명으로 옳지 않은 것은?

① 법원은 다른 행정청을 취소소송에 참가시킬 필요가 있다고 인정할 때에는 당사자 또는 당해 행정청의 신청 또는 직권에 의하여 결정으로써 그 행정청을 소송에 참가시킬 수 있다.

② 행정청의 소송참가는 당사자소송에서도 허용된다.

③ 소송참가할 수 있는 행정청이 자기에게 책임없는 사유로 소송에 참가하지 못함으로써 판결의 결과에 영향을 미칠 공격방어방법을 제출하지 못한 때에는 이를 이유로 확정된 종국판결에 대하여 재심을 청구할 수 있다.

④ 행정청의 소송참가는 처분의 효력 유무가 민사소송의 선결문제가 되어 당해 민사소송의 수소법원이 이를 심리 · 판단하는 경우에도 허용된다.

ADVICE ③ 행정소송법은 취소판결의 효력으로 인해 불이익을 받는 제3자를 보호하기 위해 제3자에 의한 재심청구에 관한 규정(행정소송법 제31조)을 두고 있지만, 행정청의 재심청구에 관해서는 규정하고 있지 않다.

① 행정소송법 제17조 제1항.

② 행정소송법 제44조 제1항.

④ 행정소송법 제11조 제1항.

4 행정행위의 부관에 대한 설명으로 옳지 않은 것은? (다툼이 있는 경우 판례에 의함)

① 법령에 특별한 근거규정이 없는 한 기속행위에는 부관을 붙일 수 없고 기속행위에 붙은 부관은 무효이다.

② 행정처분과의 실제적 관련성이 없어 부관으로 붙일 수 없는 부담은 사법상 계약의 형식으로도 부과할 수 없다.

③ 취소소송에 의하지 않으면 권리구제를 받을 수 없는 경우에는, 부담이 아닌 부관이라 하더라도 그 부관만을 대상으로 취소소송을 제기하는 것이 허용된다.

④ 부관의 일종인 사후부담은, 법률에 명문의 규정이 있거나 그것이 미리 유보되어 있는 경우 또는 상대방의 동의가 있는 경우에 허용되는 것이 원칙이다.

ADVICE ③ 행정행위의 부관은 부담인 경우를 제외하고는 독립하여 행정소송의 대상이 될 수 없는바, 기부채납받은 행정재산에 대한 사용 · 수익허가에서 공유재산의 관리청이 정한 사용 · 수익허가의 기간은 그 허가의 효력을 제한하기 위한 행정행위의 부관으로서 이러한 사용 · 수익허가의 기간에 대해서는 독립하여 행정소송을 제기할 수 없다(대판 2001. 6.15. 99두509).

① 일반적으로 기속행위나 기속적 재량행위에는 부관을 붙일 수 없고 가사 부관을 붙였다 하더라도 이는 무효의 것이다(대판 1988. 4.27. 87누1106).

② 공무원이 인 · 허가 등 수익적 행정처분을 하면서 상대방에게 그 처분과 관련하여 이른바 부관으로서 부담을 붙일 수 있다 하더라도, 그러한 부담은 법치주의와 사유재산 존중, 조세법률주의 등 헌법의 기본원리에 비추어 비례의 원칙이나 부당결부금지의 원칙에 위배되지 않아야만 적법한 것인바, 행정처분과 부관 사이에 실제적 관련성이 있다고 볼 수 없는 경우 공무원이 위와 같은 공법상의 제한을 회피할 목적으로 행정처분의 상대방과 사이에 사법상 계약을 체결하는 형식을 취하였다면 이는 법치행정의 원리에 반하는 것으로서 위법하다고 보지 않을 수 없다(대판 2010. 1.28. 2007도9331).

④ 부관은 면허 발급 당시에 붙이는 것뿐만 아니라 면허 발급 이후에 붙이는 것도 법률에 명문의 규정이 있거나 변경이 미리 유보되어 있는 경우 또는 상대방의 동의가 있는 경우 등에는 특별한 사정이 없는 한 허용된다(대판 2016.11.24. 2016두45028).

5 행정조사 및 「행정조사기본법」에 대한 설명으로 옳은 것(○)과 옳지 않은 것(×)을 바르게 연결한 것은? (다툼이 있는 경우 판례에 의함)

> ㉠ 우편물 통관검사절차에서 이루어지는 우편물의 개봉, 시료채취, 성분분석 등의 검사는 수출입물품에 대한 적정한 통관 등을 목적으로 한 행정조사의 성격을 가지는 것으로서 수사기관의 강제처분이라고 할 수 없다.
> ㉡ 조사원이 현장조사 중에 자료·서류·물건 등을 영치하는 경우에 조사대상자의 생활이나 영업이 사실상 불가능하게 될 우려가 있는 때에는 조사원은 증거인멸의 우려가 있는 경우가 아니라면 사진촬영 등의 방법으로 영치에 갈음할 수 있다.
> ㉢ 행정기관의 장이 조사대상자의 자발적인 협조를 얻어 행정조사를 실시하고자 하는 경우 조사대상자는 문서·전화·구두 등의 방법으로 당해 행정조사를 거부할 수 있다.
> ㉣ 조사대상자가 행정조사의 실시를 거부하거나 방해하는 경우 조사원은 「행정조사기본법」상의 명문규정에 의하여 조사대상자의 신체와 재산에 대해 실력을 행사할 수 있다.

	㉠	㉡	㉢	㉣
①	○	○	○	×
②	○	×	○	×
③	×	×	○	○
④	○	○	×	×

ADVICE ㉠ 우편물 통관검사절차에서 이루어지는 우편물의 개봉, 시료채취, 성분분석 등의 검사는 수출입물품에 대한 적정한 통관 등을 목적으로 한 행정조사의 성격을 가지는 것으로서 수사기관의 강제처분이라고 할 수 없으므로, 압수·수색영장 없이 우편물의 개봉, 시료채취, 성분분석 등 검사가 진행되었다 하더라도 특별한 사정이 없는 한 위법하다고 볼 수 없다(대판 2013. 9.26. 2013도7718).

㉡ 조사원이 자료등을 영치하는 경우에 조사대상자의 생활이나 영업이 사실상 불가능하게 될 우려가 있는 때에는 조사원은 자료등을 사진으로 촬영하거나 사본을 작성하는 등의 방법으로 영치에 갈음할 수 있다. 다만, 증거인멸의 우려가 있는 자료등을 영치하는 경우에는 그러하지 아니하다(행정조사기본법 제13조 제2항).

㉢ 행정조사기본법 제20조 제1항.

㉣ 행정조사는 처벌보다는 법령 등을 준수하도록 유도하는 데 중점을 두어야 한다고 규정(행정조사기본법 제4조 제4항)하고 있지만, 행정조사를 방해하는 조사대상자에 대한 실력행사에 관한 규정은 두고 있지 않다.

ANSWER 3.③ 4.③ 5.①

6 「행정소송법」상 집행정지에 대한 설명으로 옳은 것만을 모두 고르면? (다툼이 있는 경우 판례에 의함)

㉠ 보조금 교부결정 취소처분에 대하여 법원이 효력정지결정을 하면서 주문에서 그 법원에 계속 중인 본안소송의 판결 선고 시까지 처분의 효력을 정지한다고 선언하였을 경우, 본안소송의 판결 선고에 의하여 정지결정의 효력은 소멸하고 이와 동시에 당초의 보조금 교부결정 취소처분의 효력이 당연히 되살아난다.
㉡ 집행정지의 결정이 확정된 후 집행정지가 공공복리에 중대한 영향을 미치거나 그 정지사유가 없어진 때에는 당사자의 신청 또는 직권에 의하여 결정으로써 집행정지의 결정을 취소할 수 있다.
㉢ 집행정지결정에 의하여 효력이 정지되는 처분이 당사자의 신청을 거부하는 것을 내용으로 하는 경우에는 그 처분을 행한 행정청은 집행정지결정의 취지에 따라 다시 이전의 신청에 대한 처분을 하여야 한다.
㉣ 집행정지의 결정에 대하여는 즉시항고할 수 있으며, 이 경우 집행정지의 결정에 대한 즉시항고에는 결정의 집행을 정지하는 효력이 없다.

① ㉠, ㉢ ② ㉡, ㉣
③ ㉠, ㉡, ㉣ ④ ㉡, ㉢, ㉣

ADVICE ㉠ 행정소송법 제23조에 의한 효력정지결정의 효력은 결정주문에서 정한 시기까지 존속하고 그 시기의 도래와 동시에 효력이 당연히 소멸하므로, 보조금 교부결정의 일부를 취소한 행정청의 처분에 대하여 법원이 효력정지결정을 하면서 주문에서 그 법원에 계속 중인 본안소송의 판결 선고 시까지 처분의 효력을 정지한다고 선언하였을 경우, 본안소송의 판결 선고에 의하여 정지결정의 효력은 소멸하고 이와 동시에 당초의 보조금 교부결정 취소처분의 효력이 당연히 되살아난다. 따라서 효력정지결정의 효력이 소멸하여 보조금 교부결정 취소처분의 효력이 되살아난 경우, 특별한 사정이 없는 한 행정청으로서는 보조금법 제31조 제1항에 따라 취소처분에 의하여 취소된 부분의 보조사업에 대하여 효력정지기간 동안 교부된 보조금의 반환을 명하여야 한다(대판 2017. 7.11. 2013두25498).

㉡ 행정소송법 제24조 제1항.

㉣ 행정소송법 제23조 제5항.

㉢ 허가신청에 대한 거부처분은 그 효력이 정지되더라도 그 처분이 없었던 것과 같은 상태를 만드는 것에 지나지 아니하는 것이고 그 이상으로 행정청에 대하여 어떠한 처분을 명하는 등 적극적인 상태를 만들어 내는 경우를 포함하지 아니하는 것이므로, 교도소장이 접견을 불허한 처분에 대하여 효력정지를 한다 하여도 이로 인하여 위 교도소장에게 접견의 허가를 명하는 것이 되는 것도 아니고 또 당연히 접견이 되는 것도 아니어서 접견허가거부처분에 의하여 생길 회복할 수 없는 손해를 피하는 데 아무런 보탬도 되지 아니하니 접견허가거부처분의 효력을 정지할 필요성이 없다(대판 1991. 5. 2. 91두15).

7 **행정절차 및 「행정절차법」에 대한 설명으로 옳은 것은? (다툼이 있는 경우 판례에 의함)**

① 처분의 사전통지 및 의견청취 등에 관한 「행정절차법」 규정은 「국가공무원법」상 직위해제처분에 대해서는 적용되지만, 「군인사법」상 진급선발취소처분에 대해서는 적용되지 않는다.

② 자격의 박탈을 내용으로 하는 처분의 상대방은 처분의 근거 법률에 청문을 하도록 규정되어 있지 않더라도 「행정절차법」에 따라 청문을 신청할 수 있다.

③ 행정처분의 이유로 제시한 수개의 처분사유 중 일부가 위법하면, 다른 처분사유로써 그 처분의 정당성이 인정되더라도 그 처분은 위법하다.

④ 행정청은 건축신고를 받은 날부터 5일 이내에 신고수리 여부 또는 민원 처리 관련 법령에 따른 처리기간의 연장 여부를 신고인에게 통지하여야 하고, 그 기간 내에 통지하지 아니하면 그 기간이 끝난 날의 다음 날에 신고를 수리한 것으로 본다.

ADVICE ② 행정청이 당사자에게 의무를 과하거나 권익을 제한하는 처분을 하는 경우에는 미리 처분하고자 하는 원인이 되는 사실과 처분의 내용 및 법적 근거, 이에 대하여 의견을 제출할 수 있다는 뜻과 의견을 제출하지 아니하는 경우의 처리방법 등의 사항을 당사자 등에게 통지하여야 하고, 다른 법령 등에서 필요적으로 청문을 실시하거나 공청회를 개최하도록 규정하고 있지 아니한 경우에도 당사자 등에게 의견제출의 기회를 주어야 하되, 당해 처분의 성질상 의견청취가 현저히 곤란하거나 명백히 불필요하다고 인정될 만한 상당한 이유가 있는 경우 등에는 처분의 사전통지나 의견청취를 하지 아니할 수 있도록 규정하고 있으므로, 행정청이 침해적 행정처분을 함에 있어서 당사자에게 위와 같은 사전통지를 하거나 의견제출의 기회를 주지 아니하였다면 사전통지를 하지 않거나 의견제출의 기회를 주지 아니하여도 되는 예외적인 경우에 해당하지 아니하는 한 그 처분은 위법하여 취소를 면할 수 없다(대판 2000.11.14. 99두5870).

① 행정청이 침해적 행정처분을 하면서 당사자에게 행정절차법상의 사전통지를 하거나 의견제출의 기회를 주지 아니하였다면 사전통지를 하지 않거나 의견제출의 기회를 주지 아니하여도 되는 예외적인 경우에 해당하지 아니하는 한 그 처분은 위법하여 취소를 면할 수 없다. 군인사법령에 의하여 진급예정자명단에 포함된 자에 대하여 의견제출의 기회를 부여하지 아니한 채 진급선발을 취소하는 처분을 한 것이 절차상 하자가 있어 위법하다(대판 2007.9.21. 2006두20631).

③ 수개의 징계사유중 그 일부가 인정되지 않는다 하더라도 인정되는 타의 일부 징계사유만으로도 징계처분을 함에 족하다고 인정되는 경우에는 원처분을 유지한다 하여 위법이라 할 수 없을 것이다(대판 1985. 8.20. 84누710).

④ 특별자치시장 · 특별자치도지사 또는 시장 · 군수 · 구청장은 건축신고를 받은 날부터 5일 이내에 신고수리 여부 또는 민원 처리 관련 법령에 따른 처리기간의 연장 여부를 신고인에게 통지하여야 한다. 다만, 이 법 또는 다른 법령에 따라 심의, 동의, 협의, 확인 등이 필요한 경우에는 20일 이내에 통지하여야 한다(건축법 제14조 제3항).

ANSWER 6.③ 7.②

8 「국유재산법」상 국유재산에 대한 설명으로 옳은 것만을 모두 고르면? (다툼이 있는 경우 판례에 의함)

> ㉠ 국유 일반재산의 대부료 징수에 관하여 국세 체납처분의 예에 따른 간이하고 경제적인 특별한 구제절차가 마련되어 있으므로, 특별한 사정이 없는 한 민사소송으로 일반재산의 대부료 지급을 구하는 것은 허용되지 않는다.
>
> ㉡ 국유 일반재산인 대지에 대한 대부계약이 해지되어 국가가 원상회복으로 지상의 시설물을 철거하려는 경우, 「행정대집행법」에 따라 대집행을 하여야 하고 민사소송의 방법으로 시설물의 철거를 구하는 것은 허용되지 않는다.
>
> ㉢ 관할 행정청이 관련 법령에 따라 사업실시계획을 인가·고시함으로써 공원시설의 종류·위치 및 범위 등이 구체적으로 확정되거나 도시계획사업 시행으로 도시공원이 실제로 설치된 국유 토지는 행정재산에 해당한다.
>
> ㉣ 국유재산의 무단점유와 관련하여 「국유재산법」에 의한 변상금 부과·징수가 가능한 경우에는 변상금 부과·징수의 방법에 의해서만 국유재산의 무단점유·사용으로 인한 이익을 환수할 수 있으며, 그와 별도로 민사소송의 방법으로 부당이득반환청구를 하는 것은 허용되지 않는다.

① ㉠, ㉢
② ㉡, ㉣
③ ㉠, ㉡, ㉢
④ ㉠, ㉢, ㉣

ADVICE ㉠ 국유 일반재산의 관리·처분에 관한 사무를 위탁받은 자는 국유 일반재산의 대부료 등이 납부기한까지 납부되지 아니한 경우에는 국세징수법 제23조와 같은 법의 체납처분에 관한 규정을 준용하여 대부료 등을 징수할 수 있다. 이와 같이 국유 일반재산의 대부료 등의 징수에 관하여는 국세징수법 규정을 준용한 간이하고 경제적인 특별구제절차가 마련되어 있으므로, 특별한 사정이 없는 한 민사소송의 방법으로 대부료 등의 지급을 구하는 것은 허용되지 아니한다(대판 2014. 9. 4. 2014다203588).

㉡ 공유재산 및 물품 관리법 제83조 제1항은 "지방자치단체의 장은 정당한 사유 없이 공유재산을 점유하거나 공유재산에 시설물을 설치한 경우에는 원상복구 또는 시설물의 철거 등을 명하거나 이에 필요한 조치를 할 수 있다."라고 규정하고, 제2항은 "제1항에 따른 명령을 받은 자가 그 명령을 이행하지 아니할 때에는 '행정대집행법'에 따라 원상복구 또는 시설물의 철거 등을 하고 그 비용을 징수할 수 있다."라고 규정하고 있다. 위 규정에 따라 지방자치단체장은 행정대집행의 방법으로 공유재산에 설치한 시설물을 철거할 수 있고, 이러한 행정대집행의 절차가 인정되는 경우에는 민사소송의 방법으로 시설물의 철거를 구하는 것은 허용되지 아니한다(대판 2017. 4.13. 2013다207941).

㉢ 국유재산법상의 행정재산이란 국가가 소유하는 재산으로서 직접 공용, 공공용, 또는 기업용으로 사용하거나 사용하기로 결정한 재산을 말한다. 그 중 도로, 공원과 같은 인공적 공공용 재산은 법령에 의하여 지정되거나 행정처분으로써 공공용으로 사용하기로 결정한 경우, 또는 행정재산으로 실제로 사용하는 경우의 어느 하나에 해당하면 행정재산이 되는 것인데, 도시공원법이 시행되기 이전에 구 도시계획법상 공원으로 결정·고시된 국유토지라는 사정만으로는 행정처분으로써 공공용으로 사용하기로 결정한 것으로 보기는 부족하나, 서울특별시장이 구 공원법, 구 도시계획법에 따라 사업실시계획의 인가내용을 고시함으로써 공원시설의 종류, 위치 및 범위 등이 구체적으로 확정되거나 도시계획사업의 시행으로 도시공원이 실제로 설치된 토지라면 공공용물로서 행정재산에 해당한다(대판 2014.11.27. 2014두10769).

㉣ 국유재산의 무단점유자에 대한 변상금 부과는 공권력을 가진 우월적 지위에서 행하는 행정처분이고, 그 부과처분에 의한 변상금 징수권은 공법상의 권리인 반면, 민사상 부당이득반환청구권은 국유재산의 소유자로서 가지는 사법상의 채권이다. 또한 변상금은 부당이득 산정의 기초가 되는 대부료나 사용료의 120%에 상당하는 금액으로서 부당이득금과 액수가 다르고, 이와 같이 할증된 금액의 변상금을 부과 · 징수하는 목적은 국유재산의 사용 · 수익으로 인한 이익의 환수를 넘어 국유재산의 효율적인 보존 · 관리라는 공익을 실현하는 데 있다. 그리고 대부 또는 사용 · 수익허가 없이 국유재산을 점유하거나 사용 · 수익하였지만 변상금 부과처분은 할 수 없는 때에도 민사상 부당이득반환청구권은 성립하는 경우가 있으므로, 변상금 부과 · 징수의 요건과 민사상 부당이득반환청구권의 성립 요건이 일치하는 것도 아니다. 이처럼 구 국유재산법 제51조 제1항, 제4항, 제5항에 의한 변상금 부과 · 징수권은 민사상 부당이득반환청구권과 법적 성질을 달리하므로, 국가는 무단점유자를 상대로 변상금 부과 · 징수권의 행사와 별도로 국유재산의 소유자로서 민사상 부당이득반환청구의 소를 제기할 수 있다(대판 2014. 7.16. 2011다76402(전합)).

ANSWER 8.③

9 **甲, 乙, 丙, 丁은 「국가공무원법」에 따라 일반직공무원으로 임용된 사람이다. 이와 관련한 법률관계에 대한 설명으로 옳지 않은 것은? (다툼이 있는 경우 판례에 의함)**

① 임용 당시 甲에게 임용결격사유가 있었다면 비록 국가의 과실에 의하여 임용결격자임을 밝혀내지 못하였다 하더라도 그 임용행위는 당연무효이다.

② 임용 당시 乙에게 임용결격사유가 있음에도 임용되어 근무하다가 퇴직한 경우, 乙은 「공무원연금법」상 퇴직급여 청구 또는 「근로자퇴직급여 보장법」상 퇴직금 청구를 할 수 없다.

③ 丙이 외부에 자신의 상사 등을 비판하는 의견을 발표한 경우, 비록 그 표현에 개인적 감정에 휩쓸려 지나치게 단정적이고 과장된 부분이 있더라도, 행정조직의 개선과 발전에 도움이 되고 궁극적으로 행정청의 권한행사의 적정화에 기여하는 면이 있으므로, 품위유지의무 위반이 인정되지 않는다.

④ 행정기관이 보도자료를 작성할 때 증권 거래 등 일반인들에게 영향을 미칠 수 있는 정보가 포함되는 경우에, 담당 공무원 丁은 해당 정보의 진실성 여부 및 주식시장의 파급효과 등을 보다 면밀히 살펴 사실과 다르거나 오해를 낳을 수 있는 정보가 보도자료에 담기지 아니하도록 할 주의의무를 부담한다.

ADVICE ③ 공무원이 외부에 자신의 상사 등을 비판하는 의견을 발표하는 행위는 그것이 비록 행정조직의 개선과 발전에 도움이 되고, 궁극적으로 행정청의 권한행사의 적정화에 기여하는 면이 있다고 할지라도, 국민들에게는 그 내용의 진위나 당부와는 상관없이 그 자체로 행정청 내부의 갈등으로 비춰져, 행정에 대한 국민의 신뢰를 실추시키는 요인으로 작용할 수 있고, 특히 발표 내용 중에 진위에 의심이 가는 부분이 있거나 표현이 개인적인 감정에 휩쓸려 지나치게 단정적이고 과장된 부분이 있는 경우에는 그 자체로 국민들로 하여금 공무원 본인은 물론 행정조직 전체의 공정성, 중립성, 신중성 등에 대하여 의문을 갖게 하여 행정에 대한 국민의 신뢰를 실추시킬 위험성이 더욱 크므로, 그러한 발표행위는 공무원으로서의 체면이나 위신을 손상시키는 행위에 해당한다(대판 2017. 4.13. 2014두8469).

① 경찰공무원법에 규정되어 있는 경찰관임용 결격사유는 경찰관으로 임용되기 위한 절대적인 소극적 요건으로서 임용 당시 경찰관임용 결격사유가 있었다면 비록 임용권자의 과실에 의하여 임용결격자임을 밝혀내지 못하였다 하더라도 그 임용행위는 당연무효로 보아야 한다(대판 2005. 7.28. 2003두469).

② 공무원연금법이나 근로기준법에 의한 퇴직금은 적법한 공무원으로서의 신분취득 또는 근로고용관계가 성립되어 근무하다가 퇴직하는 경우에 지급되는 것이고, 당연무효인 임용결격자에 대한 임용행위에 의하여서는 공무원의 신분을 취득하거나 근로고용관계가 성립될 수 없는 것이므로 임용결격자가 공무원으로 임용되어 사실상 근무하여 왔다고 하더라도 그러한 피임용자는 위 법률소정의 퇴직금청구를 할 수 없다(대판 1987. 4.14. 86누459).

④ 증권 거래 등 일반인들에게 영향을 미칠 수 있는 정보가 보도자료에 포함되는 경우에, 국민으로서는 마치 그 정보가 행정기관의 검증을 거치거나 합리적 근거에 기초한 것으로서 공적으로 인정받았다고 인식하게 되고 실질적으로 해당 정보가 주식시장에 공시되는 것과 유사한 결과를 초래하므로, 담당 공무원은 해당 정보의 진실성 여부 및 주식시장에 미칠 파급효과 등에 관하여 보다 면밀히 살펴 사실과 다르거나 오해를 낳을 수 있는 정보가 보도자료에 담기지 아니하도록 할 주의의무를 부담한다(대판 2017.12.22. 2016두38167).

10 **행정행위의 공정력과 선결문제에 대한 설명으로 옳지 않은 것은? (다툼이 있는 경우 판례에 의함)**

① 처분의 효력 유무가 민사소송의 선결문제로 되어 당해 소송의 수소법원이 이를 심리·판단하는 경우 수소법원은 필요하다고 인정할 때에는 직권으로 증거조사를 할 수 있고, 당사자가 주장하지 아니한 사실에 대하여도 판단할 수 있다.

② 처분의 효력 유무가 당사자소송의 선결문제인 경우, 당사자소송의 수소법원은 이를 심사하여 하자가 중대·명백한 경우에는 처분이 무효임을 전제로 판단할 수 있고, 또한 단순한 취소사유에 그칠 때에도 처분의 효력을 부인할 수 있다.

③ 취소소송에 당해 처분과 관련되는 부당이득반환청구소송이 병합되어 제기된 경우, 부당이득반환청구가 인용되기 위해서는 그 소송절차에서 판결에 의해 당해 처분이 취소되면 충분하고 그 처분의 취소가 확정되어야 하는 것은 아니다.

④ 행정청이 침해적 행정처분인 시정명령을 하면서 사전통지를 하거나 의견제출 기회를 부여하지 않아 시정명령이 절차적 하자로 위법하다면, 그 시정명령을 위반한 사람에 대하여는 시정명령위반죄가 성립하지 않는다.

ADVICE ② 행정처분이 법령상 당사자를 구속할 수 없는 하자가 있으므로 인하여 당연히 무효한 것이라고 인정되는 경우가 아니면 민사소송절차에 있어서 선결적으로 그 효력을 부인할 수 없는 것이다(대판 1957. 2.23. 4289민상671).

① 처분등의 효력 유무 또는 존재 여부가 민사소송의 선결문제로 되어 당해 민사소송의 수소법원이 이를 심리·판단하는 경우에는 제17조(행정청의 소송참가), 제25조(행정심판기록의 제출명령), 제26조(직권심리) 및 제33조(소송비용에 관한 재판의 효력)의 규정을 준용한다(행정소송법 제11조제1항). 법원은 필요하다고 인정할 때에는 직권으로 증거조사를 할 수 있고, 당사자가 주장하지 아니한 사실에 대하여도 판단할 수 있다(동법 제26조).

③ 행정소송법 제10조는 처분의 취소를 구하는 취소소송에 당해 처분과 관련되는 부당이득반환소송을 관련 청구로 병합할 수 있다고 규정하고 있는바, 이 조항을 둔 취지에 비추어 보면, 취소소송에 병합할 수 있는 당해 처분과 관련되는 부당이득반환소송에는 당해 처분의 취소를 선결문제로 하는 부당이득반환청구가 포함되고, 이러한 부당이득반환청구가 인용되기 위해서는 그 소송절차에서 판결에 의해 당해 처분이 취소되면 충분하고 그 처분의 취소가 확정되어야 하는 것은 아니라고 보아야 한다(대판 2009. 4. 9. 2008두23153).

④ 구 주택법 제91조에 의하여 행정청으로부터 시정명령을 받은 자가 이에 위반한 경우 이로 인하여 법 제98조 제11호에 정한 처벌을 하기 위해서는 그 시정명령이 적법한 것이라야 하고, 그 시정명령이 위법한 것으로 인정되는 한 법 제98조 제11호 위반죄가 성립될 수 없다(대판 2009. 6.25. 2006도824).

ANSWER 9.③ 10.②

11 **甲은 「폐기물관리법」에 따라 폐기물처리업의 허가를 받기 전에 행정청 乙에게 폐기물처리사업계획서를 작성하여 제출하였고, 乙은 그 사업계획서를 검토하여 적합통보를 하였다. 이에 대한 설명으로 옳지 않은 것은? (다툼이 있는 경우 판례에 의함)**

① 적합통보를 받은 甲은 폐기물처리업의 허가를 받기 전이라도 부분적으로 폐기물처리를 적법하게 할 수 있다.

② 사업계획의 적합 여부는 乙의 재량에 속하고, 사업계획 적합 여부 통보를 위하여 필요한 기준을 정하는 것도 역시 乙의 재량에 속한다.

③ 사업계획서 적합통보가 있는 경우 폐기물처리업의 허가 단계에서는 나머지 허가요건만을 심사한다.

④ 甲이 폐기물처리업허가를 받기 위해서는 용도지역을 변경하는 국토이용계획변경이 선행되어야 할 경우, 甲에게 국토이용계획변경을 신청할 권리가 인정된다.

ADVICE ① 폐기물처리사업계획서에 대해 적합통보를 받으면 甲은 시설, 장비 등 허가 요건을 갖추어 허가신청을 할 수 있을 뿐 허가를 받기 전이므로 폐기물처리를 할 수 없다.

② 행정청의 건설폐기물 처리 사업계획서에 대한 적합 여부 결정은 공익에 관한 판단을 해야 하는 것으로서 행정청에 광범위한 재량권이 인정된다. 적합 여부 결정과 관련한 재량권의 일탈 · 남용 여부를 심사할 때에는, 해당 지역의 자연환경, 주민들의 생활환경 등 구체적 지역 상황, 상반되는 이익을 가진 이해관계자들 사이의 권익 균형과 환경권의 보호에 관한 각종 규정의 입법 취지 등을 종합하여 신중하게 판단하여야 한다(대판 2017.10.31. 2017두46783).

③ 폐기물처리업의 허가에 앞서 사업계획서에 대한 적정 · 부적정 통보 제도를 두고 있는 것은 폐기물처리업을 하고자 하는 자가 스스로 시설 등을 설치하여 허가신청을 하였다가 허가단계에서 그 사업계획이 부적정하다고 판명되어 불허가되면 허가신청인이 막대한 경제적 · 시간적 손실을 입게 되므로, 이를 방지하는 동시에 허가관청으로 하여금 미리 사업계획서를 심사하여 그 적정 · 부적정통보 처분을 하도록 하고, 나중에 허가단계에서는 나머지 허가요건만을 심사하여 신속하게 허가업무를 처리하는데 그 취지가 있다(대판 1998. 4.28. 97누21086).

④ 구 국토이용관리법상 주민이 국토이용계획의 변경에 대하여 신청을 할 수 있다는 규정이 없을 뿐만 아니라, 국토건설종합계획의 효율적인 추진과 국토이용질서를 확립하기 위한 국토이용계획은 장기성, 종합성이 요구되는 행정계획이어서 원칙적으로는 그 계획이 일단 확정된 후에 어떤 사정의 변동이 있다고 하여 그러한 사유만으로는 지역주민이나 일반 이해관계인에게 일일이 그 계획의 변경을 신청할 권리를 인정하여 줄 수는 없을 것이지만, 장래 일정한 기간 내에 관계 법령이 규정하는 시설 등을 갖추어 일정한 행정처분을 구하는 신청을 할 수 있는 법률상 지위에 있는 자의 국토이용계획변경신청을 거부하는 것이 실질적으로 당해 행정처분 자체를 거부하는 결과가 되는 경우에는 예외적으로 그 신청인에게 국토이용계획변경을 신청할 권리가 인정된다고 봄이 상당하므로, 이러한 신청에 대한 거부행위는 항고소송의 대상이 되는 행정처분에 해당한다(대판 2003. 9.23. 2001두10936).

12 인 · 허가의제에 대한 설명으로 옳지 않은 것은? (다툼이 있는 경우 판례에 의함)

① 인 · 허가의제는 행정청의 소관사항과 관련하여 권한행사의 변경을 가져오므로 법령의 근거를 필요로 한다.

② 「국토의 계획 및 이용에 관한 법률」상의 개발행위허가가 의제되는 건축허가신청이 동 법령이 정한 개발행위허가기준에 부합하지 아니하면, 행정청은 건축허가를 거부할 수 있다.

③ 주된 인 · 허가에 관한 사항을 규정하고 있는 법률에서 주된 인 · 허가가 있으면 다른 법률에 의한 인 · 허가를 받은 것으로 의제한다는 규정을 둔 경우, 주된 인 · 허가가 있으면 다른 법률에 의하여 인 · 허가를 받았음을 전제로 하는 그 다른 법률의 모든 규정들까지 적용되는 것은 아니다.

④ A허가에 대해 B허가가 의제되는 것으로 규정된 경우, A불허가처분을 하면서 B불허가사유를 들고 있으면 A불허가처분과 별개로 B불허가처분도 존재한다.

ADVICE ④ 건축불허가처분을 하면서 그 처분사유로 건축불허가 사유뿐만 아니라 형질변경불허가 사유나 농지전용불허가 사유를 들고 있다고 하여 그 건축불허가처분 외에 별개로 형질변경불허가처분이나 농지전용불허가처분이 존재하는 것이 아니므로, 그 건축불허가처분을 받은 사람은 그 건축불허가처분에 관한 쟁송에서 건축법상의 건축불허가 사유뿐만 아니라 같은 도시계획법상의 형질변경불허가 사유나 농지법상의 농지전용불허가 사유에 관하여도 다툴 수 있는 것이지, 그 건축불허가처분에 관한 쟁송과는 별개로 형질변경불허가처분이나 농지전용불허가처분에 관한 쟁송을 제기하여 이를 다투어야 하는 것은 아니며, 그러한 쟁송을 제기하지 아니하였어도 형질변경불허가 사유나 농지전용불허가 사유에 관하여 불가쟁력이 생기지 아니한다(대판 2001. 1.16. 99두10988).

① 행정조직 법정주의에 의해 행정권한의 변경에는 법령의 근거가 있어야 한다.

② 국토의 계획 및 이용에 관한 법률에서는 개발행위허가의 기준으로 주변 지역의 토지이용실태 또는 토지이용계획, 건축물의 높이, 토지의 경사도, 수목의 상태, 물의 배수, 하천 · 호소 · 습지의 배수 등 주변 환경이나 경관과 조화를 이룰 것을 규정하고 있으므로, 국토의 계획 및 이용에 관한 법률상의 개발행위허가로 의제되는 건축신고가 위와 같은 기준을 갖추지 못한 경우 행정청으로서는 이를 이유로 그 수리를 거부할 수 있다고 보아야 한다(대판 2011. 1.20. 2010두14954).

③ 주된 인 · 허가에 관한 사항을 규정하고 있는 어떠한 법률에서 주된 인 · 허가가 있으면 다른 법률에 의한 인 · 허가를 받은 것으로 의제한다는 규정을 둔 경우에는, 주된 인 · 허가가 있으면 다른 법률에 의한 인 · 허가가 있는 것으로 보는 데 그치는 것이고, 거기에서 더 나아가 다른 법률에 의하여 인 · 허가를 받았음을 전제로 한 다른 법률의 모든 규정들까지 적용되는 것은 아니다(대판 2004. 7.22. 2004다19715).

ANSWER 11.① 12.④

13 「지방자치법」상 주민에 대한 설명으로 옳지 않은 것은? (다툼이 있는 경우 판례에 의함)

① 「지방자치법」은 주민이 지방자치단체로부터 행정적 혜택을 균등하게 받을 수 있는 권리를 규정하고 있지만, 위 규정에 의하여 주민에게 지방자치단체에 대한 구체적 권리가 발생하는 것은 아니다.

② 지방세·사용료·수수료·부담금의 부과·징수 또는 감면에 관한 사항은 주민의 조례제정개폐청구 대상에서 제외된다.

③ 주민감사청구의 상대방은 시·도에서는 행정안전부장관, 시·군 및 자치구에서는 시·도지사이다.

④ 지방자치단체의 자치사무라도 당해 지방자치단체에 내부적인 효과만을 발생시키는 것이 아니라 그 사무로 인하여 다른 지방자치단체의 주민의 보호할 만한 가치가 있는 이익을 침해하는 경우에는 「지방자치법」상 분쟁조정 대상이 될 수 있다.

ADVICE ③ 지방자치단체의 19세 이상의 주민은 시·도는 500명, 인구 50만 이상 대도시는 300명, 그 밖의 시·군 및 자치구는 200명을 넘지 아니하는 범위에서 그 지방자치단체의 조례로 정하는 19세 이상의 주민 수 이상의 연서로, 시·도에서는 주무부장관에게, 시·군 및 자치구에서는 시·도지사에게 그 지방자치단체와 그 장의 권한에 속하는 사무의 처리가 법령에 위반되거나 공익을 현저히 해친다고 인정되면 감사를 청구할 수 있다(지방자치법 제16조 제1항 본문).

① 주민은 법령으로 정하는 바에 따라 소속 지방자치단체의 재산과 공공시설을 이용할 권리와 그 지방자치단체로부터 균등하게 행정의 혜택을 받을 권리를 가진다(지방자치법 제13조 제1항).

② 지방자치법 제15조 제2항 제2호.

④ 지방자치법 제148조 제1항, 제3항, 제4항의 내용 및 체계에다가 지방자치법이 분쟁조정절차를 둔 입법 취지가 지방자치단체 상호 간이나 지방자치단체의 장 상호 간 사무처리 과정에서 분쟁이 발생하는 경우 당사자의 신청 또는 직권으로 구속력 있는 조정절차를 진행하여 이를 해결하고자 하는 데 있는 점, 분쟁조정 대상에서 자치사무를 배제하고 있지 않은 점 등을 종합하면, 지방자치단체의 자치사무라도 당해 지방자치단체에 내부적인 효과만을 발생시키는 것이 아니라 그 사무로 인하여 다른 지방자치단체나 그 주민의 보호할 만한 가치가 있는 이익을 침해하는 경우에는 지방자치법 제148조에서 정한 분쟁조정 대상 사무가 될 수 있다(대판 2016. 7.22. 2012추121).

> 지방자치법 제21조(주민의 감사 청구)
> ① 지방자치단체의 18세 이상의 주민으로서 다음 각 호의 어느 하나에 해당하는 사람(「공직선거법」 제18조에 따른 선거권이 없는 사람은 제외한다. 이하 이 조에서 "18세 이상의 주민"이라 한다)은 시·도는 300명, 제198조에 따른 인구 50만 이상 대도시는 200명, 그 밖의 시·군 및 자치구는 150명 이내에서 그 지방자치단체의 조례로 정하는 수 이상의 18세 이상의 주민이 연대 서명하여 그 지방자치단체와 그 장의 권한에 속하는 사무의 처리가 법령에 위반되거나 공익을 현저히 해친다고 인정되면 시·도의 경우에는 주무부장관에게, 시·군 및 자치구의 경우에는 시·도지사에게 감사를 청구할 수 있다.
> 제17조(주민의 권리)
> ① 주민은 법령으로 정하는 바에 따라 주민생활에 영향을 미치는 지방자치단체의 정책의 결정 및 집행 과정에 참여할 권리를 가진다.
> ② 주민은 법령으로 정하는 바에 따라 소속 지방자치단체의 재산과 공공시설을 이용할 권리와 그 지방자치단체로부터 균등하게 행정의 혜택을 받을 권리를 가진다.
> 제19조(조례의 제정과 개정·폐지 청구)
> ① 주민은 지방자치단체의 조례를 제정하거나 개정하거나 폐지할 것을 청구할 수 있다.
> ② 조례의 제정·개정 또는 폐지 청구의 청구권자·청구대상·청구요건 및 절차 등에 관한 사항은 따로 법률로 정한다.
> 〈2022. 1.13. 시행〉

14 재량행위와 기속행위에 대한 설명으로 옳지 않은 것은? (다툼이 있는 경우 판례에 의함)

① 「사회복지사업법」상 사회복지법인의 정관변경을 허가할 것인지 여부는 주무관청의 정책적 판단에 따른 재량에 맡겨져 있다.

② 재량행위에 대한 사법심사는 행정청의 재량에 기한 공익판단의 여지를 감안하여 법원이 독자의 결론을 도출함이 없이 당해 행위에 재량권의 일탈 · 남용이 있는지 여부를 심사한다.

③ 구「도시계획법」상의 개발제한구역 내에서의 건축물 용도변경에 대한 허가는 예외적 허가로서 재량행위에 해당한다.

④ 법규정의 일체성에 의해 요건 판단과 효과 선택의 문제를 구별하기 어렵다고 보는 견해는 재량과 판단여지의 구분을 인정한다.

ADVICE ④ 법률요건 판단과 효과 선택의 문제를 구별하기 어렵다고 보는 견해는 구별부정설이다. 구별긍정설은 판단 여지는 법률요건의 인식과 포섭의 문제, 재량은 법률 효과의 선택과 결정의 문제로 본다.

① 사회복지법인의 정관변경을 허가할 것인지의 여부는 주무관청의 정책적 판단에 따른 재량에 맡겨져 있다고 할 것이고, 주무관청이 정관변경허가를 함에 있어서는 비례의 원칙 및 평등의 원칙에 적합하고 행정처분의 본질적 효력을 해하지 않는 한도 내에서 부관을 붙일 수 있다(대판 2002. 9.24. 2000두5661).

② 행정행위를 기속행위와 재량행위로 구분하는 경우 양자에 대한 사법심사는, 전자의 경우 그 법규에 대한 원칙적인 기속성으로 인하여 법원이 사실인정과 관련 법규의 해석 · 적용을 통하여 일정한 결론을 도출한 후 그 결론에 비추어 행정청이 한 판단의 적법 여부를 독자의 입장에서 판정하는 방식에 의하게 되나, 후자의 경우 행정청의 재량에 기한 공익판단의 여지를 감안하여 법원은 독자의 결론을 도출함이 없이 당해 행위에 재량권의 일탈 · 남용이 있는지 여부만을 심사하게 되고, 이러한 재량권의 일탈 · 남용 여부에 대한 심사는 사실오인, 비례 · 평등의 원칙 위배 등을 그 판단 대상으로 한다(대판 2005. 7.14. 2004두6181).

③ 도시의 무질서한 확산을 방지하고 도시주변의 자연환경을 보전하여 도시민의 건전한 생활환경을 확보하기 위하여 지정되는 개발제한구역 내에서는 구역 지정의 목적상 건축물의 건축이나 그 용도변경은 원칙적으로 금지되고, 다만 구체적인 경우에 위와 같은 구역 지정의 목적에 위배되지 아니할 경우 예외적으로 허가에 의하여 그러한 행위를 할 수 있게 되어 있음이 위와 같은 관련 규정의 체재와 문언상 분명한 한편, 이러한 건축물의 용도변경에 대한 예외적인 허가는 그 상대방에게 수익적인 것에 틀림이 없으므로, 이는 그 법률적 성질이 재량행위 내지 자유재량행위에 속하는 것이라고 할 것이고, 따라서 그 위법 여부에 대한 심사는 재량권 일탈 · 남용의 유무를 그 대상으로 한다(대판 2001. 2. 9. 98두17593).

ANSWER 13.③ 14.④

15 **행정계획에 대한 설명으로 옳지 않은 것은? (다툼이 있는 경우 판례에 의함)**

① 「국토의 계획 및 이용에 관한 법률」에 따른 도시기본계획은 일반 국민에 대한 직접적인 구속력은 인정되지 않지만, 도시의 장기적 개발방향과 미래상을 제시하는 도시계획 입안의 지침이 되기에 행정청에 대한 직접적인 구속력은 인정된다.

② 관계법령에 추상적인 행정목표와 절차만이 규정되어 있을 뿐 행정계획의 내용에 관하여 별다른 규정을 두고 있지 아니하는 경우에, 행정주체는 구체적인 행정계획의 입안·결정에 관하여 비교적 광범위한 형성의 자유를 가진다.

③ 비구속적 행정계획안이나 행정지침이라도 국민의 기본권에 직접적으로 영향을 끼치고, 앞으로 법령의 뒷받침에 의하여 그대로 실시될 것이 틀림없을 것으로 예상될 수 있을 때에는, 공권력행위로서 헌법소원의 대상이 될 수 있다.

④ 행정주체가 행정계획을 입안·결정함에 있어서 행정계획에 관련되는 자들의 이익을 공익과 사익 사이에서는 물론이고 공익 상호 간과 사익 상호 간에도 정당하게 비교교량하여야 한다.

ADVICE ① 구 도시계획법 제19조 제1항 및 도시계획시설결정 당시의 지방자치단체의 도시계획조례에서는, 도시계획이 도시기본계획에 부합되어야 한다고 규정하고 있으나, 도시기본계획은 도시의 장기적 개발방향과 미래상을 제시하는 도시계획 입안의 지침이 되는 장기적·종합적인 개발계획으로서 행정청에 대한 직접적인 구속력은 없다(대판 2007. 4.12. 2005두1893).

②④ 도시계획법 등 관계 법령에는 추상적인 행정목표와 절차만이 규정되어 있을 뿐 행정계획의 내용에 대하여는 별다른 규정을 두고 있지 아니하므로 행정주체는 구체적인 행정계획을 입안·결정함에 있어서 비교적 광범위한 형성의 자유를 가지는 한편, 행정주체가 가지는 이와 같은 형성의 자유는 무제한적인 것이 아니라 그 행정계획에 관련되는 자들의 이익을 공익과 사익 사이에서는 물론이고 공익 상호간과 사익 상호간에도 정당하게 비교교량하여야 한다는 제한이 있는 것이고, 따라서 행정주체가 행정계획을 입안·결정함에 있어서 이익형량을 전혀 행하지 아니하거나 이익형량의 고려 대상에 마땅히 포함시켜야 할 사항을 누락한 경우 또는 이익형량을 하였으나 정당성·객관성이 결여된 경우에는 그 행정계획결정은 재량권을 일탈·남용한 것으로서 위법하게 된다(대판 2000. 3.23. 98두2768).

③ 행정 각 부의 장관이 국가 예산을 재원으로 사회복지사업을 시행함에 있어 예산 확보 방법과 그 집행 대상 등에 관하여 정책결정을 내리고 이를 미리 일선 공무원들에게 지침 등의 형태로 고지하는 일련의 행위는 장래의 예산 확보 및 집행에 대비한 일종의 준비행위로서 헌법소원의 대상이 될 수 없지만, 위와 같은 정책결정을 구체화시킨 지침의 내용이 국민의 기본권에 직접적으로 영향을 끼치고, 앞으로 법령의 뒷받침에 의하여 그대로 실시될 것이 틀림없을 것으로 예상될 수 있을 때에는 예외적으로 헌법소원의 대상이 될 수도 있다(헌재결 2007.10.25. 2006헌마1236).

16 행정의 실효성 확보수단에 대한 설명으로 옳은 것만을 모두 고르면? (다툼이 있는 경우 판례에 의함)

> ㉠ 「건축법」상의 이행강제금과 관련하여, 시정명령을 받은 의무자가 시정명령에서 정한 기간을 지나서 시정명령을 이행한 경우, 이행강제금이 부과되기 전에 그 이행이 있었다 하더라도 시정명령상의 기간을 준수하지 않은 이상 이행강제금을 부과하는 것은 정당하다.
>
> ㉡ 과징금 부과처분의 경우 원칙적으로 위반자의 고의·과실을 요하지 아니하나, 위반자의 의무 해태를 탓할 수 없는 정당한 사유가 있는 등의 특별한 사정이 있는 경우에는 이를 부과할 수 없다.
>
> ㉢ 「건축법」상 위법 건축물에 대하여 행정청은 대집행과 이행강제금을 선택적으로 활용할 수 있으며, 이러한 선택적 활용이 중첩적 제재에 해당한다고 볼 수 없다.
>
> ㉣ 「질서위반행위규제법」에 의한 과태료부과처분은 처분의 상대방이 이의제기하지 않은 채 납부기간까지 과태료를 납부하지 않으면 「도로교통법」상 통고처분과 마찬가지로 그 효력을 상실한다.

① ㉢

② ㉡, ㉢

③ ㉠, ㉡, ㉣

④ ㉡, ㉢, ㉣

ADVICE ㉡ 구 여객자동차 운수사업법 제88조 제1항의 과징금부과처분은 제재적 행정처분으로서 여객자동차 운수사업에 관한 질서를 확립하고 여객의 원활한 운송과 여객자동차 운수사업의 종합적인 발달을 도모하여 공공복리를 증진한다는 행정목적의 달성을 위하여 행정법규 위반이라는 객관적 사실에 착안하여 가하는 제재이므로 반드시 현실적인 행위자가 아니라도 법령상 책임자로 규정된 자에게 부과되고 원칙적으로 위반자의 고의·과실을 요하지 아니하나, 위반자의 의무 해태를 탓할 수 없는 정당한 사유가 있는 등의 특별한 사정이 있는 경우에는 이를 부과할 수 없다(대판 2014.10.15. 2013두5005).

㉢ 행정대집행은 대체적 작위의무에 대한 강제집행수단으로, 이행강제금은 부작위의무나 비대체적 작위의무에 대한 강제집행수단으로 이해되어 왔으나, 이는 이행강제금제도의 본질에서 오는 제약은 아니며, 이행강제금은 대체적 작위의무의 위반에 대하여도 부과될 수 있다. 현행 건축법상 위법건축물에 대한 이행강제수단으로 대집행과 이행강제금(제83조 제1항)이 인정되고 있는데, 양 제도는 각각의 장·단점이 있으므로 행정청은 개별사건에 있어서 위반내용, 위반자의 시정의지 등을 감안하여 대집행과 이행강제금을 선택적으로 활용할 수 있으며, 이처럼 그 합리적인 재량에 의해 선택하여 활용하는 이상 중첩적인 제재에 해당한다고 볼 수 없다(대판 2004. 2.26. 2001헌바80).

㉠ 건축법상의 이행강제금은 시정명령의 불이행이라는 과거의 위반행위에 대한 제재가 아니라, 의무자에게 시정명령을 받은 의무의 이행을 명하고 그 이행기간 안에 의무를 이행하지 않으면 이행강제금이 부과된다는 사실을 고지함으로써 의무자에게 심리적 압박을 주어 의무의 이행을 간접적으로 강제하는 행정상의 간접강제 수단에 해당한다. 이러한 이행강제금의 본질상 시정명령을 받은 의무자가 이행강제금이 부과되기 전에 그 의무를 이행한 경우에는 비록 시정명령에서 정한 기간을 지나서 이행한 경우라도 이행강제금을 부과할 수 없다(대판 2018. 1.25. 2015두35116).

㉡ 통고처분에 이의가 있는 경우 납부기한까지 범칙금을 납부하지 않으면 통고처분은 효력은 상실하지만, 과태료의 경우에는 이의를 제기하여야 효력이 상실된다.

ANSWER 15.① 16.②

17 「공익사업을 위한 토지 등의 취득 및 보상에 관한 법률」(이하 '토지보상법'이라 함)에 대한 설명으로 옳지 않은 것은? (다툼이 있는 경우 판례에 의함)

① 손실보상금에 관한 당사자 간의 합의가 성립하면, 그 합의내용이 토지보상법에서 정하는 손실보상 기준에 맞지 않는다고 하더라도 합의가 적법하게 취소되는 등의 특별한 사정이 없는 한 추가로 토지보상법상 기준에 따른 손실보상금 청구를 할 수 없다.

② 하나의 수용재결에서 여러가지의 토지, 물건, 권리 또는 영업의 손실의 보상에 관하여 심리 · 판단이 이루어졌을 때, 피보상자는 재결 전부에 관하여 불복하여야 하고 여러 보상항목들 중 일부에 관해서만 개별적으로 불복할 수는 없다.

③ 토지수용위원회의 수용재결이 있은 후라고 하더라도 토지소유자와 사업시행자가 다시 협의하여 토지 등의 취득 · 사용 및 그에 대한 보상에 관하여 임의로 계약을 체결할 수 있다.

④ 사업인정고시가 된 후 사업시행자가 토지를 사용하는 기간이 3년 이상인 경우 토지소유자는 토지수용위원회에 토지의 수용을 청구할 수 있고, 토지수용위원회가 이를 받아들이지 않는 재결을 한 경우에는 사업시행자를 피고로 하여 토지보상법상 보상금의 증감에 관한 소송을 제기할 수 있다.

ADVICE ② 하나의 재결에서 피보상자별로 여러 가지의 토지, 물건, 권리 또는 영업의 손실에 관하여 심리 · 판단이 이루어졌을 때, 피보상자 또는 사업시행자가 반드시 재결 전부에 관하여 불복하여야 하는 것은 아니며, 여러 보상항목들 중 일부에 관해서만 불복하는 경우에는 그 부분에 관해서만 개별적으로 불복의 사유를 주장하여 행정소송을 제기할 수 있다(대판 2018. 5.15. 2017두41221).

① 공익사업을 위한 토지 등의 취득 및 보상에 관한 법률에 의한 보상합의는 공공기관이 사경제주체로서 행하는 사법상 계약의 실질을 가지는 것으로서, 당사자 간의 합의로 같은 법 소정의 손실보상의 기준에 의하지 아니한 손실보상금을 정할 수 있으며, 이와 같이 같은 법이 정하는 기준에 따르지 아니하고 손실보상액에 관한 합의를 하였다고 하더라도 그 합의가 착오 등을 이유로 적법하게 취소되지 않는 한 유효하다. 따라서 공익사업법에 의한 보상을 하면서 손실보상금에 관한 당사자 간의 합의가 성립하면 그 합의 내용대로 구속력이 있고, 손실보상금에 관한 합의 내용이 공익사업법에서 정하는 손실보상 기준에 맞지 않는다고 하더라도 합의가 적법하게 취소되는 등의 특별한 사정이 없는 한 추가로 공익사업법상 기준에 따른 손실보상금 청구를 할 수는 없다(대판 2013. 8.22. 2012다3517).

③ 공익사업을 위한 토지 등의 취득 및 보상에 관한 법률은 사업시행자로 하여금 우선 협의취득 절차를 거치도록 하고, 협의가 성립되지 않거나 협의를 할 수 없을 때에 수용재결취득 절차를 밟도록 예정하고 있기는 하다. 토지수용위원회가 수용재결을 하였더라도 사업시행자로서는 수용 또는 사용의 개시일까지 토지수용위원회가 재결한 보상금을 지급 또는 공탁하지 아니함으로써 재결의 효력을 상실시킬 수 있는 점, 토지소유자 등은 수용재결에 대하여 이의를 신청하거나 행정소송을 제기하여 보상금의 적정 여부를 다툴 수 있는데, 그 절차에서 사업시행자와 보상금액에 관하여 임의로 합의할 수 있는 점, 공익사업의 효율적인 수행을 통하여 공공복리를 증진시키고, 재산권을 적정하게 보호하려는 토지보상법의 입법 목적(제1조)에 비추어 보더라도 수용재결이 있은 후에 사법상 계약의 실질을 가지는 협의취득 절차를 금지해야 할 별다른 필요성을 찾기 어려운 점 등을 종합해 보면, 토지수용위원회의 수용재결이 있은 후라고 하더라도 토지소유자 등과 사업시행자가 다시 협의하여 토지 등의 취득이나 사용 및 그에 대한 보상에 관하여 임의로 계약을 체결할 수 있다고 보아야 한다(대판 2017. 4.13. 2016두64241).

④ 공익사업을 위한 토지 등의 취득 및 보상에 관한 법률 제72조는 사업인정고시가 된 후 '토지를 사용하는 기간이 3년 이상인 때(제1호)' 등의 경우 당해 토지소유자는 사업시행자에게 그 토지의 매수를 청구하거나 관할 토지수용위원회에 그 토지의 수용을 청구할 수 있도록 정하고 있다. 토지소유자의 토지수용청구를 받아들이지 아니한 토지수용위원회의 재결에 대하여 토지소유자가 불복하여 제기하는 소송은 토지보상법 제85조 제2항에 규정되어 있는 '보상금의 증감에 관한 소송'에 해당하고, 그 피고는 토지수용위원회가 아니라 사업시행자로 하여야 한다(대판 2015.4.9. 2014두46669).

18 「행정심판법」에 대한 설명으로 옳은 것만을 모두 고르면?

> ㉠ 재결에 의하여 취소되는 처분이 당사자의 신청을 거부하는 것을 내용으로 하는 경우에는 그 처분을 한 행정청은 재결의 취지에 따라 다시 이전의 신청에 대한 처분을 하여야 한다.
> ㉡ 행정심판위원회는 피청구인이 의무이행재결의 취지에 따른 처분을 하지 아니하면 청구인의 신청에 의하여 결정으로 상당한 기간을 정하고 피청구인이 그 기간 내에 이행하지 아니하는 경우에는 그 지연기간에 따라 일정한 배상을 하도록 명하거나 즉시 배상을 할 것을 명할 수 있다.
> ㉢ 행정심판위원회는 심판청구된 행정청의 부작위가 위법·부당하다고 상당히 의심되는 경우로서 당사자가 받을 우려가 있는 중대한 불이익이나 당사자에게 생길 급박한 위험을 막기 위하여 임시지위를 정할 필요가 있는 경우 직권 또는 당사자의 신청에 의하여 임시처분을 결정할 수 있다.
> ㉣ 행정심판위원회는 공공복리에 적합하지 아니하거나 해당 처분의 성질에 반하는 경우가 아니라면 당사자의 권리 및 권한의 범위에서 당사자의 동의를 받아 조정을 할 수 있다.

① ㉠, ㉡
② ㉢, ㉣
③ ㉠, ㉡, ㉢
④ ㉠, ㉡, ㉢, ㉣

ADVICE ㉠ 재결에 의하여 취소되거나 무효 또는 부존재로 확인되는 처분이 당사자의 신청을 거부하는 것을 내용으로 하는 경우에는 그 처분을 한 행정청은 재결의 취지에 따라 다시 이전의 신청에 대한 처분을 하여야 한다(행정심판법 제49조 제2항).
㉡ 행정심판법 제50조의2 제1항.
㉢ 행정심판법 제31조 제1항.
㉣ 위원회는 당사자의 권리 및 권한의 범위에서 당사자의 동의를 받아 심판청구의 신속하고 공정한 해결을 위하여 조정을 할 수 있다. 다만, 그 조정이 공공복리에 적합하지 아니하거나 해당 처분의 성질에 반하는 경우에는 그러하지 아니하다(행정심판법 제43조의2 제1항).

ANSWER 17.② 18.④

19 경찰작용에 대한 설명으로 옳지 않은 것은? (다툼이 있는 경우 판례에 의함)

① 행정청이 행정대집행의 방법으로 건물철거의무이행을 실현하는 과정에서 부수적으로 건물 점유자에 대한 퇴거조치를 실현하려 하자 점유자들이 이를 위력을 행사하여 방해하는 경우에, 행정청은 「행정대집행법」에 명문의 규정이 없는 이상 「경찰관 직무집행법」에 근거하여서는 경찰의 도움을 받을 수 없다.

② 경찰관이 구체적 상황 하에서 그 인적 · 물적 능력의 범위 내의 적절한 조치라는 판단에 따라 범죄수사 직무를 수행한 경우, 그것이 객관적 정당성을 상실하여 현저하게 불합리하다고 인정되지 않는다면 그와 다른 조치를 취하지 아니한 부작위는 국가배상책임의 요건인 법령 위반에 해당하지 않는다.

③ 경찰관의 무기 사용이 법률에 정한 요건을 충족하는지 여부를 판단함에 있어, 사람에게 위해를 가할 위험성이 큰 권총의 사용에 있어서는 그 요건을 더욱 엄격하게 판단하여야 한다.

④ 경찰관이 교통법규 등을 위반하고 도주하는 차량을 순찰차로 추적하는 직무를 집행하는 중에 그 도주차량의 주행에 의하여 제3자가 손해를 입었다고 하더라도 그 추적이 당해 직무 목적을 수행하는 데에 불필요하다거나 추적의 개시 · 계속 혹은 추적의 방법이 상당하지 않다는 등의 특별한 사정이 없는 한 그 추적행위를 위법하다고 할 수는 없다.

ADVICE ① 행정청이 행정대집행의 방법으로 건물철거의무의 이행을 실현할 수 있는 경우에는 건물철거 대집행 과정에서 부수적으로 건물의 점유자들에 대한 퇴거 조치를 할 수 있고, 점유자들이 적법한 행정대집행을 위력을 행사하여 방해하는 경우 형법상 공무집행방해죄가 성립하므로, 필요한 경우에는 '경찰관 직무집행법'에 근거한 위험발생 방지조치 또는 형법상 공무집행방해죄의 범행방지 내지 현행범체포의 차원에서 경찰의 도움을 받을 수도 있다(대판 2017. 4.28. 2016다213916).

② 범죄의 예방 · 진압 및 수사는 경찰관의 직무에 해당하며 그 직무행위의 구체적 내용이나 방법 등이 경찰관의 전문적 판단에 기한 합리적인 재량에 위임되어 있으므로, 경찰관이 구체적 상황하에서 그 인적 · 물적 능력의 범위 내에서의 적절한 조치라는 판단에 따라 범죄의 진압 및 수사에 관한 직무를 수행한 경우, 그것이 객관적 정당성을 상실하여 현저하게 불합리하다고 인정되지 않는다면 그와 다른 조치를 취하지 아니한 부작위를 내세워 국가배상책임의 요건인 법령 위반에 해당한다고 할 수 없다(대판 2008. 4.24. 2006다32132).

③ 경찰관직무집행법 제10조의4 제1항에 의하면, 경찰관은 범인의 체포, 도주의 방지, 자기 또는 타인의 생명 · 신체에 대한 방호, 공무집행에 대한 항거의 억제를 위하여 필요하다고 인정되는 상당한 이유가 있을 때 그 사태를 합리적으로 판단하여 필요한 한도 내에서 무기를 사용할 수 있되, 다만 형법에 규정한 정당방위나 긴급피난에 해당하는 때, 사형 · 무기 또는 장기 3년 이상의 징역이나 금고에 해당하는 죄를 범하거나 범하였다고 의심할 만한 충분한 이유가 있는 자가 경찰관의 직무집행에 대하여 항거하거나 도주하려고 할 때 또는 체포, 도주의 방지나 항거의 억제를 위하여 다른 수단이 없다고 인정되는 상당한 이유가 있는 때를 제외하고는 무기 사용으로 인하여 사람에게 위해를 주어서는 안된다고 규정하고 있고, 경찰관의 무기 사용이 위와 같은 요건을 충족하는지 여부는 범죄의 종류, 죄질, 피해법익의 경중, 위해의 급박성, 저항의 강약, 범인과 경찰관의 수, 무기의 종류, 무기 사용의 태양, 주변의 상황 등을 고려하여 사회통념상 상당하다고 평가되는지 여부에 따라 판단하여야 하고, 특히 사람에게 위해를 가할 위험성이 큰 권총의 사용에 있어서는 그 요건을 더욱 엄격하게 판단하여야 할 것이다(대판 2004. 3.25. 2003도3842).

④ 경찰관이 교통법규 등을 위반하고 도주하는 차량을 순찰차로 추적하는 직무를 집행하는 중에 그 도주차량의 주행에 의하여 제3자가 손해를 입었다고 하더라도 그 추적이 당해 직무 목적을 수행하는 데에 불필요하다거나 또는 도주차량의 도주의 태양 및 도로교통상황 등으로부터 예측되는 피해발생의 구체적 위험성의 유무 및 내용에 비추어 추적의 개시 · 계속 혹은 추적의 방법이 상당하지 않다는 등의 특별한 사정이 없는 한 그 추적행위를 위법하다고 할 수는 없다(대판 2000.11.10. 2000다26807).

20 조세행정에 대한 설명으로 옳지 않은 것은? (다툼이 있는 경우 판례에 의함)

① 납세의무자에 대한 국가의 부가가치세 환급세액 지급의무에 대응하는 국가에 대한 납세의무자의 부가가치세 환급세액 지급청구는 민사소송이 아니라 당사자소송에 의하여야 한다.

② 과세관청이 과세예고 통지 후 과세전적부심사 청구나 그에 대한 결정이 있기 전에 국세부과처분을 한 경우, 특별한 사정이 없는 한 그 하자가 중대·명백하다고 볼 수 없어 당연무효가 아닌 취소사유에 해당한다.

③ 과세처분에 관한 납세고지서의 송달이 「국세기본법」의 규정에 위배되는 부적법한 것으로서 송달의 효력이 발생하지 아니하는 이상, 그 과세처분은 무효이다.

④ 하나의 납세고지서로 본세와 여러 종류의 가산세를 함께 부과하는 경우에 납세고지서에 가산세의 종류와 세액의 산출근거 등을 따로 구별하지 않고 가산세의 합계액만을 기재하였다면 그 부과처분은 위법하다.

ADVICE ② 적법절차의 원칙은 형사소송절차에 국한되지 아니하고, 세무공무원이 과세권을 행사하는 경우에도 마찬가지로 준수하여야 하는 점 등을 고려하여 보면, 국세기본법 및 국세기본법 시행령이 과세전적부심사를 거치지 않고 곧바로 과세처분을 할 수 있거나 과세전적부심사에 대한 결정이 있기 전이라도 과세처분을 할 수 있는 예외사유로 정하고 있다는 등의 특별한 사정이 없는 한, 과세예고 통지 후 과세전적부심사 청구나 그에 대한 결정이 있기도 전에 과세처분을 하는 것은 원칙적으로 과세전적부심사 이후에 이루어져야 하는 과세처분을 그보다 앞서 함으로써 과세전적부심사 제도 자체를 형해화시킬 뿐만 아니라 과세전적부심사 결정과 과세처분 사이의 관계 및 불복절차를 불분명하게 할 우려가 있으므로, 그와 같은 과세처분은 납세자의 절차적 권리를 침해하는 것으로서 절차상 하자가 중대하고도 명백하여 무효이다(대판 2016.12.27. 2016두49228).

① 납세의무자에 대한 국가의 부가가치세 환급세액 지급의무는 그 납세의무자로부터 어느 과세기간에 과다하게 거래징수된 세액 상당을 국가가 실제로 납부받았는지와 관계없이 부가가치세법령의 규정에 의하여 직접 발생하는 것으로서, 그 법적 성질은 정의와 공평의 관념에서 수익자와 손실자 사이의 재산상태 조정을 위해 인정되는 부당이득 반환의무가 아니라 부가가치세법령에 의하여 그 존부나 범위가 구체적으로 확정되고 조세 정책적 관점에서 특별히 인정되는 공법상 의무라고 봄이 타당하다. 그렇다면 납세의무자에 대한 국가의 부가가치세 환급세액 지급의무에 대응하는 국가에 대한 납세의무자의 부가가치세 환급세액 지급청구는 민사소송이 아니라 행정소송법 제3조 제2호에 규정된 당사자소송의 절차에 따라야 한다(대판 2013. 3.21. 2011다95564).

③ 지방세납세고지는 반드시 문서로써 그 명의인의 주소, 거소등에서 송달되도록 하여야 하고 그 송달이 부적법하면 과세처분은 효력이 발생하지 않으며 그 부과된 세액중 일부 금원이 납부된 사실이 있다 하더라도 부적법한 송달의 하자가 치유된다고 볼 수 없다(대판 1982. 5.11. 81누319).

④ 하나의 납세고지서에 의하여 본세와 가산세를 함께 부과할 때에는 납세고지서에 본세와 가산세 각각의 세액과 산출근거 등을 구분하여 기재해야 하는 것이고, 또 여러 종류의 가산세를 함께 부과하는 경우에는 그 가산세 상호 간에도 종류별로 세액과 산출근거 등을 구분하여 기재함으로써 납세의무자가 납세고지서 자체로 각 과세처분의 내용을 알 수 있도록 하는 것이 당연한 원칙이다(대판 2012.10.18. 2010두12347).

ANSWER 19.① 20.②

2018. 10. 13. 제2회 지방직 시행

1 **행정입법의 통제에 대한 설명으로 옳지 않은 것은? (다툼이 있는 경우 판례에 의함)**

① 국무회의에 상정될 총리령안과 부령안은 법제처의 심사를 받아야 한다.

② 법령보충규칙에 해당하는 고시의 관계규정에 의하여 직접 기본권 침해를 받는다고 하여도 이에 대하여 바로 「헌법재판소법」 제68조 제1항에 의한 헌법소원심판을 청구할 수 없다.

③ 「행정절차법」에 따르면, 예고된 법령등의 제정 · 개정 또는 폐지의 안에 대하여 누구든지 의견을 제출할 수 있다.

④ 행정입법부작위는 「행정소송법」상 부작위위법확인소송의 대상이 되지 않는다.

ADVICE ② '품질경영 및 공산품안전관리법' 및 법 시행령 조항에 근거하여 PVC관 안전기준의 적용범위를 정한 이 사건 고시조항은 그 제정형식이 국가기술표준원장의 고시라는 행정규칙에 불과하지만, 상위법령이 위임한 내용을 구체적으로 보충하거나 세부적인 사항을 규율함으로써 상위법령인 공산품안전법령과 결합하여 대외적인 구속력을 갖는 법규명령의 성격을 가지므로, 헌법소원의 대상이 되는 공권력 행사에 해당한다(헌재결 2015. 3.26. 2014헌마372).

① 국무회의에 상정될 법령안 · 조약안과 총리령안 및 부령안의 심사와 그 밖에 법제에 관한 사무를 전문적으로 관장하기 위하여 국무총리 소속으로 법제처를 둔다(정부조직법 제23조 제1항).

③ 누구든지 예고된 입법안에 대하여 의견을 제출할 수 있다(행정절차법 제44조 제1항).

④ 행정소송은 구체적 사건에 대한 법률상 분쟁을 법에 의하여 해결함으로써 법적 안정을 기하자는 것이므로 부작위위법확인소송의 대상이 될 수 있는 것은 구체적 권리의무에 관한 분쟁이어야 하고 추상적인 법령에 관하여 제정의 여부 등은 그 자체로서 국민의 구체적인 권리의무에 직접적 변동을 초래하는 것이 아니어서 그 소송의 대상이 될 수 없다(대판 1992. 5. 8. 91누11261).

2 「국가배상법」상 공무원의 위법한 직무행위로 인한 손해배상에 대한 설명으로 옳지 않은 것은? (다툼이 있는 경우 판례에 의함)

① 특별한 사정이 없는 한 일반적으로 공무원이 관계법규를 알지 못하거나 필요한 지식을 갖추지 못하고 법규의 해석을 그르쳐 행정처분을 하였다면 그가 법률전문가가 아닌 행정직 공무원이라도 과실이 있다.

② 헌법재판소 재판관이 잘못된 각하결정을 하여 청구인으로 하여금 본안판단을 받을 기회를 상실하게 하였더라도, 본안판단에서 어차피 청구가 기각되었을 것이라는 사정이 있다면 국가배상책임이 인정되지 않는다.

③ 공익근무요원은 「국가배상법」상 손해배상청구가 제한되는 군인 · 군무원 · 경찰공무원 또는 향토예비군대원에 해당한다고 할 수 없다.

④ 인사업무담당 공무원이 다른 공무원의 공무원증 등을 위조한 행위는 실질적으로 직무행위에 속하지 아니한다 할지라도 외관상으로는 「국가배상법」상의 직무집행에 해당한다.

ADVICE ② 헌법재판소 재판관이 청구기간 내에 제기된 헌법소원심판청구 사건에서 청구기간을 오인하여 각하결정을 한 경우, 이에 대한 불복절차 내지 시정절차가 없는 때에는 국가배상책임(위법성)을 인정할 수 있다. 헌법재판소 재판관의 위법한 직무집행의 결과 잘못된 각하결정을 함으로써 청구인으로 하여금 본안판단을 받을 기회를 상실하게 한 이상, 설령 본안판단을 하였더라도 어차피 청구가 기각되었을 것이라는 사정이 있다고 하더라도 잘못된 판단으로 인하여 헌법소원심판 청구인의 위와 같은 합리적인 기대를 침해한 것이고 이러한 기대는 인격적 이익으로서 보호할 가치가 있다고 할 것이므로 그 침해로 인한 정신상 고통에 대하여는 위자료를 지급할 의무가 있다(대판 2003. 7.11. 99다24218).

① 법령에 대한 해석이 복잡, 미묘하여 워낙 어렵고, 이에 대한 학설, 판례조차 귀일되어 있지 않는 등의 특별한 사정이 없는 한 일반적으로 공무원이 관계 법규를 알지 못하거나 필요한 지식을 갖추지 못하고 법규의 해석을 그르쳐 행정처분을 하였다면 그가 법률전문가가 아닌 행정직 공무원이라고 하여 과실이 없다고는 할 수 없다(대판 2001. 2. 9. 98다52988).

③ 공익근무요원이 국가배상법 제2조 제1항 단서의 규정에 의하여 국가배상법상 손해배상청구가 제한되는 군인 · 군무원 · 경찰공무원 또는 향토예비군대원에 해당한다고 할 수 없다(대판 1997. 3.28. 97다4036).

④ 인사업무담당 공무원이 다른 공무원의 공무원증 등을 위조한 행위에 대하여 실질적으로는 직무행위에 속하지 아니한다 할지라도 외관상으로 국가배상법 제2조 제1항의 직무집행관련성이 인정된다(대판 2005. 1.14. 2004다26805).

ANSWER 1.② 2.②

3 「공익사업을 위한 토지 등의 취득 및 보상에 관한 법률」에 대한 설명으로 옳지 않은 것은? (다툼이 있는 경우 판례에 의함)

① 사업시행자가 공익사업에 필요한 토지를 협의취득하는 행위는 사경제주체로서 행하는 사법상의 법률행위이다.

② 환매제도는 재산권보장, 원소유자의 보호 및 공평의 원칙에 바탕을 두기에, 환매의 목적물은 토지소유권에 한하지 않고, 토지 이외의 물건이나 토지소유권 이외의 권리 역시 환매의 대상이 될 수 있다.

③ 사업인정이란 공익사업을 토지 등을 수용 또는 사용할 사업으로 결정하는 것인데, 사업시행자에게 해당 공익사업을 수행할 의사와 능력이 있어야 한다는 것도 사업인정의 한 요건이라고 보아야 한다.

④ 해당 공익사업의 성격, 구체적인 경위나 내용, 원만한 시행을 위한 필요 등 제반 사정을 고려하여, 사업시행자는 법이 정한 이주대책대상자를 포함하여 그 밖의 이해관계인에게까지 넓혀 이주대책 수립 등을 시행할 수 있다.

ADVICE ② 토지보상법 제91조 제1항에 의하면 토지만 환매의 대상이 되는 것으로 규정하고 있고, 이러한 토지보상법 규정에 대해 헌법재판소는 입법자가 건물에 대한 환매권을 부인한 것은 헌법적 한계 내에 있는 입법재량권의 행사이므로 재산권을 침해하는 것이라 볼 수 없다고 판시하고 있다(헌재결 2005. 5.26. 2004헌가10).

① 토지 등의 협의취득은 공공사업에 필요한 토지 등을 그 소유자와의 협의에 의하여 취득하는 것으로서 공공기관이 사경제주체로서 행하는 사법상 매매 내지 사법상 계약의 실질을 가지는 것이다(대판 2006.10.13. 2006두7096).

③ 사업인정이란 공익사업을 토지 등을 수용 또는 사용할 사업으로 결정하는 것으로서 공익사업의 시행자에게 그 후 일정한 절차를 거칠 것을 조건으로 일정한 내용의 수용권을 설정하여 주는 형성행위이므로, 해당 사업이 외형상 토지 등을 수용 또는 사용할 수 있는 사업에 해당한다고 하더라도 사업인정기관으로서는 그 사업이 공용수용을 할 만한 공익성이 있는지의 여부와 공익성이 있는 경우에도 그 사업의 내용과 방법에 관하여 사업인정에 관련된 자들의 이익을 공익과 사익 사이에서는 물론, 공익 상호간 및 사익 상호간에도 정당하게 비교·교량하여야 하고, 그 비교·교량은 비례의 원칙에 적합하도록 하여야 한다. 그뿐만 아니라 해당 공익사업을 수행하여 공익을 실현할 의사나 능력이 없는 자에게 타인의 재산권을 공권력적·강제적으로 박탈할 수 있는 수용권을 설정하여 줄 수는 없으므로, 사업시행자에게 해당 공익사업을 수행할 의사와 능력이 있어야 한다는 것도 사업인정의 한 요건이라고 보아야 한다(대판 2011. 1.27. 2009두1051).

④ 사업시행자는 해당 공익사업의 성격, 구체적인 경위나 내용, 원만한 시행을 위한 필요 등 제반 사정을 고려하여 법이 정한 이주대책대상자를 포함하여 그 밖의 이해관계인에게까지 넓혀 이주대책 수립 등을 시행할 수 있다. 그런데 사업시행자가 이주대책 수립 등의 시행 범위를 넓힌 경우에, 그 내용은 법이 정한 이주대책대상자에 관한 것과 그 밖의 이해관계인에 관한 것으로 구분되고, 그 밖의 이해관계인에 관한 이주대책 수립 등은 법적 의무가 없는 시혜적인 것이다. 따라서 시혜적으로 시행되는 이주대책 수립 등의 경우에 대상자(이하 '시혜적인 이주대책대상자'라 한다)의 범위나 그들에 대한 이주대책 수립 등의 내용을 어떻게 정할 것인지에 관하여는 사업시행자에게 폭넓은 재량이 있다(대판 2015. 7.23. 2012두22911).

4 행정의 실효성 확보수단에 대한 설명으로 옳은 것만을 모두 고르면? (다툼이 있는 경우 판례에 의함)

> ㉠ 시정명령이란 행정법령의 위반행위로 초래된 위법상태의 제거 내지 시정을 명하는 행정행위를 말하는 것으로서, 그 위법행위의 결과가 더 이상 존재하지 않는다면 시정명령을 할 수 없다.
>
> ㉡ 납세의무자가 세무공무원의 잘못된 설명을 믿고 신고납부의무를 이행하지 아니하였다 하더라도 그것이 관계 법령에 어긋나는 것임이 명백한 때에는 그러한 사유만으로는 가산세를 부과할 수 없는 정당한 사유가 있는 경우에 해당한다고 할 수 없다.
>
> ㉢ 행정법규 위반에 대하여 가하는 제재조치(영업정지처분)는 반드시 현실적인 행위자가 아니라도 법령상 책임자로 규정된 자에게 부과되고, 특별한 사정이 없는 한 위반자에게 고의나 과실이 없더라도 부과할 수 있다.
>
> ㉣ 행정청의 재량권이 부여되어 있는 과징금부과처분이 법이 정한 한도액을 초과하여 위법할 경우, 법원으로서는 그 한도액을 초과한 부분이나 법원이 적정하다고 인정되는 부분을 초과한 부분만을 취소할 수 있다.

① ㉠, ㉢　　② ㉡, ㉣

③ ㉠, ㉡, ㉢　　④ ㉠, ㉢, ㉣

ADVICE ㉠ 구 하도급거래 공정화에 관한 법률 제13조 등의 위반행위가 있었으나 위반행위의 결과가 더 이상 존재하지 않는 경우, 같은 법 제25조 제1항에 의한 시정명령을 할 수 없다(대판 2015.12.10. 2013두35013).

㉡ 세법상 가산세는 과세권의 행사 및 조세채권의 실현을 용이하게 하기 위하여 납세자가 정당한 이유 없이 법에 규정된 신고·납세의무 등을 위반한 경우에 법이 정하는 바에 의하여 부과하는 행정상의 제재로서 납세자의 고의·과실은 고려되지 아니하는 것이고, 법령의 부지 또는 오인은 그 정당한 사유에 해당한다고 볼 수 없으며, 또한 납세의무자가 세무공무원의 잘못된 설명을 믿고 그 신고·납부의무를 이행하지 아니하였다 하더라도 그것이 관계 법령에 어긋나는 것임이 명백한 때에는 그러한 사유만으로는 정당한 사유가 있는 경우에 해당한다고 할 수 없다(대판 2004. 9.24. 2003두10350).

㉢ 행정법규 위반에 대한 제재조치는 행정목적의 달성을 위하여 행정법규 위반이라는 객관적 사실에 착안하여 가하는 제재이므로, 반드시 현실적인 행위자가 아니라도 법령상 책임자로 규정된 자에게 부과되고, 특별한 사정이 없는 한 위반자에게 고의나 과실이 없더라도 부과할 수 있다. 이러한 법리는 구 대부업 등의 등록 및 금융이용자 보호에 관한 법률 제13조 제1항이 정하는 대부업자 등의 불법추심행위를 이유로 한 영업정지 처분에도 마찬가지로 적용된다(대판 2017. 5.11. 2014두8773).

㉣ 자동차운수사업면허조건 등을 위반한 사업자에 대하여 행정청이 행정제재수단으로 사업 정지를 명할 것인지, 과징금을 부과할 것인지, 과징금을 부과키로 한다면 그 금액은 얼마로 할 것인지에 관하여 재량권이 부여되었다 할 것이므로 과징금부과처분이 법이 정한 한도액을 초과하여 위법할 경우 법원으로서는 그 전부를 취소할 수밖에 없고, 그 한도액을 초과한 부분이나 법원이 적정하다고 인정되는 부분을 초과한 부분만을 취소할 수 없다(대판 1998. 4.10. 98두2270).

ANSWER 3.② 4.③

5 **행정소송에 대한 설명으로 옳지 않은 것은? (다툼이 있는 경우 판례에 의함)**

① 당사자소송에 대하여는 「행정소송법」의 집행정지에 관한 규정이 준용되지 아니하므로, 「민사집행법」상 가처분에 관한 규정 역시 준용되지 아니한다.

② 서훈은 서훈대상자의 특별한 공적에 의하여 수여되는 고도의 일신전속적 성격을 가지는 것이므로, 망인에게 수여된 서훈이 취소된 경우 그 유족은 서훈취소처분의 상대방이 되지 아니한다.

③ 「민사소송법」 규정이 준용되는 행정소송에서 증명책임은 원칙적으로 민사소송 일반원칙에 따라 당사자 사이에 분배되고, 항고소송의 경우에는 그 특성에 따라 처분의 적법성을 주장하는 피고에게 그 적법사유에 대한 증명책임이 있다.

④ 행정처분의 무효확인을 구하는 청구에는 특별한 사정이 없는 한 그 처분의 취소를 구하는 취지까지도 포함되어 있다고 볼 수 있다.

ADVICE ① 당사자소송에 대하여는 행정소송법 제23조 제2항의 집행정지에 관한 규정이 준용되지 아니하므로(행정소송법 제44조 제1항 참조), 이를 본안으로 하는 가처분에 대하여는 행정소송법 제8조 제2항에 따라 민사집행법상 가처분에 관한 규정이 준용되어야 한다(대판 2015. 8.21. 2015무26).

② 서훈의 일신전속적 성격은 서훈취소의 경우에도 마찬가지이므로, 망인에게 수여된 서훈의 취소에서도 유족은 그 처분의 상대방이 되는 것이 아니다. 이와 같이 망인에 대한 서훈취소는 유족에 대한 것이 아니므로 유족에 대한 통지에 의해서만 성립하여 효력이 발생한다고 볼 수 없고, 그 결정이 처분권자의 의사에 따라 상당한 방법으로 대외적으로 표시됨으로써 행정행위로서 성립하여 효력이 발생한다고 봄이 타당하다(대판 2014. 9.26. 2013두2518).

③ 민사소송법 규정이 준용되는 행정소송에서의 증명책임은 원칙적으로 민사소송 일반원칙에 따라 당사자 간에 분배되고, 항고소송의 경우에는 그 특성에 따라 처분의 적법성을 주장하는 피고에게 적법사유에 대한 증명책임이 있다. 피고가 주장하는 일정한 처분의 적법성에 관하여 합리적으로 수긍할 수 있는 일응의 증명이 있는 경우에 처분은 정당하며, 이와 상반되는 주장과 증명은 상대방인 원고에게 책임이 돌아간다(대판 2016.10.27. 2015두42817).

④ 행정처분의 무효확인을 구하는 청구에는 특별한 사정이 없는 한 그 처분의 취소를 구하는 취지까지도 포함되어 있다고 볼 수는 있으나 위와 같은 경우에 취소청구를 인용하려면 먼저 취소를 구하는 항고소송으로서의 제소요건을 구비한 경우에 한한다(대판 1986. 9.23. 85누838).

6 「행정절차법」상 행정절차에 대한 설명으로 옳은 것은? (다툼이 있는 경우 판례에 의함)

① 청문은 행정청이 어떠한 처분을 하기 전에 당사자 등의 의견을 직접 듣는 절차일 뿐, 증거를 조사하는 절차는 아니다.

② 「국가공무원법」상 직위해제처분에는 처분의 사전통지 및 의견청취 등에 관한 「행정절차법」의 규정이 별도로 적용되지 않는다.

③ 「행정절차법」은 당사자에게 의무를 부과하거나 당사자의 권익을 제한하는 처분을 하는 경우에 대해서만 그 근거와 이유를 제시하도록 규정하고 있다.

④ 법령에 의해 당연히 퇴직연금 환수금액이 결정되는 경우에도 퇴직연금의 환수결정은 당사자에게 의무를 과하는 처분이기 때문에, 퇴직연금의 환수결정에 앞서 당사자에게 의견진술의 기회를 주어야 한다.

ADVICE ② 국가공무원법상 직위해제처분은 구 행정절차법 제3조 제2항 제9호, 구 행정절차법 시행령 제2조 제3호에 의하여 당해 행정작용의 성질상 행정절차를 거치기 곤란하거나 불필요하다고 인정되는 사항 또는 행정절차에 준하는 절차를 거친 사항에 해당하므로, 처분의 사전통지 및 의견청취 등에 관한 행정절차법의 규정이 별도로 적용되지 않는다(대판 2014. 5.16. 2012두26180).

① 청문이란 행정청이 어떠한 처분을 하기 전에 당사자등의 의견을 직접 듣고 증거를 조사하는 절차를 말한다(행정절차법 제2조 제5호).

③ 상대방에게 불이익한 처분만이 아니라 수익적 처분의 경우에도 그 근거와 이유를 제시하여야 한다. 행정절차법 제23조에서는 처분의 이유 제시 제외 경우로 '신청 내용을 모두 그대로 인정하는 처분인 경우', '단순 · 반복적인 처분 또는 경미한 처분으로서 당사자가 그 이유를 명백히 알 수 있는 경우', '긴급히 처분을 할 필요가 있는 경우'를 들고 있다.

④ 퇴직연금의 환수결정은 당사자에게 의무를 과하는 처분이기는 하나, 관련 법령에 따라 당연히 환수금액이 정하여지는 것이므로, 퇴직연금의 환수결정에 앞서 당사자에게 의견진술의 기회를 주지 아니하여도 행정절차법 제22조 제3항이나 신의칙에 어긋나지 아니한다(대판 2000.11.28. 99두5443).

ANSWER 5.① 6.②

7 「질서위반행위규제법」에 대한 설명으로 옳지 않은 것은? (다툼이 있는 경우 판례에 의함)

① 질서위반행위 후 법률이 변경되어 그 행위가 질서위반행위에 해당하지 아니하게 된 경우, 법률에 특별한 규정이 없는 한 질서위반행위의 성립은 행위 시의 법률에 따른다.

② 당사자가 행정청의 과태료 부과에 불복하여 이의제기를 한 경우, 행정청의 과태료 부과처분은 그 효력을 상실한다.

③ 신분에 의하여 성립하는 질서위반행위에 신분이 없는 자가 가담한 때에는 신분이 없는 자에 대하여도 질서위반행위가 성립한다.

④ 질서위반행위를 한 자가 자신의 책임 없는 사유로 위반행위에 이르렀다고 주장하는 경우 법원으로서는 그 내용을 살펴 행위자에게 고의나 과실이 있는지를 따져보아야 한다.

ADVICE ① 질서위반행위 후 법률이 변경되어 그 행위가 질서위반행위에 해당하지 아니하게 되거나 과태료가 변경되기 전의 법률보다 가볍게 된 때에는 법률에 특별한 규정이 없는 한 변경된 법률을 적용한다(질서위반행위규제법 제3조 제2항).

② 질서위반행위규제법 제20조 제2항.

③ 질서위반행위규제법 제12조 제2항.

④ 질서위반행위규제법은 과태료의 부과대상인 질서위반행위에 대하여도 책임주의 원칙을 채택하여 제7조에서 "고의 또는 과실이 없는 질서위반행위는 과태료를 부과하지 아니한다."고 규정하고 있으므로, 질서위반행위를 한 자가 자신의 책임 없는 사유로 위반행위에 이르렀다고 주장하는 경우 법원으로서는 그 내용을 살펴 행위자에게 고의나 과실이 있는지를 따져보아야 한다(대판 2011. 7.14. 2011마364).

8 취소소송의 소송요건을 충족하지 않은 경우에 해당하는 것만을 모두 고르면? (다툼이 있는 경우 판례에 의함)

> ㉠ 기간제로 임용된 국·공립대학의 조교수에 대해 임용기간 만료로 한 재임용거부에 대하여 제기된 거부처분 취소소송
> ㉡ 처분이 있음을 안 날부터 90일이 경과하였으나, 아직 처분이 있은 날부터 1년이 경과되지 않은 시점에서 제기된 취소소송
> ㉢ 사실심 변론종결시에는 원고적격이 있었으나, 상고심에서 원고적격이 흠결된 취소소송

① ㉠　　② ㉢

③ ㉡, ㉢　　④ ㉠, ㉡, ㉢

ADVICE ㉡ 처분이 있음을 안 날로부터 90일, 처분이 있은 날로부터 1년의 기간 중 어느 하나라도 경과하면 취소소송을 제기하지 못한다.

㉢ 원고적격은 소송요건의 하나이므로 사실심 변론종결시는 물론 상고심에서도 존속하여야 하고 이를 흠결하면 부적법한 소가 된다(대판 2007. 4.12. 2004두7924).

㉠ 기간제로 임용되어 임용기간이 만료된 국·공립대학의 교원도 교원으로서의 능력과 자질에 관하여 합리적인 기준에 의한 공정한 심사를 받아 기준에 부합하면 특별한 사정이 없는 한 재임용되리라는 기대를 가지고 재임용 여부에 관하여 심사를 요구할 법규상 또는 조리상 신청권을 가진다. 그런데 이러한 국·공립대학 교원에 대한 재임용거부처분이 재량권을 일탈·남용한 것으로 평가되어 그것이 불법행위가 됨을 이유로 국·공립대학 교원 임용권자에게 손해배상책임을 묻기 위해서는 당해 재임용거부가 국·공립대학 교원 임용권자의 고의 또는 과실로 인한 것이라는 점이 인정되어야 한다. 그리고 위와 같은 고의·과실이 인정되려면 국·공립대학 교원 임용권자가 객관적 주의의무를 결하여 그 재임용거부처분이 객관적 정당성을 상실하였다고 인정될 정도에 이르러야 한다(대판 2011. 1.27. 2009다30946).

9 사인의 공법행위로서 신고에 대한 설명으로 옳지 않은 것은? (다툼이 있는 경우 판례에 의함)

① 「유통산업발전법」상 대규모점포의 개설 등록은 이른바 '수리를 요하는 신고'로서 행정처분에 해당한다.

② 수리를 요하는 신고의 경우, 수리행위에 신고필증 교부 등 행위가 꼭 필요한 것은 아니다.

③ 주민등록의 신고는 행정청에 도달하기만 하면 신고로서의 효력이 발생하는 것이 아니라 행정청이 수리한 경우에 비로소 신고의 효력이 발생한다.

④ 자기완결적 신고에 있어 적법한 신고가 있는 경우, 행정청은 법 규정에 정하지 아니한 사유를 심사하여 이를 이유로 신고수리를 거부할 수 있다.

ADVICE ④ 정신과의원을 개설하려는 자가 법령에 규정되어 있는 요건을 갖추어 개설신고를 한 때에, 행정청은 원칙적으로 이를 수리하여 신고필증을 교부하여야 하고, 법령에서 정한 요건 이외의 사유를 들어 의원급 의료기관 개설신고의 수리를 거부할 수는 없다(대판 2018.10.25. 2018두44302).

① 구 유통산업발전법에 따른 대규모점포의 개설등록 및 구 재래시장법에 따른 시장관리자 지정은 행정청이 실체적 요건에 관한 심사를 한 후 수리하여야 하는 이른바 '수리를 요하는 신고'로서 행정처분에 해당한다(대판 2019. 9.10. 2019다208953).

② 납골당설치 신고는 이른바 '수리를 요하는 신고'라 할 것이므로, 납골당설치 신고가 구 장사법 관련 규정의 모든 요건에 맞는 신고라 하더라도 신고인은 곧바로 납골당을 설치할 수는 없고, 이에 대한 행정청의 수리처분이 있어야만 신고한 대로 납골당을 설치할 수 있다. 한편 수리란 신고를 유효한 것으로 판단하고 법령에 의하여 처리할 의사로 이를 수령하는 수동적 행위이므로 수리행위에 신고필증 교부 등 행위가 꼭 필요한 것은 아니다(대판 2011. 9. 8. 2009두6766).

③ 주민들의 거주지 이동에 따른 주민등록전입신고에 대하여 행정청이 이를 심사하여 그 수리를 거부할 수 있으나 그러한 행위는 자칫 헌법상 보장된 국민의 거주·이전의 자유를 침해하는 결과를 초래할 수도 있으므로, 시장 등의 주민등록전입신고 수리 여부에 대한 심사는 주민등록법의 입법 목적의 범위 내에서 제한적으로 이루어져야 하는바, 그 전입신고자가 30일 이상 생활의 근거로서 거주할 목적으로 거주지를 옮기는지 여부가 심사 대상으로 되어야 한다(대판 2009. 7. 9. 2008두19048).

ANSWER 7.① 8.③ 9.④

10 「국가공무원법」상 공무원의 의무에 대한 설명으로 옳지 않은 것은? (다툼이 있는 경우 판례에 의함)

① 공무원의 성실의무는 경우에 따라 근무시간 외에 근무지 밖에까지 미칠 수도 있다.

② 공무원의 품위유지의무는 공무원이 직무의 내외를 불문하고, 국민의 수임자로서의 직책을 맡아 수행해 나가기에 손색이 없는 인품에 걸맞게 본인은 물론 공직사회에 대한 국민의 신뢰를 실추시킬 우려가 있는 행위를 하지 않아야 할 의무를 말한다.

③ 실제 여럿이 모이는 형태로 의사표현을 하는 것은 아니지만 발표문에 서명날인을 하는 등의 수단으로 여럿이 가담한 행위임을 표명하는 경우는 「국가공무원법」이 금지하는 '집단행위'에 해당한다.

④ 행정조직의 개선과 발전에 도움이 되고, 궁극적으로 행정청의 권한행사의 적정화에 기여하는 면이 있다면, 공무원이 외부에 자신의 상사 등을 비판하는 의견을 발표하는 행위는 공무원으로서의 체면이나 위신을 손상시키는 행위에 해당하지 아니한다.

ADVICE ④ 공무원이 외부에 자신의 상사 등을 비판하는 의견을 발표하는 행위는 그것이 비록 행정조직의 개선과 발전에 도움이 되고, 궁극적으로 행정청의 권한행사의 적정화에 기여하는 면이 있다고 할지라도, 국민들에게는 그 내용의 진위나 당부와는 상관없이 그 자체로 행정청 내부의 갈등으로 비춰져, 행정에 대한 국민의 신뢰를 실추시키는 요인으로 작용할 수 있고, 특히 발표 내용 중에 진위에 의심이 가는 부분이 있거나 표현이 개인적인 감정에 휩쓸려 지나치게 단정적이고 과장된 부분이 있는 경우에는 그 자체로 국민들로 하여금 공무원 본인은 물론 행정조직 전체의 공정성, 중립성, 신중성 등에 대하여 의문을 갖게 하여 행정에 대한 국민의 신뢰를 실추시킬 위험성이 더욱 크므로, 그러한 발표행위는 공무원으로서의 체면이나 위신을 손상시키는 행위에 해당한다(대판 2017. 4.13. 2014두8469).

① 국가공무원법상 공무원의 성실의무는 경우에 따라 근무시간 외에 근무지 밖에까지 미칠 수도 있다(대판 1997. 2.11. 96누2125).

② 국가공무원법 제63조는 "공무원은 직무의 내외를 불문하고 그 품위가 손상되는 행위를 하여서는 아니 된다."라고 규정하고 있다. 국가공무원법 제63조에 규정된 품위유지의무란 공무원이 직무의 내외를 불문하고, 국민의 수임자로서의 직책을 맡아 수행해 나가기에 손색이 없는 인품에 걸맞게 본인은 물론 공직사회에 대한 국민의 신뢰를 실추시킬 우려가 있는 행위를 하지 않아야 할 의무라고 해석할 수 있다. 구체적으로 어떠한 행위가 품위손상행위에 해당하는가는 수범자인 평균적인 공무원을 기준으로 구체적 상황에 따라 건전한 사회통념에 따라 판단하여야 한다(대판 2017.11. 9. 2017두47472).

③ 공무원들의 어느 행위가 국가공무원법 제66조 제1항에 규정된 '집단행위'에 해당하려면, 그 행위가 반드시 같은 시간, 장소에서 행하여져야 하는 것은 아니지만, 공익에 반하는 어떤 목적을 위한 다수인의 행위로서 집단성이라는 표지를 갖추어야만 한다고 해석함이 타당하다. 따라서 여럿이 같은 시간에 한 장소에 모여 집단의 위세를 과시하는 방법으로 의사를 표현하거나 여럿이 단체를 결성하여 그 단체 명의로 의사를 표현하는 경우, 실제 여럿이 모이는 형태로 의사표현을 하는 것은 아니지만 발표문에 서명날인을 하는 등의 수단으로 여럿이 가담한 행위임을 표명하는 경우 또는 일제 휴가나 집단적인 조퇴, 초과근무 거부 등과 같이 정부활동의 능률을 저해하기 위한 집단적 태업 행위로 볼 수 있는 경우에 속하거나 이에 준할 정도로 행위의 집단성이 인정되어야 국가공무원법 제66조 제1항에 해당한다고 볼 수 있다(대판 2017. 4.13. 2014두8469).

11 「개인정보 보호법」에 대한 설명으로 옳지 않은 것은? (다툼이 있는 경우 판례에 의함)

① 시장 · 군수 또는 구청장이 개인의 지문정보를 수집하고, 경찰청장이 이를 보관 · 전산화하여 범죄수사목적에 이용하는 것은 모두 개인정보자기결정권을 제한하는 것이다.

② 개인정보자기결정권의 보호대상이 되는 개인정보는 개인의 신체, 신념, 사회적 지위, 신분 등과 같이 개인의 인격주체성을 특징짓는 사항으로서 그 개인의 동일성을 식별할 수 있는 일체의 정보이고, 이미 공개된 개인정보는 포함하지 않는다.

③ 「개인정보 보호법」을 위반한 개인정보처리자의 행위로 손해를 입은 정보주체가 개인정보처리자에게 손해배상을 청구한 경우, 그 개인정보처리자는 고의 또는 과실이 없음을 입증하지 아니하면 책임을 면할 수 없다.

④ 법인의 정보는 「개인정보 보호법」의 보호대상이 아니다.

ADVICE ② 개인정보자기결정권의 보호대상이 되는 개인정보는 개인의 신체, 신념, 사회적 지위, 신분 등과 같이 개인의 인격주체성을 특징짓는 사항으로서 개인의 동일성을 식별할 수 있게 하는 일체의 정보이고, 반드시 개인의 내밀한 영역에 속하는 정보에 국한되지 아니하며 공적 생활에서 형성되었거나 이미 공개된 개인정보까지 포함한다. 또한 개인정보를 대상으로 한 조사 · 수집 · 보관 · 처리 · 이용 등의 행위는 모두 원칙적으로 개인정보자기결정권에 대한 제한에 해당한다(대판 2016. 8.17. 2014다235080).

① 판례는 지문정보가 유전자, 홍채, 치아 등 다른 신원확인수단에 비하여 간편하고 효율적이며, 일정한 범위의 범죄자나 손가락 일부의 지문정보를 수집하는 것만으로는 열 손가락 지문을 대조하는 것과 그 정확성 면에서 비교하기 어렵다는 점 등을 고려하면, 과도하게 개인정보자기결정권을 침해하였다고 볼 수 없다(헌재결 2015. 5..28. 2011헌마731)고 판시하여 개인정보자기결정권을 제한하지만 침해하는 것은 아니라고 보고 있다.

③ 정보주체는 개인정보처리자가 이 법을 위반한 행위로 손해를 입으면 개인정보처리자에게 손해배상을 청구할 수 있다. 이 경우 그 개인정보처리자는 고의 또는 과실이 없음을 입증하지 아니하면 책임을 면할 수 없다(개인정보보호법 제39조 제1항).

④ 개인정보 보호법은 이 법의 보호대상이 되는 개인정보를 살아 있는 개인에 관한 정보라고 규정하고 있다(개인정보보호법 제2조 제1호).

ANSWER 10.④ 11.②

12 허가에 대한 설명으로 옳지 않은 것은? (다툼이 있는 경우 판례에 의함)

① 허가신청 후 허가기준이 변경되었다 하더라도 허가관청이 허가신청을 수리하고도 정당한 이유 없이 그 처리를 늦추어 그 사이에 허가기준이 변경된 것이 아닌 이상, 허가관청은 변경된 허가기준에 따라서 처분을 하여야 한다.

② 구 산림법령이 규정하는 산림훼손 금지 또는 제한 지역에 해당하지 않더라도 환경의 보존 등 중대한 공익상 필요가 인정되는 경우, 허가관청은 법규상 명문의 근거가 없어도 산림훼손허가신청을 거부할 수 있다.

③ 종전 허가의 유효기간이 지난 후에 한 허가기간연장 신청은 종전의 허가처분과는 별도의 새로운 허가를 내용으로 하는 행정처분을 구하는 것이라고 보아야 한다.

④ 「국토의 계획 및 이용에 관한 법률」에 따른 토지의 형질변경허가에는 행정청의 재량권이 부여되어 있다고 하더라도 「건축법」상의 건축허가는 기속행위이므로, 「국토의 계획 및 이용에 관한 법률」에 따른 토지의 형질변경행위를 수반하는 건축허가는 기속행위에 속한다.

ADVICE ④ 국토의 계획 및 이용에 관한 법률 제56조에 따른 개발행위허가와 농지법 제34조에 따른 농지전용허가·협의는 금지요건·허가기준 등이 불확정개념으로 규정된 부분이 많아 그 요건·기준에 부합하는지의 판단에 관하여 행정청에 재량권이 부여되어 있으므로, 그 요건에 해당하는지 여부는 행정청의 재량판단의 영역에 속한다. 나아가 국토계획법이 정한 용도지역 안에서 토지의 형질변경행위·농지전용행위를 수반하는 건축허가는 건축법 제11조 제1항에 의한 건축허가와 위와 같은 개발행위허가 및 농지전용허가의 성질을 아울러 갖게 되므로 이 역시 재량행위에 해당하고, 그에 대한 사법심사는 행정청의 공익판단에 관한 재량의 여지를 감안하여 원칙적으로 재량권의 일탈이나 남용이 있는지 여부만을 대상으로 하는데, 판단 기준은 사실오인과 비례·평등의 원칙 위반 여부 등이 된다(대판 2017.10.12. 2017두48956).

① 허가 등의 행정처분은 원칙적으로 처분시의 법령과 허가기준에 의하여 처리되어야 하고 허가신청 당시의 기준에 따라야 하는 것은 아니며, 비록 허가신청 후 허가기준이 변경되었다 하더라도 그 허가관청이 허가신청을 수리하고도 정당한 이유 없이 그 처리를 늦추어 그 사이에 허가기준이 변경된 것이 아닌 이상 변경된 허가기준에 따라서 처분을 하여야 한다(대판 2006. 8.25. 2004두2974).

② 산림훼손은 국토 및 자연의 유지와 수질 등 환경의 보전에 직접적으로 영향을 미치는 행위이므로, 법령이 규정하는 산림훼손 금지 또는 제한 지역에 해당하는 경우는 물론 금지 또는 제한 지역에 해당하지 않더라도 허가관청은 산림훼손허가신청 대상토지의 현상과 위치 및 주위의 상황 등을 고려하여 국토 및 자연의 유지와 환경의 보전 등 중대한 공익상 필요가 있다고 인정될 때에는 허가를 거부할 수 있고, 그 경우 법규에 명문의 근거가 없더라도 거부처분을 할 수 있다(대판 2002.10.25. 2002두6651).

③ 종전의 허가가 기한의 도래로 실효한 이상 원고가 종전 허가의 유효기간이 지나서 신청한 이 사건 기간연장신청은 그에 대한 종전의 허가처분을 전제로 하여 단순히 그 유효기간을 연장하여 주는 행정처분을 구하는 것이라기 보다는 종전의 허가처분과는 별도의 새로운 허가를 내용으로 하는 행정처분을 구하는 것이라고 보아야 할 것이어서, 이러한 경우 허가권자는 이를 새로운 허가신청으로 보아 법의 관계 규정에 의하여 허가요건의 적합 여부를 새로이 판단하여 그 허가 여부를 결정하여야 할 것이다(대판 1995.11.10. 94누11866).

13 「문화재보호법」상 문화재보호구역의 지정과 관련한 설명으로 옳은 것은? (다툼이 있는 경우 판례에 의함)

① 문화재보호구역 내에 토지를 소유하고 있는 자는 문화재보호구역의 지정에 대해 항고소송을 통해 다툴 수 없다.

② 문화재보호구역 내의 국유토지는 「국유재산법」상 보존재산에 해당하므로 시효취득의 대상이 될 수 있다.

③ 문화재보호구역의 확대지정이 공공사업인 택지개발사업의 시행을 직접 목적으로 하여 가하여진 것이 아님이 명백한 이상, 문화재보호구역의 확대지정이 당해 공공사업의 시행 이후에 행해진 경우라 하더라도, 공공사업지구에 포함된 토지에 대한 수용보상액은 문화재보호구역의 확대지정에 의한 공법상 제한을 받지 아니한 것으로 보고 평가하여야 한다.

④ 문화재보호구역 내에 토지를 소유하고 있는 자가 문화재보호구역의 지정해제를 요구하였으나 거부된 경우, 그 거부행위는 행정처분에 해당한다.

ADVICE ④ 문화재보호구역 내에 있는 토지소유자 등으로서는 위 보호구역의 지정해제를 요구할 수 있는 법규상 또는 조리상의 신청권이 있다고 할 것이고, 이러한 신청에 대한 거부행위는 항고소송의 대상이 되는 행정처분에 해당한다(대판 2004. 4.27. 2003두8821).

① 구 문화재관리법하의 지방문화재에 대한 보호구역 지정처분은 보호구역 내에 있는 토지소유자에 대하여 권리행사의 제한 또는 의무부담을 주는 행정처분에 해당한다(대판 1993. 6.29. 91누6986).

② 문화재보호구역 내의 국유토지는 "법령의 규정에 의하여 국가가 보존하는 재산", 즉 국유재산법 제4조 제3항 소정의 "보존재산"에 해당하므로 구 국유재산법 제5조 제2항에 의하여 시효취득의 대상이 되지 아니한다(대판 1994. 5.10. 93다23442).

③ 공법상의 제한을 받는 토지의 수용보상액을 산정함에 있어서는 그 공법상의 제한이 당해 공공사업의 시행을 직접 목적으로 하여 가하여진 경우에는 그 제한을 받지 아니하는 상태대로 평가하여야 할 것이지만, 공법상 제한이 당해 공공사업의 시행을 직접 목적으로 하여 가하여진 경우가 아니라면 그러한 제한을 받는 상태 그대로 평가하여야 하고, 그와 같은 제한이 당해 공공사업의 시행 이후에 가하여진 경우라고 하여 달리 볼 것은 아니다. 문화재보호구역의 확대 지정이 당해 공공사업인 택지개발사업의 시행을 직접 목적으로 하여 가하여진 것이 아님이 명백하므로 토지의 수용보상액은 그러한 공법상 제한을 받는 상태대로 평가하여야 한다(대판 2005. 2.18. 2003두14222).

ANSWER 12.④ 13.④

14 **재무행정에 대한 설명으로 옳지 않은 것은? (다툼이 있는 경우 판례에 의함)**

① 「지방세기본법」에 따르면, 지방자치단체의 장은 적절하고 공평한 과세의 실현을 위하여 필요한 최소한의 범위에서 세무조사를 하여야 하며, 다른 목적 등을 위하여 조사권을 남용해서는 아니 된다.

② 특별한 사정이 없는 한, 과세관청이 과세처분에 앞서 필수적으로 행하여야 할 과세예고 통지를 하지 아니함으로써 납세자에게 과세전적부심사의 기회를 부여하지 아니한 채 과세처분을 하였다면, 그 과세처분은 위법하다.

③ 하나의 납세고지서에 의하여 복수의 과세처분을 함께 하는 경우에는 과세처분별로 그 세액과 산출근거 등을 구분하여 기재함으로써 납세의무자가 각 과세처분의 내용을 알 수 있도록 해야 한다.

④ 지방국세청장이 조세범칙행위에 대하여 형사고발을 한 후에 동일한 조세범칙행위에 대하여 한 통고처분은 특별한 사정이 없는 한 위법하지만 무효는 아니다.

ADVICE ④ 지방국세청장 또는 세무서장이 조세범 처벌절차법 제17조 제1항에 따라 통고처분을 거치지 아니하고 즉시 고발하였다면 이로써 조세범칙사건에 대한 조사 및 처분 절차는 종료되고 형사사건 절차로 이행되어 지방국세청장 또는 세무서장으로서는 동일한 조세범칙행위에 대하여 더 이상 통고처분을 할 권한이 없다. 따라서 지방국세청장 또는 세무서장이 조세범칙행위에 대하여 고발을 한 후에 동일한 조세범칙행위에 대하여 통고처분을 하였더라도, 이는 법적 권한 소멸 후에 이루어진 것으로서 특별한 사정이 없는 한 효력이 없고, 조세범칙행위자가 이러한 통고처분을 이행하였더라도 조세범 처벌절차법 제15조 제3항에서 정한 일사부재리의 원칙이 적용될 수 없다(대판 2016. 9.28. 2014도10748).

① 지방세기본법 제80조 제1항.

② 과세관청이 과세처분에 앞서 필수적으로 행하여야 할 과세예고 통지를 하지 아니함으로써 납세자에게 과세전적부심사의 기회를 부여하지 아니한 채 과세처분을 하였다면, 이는 납세자의 절차적 권리를 침해한 것으로서 과세처분의 효력을 부정하는 방법으로 통제할 수밖에 없는 중대한 절차적 하자가 존재하는 경우에 해당하므로, 과세처분은 위법하다(대판 2016. 4.15. 2015두52326).

③ 납세고지서에 해당 본세의 과세표준과 세액의 산출근거 등이 제대로 기재되지 않았다면 특별한 사정이 없는 한 그 과세처분은 위법하다는 것이 판례의 확립된 견해이다. 판례는 여기에서 한발 더 나아가 설령 부가가치세법과 같이 개별 세법에서 납세고지에 관한 별도의 규정을 두지 않은 경우라 하더라도 해당 본세의 납세고지서에 국세징수법 제9조 제1항이 규정한 것과 같은 세액의 산출근거 등이 기재되어 있지 않다면 그 과세처분은 적법하지 않다고 한다. 말하자면 개별 세법에 납세고지에 관한 별도의 규정이 없더라도 국세징수법이 정한 것과 같은 납세고지의 요건을 갖추지 않으면 안 된다는 것이고, 이는 적법절차의 원칙이 과세처분에도 적용됨에 따른 당연한 귀결이다. 같은 맥락에서, 하나의 납세고지서에 의하여 복수의 과세처분을 함께 하는 경우에는 과세처분별로 그 세액과 산출근거 등을 구분하여 기재함으로써 납세의무자가 각 과세처분의 내용을 알 수 있도록 해야 하는 것 역시 당연하다고 할 것이다(대판 2012. 10.18. 2010두12347).

15 경찰권의 행사에 대한 설명으로 옳지 않은 것은? (다툼이 있는 경우 판례에 의함)

① 경찰관의 적법한 직무집행으로 인하여 손실발생의 원인에 대하여 책임이 있는 자가 자신의 책임에 상응하는 정도를 초과하는 재산상의 손실을 입은 경우, 국가는 그 자에 대하여 정당한 보상을 하여야 한다.

② 경찰관이 신분증을 제시하지 않고 불심검문을 한 경우, 검문하는 사람이 경찰관이고 검문하는 이유가 범죄행위에 관한 것임을 피고인이 충분히 알고 있었다고 보이더라도 그 불심검문은 위법한 공무집행이라 할 수 있다.

③ 「경찰관 직무집행법」에 의거한 경찰관의 범죄예방을 위한 제지조치는 경찰 행정상 즉시강제이자 권력적 사실행위에 해당한다.

④ 불심검문 대상자에 해당하는지 여부를 판단하는 때에는 당시의 구체적인 정황은 물론 사전에 얻은 정보나 전문적 지식 등에 기초하여 객관적 · 합리적으로 판단하여야 하나, 반드시 불심검문 대상자에게 「형사소송법」상 체포나 구속에 이를 정도의 혐의가 있을 것을 요한다고 할 수는 없다.

ADVICE ② 경찰관직무집행법 제3조 제4항은 경찰관이 불심검문을 하고자 할 때에는 자신의 신분을 표시하는 증표를 제시하여야 한다고 규정하고, 경찰관직무집행법 시행령 제5조는 위 법에서 규정한 신분을 표시하는 증표는 경찰관의 공무원증이라고 규정하고 있는데, 불심검문을 하게 된 경위, 불심검문 당시의 현장상황과 검문을 하는 경찰관들의 복장, 피고인이 공무원증 제시나 신분 확인을 요구하였는지 여부 등을 종합적으로 고려하여, 검문하는 사람이 경찰관이고 검문하는 이유가 범죄행위에 관한 것임을 피고인이 충분히 알고 있었다고 보이는 경우에는 신분증을 제시하지 않았다고 하여 그 불심검문이 위법한 공무집행이라고 할 수 없다(대판 2014.12.11. 2014도7976).

① 경찰관직무집행법 제11조의2 제1항 2호.

③ 구 집회 및 시위에 관한 법률에 의하여 금지되어 그 주최 또는 참가행위가 형사처벌의 대상이 되는 위법한 집회·시위가 장차 특정지역에서 개최될 것이 예상된다고 하더라도, 이와 시간적·장소적으로 근접하지 않은 다른 지역에서 그 집회·시위에 참가하기 위하여 출발 또는 이동하는 행위를 함부로 제지하는 것은 경찰관직무집행법 제6조 제1항의 행정상 즉시강제인 경찰관의 제지의 범위를 명백히 넘어 허용될 수 없다(대판 2008.11.13. 2007도9794).

④ 불심검문 당시의 구체적 상황은 물론 사전에 얻은 정보나 전문적 지식 등에 기초하여 불심검문 대상자인지를 객관적·합리적인 기준에 따라 판단하여야 하나, 반드시 불심검문 대상자에게 형사소송법상 체포나 구속에 이를 정도의 혐의가 있을 것을 요한다고 할 수는 없다. 그리고 경찰관은 불심검문 대상자에게 질문을 하기 위하여 범행의 경중, 범행과의 관련성, 상황의 긴박성, 혐의의 정도, 질문의 필요성 등에 비추어 목적 달성에 필요한 최소한의 범위 내에서 사회통념상 용인될 수 있는 상당한 방법으로 대상자를 정지시킬 수 있고 질문에 수반하여 흉기의 소지 여부도 조사할 수 있다(대판 2014. 2.27. 2011도13999).

ANSWER 14.④ 15.②

16 「지방자치법」에 대한 설명으로 옳지 않은 것은? (다툼이 있는 경우 판례에 의함)

① 지방자치단체의 사무에 관한 그 장의 명령이나 처분이 법령에 위반되거나 현저히 부당하여 공익을 해친다고 인정되면 시 · 군 및 자치구에 대하여는 시 · 도지사가 기간을 정하여 서면으로 시정할 것을 명하고, 그 기간에 이행하지 아니하면 이를 취소하거나 정지할 수 있는데, 이와 관련해서 시 · 군 및 구청장은 시 · 도지사의 시정명령의 취소를 구하는 소를 대법원에 제기할 수 없다.

② 지방자치단체의 자치사무가 당해 지방자치단체에 내부적인 효과만을 발생시키는 것이 아니라 그 사무로 인하여 다른 지방자치단체나 그 주민의 보호할 만한 가치가 있는 이익을 침해하는 경우에는 「지방자치법」에서 정한 분쟁조정 대상 사무가 될 수 있다.

③ 시 · 군 및 자치구의회에서 재의결된 사항이 법령에 위반된다고 판단됨에도 불구하고 해당 시장 · 군수 및 구청장이 소를 제기하지 아니하면 주무부장관은 해당 시장 · 군수 및 구청장에게 제소를 지시하거나 직접 제소할 수 있다.

④ 지방자치단체 상호 간이나 지방자치단체의 장 상호 간 사무를 처리할 때 의견이 달라 다툼이 생겨서 내린 행정안전부장관의 분쟁조정결정에 대해 지방자치단체가 불복하는 경우, 지방자치단체가 분쟁조정결정 자체의 취소를 구하는 소송을 대법원에 제기하는 것은 「지방자치법」상 허용되지 아니한다.

ADVICE ③ 주무부장관(시 · 도의회 의결의 경우)이나 시 · 도지사(시 · 군 · 자치구 의회의 의결의 경우)는 재의결된 사항이 법령에 위반된다고 판단됨에도 불구하고 해당 지방자치단체의 장이 소(訴)를 제기하지 아니하면 그 지방자치단체의 장에게 제소를 지시하거나 직접 제소 및 집행정지결정을 신청할 수 있다(지방자치법 제172조 제4항).

① 지방자치단체의 사무에 관한 그 장의 명령이나 처분이 법령에 위반되거나 현저히 부당하여 공익을 해친다고 인정되면 시 · 도에 대하여는 주무부장관이, 시 · 군 및 자치구에 대하여는 시 · 도지사가 기간을 정하여 서면으로 시정할 것을 명하고, 그 기간에 이행하지 아니하면 이를 취소하거나 정지할 수 있다. 이 경우 자치사무에 관한 명령이나 처분에 대하여는 법령을 위반하는 것에 한한다. 지방자치단체의 장은 자치사무에 관한 명령이나 처분의 취소 또는 정지에 대하여 이의가 있으면 그 취소처분 또는 정지처분을 통보받은 날부터 15일 이내에 대법원에 소(訴)를 제기할 수 있다(지방자치법 제169조).

지방자치법 제192조(지방의회 의결의 재의와 제소)

⑤ 주무부장관이나 시 · 도지사는 재의결된 사항이 법령에 위반된다고 판단됨에도 불구하고 해당 지방자치단체의 장이 소를 제기하지 아니하면 시 · 도에 대해서는 주무부장관이, 시 · 군 및 자치구에 대해서는 시 · 도지사(제2항에 따라 주무부장관이 직접 재의 요구 지시를 한 경우에는 주무부장관을 말한다. 이하 이 조에서 같다)가 그 지방자치단체의 장에게 제소를 지시하거나 직접 제소 및 집행정지결정을 신청할 수 있다.

제188조(위법 · 부당한 명령이나 처분의 시정)

① 지방자치단체의 사무에 관한 지방자치단체의 장(제103조제2항에 따른 사무의 경우에는 지방의회의 의장을 말한다. 이하 이 조에서 같다)의 명령이나 처분이 법령에 위반되거나 현저히 부당하여 공익을 해친다고 인정되면 시 · 도에 대해서는 주무부장관이, 시 · 군 및 자치구에 대해서는 시 · 도지사가 기간을 정하여 서면으로 시정할 것을 명하고, 그 기간에 이행하지 아니하면 이를 취소하거나 정지할 수 있다.

② 주무부장관은 지방자치단체의 사무에 관한 시장 · 군수 및 자치구의 구청장의 명령이나 처분이 법령에 위반되거나 현저히 부당하여 공익을 해침에도 불구하고 시 · 도지사가 제1항에 따른 시정명령을 하지 아니하면 시 · 도지사에게 기간을 정하여 시정명령을 하도록 명할 수 있다.

③ 주무부장관은 시 · 도지사가 제2항에 따른 기간에 시정명령을 하지 아니하면 제2항에 따른 기간이 지난 날부터 7일 이내에 직접 시장 · 군수 및 자치구의 구청장에게 기간을 정하여 서면으로 시정할 것을 명하고, 그 기간에 이행하지 아니하면 주무부장관이 시장 · 군수 및 자치구의 구청장의 명령이나 처분을 취소하거나 정지할 수 있다.

④ 주무부장관은 시 · 도지사가 시장 · 군수 및 자치구의 구청장에게 제1항에 따라 시정명령을 하였으나 이를 이행하지 아니한 데 따른 취소 · 정지를 하지 아니하는 경우에는 시 · 도지사에게 기간을 정하여 시장 · 군수 및 자치구의 구청장의 명령이나 처분을 취소하거나 정지할 것을 명하고, 그 기간에 이행하지 아니하면 주무부장관이 이를 직접 취소하거나 정지할 수 있다.

⑤ 제1항부터 제4항까지의 규정에 따른 자치사무에 관한 명령이나 처분에 대한 주무부장관 또는 시 · 도지사의 시정명령, 취소 또는 정지는 법령을 위반한 것에 한정한다.

⑥ 지방자치단체의 장은 제1항, 제3항 또는 제4항에 따른 자치사무에 관한 명령이나 처분의 취소 또는 정지에 대하여 이의가 있으면 그 취소처분 또는 정지처분을 통보받은 날부터 15일 이내에 대법원에 소를 제기할 수 있다.

〈2022. 1.13. 시행〉

② 지방자치단체의 자치사무라도 당해 지방자치단체에 내부적인 효과만을 발생시키는 것이 아니라 그 사무로 인하여 다른 지방자치단체나 그 주민의 보호할 만한 가치가 있는 이익을 침해하는 경우에는 지방자치법 제148조에서 정한 분쟁조정 대상 사무가 될 수 있다(대판 2016. 7.22. 2012추121).

④ 지방자치법 제148조 제4항, 제7항, 제170조 제3항의 내용과 체계, 지방자치법 제148조 제1항에 따른 지방자치단체 또는 지방자치단체의 장 상호 간 분쟁에 대한 조정결정(이하 '분쟁조정결정'이라 한다)의 법적 성격 및 분쟁조정결정과 이행명령 사이의 관계 등에 비추어 보면, 행정자치부장관이나 시 · 도지사의 분쟁조정결정에 대하여는 후속의 이행명령을 기다려 대법원에 이행명령을 다투는 소를 제기한 후 그 사건에서 이행의무의 존부와 관련하여 분쟁조정결정의 위법까지 함께 다투는 것이 가능할 뿐, 별도로 분쟁조정결정 자체의 취소를 구하는 소송을 대법원에 제기하는 것은 지방자치법상 허용되지 아니한다. 나아가 분쟁조정결정은 상대방이나 내용 등에 비추어 행정소송법상 항고소송의 대상이 되는 처분에 해당한다고 보기 어려우므로, 통상의 항고소송을 통한 불복의 여지도 없다(대판 2015. 9.24. 2014추613).

ANSWER 16.③

17 행정행위의 효력에 대한 설명으로 옳은 것은? (다툼이 있는 경우 판례에 의함)

① 과세대상이 아닌 것을 세무공무원이 직무상 과실로 과세대상으로 오인하여 과세처분을 행함으로 인하여 손해가 발생된 경우, 동 과세처분이 취소되지 아니하였다 하더라도 국가는 이로 인한 손해를 배상할 책임이 있다.

② 과세처분의 하자가 취소할 수 있는 사유인 경우 과세관청이 이를 스스로 취소하거나 항고소송절차에 의하여 취소되지 아니하여도 해당 조세의 납부는 부당이득이 된다.

③ 행정행위의 불가변력은 해당 행정행위에 대해서뿐만 아니라 그 대상을 달리하는 동종의 행정행위에 대해서도 인정된다.

④ 행정처분이나 행정심판 재결이 불복기간의 경과로 인하여 확정될 경우 확정력은 처분으로 인하여 법률상 이익을 침해받은 자가 처분이나 재결의 효력을 더 이상 다툴 수 없다는 의미에서 판결에 있어서와 같은 기판력이 인정된다.

ADVICE ① 물품세 과세대상이 아닌 것을 세무공무원이 직무상 과실로 과세대상으로 오인하여 과세처분을 행함으로 인하여 손해가 발생된 경우에는, 동 과세처분이 취소되지 아니하였다 하더라도, 국가는 이로 인한 손해를 배상할 책임이 있다(대판 1979. 4.10. 79다262).

② 조세의 과오납이 부당이득이 되기 위하여는 납세 또는 조세의 징수가 실체법적으로나 절차법적으로 전혀 법률상의 근거가 없거나 과세처분의 하자가 중대하고 명백하여 당연무효이어야 하고, 과세처분의 하자가 단지 취소할 수 있는 정도에 불과할 때에는 과세관청이 이를 스스로 취소하거나 항고소송절차에 의하여 취소되지 않는 한 그로 인한 조세의 납부가 부당이득이 된다고 할 수 없다(대판 1994.11.11. 94다28000).

③ 국민의 권리와 이익을 옹호하고 법적안정을 도모하기 위하여 특정한 행위에 대하여는 행정청이라 하여도 이것을 자유로이 취소, 변경 및 철회할 수 없다는 행정행위의 불가변력은 당해 행정행위에 대하여서만 인정되는 것이고, 동종의 행정행위라 하더라도 그 대상을 달리할 때에는 이를 인정할 수 없다(대판 1974.12.10. 73누129).

④ 일반적으로 행정처분이나 행정심판 재결이 불복기간의 경과로 인하여 확정될 경우 그 확정력은, 그 처분으로 인하여 법률상 이익을 침해받은 자가 당해 처분이나 재결의 효력을 더 이상 다툴 수 없다는 의미일 뿐, 더 나아가 판결에 있어서와 같은 기판력이 인정되는 것은 아니어서 그 처분의 기초가 된 사실관계나 법률적 판단이 확정되고 당사자들이나 법원이 이에 기속되어 모순되는 주장이나 판단을 할 수 없게 되는 것은 아니다(대판 2004. 7. 8. 2002두11288).

18 행정심판에 대한 설명으로 옳지 않은 것은? (다툼이 있는 경우 판례에 의함)

① 행정심판위원회는 피청구인이 거부처분의 취소재결에도 불구하고 처분을 하지 아니하는 경우에는 당사자가 신청하면 기간을 정하여 서면으로 시정을 명하고, 그 기간에 이행하지 아니하면 직접 처분을 할 수 있다.

② 개별공시지가의 결정에 이의가 있는 자가 행정심판을 거쳐 취소소송을 제기하는 경우 취소소송의 제소기간은 그 행정심판 재결서 정본을 송달받은 날부터 또는 재결이 있은 날부터 기산한다.

③ 행정처분의 취소를 구하는 항고소송에서 처분청은 당초 처분의 근거로 삼은 사유와 기본적 사실관계가 동일성이 있다고 인정되는 한도 내에서만 다른 사유를 추가 또는 변경할 수 있다는 법리는 행정심판 단계에서도 그대로 적용된다.

④ 행정심판위원회는 당사자의 권리 및 권한의 범위에서 당사자의 동의를 받아 행정심판 청구의 신속하고 공정한 해결을 위하여 조정을 할 수 있으나, 그 조정이 공공복리에 적합하지 아니하거나 해당 처분의 성질에 반하는 경우에는 그러하지 아니하다.

ADVICE ① 행정심판위원회는 취소재결이 아니라 처분명령재결의 불이행시 직접처분을 할 수 있다.

- 당사자의 신청을 거부하거나 부작위로 방치한 처분의 이행을 명하는 재결이 있으면 행정청은 지체 없이 이전의 신청에 대하여 재결의 취지에 따라 처분을 하여야 한다(행정심판법 제49조 제3항).
- 위원회는 피청구인이 제49조 제3항에도 불구하고 처분을 하지 아니하는 경우에는 당사자가 신청하면 기간을 정하여 서면으로 시정을 명하고 그 기간에 이행하지 아니하면 직접 처분을 할 수 있다. 다만, 그 처분의 성질이나 그 밖의 불가피한 사유로 위원회가 직접 처분을 할 수 없는 경우에는 그러하지 아니하다(행정심판법 제50조 제1항).

② 부동산 가격공시 및 감정평가에 관한 법률 제12조, 행정소송법 제20조 제1항, 행정심판법 제3조 제1항의 규정 내용 및 취지와 아울러 부동산 가격공시 및 감정평가에 관한 법률에 행정심판의 제기를 배제하는 명시적인 규정이 없고 부동산 가격공시 및 감정평가에 관한 법률에 따른 이의신청과 행정심판은 그 절차 및 담당 기관에 차이가 있는 점을 종합하면, 부동산 가격공시 및 감정평가에 관한 법률이 이의신청에 관하여 규정하고 있다고 하여 이를 행정심판법 제3조 제1항에서 행정심판의 제기를 배제하는 '다른 법률에 특별한 규정이 있는 경우'에 해당한다고 볼 수 없으므로, 개별공시지가에 대하여 이의가 있는 자는 곧바로 행정소송을 제기하거나 부동산 가격공시 및 감정평가에 관한 법률에 따른 이의신청과 행정심판법에 따른 행정심판청구 중 어느 하나만을 거쳐 행정소송을 제기할 수 있을 뿐 아니라, 이의신청을 하여 그 결과 통지를 받은 후 다시 행정심판을 거쳐 행정소송을 제기할 수도 있다고 보아야 하고, 이 경우 행정소송의 제소기간은 그 행정심판 재결서 정본을 송달받은 날부터 기산한다(대판 2010. 1.28. 2008두19987).

③ 행정처분의 취소를 구하는 항고소송에서 처분청은 당초 처분의 근거로 삼은 사유와 기본적 사실관계가 동일성이 있다고 인정되는 한도 내에서만 다른 사유를 추가 또는 변경할 수 있고, 이러한 기본적 사실관계의 동일성 유무는 처분사유를 법률적으로 평가하기 이전의 구체적 사실에 착안하여 그 기초인 사회적 사실관계가 기본적인 점에서 동일한지에 따라 결정되므로, 추가 또는 변경된 사유가 처분 당시에 이미 존재하고 있었다거나 당사자가 그 사실을 알고 있었다고 하여 당초의 처분사유와 동일성이 있다고 할 수 없다. 그리고 이러한 법리는 행정심판 단계에서도 그대로 적용된다(대판 2014. 5.16. 2013두26118).

④ 행정심판법 제43조의2 제1항.

ANSWER 17.① 18.①

19 「사회보장기본법」상 사회보장제도에 대한 설명으로 옳지 않은 것은?

① 국가와 지방자치단체는 국가 발전수준에 부응하고 사회환경의 변화에 선제적으로 대응하며 지속가능한 사회보장제도를 확립하고 매년 이에 필요한 재원을 조달하여야 한다.

② '사회보장'이란 출산, 양육, 실업, 노령, 장애, 질병, 빈곤 및 사망 등의 사회적 위험으로부터 모든 국민을 보호하고 국민 삶의 질을 향상시키는 데 필요한 소득 · 서비스를 보장하는 사회보험, 공공부조, 사회서비스를 말한다.

③ '사회보험'이란 국민에게 발생하는 사회적 위험을 보험의 방식으로 대처함으로써 국민의 건강과 소득을 보장하는 제도를 말한다.

④ '사회서비스'란 생애주기에 걸쳐 보편적으로 충족되어야 하는 기본욕구와 특정한 사회위험에 의하여 발생하는 특수욕구를 동시에 고려하여 소득 · 서비스를 보장하는 맞춤형 사회보장제도를 말한다.

ADVICE ②③④

사회보장기본법 제3조(정의)

1. "사회보장"이란 출산, 양육, 실업, 노령, 장애, 질병, 빈곤 및 사망 등의 사회적 위험으로부터 모든 국민을 보호하고 국민 삶의 질을 향상시키는 데 필요한 소득 · 서비스를 보장하는 사회보험, 공공부조, 사회서비스를 말한다.
2. "사회보험"이란 국민에게 발생하는 사회적 위험을 보험의 방식으로 대처함으로써 국민의 건강과 소득을 보장하는 제도를 말한다.
3. "공공부조"(公共扶助)란 국가와 지방자치단체의 책임 하에 생활 유지 능력이 없거나 생활이 어려운 국민의 최저생활을 보장하고 자립을 지원하는 제도를 말한다.
4. "사회서비스"란 국가 · 지방자치단체 및 민간부문의 도움이 필요한 모든 국민에게 복지, 보건의료, 교육, 고용, 주거, 문화, 환경 등의 분야에서 인간다운 생활을 보장하고 상담, 재활, 돌봄, 정보의 제공, 관련 시설의 이용, 역량 개발, 사회참여 지원 등을 통하여 국민의 삶의 질이 향상되도록 지원하는 제도를 말한다.
5. "평생사회안전망"이란 생애주기에 걸쳐 보편적으로 충족되어야 하는 기본욕구와 특정한 사회위험에 의하여 발생하는 특수욕구를 동시에 고려하여 소득 · 서비스를 보장하는 맞춤형 사회보장제도를 말한다.
6. "사회보장 행정데이터"란 국가, 지방자치단체, 공공기관 및 법인이 법령에 따라 생성 또는 취득하여 관리하고 있는 자료 또는 정보로서 사회보장 정책 수행에 필요한 자료 또는 정보를 말한다.

① 사회보장기본법 제5조 제3항.

20 행정행위의 부관에 대한 설명으로 옳은 것만을 모두 고르면? (다툼이 있는 경우 판례에 의함)

㉠ 행정청은 수익적 행정처분으로서 재량행위인 주택재건축사업시행 인가에 대하여 법령상의 제한에 근거한 것이 아니라 하더라도 공익상 필요 등에 의하여 필요한 범위 내에서 조건(부담)을 부과할 수 있다. ㉡ 행정청이 수익적 행정처분을 하면서 사전에 상대방과 체결한 협약상의 의무를 부담으로 부가하였는데 부담의 전제가 된 주된 행정처분의 근거 법령이 개정되어 행정청이 더 이상 부관을 붙일 수 없게 된 경우, 위 협약의 효력이 곧바로 소멸하게 되는 것은 아니다. ㉢ 허가에 붙은 기한이 그 허가된 사업의 성질상 부당하게 짧은 경우에는 이를 그 허가 자체의 존속기간이 아니라 그 허가조건의 존속기간으로 본다. ㉣ 행정청이 종교단체에 대하여 기본재산전환인가를 함에 있어 인가조건을 부가하고 그 불이행시 인가를 취소할 수 있도록 한 경우, 인가조건의 의미는 인가처분에 대한 철회권을 유보한 것이다.

① ㉠, ㉢
② ㉢, ㉣
③ ㉠, ㉡, ㉣
④ ㉠, ㉡, ㉢, ㉣

ADVICE ㉠ 주택재건축사업시행의 인가는 상대방에게 권리나 이익을 부여하는 효과를 가진 이른바 수익적 행정처분으로서 법령에 행정처분의 요건에 관하여 일의적으로 규정되어 있지 아니한 이상 행정청의 재량행위에 속하므로, 처분청으로서는 법령상의 제한에 근거한 것이 아니라 하더라도 공익상 필요 등에 의하여 필요한 범위 내에서 여러 조건(부담)을 부과할 수 있다(대판 2007. 7.12. 2007두6663).

㉡ 행정청이 재량행위인 수익적 행정처분을 하면서 부가한 부담 역시 처분 당시 법령을 기준으로 위법 여부를 판단하여야 하고, 부담이 처분 당시 법령을 기준으로 적법하다면 처분 후 부담의 전제가 된 주된 행정처분의 근거 법령이 개정됨으로써 행정청이 더 이상 부관을 붙일 수 없게 되었다 하더라도 곧바로 위법하게 되거나 그 효력이 소멸하게 되는 것은 아니라고 할 것이다. 따라서 행정처분의 상대방이 수익적 행정처분을 얻기 위하여 행정청과 사이에 행정처분에 부가할 부담에 관한 협약을 체결하고 행정청이 수익적 행정처분을 하면서 협약상의 의무를 부담으로 부가하였으나 부담의 전제가 된 주된 행정처분의 근거 법령이 개정됨으로써 행정청이 더 이상 부관을 붙일 수 없게 된 경우에도 곧바로 그 전에 행하여진 협약의 효력이 소멸하게 되는 것은 아니다(대판 2009. 2.12. 2008다56262).

㉢ 일반적으로 행정처분에 효력기간이 정하여져 있는 경우에는 그 기간의 경과로 그 행정처분의 효력은 상실되지만, 허가에 붙은 기한이 그 허가된 사업의 성질상 부당하게 짧은 경우에는 이를 그 허가 자체의 존속기간이 아니라 그 허가조건의 존속기간으로 보아 그 기한이 도래함으로써 그 조건의 개정을 고려한다는 뜻으로 해석할 수 있다(대판 2005.11.10. 2004다7873).

㉣ 행정청이 종교단체에 대하여 기본재산전환인가를 함에 있어 인가조건을 부가하고 그 불이행시 인가를 취소할 수 있도록 한 경우, 인가조건의 의미는 철회권을 유보한 것이다(대판 2003. 5.30. 2003다6422).

ANSWER 19.④ 20.④

2019. 2. 23. 제1회 서울특별시 시행

1 **법치행정의 원리에 대한 설명으로 가장 옳은 것은?**

① 법우위의 원칙에서 법은 형식적 법률뿐 아니라 법규명령과 관습법 등을 포함하는 넓은 의미의 법이다.

② 법치행정원리의 현대적 의미는 실질적 법치주의에서 형식적 법치주의로의 전환이다.

③ 법률유보원칙에서 '법률의 유보'라고 하는 경우의 '법률'에는 국회에서 법률제정의 절차에 따라 만들어진 형식적 의미의 법률뿐만 아니라 국회의 의결을 거치지 않은 명령이나 불문법원으로서의 관습법이나 판례법도 포함된다.

④ 법률유보의 원칙은 행정권의 발동에 있어서 조직규범의 근거가 필요하다는 것을 말한다.

ADVICE ① 법률우위의 원칙에서의 법률에는 성문 · 불문(관습법)의 모든 법규와 행정법의 일반원칙이 포함된다.

② 법치행정원리의 현대적 의미는 형식적 법치주의에서 실질적 법치주의로의 전환이다.

③ 법률유보원칙에서 말하는 법률은 국회가 제정하는 형식적 의미의 법률을 의미하며, 불문법인 관습법이나 판례법은 이에 해당하지 않는다.

④ 법률유보 원칙에서 문제되는 것은 행정권 발동에 있어서의 작용법적 근거이다.

2 **행정행위에 관한 설명으로 가장 옳지 않은 것은?**

① 주유소허가의 양수인은 양도인의 지위를 승계하므로 양도인에게 그 허가를 취소할 법적 사유가 있는 경우 이를 이유로 양수인에게 응분의 제재조치를 할 수 있다.

② 「자동차운수사업법」에 의한 개인택시운송사업 면허는 법령에 특별한 규정이 없는 한 재량행위이고, 그 면허를 위하여 필요한 기준을 정하는 것도 행정청의 재량에 속한다.

③ 특허는 주로 특정인을 대상으로 행해지나 이에 한정되지 않으며 불특정다수인에게 행해지기도 한다.

④ 재단법인의 임원 취임이 재단법인의 정관에 근거한다 할지라도 이에 대해 주무관청이 당연히 인가하여야 하는 것은 아니며 인가여부를 재량으로 결정할 수 있다.

ADVICE ③ 특허는 언제나 특정인을 대상으로 행해진다.

① 석유판매업(주유소)허가는 소위 대물적 허가의 성질을 갖는 것이어서 그 사업의 양도도 가능하고 이 경우 양수인은 양도인의 지위를 승계하게 됨에 따라 양도인의 위 허가에 따른 권리의무가 양수인에게 이전되는 것이므로 만약 양도인에게 그 허가를 취소할 위법사유가 있다면 허가관청은 이를 이유로 양수인에게 응분의 제재조치를 취할 수 있다 할 것이고, 양수인이 그 양수후 허가관청으로부터 석유판매업허가를 다시 받았다 하더라도 이는 석유판매업의

양수도를 전제로 한 것이어서 이로써 양도인의 지위승계가 부정되는 것은 아니므로 양도인의 귀책사유는 양수인에게 그 효력이 미친다(대판 1986. 7.22. 86누203).

② 개인택시운송사업면허는 특정인에게 권리나 이익을 부여하는 이른바 수익적 행정행위로서 법령에 특별한 규정이 없는 한 재량행위이고, 그 면허를 위하여 정하여진 순위 내에서 운전경력 인정방법에 관한 기준을 설정하거나 변경하는 것 역시 행정청의 재량에 속하는 것이므로, 그 기준의 설정이나 변경이 객관적으로 합리적이 아니라거나 타당하지 않다고 보이지 아니하는 이상 행정청의 의사는 가능한 한 존중되어야 하며, 설령 그 기준의 해석상 불명확한 점이 생길 수 있다고 하더라도 이를 합리적으로 해석하여 통일을 기함으로써 모든 면허신청자에게 동일하게 적용된다면 객관적으로 합리적이 아니라고 할 수 없다(대판 2007. 3.15. 2006두15783).

④ 재단법인의 임원취임이 사법인인 재단법인의 정관에 근거한다 할지라도 이에 대한 행정청의 승인(인가)행위는 법인에 대한 주무관청의 감독권에 연유하는 이상 그 인가행위 또는 인가거부행위는 공법상의 행정처분으로서, 그 임원취임을 인가 또는 거부할 것인지 여부는 주무관청의 권한에 속하는 사항이라고 할 것이고, 재단법인의 임원취임승인 신청에 대하여 주무관청이 이에 기속되어 이를 당연히 승인(인가)하여야 하는 것은 아니다(대판 2000. 1.28. 98두16996).

3 공법상 계약에 관한 설명으로 가장 옳지 않은 것은?

① 민법의 계약 해지 규정이 그대로 적용될 수 없다.

② 「행정절차법」은 공법상 계약의 체결 절차에 대해서는 규율하고 있지 않다.

③ 행정주체의 상대방이 계약상 의무를 이행하지 않는 경우라도 법률의 근거가 없으면 행정상 강제집행을 할 수 없다.

④ 전문직공무원인 공중보건의사의 채용계약 해지는 관할도지사의 일방적인 의사표시에 의해 그 신분을 박탈하는 불이익 처분으로 항고소송의 대상이 된다.

ADVICE ④ 공중보건의사 채용계약 해지의 의사표시에 대하여는 대등한 당사자간의 소송형식인 공법상의 당사자소송으로 그 의사표시의 무효확인을 청구할 수 있는 것이지, 이를 항고소송의 대상이 되는 행정처분이라는 전제하에서 그 취소를 구하는 항고소송을 제기할 수는 없다(대판 1996. 5.31. 95누10617).

① 공법상 계약은 중대한 공익상의 필요에 의해 민법상 해지규정에 일정한 제한이 가해질 수 있다.

② 행정절차법은 처분 · 신고 · 행정상 입법예고 · 행정예고 · 행정지도에 대해 규정하고 있지만, 공법상의 계약 · 확약 · 행정조사에 대해서는 규정하고 있지 않다.

③ 행정상 강제집행은 의무자의 신체나 재산에 실력을 가하게 되기 때문에, 의무부과의 근거법규 외에도 강제집행을 실행하기 위한 별도의 법적 근거가 있어야 한다.

ANSWER 1.① 2.③ 3.④

4 **행정행위의 부관에 대한 설명으로 가장 옳은 것은?**

① 공유수면매립준공인가처분 중 매립지 일부에 대하여 한 국가 및 지방자치단체에의 귀속처분은 독립하여 행정소송의 대상이 될 수 있다.

② 부담부 행정행위에 있어서 처분의 상대방이 부담을 이행하지 아니한 경우에 당해 부담부 행정행위는 당연히 효력을 상실하게 된다.

③ 부담 이외의 부관으로 인하여 권리를 침해당한 자는 부관부 행정행위 전체에 대해 취소소송을 제기하거나, 행정청에 부관이 없는 행정행위로 변경해 줄 것을 청구한 다음 그것이 거부된 경우 거부처분 취소소송을 제기할 수 있다.

④ 행정청이 수익적 행정처분을 하면서 부가한 부담이 처분 당시 법령을 기준으로는 적법하였지만 처분 후 부담의 전제가 된 주된 행정처분의 근거법령이 개정됨으로써 행정청이 더 이상 부관을 붙일 수 없게 되었다면 그 부담은 위법하게 된다.

ADVICE ③ 행정행위의 부관은 부담인 경우를 제외하고는 독립하여 행정소송의 대상이 될 수 없기 때문에 부관으로 인하여 권리를 침해당한 자는 부관부 행정행위 전체에 대한 취소소송을 제기하거나 처분청에 부관의 변경을 신청하고 이것이 거부당하면 거부처분 취소소송을 제기해야 한다.

참고) 부관의 변경을 신청한 후 거부당한 경우에 대한 판례(대판 1990. 4.27. 89누6808).

① 행정행위의 부관은 부담의 경우를 제외하고는 독립하여 행정소송의 대상이 될 수 없는 것인바, 지방국토관리청장이 일부 공유수면매립지에 대하여 한 국가 또는 직할시 귀속처분은 매립준공인가를 함에 있어서 매립의 면허를 받은 자의 매립지에 대한 소유권취득을 규정한 공유수면매립법 제14조의 효과 일부를 배제하는 부관을 붙인 것이고, 이러한 행정행위의 부관은 위 법리와 같이 독립하여 행정소송 대상이 될 수 없다(대판 1993.10. 8. 93누2032).

② 부담의 불이행시 부담부 행정행위가 당연히 효력을 상실하는 것은 아니며, 행정청은 주된 행정행위를 철회하거나 부담만을 강제집행할 수 있고 단계적 행정행위의 경우에는 부담의 불이행 후의 단계를 거부할 수 있다.

④ 행정청이 수익적 행정처분을 하면서 부가한 부담의 위법 여부는 처분 당시 법령을 기준으로 판단하여야 하고, 부담이 처분 당시 법령을 기준으로 적법하다면 처분 후 부담의 전제가 된 주된 행정처분의 근거 법령이 개정됨으로써 행정청이 더 이상 부관을 붙일 수 없게 되었다 하더라도 곧바로 위법하게 되거나 그 효력이 소멸하게 되는 것은 아니다. 따라서 행정처분의 상대방이 수익적 행정처분을 얻기 위하여 행정청과 사이에 행정처분에 부가할 부담에 관한 협약을 체결하고 행정청이 수익적 행정처분을 하면서 협약상의 의무를 부담으로 부가하였으나 부담의 전제가 된 주된 행정처분의 근거 법령이 개정됨으로써 행정청이 더 이상 부관을 붙일 수 없게 된 경우에도 곧바로 협약의 효력이 소멸하는 것은 아니다(대판 2009. 2.12. 2005다65500).

5 조례의 통제에 관한 설명으로 가장 옳지 않은 것은?

① 지방자치단체의 장이 제기하는 조례안의 재의결에 대한 무효확인소송은 조례가 공포된 경우에도 소의 이익이 있으므로 제소기간 내이면 제기될 수 있다.
② 지방자치단체의 장에 의해 제기되는 위법한 조례안의 재의결에 대한 무효확인소송은 대법원에 제기된다.
③ 조례가 처분성을 갖는 경우 항고소송의 대상이 되며 이 경우 피고는 조례를 의결한 지방의회가 된다.
④ 조례 자체에 의해 직접 기본권을 침해받은 자는 조례 자체에 대하여 헌법소원을 제기할 수 있다.

ADVICE ③ 조례가 집행행위의 개입 없이도 그 자체로서 직접 국민의 구체적인 권리의무나 법적 이익에 영향을 미치는 등의 법률상 효과를 발생하는 경우 그 조례는 항고소송의 대상이 되는 행정처분에 해당하고, 이러한 조례에 대한 무효확인소송을 제기함에 있어서 행정소송법 제38조 제1항, 제13조에 의하여 피고적격이 있는 처분 등을 행한 행정청은 지방자치단체의 집행기관으로서 조례로서의 효력을 발생시키는 공포권이 있는 지방자치단체의 장이다. 시·도의 교육·학예에 관한 사무의 집행기관은 시·도 교육감이고 교육에 관한 조례의 무효확인소송을 제기함에 있어서는 그 집행기관인 시·도 교육감을 피고로 하여야 한다(대판 1996. 9.20. 95누8003).

①② 지방자치법 제107조.

> 제107조(지방의회의 의결에 대한 재의요구와 제소)
> ① 지방자치단체의 장은 지방의회의 의결이 월권이거나 법령에 위반되거나 공익을 현저히 해친다고 인정되면 그 의결사항을 이송받은 날부터 20일 이내에 이유를 붙여 재의를 요구할 수 있다.
> ② 제1항의 요구에 대하여 재의한 결과 재적의원 과반수의 출석과 출석의원 3분의 2 이상의 찬성으로 전과 같은 의결을 하면 그 의결사항은 확정된다.
> ③ 지방자치단체의 장은 제2항에 따라 재의결된 사항이 법령에 위반된다고 인정되면 대법원에 소(訴)를 제기할 수 있다.

> 지방자치법 제120조(지방의회의 의결에 대한 재의 요구와 제소)
> ① 지방자치단체의 장은 지방의회의 의결이 월권이거나 법령에 위반되거나 공익을 현저히 해친다고 인정되면 그 의결사항을 이송받은 날부터 20일 이내에 이유를 붙여 재의를 요구할 수 있다.
> ② 제1항의 요구에 대하여 재의한 결과 재적의원 과반수의 출석과 출석의원 3분의 2 이상의 찬성으로 전과 같은 의결을 하면 그 의결사항은 확정된다.
> ③ 지방자치단체의 장은 제2항에 따라 재의결된 사항이 법령에 위반된다고 인정되면 대법원에 소(訴)를 제기할 수 있다.
> 〈2022. 1.13. 시행〉

④ 조례는 지방자치단체가 그 자치입법권에 근거하여 자주적으로 지방의회의 의결을 거쳐 제정한 법규이기 때문에 조례자체로 인하여 직접 그리고 현재 자기의 기본권을 침해받은 자는 그 권리구제의 수단으로서 조례에 대한 헌법소원을 제기할 수 있다(헌재결 1995. 4.20. 92헌마264).

ANSWER 4.③ 5.③

6 행정청의 권한의 위임에 관한 설명으로 가장 옳지 않은 것은?

① 위임기관은 수임기관의 수임사무처리에 대하여 지휘 · 감독하고, 그 처리가 위법 또는 부당하다고 인정되는 때에는 이를 취소하거나 정지시킬 수 있다.

② 행정권한의 위임이 있는 경우에는 수임관청이 자기의 이름으로 그 권한행사를 할 수 있다.

③ 행정권한의 위임을 받은 자는 특히 필요한 때, 법령이 정하는 바에 의하여 위임받은 사무의 일부를 보조기관 또는 하급행정기관 등에 재위임할 수 있다.

④ 행정권한의 위임 또는 위탁이 있는 때 취소소송에서의 피고는 위임청이 된다.

ADVICE ②④ 행정권한의 위임 · 위탁이 이루어지면 그 사항은 수임청(수탁청)이 자신의 이름과 책임하에 권한을 행사하게 된다. 취소소송의 피고 역시 수임청(수탁청)이 된다.

① 행정권한의 위임 및 위탁에 관한 규정 제6조.

③ 정부조직법 제6조 제1항.

7 행정규칙에 관한 설명으로 가장 옳지 않은 것은?

① 행정처분이 법규성이 없는 내부지침 등의 규정에 위배된다고 하더라도 그 이유만으로 처분이 위법하게 되는 것은 아니고, 또 그 내부지침 등에서 정한 요건에 부합한다고 하여 반드시 그 처분이 적법한 것이라고 할 수도 없다.

② 법령의 규정이 특정 행정기관에 그 법령 내용의 구체적 사항을 정할 수 있는 권한을 부여하면서 그 권한 행사의 절차나 방법을 특정하고 있지 아니한 관계로 수임 행정기관이 행정규칙의 형식으로 그 법령의 내용이 될 사항을 구체적으로 정하고 있다면 그와 같은 행정규칙은 행정기관에 법령의 구체적 내용을 보충할 권한을 부여한 법령 규정의 효력에 의하여 그 내용을 보충하는 기능을 갖게 된다.

③ 재량권 행사의 준칙인 행정규칙이 있으면 그에 따른 관행이 없더라도 평등의 원칙에 따라 행정기관은 상대방에 대한 관계에서 그 규칙에 따라야 할 자기 구속을 받게 된다.

④ 고시가 법령의 규정을 보충하는 기능을 가지면서 그와 결합하여 대외적인 구속력이 있는 법규명령으로서의 효력을 가지는 경우에도 그 자체가 법령은 아니고 행정규칙에 지나지 않으므로 적당한 방법으로 이를 일반인 또는 관계인에게 표시 또는 통보함으로써 그 효력이 발생한다.

ADVICE ③ 재량준칙이 정한 바에 따라 되풀이 시행되어 행정관행이 이루어지게 되면 평등의 원칙이나 신뢰보호의 원칙에 따라 행정청은 상대방에 대한 관계에서 그 규칙에 따라야 할 자기구속을 받게 되므로, 이러한 경우에는 특별한 사정이 없는 한 그에 반하는 처분은 평등의 원칙이나 신뢰보호의 원칙에 어긋나 재량권을 일탈 · 남용한 위법한 처분이 된다(대판 2014.11.27. 2013두18964).

① 행정처분이 법규성이 없는 내부지침 등의 규정에 위배된다고 하더라도 그 이유만으로 처분이 위법하게 되는 것은 아니고, 또 내부지침 등에서 정한 요건에 부합한다고 하여 반드시 그 처분이 적법한 것이라고 할 수도 없다. 처분의 적법 여부는 그러한 내부지침 등에서 정한 요건에 합치하는지 여부가 아니라 일반 국민에 대하여 구속력을 가지는 법률 등 법규성이 있는 관계 법령의 규정을 기준으로 판단하여야 한다(대판 2018. 6.15. 2015두40248).

② 상급행정기관이 하급행정기관에 대하여 업무처리지침이나 법령의 해석적용에 관한 기준을 정하여 발하는 이른바 행정규칙은 일반적으로 행정조직 내부에서만 효력을 가질 뿐 대외적인 구속력을 갖지 않지만, 법령의 규정이 특정

행정기관에게 그 법령 내용의 구체적 사항을 정할 수 있는 권한을 부여하면서 그 권한 행사의 절차나 방법을 특정하고 있지 않아 수임행정기관이 행정규칙의 형식으로 그 법령의 내용이 될 사항을 구체적으로 정하고 있다면, 그와 같은 행정규칙은 위에서 본 행정규칙이 갖는 일반적 효력으로서가 아니라 행정기관에 법령의 구체적 내용을 보충할 권한을 부여한 법령 규정의 효력에 의하여 그 내용을 보충하는 기능을 갖게 되고, 따라서 이와 같은 행정규칙은 당해 법령의 위임 한계를 벗어나지 않는 한 그것들과 결합하여 대외적인 구속력이 있는 법규명령으로서의 효력을 가진다(대판 2008. 3.27. 2006두3742).

④ 수입선다변화품목의 지정 및 그 수입절차 등에 관한 1991. 5.13.자 상공부 고시 제91-21호는 그 근거가 되는 대외무역법시행령 제35조의 규정을 보충하는 기능을 가지면서 그와 결합하여 대외적인 구속력이 있는 법규명령으로서의 효력을 가지는 것으로서 그 시행절차에 관하여 대외무역관리규정은 아무런 규정을 두고 있지 않으나, 그 자체가 법령은 아니고 행정규칙에 지나지 않으므로 적당한 방법으로 이를 일반인 또는 관계인에게 표시 또는 통보함으로써 그 효력이 발생한다(대판 1993.11.23. 93도662).

8 행정행위의 하자에 대한 내용으로 가장 옳지 않은 것은?

① 적법한 건축물에 대한 철거명령은 그 하자가 중대하고 명백하여 당연무효이고 그 후행행위인 건축물 철거 대집행계고처분 역시 당연무효이다.

② 처분의 하자가 그 내용에 관한 것인 경우, 판례는 소 제기 이후에도 하자의 치유가 가능한 것으로 본다.

③ 법치주의 원칙을 강조할 경우 행정행위의 하자의 치유는 원칙적으로 허용될 수 없지만 예외적으로 행정의 무용한 반복을 피하고 당사자의 법적 안정성을 위해 허용될 수 있다.

④ 행정행위의 하자가 치유되면 당해 행정행위는 처분 당시부터 하자가 없는 적법한 행정행위로 효력을 발생한다.

ADVICE ② 처분의 하자가 절차나 형식에 관한 것인 경우에는 치유가 인정되지만, 내용에 관한 것인 경우에는 치유가 인정되지 않는다.

- 증여세의 납세고지서에 과세표준과 세액의 계산명세가 기재되어 있지 아니하거나 그 계산명세서를 첨부하지 아니하였다면 그 납세고지는 위법하다고 할 것이나, 한편 과세관청이 과세처분에 앞서 납세의무자에게 보낸 과세예고통지서 등에 납세고지서의 필요적 기재사항이 제대로 기재되어 있어 납세의무자가 그 처분에 대한 불복 여부의 결정 및 불복신청에 전혀 지장을 받지 않았음이 명백하다면, 이로써 납세고지서의 하자가 보완되거나 치유될 수 있다(대판 2001. 3.27. 99두8039).
- 운송사업의 사업계획변경인가처분으로 종전 운행계통에 관하여 각각 그 종점을 기점으로, 기점을 경유지로 하고 그 운행계통을 연장하여 종점을 새로 정하며, 경유지를 일부 변경하는 것이 노선면허가 없는 상태에서 운행계통을 연장, 변경한 것이어서 위법할 뿐 아니라, 이는 운수회사가 보유하고 있는 노선면허를 통합변경하는 내용의 처분이 아니므로, 처분의 대상이 되지 아니한 위 새로 정한 종점까지의 다른 구간의 노선면허를 위 회사가 보유하고 있다 하여 위 처분의 노선흠결의 하자가 치유되지 아니한다(대판 1991. 5.28. 90누1359).

① 건물철거명령이 당연무효가 아닌 이상 행정심판이나 소송을 제기하여 그 위법함을 소구하는 절차를 거치지 아니하였다면 위 선행행위인 건물철거명령은 적법한 것으로 확정되었다고 할 것이므로 후행행위인 대집행계고처분에서는 그 건물이 무허가건물이 아닌 적법한 건축물이라는 주장이나 그러한 사실인정을 하지 못한다(대판 1998. 9. 8. 97누20502).

③ 하자 있는 행정행위의 치유는 행정행위의 성질이나 법치주의의 관점에서 볼 때 원칙적으로 허용될 수 없는 것이고, 예외적으로 행정행위의 무용한 반복을 피하고 당사자의 법적 안정성을 위해 이를 허용하는 때에도 국민의 권리나 이익을 침해하지 않는 범위에서 구체적 사정에 따라 합목적적으로 인정하여야 할 것이다(대판 1992. 5. 8. 91누13274).

④ 행정행위의 하자의 치유는 소급효를 가진다.

ANSWER 6.④ 7.③ 8.②

9 **현행 「행정심판법」상 행정심판제도에 관한 설명으로 가장 옳은 것은?**

① 취소심판의 재결로서 처분취소재결, 처분변경재결, 처분변경명령재결을 할 수 있으며, 처분취소명령재결은 할 수 없다.

② 처분청이 처분이행명령재결에 따른 처분을 하지 아니한 경우에는 행정심판위원회는 당사자의 신청 여부를 불문하고 직권으로 직접처분을 할 수 있다.

③ 취소재결의 기속력으로서 재처분의무가 없으므로 현행법상 거부처분에 불복할 때에는 취소심판보다 의무이행심판이 더 효과적이다.

④ 거부에 대한 의무이행심판에는 청구기간의 제한과 사정재결, 집행정지 규정이 적용되지 않는다.

ADVICE ① 행정심판법 제43조 제3항은 취소심판의 재결로 취소재결, 변경재결, 변경명령재결만을 규정하고 있다.

> 제43조(재결의 구분)
> ① 위원회는 심판청구가 적법하지 아니하면 그 심판청구를 각하(却下)한다.
> ② 위원회는 심판청구가 이유가 없다고 인정하면 그 심판청구를 기각(棄却)한다.
> ③ 위원회는 취소심판의 청구가 이유가 있다고 인정하면 처분을 취소 또는 다른 처분으로 변경하거나 처분을 다른 처분으로 변경할 것을 피청구인에게 명한다.
> ④ 위원회는 무효등확인심판의 청구가 이유가 있다고 인정하면 처분의 효력 유무 또는 처분의 존재 여부를 확인한다.
> ⑤ 위원회는 의무이행심판의 청구가 이유가 있다고 인정하면 지체 없이 신청에 따른 처분을 하거나 처분을 할 것을 피청구인에게 명한다.

② 처분을 하지 아니하는 경우에는 당사자가 신청하면 기간을 정하여 서면으로 시정을 명하고 그 기간에 이행하지 아니하면 직접 처분을 할 수 있다(행정심판법 제50조 제1항).

> 제49조(재결의 기속력 등)
> ① 심판청구를 인용하는 재결은 피청구인과 그 밖의 관계 행정청을 기속(羈束)한다.
> ② 재결에 의하여 취소되거나 무효 또는 부존재로 확인되는 처분이 당사자의 신청을 거부하는 것을 내용으로 하는 경우에는 그 처분을 한 행정청은 재결의 취지에 따라 다시 이전의 신청에 대한 처분을 하여야 한다.
> ③ 당사자의 신청을 거부하거나 부작위로 방치한 처분의 이행을 명하는 재결이 있으면 행정청은 지체 없이 이전의 신청에 대하여 재결의 취지에 따라 처분을 하여야 한다.
> ④ 신청에 따른 처분이 절차의 위법 또는 부당을 이유로 재결로써 취소된 경우에는 제2항을 준용한다.
>
> 제50조(위원회의 직접 처분)
> ① 위원회는 피청구인이 제49조 제3항에도 불구하고 처분을 하지 아니하는 경우에는 당사자가 신청하면 기간을 정하여 서면으로 시정을 명하고 그 기간에 이행하지 아니하면 직접 처분을 할 수 있다. 다만, 그 처분의 성질이나 그 밖의 불가피한 사유로 위원회가 직접 처분을 할 수 없는 경우에는 그러하지 아니하다.

③ 재결에 의하여 취소된 처분이 당사자의 신청을 거부하는 것을 내용으로 하는 경우에는 처분청은 재결의 취지에 따른 재처분 의무를 부담한다(행정심판법 제49조 제2항).

④ 부작위에 대한 의무이행심판의 경우에는 부작위가 계속되는 한 청구기간의 제한을 받지 않고, 집행정지규정도 적용되지 않는다. 의무이행심판에는 일반적으로 사정재결은 인정된다.

10 공물법에 대한 설명으로 옳은 것을 모두 고르면?

> 가. 원래 공공용에 제공된 행정재산인 공유수면이 그 이후 매립에 의하여 사실상 공유수면으로서의 성질을 상실하였다면 국유재산법령에 의한 용도폐지를 하지 않더라도 공물로서의 성질이 소멸된다.
> 나. 공공용재산이라고 하여도 당해 공공용재산의 성질상 특정개인의 생활에 개별성이 강한 직접적이고 구체적인 이익을 부여하고 있어서 그에게 그로 인한 이익을 가지게 하는 것이 법률적인 관점으로도 이유가 있다고 인정되는 특별한 사정이 있는 경우에는 그와 같은 이익은 법률상 보호되어야 한다.
> 다. 도로의 점용이라 함은 일반공중의 교통에 공용되는 도로에 대하여 이러한 일반사용과는 별도로 도로의 특정부분을 유형적, 고정적으로 사용하는 이른바 특별사용을 뜻하는 것이고, 그와 같은 도로의 특별 사용은 독점적, 배타적일 것을 요한다.
> 라. 행정재산의 목적외 사용에 대한 허가는 강학상 인가에 해당한다.
> 마. 「국유재산법」에 의한 변상금 부과·징수권은 민사상 부당이득반환청구권과 법적 성질을 달리하므로, 국가는 무단점유자를 상대로 변상금 부과·징수권의 행사와 별도로 국유재산의 소유자로서 민사상 부당이득반환청구의 소를 제기할 수 있다.

① 가, 나　　② 가, 다
③ 나, 마　　④ 다, 라

ADVICE 나. 일반적으로 도로는 국가나 지방자치단체가 직접 공중의 통행에 제공하는 것으로서 일반국민은 이를 자유로이 이용할 수 있는 것이기는 하나, 그렇다고 하여 그 이용관계로부터 당연히 그 도로에 관하여 특정한 권리나 법령에 의하여 보호되는 이익이 개인에게 부여되는 것이라고까지는 말할 수 없으므로, 일반적인 시민생활에 있어 도로를 이용만 하는 사람은 그 용도폐지를 다툴 법률상의 이익이 있다고 말할 수 없지만, 공공용재산이라고 하여도 당해 공공용재산의 성질상 특정개인의 생활에 개별성이 강한 직접적이고 구체적인 이익을 부여하고 있어서 그에게 그로 인한 이익을 가지게 하는 것이 법률적인 관점으로도 이유가 있다고 인정되는 특별한 사정이 있는 경우에는 그와 같은 이익은 법률상 보호되어야 할 것이고, 따라서 도로의 용도폐지처분에 관하여 이러한 직접적인 이해관계를 가지는 사람이 그와 같은 이익을 현실적으로 침해당한 경우에는 그 취소를 구할 법률상의 이익이 있다(대판 1992. 9.22. 91누13212).

마. 국유재산의 무단점유자에 대한 변상금 부과는 공권력을 가진 우월적 지위에서 행하는 행정처분이고, 그 부과처분에 의한 변상금 징수권은 공법상의 권리인 반면, 민사상 부당이득반환청구권은 국유재산의 소유자로서 가지는 사법상의 채권이다. 또한 변상금은 부당이득 산정의 기초가 되는 대부료나 사용료의 120%에 상당하는 금액으로서 부당이득금과 액수가 다르고, 이와 같이 할증된 금액의 변상금을 부과·징수하는 목적은 국유재산의 사용·수익으로 인한 이익의 환수를 넘어 국유재산의 효율적인 보존·관리라는 공익을 실현하는 데 있다. 그리고 대부 또는 사용·수익허가 없이 국유재산을 점유하거나 사용·수익하였지만 변상금 부과처분은 할 수 없는 때에도 민사상 부당이득반환청구권은 성립하는 경우가 있으므로, 변상금 부과·징수의 요건과 민사상 부당이득반환청구권의 성립 요건이 일치하는 것도 아니다. 변상금 부과·징수권은 민사상 부당이득반환청구권과 법적 성질을 달리하므로, 국가는 무단점유자를 상대로 변상금 부과·징수권의 행사와 별도로 국유재산의 소유자로서 민사상 부당이득반환청구

ANSWER 9.① 10.③

의 소를 제기할 수 있다. 그리고 이러한 법리는 국유재산 중 잡종재산(현행 국유재산법상의 일반재산에 해당한다)의 관리 · 처분에 관한 사무를 위탁받은 한국자산관리공사의 경우에도 마찬가지로 적용된다(대판 2014. 7.16. 2011다76402).

가. 원래 공공용에 제공된 행정재산인 공유수면이 그 이후 매립에 의하여 사실상 공유수면으로서의 성질을 상실하였더라도 당시 시행되던 국유재산법령에 의한 용도폐지를 하지 않은 이상 당연히 잡종재산(일반재산)으로 된다고는 할 수 없다(대판 1995.11.14. 94다50922).

다. 도로의 점용이라 함은, 일반공중의 교통에 공용되는 도로에 대하여 이러한 일반사용과는 별도로 도로의 특정 부분을 유형적, 고정적으로 사용하는 이른바 특별사용을 뜻하는 것이고, 그와 같은 도로의 특별사용은 반드시 독점적, 배타적인 것이 아니라 그 사용목적에 따라서는 도로의 일반사용과 병존이 가능한 경우도 있고, 이러한 경우에는 도로점용 부분이 동시에 일반공중의 교통에 공용되고 있다고 하여 도로점용이 아니라고 말할 수는 없는 것이다(대판 2014. 5.29. 2012두27749).

라. 국유재산 등의 관리청이 하는 행정재산의 사용 · 수익에 대한 허가는 순전히 사경제주체로서 행하는 사법상의 행위가 아니라 관리청이 공권력을 가진 우월적 지위에서 행하는 행정처분으로서 특정인에게 행정재산을 사용할 수 있는 권리를 설정하여 주는 강학상 특허에 해당한다(대판 2006. 3. 9. 2004다31074).

11 조세과오납환급소송에 관한 설명으로 가장 옳지 않은 것은?

① 조세의 과오납이 부당이득이 되기 위하여는 납세 또는 조세의 징수가 실체법적으로나 절차법적으로 전혀 법률상의 근거가 없거나 과세처분의 하자가 중대하고 명백하여 당연무효이어야 하고, 과세처분의 하자가 단지 취소할 수 있는 정도에 불과할 때에는 과세관청이 이를 스스로 취소하거나 항고소송절차에 의하여 취소되지 않는 한 그로 인한 조세의 납부가 부당이득이 된다고 할 수 없다.

② 국세환급금결정이나 이 결정을 구하는 신청에 대한 환급거부결정 등은 납세의무자가 갖는 환급청구권의 존부나 범위에 구체적이고 직접적인 영향을 미치는 처분으로 항고소송의 대상이 되는 처분이다.

③ 이미 존재와 범위가 확정되어 있는 과오납부액은 납세자가 부당이득의 반환을 구하는 민사소송으로 환급을 청구할 수 있다.

④ 원천징수의 경우 국가 등에 대한 환급청구권자는 원천납세의무자가 아니라 원천징수의무자이다.

ADVICE ② 구 국세기본법 제51조의 오납액과 초과납부액은 조세채무가 처음부터 존재하지 않거나 그 후 소멸되었음에도 불구하고 국가가 법률상 원인 없이 수령하거나 보유하고 있는 부당이득에 해당하고, 그 국세환급금결정에 관한 규정은 이미 납세의무자의 환급청구권이 확정된 국세환급금에 대하여 내부적 사무처리절차로서 과세관청의 환급절차를 규정한 것에 지나지 않고 위 규정에 의한 국세환급금결정에 의하여 비로소 환급청구권이 확정되는 것은 아니므로, 위 국세환급금결정이나 이 결정을 구하는 신청에 대한 환급거부결정은 납세의무자가 갖는 환급청구권의 존부나 범위에 구체적이고 직접적인 영향을 미치는 처분이 아니어서 항고소송의 대상이 되는 처분이라고 볼 수 없다(대판 2009.11.26. 2007두4018).

① 조세의 과오납이 부당이득이 되기 위하여는 납세 또는 조세의 징수가 실체법적으로나 절차법적으로 전혀 법률상의 근거가 없거나 과세처분의 하자가 중대하고 명백하여 당연무효이어야 하고, 과세처분의 하자가 단지 취소할 수 있는 정도에 불과할 때에는 과세관청이 이를 스스로 취소하거나 항고소송절차에 의하여 취소되지 않는 한 그로 인한 조세의 납부가 부당이득이 된다고 할 수 없다(대판 1994.11.11. 94다28000).

③ 국세환급금에 관한 국세기본법 및 구 국세기본법 제51조 제1항은 이미 부당이득으로서 존재와 범위가 확정되어 있는 과오납부액이 있는 때에는 국가가 납세자의 환급신청을 기다리지 않고 즉시 반환하는 것이 정의와 공평에 합당하다는 법리를 선언하고 있는 것이므로, 이미 존재와 범위가 확정되어 있는 과오납부액은 납세자가 부당이득의 반환을 구하는 민사소송으로 환급을 청구할 수 있다(대판 2015. 8.27. 2013다212639).

④ 원천징수의무자가 원천납세의무자로부터 원천징수대상이 아닌 소득에 대하여 세액을 징수·납부하였거나 징수하여야 할 세액을 초과하여 징수·납부하였다면, 국가는 원천징수의무자로부터 이를 납부받는 순간 아무런 법률상의 원인 없이 보유하는 부당이득이 되고, 구 국세기본법 제51조 제1항, 제52조 등의 규정은 환급청구권이 확정된 국세환급금 및 가산금에 대한 내부적 사무처리절차로서 과세관청의 환급절차를 규정한 것일 뿐, 그 규정에 의한 국세환급금(가산금 포함) 결정에 의하여 비로소 환급청구권이 확정되는 것은 아니므로, 국세환급금 결정이나 이 결정을 구하는 신청에 대한 환급거부결정 등은 납세의무자가 갖는 환급청구권의 존부나 범위에 구체적이고 직접적인 영향을 미치는 처분이 아니어서 항고소송의 대상이 되는 처분이라고 볼 수 없으며, 한편 위와 같은 환급청구권은 원천납세의무자가 아닌 원천징수의무자에게 귀속되는 것이므로, 원천납세의무자들이 한 원천징수세액의 환급신청을 과세관청이 거부하였다고 하더라도, 이는 항고소송의 대상이 되는 처분에 해당하지 아니한다(대판 2002.11. 8. 2001두8780).

12 「행정소송법」상 '처분'에 해당하지 않는 것은?

① 지적공부 소관청의 지목변경신청 반려행위

② 공정거래위원회의 고발조치

③ 국가인권위원회의 성희롱결정 및 시정조치권고

④ 개발부담금 산정을 위한 개별공시지가결정

ADVICE ② 이른바 고발은 수사의 단서에 불과할 뿐 그 자체 국민의 권리의무에 어떤 영향을 미치는 것이 아니고, 특히 독점규제및공정거래에관한법률 제71조는 공정거래위원회의 고발을 위 법률위반죄의 소추요건으로 규정하고 있어 공정거래위원회의 고발조치는 사직 당국에 대하여 형벌권 행사를 요구하는 행정기관 상호간의 행위에 불과하여 항고소송의 대상이 되는 행정처분이라 할 수 없으며, 더욱이 공정거래위원회의 고발 의결은 행정청 내부의 의사결정에 불과할 뿐 최종적인 처분은 아닌 것이므로 이 역시 항고소송의 대상이 되는 행정처분이 되지 못한다(대판 1995. 5.12. 94누13794).

① 지목은 토지에 대한 공법상의 규제, 개발부담금의 부과대상, 지방세의 과세대상, 공시지가의 산정, 손실보상가액의 산정 등 토지행정의 기초로서 공법상의 법률관계에 영향을 미치고, 토지소유자는 지목을 토대로 토지의 사용·수익·처분에 일정한 제한을 받게 되는 점 등을 고려하면, 지목은 토지소유권을 제대로 행사하기 위한 전제요건으로서 토지소유자의 실체적 권리관계에 밀접하게 관련되어 있으므로 지적공부 소관청의 지목변경신청 반려행위는 국민의 권리관계에 영향을 미치는 것으로서 항고소송의 대상이 되는 행정처분에 해당한다(대판 2004. 4.22. 2003두9015).

③ 구 남녀차별금지및구제에관한법률 제28조에 의하면, 국가인권위원회의 성희롱결정과 이에 따른 시정조치의 권고는 불가분의 일체로 행하여지는 것인데 국가인권위원회의 이러한 결정과 시정조치의 권고는 성희롱 행위자로 결정된 자의 인격권에 영향을 미침과 동시에 공공기관의 장 또는 사용자에게 일정한 법률상의 의무를 부담시키는 것이므로 국가인권위원회의 성희롱결정 및 시정조치권고는 행정소송의 대상이 되는 행정처분에 해당한다고 보지 않을 수 없다(대판 2005. 7. 8. 2005두487).

ANSWER 11.② 12.②

④ 시장, 군수, 구청장이 산정하여 한 개별토지가액의 결정은 토지초과이득세, 택지초과소유부담금 또는 개발부담금 산정 등의 기준이 되어 국민의 권리, 의무 내지 법률상 이익에 직접적으로 관계된다고 할 것이고, 따라서 이는 행정소송법 제2조 제1항 제1호 소정의 행정청이 행하는 구체적 사실에 관한 법집행으로서의 공권력행사이어서 행정소송의 대상이 되는 행정처분으로 보아야 할 것이다(대판 1993. 1.15. 92누12407).

13 행정의 실효성 확보수단에 대한 설명으로 가장 옳은 것은?

① 이행강제금은 장래의 의무이행을 심리적으로 강제하기 위한 것으로서 의무이행이 있을 때까지 반복하여 부과할 수 있다.

② 비상시 또는 위험이 절박한 경우에 있어서 계고·대집행 영장의 통지규정에서 정하는 수속을 취할 여유가 없을 경우라도 위의 두 수속 모두를 거치지 아니하고는 대집행을 할 수 없다.

③ 「행정대집행법」 절차에 따라 국세징수의 대집행비용을 징수할 수 있음에도 불구하고 민사소송절차에 의하여 그 비용의 상환을 청구할 수 있다.

④ 공매통지 자체가 그 상대방인 체납자 등의 법적 지위나 권리·의무에 직접적인 영향을 주는 행정처분에 해당한다고 할 것이므로 다른 특별한 사정이 없는 한 체납자 등은 공매통지 자체를 항고소송의 대상으로 삼아 그 취소 등을 구할 수 있다.

ADVICE ① 이행강제금은 의무이행이 있을 때까지 반복해서 부과할 수 있다(건축법 제80조 제5항).

> 제80조(이행강제금)
> ⑤ 허가권자는 최초의 시정명령이 있었던 날을 기준으로 하여 1년에 2회 이내의 범위에서 해당 지방자치단체의 조례로 정하는 횟수만큼 그 시정명령이 이행될 때까지 반복하여 제1항 및 제2항에 따른 이행강제금을 부과·징수할 수 있다.

② 행정대집행법 제3조 제3항.

> 제3조(대집행의 절차)
> ① 전조의 규정에 의한 처분(이하 대집행이라 한다)을 하려함에 있어서는 상당한 이행기한을 정하여 그 기한까지 이행되지 아니할 때에는 대집행을 한다는 뜻을 미리 문서로써 계고하여야 한다. 이 경우 행정청은 상당한 이행기한을 정함에 있어 의무의 성질·내용 등을 고려하여 사회통념상 해당 의무를 이행하는 데 필요한 기간이 확보되도록 하여야 한다.
> ② 의무자가 전항의 계고를 받고 지정기한까지 그 의무를 이행하지 아니할 때에는 당해 행정청은 대집행영장으로써 대집행을 할 시기, 대집행을 시키기 위하여 파견하는 집행책임자의 성명과 대집행에 요하는 비용의 개산에 의한 견적액을 의무자에게 통지하여야 한다.
> ③ 비상시 또는 위험이 절박한 경우에 있어서 당해 행위의 급속한 실시를 요하여 전2항에 규정한 수속을 취할 여유가 없을 때에는 그 수속을 거치지 아니하고 대집행을 할 수 있다.

③ 대한주택공사가 구 대한주택공사법 및 구 대한주택공사법 시행령에 의하여 대집행권한을 위탁받아 공무인 대집행을 실시하기 위하여 지출한 비용을 행정대집행법 절차에 따라 국세징수법의 예에 의하여 징수할 수 있음에도 민사소송절차에 의하여 그 비용의 상환을 청구한 사안에서, 행정대집행법이 대집행비용의 징수에 관하여 민사소송절차에 의한 소송이 아닌 간이하고 경제적인 특별구제절차를 마련해 놓고 있으므로, 위 청구는 소의 이익이 없어 부적법하다(대판 2011. 9. 8. 2010다48240).

④ 한국자산공사가 당해 부동산을 인터넷을 통하여 재공매(입찰)하기로 한 결정 자체는 내부적인 의사결정에 불과하여 항고소송의 대상이 되는 행정처분이라고 볼 수 없고, 또한 한국자산공사가 공매통지는 공매의 요건이 아니라 공매사실 자체를 체납자에게 알려주는 데 불과한 것으로서, 통지의 상대방의 법적 지위나 권리 · 의무에 직접 영향을 주는 것이 아니라고 할 것이므로 이것 역시 행정처분에 해당한다고 할 수 없다(대판 2007. 7.27. 2006두8464).

14 「행정절차법」에 대한 설명으로 가장 옳지 않은 것은?

① 「국가공무원법」상 직위해제처분의 경우 사후적으로 소청이나 행정소송을 통하여 충분한 의견진술 및 자료제출의 기회를 보장하고 있다고 보기 어려우므로 처분의 사전통지 및 의견청취에 관한 「행정절차법」의 규정이 적용된다고 보아야 한다.

② 「행정절차법」의 청문배제사유인 '당해 처분의 성질상 의견청취가 현저히 곤란하거나 명백히 불필요하다고 인정될 만한 상당한 이유가 있는 경우'는 당해 행정처분의 성질에 의하여 판단하여야 하는 것이지, 청문통지서의 반송여부, 청문통지의 방법 등에 의하여 판단할 것은 아니다.

③ 공무원연금관리공단의 퇴직연금의 환수결정은 관련법령에 따라 당연히 환수금액이 정해지는 것이므로, 퇴직연금의 환수결정에 앞서 당사자에게 의견진술의 기회를 주지 아니하여도 「행정절차법」에 위반되지 않는다.

④ 협약이 체결되었다고 하여 청문의 실시에 관한 규정의 적용이 배제된다거나 청문을 실시하지 않아도 되는 예외적인 경우에 해당한다고 할 수 없다.

ADVICE ① 국가공무원법상 직위해제처분은 구 행정절차법 제3조 제2항 제9호, 구 행정절차법 시행령 제2조 제3호에 의하여 당해 행정작용의 성질상 행정절차를 거치기 곤란하거나 불필요하다고 인정되는 사항 또는 행정절차에 준하는 절차를 거친 사항에 해당하므로, 처분의 사전통지 및 의견청취 등에 관한 행정절차법의 규정이 별도로 적용되지 않는다(대판 2014. 5.16. 2012두26180).

② 행정절차법 제21조 제4항 제3호는 침해적 행정처분을 할 경우 청문을 실시하지 않을 수 있는 사유로서 "당해 처분의 성질상 의견청취가 현저히 곤란하거나 명백히 불필요하다고 인정될 만한 상당한 이유가 있는 경우"를 규정하고 있으나, 여기에서 말하는 '의견청취가 현저히 곤란하거나 명백히 불필요하다고 인정될 만한 상당한 이유가 있는지 여부'는 당해 행정처분의 성질에 비추어 판단하여야 하는 것이지, 청문통지서의 반송 여부, 청문통지의 방법 등에 의하여 판단할 것은 아니며, 또한 행정처분의 상대방이 통지된 청문일시에 불출석하였다는 이유만으로 행정청이 관계 법령상 그 실시가 요구되는 청문을 실시하지 아니한 채 침해적 행정처분을 할 수는 없을 것이므로, 행정처분의 상대방에 대한 청문통지서가 반송되었다거나, 행정처분의 상대방이 청문일시에 불출석하였다는 이유로 청문을 실시하지 아니하고 한 침해적 행정처분은 위법하다(대판 2001. 4.13. 2000두3337).

ANSWER 13.① 14.①

③ 퇴직연금의 환수결정은 당사자에게 의무를 과하는 처분이기는 하나, 관련 법령에 따라 당연히 환수금액이 정하여지는 것이므로, 퇴직연금의 환수결정에 앞서 당사자에게 의견진술의 기회를 주지 아니하여도 행정절차법 제22조 제3항이나 신의칙에 어긋나지 아니한다(대판 2000.11.28. 99두5443).

④ 행정청이 당사자와 사이에 도시계획사업의 시행과 관련한 협약을 체결하면서 관계 법령 및 행정절차법에 규정된 청문의 실시 등 의견청취절차를 배제하는 조항을 두었다고 하더라도, 국민의 행정참여를 도모함으로써 행정의 공정성·투명성 및 신뢰성을 확보하고 국민의 권익을 보호한다는 행정절차법의 목적 및 청문제도의 취지 등에 비추어 볼 때, 위와 같은 협약의 체결로 청문의 실시에 관한 규정의 적용을 배제할 수 있다고 볼 만한 법령상의 규정이 없는 한, 이러한 협약이 체결되었다고 하여 청문의 실시에 관한 규정의 적용이 배제된다거나 청문을 실시하지 않아도 되는 예외적인 경우에 해당한다고 할 수 없다(대판 2004. 7. 8. 2002두8350).

15 〈보기〉에서 당사자소송의 대상을 모두 고른 것은?

〈보기〉

㉠ 구 「공익사업을 위한 토지 등의 취득 및 보상에 관한 법률」에 의한 주거이전비 보상 청구
㉡ 재개발조합 조합원의 자격 인정 여부에 관한 다툼
㉢ 폐광대책비의 일종으로 폐광된 광산에서 업무상 재해를 입은 근로자에게 지급하는 재해위로금의 지급 청구
㉣ 부가가치세법령상 확정된 부가가치세의 환급세액의 지급 청구

① ㉠
② ㉠, ㉡
③ ㉠, ㉡, ㉢
④ ㉠, ㉡, ㉢, ㉣

ADVICE ㉠ 주거이전비는 당해 공익사업 시행지구 안에 거주하는 세입자들의 조기이주를 장려하여 사업추진을 원활하게 하려는 정책적인 목적과 주거이전으로 인하여 특별한 어려움을 겪게 될 세입자들을 대상으로 하는 사회보장적인 차원에서 지급되는 금원의 성격을 가지므로, 적법하게 시행된 공익사업으로 인하여 이주하게 된 주거용 건축물 세입자의 주거이전비 보상청구권은 공법상의 권리이고, 따라서 그 보상을 둘러싼 쟁송은 민사소송이 아니라 공법상의 법률관계를 대상으로 하는 행정소송에 의하여야 한다(대판 2008. 5.29. 2007다8129).

㉡ 구 도시재개발법에 의한 재개발조합은 조합원에 대한 법률관계에서 적어도 특수한 존립목적을 부여받은 특수한 행정주체로서 국가의 감독하에 그 존립 목적인 특정한 공공사무를 행하고 있다고 볼 수 있는 범위 내에서는 공법상의 권리의무 관계에 서 있다. 따라서 조합을 상대로 한 쟁송에 있어서 강제가입제를 특색으로 한 조합원의 자격 인정 여부에 관하여 다툼이 있는 경우에는 그 단계에서는 아직 조합의 어떠한 처분 등이 개입될 여지는 없으므로 공법상의 당사자소송에 의하여 그 조합원 자격의 확인을 구할 수 있다(대판 1996. 2.15. 94다31235).

㉢ 폐광대책비의 일종으로 폐광된 광산에서 업무상 재해를 입은 근로자에게 지급하는 재해위로금은, 국내의 석탄수급상황을 감안하여 채탄을 계속하는 것이 국민경제의 균형발전을 위하여 바람직하지 못하다고 판단되는 경제성이 없는 석탄광산을 폐광함에 있어서 그 광산에서 입은 재해로 인하여 전업 등에 특별한 어려움을 겪게 될 퇴직근로자를 대상으로 사회보장적인 차원에서 통상적인 재해보상금에 추가하여 지급하는 위로금의 성격을 갖는 것이고, 이러한 재해위로금에 대한 지급청구권은 공법상의 권리로서 그 지급을 구하는 소송은 공법상의 법률관계에 관한 소송인 공법상 당사자소송에 해당한다(대판 1999. 1.26. 98두12598).

㉣ 납세의무자에 대한 국가의 부가가치세 환급세액 지급의무는 그 납세의무자로부터 어느 과세기간에 과다하게 거래징수된 세액 상당을 국가가 실제로 납부받았는지와 관계없이 부가가치세법령의 규정에 의하여 직접 발생하는 것으로서, 그 법적 성질은 정의와 공평의 관념에서 수익자와 손실자 사이의 재산상태 조정을 위해 인정되는 부당이득 반환의무가 아니라 부가가치세법령에 의하여 그 존부나 범위가 구체적으로 확정되고 조세 정책적 관점에서 특별히 인정되는 공법상 의무라고 봄이 타당하다. 그렇다면 납세의무자에 대한 국가의 부가가치세 환급세액 지급의무에 대응하는 국가에 대한 납세의무자의 부가가치세 환급세액 지급청구는 민사소송이 아니라 행정소송법 제3조 제2호에 규정된 당사자소송의 절차에 따라야 한다(대판 2013. 3.21. 2011다95564(전합))

16 공무원법관계에 관한 내용으로 가장 옳지 않은 것은?

① 지방자치단체의 장은 다른 지방자치단체의 장의 동의를 얻어 그 소속 공무원이 전입하도록 할 수 있는데, 공무원 본인의 동의가 반드시 있어야 한다.

② 여성 교육공무원은 육아휴직과 별도로 출산휴가를 신청할 수 있으나, 육아휴직 중인 여성 교육공무원이 출산휴가를 받기 위해서는 복직이 선행되어야 한다.

③ 행정청이 공무원에 대하여 새로운 직위해제 사유에 의한 직위해제처분을 한 경우 그 이전에 한 직위해제처분의 취소를 구하는 것은 소의 이익이 없어 부적법하다.

④ 퇴직사유가 발생하면 공무원법관계는 당연 소멸하는 것이 원칙이나 임용권자의 면직의 의사표시가 있어야 하며 이를 위한 별도의 통지를 갖추어야 한다.

ADVICE ④ 당연퇴직의 통보는 법률상 당연히 발생하는 퇴직사유를 공적으로 확인하여 알려 주는 사실의 통보에 불과한 것이지 그 통보자체가 징계파면이나 직권면직과 같이 공무원의 신분을 상실시키는 새로운 형성적 행위는 아니므로 항고소송의 대상이 되는 독립한 행정처분이 될 수는 없다(대판 1985. 7.23. 84누374).

판례에 의하면 퇴직사유가 발생하면 별도의 통지가 없어도 해당 법령에 의해 공무원법 관계는 당연히 소멸한다.

① 지방공무원법 제30조의2 제2항에 정한 인사교류에 따라 지방자치단체의 장이 소속 공무원을 전출하는 것은 임명권자를 달리하는 지방자치단체로의 이동인 점에 비추어 반드시 당해 공무원 본인의 동의를 전제로 하는 것이고, 따라서 위 법 규정의 위임에 따른 지방공무원 임용령 제27조의5 제1항도 본인의 동의를 배제하는 취지의 규정은 아니라고 해석하여야 한다(대판 2008. 9.25. 2008두5759).

② 자녀양육을 위한 육아휴직 기간 중 다른 자녀를 출산하거나 또는 출산이 예정되어 있어 구 국가공무원 복무규정 제20조 제2항에 따른 출산휴가 요건을 갖춘 경우에는 더 이상 기존 자녀의 양육을 위하여 휴직할 필요가 없는 사유가 발생한 때에 해당한다. 따라서 육아휴직 중인 여성 교육공무원이 출산휴가 요건을 갖추어 복직신청을 하는 경우는 물론 그 이전에 미리 출산을 이유로 복직신청을 하는 경우에도 임용권자는 출산휴가 개시 시점에 휴직사유가 없어졌다고 보아 복직명령과 동시에 출산휴가를 허가하여야 한다(대판 2014. 6.12. 2012두4852).

③ 행정청이 공무원에 대하여 새로운 직위해제사유에 기한 직위해제처분을 한 경우 그 이전에 한 직위해제처분은 이를 묵시적으로 철회하였다고 봄이 상당하므로, 그 이전 처분의 취소를 구하는 부분은 존재하지 않는 행정처분을 대상으로 한 것으로서 그 소의 이익이 없어 부적법하다(대판 2003.10.10. 2003두5945).

ANSWER 15.④ 16.④

17 **행정계획에 관한 설명으로 가장 옳지 않은 것은?**

① 도시계획법령상 도시기본계획은 도시의 장기적 개발 방향과 미래상을 제시하는 도시계획 입안의 지침이 되는 장기적 · 종합적인 개발계획으로서 행정청뿐만 아니라 대외적으로도 구속력을 갖는다.

② 「도시재개발법」에 의한 재개발조합의 관리처분계획은 토지 등의 소유자에게 구체적이고 결정적인 영향을 미치는 것으로서 조합이 행한 처분에 해당한다.

③ 행정주체가 행정계획을 입안 · 결정하는 데에는 일반적으로 광범위한 계획재량이 인정된다.

④ 일정한 기간 내에 요건을 갖추어 일정한 행정처분을 신청할 수 있는 법률상 지위에 있는 자에 대해 국토이용계획변경신청을 거부하는 것이 실질적으로 당해 행정처분 자체를 거부하는 결과가 되는 경우에는 그 신청인은 계획변경을 신청할 권리가 있다.

ADVICE ① 구 도시계획법 제19조 제1항 및 도시계획시설결정 당시의 지방자치단체의 도시계획조례에서는, 도시계획이 도시기본계획에 부합되어야 한다고 규정하고 있으나, 도시기본계획은 도시의 장기적 개발방향과 미래상을 제시하는 도시계획 입안의 지침이 되는 장기적 · 종합적인 개발계획으로서 행정청에 대한 직접적인 구속력은 없다(대판 2007. 4.12. 2005두1893).

② 도시재개발법에 의한 재개발조합은 조합원에 대한 법률관계에서 적어도 특수한 존립목적을 부여받은 특수한 행정주체로서 국가의 감독하에 그 존립 목적인 특정한 공공사무를 행하고 있다고 볼 수 있는 범위 내에서는 공법상의 권리의무 관계에 서 있는 것이므로 분양신청 후에 정하여진 관리처분계획의 내용에 관하여 다툼이 있는 경우에는 그 관리처분계획은 토지 등의 소유자에게 구체적이고 결정적인 영향을 미치는 것으로서 조합이 행한 처분에 해당하므로 항고소송의 방법으로 그 무효확인이나 취소를 구할 수 있다(대판 2002.12.10. 2001두6333).

③ 행정주체는 주차행정상의 목표달성을 위하여 기반시설인 노외주차장 설치를 위한 도시 · 군관리계획을 입안 · 결정할 때 그 전문적 · 기술적 · 정책적 판단에 따라 그 필요성과 구체적인 내용을 결정할 수 있는 비교적 폭넓은 형성의 재량을 가진다(대판 2018. 6.28. 2018두35490, 35506).

④ 구 국토이용관리법상 주민이 국토이용계획의 변경에 대하여 신청을 할 수 있다는 규정이 없을 뿐만 아니라, 국토건설종합계획의 효율적인 추진과 국토이용질서를 확립하기 위한 국토이용계획은 장기성, 종합성이 요구되는 행정계획이어서 원칙적으로는 그 계획이 일단 확정된 후에 어떤 사정의 변동이 있다고 하여 그러한 사유만으로는 지역주민이나 일반 이해관계인에게 일일이 그 계획의 변경을 신청할 권리를 인정하여 줄 수는 없을 것이지만, 장래 일정한 기간 내에 관계 법령이 규정하는 시설 등을 갖추어 일정한 행정처분을 구하는 신청을 할 수 있는 법률상 지위에 있는 자의 국토이용계획변경신청을 거부하는 것이 실질적으로 당해 행정처분 자체를 거부하는 결과가 되는 경우에는 예외적으로 그 신청인에게 국토이용계획변경을 신청할 권리가 인정된다고 봄이 상당하므로, 이러한 신청에 대한 거부행위는 항고소송의 대상이 되는 행정처분에 해당한다(대판 2003. 9.23. 2001두10936).

18 「국가배상법」 제2조에 대한 설명으로 가장 옳은 것은?

① 시·도지사 등의 업무에 속하는 대집행권한을 위탁받은 한국토지공사가 대집행을 실시하는 과정에서 국민에게 손해가 발생할 경우 한국토지공사는 공무수탁사인에 해당하므로, 「국가배상법」 제2조의 공무원과 같은 지위를 갖게 된다.

② 공익근무요원은 「국가배상법」 제2조 제1항 단서의 군인·군무원·경찰공무원 또는 향토예비군대원에 해당하지 않으므로 이중배상청구가 제한되지 않는다.

③ 공무원의 직무상 의무위반에 대한 법령의 취지가 전체적으로 공공 일반의 이익을 도모하기 위한 것이라면 「국가배상법」 제2조의 배상책임이 인정된다.

④ 「국가배상법」 제2조의 직무행위에는 국가나 지방자치단체의 권력적 작용만이 포함되며 비권력적 작용은 포함되지 않는다.

ADVICE ② 공익근무요원은 병역법 제2조 제1항 제9호, 제5조 제1항의 규정에 의하면 국가기관 또는 지방자치단체의 공익목적 수행에 필요한 경비·감시·보호 또는 행정업무 등의 지원과 국제협력 또는 예술·체육의 육성을 위하여 소집되어 공익분야에 종사하는 사람으로서 보충역에 편입되어 있는 자이기 때문에, 소집되어 군에 복무하지 않는 한 군인이라고 말할 수 없으므로, 비록 병역법 제75조 제2항이 공익근무요원으로 복무 중 순직한 사람의 유족에 대하여 국가유공자등예우및지원에관한법률에 따른 보상을 하도록 규정하고 있다고 하여도, 공익근무요원이 국가배상법 제2조 제1항 단서의 규정에 의하여 국가배상법상 손해배상청구가 제한되는 군인·군무원·경찰공무원 또는 향토예비군대원에 해당한다고 할 수 없다(대판 1997. 3.28. 97다4036).

① 한국토지공사는 구 한국토지공사법 제2조, 제4조에 의하여 정부가 자본금의 전액을 출자하여 설립한 법인이고, 같은 법 제9조 제4호에 규정된 한국토지공사의 사업에 관하여는 공익사업을 위한 토지 등의 취득 및 보상에 관한 법률 제89조 제1항, 위 한국토지공사법 제22조 제6호 및 같은 법 시행령 제40조의3 제1항의 규정에 의하여 본래 시·도지사나 시장·군수 또는 구청장의 업무에 속하는 대집행권한을 한국토지공사에게 위탁하도록 되어 있는바, 한국토지공사는 이러한 법령의 위탁에 의하여 대집행을 수권받은 자로서 공무인 대집행을 실시함에 따르는 권리·의무 및 책임이 귀속되는 행정주체의 지위에 있다고 볼 것이지 지방자치단체 등의 기관으로서 국가배상법 제2조 소정의 공무원에 해당한다고 볼 것은 아니다(대판 2010. 1.28. 2007다82950,82967).

③ 일반적으로 국가 또는 지방자치단체가 권한을 행사할 때에는 국민에 대한 손해를 방지하여야 하고, 국민의 안전을 배려하여야 하며, 소속 공무원이 전적으로 또는 부수적으로라도 국민 개개인의 안전과 이익을 보호하기 위하여 법령에서 정한 직무상 의무를 위반하여 국민에게 손해를 가하면 상당인과관계가 인정되는 범위 안에서 국가 또는 지방자치단체가 배상책임을 부담하는 것이지만, 공무원이 직무를 수행하면서 근거되는 법령의 규정에 따라 구체적으로 의무를 부여받았어도 그것이 국민의 이익과는 관계없이 순전히 행정기관 내부의 질서를 유지하기 위한 것이거나, 또는 국민의 이익과 관련된 것이라도 직접 국민 개개인의 이익을 위한 것이 아니라 전체적으로 공공 일반의 이익을 도모하기 위한 것이라면 그 의무를 위반하여 국민에게 손해를 가하여도 국가 또는 지방자치단체는 배상책임을 부담하지 아니한다. 이때 공무원이 준수하여야 할 직무상 의무가 오로지 공공 일반의 전체적인 이익을 도모하기 위한 것에 불과한지 혹은 국민 개개인의 안전과 이익을 보호하기 위하여 설정된 것인지는 결국 근거 법령 전체의 기본적인 취지·목적과 그 의무를 부과하고 있는 개별 규정의 구체적 목적·내용 및 직무의 성질, 가해행위의 태양 및 피해의 정도 등의 제반 사정을 개별적·구체적으로 고려하여 판단하여야 한다(대판 2015. 5.28. 2013다41431).

④ 국가배상법이 정한 손해배상청구의 요건인 '공무원의 직무'에는 국가나 지방자치단체의 권력적 작용뿐만 아니라 비권력적 작용도 포함되지만 단순한 사경제의 주체로서 하는 작용은 포함되지 않는다(대판 2004. 4. 9. 2002다10691).

ANSWER 17.① 18.②

19 「공익사업을 위한 토지 등의 취득 및 보상에 관한 법률」상 잔여지 수용에 대한 설명으로 가장 옳은 것은?

① 잔여지에 현실적 이용상황 변경 또는 사용가치 및 교환가치의 하락 등이 발생하였더라도 그 손실이 토지가 공익사업에 취득 · 사용됨으로써 발생한 것이 아닌 경우에는 손실보상의 대상이 되지 않는다.

② 잔여지 수용의 청구는 사업시행자가 관할 토지수용위원회에 하여야 하고, 토지소유자는 사업시행자에게 잔여지 수용을 청구해 줄 것을 요청할 수 있다.

③ 잔여지 수용 청구가 있으면 그 잔여지에 있는 물건에 대한 권리를 가진 자는 사업시행자에게 그 권리의 존속을 주장할 수 없게 된다.

④ 토지소유자는 사업시행자에게 잔여지 매수 청구를 할 수 있는데, 이 매수 청구는 토지수용위원회의 잔여지 수용재결 전 또는 후에 할 수 있다.

ADVICE ① 공익사업을 위한 토지 등의 취득 및 보상에 관한 법률(이하 '토지보상법') 제73조 제1항 본문은 "사업시행자는 동일한 소유자에게 속하는 일단의 토지의 일부가 취득되거나 사용됨으로 인하여 잔여지의 가격이 감소하거나 그 밖의 손실이 있을 때 또는 잔여지에 통로 · 도랑 · 담장 등의 신설이나 그 밖의 공사가 필요할 때에는 국토교통부령으로 정하는 바에 따라 그 손실이나 공사의 비용을 보상하여야 한다."라고 규정하고 있다. 여기서 특정한 공익사업의 사업시행자가 보상하여야 하는 손실은, 동일한 소유자에게 속하는 일단의 토지 중 일부를 사업시행자가 그 공익사업을 위하여 취득하거나 사용함으로 인하여 잔여지에 발생하는 것임을 전제로 한다. 따라서 이러한 잔여지에 대하여 현실적 이용상황 변경 또는 사용가치 및 교환가치의 하락 등이 발생하였더라도, 그 손실이 토지의 일부가 공익사업에 취득되거나 사용됨으로 인하여 발생하는 것이 아니라면 특별한 사정이 없는 한 토지보상법 제73조 제1항 본문에 따른 잔여지 손실보상 대상에 해당한다고 볼 수 없다(대판 2017. 7.11. 2017두40860).

②③ 토지보상법 제74조 제1항, 제2항.

> 제74조(잔여지 등의 매수 및 수용 청구)
> ① 동일한 소유자에게 속하는 일단의 토지의 일부가 협의에 의하여 매수되거나 수용됨으로 인하여 잔여지를 종래의 목적에 사용하는 것이 현저히 곤란할 때에는 해당 토지소유자는 사업시행자에게 잔여지를 매수하여 줄 것을 청구할 수 있으며, 사업인정 이후에는 관할 토지수용위원회에 수용을 청구할 수 있다. 이 경우 수용의 청구는 매수에 관한 협의가 성립되지 아니한 경우에만 할 수 있으며, 사업완료일까지 하여야 한다.
> ② 제1항에 따라 매수 또는 수용의 청구가 있는 잔여지 및 잔여지에 있는 물건에 관하여 권리를 가진 자는 사업시행자나 관할 토지수용위원회에 그 권리의 존속을 청구할 수 있다.

④ 잔여지 매수 청구는 잔여지 수용재결 전까지 할 수 있다.

20 건축허가와 건축신고에 관한 설명으로 가장 옳지 않은 것은?

① 건축허가는 원칙상 기속행위이지만 중대한 공익상 필요가 있는 경우 예외적으로 건축허가를 거부할 수 있다.

② 건축신고는 자기완결적 신고이므로 신고반려행위 또는 수리거부행위는 항고소송의 대상이 되지 않는다.

③ 신고대상인 건축물의 건축행위를 하고자 할 경우에는 관계 법령에 정해진 적법한 요건을 갖춘 신고만을 하면 그와 같은 건축행위를 할 수 있고, 행정청의 수리처분 등 별도의 조처를 기다릴 필요가 없다.

④ 토지의 형질변경허가는 금지요건이 불확정개념으로 규정되어 있어 그 금지요건에 해당하는지 여부를 판단함에 있어서 행정청에게 재량권이 부여되어 있다고 할 것이므로, 같은 법에 의하여 지정된 도시지역 안에서 토지의 형질변경행위를 수반하는 건축허가는 결국 재량행위에 속한다.

ADVICE ② 행정청은 건축신고로써 건축허가가 의제되는 건축물의 경우에도 그 신고 없이 건축이 개시될 경우 건축주 등에 대하여 공사중지 · 철거 · 사용금지 등의 시정명령을 할 수 있고(제69조 제1항), 그 시정명령을 받고 이행하지 않은 건축물에 대하여는 당해 건축물을 사용하여 행할 다른 법령에 의한 영업 기타 행위의 허가를 하지 않도록 요청할 수 있으며(제69조 제2항), 그 요청을 받은 자는 특별한 이유가 없는 한 이에 응하여야 하고(제69조 제3항), 나아가 행정청은 그 시정명령의 이행을 하지 아니한 건축주 등에 대하여는 이행강제금을 부과할 수 있으며(제69조의2 제1항 제1호), 또한 건축신고를 하지 않은 자는 200만 원 이하의 벌금에 처해질 수 있다(제80조 제1호, 제9조). 이와 같이 건축주 등은 신고제하에서도 건축신고가 반려될 경우 당해 건축물의 건축을 개시하면 시정명령, 이행강제금, 벌금의 대상이 되거나 당해 건축물을 사용하여 행할 행위의 허가가 거부될 우려가 있어 불안정한 지위에 놓이게 된다. 따라서 건축신고 반려행위가 이루어진 단계에서 당사자로 하여금 반려행위의 적법성을 다투어 그 법적 불안을 해소한 다음 건축행위에 나아가도록 함으로써 장차 있을지도 모르는 위험에서 미리 벗어날 수 있도록 길을 열어 주고, 위법한 건축물의 양산과 그 철거를 둘러싼 분쟁을 조기에 근본적으로 해결할 수 있게 하는 것이 법치행정의 원리에 부합한다. 그러므로 건축신고 반려행위는 항고소송의 대상이 된다고 보는 것이 옳다(대판 2010.11.18. 2008두167(전합)).

① 건축물의 건축이 국토계획법상 개발행위에 해당할 경우 그에 대한 건축허가를 하는 허가권자는 건축허가에 배치 · 저촉되는 관계 법령상 제한 사유의 하나로 국토계획법령의 개발행위허가기준을 확인하여야 하므로, 국토계획법상 건축물의 건축에 관한 개발행위허가가 의제되는 건축허가신청이 국토계획법령이 정한 개발행위허가기준에 부합하지 아니하면 허가권자로서는 이를 거부할 수 있고, 이는 건축법 제16조 제3항에 의하여 개발행위허가의 변경이 의제되는 건축허가사항의 변경허가에서도 마찬가지이다(대판 2016. 8.24. 2016두35762).

③ 건축법이 건축물의 건축 또는 대수선에 관하여 원칙적으로 허가제로 규율하면서도 일정 규모 이내의 건축물에 관하여는 신고제를 채택한 것은, 건축행위에 대한 규제를 완화하여 국민의 자유의 영역을 넓히는 한편, 행정목적상 필요한 정보를 파악 · 관리하기 위하여 국민으로 하여금 행정청에 미리 일정한 사항을 알리도록 하는 최소한의 규제를 가하고자 하는 데 그 취지가 있다. 따라서 건축법 제14조 제1항의 건축신고 대상 건축물에 관하여는 원칙적으로 건축 또는 대수선을 하고자 하는 자가 적법한 요건을 갖춘 신고를 하면 행정청의 수리 등 별도의 조처를 기다릴 필요 없이 건축행위를 할 수 있다(대판 2011. 1.20. 2010두14954).

④ 국토의 계획 및 이용에 관한 법률(이하 '국토계획법') 제56조에 따른 개발행위허가와 농지법 제34조에 따른 농지전용허가 · 협의는 금지요건 · 허가기준 등이 불확정개념으로 규정된 부분이 많아 그 요건 · 기준에 부합하는지의 판단에 관하여 행정청에 재량권이 부여되어 있으므로, 그 요건에 해당하는지 여부는 행정청의 재량판단의 영역에 속한다. 나아가 국토계획법이 정한 용도지역 안에서 토지의 형질변경행위 · 농지전용행위를 수반하는 건축허가는 건축법 제11조 제1항에 의한 건축허가와 위와 같은 개발행위허가 및 농지전용허가의 성질을 아울러 갖게 되므로 이 역시 재량행위에 해당하고, 그에 대한 사법심사는 행정청의 공익판단에 관한 재량의 여지를 감안하여 원칙적으로 재량권의 일탈이나 남용이 있는지 여부만을 대상으로 하는데, 판단 기준은 사실오인과 비례 · 평등의 원칙 위반 여부 등이 된다. 이러한 재량권 일탈 · 남용에 관하여는 행정행위의 효력을 다투는 사람이 주장 · 증명책임을 부담한다(대판 2017.10.12. 2017두48956).

ANSWER 19.① 20.②

2019. 8. 17. 인사혁신처 시행

1 **신뢰보호의 원칙에 대한 설명으로 옳은 것은? (다툼이 있는 경우 판례에 의함)**

① 처분청이 착오로 행정서사업 허가처분을 한 후 20년이 다 되어서야 취소사유를 알고 행정서사업 허가를 취소한 경우, 그 허가취소처분은 실권의 법리에 저촉되는 것으로 보아야 한다.

② 법령이나 비권력적 사실행위인 행정지도 등은 신뢰의 대상이 되는 선행조치에 포함되지 않는다.

③ 신뢰보호원칙의 적용에 있어서 귀책사유의 유무는 상대방을 기준으로 판단하여야 하며, 상대방으로부터 신청행위를 위임받은 수임인 등 관계자까지 포함시켜 판단할 것은 아니다.

④ 당초 정구장시설을 설치한다는 도시계획결정을 하였다가 정구장 대신 청소년 수련시설을 설치한다는 도시계획 변경결정 및 지적 승인을 한 경우 당초의 도시계획결정만으로는 도시계획사업의 시행자 지정을 받게 된다는 공적 견해를 표명했다고 할 수 없다.

ADVICE ④ 당초 정구장 시설을 설치한다는 도시계획결정을 하였다가 정구장 대신 청소년 수련시설을 설치한다는 도시계획 변경결정 및 지적승인을 한 경우, 당초의 도시계획결정만으로는 도시계획사업의 시행자 지정을 받게 된다는 공적인 견해를 표명하였다고 할 수 없다는 이유로 그 후의 도시계획 변경결정 및 지적승인이 도시계획사업의 시행자로 지정받을 것을 예상하고 정구장 설계 비용 등을 지출한 자의 신뢰이익을 침해한 것으로 볼 수 없다(대판 2000.11.10. 2000두727).

① 실권 또는 실효의 법리는 법의 일반원리인 신의성실의 원칙에 바탕을 둔 파생원칙인 것이므로 공법관계 가운데 관리관계는 물론이고 권력관계에도 적용되어야 함을 배제할 수는 없다 하겠으나 그것은 본래 권리행사의 기회가 있음에도 불구하고 권리자가 장기간에 걸쳐 그의 권리를 행사하지 아니하였기 때문에 의무자인 상대방은 이미 그의 권리를 행사하지 아니할 것으로 믿을만한 정당한 사유가 있게 되거나 행사하지 아니할 것으로 추인케 할 경우에 새삼스럽게 그 권리를 행사하는 것이 신의성실의 원칙에 반하는 결과가 될 때 그 권리행사를 허용하지 않는 것을 의미하는 것이므로, 이 사건에 관하여 보면 원고가 허가 받은 때로부터 20년이 다되어 피고가 그 허가를 취소한 것이기는 하나 피고가 취소사유를 알고서도 그렇게 장기간 취소권을 행사하지 않은 것이 아니고 1985.9.중순에 비로소 위에서 본 취소사유를 알고 그에 관한 법적 처리방안에 관하여 다각도로 연구검토가 행해졌고 그러한 사정은 원고도 알고 있었음이 기록상 명백하여 이로써 본다면 상대방인 원고에게 취소권을 행사하지 않을 것이란 신뢰를 심어준 것으로 여겨지지 않으니 피고의 처분이 실권의 법리에 저촉된 것이라고 볼 수 있는 것도 아니다(대판 2002.11. 8. 2001두1512).

② 행정청의 선행조치에는 무효인 행정행위를 제외한 모든 국가작용이 포함된다.

③ 행정상의 법률관계에 있어서 행정청의 행위에 대하여 신뢰보호의 원칙이 적용되기 위하여는, 첫째 행정청이 개인에 대하여 신뢰의 대상이 되는 공적인 견해표명을 하여야 하고, 둘째 행정청의 견해표명이 정당하다고 신뢰한 데에 대하여 그 개인에게 귀책사유가 없어야 하며, 셋째 그 개인이 그 견해표명을 신뢰하고 이에 상응하는 어떠한 행위를 하였어야 하고, 넷째 행정청이 그 견해표명에 반하는 처분을 함으로써 그 견해표명을 신뢰한 개인의 이익이 침해되는 결과가 초래되어야 하며, 마지막으로 위 견해표명에 따른 행정처분을 할 경우 이로 인하여 공익 또는 제3자의

정당한 이익을 현저히 해할 우려가 있는 경우가 아니어야 하는바, 둘째 요건에서 말하는 귀책사유라 함은 행정청의 견해표명의 하자가 상대방 등 관계자의 사실은폐나 기타 사위의 방법에 의한 신청행위 등 부정행위에 기인한 것이거나 그러한 부정행위가 없다고 하더라도 하자가 있음을 알았거나 중대한 과실로 알지 못한 경우 등을 의미한다고 해석함이 상당하고, 귀책사유의 유무는 상대방과 그로부터 신청행위를 위임받은 수임인 등 관계자 모두를 기준으로 판단하여야 한다(대판 2002.11. 8. 2001두1512).

2 행정규칙에 대한 판례의 입장으로 옳지 않은 것은?

① 행정규칙인 고시가 법령의 수권에 의해 법령을 보충하는 사항을 정하는 경우에는 법령보충적 고시로서 근거법령규정과 결합하여 대외적으로 구속력을 가진다.

② 법령보충적 행정규칙은 법령의 수권에 의하여 인정되고, 그 수권은 포괄위임금지의 원칙상 구체적·개별적으로 한정된 사항에 대하여 행해져야 한다.

③ 고시에 담긴 내용이 구체적 규율의 성격을 갖는다고 하더라도, 해당 고시를 행정처분으로 볼 수는 없으며 법령의 수권 여부에 따라 법규명령 또는 행정규칙으로 볼 수 있을 뿐이다.

④ 재산권 등의 기본권을 제한하는 작용을 하는 법률이 구체적으로 범위를 정하여 고시와 같은 형식으로 입법위임을 할 수 있는 사항은 전문적·기술적 사항이나 경미한 사항으로서 업무의 성질상 위임이 불가피한 사항에 한정된다.

ADVICE ③ 어떠한 고시가 일반적·추상적 성격을 가질 때에는 법규명령 또는 행정규칙에 해당할 것이지만, 다른 집행행위의 매개 없이 그 자체로서 직접 국민의 구체적인 권리의무나 법률관계를 규율하는 성격을 가질 때에는 항고소송의 대상이 되는 행정처분에 해당한다(대판 2003.10. 9. 2003무23).

① 구 독점규제및공정거래에관한법률 제23조 제3항은 "공정거래위원회가 불공정거래행위를 예방하기 위하여 필요한 경우 사업자가 준수하여야 할 지침을 제정·고시할 수 있다."고 규정하고 있으므로 위 위임규정에 근거하여 제정·고시된 표시·광고에관한공정거래지침의 여러 규정 중 불공정거래행위를 예방하기 위하여 사업자가 준수하여야 할 지침을 마련한 것으로 볼 수 있는 내용의 규정은 위 법의 위임범위 내에 있는 것으로서 위 법의 규정과 결합하여 법규적 효력을 가진다(대판 2000. 9.29. 98두12772).

②④ 국회입법에 의한 수권이 입법기관이 아닌 행정기관에게 법률 등으로 구체적인 범위를 정하여 위임한 사항에 관하여는 당해 행정기관에게 법정립의 권한을 갖게 되고, 입법자가 규율의 형식도 선택할 수 있다 할 것이므로, 헌법이 인정하고 있는 위임입법의 형식은 예시적인 것으로 보아야 할 것이고, 그것은 법률이 행정규칙에 위임하더라도 그 행정규칙은 위임된 사항만을 규율할 수 있으므로, 국회입법의 원칙과 상치되지도 않는다. 다만 행정규칙은 법규명령과 같은 엄격한 제정 및 개정절차를 요하지 아니하므로, 재산권 등과 같은 기본권을 제한하는 작용을 하는 법률이 입법위임을 할 때에는 대통령령, 총리령, 부령 등 법규명령에 위임함이 바람직하고, 고시와 같은 형식으로 입법위임을 할 때에는 적어도 행정규제기본법 제4조 제2항 단서에서 정한 바와 같이 법령이 전문적·기술적 사항이나 경미한 사항으로서 업무의 성질상 위임이 불가피한 사항에 한정된다 할 것이고, 그러한 사항이라 하더라도 포괄위임금지의 원칙상 법률의 위임은 반드시 구체적·개별적으로 한정된 사항에 대하여 행하여져야 한다.(헌재결 2006.12.28. 2005헌바59).

ANSWER 1.④ 2.③

3 **정보공개에 대한 판례의 입장으로 옳은 것은?**

① 공공기관이 정보공개청구권자가 신청한 공개방법 이외의 방법으로 정보를 공개하기로 하는 결정을 하였다면, 정보공개청구자는 이에 대하여 항고소송으로 다툴 수 있다.

② 공개청구된 정보가 이미 인터넷을 통해 공개되어 인터넷검색으로 쉽게 접근할 수 있는 경우는 비공개사유가 된다.

③ 공개청구된 정보를 공공기관이 한때 보유 · 관리하였으나 후에 그 정보가 담긴 문서가 정당하게 폐기되어 존재하지 않게 된 경우, 정보 보유 · 관리 여부의 입증책임은 정보공개청구자에게 있다.

④ 정보공개를 청구한 목적이 손해배상소송에 제출할 증거자료를 획득하기 위한 것이었고 그 소송이 이미 종결되었다면, 그러한 정보공개청구는 권리남용에 해당한다.

ADVICE ① 청구인에게는 특정한 공개방법을 지정하여 정보공개를 청구할 수 있는 법령상 신청권이 있다. 따라서 공공기관이 공개청구의 대상이 된 정보를 공개는 하되, 청구인이 신청한 공개방법 이외의 방법으로 공개하기로 하는 결정을 하였다면, 이는 정보공개청구 중 정보공개방법에 관한 부분에 대하여 일부 거부처분을 한 것이고, 청구인은 그에 대하여 항고소송으로 다툴 수 있다(대판 2016.11.10. 2016두44674).

② 공개청구의 대상이 되는 정보가 이미 다른 사람에게 공개하여 널리 알려져 있다거나 인터넷이나 관보 등을 통하여 공개하여 인터넷검색이나 도서관에서의 열람 등을 통하여 쉽게 알 수 있다는 사정만으로는 소의 이익이 없다거나 비공개결정이 정당화될 수는 없다(대판 2008.11.27. 2005두15694).

③ 공개청구자는 그가 공개를 구하는 정보를 공공기관이 보유 · 관리하고 있을 상당한 개연성이 있다는 점에 대하여 입증할 책임이 있으나, 공개를 구하는 정보를 공공기관이 한때 보유 · 관리하였으나 후에 그 정보가 담긴 문서들이 폐기되어 존재하지 않게 된 것이라면 그 정보를 더 이상 보유 · 관리하고 있지 않다는 점에 대한 증명책임은 공공기관에 있다(대판 2013. 1.24. 2010두18918).

④ 손해배상소송에 제출할 증거자료를 획득하기 위한 목적으로 정보공개를 청구한 경우, 오로지 상대방을 괴롭힐 목적으로 정보공개를 구하고 있다는 등의 특별한 사정이 없는 한, 권리남용에 해당하지 아니한다(대판 2004. 9.23. 2003두1370).

4 행정행위의 직권취소에 대한 설명으로 옳은 것은? (다툼이 있는 경우 판례에 의함)

① 법률에서 직권취소에 대한 근거를 두고 있는 경우에는 이해관계인이 처분청에 대하여 위법을 이유로 행정행위의 취소를 요구할 신청권을 갖는다고 보아야 한다.

② 행정행위를 한 행정청은 그 행정행위에 하자가 있는 경우에는 원칙적으로 별도의 법적 근거가 없더라도 스스로 그 행정행위를 직권으로 취소할 수 있다.

③ 직권취소는 행정행위의 성립상의 하자를 이유로 하는 것이므로, 개별법에 특별한 규정이 없는 한 「행정절차법」에 따른 절차규정이 적용되지 않는다.

④ 행정행위의 위법 여부에 대하여 취소소송이 이미 진행 중인 경우 처분청은 위법을 이유로 그 행정행위를 직권취소할 수 없다.

ADVICE ② 도시계획시설사업의 시행자 지정이나 실시계획의 인가처분을 한 관할청은 구 국토의 계획 및 이용에 관한 법률 제133조 제1항 제21호 (라)목, (마)목의 사유가 발생하였을 때 그 조항에 따라 사업시행자 지정이나 실시계획 인가처분을 취소할 수 있을 뿐만 아니라, 사업시행자 지정이나 실시계획 인가처분에 하자가 있는 경우에는 별도의 법적 근거가 없다고 하더라도 스스로 이를 취소할 수 있다(대판 2014. 7.10. 2013두7025).

① 국민의 적극적 행위신청에 대한 행정청의 거부행위가 항고소송의 대상이 되는 행정처분에 해당하기 위하여는 국민이 행정청에 대하여 그 행위발동을 요구할 법규상 또는 조리상의 신청권이 있어야 한다. 산림법령에는 채석허가처분을 한 처분청이 산림을 복구한 자에 대하여 복구설계서승인 및 복구준공통보를 한 경우 그 취소신청과 관련하여 아무런 규정을 두고 있지 않고, 원래 행정처분을 한 처분청은 그 처분에 하자가 있는 경우에는 원칙적으로 별도의 법적 근거가 없더라도 스스로 이를 직권으로 취소할 수 있지만, 그와 같이 직권취소를 할 수 있다는 사정만으로 이해관계인에게 처분청에 대하여 그 취소를 요구할 신청권이 부여된 것으로 볼 수는 없으므로, 처분청이 위와 같이 법규상 또는 조리상의 신청권이 없이 한 이해관계인의 복구준공통보 등의 취소신청을 거부하더라도, 그 거부행위는 항고소송의 대상이 되는 처분에 해당하지 않는다(대판 2006. 6.30. 2004두701).

③ 구 행정절차법 제21조 제1항, 제4항, 제22조에 의하면, 행정청이 당사자에게 의무를 과하거나 권익을 제한하는 처분을 하는 경우에는 미리 처분하고자 하는 원인이 되는 사실과 처분의 내용 및 법적 근거, 이에 대하여 의견을 제출할 수 있다는 뜻과 의견을 제출하지 아니하는 경우의 처리방법 등의 사항을 당사자 등에게 통지해야 하고, 다른 법령 등에서 필수적으로 청문을 실시하거나 공청회를 개최하도록 규정하고 있지 아니한 경우에도 당사자 등에게 의견제출의 기회를 주어야 하되, '당해 처분의 성질상 의견청취가 현저히 곤란하거나 명백히 불필요하다고 인정될 만한 상당한 이유가 있는 경우' 등에는 처분의 사전통지나 의견청취를 아니 할 수 있도록 규정하고 있다. 따라서 행정청이 침해적 행정처분을 하면서 당사자에게 위와 같은 사전통지를 하거나 의견제출의 기회를 주지 않았다면, 사전통지를 하지 않거나 의견제출의 기회를 주지 않아도 되는 예외적인 경우에 해당하지 않는 한, 그 처분은 위법하여 취소를 면할 수 없다(대판 2013. 1.16. 2011두30687).

참고) 수익적 처분에 대한 직권취소는 상대방에게 침해적 처분이 되므로, 행정절차법상 사전통지 및 의견청취 등에 대한 규정이 적용된다.

④ 취소소송은 처분의 위법성 일반을 그 대상으로 하며 처분 상대방의 권리를 구제하고자 하는 것이므로, 행정청은 당해 처분을 발령한 주체로서 위법성을 이유로 처분을 직권취소하여 상대방의 불이익을 제거할 수 있다.

참고) 도시계획시설사업의 사업자 지정이나 실시계획의 인가처분을 한 관할청은 도시계획시설사업의 시행자 지정이나 실시계획 인가처분에 하자가 있는 경우, 별도의 법적 근거가 없더라도 스스로 이를 취소할 수 있다(대판 2014. 7.10. 2013두7025).

ANSWER 3.① 4.②

5 행정상 법률관계에 대한 판례의 입장으로 옳지 않은 것은?

① 공법상 근무관계의 형성을 목적으로 하는 채용계약의 체결 과정에서 행정청의 일방적인 의사표시로 계약이 성립하지 아니한 경우, 관계 법령이 상대방의 법률관계에 관하여 구체적으로 어떻게 규정하고 있는지에 따라 의사표시가 항고소송의 대상이 되는 처분에 해당하는지 아니면 공법상 계약관계의 일방 당사자로서 대등한 지위에서 행하는 의사표시인지를 개별적으로 판단하여야 한다.

② 행정처분과 부관 사이에 실제적 관련성이 있다고 볼 수 없는 경우 공무원이 이와 같은 공법상의 제한을 회피할 목적으로 행정처분의 상대방과 사이에 사법상 계약을 체결하는 형식을 취하였다면 이는 법치행정의 원리에 반하는 것으로서 위법하다.

③ 지방전문직공무원 채용계약 해지의 의사표시에 대하여는 공법상 당사자소송으로 그 의사표시의 무효확인을 청구할 수 있다.

④ 재단법인 한국연구재단이 A대학교 총장에게 연구개발비의 부당집행을 이유로 과학기술기본법령에 따라 '두뇌한국(BK)21 사업' 협약의 해지를 통보한 것은 공법상 계약을 계약당사자의 지위에서 종료시키는 의사표시에 해당한다.

ADVICE ④ 과학기술기본법령상 사업 협약의 해지 통보는 단순히 대등 당사자의 지위에서 형성된 공법상계약을 계약당사자의 지위에서 종료시키는 의사표시에 불과한 것이 아니라 행정청이 우월적 지위에서 연구개발비의 회수 및 관련자에 대한 국가연구개발사업 참여제한 등의 법률상 효과를 발생시키는 행정처분에 해당한다(대판 2014.12.11. 2012두28704).

참고) 상기 판례에서 연구팀장에 대한 대학자체 징계 요구는 법률상 구속력이 없는 권유 또는 사실상의 통지로서 연구팀장의 권리, 의무 등 법률상 지위에 직접적인 법률적 변동을 일으키지 않는 행위에 해당하므로 항고 소송의 대상이 되는 행정처분에 해당하지 않는다.

① 행정청이 자신과 상대방 사이의 법률관계를 일방적인 의사표시로 종료시켰다고 하더라도 곧바로 의사표시가 행정청으로서 공권력을 행사하여 행하는 행정처분이라고 단정할 수는 없고, 관계 법령이 상대방의 법률관계에 관하여 구체적으로 어떻게 규정하고 있는지에 따라 의사표시가 항고소송의 대상이 되는 행정처분에 해당하는지 아니면 공법상 계약관계의 일방 당사자로서 대등한 지위에서 행하는 의사표시인지를 개별적으로 판단하여야 한다(대판 2015. 8.27. 2015두41449).

② 행정처분과 부관 사이에 실제적 관련성이 있다고 볼 수 없는 경우 공무원이 위와 같은 공법상의 제한을 회피할 목적으로 행정처분의 상대방과 사이에 사법상 계약을 체결하는 형식을 취하였다면 이는 법치행정의 원리에 반하는 것으로서 위법하다고 보지 않을 수 없다(대판 2010. 1.28. 2007도9331).

③ 공중보건의사 채용계약 해지의 의사표시에 대하여는 대등한 당사자간의 소송형식인 공법상의 당사자소송으로 그 의사표시의 무효확인을 청구할 수 있는 것이지, 이를 항고소송의 대상이 되는 행정처분이라는 전제하에서 그 취소를 구하는 항고소송을 제기할 수는 없다(대판 1996. 5.31. 95누10617).

6 **행정절차에 대한 판례의 입장으로 옳지 않은 것은?**

① 당사자가 신청하는 허가 등을 거부하는 처분을 하면서 당사자가 그 근거를 알 수 있을 정도로 이유를 제시한 경우에는 처분의 근거와 이유를 구체적으로 명시하지 않았더라도 그로 말미암아 그 처분이 위법하다고 볼 수는 없다.

② 구「폐기물처리시설 설치촉진 및 주변지역 지원 등에 관한 법률」상 입지선정위원회가 동법 시행령의 규정에 위배 군수와 주민대표가 선정·추천한 전문가를 포함시키지 않은 채 임의로 구성되어 의결을 한 경우에, 이에 터잡아 이루어진 폐기물처리시설 입지결정처분은 당연무효가 된다.

③ 「공무원연금법」상 퇴직연금 지급정지 사유기간 중 수급자에게 지급된 퇴직연금의 환수결정은 당사자에게 의무를 과하는 처분으로, 퇴직연금의 환수결정에 앞서 당사자에게 의견진술의 기회를 주지 아니하면 「행정절차법」에 반한다.

④ 납세고지서에 세액산출근거 등의 기재사항이 누락되었거나 과세표준과 세액의 계산명세서가 첨부되지 않은 납세고지의하여 하자는 납세의무자가 그 나름대로 산출근거를 알고 있다거나 사실상 이를 알고서 쟁송에 이르렀다 하더라도 치유되지 않는다.

ADVICE ③ 퇴직연금의 환수결정은 당사자에게 의무를 과하는 처분이기는 하나, 관련 법령에 따라 당연히 환수금액이 정하여지는 것이므로, 퇴직연금의 환수결정에 앞서 당사자에게 의견진술의 기회를 주지 아니하여도 행정절차법 제22조 제3항이나 신의칙에 어긋나지 아니한다(대판 2000.11.28. 99두5443).

① 행정청은 처분을 하는 때에는 원칙적으로 당사자에게 근거와 이유를 제시하여야 한다(행정절차법 제23조 제1항). 당사자가 신청하는 허가 등을 거부하는 처분을 하면서 당사자가 그 근거를 알 수 있을 정도로 이유를 제시한 경우에는 처분의 근거와 이유를 구체적으로 명시하지 않았더라도 그로 말미암아 그 처분이 위법하다고 볼 수는 없다. 이때 '이유를 제시한 경우'는 처분서에 기재된 내용과 관계 법령 및 당해 처분에 이르기까지의 전체적인 과정 등을 종합적으로 고려하여, 처분 당시 당사자가 어떠한 근거와 이유로 처분이 이루어진 것인지를 충분히 알 수 있어서 그에 불복하여 행정구제절차로 나아가는 데 별다른 지장이 없었다고 인정되는 경우를 뜻한다(대판 2017. 8.29. 2016두44186).

② 구 폐기물처리시설 설치촉진 및 주변지역 지원 등에 관한 법률에 정한 입지선정위원회가 그 구성방법 및 절차에 관한 같은 법 시행령의 규정에 위배하여 군수와 주민대표가 선정·추천한 전문가를 포함시키지 않은 채 임의로 구성되어 의결을 한 경우, 그에 터잡아 이루어진 폐기물처리시설 입지결정처분의 하자는 중대한 것이고 객관적으로도 명백하므로 무효사유에 해당한다(대판 2007. 4.12. 2006두20150).

④ 납세고지서에 과세표준등의 기재를 누락시킨 하자가 있는 때에는 적법한 부과결정의 고지라 볼 수 없어 부과처분 자체가 위법한 것이므로 설사 납세의무자가 사실상 과세표준과 세액 등을 알고 쟁송에 이르렀다 하여 그 위법이 치유될 수는 없다(대판 1984. 6.26. 83누679).

ANSWER 5.④ 6.③

7 **갑 회사는 사옥을 신축하면서 A지하철역과 사옥을 연결하는 지하연결통로를 설치하여 사용하고 있는데, 그 지하연결통로의 용도와 기능은 종래대로 주로 일반시민의 교통편익을 위한 것이고 이에 곁들여 갑의 사옥에 출입하는 사람들의 통행로로도 이용되고 있다. 이에 대한 설명으로 옳은 것은? (다툼이 있는 경우 판례에 의함)**

① 지하연결통로의 주된 용도와 기능이 일반시민의 교통편익을 위한 것이지만 부수적으로 이에 곁들여 갑 회사의 이익을 위하여도 사용되고 있는 이상, 지하연결통로는 특별사용에 제공된 것으로 그 설치 · 사용행위는 도로의 점용이라고 보아야 한다.

② 공물관리주체가 지하연결통로에 대하여 공용폐지를 하는 경우, 일반적인 시민생활에서 지하연결통로를 이용만 하는 사람에게는 그 용도폐지를 다툴 법률상의 이익이 인정되지 않는다.

③ 지하연결통로의 인접주민은 그 통로를 사용하지 않고 있는 경우에도 그 통로에 대해 고양된 일반사용권이 인정되므로, 다른 개인에 의하여 지하연결통로의 사용권을 침해당한 경우에 「민법」상 방해배제청구권이나 손해배상청구권이 인정된다.

④ 지하연결통로 인근에서 공공목적의 개발행위로 지하연결통로를 일반사용하는 사람들이 지하연결통로를 이용하는 데 불편을 겪는 등 사용을 제한받았다면, 특별한 사정이 없는 한 그로 인한 불이익에 대하여 손실보상이 인정된다.

ADVICE ② 일반적으로 도로는 국가나 지방자치단체가 직접 공중의 통행에 제공하는 것으로서 일반국민은 이를 자유로이 이용할 수 있는 것이기는 하나, 그렇다고 하여 그 이용관계로부터 당연히 그 도로에 관하여 특정한 권리나 법령에 의하여 보호되는 이익이 개인에게 부여되는 것이라고까지는 말할 수 없으므로, 일반적인 시민생활에 있어 도로를 이용만 하는 사람은 그 용도폐지를 다툴 법률상의 이익이 있다고 말할 수 없지만, 공공용재산이라고 하여도 당해 공공용재산의 성질상 특정개인의 생활에 개별성이 강한 직접적이고 구체적인 이익을 부여하고 있어서 그에게 그로 인한 이익을 가지게 하는 것이 법률적인 관점으로도 이유가 있다고 인정되는 특별한 사정이 있는 경우에는 그와 같은 이익은 법률상 보호되어야 할 것이다(대판 1992. 9.22. 91누13212).

① 지하연결통로의 주된 용도와 기능이 특정건물에 출입하는 사람들의 통행로로 사용하기 위한 것이고 다만 이에 곁들여 일반인이 통행함을 제한하지 않는 것뿐이어서, 일반시민으로서는 본래의 도로사용보다 불편함을 감수하면서 이를 사용하는 것에 불과하다면, 지하연결통로는 일반사용을 위한 것보다도 특정건물의 사용편익을 위한 특별사용에 제공된 것이어서 이를 설치 · 사용하는 행위는 도로의 점용이라고 보아야 할 것이나, 반대로 지하연결통로의 용도와 기능이 주로 일반시민의 교통편익을 위한 것이고 이에 곁들여 특정건물에 출입하는 사람들의 통행로로도 이용되고 있는 정도라면, 지하연결통로는 도로의 일반사용을 위한 것이고 건물 소유자의 특별사용을 위한 것이라고 보기 어려우므로 이를 설치 · 사용하는 행위를 도로의 점용이라고 볼 수 없다(대판 2014. 5.29. 2012두27749).

③ 공물의 인접주민은 다른 일반인보다 인접공물의 일반사용에 있어 특별한 이해관계를 가지는 경우가 있고, 그러한 의미에서 다른 사람에게 인정되지 아니하는 이른바 고양된 일반사용권이 보장될 수 있으며, 이러한 고양된 일반사용권이 침해된 경우 다른 개인과의 관계에서 민법상으로도 보호될 수 있으나, 그 권리도 공물의 일반사용의 범위 안에서 인정되는 것이므로, 특정인에게 어느 범위에서 이른바 고양된 일반사용권으로서의 권리가 인정될 수 있는지의 여부는 당해 공물의 목적과 효용, 일반사용관계, 고양된 일반사용권을 주장하는 사람의 법률상의 지위와 당해 공물의 사용관계의 인접성, 특수성 등을 종합적으로 고려하여 판단하여야 한다. 따라서 구체적으로 공물을 사용하지 않고 있는 이상 그 공물의 인접주민이라는 사정만으로는 공물에 대한 고양된 일반사용권이 인정될 수 없다(대판 2006.12.22. 2004다68311).

④ 일반 공중의 이용에 제공되는 공공용물에 대하여 특허 또는 허가를 받지 않고 하는 일반사용은 다른 개인의 자유이용과 국가 또는 지방자치단체 등의 공공목적을 위한 개발 또는 관리·보존행위를 방해하지 않는 범위 내에서만 허용된다 할 것이므로, 공공용물에 관하여 적법한 개발행위 등이 이루어짐으로 말미암아 이에 대한 일정범위의 사람들의 일반사용이 종전에 비하여 제한받게 되었다 하더라도 특별한 사정이 없는 한 그로 인한 불이익은 손실보상의 대상이 되는 특별한 손실에 해당한다고 할 수 없다(대판 2002. 2.26. 99다35300).

8 행정벌에 대한 설명으로 옳은 것은? (다툼이 있는 경우 판례에 의함)

① 지방자치단체가 그 고유의 자치사무를 처리하는 경우 지방자치단체는 양벌규정에 의한 처벌대상이 되지 않는다.

② 「관세법」상 통고처분은 상대방의 임의의 승복을 그 발효요건으로 하기 때문에 그 자체만으로는 통고이행을 강제하거나 상대방에게 아무런 권리의무를 형성하지 않는다.

③ 질서위반행위 후 법률이 변경되어 그 행위가 질서위반행위에 해당하지 아니하게 된 때에는 법률에 특별한 규정이 없는 한 변경되기 전의 법률을 적용한다.

④ 스스로 심신장애 상태를 일으켜 질서위반행위를 한 자에 대하여는 과태료를 감경한다.

ADVICE ② 통고처분은 이를 받은 자가 그 처분에 대하여 이의가 있는 때에는 이를 이행하지 아니함으로써 관세청장 또는 세관장의 고발에 의하여 법원의 심판을 받을 수 있게 되는 것으로서 위법한 통고처분에 대하여는 행정소송에 의하여 이를 다툴 것이 아니다(대판 1976. 1.27. 75누40).

① 국가가 본래 그의 사무의 일부를 지방자치단체의 장에게 위임하여 그 사무를 처리하게 하는 기관위임사무의 경우에는 지방자치단체는 국가기관의 일부로 볼 수 있는 것이지만, 지방자치단체가 그 고유의 자치사무를 처리하는 경우에는 지방자치단체는 국가기관의 일부가 아니라 국가기관과는 별도의 독립한 공법인이므로, 지방자치단체 소속 공무원이 지방자치단체 고유의 자치사무를 수행하던 중 도로법 제81조 내지 제85조의 규정에 의한 위반행위를 한 경우에는 지방자치단체는 도로법 제86조의 양벌규정에 따라 처벌대상이 되는 법인에 해당한다(대판 2005.11.10. 2004도2657).

③ 질서위반행위 후 법률이 변경되어 그 행위가 질서위반행위에 해당하지 아니하게 되거나 과태료가 변경되기 전의 법률보다 가볍게 된 때에는 법률에 특별한 규정이 없는 한 변경된 법률을 적용한다(질서위반행위규제법 제3조 제2항).

④ 질서위반행위규제법 제10조 제3항.

> 제10조(심신장애)
> ① 심신(心神)장애로 인하여 행위의 옳고 그름을 판단할 능력이 없거나 그 판단에 따른 행위를 할 능력이 없는 자의 질서위반행위는 과태료를 부과하지 아니한다.
> ② 심신장애로 인하여 제1항에 따른 능력이 미약한 자의 질서위반행위는 과태료를 감경한다.
> ③ 스스로 심신장애 상태를 일으켜 질서위반행위를 한 자에 대하여는 제1항 및 제2항을 적용하지 아니한다.

ANSWER 7.② 8.②

9 **항고소송의 원고적격에 대한 판례의 입장으로 옳지 않은 것은?**

① 일반면허를 받은 시외버스운송사업자에 대한 사업계획변경 인가처분으로 인하여 노선 및 운행계통의 일부 중복으로 기존에 한정면허를 받은 시외버스운송사업자의 수익감소가 예상된다면, 기존의 한정면허를 받은 시외버스운송사업자는 일반면허 시외버스운송사업자에 대한 사업계획변경 인가처분의 취소를 구할 법률상의 이익이 있다.

② 처분의 근거 법규 또는 관련 법규에 그 처분으로써 이루어지는 행위 등 사업으로 인하여 환경상 침해를 받으리라고 예상되는 영향권의 범위가 구체적으로 규정되어 있는 경우, 그 영향권 내의 주민들에 대하여는 특단의 사정이 없는 한 환경상 이익에 대한 침해 또는 침해 우려가 있는 것으로 사실상 추정된다.

③ 「출입국관리법」상의 체류자격 및 사증발급의 기준과 절차에 관한 규정들은 대한민국의 출입국 질서와 국경관리라는 공익을 보호하려는 취지로 해석될 뿐이므로, 동법상 체류자격변경 불허가처분, 강제퇴거명령 등을 다투는 외국인에게는 해당 처분의 취소를 구할 법률상 이익이 인정되지 않는다.

④ 법령이 특정한 행정기관으로 하여금 다른 행정기관에 제재적 조치를 취할 수 있도록 하면서, 그에 따르지 않으면 그 행정기관에 과태료 등을 과할 수 있도록 정하는 경우, 권리구제나 권리보호의 필요성이 인정된다면 예외적으로 그 제재적 조치의 상대방인 행정기관에게 항고소송의 원고적격을 인정할 수 있다.

ADVICE ③ 사증발급 거부처분을 다투는 외국인은, 아직 대한민국에 입국하지 않은 상태에서 대한민국에 입국하게 해달라고 주장하는 것으로, 대한민국과의 실질적 관련성 내지 대한민국에서 법적으로 보호가치 있는 이해관계를 형성한 경우는 아니어서, 해당 처분의 취소를 구할 법률상 이익을 인정하여야 할 법정책적 필요성도 크지 않다. 반면, 국적법상 귀화불허가처분이나 출입국관리법상 체류자격변경 불허가처분, 강제퇴거명령 등을 다투는 외국인은 대한민국에 적법하게 입국하여 상당한 기간을 체류한 사람이므로, 이미 대한민국과의 실질적 관련성 내지 대한민국에서 법적으로 보호가치 있는 이해관계를 형성한 경우이어서, 해당 처분의 취소를 구할 법률상 이익이 인정된다고 보아야 한다(대판 2018. 5.15. 2014두42506).

① 한정면허를 받은 시외버스운송사업자라고 하더라도 다 같이 운행계통을 정하고 여객을 운송하는 노선여객자동차운송사업을 한다는 점에서 일반면허를 받은 시외버스운송사업자와 본질적인 차이가 없으므로, 일반면허를 받은 시외버스운송사업자에 대한 사업계획변경 인가처분으로 인하여 기존에 한정면허를 받은 시외버스운송사업자의 노선 및 운행계통과 일반면허를 받은 시외버스운송사업자의 그것이 일부 중복되게 되고 기존업자의 수익감소가 예상된다면, 기존의 한정면허를 받은 시외버스운송사업자와 일반면허를 받은 시외버스운송사업자는 경업관계에 있는 것으로 보는 것이 타당하고, 따라서 기존의 한정면허를 받은 시외버스운송사업자는 일반면허 시외버스운송사업자에 대한 사업계획변경인가처분의 취소를 구할 법률상의 이익이 있다(대판 2018. 4.26. 2015두53824).

② 행정처분의 근거 법규 또는 관련 법규에 그 처분으로써 이루어지는 행위 등 사업으로 인하여 환경상 침해를 받으리라고 예상되는 영향권의 범위가 구체적으로 규정되어 있는 경우에는, 그 영향권 내의 주민들에 대하여는 당해 처분으로 인하여 직접적이고 중대한 환경피해를 입으리라고 예상할 수 있고, 이와 같은 환경상의 이익은 주민 개개인에 대하여 개별적으로 보호되는 직접적 · 구체적 이익으로서 그들에 대하여는 특단의 사정이 없는 한 환경상 이익에 대한 침해 또는 침해 우려가 있는 것으로 사실상 추정되어 법률상 보호되는 이익으로 인정됨으로써 원고적격이 인정되며, 그 영향권 밖의 주민들은 당해 처분으로 인하여 그 처분 전과 비교하여 수인한도를 넘는 환경피해를 받거나 받을 우려가 있다는 자신의 환경상 이익에 대한 침해 또는 침해 우려가 있음을 증명하여야만 법률상 보호되는 이익으로 인정되어 원고적격이 인정된다(대판 2010. 4.15. 2007두16127).

④ 행정기관의 제재적 조치의 내용에 따라 '구체적 사실에 대한 법집행으로서 공권력의 행사'에 해당할 수 있고, 그러한 조치의 상대방인 행정기관이 입게 될 불이익도 명확하다. 그런데도 그러한 제재적 조치를 기관소송이나 권한쟁의심판을 통하여 다툴 수 없다면, 제재적 조치는 그 성격상 단순히 행정기관 등 내부의 권한 행사에 머무는 것이 아니라 상대방에 대한 공권력 행사로서 항고소송을 통한 주관적 구제대상이 될 수 있다고 보아야 한다. 기관소송 법정주의를 취하면서 제한적으로만 이를 인정하고 있는 현행 법령의 체계에 비추어 보면, 이 경우 항고소송을 통한 구제의 길을 열어주는 것이 법치국가 원리에도 부합한다. 따라서 이러한 권리구제나 권리보호의 필요성이 인정된다면 예외적으로 그 제재적 조치의 상대방인 행정기관 등에게 항고소송 원고로서의 당사자능력과 원고적격을 인정할 수 있다. 국민권익위원회가 소방청장에게 인사와 관련하여 부당한 지시를 한 사실이 인정된다며 이를 취소할 것을 요구하기로 의결하고 그 내용을 통지하자 소방청장이 국민권익위원회 조치요구의 취소를 구하는 소송을 제기한 사안에서, 처분성이 인정되는 국민권익위원회의 조치요구에 불복하고자 하는 소방청장으로서는 조치요구의 취소를 구하는 항고소송을 제기하는 것이 유효·적절한 수단으로 볼 수 있으므로 소방청장이 예외적으로 당사자능력과 원고적격을 가진다(대판 2018. 8. 1. 2014두35379).

ANSWER 9.③

10 **갑은 재산세 부과의 근거가 되는 개별공시지가와 그 산정의 기초가 되는 표준지공시지가가 위법하게 산정되었다고 주장한다. 이에 대한 설명으로 옳은 것만을 모두 고르면? (다툼이 있는 경우 판례에 의함)**

> ㉠ 취소사유에 해당하는 하자가 있는 표준지공시지가결정에 대한 취소소송의 제소기간이 지난 경우, 갑은 개별토지가격결정을 다투는 소송에서 그 개별토지가격 산정의 기초가 된 표준지공시지가의 위법성을 다툴 수 있다.
> ㉡ 갑은 개별공시지가결정에 대하여 곧바로 행정소송을 제기하거나 「부동산 가격공시에 관한 법률」에 따른 이의신청과 「행정심판법」에 따른 행정심판청구 중 어느 하나만을 거쳐 행정소송을 제기할 수 있을 뿐만 아니라, 이의신청을 하여 그 결과 통지를 받은 후 다시 행정심판을 거쳐 행정소송을 제기할 수도 있다.
> ㉢ 개별공시지가 산정업무 담당공무원 등이 그 직무상 의무에 위반하여 현저하게 불합리한 개별공시지가가 결정되도록 함으로써 갑의 재산권을 침해한 경우 상당인과관계가 인정되는 범위에서 그 손해에 대하여 그 담당공무원 등이 속한 지방자치단체가 배상책임을 지게 된다.
> ㉣ 갑이 개별공시지가결정에 따라 부과된 재산세를 납부한 후 이미 납부한 재산세에 대한 부당이득반환을 구하는 민사소송을 제기한 경우, 민사법원은 재산세부과처분에 취소사유의 하자가 있음을 이유로 재산세부과처분의 효력을 부인하고 그 납세액의 반환을 명하는 판결을 내릴 수 있다.

① ㉠, ㉡　　② ㉠, ㉣
③ ㉡, ㉢　　④ ㉢, ㉣

ADVICE ㉡ 부동산 가격공시 및 감정평가에 관한 법률이 이의신청에 관하여 규정하고 있다고 하여 이를 행정심판법 제3조 제1항에서 행정심판의 제기를 배제하는 '다른 법률에 특별한 규정이 있는 경우'에 해당한다고 볼 수 없으므로, 개별공시지가에 대하여 이의가 있는 자는 곧바로 행정소송을 제기하거나 부동산 가격공시 및 감정평가에 관한 법률에 따른 이의신청과 행정심판법에 따른 행정심판청구 중 어느 하나만을 거쳐 행정소송을 제기할 수 있을 뿐 아니라, 이의신청을 하여 그 결과 통지를 받은 후 다시 행정심판을 거쳐 행정소송을 제기할 수도 있다고 보아야 하고, 이 경우 행정소송의 제소기간은 그 행정심판 재결서 정본을 송달받은 날부터 기산한다(대판 2010. 1.28. 2008두19987).

㉢ 개별공시지가 산정업무 담당공무원 등이 그 직무상 의무에 위반하여 현저하게 불합리한 개별공시지가가 결정되도록 함으로써 국민 개개인의 재산권을 침해한 경우에는 그 손해에 대하여 상당인과관계 있는 범위 내에서 그 담당공무원 등이 소속된 지방자치단체가 배상책임을 지게 된다(대판 2010. 7.22. 2010다13527).

㉠ 표준지로 선정된 토지의 공시지가에 대하여 불복하기 위하여는 지가공시및토지등의평가에관한법률 제8조 제1항 소정의 이의절차를 거쳐 처분청을 상대로 그 공시지가결정의 취소를 구하는 행정소송을 제기하여야 하는 것이지, 그러한 절차를 밟지 아니한 채 개별토지가격 결정을 다투는 소송에서 그 개별토지가격 산정의 기초가 된 표준지 공시지가의 위법성을 다툴 수는 없다(대판 1996.12. 6. 96누1832).

㉣ 조세의 과오납이 부당이득이 되기 위하여는 납세 또는 조세의 징수가 실체법적으로나 절차법적으로 전혀 법률상의 근거가 없거나 과세처분의 하자가 중대하고 명백하여 당연무효이어야 하고, 과세처분의 하자가 단지 취소할 수 있는 정도에 불과할 때에는 과세관청이 이를 스스로 취소하거나 항고소송절차에 의하여 취소되지 않는 한 그로 인한 조세의 납부가 부당이득이 된다고 할 수 없다(대판 1994.11.11. 94다28000).

11 **행정심판의 재결의 기속력에 대한 설명으로 옳지 않은 것은? (다툼이 있는 경우 판례에 의함)**

① 재결이 확정된 경우에는 처분의 기초가 된 사실관계나 법률적 판단이 확정되고 당사자들이나 법원은 이에 기속되어 모순되는 주장이나 판단을 할 수 없게 된다.

② 재결에 의하여 취소되거나 무효 또는 부존재로 확인되는 처분이 당사자의 신청을 거부하는 것을 내용으로 하는 경우에는 그 처분을 한 행정청은 재결의 취지에 따라 다시 이전의 신청에 대한 처분을 하여야 한다.

③ 재결의 기속력은 재결의 주문 및 그 전제가 된 요건사실의 인정과 판단에 대하여만 미친다.

④ 당사자의 신청을 받아들이지 않은 거부처분이 재결에서 취소된 경우, 그 재결의 취지에 따라 이전의 신청에 대하여 다시 어떠한 처분을 하여야 할지는 처분을 할 때의 법령과 사실을 기준으로 판단하여야 하므로, 행정청은 종전 거부처분 또는 재결 후에 발생한 새로운 사유를 내세워 다시 거부처분을 할 수 있다.

ADVICE ① 행정심판의 재결은 피청구인인 행정청을 기속하는 효력을 가지므로 재결청이 취소심판의 청구가 이유 있다고 인정하여 처분청에 처분을 취소할 것을 명하면 처분청으로서는 재결의 취지에 따라 처분을 취소하여야 하지만, 나아가 재결에 판결에서와 같은 기판력이 인정되는 것은 아니어서 재결이 확정된 경우에도 처분의 기초가 된 사실관계나 법률적 판단이 확정되고 당사자들이나 법원이 이에 기속되어 모순되는 주장이나 판단을 할 수 없게 되는 것은 아니다(대판 2015.11.27. 2013다6759).

② 행정심판법 제49조 제2항.

③ 재결의 기속력은 재결의 주문 및 그 전제가 된 요건사실의 인정과 판단, 즉 처분 등의 구체적 위법사유에 관한 판단에만 미친다고 할 것이고, 종전 처분이 재결에 의하여 취소되었다 하더라도 종전 처분시와는 다른 사유를 들어서 처분을 하는 것은 기속력에 저촉되지 않는다고 할 것이며, 여기에서 동일 사유인지 다른 사유인지는 종전 처분에 관하여 위법한 것으로 재결에서 판단된 사유와 기본적 사실관계에 있어 동일성이 인정되는 사유인지 여부에 따라 판단되어야 한다(대판 2005.12. 9. 2003두7705).

④ 행정청이 한 처분 등의 취소를 구하는 소송은 처분에 의하여 발생한 위법 상태를 배제하여 원래 상태로 회복시키고 처분으로 침해된 권리나 이익을 구제하고자 하는 것이다. 따라서 해당 처분 등의 취소를 구하는 것보다 실효적이고 직접적인 구제수단이 있음에도 처분 등의 취소를 구하는 것은 특별한 사정이 없는 한 분쟁해결의 유효적절한 수단이라고 할 수 없어 법률상 이익이 있다고 할 수 없다. 그런데 당사자의 신청을 받아들이지 않은 거부처분이 재결에서 취소된 경우에 행정청은 종전 거부처분 또는 재결 후에 발생한 새로운 사유를 내세워 다시 거부처분을 할 수 있다(대판 2017.10.31. 2015두45045).

ANSWER 10.③ 11.①

12 **행정의 실효성 확보수단에 대한 판례의 입장으로 옳지 않은 것은?**

① 행정청이 행정대집행의 방법으로 건물철거의무의 이행을 실현할 수 있는 경우에는 건물철거 대집행 과정에서 부수적으로 건물의 점유자들에 대한 퇴거 조치를 할 수 있고, 점유자들이 적법한 행정대집행을 위력을 행사하여 방해하는 경우 「경찰관직무집행법」에 근거한 위험발생 방지조치 차원에서 경찰의 도움을 받을 수도 있다.

② 대집행계고를 하기 위하여는 법령에 의하여 직접 명령되거나 법령에 근거한 행정청의 명령에 의한 의무자의 대체적 작위의무 위반행위가 있어야 하는데, 단순한 부작위의무 위반의 경우에는 당해 법령에서 그 위반자에게 위반에 의해 생긴 유형적 결과의 시정을 명하는 행정처분 권한을 인정하는 규정을 두고 있지 않은 이상, 이와 같은 부작위의무로부터 그 의무를 위반함으로써 생긴 결과를 시정하기 위한 작위의무를 당연히 끌어낼 수는 없다.

③ 사용자가 이행하여야 할 행정법상 의무의 내용을 초과하는 것을 '불이행 내용'으로 기재한 이행강제금 부과 예고서에 의하여 이행강제금 부과 예고를 한 다음 이를 이행하지 않았다는 이유로 이행강제금을 부과하였다면, 초과한 정도가 근소하다는 등의 특별한 사정이 없는 한 이행강제금 부과 예고는 위법하며, 이에 터 잡은 이행강제금 부과처분 역시 위법하다.

④ 체납자 등에 대한 공매처분을 하면서 체납자 등에게 공매통지를 하지 않았거나 공매통지를 하였더라도 그 것이 적법하지 않은 경우 절차상의 흠이 있어 그 공매처분이 위법하게 되는 것인바, 공매통지는 상대방인 체납자 등의 법적 지위나 권리·의무에 직접적인 영향을 주는 행정처분으로서 항고소송의 대상이 된다.

ADVICE ④ 체납자 등에 대한 공매통지는 국가의 강제력에 의하여 진행되는 공매에서 체납자 등의 권리 내지 재산상의 이익을 보호하기 위하여 법률로 규정한 절차적 요건이라고 보아야 하며, 공매처분을 하면서 체납자 등에게 공매통지를 하지 않았거나 공매통지를 하였더라도 그것이 적법하지 아니한 경우에는 절차상의 흠이 있어 그 공매처분이 위법하게 되는 것이지만, 공매통지 자체가 그 상대방인 체납자 등의 법적 지위나 권리·의무에 직접적인 영향을 주는 행정처분에 해당한다고 할 것은 아니므로 다른 특별한 사정이 없는 한 체납자 등은 공매통지의 결여나 위법을 들어 공매처분의 취소 등을 구할 수 있는 것이지 공매통지 자체를 항고소송의 대상으로 삼아 그 취소 등을 구할 수는 없다(대판 2011. 3.24. 2010두25527).

① 행정청이 행정대집행의 방법으로 건물철거의무의 이행을 실현할 수 있는 경우에는 건물철거 대집행 과정에서 부수적으로 건물의 점유자들에 대한 퇴거 조치를 할 수 있고, 점유자들이 적법한 행정대집행을 위력을 행사하여 방해하는 경우 형법상 공무집행방해죄가 성립하므로, 필요한 경우에는 '경찰관 직무집행법'에 근거한 위험발생 방지조치 또는 형법상 공무집행방해죄의 범행방지 내지 현행범체포의 차원에서 경찰의 도움을 받을 수도 있다(대판 2017. 4.28. 2016다213916).

② 단순한 부작위의무의 위반, 즉 관계 법령에 정하고 있는 절대적 금지나 허가를 유보한 상대적 금지를 위반한 경우에는 당해 법령에서 그 위반자에 대하여 위반에 의하여 생긴 유형적 결과의 시정을 명하는 행정처분의 권한을 인정하는 규정(예컨대, 건축법 제69조, 도로법 제74조, 하천법 제67조, 도시공원법 제20조, 옥외광고물등관리법 제10조 등)을 두고 있지 아니한 이상, 법치주의의 원리에 비추어 볼 때 위와 같은 부작위의무로부터 그 의무를 위반함으로써 생긴 결과를 시정하기 위한 작위의무를 당연히 끌어낼 수는 없으며, 또 위 금지규정(특히 허가를 유보한 상대적 금지규정)으로부터 작위의무, 즉 위반결과의 시정을 명하는 권한이 당연히 추론(推論)되는 것도 아니다(대판 1996. 6.28. 96누4374).

③ 이행강제금은 행정법상의 부작위의무 또는 비대체적 작위의무를 이행하지 않은 경우에 '일정한 기한까지 의무를 이행하지 않을 때에는 일정한 금전적 부담을 과할 뜻'을 미리 '계고'함으로써 의무자에게 심리적 압박을 주어 장래를 향하여 의무의 이행을 확보하려는 간접적인 행정상 강제집행 수단이고, 노동위원회가 근로기준법 제33조에 따라 이행강제금을 부과하는 경우 그 30일 전까지 하여야 하는 이행강제금 부과 예고는 이러한 '계고'에 해당한다. 따라서 사용자가 이행하여야 할 행정법상 의무의 내용을 초과하는 것을 '불이행 내용'으로 기재한 이행강제금 부과 예고서에 의하여 이행강제금 부과 예고를 한 다음 이를 이행하지 않았다는 이유로 이행강제금을 부과하였다면, 초과한 정도가 근소하다는 등의 특별한 사정이 없는 한 이행강제금 부과 예고는 이행강제금 제도의 취지에 반하는 것으로서 위법하고, 이에 터 잡은 이행강제금 부과처분 역시 위법하다(대판 2015. 6.24. 2011두2170).

13 행정청의 침익적 행위에 대한 판례의 입장으로 옳지 않은 것은?

① 「국민연금법」상 연금 지급결정을 취소하는 처분과 그 처분에 기초하여 잘못 지급된 급여액에 해당하는 금액을 환수하는 처분이 적법한지를 판단하는 경우 비교·교량할 각 사정이 상이하다고는 할 수 없으므로, 연금 지급결정을 취소하는 처분이 적법하다면 환수처분도 적법하다고 판단하여야 한다.

② 세무조사가 과세자료의 수집 등의 본연의 목적이 아니라 부정한 목적을 위하여 행하여진 것이라면 세무조사에 중대한 위법사유가 있는 경우에 해당하고, 이러한 세무조사에 의하여 수집된 과세자료를 기초로 한 과세처분 역시 위법하다.

③ 과세관청이 과세예고 통지 후 과세전적부심사 청구나 그에 대한 결정이 있기 전에 과세처분을 한 경우, 특별한 사정이 없는 한 그 과세처분은 절차상 하자가 중대·명백하여 당연무효이다.

④ 건축주 등이 장기간 시정명령을 이행하지 아니하였으나 그 기간 중에 시정명령의 이행 기회가 제공되지 아니하였다가 뒤늦게 이행 기회가 제공된 경우, 이행 기회가 제공되지 아니한 과거의 기간에 대한 이행강제금까지 한꺼번에 부과하였다면 그러한 이행강제금 부과처분은 하자가 중대·명백하여 당연무효이다.

ADVICE ① 행정처분을 한 처분청은 처분의 성립에 하자가 있는 경우 별도의 법적 근거가 없더라도 직권으로 이를 취소할 수 있다고 봄이 원칙이므로, 국민연금법이 정한 수급요건을 갖추지 못하였음에도 연금 지급결정이 이루어진 경우에는 이미 지급된 급여 부분에 대한 환수처분과 별도로 지급결정을 취소할 수 있다. 이 경우에도 이미 부여된 국민의 기득권을 침해하는 것이므로 취소권의 행사는 지급결정을 취소할 공익상의 필요보다 상대방이 받게 될 불이익 등이 막대한 경우에는 재량권의 한계를 일탈한 것으로서 위법하다고 보아야 한다. 다만 이처럼 연금 지급결정을 취소하는 처분과 그 처분에 기초하여 잘못 지급된 급여액에 해당하는 금액을 환수하는 처분이 적법한지를 판단하는 경우 비교·교량할 각 사정이 동일하다고는 할 수 없으므로, 연금 지급결정을 취소하는 처분이 적법하다고 하여 환수처분도 반드시 적법하다고 판단하여야 하는 것은 아니다(대판 2017. 3.30. 2015두43971).

② 세무조사가 과세자료의 수집 또는 신고내용의 정확성 검증이라는 본연의 목적이 아니라 부정한 목적을 위하여 행하여진 것이라면 이는 세무조사에 중대한 위법사유가 있는 경우에 해당하고 이러한 세무조사에 의하여 수집된 과세자료를 기초로 한 과세처분 역시 위법하다. 세무조사가 국가의 과세권을 실현하기 위한 행정조사의 일종으로서 과세자료의 수집 또는 신고내용의 정확성 검증 등을 위하여 필요불가결하며, 종국적으로는 조세의 탈루를 막고 납세

ANSWER 12.④ 13.①

자의 성실한 신고를 담보하는 중요한 기능을 수행하더라도 만약 남용이나 오용을 막지 못한다면 납세자의 영업활동 및 사생활의 평온이나 재산권을 침해하고 나아가 과세권의 중립성과 공공성 및 윤리성을 의심받는 결과가 발생할 것이기 때문이다(대판 2016.12.15. 2016두47659).

③ 국세기본법 및 국세기본법 시행령이 과세전적부심사를 거치지 않고 곧바로 과세처분을 할 수 있거나 과세전적부심사에 대한 결정이 있기 전이라도 과세처분을 할 수 있는 예외사유로 정하고 있다는 등의 특별한 사정이 없는 한, 과세예고 통지 후 과세전적부심사 청구나 그에 대한 결정이 있기도 전에 과세처분을 하는 것은 원칙적으로 과세전적부심사 이후에 이루어져야 하는 과세처분을 그보다 앞서 함으로써 과세전적부심사 제도 자체를 형해화시킬 뿐만 아니라 과세전적부심사 결정과 과세처분 사이의 관계 및 불복절차를 불분명하게 할 우려가 있으므로, 그와 같은 과세처분은 납세자의 절차적 권리를 침해하는 것으로서 절차상 하자가 중대하고도 명백하여 무효이다(대판 2016.12.27. 2016두49228).

④ 시정명령의 이행 기회가 제공되지 아니하였다가 뒤늦게 시정명령의 이행 기회가 제공된 경우라면, 시정명령의 이행 기회 제공을 전제로 한 1회분의 이행강제금만을 부과할 수 있고, 시정명령의 이행 기회가 제공되지 아니한 과거의 기간에 대한 이행강제금까지 한꺼번에 부과할 수는 없다. 그리고 이를 위반하여 이루어진 이행강제금 부과처분은 과거의 위반행위에 대한 제재가 아니라 행정상의 간접강제 수단이라는 이행강제금의 본질에 반하여 구 건축법 제80조 제1항, 제4항 등 법규의 중요한 부분을 위반한 것으로서, 그러한 하자는 중대할 뿐만 아니라 객관적으로도 명백하다(대판 2016. 7.14. 2015두46598).

14 행정상 손해배상에 대한 판례의 입장으로 옳지 않은 것은?

① 「국가배상법」 제2조에 따른 공무원은 「국가공무원법」 등에 의해 공무원의 신분을 가진 자에 국한하지 않고, 널리 공무를 위탁받아 실질적으로 공무에 종사하고 있는 일체의 자를 가리킨다.

② 공무원이 직무를 수행하면서 그 근거법령에 따라 구체적으로 의무를 부여받았어도 그것이 국민 개개인의 이익을 위한 것이 아니라 전체적으로 공공 일반의 이익을 도모하기 위한 것이라면 그 의무에 위반하여 국민에게 손해를 가하여도 국가 또는 지방자치단체는 배상책임을 지지 않는다.

③ 어떠한 행정처분이 항고소송에서 취소되었을지라도 그 기판력에 의하여 당해 행정처분이 곧바로 공무원의 고의 또는 과실로 인한 것으로서 국가배상책임이 성립한다고 단정할 수는 없다.

④ 「공직선거법」이 후보자가 되고자 하는 자와 그 소속 정당에게 전과기록을 조회할 권리를 부여하고 수사기관에 회보의무를 부과한 것은 공공의 이익만을 위한 것이지 후보자가 되고자 하는 자나 그 소속 정당의 개별적 이익까지 보호하기 위한 것은 아니다.

ADVICE ④ 공직선거법이 위와 같이 후보자가 되고자 하는 자와 그 소속 정당에게 전과기록을 조회할 권리를 부여하고 수사기관에 회보의무를 부과한 것은 단순히 유권자의 알권리 보호 등 공공 일반의 이익만을 위한 것이 아니라, 그와 함께 후보자가 되고자 하는 자가 자신의 피선거권 유무를 정확하게 확인할 수 있게 하고, 정당이 후보자가 되고자 하는 자의 범죄경력을 파악함으로써 부적격자를 공천함으로 인하여 생길 수 있는 정당의 신뢰도 하락을 방지할 수 있게 하는 등 개별적인 이익도 보호하기 위한 것이다(대판 2011. 9. 8. 2011다34521).

① 국가배상법 제2조 소정의 '공무원'이라 함은 국가공무원법이나 지방공무원법에 의하여 공무원으로서의 신분을 가진 자에 국한하지 않고, 널리 공무를 위탁받아 실질적으로 공무에 종사하고 있는 일체의 자를 가리키는 것으로서, 공무의 위탁이 일시적이고 한정적인 사항에 관한 활동을 위한 것이어도 달리 볼 것은 아니다(대판 2001. 1. 5. 98다39060).

② 일반적으로 국가 또는 지방자치단체가 권한을 행사할 때에는 국민에 대한 손해를 방지하여야 하고, 국민의 안전을 배려하여야 하며, 소속 공무원이 전적으로 또는 부수적으로라도 국민 개개인의 안전과 이익을 보호하기 위하여 법령에서 정한 직무상 의무를 위반하여 국민에게 손해를 가하면 상당인과관계가 인정되는 범위 안에서 국가 또는 지방자치단체가 배상책임을 부담하는 것이지만, 공무원이 직무를 수행하면서 근거되는 법령의 규정에 따라 구체적으로 의무를 부여받았어도 그것이 국민의 이익과는 관계없이 순전히 행정기관 내부의 질서를 유지하기 위한 것이거나, 또는 국민의 이익과 관련된 것이라도 직접 국민 개개인의 이익을 위한 것이 아니라 전체적으로 공공 일반의 이익을 도모하기 위한 것이라면 그 의무를 위반하여 국민에게 손해를 가하여도 국가 또는 지방자치단체는 배상책임을 부담하지 아니한다(대판 2015. 5.28. 2013다41431).

③ 어떠한 행정처분이 후에 항고소송에서 취소되었다고 할지라도 그 기판력에 의하여 당해 행정처분이 곧바로 공무원의 고의 또는 과실로 인한 것으로서 불법행위를 구성한다고 단정할 수는 없는 것이고, 그 행정처분의 담당공무원이 보통 일반의 공무원을 표준으로 하여 볼 때 객관적 주의의무를 결하여 그 행정처분이 객관적 정당성을 상실하였다고 인정될 정도에 이른 경우에 국가배상법 제2조가 정한 국가배상책임의 요건을 충족하였다고 봄이 상당할 것이다(대판 2012. 5.24. 2012다11297).

15 **국토교통부장관은 X국도 중 A도에 속한 X_1, X_2, X_3 구간의 유지·관리에 관한 권한을 A도지사에게 위임하였고, A도지사는 그중 A도 B군에 속한 X_1 구간의 유지·관리에 관한 권한을 B군수에게 재위임하였다. 이에 대한 설명으로 옳지 않은 것은? (다툼이 있는 경우 판례에 의함)**

① 국토교통부장관의 A도지사에 대한 권한위임은 법률이 위임을 허용하는 경우에 한하여 인정된다.

② A도지사가 B군수에게 권한을 재위임하기 위해서는 국토교통부장관의 승인이 필요하다.

③ 권한의 위임과 재위임이 적법하게 이루어진 경우 X국도의 X_1구간에 대하여 B군수가 유지·관리 권한을 갖고 국토교통부장관은 그 권한을 잃는다.

④ 권한의 위임과 재위임이 적법하게 이루어진 경우 X국도 X_1구간의 유지·관리 사무의 귀속주체는 B군이다.

ADVICE ④ 국토교통부 장관으로부터 권한을 위임받은 A도지사는 위임받은 구간 중 일부분인 X_1을 B군수에게 재위임한 것이므로, X_1구간의 유지·관리 사무의 귀속주체는 B군수이다.

① 행정권한의 위임은 행정 권한의 변경을 가져오므로 행정권한 법정주의 원칙상 법률의 근거를 필요로 한다.

② 정부조직법 제5조 제1항 단서는 법령상의 근거가 있다면 권한의 재위임이 가능함을 천명하고 있고, 행정권한의위임및위탁에관한 규정 제4조는 수임기관이 서울특별시장, 직할시장, 도지사, 교육감인 경우에는 위임기관의장의 승인을 얻은 후 규칙에 의하여 권한의 재위임을 할 수 있도록 규정하고 있으므로 도지사가 자기의 수임권한을 위임기관인 장관의 승인을 얻은 후 사무위임규칙에 따라 군수에게 재위임하였다면 적법한 권한의 재위임에 해당한다(대판 1989. 9.26. 88누12127).

③ 권한의 위임이 있으면 위임기관은 사무처리 권한을 상실하고 그 사항은 수임기관의 권한이 된다. 권한의 위임에 의하여 위임기관인 국토교통부 장관의 권한은 상실한다.

ANSWER 14.④ 15.④

16 **갑에 대한 과세처분 이후 조세부과의 근거가 되었던 법률에 대해 헌법재판소의 위헌결정이 있었고, 위헌결정 이후에 그 조세채권의 집행을 위해 갑의 재산에 대해 압류처분이 있었다. 이에 대한 설명으로 옳은 것은? (다툼이 있는 경우 판례에 의함)**

① 갑은 압류처분에 대해 무효확인소송을 제기하려면 무효확인심판을 거쳐야 한다.

② 위헌결정 당시 이미 과세처분에 불가쟁력이 발생하여 조세채권이 확정된 경우에도 갑의 재산에 대한 압류처분은 무효이다.

③ 갑이 압류처분에 대해 무효확인소송을 제기하였다가 압류처분에 대한 취소소송을 추가로 병합하는 경우, 무효확인의 소가 취소소송 제소기간 내에 제기됐더라도 취소청구의 소의 추가 병합이 제소기간을 도과했다면 병합된 취소청구의 소는 부적법하다.

④ 갑이 압류처분에 대해 무효확인소송을 제기하였다가 취소소송으로 소의 종류를 변경하는 경우, 제소기간의 준수 여부는 취소소송으로 변경되는 때를 기준으로 한다.

ADVICE ② 위헌결정의 기속력과 헌법을 최고규범으로 하는 법질서의 체계적 요청에 비추어 국가기관 및 지방자치단체는 위헌으로 선언된 법률규정에 근거하여 새로운 행정처분을 할 수 없음은 물론이고, 위헌결정 전에 이미 형성된 법률관계에 기한 후속처분이라도 그것이 새로운 위헌적 법률관계를 생성·확대하는 경우라면 이를 허용할 수 없다. 따라서 조세 부과의 근거가 되었던 법률규정이 위헌으로 선언된 경우, 비록 그에 기한 과세처분이 위헌결정 전에 이루어졌고, 과세처분에 대한 제소기간이 이미 경과하여 조세채권이 확정되었으며, 조세채권의 집행을 위한 체납처분의 근거규정 자체에 대하여는 따로 위헌결정이 내려진 바 없다고 하더라도, 위와 같은 위헌결정 이후에 조세채권의 집행을 위한 새로운 체납처분에 착수하거나 이를 속행하는 것은 더 이상 허용되지 않고, 나아가 이러한 위헌결정의 효력에 위배하여 이루어진 체납처분은 그 사유만으로 하자가 중대하고 객관적으로 명백하여 당연무효라고 보아야 한다(대판 2012. 2.16. 2010두10907(전합)).

① 조세행정에 있어서 2개 이상의 같은 목적의 행정처분이 단계적·발전적 과정에서 이루어진 것으로서 서로 내용상 관련이 있다든지, 조세행정소송 계속 중에 그 대상인 과세처분을 과세관청이 변경하였는데 위법사유가 공통된다든지, 동일한 행정처분에 의하여 수인이 동일한 의무를 부담하게 되는 경우에 선행처분에 대하여 또는 그 납세의무자들 중 1인이 적법한 전심절차를 거친 때와 같이, 국세청장과 조세심판원으로 하여금 기본적 사실관계와 법률문제에 대하여 다시 판단할 수 있는 기회를 부여하였을 뿐더러 납세의무자로 하여금 굳이 또 전심절차를 거치게 하는 것이 가혹하다고 보이는 등 정당한 사유가 있는 때에는 납세의무자가 전심절차를 거치지 아니하고도 과세처분의 취소를 청구하는 행정소송을 제기할 수 있다고 할 것이나, 그와 같은 정당한 사유가 없는 경우에는 전심절차를 거치지 아니한 채 과세처분의 취소를 청구하는 행정소송을 제기하는 것은 부적법하다(대판 2014.12.11. 2012두20618).

③ 동일한 행정처분에 대하여 무효확인소송을 제기하였다가 그 후 그 처분의 취소를 구하는 소송을 추가적으로 병합한 경우, 주된 청구인 무효확인소송이 적법한 제소기간 내에 제기되었다면 추가로 병합된 취소소송도 적법하게 제기된 것으로 보아야 한다(대판 2012.11.29. 2012두3743).

④ 행정소송법 제21조(소의 변경) 제4항이 동법 제14조(피고경정) 제4항을 준용한다고 규정하고 있으므로 무효확인소송을 제기하였다가 취소소송으로 소의 종류를 변경하는 경우 제소기간은 최초의 무효확인소송을 제기한 때를 기준으로 한다.

17 지방자치제도에 대한 설명으로 옳지 않은 것은? (다툼이 있는 경우 판례에 의함)

① 기관위임사무는 법령에 의하여 특별히 위임받은 경우를 제외하고는 조례로 이를 규율할 수 없다.

② 「지방자치법」 제169조 제1항에 따라 주무부장관이 시·도에 대하여 법령위반을 이유로 행하는 직권취소의 대상은 항고소송의 대상이 되는 처분으로 제한된다.

③ 「지방자치법」 제172조 제4항, 제6항에서 지방의회 재의결에 대하여 직접 제소할 수 있는 주체로 규정된 '주무부장관이나 시·도지사'는 시·도에 대하여는 주무부장관을, 시·군 및 자치구에 대하여는 시·도지사를 각 의미한다.

④ 지방자치단체는 법령이나 상급 지방자치단체의 조례를 위반하여 그 사무를 처리할 수 없다.

ADVICE ② 행정소송법상 항고소송은 행정청이 행하는 구체적 사실에 관한 법집행으로서의 공권력의 행사 또는 거부와 그 밖에 이에 준하는 행정작용을 대상으로 하여 위법상태를 배제함으로써 국민의 권익을 구제함을 목적으로 하는 것과 달리, 지방자치법 제169조 제1항은 지방자치단체의 자치행정 사무처리가 법령 및 공익의 범위 내에서 행해지도록 감독하기 위한 규정이므로 적용대상을 항고소송의 대상이 되는 행정처분으로 제한할 이유가 없다(대판 2017. 3.30. 2016추5087).

> 지방자치단체의 사무에 관한 그 장의 명령이나 처분이 법령에 위반되거나 현저히 부당하여공익을 해친다고 인정되면 시·도에 대하여는 주무부장관이, 시·군 및 자치구에 대하여는 시·도지사가 기간을 정하여 서면으로 시정할 것을 명하고, 그 기간에 이행하지 아니하면 이를 취소하거나 정지할 수 있다. 이 경우 자치사무에 관한 명령이나 처분에 대하여는 법령을 위반하는 것에 한한다(지방자치법 제169조 제1항).

① 지방자치단체가 조례를 제정할 수 있는 사항은 지방자치단체의 고유사무인 자치사무와 개별 법령에 의하여 지방자치단체에 위임된 단체위임사무에 한하고, 국가사무가 지방자치단체의 장에게 위임되거나 상위 지방자치단체의 사무가 하위 지방자치단체의 장에게 위임된 기관위임사무에 관한 사항은 원칙적으로 조례의 제정범위에 속하지 않는다(대판 2017. 1.25. 2016추5018).

③ 지방의회 의결의 재의와 제소에 관한 지방자치법 제172조 제4항, 제6항의 문언과 입법 취지, 제·개정 연혁 및 지방자치법령의 체계 등을 종합적으로 고려하여 보면, 아래에서 보는 바와 같이 지방자치법 제172조 제4항, 제6항에서 지방의회 재의결에 대하여 제소를 지시하거나 직접 제소할 수 있는 주체로 규정된 '주무부장관이나 시·도지사'는 시·도에 대하여는 주무부장관을, 시·군 및 자치구에 대하여는 시·도지사를 각 의미한다(대판 2016. 9.22. 2014추521).

④ 지방자치법 제8조 제3항.

> 지방자치법 제188조(위법·부당한 명령이나 처분의 시정)
> ① 지방자치단체의 사무에 관한 지방자치단체의 장(제103조제2항에 따른 사무의 경우에는 지방의회의 의장을 말한다. 이하 이 조에서 같다)의 명령이나 처분이 법령에 위반되거나 현저히 부당하여 공익을 해친다고 인정되면 시·도에 대해서는 주무부장관이, 시·군 및 자치구에 대해서는 시·도지사가 기간을 정하여 서면으로 시정할 것을 명하고, 그 기간에 이행하지 아니하면 이를 취소하거나 정지할 수 있다.
> 제12조(사무처리의 기본원칙)
> ③ 지방자치단체는 법령을 위반하여 사무를 처리할 수 없으며, 시·군 및 자치구는 해당 구역을 관할하는 시·도의 조례를 위반하여 사무를 처리할 수 없다.
> 〈2022. 1.13. 시행〉

ANSWER 16.② 17.②

18 「경찰관 직무집행법」상 경찰작용에 대한 설명으로 옳지 않은 것은? (다툼이 있는 경우 판례에 의함)

① 국가는 경찰관의 적법한 직무집행으로 인하여 손실발생의 원인에 대하여 책임이 있는 자가 자신의 책임에 상응하는 정도의 재산상의 손실을 입은 경우 그 손실을 입은 자에게 정당한 보상을 하여야 한다.

② 경찰관은 공무집행에 대한 항거 제지의 직무를 수행하기 위하여 필요하다고 인정되는 상당한 이유가 있을 때에는 그 사태를 합리적으로 판단하여 필요한 한도에서 경찰장구와 경찰무기로 수갑과 포승, 권총 등을 사용할 수 있다.

③ 술에 취한 상태로 인하여 자기 또는 타인의 생명 · 신체와 재산에 위해를 미칠 우려가 있는 피구호자에 대한 보호조치는 경찰 행정상 즉시강제에 해당하므로, 그 조치가 불가피한 최소한도 내에서만 행사되도록 발동 · 행사 요건을 신중하고 엄격하게 해석하여야 한다.

④ 경찰관이 살수차, 분사기, 최루탄 또는 무기를 사용하는 경우 그 책임자는 사용 일시 · 장소 · 대상, 현장책임자, 종류, 수량 등을 기록하여 보관하여야 한다.

ADVICE ① 경찰관직무집행법 제11조의2 제1항 제2호.

> 제11조의2(손실보상)
> ① 국가는 경찰관의 적법한 직무집행으로 인하여 다음 각 호의 어느 하나에 해당하는 손실을 입은 자에 대하여 정당한 보상을 하여야 한다.
> 1. 손실발생의 원인에 대하여 책임이 없는 자가 생명 · 신체 또는 재산상의 손실을 입은 경우(손실발생의 원인에 대하여 책임이 없는 자가 경찰관의 직무집행에 자발적으로 협조하거나 물건을 제공하여 생명 · 신체 또는 재산상의 손실을 입은 경우를 포함한다)
> 2. 손실발생의 원인에 대하여 책임이 있는 자가 자신의 책임에 상응하는 정도를 초과하는 생명 · 신체 또는 재산상의 손실을 입은 경우

② 경찰관직무집행법 제10조의4 제1항에 의하면, 경찰관은 범인의 체포, 도주의 방지, 자기 또는 타인의 생명 · 신체에 대한 방호, 공무집행에 대한 항거의 억제를 위하여 필요하다고 인정되는 상당한 이유가 있을 때 그 사태를 합리적으로 판단하여 필요한 한도 내에서 무기를 사용할 수 있되, 다만 형법에 규정한 정당방위나 긴급피난에 해당하는 때, 사형 · 무기 또는 장기 3년 이상의 징역이나 금고에 해당하는 죄를 범하거나 범하였다고 의심할 만한 충분한 이유가 있는 자가 경찰관의 직무집행에 대하여 항거하거나 도주하려고 할 때 또는 체포, 도주의 방지나 항거의 억제를 위하여 다른 수단이 없다고 인정되는 상당한 이유가 있는 때를 제외하고는 무기 사용으로 인하여 사람에게 위해를 주어서는 안된다고 규정하고 있고, 경찰관의 무기 사용이 위와 같은 요건을 충족하는지 여부는 범죄의 종류, 죄질, 피해법익의 경중, 위해의 급박성, 저항의 강약, 범인과 경찰관의 수, 무기의 종류, 무기 사용의 태양, 주변의 상황 등을 고려하여 사회통념상 상당하다고 평가되는지 여부에 따라 판단하여야 하고, 특히 사람에게 위해를 가할 위험성이 큰 권총의 사용에 있어서는 그 요건을 더욱 엄격하게 판단하여야 할 것이다(대판 2004. 3.25. 2003도3842).

③ 경찰관직무집행법 제4조 제1항 제1호에서 규정하는 술에 취한 상태로 인하여 자기 또는 타인의 생명 · 신체와 재산에 위해를 미칠 우려가 있는 피구호자에 대한 보호조치는 경찰 행정상 즉시강제에 해당하므로, 그 조치가 불가피한 최소한도 내에서만 행사되도록 발동 · 행사 요건을 신중하고 엄격하게 해석하여야 한다(대판 2012.12.13. 2012도11162).

④ 경찰관직무집행법 제11조.

> 제11조(사용기록의 보관) 제10조 제2항에 따른 살수차, 제10조의3에 따른 분사기, 최루탄 또는 제10조의4에 따른 무기를 사용하는 경우 그 책임자는 사용 일시 · 장소 · 대상, 현장책임자, 종류, 수량 등을 기록하여 보관하여야 한다.

19 갑은 개발제한구역 내의 토지에 건축물을 건축하기 위하여 건축허가를 신청하였다. 이에 대한 설명으로 옳은 것(○)과 옳지 않은 것(×)을 바르게 연결한 것은? (다툼이 있는 경우 판례에 의함)

> ㉠ 갑의 허가신청이 관련 법령의 요건을 모두 충족한 경우에는 관할 행정청은 허가를 하여야 하며, 관련 법령상 제한사유 이외의 사유를 들어 허가를 거부할 수 없다.
> ㉡ 갑에게 허가를 하면서 일방적으로 부담을 부가할 수도 있지만, 부담을 부가하기 이전에 갑과 협의하여 부담의 내용을 협약의 형식으로 미리 정한 다음 허가를 하면서 이를 부가할 수도 있다.
> ㉢ 갑이 허가를 신청한 이후 관계 법령이 개정되어 허가기준이 변경되었다면, 허가 여부에 대해서는 신청 당시의 법령을 적용하여야 하며 허가 당시의 법령을 적용할 수 없다.
> ㉣ 허가가 거부되자 갑이 이에 대해 취소소송을 제기하여 승소하였고 판결이 확정되었다면, 관할 행정청은 갑에게 허가를 하여야 하며 이전 처분사유와 다른 사유를 들어 다시 허가를 거부할 수 없다.

	㉠	㉡	㉢	㉣
①	○	○	×	×
②	×	×	○	○
③	×	○	×	×
④	○	×	○	○

ADVICE ㉠ 건축허가권자는 건축허가신청이 건축법, 도시계획법 등 관계법규에서 정하는 어떠한 제한에 배치되지 않는 이상 당연히 같은 법조 소정의 건축허가를 하여야 하므로 법률상의 근거 없이 그 신청이 관계법규에서 정한 제한에 배치되는지 여부에 대한 심사를 거부할 수 없고, 심사결과 <u>그 신청이 법정요건에 합치하는 경우에는 특별한 사정이 없는 한 이를 허가하여야 하며, 공익상 필요가 없음에도 불구하고 요건을 갖춘 자에 대한 허가를 관계법령에서 정하는 제한사유 이외의 사유를 들어 거부할 수는 없다</u>(대판 1992.12.11. 92누3038).

㉡ 수익적 행정처분에 있어서는 법령에 특별한 근거규정이 없다고 하더라도 그 부관으로서 부담을 붙일 수 있고, 그와 같은 부담은 행정청이 행정처분을 하면서 일방적으로 부가할 수도 있지만 부담을 부가하기 이전에 <u>상대방과 협의하여 부담의 내용을 협약의 형식으로 미리 정한 다음 행정처분을 하면서 이를 부가할 수도 있다</u>(대판 2009. 2.12. 2005다65500).

㉢ <u>행정처분은 원칙으로 처분시의 법령에 준거하여 행하여져야 하는 것</u>이므로 법령이 정한 허가기준을 구체화하는 시(市) 고시에서 정한 허가기준이 개정된 경우에도 법령이 개정된 경우와 동일하게 보아 허가신청당시의 허가기준이 아닌 행정처분당시의 허가기준에 의하여 처리함이 상당하다(대판 1985. 2.26. 84누655).

㉣ 행정처분의 위법 여부는 행정처분이 행하여진 때의 법령과 사실을 기준으로 판단하므로, 확정판결의 당사자인 처분 행정청은 종전 처분 후에 발생한 새로운 사유를 내세워 다시 처분을 할 수 있고, <u>새로운 처분의 처분사유가 종전 처분의 처분사유와 기본적 사실관계에서 동일하지 않은 다른 사유에 해당하는 이상, 처분사유가 종전 처분 당시 이미 존재하고 있었고 당사자가 이를 알고 있었더라도 이를 내세워 새로이 처분을 하는 것은 확정판결의 기속력에 저촉되지 않는다</u>(대판 2016. 3.24. 2015두48235).

ANSWER 18.① 19.③

20 손실보상에 대한 판례의 입장으로 옳은 것은?

① 이주대책은 이른바 생활보상에 해당하는 것으로서 헌법 제23조 제3항이 규정하는 손실보상의 한 형태로 보아야 하므로, 법률이 사업시행자에게 이주대책의 수립·실시의무를 부과하였다면 이로부터 사업시행자가 수립한 이주대책상의 택지분양권 등의 구체적 권리가 이주자에게 직접 발생한다.

② 공공사업 시행으로 사업시행지 밖에서 발생한 간접손실은 손실 발생을 쉽게 예견할 수 있고 손실 범위도 구체적으로 특정할 수 있더라도, 사업시행자와 협의가 이루어지지 않고 그 보상에 관한 명문의 근거 법령이 없는 경우에는 보상의 대상이 아니다.

③ 공익사업으로 인해 농업손실을 입은 자가 사업시행자에게서 「공익사업을 위한 토지 등의 취득 및 보상에 관한 법률」에 따른 보상을 받으려면 재결절차를 거쳐야 하고, 이를 거치지 않고 곧바로 민사소송으로 보상금을 청구하는 것은 허용되지 않는다.

④ 「공익사업을 위한 토지 등의 취득 및 보상에 관한 법률」상 주거용 건축물 세입자의 주거이전비 보상청구권은 사법상의 권리이고, 주거이전비 보상청구소송은 민사소송에 의해야 한다.

ADVICE ③ 공익사업으로 인하여 농업의 손실을 입게 된 자가 사업시행자로부터 구 공익사업법 제77조 제2항에 따라 농업손실에 대한 보상을 받기 위해서는 구 공익사업법 제34조, 제50조 등에 규정된 재결절차를 거친 다음 그 재결에 대하여 불복이 있는 때에 비로소 구 공익사업법 제83조 내지 제85조에 따라 권리구제를 받을 수 있다(대판 2011.10.13. 2009다43461).

① 이러한 수분양권은 위와 같이 이주자가 이주대책을 수립 실시하는 사업시행자로부터 이주대책대상자로 확인·결정을 받음으로써 취득하게 되는 택지나 아파트 등을 분양받을 수 있는 공법상의 권리라고 할 것이므로, 이주자가 사업시행자에 대한 이주대책대상자 선정신청 및 이에 따른 확인·결정 등 절차를 밟지 아니하여 구체적인 수분양권을 아직 취득하지도 못한 상태에서 곧바로 분양의무의 주체를 상대방으로 하여 민사소송이나 공법상 당사자소송으로 이주대책상의 수분양권의 확인 등을 구하는 것은 허용될 수 없고, 나아가 그 공급대상인 택지나 아파트 등의 특정부분에 관하여 그 수분양권의 확인을 소구하는 것은 더더욱 불가능하다고 보아야 한다(대판 1994. 5.24. 92다35783(전합)).

② (1)택지개발촉진법에 따른 공공사업의 시행 결과 공공사업의 기업지 밖에서 간접손실이 발생한 경우, 택지개발촉진법 제12조 제4항에 의하여 준용되는 토지수용법 제51조에서 보상하여야 하는 손실로 규정한 '영업상의 손실'이란 수용의 대상이 된 토지·건물 등을 이용하여 영업을 하다가 그 토지·건물 등이 수용됨으로 인하여 영업을 할 수 없거나 제한을 받게 됨으로 인하여 생기는 직접적인 손실, 즉 수용손실을 말하는 것일 뿐이고 공공사업의 시행 결과 그 공공사업의 시행이 기업지 밖에 미치는 간접손실을 말하는 것은 아니므로, 그 영업상의 손실에 대한 보상액 산정에는 토지수용법 제57조의2에 따라 공공용지의취득및손실보상에관한특례법시행규칙 제23조의6 등의 간접보상에 관한 규정들을 준용할 수 없고, 따라서 토지수용법 제51조에 근거하여 간접손실에 대한 손실보상청구권이 발생한다고 할 수 없다. (2)공공사업의 시행으로 인하여 그러한 손실이 발생하리라는 것을 쉽게 예견할 수 있고 그 손실의 범위도 구체적으로 이를 특정할 수 있는 경우라면 그 손실의 보상에 관하여 공공용지의취득및손실보상에관한특례법시행규칙의 관련 규정 등을 유추적용할 수 있다고 해석함이 상당하다(대판 1999. 6.11. 97다56150).

④ 적법하게 시행된 공익사업으로 인하여 이주하게 된 주거용 건축물 세입자의 주거이전비 보상청구권은 공법상의 권리이고, 따라서 그 보상을 둘러싼 쟁송은 민사소송이 아니라 공법상의 법률관계를 대상으로 하는 행정소송에 의하여야 한다(대판 2008. 5.29. 2007다8129).

2019. 10. 12. 제2회 지방직 시행

1 **「공공기관의 정보공개에 관한 법률」상 행정정보공개제도에 대한 설명으로 옳지 않은 것은? (다툼이 있는 경우 판례에 의함)**

① 정보공개 청구권자의 권리구제 가능성 등은 정보의 공개 여부 결정에 아무런 영향을 미치지 못한다.

② 형사재판확정기록의 공개에 관하여는 「형사소송법」의 규정이 적용되므로 「공공기관의 정보공개에 관한 법률」에 의한 공개청구는 허용되지 아니한다.

③ 「공공기관의 정보공개에 관한 법률」상 비공개대상정보인 '진행 중인 재판에 관련된 정보'라 함은 재판에 관련된 일체의 정보를 의미한다.

④ 정보의 공개를 청구하는 자가 청구대상정보를 기재함에 있어서는 사회일반인의 관점에서 청구대상정보의 내용과 범위를 확정할 수 있을 정도로 특정하여야 한다.

ADVICE ③ 정보공개법의 입법 목적, 정보공개의 원칙, 비공개대상정보의 규정 형식과 취지 등을 고려하면, 법원 이외의 공공기관이 정보공개법 제9조 제1항 제4호에서 정한 '진행 중인 재판에 관련된 정보'에 해당한다는 사유로 정보공개를 거부하기 위하여는 반드시 그 정보가 진행 중인 재판의 소송기록 자체에 포함된 내용일 필요는 없다. 그러나 재판에 관련된 일체의 정보가 그에 해당하는 것은 아니고 진행 중인 재판의 심리 또는 재판결과에 구체적으로 영향을 미칠 위험이 있는 정보에 한정된다고 보는 것이 타당하다(대판 2011.11.24. 2009두19021).

① 공공기관의 정보공개에 관한 법률은 국민의 알권리를 보장하고 국정에 대한 국민의 참여와 국정 운영의 투명성을 확보함을 목적으로 하고(제1조), 공공기관이 보유·관리하는 정보는 국민의 알권리 보장 등을 위하여 적극적으로 공개하여야 한다는 정보공개의 원칙을 선언하고 있으며(제3조), 모든 국민은 정보의 공개를 청구할 권리를 가진다고 하면서(제5조 제1항) 비공개대상정보에 해당하지 않는 한 공공기관이 보유·관리하는 정보는 공개 대상이 된다고 규정하고 있을 뿐(제9조 제1항) 정보공개 청구권자가 공개를 청구하는 정보와 어떤 관련성을 가질 것을 요구하거나 정보공개청구의 목적에 특별한 제한을 두고 있지 아니하므로 정보공개 청구권자의 권리구제 가능성 등은 정보의 공개 여부 결정에 아무런 영향을 미치지 못한다(대판 2017. 9. 7. 2017두44558).

② 형사소송법 제59조의2의 내용·취지 등을 고려하면, 형사소송법 제59조의2는 형사재판확정기록의 공개 여부나 공개 범위, 불복절차 등에 대하여 구 공공기관의 정보공개에 관한 법률(이하 '정보공개법'이라고 한다)과 달리 규정하고 있는 것으로 정보공개법 제4조 제1항에서 정한 '정보의 공개에 관하여 다른 법률에 특별한 규정이 있는 경우'에 해당한다. 따라서 형사재판확정기록의 공개에 관하여는 정보공개법에 의한 공개청구가 허용되지 아니한다(대판 2016.12.15. 2013두20882).

④ 공공기관의 정보공개에 관한 법률 제10조 제1항 제2호는 정보의 공개를 청구하는 자는 정보공개청구서에 '공개를 청구하는 정보의 내용' 등을 기재할 것을 규정하고 있는바, 청구대상정보를 기재함에 있어서는 사회일반인의 관점에서 청구대상정보의 내용과 범위를 확정할 수 있을 정도로 특정함을 요한다(대판 2007. 6. 1. 2007두2555).

ANSWER 20.③ / 1.③

2 행정조사에 대한 설명으로 옳지 않은 것은? (다툼이 있는 경우 판례에 의함)

① 조세부과처분을 위한 과세관청의 세무조사결정은 사실행위로서 납세의무자의 권리·의무에 직접 영향을 미치는 것은 아니므로 항고소송의 대상이 되지 아니한다.

② 부가가치세부과처분이 종전의 부가가치세 경정조사와 같은 세목 및 같은 과세기간에 대하여 중복하여 실시한 위법한 세무조사에 기초하여 이루어진 경우 그 과세처분은 위법하다.

③ 「행정조사기본법」에 의하면 행정기관은 행정조사를 통하여 알게 된 정보를 다른 법률에 따라 내부에서 이용하거나 다른 기관에 제공하는 경우를 제외하고는 원래의 조사목적 이외의 용도로 이용하거나 타인에게 제공하여서는 아니 된다.

④ 「행정조사기본법」에 의하면 조사대상자의 자발적인 협조를 얻어 실시하는 행정조사의 경우에는 법령 등의 근거 없이도 행할 수 있으며, 이러한 행정조사에 대하여 조사대상자가 조사에 응할 것인지에 대한 응답을 하지 아니하는 경우에는 법령 등에 특별한 규정이 없는 한 그 조사를 거부한 것으로 본다.

ADVICE ① 부과처분을 위한 과세관청의 질문조사권이 행해지는 세무조사결정이 있는 경우 납세의무자는 세무공무원의 과세자료 수집을 위한 질문에 대답하고 검사를 수인하여야 할 법적 의무를 부담하게 되는 점, 세무조사는 기본적으로 적정하고 공평한 과세의 실현을 위하여 필요한 최소한의 범위 안에서 행하여져야 하고, 더욱이 동일한 세목 및 과세기간에 대한 재조사는 납세자의 영업의 자유 등 권익을 심각하게 침해할 뿐만 아니라 과세관청에 의한 자의적인 세무조사의 위험마저 있으므로 조세공평의 원칙에 현저히 반하는 예외적인 경우를 제외하고는 금지될 필요가 있는 점, 납세의무자로 하여금 개개의 과태료 처분에 대하여 불복하거나 조사 종료 후의 과세처분에 대하여만 다툴 수 있도록 하는 것보다는 그에 앞서 세무조사결정에 대하여 다툼으로써 분쟁을 조기에 근본적으로 해결할 수 있는 점 등을 종합하면, 세무조사결정은 납세의무자의 권리·의무에 직접 영향을 미치는 공권력의 행사에 따른 행정작용으로서 항고소송의 대상이 된다(대판 2011. 3.10. 2009두23617,23624).

② 납세자에 대한 부가가치세부과처분이, 종전의 부가가치세 경정조사와 같은 세목 및 같은 과세기간에 대하여 중복하여 실시된 위법한 세무조사에 기초하여 이루어진 것이어서 위법하다(대판 2006. 6. 2. 2004두12070).

③ 행정조사기본법 제4조 제6항.

④ 행정조사기본법 제5조, 제20조 제2항.

> 제5조(행정조사의 근거) 행정기관은 법령등에서 행정조사를 규정하고 있는 경우에 한하여 행정조사를 실시할 수 있다. 다만, 조사대상자의 자발적인 협조를 얻어 실시하는 행정조사의 경우에는 그러하지 아니하다.
>
> 제20조(자발적인 협조에 따라 실시하는 행정조사)
>
> ① 행정기관의 장이 제5조 단서에 따라 조사대상자의 자발적인 협조를 얻어 행정조사를 실시하고자 하는 경우 조사대상자는 문서·전화·구두 등의 방법으로 당해 행정조사를 거부할 수 있다.
>
> ② 제1항에 따른 행정조사에 대하여 조사대상자가 조사에 응할 것인지에 대한 응답을 하지 아니하는 경우에는 법령등에 특별한 규정이 없는 한 그 조사를 거부한 것으로 본다.
>
> ③ 행정기관의 장은 제1항 및 제2항에 따른 조사거부자의 인적 사항 등에 관한 기초자료는 특정 개인을 식별할 수 없는 형태로 통계를 작성하는 경우에 한하여 이를 이용할 수 있다.

3 「경찰관 직무집행법」상 경찰관의 직무집행에 대한 설명으로 옳은 것은? (다툼이 있는 경우 판례에 의함)

① 검문하는 사람이 경찰관이고 검문하는 이유가 범죄행위에 관한 것임을 상대방이 충분히 알고 있었다고 보이는 경우에도 신분증을 제시하지 않고 행한 경찰관의 불심검문은 위법한 공무집행이다.

② 「행정대집행법」상 적법한 행정대집행을 점유자들이 위력을 행사하여 방해하는 경우, 「행정대집행법」상의 근거가 없으므로 대집행을 하는 행정청은 경찰의 도움을 받을 수 없다.

③ 「경찰관 직무집행법」상 범죄행위 예방을 위한 경찰관의 제지 조치가 적법한지 여부는 제지 조치 당시의 구체적 상황을 기초로 판단하여야 할 뿐만 아니라 사후적으로 순수한 객관적 기준에 의해서도 판단되어야 한다.

④ 경찰관의 질문을 위한 동행요구가 「형사소송법」의 규율을 받는 수사로 이어지는 경우, 그 동행요구는 피의자의 자발적인 의사에 의하여 수사관서 등에의 동행이 이루어졌음이 객관적인 사정에 의하여 명백하게 입증된 경우에만 그 적법성이 인정된다.

ADVICE ④ 형사소송법 제199조 제1항은 "수사에 관하여 그 목적을 달성하기 위하여 필요한 조사를 할 수 있다. 다만, 강제처분은 이 법률에 특별한 규정이 있는 경우에 한하며, 필요한 최소한도의 범위 안에서만 하여야 한다."고 규정하여 임의수사의 원칙을 명시하고 있는바, 수사관이 수사과정에서 당사자의 동의를 받는 형식으로 피의자를 수사관서 등에 동행하는 것은, 상대방의 신체의 자유가 현실적으로 제한되어 실질적으로 체포와 유사한 상태에 놓이게 됨에도, 영장에 의하지 아니하고 그 밖에 강제성을 띤 동행을 억제할 방법도 없어서 제도적으로는 물론 현실적으로도 임의성이 보장되지 않을 뿐만 아니라, 아직 정식의 체포·구속단계 이전이라는 이유로 상대방에게 헌법 및 형사소송법이 체포·구속된 피의자에게 부여하는 각종의 권리보장 장치가 제공되지 않는 등 형사소송법의 원리에 반하는 결과를 초래할 가능성이 크므로, 수사관이 동행에 앞서 피의자에게 동행을 거부할 수 있음을 알려 주었거나 동행한 피의자가 언제든지 자유로이 동행과정에서 이탈 또는 동행장소로부터 퇴거할 수 있었음이 인정되는 등 오로지 피의자의 자발적인 의사에 의하여 수사관서 등에의 동행이 이루어졌음이 객관적인 사정에 의하여 명백하게 입증된 경우에 한하여, 그 적법성이 인정되는 것으로 봄이 상당하다(대판 2006. 7. 6. 2005도6810).

① 경찰관직무집행법 제3조 제4항은 경찰관이 불심검문을 하고자 할 때에는 자신의 신분을 표시하는 증표를 제시하여야 한다고 규정하고, 경찰관직무집행법 시행령 제5조는 위 법에서 규정한 신분을 표시하는 증표는 경찰관의 공무원증이라고 규정하고 있는데, 불심검문을 하게 된 경위, 불심검문 당시의 현장상황과 검문을 하는 경찰관들의 복장, 피고인이 공무원증 제시나 신분 확인을 요구하였는지 여부 등을 종합적으로 고려하여, 검문하는 사람이 경찰관이고 검문하는 이유가 범죄행위에 관한 것임을 피고인이 충분히 알고 있었다고 보이는 경우에는 신분증을 제시하지 않았다고 하여 그 불심검문이 위법한 공무집행이라고 할 수 없다(대판 2014.12.11. 2014도7976).

② 행정청이 행정대집행의 방법으로 건물철거의무의 이행을 실현할 수 있는 경우에는 건물철거 대집행 과정에서 부수적으로 건물의 점유자들에 대한 퇴거 조치를 할 수 있고, 점유자들이 적법한 행정대집행을 위력을 행사하여 방해하는 경우 형법상 공무집행방해죄가 성립하므로, 필요한 경우에는 '경찰관 직무집행법'에 근거한 위험발생 방지조치 또는 형법상 공무집행방해죄의 범행방지 내지 현행범체포의 차원에서 경찰의 도움을 받을 수도 있다(대판 2017. 4.28. 2016다213916).

③ 경찰관 직무집행법 제6조에 따른 경찰관의 제지 조치가 적법한 직무집행으로 평가되기 위해서는, 형사처벌의 대상이 되는 행위가 눈앞에서 막 이루어지려고 하는 것이 객관적으로 인정될 수 있는 상황이고, 그 행위를 당장 제지하지 않으면 곧 인명·신체에 위해를 미치거나 재산에 중대한 손해를 끼칠 우려가 있는 상황이어서, 직접 제지하는 방법 외에는 위와 같은 결과를 막을 수 없는 절박한 사태이어야 한다. 다만 경찰관의 제지 조치가 적법한지는 제지 조치 당시의 구체적 상황을 기초로 판단하여야 하고 사후적으로 순수한 객관적 기준에서 판단할 것은 아니다(대판 2018.12.13. 2016도19417).

ANSWER 2.① 3.④

4 **사인의 공법행위로서 신고에 대한 판례의 입장으로 옳지 않은 것은?**

① 「유통산업발전법」상 대규모 점포의 개설 등록은 이른바 '수리를 요하는 신고'로서 행정처분에 해당한다.

② 「의료법」에 따라 정신과의원을 개설하려는 자가 법령에 규정되어 있는 요건을 갖추어 개설신고를 한 경우라도 관할 시장 · 군수 · 구청장은 법령에서 정한 요건 이외의 사유를 들어 의원급 의료기관 개설신고의 수리를 거부할 수 있다.

③ 인 · 허가의제 효과를 수반하는 건축신고는 일반적인 건축신고와는 달리, 특별한 사정이 없는 한 행정청이 그 실체적 요건에 관한 심사를 한 후 수리하여야 하는 이른바 '수리를 요하는 신고'에 해당한다.

④ 가설건축물 존치기간을 연장하려는 건축주 등이 법령에 규정되어 있는 제반 서류와 요건을 갖추어 행정청에 연장신고를 한 경우, 행정청으로서는 법령에서 요구하고 있지도 아니한 '대지사용승낙서' 등의 서류가 제출되지 아니하였거나, 대지소유권자의 사용승낙이 없다는 등의 사유를 들어 가설건축물 존치기간 연장신고의 수리를 거부하여서는 아니 된다.

ADVICE ② 정신과의원을 개설하려는 자가 법령에 규정되어 있는 요건을 갖추어 개설신고를 한 때에, 행정청은 원칙적으로 이를 수리하여 신고필증을 교부하여야 하고, 법령에서 정한 요건 이외의 사유를 들어 의원급 의료기관 개설신고의 수리를 거부할 수는 없다(대판 2018.10.25. 2018두44302).

① 구 유통산업발전법에 따른 대규모점포의 개설등록 및 구 재래시장법에 따른 시장관리자 지정은 행정청이 실체적 요건에 관한 심사를 한 후 수리하여야 하는 이른바 '수리를 요하는 신고'로서 행정처분에 해당한다(대판 2019. 9.10. 2019다208953).

③ 건축신고를 하려는 자는 인 · 허가의제사항 관련 법령에서 제출하도록 의무화하고 있는 신청서와 구비서류를 제출하여야 하는데, 이는 건축신고를 수리하는 행정청으로 하여금 인 · 허가의제사항 관련 법률에 규정된 요건에 관하여도 심사를 하도록 하기 위한 것으로 볼 수밖에 없다. 따라서 인 · 허가의제 효과를 수반하는 건축신고는 일반적인 건축신고와는 달리, 특별한 사정이 없는 한 행정청이 그 실체적 요건에 관한 심사를 한 후 수리하여야 하는 이른바 '수리를 요하는 신고'로 보는 것이 옳다(대판 2011. 1.20. 2010두14954).

④ 가설건축물은 건축법상 '건축물'이 아니므로 건축허가나 건축신고 없이 설치할 수 있는 것이 원칙이지만 일정한 가설건축물에 대하여는 건축물에 준하여 위험을 통제하여야 할 필요가 있으므로 신고 대상으로 규율하고 있다. 이러한 신고제도의 취지에 비추어 보면, 가설건축물 존치기간을 연장하려는 건축주 등이 법령에 규정되어 있는 제반 서류와 요건을 갖추어 행정청에 연장신고를 한 때에는 행정청은 원칙적으로 이를 수리하여 신고필증을 교부하여야 하고, 법령에서 정한 요건 이외의 사유를 들어 수리를 거부할 수는 없다. 따라서 행정청으로서는 법령에서 요구하고 있지도 아니한 '대지사용승낙서' 등의 서류가 제출되지 아니하였거나, 대지소유권자의 사용승낙이 없다는 등의 사유를 들어 가설건축물 존치기간 연장신고의 수리를 거부하여서는 아니 된다(대판 2018. 1.25. 2015두35116).

5 공물에 대한 설명으로 옳은 것만을 모두 고르면? (다툼이 있는 경우 판례에 의함)

> ㉠ 「국유재산법」에 따르면, 기획재정부장관은 국유재산에 관한 사무의 총괄청으로서 「국가재정법」 제4조에 따라 설치된 특별회계 및 같은 법 제5조에 따라 설치된 기금에 속하는 국유재산을 관리·처분할 권한을 갖는다.
> ㉡ 「공유수면 관리 및 매립에 관한 법률」상 공유수면에 대한 점용·사용허가에 의하여 부여되는 특별사용권은 행정주체에 대하여 공공용물의 배타적, 독점적인 사용을 청구할 수 있는 권리에 해당한다.
> ㉢ 국유재산의 무단점유자에 대하여 「국유재산법」에 의한 변상금 부과·징수권의 행사와 별도로 민사상 부당이득반환청구의 소를 제기할 수 있다.
> ㉣ 도로와 같은 인공적 공공용 재산은 법령에 의하여 지정되거나 행정처분으로 공공용으로 사용하기로 결정한 경우에만 행정재산이 되는 것이고 행정재산으로 실제 사용하는 것만으로 행정재산이 되는 것은 아니다.

① ㉠, ㉡
② ㉠, ㉣
③ ㉡, ㉢
④ ㉢, ㉣

ADVICE ㉡ 하천의 점용허가권은 특허에 의한 공물사용권의 일종으로서 하천의 관리주체에 대하여 일정한 특별사용을 청구할 수 있는 채권에 지나지 아니하고 대세적 효력이 있는 물권이라 할 수 없다(대판 2015. 1.29. 2012두27404).

㉢ 국유재산법에 의한 변상금 부과·징수권과 민사상 부당이득반환청구권은 동일한 금액 범위 내에서 경합하여 병존하게 되고, 민사상 부당이득반환청구권이 만족을 얻어 소멸하면 그 범위 내에서 변상금 부과·징수권도 소멸하는 관계에 있다(대판 2014. 9. 4. 2012두5688).

㉠ 국유재산법 제8조 제3항.

> 제8조(국유재산 사무의 총괄과 관리)
> ① 총괄청은 국유재산에 관한 사무를 총괄하고 그 국유재산(제3항에 따라 중앙관서의 장이 관리·처분하는 국유재산은 제외한다)을 관리·처분한다.
> ② 총괄청은 일반재산을 보존용재산으로 전환하여 관리할 수 있다.
> ③ 중앙관서의 장은 「국가재정법」 제4조에 따라 설치된 특별회계 및 같은 법 제5조에 따라 설치된 기금에 속하는 국유재산과 제40조 제2항 각 호에 따른 재산을 관리·처분한다.

㉣ 국유재산법상의 행정재산이란 국가가 소유하는 재산으로서 직접 공용, 공공용, 또는 기업용으로 사용하거나 사용하기로 결정한 재산을 말하는 것이고, 그 중 도로와 같은 인공적 공공용 재산은 법령에 의하여 지정되거나 행정처분으로써 공공용으로 사용하기로 결정한 경우, 또는 행정재산으로 실제로 사용하는 경우의 어느 하나에 해당하여야 비로소 행정재산이 되는 것인데, 특히 도로는 도로로서의 형태를 갖추고, 도로법에 따른 노선의 지정 또는 인정의 공고 및 도로구역 결정·고시를 한 때 또는 도시계획법 또는 도시재개발법 소정의 절차를 거쳐 도로를 설치하였을 때에 공공용물로서 공용개시행위가 있다고 할 것이므로, 토지의 지목이 도로이고 국유재산대장에 등재되어 있다는 사정만으로 바로 그 토지가 도로로서 행정재산에 해당한다고 할 수는 없다(대판 2000. 2.25. 99다54332).

ANSWER 4.② 5.③

6 판례의 입장으로 옳지 않은 것은?

① 「건축법」상 이행강제금은 행정상의 간접강제 수단에 해당하므로, 시정명령을 받은 의무자가 이행강제금이 부과되기 전에 그 의무를 이행한 경우에는 비록 시정명령에서 정한 기간을 지나서 이행한 경우라도 이행강제금을 부과할 수 없다.

② 지방자치단체가 체결하는 이른바 '공공계약'이 사경제의 주체로서 상대방과 대등한 위치에서 체결하는 사법상 계약에 해당하는 경우, 그 계약에는 법령에 특별한 정함이 있는 경우 외에는 사적 자치와 계약자유의 원칙 등 사법의 원리가 그대로 적용된다.

③ 「교육공무원법」에 따라 승진후보자명부에 포함되어 있던 후보자를 승진심사에 의해 승진임용인사발령에서 제외하는 행위는 항고소송의 대상인 처분으로 보아야 한다.

④ 허가에 타법상의 인·허가가 의제되는 경우, 의제된 인·허가는 통상적인 인·허가와 동일한 효력을 가질 수 없으므로 '부분 인·허가 의제'가 허용되는 경우라도 그에 대한 쟁송취소는 허용될 수 없다.

ADVICE ④ 인허가 의제 대상이 되는 처분에 어떤 하자가 있더라도, 그로써 해당 인허가 의제의 효과가 발생하지 않을 여지가 있게 될 뿐이고, 그러한 사정이 주택건설사업계획 승인처분 자체의 위법사유가 될 수는 없다. 또한 의제된 인허가는 통상적인 인허가와 동일한 효력을 가지므로, 적어도 '부분 인허가 의제'가 허용되는 경우에는 그 효력을 제거하기 위한 법적 수단으로 의제된 인허가의 취소나 철회가 허용될 수 있고, 이러한 직권 취소·철회가 가능한 이상 그 의제된 인허가에 대한 쟁송취소 역시 허용된다(대판 2018.11.29. 2016두38792).

① 건축법상의 이행강제금은 시정명령의 불이행이라는 과거의 위반행위에 대한 제재가 아니라, 의무자에게 시정명령을 받은 의무의 이행을 명하고 그 이행기간 안에 의무를 이행하지 않으면 이행강제금이 부과된다는 사실을 고지함으로써 의무자에게 심리적 압박을 주어 의무의 이행을 간접적으로 강제하는 행정상의 간접강제 수단에 해당한다. 이러한 이행강제금의 본질상 시정명령을 받은 의무자가 이행강제금이 부과되기 전에 그 의무를 이행한 경우에는 비록 시정명령에서 정한 기간을 지나서 이행한 경우라도 이행강제금을 부과할 수 없다(대판 2008. 1.25. 2015두35116).

② 지방자치단체가 일방 당사자가 되는 이른바 '공공계약'이 사경제의 주체로서 상대방과 대등한 위치에서 체결하는 사법상 계약에 해당하는 경우 그에 관한 법령에 특별한 정함이 있는 경우를 제외하고는 사적 자치와 계약자유의 원칙 등 사법의 원리가 그대로 적용된다(대판 2018. 2.13. 2014두11328).

③ 교육공무원의 임용권자는 결원된 직위의 3배수의 범위 안에 들어간 후보자들을 대상으로 순위가 높은 사람부터 차례로 승진임용 여부를 심사하여야 하고, 이에 따라 승진후보자 명부에 포함된 후보자는 임용권자로부터 정당한 심사를 받게 될 것에 관한 절차적 기대를 하게 된다. 그런데 임용권자 등이 자의적인 이유로 승진후보자 명부에 포함된 후보자를 승진임용에서 제외하는 처분을 한 경우에, 이러한 승진임용 제외처분을 항고소송의 대상이 되는 처분으로 보지 않는다면, 달리 이에 대하여는 불복하여 침해된 권리를 구제받을 방법이 없다. 따라서 교육공무원법상 승진후보자 명부에 의한 승진심사 방식으로 행해지는 승진임용에서 승진후보자 명부에 포함되어 있던 후보자를 승진임용 인사발령에서 제외하는 행위는 불이익처분으로서 항고소송의 대상인 처분에 해당한다(대판 2018. 3.29. 2017두34162).

7 **갑은 단순위법인 취소사유가 있는 A처분에 대하여 「행정소송법」상 무효확인소송을 제기하였다. 이에 대한 설명으로 옳은 것은? (다툼이 있는 경우 판례에 의함)**

① 무효확인소송에 A처분의 취소를 구하는 취지도 포함되어 있고 무효확인소송이 「행정소송법」상 취소소송의 적법요건을 갖추었다 하더라도, 법원은 A처분에 대한 취소판결을 할 수 없다.

② 무효확인소송이 「행정소송법」상 취소소송의 적법한 제소기간 안에 제기되었더라도, 적법한 제소기간 이후에는 A처분의 취소를 구하는 소를 추가적 · 예비적으로 병합하여 제기할 수 없다.

③ 갑이 무효확인소송의 제기 전에 이미 A처분의 위법을 이유로 국가배상청구소송을 제기하였다면, 무효확인소송의 수소법원은 갑의 무효확인소송을 국가배상청구소송이 계속된 법원으로 이송 · 병합할 수 있다.

④ 갑이 무효확인소송의 제기 당시에 원고적격을 갖추었더라도 상고심 중에 원고적격을 상실하면 그 소는 부적법한 것이 된다.

ADVICE ④ 행정처분의 직접 상대방이 아닌 제3자라 하더라도 당해 행정처분으로 인하여 법률상 보호되는 이익을 침해당한 경우에는 그 처분의 취소나 무효확인을 구하는 행정소송을 제기하여 그 당부의 판단을 받을 자격 즉 원고적격이 있고, 여기에서 말하는 법률상 보호되는 이익은 당해 처분의 근거 법규 및 관련 법규에 의하여 보호되는 개별적 · 직접적 · 구체적 이익을 말하며, 원고적격은 소송요건의 하나이므로 사실심 변론종결시는 물론 상고심에서도 존속하여야 하고 이를 흠결하면 부적법한 소가 된다(대판 2007. 4.12. 2004두7924).

① 행정처분의 무효확인을 구하는 소에는 원고가 그 처분의 취소를 구하지 아니한다고 밝히지 아니한 이상 그 처분이 당연무효가 아니라면 그 취소를 구하는 취지도 포함되어 있는 것으로 보아야 하고, 그와 같은 경우에 취소청구를 인용하려면 먼저 취소를 구하는 항고소송으로서의 제소요건을 구비하여야 한다(대판 2018.10.25. 2015두38856).

② 동일한 행정처분에 대하여 무효확인소송을 제기하였다가 그 후 그 처분의 취소를 구하는 소송을 추가적으로 병합한 경우, 주된 청구인 무효확인소송이 적법한 제소기간 내에 제기되었다면 추가로 병합된 취소소송도 적법하게 제기된 것으로 보아야 한다(대판 2005.12.23. 2005두3554).

③ A처분의 위법을 이유로 하는 국가배상청구소송은 처분의 무효확인소송의 관련청구소송에 해당하며, 두 소송을 병합하는 경우 관련청구소송을 무효확인소송이 계속된 법원에 이송 · 병합할 수 있다(행정소송법 제38조 제1항, 행정소송법 제10조).

> 제10조(관련청구소송의 이송 및 병합)
> ① 취소소송과 다음 각호의 1에 해당하는 소송(이하 "관련청구소송"이라 한다)이 각각 다른 법원에 계속되고 있는 경우에 관련청구소송이 계속된 법원이 상당하다고 인정하는 때에는 당사자의 신청 또는 직권에 의하여 이를 취소소송이 계속된 법원으로 이송할 수 있다.
> 1. 당해 처분등과 관련되는 손해배상 · 부당이득반환 · 원상회복등 청구소송
> 2. 당해 처분등과 관련되는 취소소송
>
> ② 취소소송에는 사실심의 변론종결시까지 관련청구소송을 병합하거나 피고외의 자를 상대로 한 관련청구소송을 취소소송이 계속된 법원에 병합하여 제기할 수 있다.
>
> 제38조(준용규정)
> ① 제9조, 제10조, 제13조 내지 제17조, 제19조, 제22조 내지 제26조, 제29조 내지 제31조 및 제33조의 규정은 무효등 확인소송의 경우에 준용한다.

ANSWER 6.④ 7.④

8 「행정절차법」상 의견청취절차에 대한 설명으로 옳은 것만을 모두 고르면? (다툼이 있는 경우 판례에 의함)

> ㉠ 의견제출제도는 당사자에게 의무를 부과하거나 권익을 제한하는 경우에 적용되고 수익적 행위나 수익적 행위의 신청에 대한 거부에는 적용이 없으며, 일반처분의 경우에도 적용이 없다.
> ㉡ 처분의 상대방에게 이익이 되며 제3자의 권익을 침해하는 이중효과적 행정행위는 「행정절차법」상 사전통지 · 의견제출의 대상이 된다.
> ㉢ 「공무원연금법」상 퇴직연금의 환수결정은 당사자에게 의무를 과하는 처분이므로, 퇴직연금의 환수결정에 앞서 당사자에게 「행정절차법」상의 의견진술의 기회를 주지 아니한 경우 당해 처분은 「행정절차법」 위반이다.
> ㉣ 행정청과 당사자 사이에 청문의 실시 등 의견청취절차를 배제하는 협약이 있었다 하더라도, 이와 같은 협약의 체결로 청문의 실시에 관한 규정의 적용을 배제할 수 있다고 볼 만한 법령상의 규정이 없는 한, 청문의 실시에 관한 규정의 적용이 배제되지 않으며 청문을 실시하지 않아도 되는 예외적인 경우에 해당하지 아니한다.

① ㉠, ㉡　　② ㉠, ㉣
③ ㉡, ㉢　　④ ㉢, ㉣

ADVICE ㉠ 행정절차법 제2조 제4호가 행정절차법의 당사자를 행정청의 처분에 대하여 직접 그 상대가 되는 당사자로 규정하고, 도로법 제25조 제3항이 도로구역을 결정하거나 변경할 경우 이를 고시에 의하도록 하면서, 그 도면을 일반인이 열람할 수 있도록 한 점 등을 종합하여 보면, 도로구역을 변경한 이 사건 처분은 행정절차법 제21조 제1항의 사전통지나 제22조 제3항의 의견청취의 대상이 되는 처분은 아니라고 할 것이다(대판 2008. 6.12. 2007두1767).

> 행정청이 당사자에게 의무를 부과하거나 권익을 제한하는 처분을 할 때 제1항 또는 제2항의 경우 외에는 당사자등에게 의견제출의 기회를 주어야 한다(행정절차법 제22조 제3항).

㉣ 행정청이 당사자와 사이에 도시계획사업의 시행과 관련한 협약을 체결하면서 관계 법령 및 행정절차법에 규정된 청문의 실시 등 의견청취절차를 배제하는 조항을 두었다고 하더라도, 국민의 행정참여를 도모함으로써 행정의 공정성 · 투명성 및 신뢰성을 확보하고 국민의 권익을 보호한다는 행정절차법의 목적 및 청문제도의 취지 등에 비추어 볼 때, 위와 같은 협약의 체결로 청문의 실시에 관한 규정의 적용을 배제할 수 있다고 볼 만한 법령상의 규정이 없는 한, 이러한 협약이 체결되었다고 하여 청문의 실시에 관한 규정의 적용이 배제된다거나 청문을 실시하지 않아도 되는 예외적인 경우에 해당한다고 할 수 없다(대판 2004. 7. 8. 2002두8350).

㉡ 행정청이 직권이나 신청에 의하여 행정 절차에 참여하게 한 이해관계 있는 제3자의 경우에만 행정절차법의 적용을 받는 당사자로 인정된다(행정절차법 제2조 제4호 나목).

> 제2조(정의) 이 법에서 사용하는 용어의 뜻은 다음과 같다.
> 4. "당사자등"이란 다음 각 목의 자를 말한다.
> 가. 행정청의 처분에 대하여 직접 그 상대가 되는 당사자
> 나. 행정청이 직권으로 또는 신청에 따라 행정절차에 참여하게 한 이해관계인

㉢ 퇴직연금의 환수결정은 당사자에게 의무를 과하는 처분이기는 하나, 관련 법령에 따라 당연히 환수금액이 정하여지는 것이므로, 퇴직연금의 환수결정에 앞서 당사자에게 의견진술의 기회를 주지 아니하여도 행정절차법 제22조 제3항이나 신의칙에 어긋나지 아니한다(대판 2000.11.28. 99두5443).

9 「공익사업을 위한 토지 등의 취득 및 보상에 관한 법률」상 환매권에 대한 설명으로 옳지 않은 것은? (다툼이 있는 경우 판례에 의함)

① 협의취득 또는 수용의 목적물이 제3자에게 이전되더라도 협의취득 또는 수용의 등기가 되어 있으면 환매권자는 환매권이 발생한 때부터 제척기간 도과로 소멸할 때까지 사이에 환매권을 행사하고, 이로써 제3자에게 대항할 수 있다.

② 환매권 성립의 요건으로서 협의취득 또는 수용된 토지가 필요 없게 되었는지 여부는 사업시행자의 주관적인 의사를 표준으로 할 것은 아니다.

③ 환매권 행사로 인한 소유권이전등기 청구소송에서 사업시행자는 환매대금 증액청구권을 내세워 증액된 환매대금과 보상금 상당액의 차액을 지급할 것을 동시이행의 항변으로 주장할 수 있다.

④ 환매권은 형성권으로서 환매권자의 일방적인 의사표시에 의해 사업시행자의 의사와 관계없이 법률효과가 발생하므로 환매의 의사표시가 상대방에게 도달한 때에 환매권 행사의 효력이 발생함이 원칙이다.

ADVICE ③ 공익사업을 위한 토지 등의 취득 및 보상에 관한 법률 제91조에 의한 환매는 환매기간 내에 환매의 요건이 발생하면 환매권자가 지급받은 보상금에 상당한 금액을 사업시행자에게 미리 지급하고 일방적으로 의사표시를 함으로써 사업시행자의 의사와 관계없이 환매가 성립하고, 토지 등의 가격이 취득 당시에 비하여 현저히 변경되었더라도 같은 법 제91조 제4항에 의하여 당사자 간에 금액에 관하여 협의가 성립하거나 사업시행자 또는 환매권자가 그 금액의 증감을 법원에 청구하여 법원에서 그 금액이 확정되지 않는 한, 그 가격이 현저히 등귀한 경우이거나 하락한 경우이거나를 묻지 않고 환매권을 행사하기 위하여는 지급받은 보상금 상당액을 미리 지급하여야 하고 또한 이로써 족한 것이며, 사업시행자는 소로써 법원에 환매대금의 증액을 청구할 수 있을 뿐 환매권 행사로 인한 소유권이전등기 청구소송에서 환매대금 증액청구권을 내세워 증액된 환매대금과 보상금 상당액의 차액을 지급할 것을 선이행 또는 동시이행의 항변으로 주장할 수 없다(대판 2006.12.21. 2006다49277).

① 구 공익사업을 위한 토지 등의 취득 및 보상에 관한 법률 제91조 제5항은 '환매권은 부동산등기법이 정하는 바에 의하여 공익사업에 필요한 토지의 협의취득 또는 수용의 등기가 된 때에는 제3자에게 대항할 수 있다'고 정하고 있다. 이는 협의취득 또는 수용의 목적물이 제3자에게 이전되더라도 협의취득 또는 수용의 등기가 되어 있으면 환매권자의 지위가 그대로 유지되어 환매권자는 환매권을 행사할 수 있고, 제3자에 대해서도 이를 주장할 수 있다는 의미이다(대판 2017. 3.15. 2015다238963).

② 당해 사업의 '폐지 · 변경'이란 당해 사업을 아예 그만두거나 다른 사업으로 바꾸는 것을 말하며, 취득한 토지의 전부 또는 일부가 '필요 없게 된 경우'란 사업시행자가 취득한 토지의 전부 또는 일부가 그 취득 목적 사업을 위하여 사용할 필요 자체가 없어진 경우를 말한다. 그리고 협의취득 또는 수용된 토지가 필요 없게 되었는지 여부는 사업시행자의 주관적인 의사를 표준으로 할 것이 아니라 당해 사업의 목적과 내용, 협의취득의 경위와 범위, 당해 토지와 사업의 관계, 용도 등 제반 사정에 비추어 객관적 · 합리적으로 판단하여야 한다(대판 2013. 1.16. 2012다71305).

④ 환매권은 재판상이든 재판 외이든 그 기간 내에 행사하면 되는 것이나, 환매권은 상대방에 대한 의사표시를 요하는 형성권의 일종으로서 환매의 의사표시가 상대방에게 도달한 때에 비로소 환매권 행사의 효력이 발생함이 원칙이고, 환매권자가 환매의 의사표시를 담은 소장 부본을 피고에게 송달함으로써 환매권을 재판상 행사하는 경우에는 그 소장 부본이 피고에게 도달할 때에 비로소 환매권 행사의 효력이 발생하여 환매권자와 피고 사이에 매매의 효력이 생긴다 할 것이므로, 환매의 의사표시가 담긴 소장 부본이 위 제척기간 내에 피고에게 송달되어야만 환매권자가 제척기간 내에 적법하게 환매권을 행사하였다고 할 것이다(대판 1999. 4. 9. 98다46945).

ANSWER 8.② 9.③

10 **갑은 개발제한구역 내에서의 건축허가를 관할 행정청인 을에게 신청하였고, 을은 갑에게 일정 토지의 기부채납을 조건으로 이를 허가하였다. 이에 대한 설명으로 옳은 것은? (다툼이 있는 경우 판례에 의함)**

① 특별한 규정이 없다면 갑에 대한 건축허가는 기속행위로서 건축허가를 하면서 기부채납조건을 붙인 것은 위법하다.

② 갑이 부담인 기부채납조건에 대하여 불복하지 않았고, 이를 이행하지도 않은 채 기부채납조건에서 정한 기부채납기한이 경과하였다면 이로써 갑에 대한 건축허가는 효력을 상실한다.

③ 기부채납조건이 중대하고 명백한 하자로 인하여 무효라 하더라도 갑의 기부채납 이행으로 이루어진 토지의 증여는 그 자체로 사회질서 위반이나 강행규정 위반 등의 특별한 사정이 없는 한 유효하다.

④ 건축허가 자체는 적법하고 부담인 기부채납조건만이 취소사유에 해당하는 위법성이 있는 경우, 갑은 기부채납조건부 건축허가처분 전체에 대하여 취소소송을 제기할 수 있을 뿐이고 기부채납조건만을 대상으로 취소소송을 제기할 수 없다.

ADVICE ③ 건축허가를 하면서 일정 토지를 기부채납하도록 하는 내용의 허가조건은 부관을 붙일 수 없는 기속행위 내지 기속적 재량행위인 건축허가에 붙인 부담이거나 또는 법령상 아무런 근거가 없는 부관이어서 무효이다. 허가조건이 무효라고 하더라도 그 부관 및 본체인 건축허가 자체의 효력이 문제됨은 별론으로 하고, 허가신청대행자가 그 소유인 토지를 허가관청에게 기부채납함에 있어 위 허가조건은 증여의사표시를 하게 된 하나의 동기 내지 연유에 불과한 것이고, 위 허가신청대행자가 건축허가를 받은 토지의 일부를 반드시 허가관청에 기부채납하여야 한다는 법령상의 근거규정이 없음에도 불구하고 위 허가조건의 내용에 따라 위 토지를 기부채납하여야만 허가신청인들이 시공한 건축물의 준공검사가 나오는 것으로 믿고 증여계약을 체결하여 허가관청인 시 앞으로 위 토지에 관하여 소유권이전등기를 경료하여 주었다면 이는 일종의 동기의 착오로서 그 허가조건상의 하자가 허가신청대행자의 증여의사표시 자체에 직접 영향을 미치는 것은 아니므로, 이를 이유로 하여 위 시 명의의 소유권이전등기의 말소를 청구할 수는 없다(대판 1995. 6.13. 94다56883).

① 국토계획법이 정한 용도지역 안에서의 건축허가는 건축법 제11조 제1항에 의한 건축허가와 국토계획법 제56조 제1항의 개발행위허가의 성질을 아울러 갖는데, 개발행위허가는 허가기준 및 금지요건이 불확정개념으로 규정된 부분이 많아 그 요건에 해당하는지 여부는 행정청의 재량판단의 영역에 속한다. 그러므로 그에 대한 사법심사는 행정청의 공익판단에 관한 재량의 여지를 감안하여 원칙적으로 재량권의 일탈이나 남용이 있는지 여부만을 대상으로 하고, 사실오인과 비례·평등의 원칙 위반 여부 등이 그 판단 기준이 된다(대판 2017. 3.15. 2016두55490).

② 부담부 행정처분에 있어서 처분의 상대방이 부담(의무)를 이행하지 아니한 경우에 처분행정청으로서는 이를 들어 당해 처분을 취소(철회)할 수 있고(대판 1989.10.24. 89누2431), 당해 처분의 효력이 당연히 소멸하는 것은 아니다.

④ 행정행위의 부관은 행정행위의 일반적인 효력이나 효과를 제한하기 위하여 의사표시의 주된 내용에 부가되는 종된 의사표시이지 그 자체로서 직접 법적 효과를 발생하는 독립된 처분이 아니므로 현행 행정쟁송제도 아래서는 부관 그 자체만을 독립된 쟁송의 대상으로 할 수 없는 것이 원칙이나 행정행위의 부관 중에서도 행정행위에 부수하여 그 행정행위의 상대방에게 일정한 의무를 부과하는 행정청의 의사표시인 부담의 경우에는 다른 부관과는 달리 행정행위의 불가분적인 요소가 아니고 그 존속이 본체인 행정행위의 존재를 전제로 하는 것일 뿐이므로 부담 그 자체로서 행정쟁송의 대상이 될 수 있다(대판 1992. 1.21. 91누1264).

11 행정상 강제집행에 대한 설명으로 옳지 않은 것은? (다툼이 있는 경우 판례에 의함)

① 「건축법」상 이행강제금 납부의무는 상속인 기타의 사람에게 승계될 수 없는 일신전속적인 성질을 갖는다.

② 「행정대집행법」상 건물철거 대집행은 다른 방법으로는 이행의 확보가 어렵고 불이행을 방치함이 심히 공익을 해하는 것으로 인정될 때에 한하여 허용되고 이러한 요건의 주장 · 입증책임은 처분 행정청에 있다.

③ 관계 법령상 행정대집행의 절차가 인정되어 행정청이 행정대집행의 방법으로 건물의 철거 등 대체적 작위의무의 이행을 실현할 수 있는 경우에는 따로 민사소송의 방법으로 그 의무의 이행을 구할 수 없다.

④ 「국세징수법」상의 공매통지 자체는 그 상대방인 체납자 등의 법적 지위나 권리 · 의무에 직접적인 영향을 주는 행정처분에 해당한다고 할 것이므로 공매통지 자체를 항고소송의 대상으로 삼아 그 취소 등을 구할 수 있다.

ADVICE ④ 체납자 등에 대한 공매통지는 국가의 강제력에 의하여 진행되는 공매에서 체납자 등의 권리 내지 재산상의 이익을 보호하기 위하여 법률로 규정한 절차적 요건이라고 보아야 하며, 공매처분을 하면서 체납자 등에게 공매통지를 하지 않았거나 공매통지를 하였더라도 그것이 적법하지 아니한 경우에는 절차상의 흠이 있어 그 공매처분이 위법하게 되는 것이지만, 공매통지 자체가 그 상대방인 체납자 등의 법적 지위나 권리 · 의무에 직접적인 영향을 주는 행정처분에 해당한다고 할 것은 아니므로 다른 특별한 사정이 없는 한 체납자 등은 공매통지의 결여나 위법을 들어 공매처분의 취소 등을 구할 수 있는 것이지 공매통지 자체를 항고소송의 대상으로 삼아 그 취소 등을 구할 수는 없다(대판 2011. 3.24. 2010두25527).

① 이행강제금 납부의무는 상속인 기타의 사람에게 승계될 수 없는 일신전속적인 성질의 것이므로 이미 사망한 사람에게 이행강제금을 부과하는 내용의 처분이나 결정은 당연무효이고, 이행강제금을 부과받은 사람의 이의에 의하여 비송사건절차법에 의한 재판절차가 개시된 후에 그 이의한 사람이 사망한 때에는 사건 자체가 목적을 잃고 절차가 종료되는 것으로 새겨야 할 것이다(대판 2006.12. 8. 2006마470).

② 건축법에 위반하여 건축한 것이어서 철거의무가 있는 건물이라 하더라도 그 철거의무를 대집행하기 위한 계고처분을 하려면 다른 방법으로는 이행의 확보가 어렵고 불이행을 방치함이 심히 공익을 해하는 것으로 인정될 때에 한하여 허용되고 이러한 요건의 주장 · 입증책임은 처분 행정청에 있다(대판 1996.10.11.96누8086).

③ 관계 법령상 행정대집행의 절차가 인정되어 행정청이 행정대집행의 방법으로 건물의 철거 등 대체적 작위의무의 이행을 실현할 수 있는 경우에는 따로 민사소송의 방법으로 그 의무의 이행을 구할 수 없다. 한편 건물의 점유자가 철거의무자일 때에는 건물철거의무에 퇴거의무도 포함되어 있는 것이어서 별도로 퇴거를 명하는 집행권원이 필요하지 않다. 행정청이 행정대집행의 방법으로 건물철거의무의 이행을 실현할 수 있는 경우에는 건물철거 대집행 과정에서 부수적으로 건물의 점유자들에 대한 퇴거 조치를 할 수 있고, 점유자들이 적법한 행정대집행을 위력을 행사하여 방해하는 경우 형법상 공무집행방해죄가 성립하므로, 필요한 경우에는 '경찰관 직무집행법'에 근거한 위험발생 방지조치 또는 형법상 공무집행방해죄의 범행방지 내지 현행범체포의 차원에서 경찰의 도움을 받을 수도 있다(대판 2017. 4.28. 2016다213916).

ANSWER 10.③ 11.④

12 판례의 입장으로 옳지 않은 것은?

① 건축허가관청은 특단의 사정이 없는 한 건축허가내용대로 완공된 건축물의 준공을 거부할 수 없다.

② 지적공부 소관청이 토지대장을 직권으로 말소하는 행위는 항고소송의 대상이 되는 행정처분에 해당한다.

③ 무허가건물을 무허가건물관리대장에서 삭제하는 행위는 다른 특별한 사정이 없는 한 항고소송의 대상이 되는 행정처분에 해당한다.

④ 지목은 토지소유권을 제대로 행사하기 위한 전제요건이므로 지적공부 소관청의 지목변경신청 반려행위는 항고소송의 대상이 되는 행정처분에 해당한다.

ADVICE ③ 무허가건물관리대장은, 행정관청이 지방자치단체의 조례 등에 근거하여 무허가건물 정비에 관한 행정상 사무처리의 편의와 사실증명의 자료로 삼기 위하여 작성, 비치하는 대장으로서 무허가건물을 무허가건물관리대장에 등재하거나 등재된 내용을 변경 또는 삭제하는 행위로 인하여 당해 무허가 건물에 대한 실체상의 권리관계에 변동을 가져오는 것이 아니고, 무허가건물의 건축시기, 용도, 면적 등이 무허가건물관리대장의 기재에 의해서만 증명되는 것도 아니므로, 관할관청이 무허가건물의 무허가건물관리대장 등재 요건에 관한 오류를 바로잡으면서 당해 무허가건물을 무허가건물관리대장에서 삭제하는 행위는 다른 특별한 사정이 없는 한 항고소송의 대상이 되는 행정처분이 아니다(대판 2009. 3.12. 2008두11525).

① 허가관청은 특단의 사정이 없는 한 건축허가내용대로 완공된 건축물의 준공을 거부할 수 없다고 하겠으나, 만약 건축허가 자체가 건축관계 법령에 위반되는 하자가 있는 경우에는 비록 건축허가내용대로 완공된 건축물이라 하더라도 위법한 건축물이 되는 것으로서 그 하자의 정도에 따라 건축허가를 취소할 수 있음은 물론 그 준공도 거부할 수 있다고 하여야 할 것이다(대판 1992. 4.10. 91누5358).

② 토지대장은 토지에 대한 공법상의 규제, 개발부담금의 부과대상, 지방세의 과세대상, 공시지가의 산정, 손실보상가액의 산정 등 토지행정의 기초자료로서 공법상의 법률관계에 영향을 미칠 뿐만 아니라, 토지에 관한 소유권보존등기 또는 소유권이전등기를 신청하려면 이를 등기소에 제출해야 하는 점 등을 종합해 보면, 토지대장은 토지의 소유권을 제대로 행사하기 위한 전제요건으로서 토지 소유자의 실체적 권리관계에 밀접하게 관련되어 있으므로, 이러한 토지대장을 직권으로 말소한 행위는 국민의 권리관계에 영향을 미치는 것으로서 항고소송의 대상이 되는 행정처분에 해당한다(대판 2013.10.24. 2011두13286).

④ 지목은 토지소유권을 제대로 행사하기 위한 전제요건으로서 토지소유자의 실체적 권리관계에 밀접하게 관련되어 있으므로 지적공부 소관청의 지목변경신청 반려행위는 국민의 권리관계에 영향을 미치는 것으로서 항고소송의 대상이 되는 행정처분에 해당한다(대판 2004. 4.22. 2003두9015).

13 판례의 입장으로 옳은 것은?

① 공무원연금법령상 급여를 받으려고 하는 자는 우선 급여지급을 신청하여 공무원연금공단이 이를 거부하거나 일부 금액만 인정하는 급여지급결정을 하는 경우 그 결정을 대상으로 항고소송을 제기하는 등으로 구체적 권리를 인정받아야 한다.

② 행정청이 공무원에게 국가공무원법령상 연가보상비를 지급하지 아니한 행위는 공무원의 연가보상비청구권을 제한하는 행위로서 항고소송의 대상이 되는 처분이다.

③ 법관이 이미 수령한 명예퇴직수당액이 구「법관 및 법원공무원 명예퇴직수당 등 지급규칙」에서 정한 정당한 명예퇴직수당액에 미치지 못한다고 주장하며 차액의 지급을 신청한 것에 대하여 법원행정처장이 행한 거부의 의사표시는 행정처분에 해당한다.

④「도시 및 주거환경정비법」상 주택재건축정비사업조합을 상대로 관리처분계획안에 대한 조합 총회결의의 효력 등을 다투는 소송은 관리처분계획의 인가 · 고시가 있은 이후라도 특별한 사정이 없는 한 허용되어야 한다.

ADVICE ① 공무원연금법령상 급여를 받으려고 하는 자는 우선 관계 법령에 따라 공무원연금공단에 급여지급을 신청하여 공무원연금공단이 이를 거부하거나 일부 금액만 인정하는 급여지급결정을 하는 경우 그 결정을 대상으로 항고소송을 제기하는 등으로 구체적 권리를 인정받아야 하고, 구체적인 권리가 발생하지 않은 상태에서 곧바로 공무원연금공단을 상대로 한 당사자소송으로 권리의 확인이나 급여의 지급을 소구하는 것은 허용되지 아니한다(대판 2017. 2. 9. 2014두43264).

② 공무원의 연가보상비청구권은 공무원이 연가를 실시하지 아니하는 등 법령상 정해진 요건이 충족되면 그 자체만으로 지급기준일 또는 보수지급기관의 장이 정한 지급일에 구체적으로 발생하고 행정청의 지급결정에 의하여 비로소 발생하는 것은 아니라고 할 것이므로, 행정청이 공무원에게 연가보상비를 지급하지 아니한 행위로 인하여 공무원의 연가보상비청구권 등 법률상 지위에 아무런 영향을 미친다고 할 수는 없으므로 행정청의 연가보상비 부지급 행위는 항고소송의 대상이 되는 처분이라고 볼 수 없다(대판 1999. 7.23. 97누10857).

③ 법관은 위 규정에서 정한 정당한 산정 기준에 따라 산정된 명예퇴직수당액을 수령할 구체적인 권리를 가진다. 따라서 위 법관이 이미 수령한 수당액이 위 규정에서 정한 정당한 명예퇴직수당액에 미치지 못한다고 주장하며 차액의 지급을 신청함에 대하여 법원행정처장이 거부하는 의사를 표시했더라도, 그 의사표시는 명예퇴직수당액을 형성 · 확정하는 행정처분이 아니라 공법상의 법률관계의 한쪽 당사자로서 지급의무의 존부 및 범위에 관하여 자신의 의견을 밝힌 것에 불과하므로 행정처분으로 볼 수 없다(대판 2016. 5.24. 2013두14863).

④ 행정주체인 재건축조합을 상대로 관리처분계획안에 대한 조합 총회결의의 효력 등을 다투는 소송은 행정처분에 이르는 절차적 요건의 존부나 효력 유무에 관한 소송으로서 그 소송결과에 따라 행정처분의 위법 여부에 직접 영향을 미치는 공법상 법률관계에 관한 것이므로, 이는 행정소송법상의 당사자소송에 해당한다. 다만, 관리처분계획에 대한 관할 행정청의 인가 · 고시까지 있게 되면 관리처분계획은 행정처분으로서 효력이 발생하게 되므로, 총회결의의 하자를 이유로 하여 행정처분의 효력을 다투는 항고소송의 방법으로 관리처분계획의 취소 또는 무효확인을 구하여야 하고, 그와 별도로 행정처분에 이르는 절차적 요건 중 하나에 불과한 총회결의 부분만을 따로 떼어내어 효력 유무를 다투는 확인의 소를 제기하는 것은 특별한 사정이 없는 한 허용되지 않는다고 보아야 한다(대판 2009. 9. 17. 2007다2428(전합)).

ANSWER 12.③ 13.①

14 지방자치에 대한 설명으로 옳지 않은 것은? (다툼이 있는 경우 판례에 의함)

① 도로 등 공물이나 공공용물을 특정 사인이 배타적으로 사용하도록 하는 점용허가가 도로 등의 본래 기능 및 목적과 무관하게 그 사용가치를 실현 · 활용하기 위한 것으로 평가되는 경우에는 주민소송의 대상이 되는 재산의 관리 · 처분에 해당한다.

② 지방자치단체의 사무에 관한 그 장의 명령이나 처분이 법령에 위반되거나 현저히 부당하여 공익을 해친다고 인정되면 시 · 도지사나 주무부장관은 시정명령을 내릴 수 있는데, 이때 시정명령의 대상인 처분은 「행정소송법」상 처분에 한정되지 않는다.

③ 교육 · 학예에 관한 사무 중 자치사무에 대한 교육감의 명령이나 처분이 합목적성을 현저히 결하였다면 그러한 사무의 집행은 재량권을 일탈 · 남용한 경우로서 교육부장관은 그 시정을 명할 수 있다.

④ 행정안전부장관이 지방자치단체 상호 간의 사무비용 분담에 관한 다툼에 대하여 「지방자치법」에 따른 분쟁조정결정을 한 경우 분쟁조정결정 자체의 취소를 구하는 소송을 대법원에 제기하는 것은 「지방자치법」상 허용되지 아니한다.

ADVICE ③ 자치사무에 관한 명령이나 처분에 대해서 시정 명령을 하기 위해서는 자치사무가 법령을 위반한 경우이어야 한다(지방자치법 제169조 제1항 단서).

① 주민소송은 원칙적으로 지방자치단체의 재무회계에 관한 사항의 처리를 직접 목적으로 하는 행위에 대하여 제기할 수 있고, 지방자치법 제17조 제1항에서 주민소송의 대상으로 규정한 '재산의 취득 · 관리 · 처분에 관한 사항'에 해당하는지도 그 기준에 의하여 판단하여야 한다. 특히 도로 등 공물이나 공공용물을 특정 사인이 배타적으로 사용하도록 하는 점용허가가 도로 등의 본래 기능 및 목적과 무관하게 그 사용가치를 실현 · 활용하기 위한 것으로 평가되는 경우에는 주민소송의 대상이 되는 재산의 관리 · 처분에 해당한다(대판 2016. 5.27. 2014두8490).

② 행정소송법상 항고소송은 행정청이 행하는 구체적 사실에 관한 법집행으로서의 공권력의 행사 또는 거부와 그 밖에 이에 준하는 행정작용을 대상으로 하여 위법상태를 배제함으로써 국민의 권익을 구제함을 목적으로 하는 것과 달리, 지방자치법 제169조 제1항은 지방자치단체의 자치행정 사무처리가 법령 및 공익의 범위 내에서 행해지도록 감독하기 위한 규정이므로 적용대상을 항고소송의 대상이 되는 행정처분으로 제한할 이유가 없다(대판 2017. 3.30. 2016추5087).

지방자치법 제188조(위법 · 부당한 명령이나 처분의 시정)

① 지방자치단체의 사무에 관한 지방자치단체의 장(제103조제2항에 따른 사무의 경우에는 지방의회의 의장을 말한다. 이하 이 조에서 같다)의 명령이나 처분이 법령에 위반되거나 현저히 부당하여 공익을 해친다고 인정되면 시 · 도에 대해서는 주무부장관이, 시 · 군 및 자치구에 대해서는 시 · 도지사가 기간을 정하여 서면으로 시정할 것을 명하고, 그 기간에 이행하지 아니하면 이를 취소하거나 정지할 수 있다.

② 주무부장관은 지방자치단체의 사무에 관한 시장 · 군수 및 자치구의 구청장의 명령이나 처분이 법령에 위반되거나 현저히 부당하여 공익을 해침에도 불구하고 시 · 도지사가 제1항에 따른 시정명령을 하지 아니하면 시 · 도지사에게 기간을 정하여 시정명령을 하도록 명할 수 있다.

③ 주무부장관은 시 · 도지사가 제2항에 따른 기간에 시정명령을 하지 아니하면 제2항에 따른 기간이 지난 날부터 7일 이내에 직접 시장 · 군수 및 자치구의 구청장에게 기간을 정하여 서면으로 시정할 것을 명하고, 그 기간에 이행하지 아니하면 주무부장관이 시장 · 군수 및 자치구의 구청장의 명령이나 처분을 취소하거나 정지할 수 있다.

④ 주무부장관은 시 · 도지사가 시장 · 군수 및 자치구의 구청장에게 제1항에 따라 시정명령을 하였으나 이를 이행하지 아니한 데 따른 취소 · 정지를 하지 아니하는 경우에는 시 · 도지사에게 기간을 정하여 시장 · 군수 및 자치구의 구청장의 명령이나 처분을 취소하거나 정지할 것을 명하고, 그 기간에 이행하지 아니하면 주무부장관이 이를 직접 취소하거나 정지할 수 있다.

⑤ 제1항부터 제4항까지의 규정에 따른 자치사무에 관한 명령이나 처분에 대한 주무부장관 또는 시 · 도지사의 시정명령, 취소 또는 정지는 법령을 위반한 것에 한정한다.

⑥ 지방자치단체의 장은 제1항, 제3항 또는 제4항에 따른 자치사무에 관한 명령이나 처분의 취소 또는 정지에 대하여 이의가 있으면 그 취소처분 또는 정지처분을 통보받은 날부터 15일 이내에 대법원에 소를 제기할 수 있다.

〈2022. 1.13. 시행〉

④ 행정자치부장관이나 시 · 도지사의 분쟁조정결정에 대하여는 후속의 이행명령을 기다려 대법원에 이행명령을 다투는 소를 제기한 후 그 사건에서 이행의무의 존부와 관련하여 분쟁조정결정의 위법까지 함께 다투는 것이 가능할 뿐, 별도로 분쟁조정결정 자체의 취소를 구하는 소송을 대법원에 제기하는 것은 지방자치법상 허용되지 아니한다. 나아가 분쟁조정결정은 상대방이나 내용 등에 비추어 행정소송법상 항고소송의 대상이 되는 처분에 해당한다고 보기 어려우므로, 통상의 항고소송을 통한 불복의 여지도 없다(대판 2015. 9.24. 2014추613).

ANSWER 14.③

15 **행정청이 종전의 과세처분에 대한 경정처분을 함에 따라 상대방이 제기하는 항고소송에 대한 설명으로 옳지 않은 것은? (다툼이 있는 경우 판례에 의함)**

① 「국세기본법」에 정한 경정청구기간이 도과한 후 제기된 경정청구에 대하여는 과세관청이 과세표준 및 세액을 결정 또는 경정하거나 거부처분을 할 의무가 없으므로, 과세관청의 경정 거절에 대하여 항고소송을 제기할 수 없다.

② 증액경정처분이 있는 경우, 원칙적으로는 당초 신고나 결정에 대한 불복기간의 경과 여부 등에 관계없이 증액경정처분만이 항고소송의 대상이 되고 납세의무자는 그 항고소송에서 당초 신고나 결정에 대한 위법사유를 주장할 수 없다.

③ 증액경정처분이 있는 경우, 당초처분은 증액경정처분에 흡수되어 소멸하고, 소멸한 당초처분의 절차적 하자는 존속하는 증액경정처분에 승계되지 아니한다.

④ 감액경정처분이 있는 경우, 항고소송의 대상은 당초의 부과처분 중 경정처분에 의하여 아직 취소되지 않고 남은 부분이고, 적법한 전심절차를 거쳤는지 여부도 당초 처분을 기준으로 판단하여야 한다.

ADVICE ② 경정청구나 부과처분에 대한 항고소송은 모두 정당한 과세표준과 세액의 존부를 정하고자 하는 동일한 목적을 가진 불복수단으로서 납세의무자로 하여금 과다신고사유에 대하여는 경정청구로써, 과세관청의 증액경정사유에 대하여는 항고소송으로써 각각 다투게 하는 것은 납세의무자의 권익보호나 소송경제에도 부합하지 않는 점 등에 비추어 보면, 납세의무자는 증액경정처분의 취소를 구하는 항고소송에서 과세관청의 증액경정사유뿐만 아니라 당초신고에 관한 과다신고사유도 함께 주장하여 다툴 수 있다고 할 것이다(대판 2013. 4.18. 2010두11733).

① 구 국세기본법(2015. 12. 15. 법률 제13552호로 개정되기 전의 것) 제45조의2 제2항은 '국세의 과세표준 및 세액의 결정을 받은 자는 각호의 어느 하나에 해당하는 사유가 발생하였을 때에는 그 사유가 발생한 것을 안 날부터 2개월 이내에 경정을 청구할 수 있다'고 규정하고 있는바, 경정청구기간이 도과한 후에 제기된 경정청구는 부적법하여 과세관청이 과세표준 및 세액을 결정 또는 경정하거나 거부처분을 할 의무가 없으므로, 과세관청이 경정을 거절하였다고 하더라도 이를 항고소송의 대상이 되는 거부처분으로 볼 수 없다(대판 2017. 8.23. 2017두38812).

③ 증액경정처분이 있는 경우 당초처분은 증액경정처분에 흡수되어 소멸하고, 소멸한 당초처분의 절차적 하자는 존속하는 증액경정처분에 승계되지 아니한다(대판 2010. 6.24. 2007두16493).

④ 과세표준과 세액을 감액하는 경정처분은 당초 부과처분과 별개 독립의 과세처분이 아니라 그 실질은 당초 부과처분의 변경이고, 그에 의하여 세액의 일부 취소라는 납세자에게 유리한 효과를 가져오는 처분이므로 그 경정결정으로도 아직 취소되지 않고 남아 있는 부분이 위법하다 하여 다투는 경우, 항고소송의 대상은 당초의 부과처분 중 경정결정에 의하여 취소되지 않고 남은 부분이고, 경정결정이 항고소송의 대상이 되는 것이 아니며, 이 경우 적법한 전심절차를 거쳤는지 여부도 당초 처분을 기준으로 하여 판단하여야 한다(대판 1995. 8.11. 95누351).

16 행정행위에 대한 설명으로 옳은 것은? (다툼이 있는 경우 판례에 의함)

① 확약에는 공정력이나 불가쟁력과 같은 효력이 인정되는 것은 아니라고 하더라도, 일단 확약이 있은 후에 사실적 · 법률적 상태가 변경되었다고 하여 행정청의 별다른 의사표시 없이 확약이 실효된다고 할 수 없다.

② 영업허가를 취소하는 처분에 대해 불가쟁력이 발생하였더라도 이후 사정변경을 이유로 그 허가취소의 변경을 요구하였으나 행정청이 이를 거부한 경우라면, 그 거부는 원칙적으로 항고소송의 대상이 되는 처분이다.

③ 영업허가취소처분이 나중에 항고소송을 통해 취소되었다면 그 영업허가취소처분 이후의 영업행위를 무허가 영업이라 할 수 없다.

④ 행정처분에 대해 불가쟁력이 발생한 경우 이로 인해 그 처분의 기초가 된 사실관계나 법률적 판단이 확정되는 것이므로 처분의 당사자는 당초 처분의 기초가 된 사실관계나 법률관계와 모순되는 주장을 할 수 없다.

ADVICE ③ 영업의 금지를 명한 영업허가취소처분 자체가 나중에 행정쟁송절차에 의하여 취소되었다면 그 영업허가취소처분은 그 처분시에 소급하여 효력을 잃게 되며, 그 영업허가취소처분에 복종할 의무가 원래부터 없었음이 확정되었다고 봄이 타당하고, 영업허가취소처분이 장래에 향하여서만 효력을 잃게 된다고 볼 것은 아니므로 그 영업허가취소처분 이후의 영업행위를 무허가영업이라고 볼 수는 없다(대판 1993.6.25. 93도277).

① 행정청이 상대방에게 장차 어떤 처분을 하겠다고 확약 또는 공적인 의사표명을 하였다고 하더라도, 그 자체에서 상대방으로 하여금 언제까지 처분의 발령을 신청을 하도록 유효기간을 두었는데도 그 기간 내에 상대방의 신청이 없었다거나 확약 또는 공적인 의사표명이 있은 후에 사실적 · 법률적 상태가 변경되었다면, 그와 같은 확약 또는 공적인 의사표명은 행정청의 별다른 의사표시를 기다리지 않고 실효된다(대판 1996. 8.20. 95누10877).

② 행정청이 국민의 신청에 대하여 한 거부행위가 항고소송의 대상이 되는 행정처분으로 되려면, 행정청의 행위를 요구할 법규상 또는 조리상의 신청권이 국민에게 있어야 하고, 이러한 신청권의 근거 없이 한 국민의 신청을 행정청이 받아들이지 아니한 경우에는 그 거부로 인하여 신청인의 권리나 법적 이익에 어떤 영향을 주는 것이 아니므로 이를 항고소송의 대상이 되는 행정처분이라 할 수 없다. 그리고 제소기간이 이미 도과하여 불가쟁력이 생긴 행정처분에 대하여는 개별 법규에서 그 변경을 요구할 신청권을 규정하고 있거나 관계 법령의 해석상 그러한 신청권이 인정될 수 있는 등 특별한 사정이 없는 한 국민에게 그 행정처분의 변경을 구할 신청권이 있다 할 수 없다(대판 2007. 4.26. 2005두11104).

④ 일반적으로 행정처분이나 행정심판 재결이 불복기간의 경과로 확정될 경우 그 확정력은, 처분으로 법률상 이익을 침해받은 자가 당해 처분이나 재결의 효력을 더 이상 다툴 수 없다는 의미일 뿐, 더 나아가 판결과 같은 기판력이 인정되는 것은 아니어서 그 처분의 기초가 된 사실관계나 법률적 판단이 확정되고 당사자들이나 법원이 이에 기속되어 모순되는 주장이나 판단을 할 수 없게 되는 것은 아니다(대판 2008. 7.24. 2006두20808).

ANSWER 15.② 16.③

17 **행정기관에 대한 설명으로 옳지 않은 것은? (다툼이 있는 경우 판례에 의함)**

① 「정부조직법」상 중앙행정기관에는 소관 사무를 수행하기 위하여 필요한 때에는 특히 법률로 정한 경우를 제외하고는 대통령령으로 정하는 바에 따라 지방행정기관을 둘 수 있다.

② 일정한 관할 구역 내에서 널리 일반국가사무를 수행하는 행정기관을 국가의 보통지방행정기관이라 하고 세무서장이나 경찰서장이 이에 속한다.

③ 국가사무가 지방자치단체의 장에게 위임되어 수행되는 경우, 지방자치단체의 장은 국가사무를 처리하는 범위 내에서 국가의 보통지방행정기관의 지위에 있다.

④ 법령상 주어진 권한의 범위 내에서 행정주체의 행정에 관한 의사를 결정할 뿐 이를 외부에 표시하는 권한을 갖지 못하는 합의제 행정기관을 의결기관이라 한다.

ADVICE ② 보통지방행정기관은 국가사무를 위임받아 처리하는 지방자치단체 장을 의미하고, 이와 대비되는 특별지방행정기관으로는 지방병무청 · 지방국세청 등이 있다. 세무서장 · 경찰서장은 독임제 행정청이다.

① 정부조직법 제3조 제1항.

③ 국가행정사무를 지방자치단체의 장에게 위임하여 수행할 수 있으므로 지방자치단체의 장은 국가사무를 처리하는 범위 내에서는 국가의 보통 지방행정기관의 지위에 있는 것이다(대판 1984. 7.10. 82누563)

④ 의결기관은 행정에 관한 의사를 결정할 뿐 외부에 표시할 수 없는 합의제행정기관을 말하며, 외부에 표시할 수 있는 권한까지 가진 경우 이를 합의제행정관청이라 한다.

18 **「공익사업을 위한 토지 등의 취득 및 보상에 관한 법률」상 잔여지 수용청구 및 손실보상에 대한 설명으로 옳은 것은? (다툼이 있는 경우 판례에 의함)**

① 동일한 토지소유자에 속하는 일단의 토지의 일부가 취득됨으로써 잔여지의 가격이 감소한 때에는 잔여지를 종래의 목적으로 사용하는 것이 가능한 경우라도 그 잔여지는 손실보상의 대상이 된다.

② 토지소유자가 잔여지 수용청구에 대한 재결절차를 거친 경우에는 곧바로 사업시행자를 상대로 잔여지 가격 감소 등으로 인한 손실보상을 청구할 수 있다.

③ 잔여지 수용청구는 당해 공익사업의 공사완료일까지 해야 하지만, 토지소유자가 그 기간 내에 잔여지 수용청구권을 행사하지 않았더라도 그 권리가 소멸하는 것은 아니다.

④ 토지소유자가 사업시행자에게 잔여지 매수청구의 의사표시를 하였다면, 그 의사표시는 특별한 사정이 없는 한 관할 토지수용위원회에 한 잔여지 수용청구의 의사표시로 볼 수 있다.

ADVICE ① 동일한 소유자에 속하는 토지의 일부가 취득됨으로써 잔여지의 가격이 감소한 경우에는 그 잔여지에 대해 손실보상을 청구할 수 있으며, 토지의 일부가 매수나 수용됨으로 인하여 잔여지를 종래의 목적대로 사용하는 것이 현저히 곤란한 경우 토지소유자는 사업시행자에게 잔여지 매수를 청구할 수 있다(토지보상법 제73조 제1항, 제74조 제1항).

제73조(잔여지의 손실과 공사비 보상)
① 사업시행자는 동일한 소유자에게 속하는 일단의 토지의 일부가 취득되거나 사용됨으로 인하여 잔여지의 가격이 감소하거나 그 밖의 손실이 있을 때 또는 잔여지에 통로·도랑·담장 등의 신설이나 그 밖의 공사가 필요할 때에는 국토교통부령으로 정하는 바에 따라 그 손실이나 공사의 비용을 보상하여야 한다. 다만, 잔여지의 가격 감소분과 잔여지에 대한 공사의 비용을 합한 금액이 잔여지의 가격보다 큰 경우에는 사업시행자는 그 잔여지를 매수할 수 있다.
제74조(잔여지 등의 매수 및 수용 청구)
① 동일한 소유자에게 속하는 일단의 토지의 일부가 협의에 의하여 매수되거나 수용됨으로 인하여 잔여지를 종래의 목적에 사용하는 것이 현저히 곤란할 때에는 해당 토지소유자는 사업시행자에게 잔여지를 매수하여 줄 것을 청구할 수 있으며, 사업인정 이후에는 관할 토지수용위원회에 수용을 청구할 수 있다. 이 경우 수용의 청구는 매수에 관한 협의가 성립되지 아니한 경우에만 할 수 있으며, 사업완료일까지 하여야 한다.

② 토지소유자가 사업시행자로부터 공익사업법 제73조, 제75조의2에 따른 잔여지 또는 잔여 건축물 가격감소 등으로 인한 손실보상을 받기 위해서는 공익사업법 제34조, 제50조 등에 규정된 재결절차를 거친 다음 그 재결에 대하여 불복할 때 비로소 공익사업법 제83조 내지 제85조에 따라 권리구제를 받을 수 있을 뿐이며, 특별한 사정이 없는 한 이러한 재결절차를 거치지 않은 채 곧바로 사업시행자를 상대로 손실보상을 청구하는 것은 허용되지 않는다 할 것이고, 이는 잔여지 또는 잔여 건축물 수용청구에 대한 재결절차를 거친 경우라고 하여 달리 볼 것은 아니다(대판 2014. 9.25. 2012두24092).

③④ 잔여지 수용청구는 사업시행자와 사이에 매수에 관한 협의가 성립되지 아니한 경우 일단의 토지의 일부에 대한 관할 토지수용위원회의 수용재결이 있기 전까지 관할 토지수용위원회에 하여야 하고, 잔여지 수용청구권의 행사기간은 제척기간으로서, 토지소유자가 그 행사기간 내에 잔여지 수용청구권을 행사하지 아니하면 그 권리가 소멸한다. 또한 위 조항의 문언 내용 등에 비추어 볼 때, 잔여지 수용청구의 의사표시는 관할 토지수용위원회에 하여야 하는 것으로서, 관할 토지수용위원회가 사업시행자에게 잔여지 수용청구의 의사표시를 수령할 권한을 부여하였다고 인정할 만한 사정이 없는 한, 사업시행자에게 한 잔여지 매수청구의 의사표시를 관할 토지수용위원회에 한 잔여지 수용청구의 의사표시로 볼 수는 없다(대판 2010. 8.19. 2008두822).

ANSWER 17.② 18.①

19 **행정청이 별도의 법령상의 근거 없이도 할 수 있는 행위를 모두 고르면? (다툼이 있는 경우 판례에 의함)**

> ㉠ 수익적 행정처분인 재량행위를 하면서 침익적 성격의 부관을 부가하는 행위
> ㉡ 부관인 부담의 불이행을 이유로 수익적 행정행위를 철회하는 행위
> ㉢ 부작위의무를 위반함으로써 생긴 결과를 시정하기 위한 작위의무를 명하는 행위
> ㉣ 철거명령의 위반을 이유로 행정대집행을 하면서 철거의무자인 점유자에 대해 퇴거명령을 하는 행위

① ㉠, ㉡　　② ㉡, ㉢

③ ㉢, ㉣　　④ ㉠, ㉡, ㉣

ADVICE ㉠ 재량행위에 있어서는 관계 법령에 명시적인 금지규정이 없는 한 행정목적을 달성하기 위하여 조건이나 기한, 부담 등의 부관을 붙일 수 있고, 그 부관의 내용이 이행 가능하고 비례의 원칙 및 평등의 원칙에 적합하며 행정처분의 본질적 효력을 저해하지 아니하는 이상 위법하다고 할 수 없다(대판 2009.10.29. 2008두9829).

㉡ 부담부 행정처분에 있어서 처분의 상대방이 부담(의무)을 이행하지 아니한 경우에 처분행정청으로서는 이를 들어 당해 처분을 취소(철회)할 수 있는 것이다(대판 1989.10.24. 89누2431).

㉣ 관계 법령상 행정대집행의 절차가 인정되어 행정청이 행정대집행의 방법으로 건물의 철거 등 대체적 작위의무의 이행을 실현할 수 있는 경우에는 따로 민사소송의 방법으로 그 의무의 이행을 구할 수 없다. 한편 건물의 점유자가 철거의무자일 때에는 건물철거의무에 퇴거의무도 포함되어 있는 것이어서 별도로 퇴거를 명하는 집행권원이 필요하지 않다(대판 2017. 4.28. 2016다213916).

㉢ 단순한 부작위의무의 위반, 즉 관계 법령에 정하고 있는 절대적 금지나 허가를 유보한 상대적 금지를 위반한 경우에는 당해 법령에서 그 위반자에 대하여 위반에 의하여 생긴 유형적 결과의 시정을 명하는 행정처분의 권한을 인정하는 규정(예컨대, 건축법 제69조, 도로법 제74조, 하천법 제67조, 도시공원법 제20조, 옥외광고물등관리법 제10조 등)을 두고 있지 아니한 이상, 법치주의의 원리에 비추어 볼 때 위와 같은 부작위의무로부터 그 의무를 위반함으로써 생긴 결과를 시정하기 위한 작위의무를 당연히 끌어낼 수는 없으며, 또 위 금지규정(특히 허가를 유보한 상대적 금지규정)으로부터 작위의무, 즉 위반결과의 시정을 명하는 권한이 당연히 추론되는 것도 아니다(대판 1996. 6.28. 96누4374).

20 공무원관계의 변동에 대한 설명으로 옳은 것은? (다툼이 있는 경우 판례에 의함)

① 「국가공무원법」상 직위해제처분에 대해서는 처분의 사전통지 및 의견청취 등에 관한 「행정절차법」 규정이 적용된다.

② 공무원임용결격사유가 있는지의 여부는 채용후보자 명부에 등록한 때의 법률을 기준으로 하여 판단하여야 한다.

③ 지방자치단체의 장이 소속 공무원을 다른 지방자치단체로 전출하는 것은 임명권자를 달리하는 지방자치단체로의 이동인 점에 비추어 이 경우에는 반드시 당해 공무원의 동의를 전제로 하므로, 당해 공무원의 동의 없는 전출명령은 무효이다.

④ 「지방공무원법」에 따르면, 임용권자는 직제와 정원이 개정되거나 폐지되어 과원이 됨에 따라 소속 공무원을 면직시킬 때에는 임용형태, 업무실적, 직무수행능력, 징계처분 사실 등을 고려하여 면직 기준을 정하여야 하며, 이 경우 미리 해당 인사위원회의 의결을 거쳐야 한다.

ADVICE ④ 지방공무원법 제62조.

> 제62조(직권면직)
> ① 임용권자는 공무원이 다음 각 호의 어느 하나에 해당할 때에는 직권으로 면직시킬 수 있다.
> 1. 다음 각 목의 어느 하나에 해당하는 경우로서 직위가 없어지거나 과원이 된 때
> 가. 지방자치단체를 폐지하거나 설치하거나 나누거나 합친 경우
> 나. 직제와 정원이 개정되거나 폐지된 경우
> 다. 예산이 감소된 경우
> ③ 임용권자는 제1항 제1호에 따라 소속 공무원을 면직시킬 때에는 임용형태, 업무실적, 직무수행능력, 징계처분 사실 등을 고려하여 면직 기준을 정하여야 한다.
> ④ 제3항의 면직 기준을 정하거나 제1항 제1호에 따라 면직 대상자를 결정할 때에는 미리 해당 인사위원회의 의결을 거쳐야 한다.

① 국가공무원법상 직위해제처분은 당해 행정작용의 성질상 행정절차를 거치기 곤란하거나 불필요하다고 인정되는 사항 또는 행정절차에 준하는 절차를 거친 사항에 해당하므로, 처분의 사전통지 및 의견청취 등에 관한 행정절차법의 규정이 별도로 적용되지 않는다(대판 2014. 5.16. 2012두26180).

② 국가공무원법에 규정되어 있는 공무원임용결격사유는 공무원으로 임용되기 위한 절대적인 소극적 요건으로서 공무원관계는 국가공무원법 제38조, 공무원임용령 제11조의 규정에 의한 채용후보자 명부에 등록한 때가 아니라 국가의 임용이 있는 때에 설정되는 것이므로 공무원임용결격사유가 있는지의 여부는 채용후보자 명부에 등록한 때가 아닌 임용당시에 시행되던 법률을 기준으로 하여 판단하여야 한다(대판 1987. 4.14. 86누459).

③ 당해 공무원의 동의 없는 지방공무원법 제29조의3의 규정에 의한 전출명령은 위법하여 취소되어야 하므로, 그 전출명령이 적법함을 전제로 내린 징계처분은 그 전출명령이 공정력에 의하여 취소되기 전까지는 유효하다고 하더라도 징계양정에 있어 재량권을 일탈하여 위법하다(대판 2001.12.11. 99두1823).

ANSWER 19.④ 20.④

2019. 10. 12. 제3회 서울특별시 시행

1 신뢰보호 원칙의 요건에 대한 설명으로 가장 옳지 않은 것은?

① 행정청이 개인에 대하여 신뢰의 대상이 되는 공적인 견해표명을 하여야 한다.
② 행정청의 견해표명이 정당하다고 신뢰한 데에 대하여 그 개인에게 귀책사유가 있더라도 신뢰보호의 원칙이 적용된다.
③ 개인이 행정청의 견해표명을 신뢰하고 이에 상응하는 어떠한 행위를 하였어야 한다.
④ 행정청이 그 견해표명에 반하는 처분을 함으로써 견해표명을 신뢰한 개인의 이익이 침해되는 결과가 초래되어야 한다.

ADVICE ② 행정청의 견해표명이 정당하다고 신뢰한 데에 대하여 개인에게 귀책사유가 없어야 신뢰보호 원칙이 적용된다.
• 일반적으로 행정상의 법률관계 있어서 행정청의 행위에 대하여 신뢰보호의 원칙이 적용되기 위하여는, 첫째 행정청이 개인에 대하여 신뢰의 대상이 되는 공적인 견해표명을 하여야 하고, 둘째 행정청의 견해표명이 정당하다고 신뢰한 데에 대하여 그 개인에게 귀책사유가 없어야 하며, 셋째 그 개인이 그 견해표명을 신뢰하고 이에 어떠한 행위를 하였어야 하고, 넷째 행정청이 위 견해표명에 반하는 처분을 함으로써 그 견해표명을 신뢰한 개인의 이익이 침해되는 결과가 초래되어야 하며, 어떠한 행정처분이 이러한 요건을 충족할 때에는, 공익 또는 제3자의 정당한 이익을 현저히 해할 우려가 있는 경우가 아닌 한, 신뢰보호의 원칙에 반하는 행위로서 위법하게 된다(대판 1999. 3. 9. 98두19070).

2 행정입법에 대한 설명으로 가장 옳지 않은 것은?

① 행정청은 대통령령을 입법예고할 경우에는 국회 소관 상임위원회에 이를 제출하여야 한다.
② 행정규칙이 대외적인 구속력을 가지는 경우에는 헌법 소원의 대상이 된다.
③ 근거규정이 행정규칙에 해당하는 이상, 그 근거규정에 의거한 조치는 행정처분에 해당하지 않는다.
④ 고시가 비록 법령에 근거를 둔 것이라고 하더라도 그 규정 내용이 법령의 위임 범위를 벗어난 것일 경우에는 법규명령으로서의 대외적 구속력을 인정할 여지는 없다.

ADVICE ③ 어떠한 처분의 근거나 법적인 효과가 행정규칙에 규정되어 있다고 하더라도, 그 처분이 행정규칙의 내부적 구속력에 의하여 상대방에게 권리의 설정 또는 의무의 부담을 명하거나 기타 법적인 효과를 발생하게 하는 등으로 그 상대방의 권리 의무에 직접 영향을 미치는 행위라면, 이 경우에도 항고소송의 대상이 되는 행정처분에 해당한다. 행정규칙에 의한 '불문경고조치'가 비록 법률상의 징계처분은 아니지만 위 처분을 받지 아니하였다면 차후 다른 징계처분이나 경고를 받게 될 경우 징계감경사유로 사용될 수 있었던 표창공적의 사용가능성을 소멸시키는 효과와 1년 동안 인사기록카드에 등재됨으로써 그 동안은 장관표창이나 도지사표창 대상자에서 제외시키는 효과 등이 있다는 이유로 항고소송의 대상이 되는 행정처분에 해당한다(대판 2002. 7.26. 2001두3532).

① 국회법 제98조의2 제1항.

> 제98조의2(대통령령 등의 제출 등)
> ① 중앙행정기관의 장은 법률에서 위임한 사항이나 법률을 집행하기 위하여 필요한 사항을 규정한 대통령령·총리령·부령·훈령·예규·고시 등이 제정·개정 또는 폐지되었을 때에는 10일 이내에 이를 국회 소관 상임위원회에 제출하여야 한다. 다만, 대통령령의 경우에는 입법예고를 할 때(입법예고를 생략하는 경우에는 법제처장에게 심사를 요청할 때를 말한다)에도 그 입법예고안을 10일 이내에 제출하여야 한다.

② 행정규칙이 법령의 규정에 의하여 행정관청에 법령의 구체적 내용을 보충할 권한을 부여한 경우나 재량권행사의 준칙인 규칙이 그 정한 바에 따라 되풀이 시행되어 행정관행이 이룩되게 되면, 평등의 원칙이나 신뢰보호의 원칙에 따라 행정기관은 그 상대방에 대한 관계에서 그 규칙에 따라야 할 자기구속을 당하게 되는 경우에는 대외적인 구속력을 가지게 되는바, 이러한 경우에는 헌법소원의 대상이 될 수도 있다(헌재 2001.5.31. 99헌마413).

④ 일반적으로 행정 각부의 장이 정하는 고시라도 그것이 특히 법령의 규정에서 특정 행정기관에 법령 내용의 구체적 사항을 정할 수 있는 권한을 부여함으로써 법령 내용을 보충하는 기능을 가질 경우에는 형식과 상관없이 근거 법령 규정과 결합하여 대외적으로 구속력이 있는 법규명령으로서의 효력을 가지나 이는 어디까지나 법령의 위임에 따라 법령 규정을 보충하는 기능을 가지는 점에 근거하여 예외적으로 인정되는 효력이므로 특정 고시가 비록 법령에 근거를 둔 것이더라도 규정 내용이 법령의 위임 범위를 벗어난 것일 경우에는 법규명령으로서의 대외적 구속력을 인정할 여지는 없다(대판 2016. 8.17. 2015두51132).

3 **「질서위반행위규제법」의 내용으로 가장 옳지 않은 것은?**

① 고의 또는 과실이 없는 질서위반행위는 과태료를 부과하지 아니한다.

② 자신의 행위가 위법하지 아니한 것으로 오인하고 행한 질서위반행위는 그 오인에 정당한 이유가 있는 때에 한하여 과태료를 부과하지 아니한다.

③ 법률에 따르지 아니하고는 어떤 행위도 질서위반행위로 과태료를 부과하지 아니한다.

④ 행정청의 과태료 부과에 불복하려는 당사자는 과태료부과 통지를 받은 날부터 90일 이내에 해당 행정청에 서면으로 이의제기를 할 수 있다.

ADVICE ④ 행정청의 과태료 부과에 불복하는 당사자는 과태료 부과 통지를 받은 날부터 60일 이내에 해당 행정청에 서면으로 이의제기를 할 수 있다(질서위반행위규제법 제20조 제1항).

> 제20조(이의제기)
> ① 행정청의 과태료 부과에 불복하는 당사자는 제17조제1항에 따른 과태료 부과 통지를 받은 날부터 60일 이내에 해당 행정청에 서면으로 이의제기를 할 수 있다.
> ② 제1항에 따른 이의제기가 있는 경우에는 행정청의 과태료 부과처분은 그 효력을 상실한다.

① 질서위반행위규제법 제7조.

② 질서위반행위규제법 제8조.

③ 질서위반행위규제법 제6조.

ANSWER 1.② 2.③ 3.④

4 정보공개에 대한 판례의 내용으로 가장 옳지 않은 것은?

① 한·일 군사정보보호협정 및 한·일 상호군수지원협정과 관련하여 각종 회의자료 및 회의록 등의 정보는 정보공개법상 공개가 가능한 부분과 공개가 불가능한 부분을 쉽게 분리하는 것이 불가능한 비공개정보에 해당하지 아니한다.

② 공개를 거부한 정보에 비공개사유에 해당하는 부분과 그렇지 않은 부분이 혼합되어 있고, 공개청구의 취지에 어긋나지 않는 범위 안에서 두 부분을 분리할 수 있는 경우에는 법원은 공개가 가능한 정보에 한하여 일부 취소를 명할 수 있다.

③ 외국 기관으로부터 비공개를 전제로 정보를 입수하였다는 이유만으로, 이를 공개할 경우 업무의 공정한 수행에 현저한 지장을 받을 것이라 단정할 수 없다.

④ 공공기관이 청구인이 신청한 공개방법 이외의 방법으로 공개하기로 결정하였다면, 이는 정보공개청구 중 정보공개방법에 관한 부분에 대하여 일부 거부처분을 한 것이므로 이에 대해 항고소송으로 다툴 수 있다.

ADVICE ① 甲이 외교부장관에게 한·일 군사정보보호협정 및 한·일 상호군수지원협정과 관련하여 각종 회의자료 및 회의록 등의 정보에 대한 공개를 청구하였으나, 외교부장관이 공개 청구 정보 중 일부를 제외한 나머지 정보들에 대하여 비공개 결정을 한 사안에서, 위 정보는 구 공공기관의 정보공개에 관한 법률 제9조 제1항 제2호, 제5호에 정한 비공개대상정보에 해당하고, 공개가 가능한 부분과 공개가 불가능한 부분을 쉽게 분리하는 것이 불가능하여 같은 법 제14조에 따른 부분공개도 가능하지 않다(대판 2019. 1.17. 2015두46512).

② 법원이 행정기관의 정보공개거부처분의 위법 여부를 심리한 결과 공개를 거부한 정보에 비공개사유에 해당하는 부분과 그렇지 않은 부분이 혼합되어 있고, 공개청구의 취지에 어긋나지 않는 범위 안에서 두 부분을 분리할 수 있음을 인정할 수 있을 때에는 공개가 가능한 정보에 국한하여 일부취소를 명할 수 있다. 이러한 정보의 부분 공개가 허용되는 경우란 그 정보의 공개방법 및 절차에 비추어 당해 정보에서 비공개대상정보에 관련된 기술 등을 제외 혹은 삭제하고 나머지 정보만을 공개하는 것이 가능하고 나머지 부분의 정보만으로도 공개의 가치가 있는 경우를 의미한다(대판 2009.12.10. 2009두12785).

③ 외국 또는 외국 기관으로부터 비공개를 전제로 정보를 입수하였다는 이유만으로 이를 공개할 경우 업무의 공정한 수행에 현저한 지장을 받을 것이라고 단정할 수는 없다. 다만 위와 같은 사정은 정보 제공자와의 관계, 정보 제공자의 의사, 정보의 취득 경위, 정보의 내용 등과 함께 업무의 공정한 수행에 현저한 지장이 있는지를 판단할 때 고려하여야 할 형량 요소이다(대판 2018. 9.28. 2017두69892).

④ 정보의 공개를 청구하는 이가 정보공개방법도 아울러 지정하여 정보공개를 청구할 수 있도록 하고 있고, 전자적 형태의 정보를 전자적으로 공개하여 줄 것을 요청한 경우에는 공공기관은 원칙적으로 요청에 응할 의무가 있고, 나아가 비전자적 형태의 정보에 관해서도 전자적 형태로 공개하여 줄 것을 요청하면 재량판단에 따라 전자적 형태로 변환하여 공개할 수 있도록 하고 있다. 이는 정보의 효율적 활용을 도모하고 청구인의 편의를 제고함으로써 구 정보공개법의 목적인 국민의 알 권리를 충실하게 보장하려는 것이므로, 청구인에게는 특정한 공개방법을 지정하여 정보공개를 청구할 수 있는 법령상 신청권이 있다. 따라서 공공기관이 공개청구의 대상이 된 정보를 공개는 하되, 청구인이 신청한 공개방법 이외의 방법으로 공개하기로 하는 결정을 하였다면, 이는 정보공개청구 중 정보공개방법에 관한 부분에 대하여 일부 거부처분을 한 것이고, 청구인은 그에 대하여 항고소송으로 다툴 수 있다(대판 2016.11.10. 2016두44674).

5 **허가에 대한 설명으로 가장 옳지 않은 것은?**

① 「건축법」에서 인허가의제 제도를 둔 취지는, 인허가의제 사항과 관련하여 건축허가의 관할 행정청으로 창구를 단일화하고 절차를 간소화하며 비용과 시간을 절감함으로써 국민의 권익을 보호하려는 것이다.

② 건축허가는 대물적 성질을 갖는 것이어서 행정청으로서는 허가를 할 때에 건축주 또는 토지 소유자가 누구인지 등 인적 요소에 관하여는 형식적 심사만 한다.

③ 허가에 붙은 기한이 그 허가된 사업의 성질상 부당하게 짧은 경우에는 이를 그 허가조건의 존속기간으로 보아야 한다.

④ 허가 등의 행정처분은 원칙적으로 허가 신청시의 법령과 허가기준에 의하여 처리되어야 한다.

ADVICE ④ 허가 등의 행정처분은 원칙적으로 처분시의 법령과 허가기준에 의하여 처리되어야 하고 허가신청 당시의 기준에 따라야 하는 것은 아니며, 비록 허가신청 후 허가기준이 변경되었다 하더라도 그 허가관청이 허가신청을 수리하고도 정당한 이유 없이 그 처리를 늦추어 그 사이에 허가기준이 변경된 것이 아닌 이상 변경된 허가기준에 따라서 처분을 하여야 한다(대판 2006. 8.25. 2004두2974).

① 건축법에서 인허가의제 제도를 둔 취지는, 인허가의제사항과 관련하여 건축허가의 관할 행정청으로 창구를 단일화하고 절차를 간소화하며 비용과 시간을 절감함으로써 국민의 권익을 보호하려는 것이지, 인허가의제사항 관련 법률에 따른 각각의 인허가 요건에 관한 일체의 심사를 배제하려는 것으로 보기는 어려우므로, 도시계획시설인 주차장에 대한 건축허가신청을 받은 행정청으로서는 건축법상 허가 요건뿐 아니라 국토의 계획 및 이용에 관한 법령이 정한 도시계획시설사업에 관한 실시계획인가 요건도 충족하는 경우에 한하여 이를 허가해야 한다(대판 2015. 7. 9. 2015두39590).

② 건축허가는 대물적 성질을 갖는 것이어서 행정청으로서는 허가를 할 때에 건축주 또는 토지 소유자가 누구인지 등 인적 요소에 관하여는 형식적 심사만 한다. 건축주가 토지 소유자로부터 토지사용승낙서를 받아 그 토지 위에 건축물을 건축하는 대물적(對物的) 성질의 건축허가를 받았다가 착공에 앞서 건축주의 귀책사유로 해당 토지를 사용할 권리를 상실한 경우, 건축허가의 존재로 말미암아 토지에 대한 소유권 행사에 지장을 받을 수 있는 토지 소유자로서는 건축허가의 철회를 신청할 수 있다고 보아야 한다. 따라서 토지 소유자의 위와 같은 신청을 거부한 행위는 항고소송의 대상이 된다(대판 2017. 3.15. 2014두41190).

③ 일반적으로 행정처분에 효력기간이 정하여져 있는 경우에는 그 기간의 경과로 그 행정처분의 효력은 상실되고, 다만 허가에 붙은 기한이 그 허가된 사업의 성질상 부당하게 짧은 경우에는 이를 그 허가 자체의 존속기간이 아니라 그 허가조건의 존속기간으로 보아 그 기한이 도래함으로써 그 조건의 개정을 고려한다는 뜻으로 해석할 수는 있지만, 그와 같은 경우라 하더라도 그 허가기간이 연장되기 위하여는 그 종기가 도래하기 전에 그 허가기간의 연장에 관한 신청이 있어야 하며, 만일 그러한 연장신청이 없는 상태에서 허가기간이 만료하였다면 그 허가의 효력은 상실된다(대판 2007.10.11. 2005두12404).

ANSWER 4.① 5.④

6 「행정절차법」에 따른 행정절차에 대한 설명으로 가장 옳은 것은?

① 의견청취절차를 배제하는 내용의 협약이 체결되었다면, 청문실시에 관한 규정의 적용이 배제되거나 청문을 실시하지 않아도 되는 예외적인 경우에 해당한다.

② 법령에 따라 당연히 환수금액이 정해지더라도 퇴직연금의 환수결정에 앞서 당사자에게 의견진술의 기회를 주어야 한다.

③ 공무원 직위해제처분에 대해서는 사전통지 등에 관한 「행정절차법」의 규정이 적용되지 않는다.

④ 행정청이 '고시'의 방법으로 불특정 다수인을 상대로 의무를 부과하거나 권익을 제한하는 처분을 한 경우에도 상대방에게 의견제출의 기회를 주어야 한다.

ADVICE ③ 국가공무원법상 직위해제처분은 구 행정절차법 제3조 제2항 제9호, 구 행정절차법 시행령 제2조 제3호에 의하여 당해 행정작용의 성질상 행정절차를 거치기 곤란하거나 불필요하다고 인정되는 사항 또는 행정절차에 준하는 절차를 거친 사항에 해당하므로, 처분의 사전통지 및 의견청취 등에 관한 행정절차법의 규정이 별도로 적용되지 않는다(대판 2014. 5.16. 2012두26180).

① 행정청이 당사자와 사이에 도시계획사업의 시행과 관련한 협약을 체결하면서 관계 법령 및 행정절차법에 규정된 청문의 실시 등 의견청취절차를 배제하는 조항을 두었다고 하더라도, 국민의 행정참여를 도모함으로써 행정의 공정성·투명성 및 신뢰성을 확보하고 국민의 권익을 보호한다는 행정절차법의 목적 및 청문제도의 취지 등에 비추어 볼 때, 위와 같은 협약의 체결로 청문의 실시에 관한 규정의 적용을 배제할 수 있다고 볼 만한 법령상의 규정이 없는 한, 이러한 협약이 체결되었다고 하여 청문의 실시에 관한 규정의 적용이 배제된다거나 청문을 실시하지 않아도 되는 예외적인 경우에 해당한다고 할 수 없다(대판 2004. 7. 8. 2002두8350).

② 퇴직연금의 환수결정은 당사자에게 의무를 과하는 처분이기는 하나, 관련 법령에 따라 당연히 환수금액이 정하여지는 것이므로, 퇴직연금의 환수결정에 앞서 당사자에게 의견진술의 기회를 주지 아니하여도 행정절차법 제22조 제3항이나 신의칙에 어긋나지 아니한다(대판 2000.11.28. 99두5443).

④ 구 행정절차법 제22조 제3항에 따라 행정청이 의무를 부과하거나 권익을 제한하는 처분을 할 때 의견제출의 기회를 주어야 하는 '당사자'는 '행정청의 처분에 대하여 직접 그 상대가 되는 당사자'를 의미한다. 그런데 '고시'의 방법으로 불특정 다수인을 상대로 의무를 부과하거나 권익을 제한하는 처분은 성질상 의견제출의 기회를 주어야 하는 상대방을 특정할 수 없으므로, 이와 같은 처분에 있어서까지 구 행정절차법 제22조 제3항에 의하여 그 상대방에게 의견제출의 기회를 주어야 한다고 해석할 것은 아니다(대판 2014.10.27. 2012두7745).

7 「국가배상법」 제2조에 따른 배상책임에 대한 설명으로 가장 옳지 않은 것은?

① 공무원에게 부과된 직무상 의무의 내용이 순전히 행정기관 내부의 질서를 유지하기 위한 것이거나 전체적으로 공공 일반의 이익을 도모하기 위한 것인 경우, 국가 또는 지방자치단체가 배상책임을 부담하지 아니한다.

② 헌법재판소 재판관이 청구기간 내에 제기된 헌법소원 심판청구 사건에서 청구기간을 오인하여 각하결정을 한 경우, 이에 대한 불복절차 내지 시정절차가 없는 때에는 국가배상책임(위법성)을 인정할 수 있다.

③ 어떠한 행정처분이 후에 항고소송에서 위법한 것으로서 취소되었다면, 그로써 곧 당해 행정처분은 공무원의 고의 또는 과실에 의한 불법행위를 구성한다고 보아야 한다.

④ 「국가배상법」이 정한 손해배상청구의 요건인 '공무원의 직무'에는 국가나 지방자치단체의 권력적 작용뿐만 아니라 비권력적 작용도 포함되지만 단순한 사경제의 주체로서 하는 작용은 포함되지 않는다.

ADVICE ③ 어떠한 행정처분이 후에 항고소송에서 취소되었다고 할지라도 그 기판력에 의하여 당해 행정처분이 곧바로 공무원의 고의 또는 과실로 인한 것으로서 불법행위를 구성한다고 단정할 수는 없는 것이고, 그 행정처분의 담당공무원이 보통 일반의 공무원을 표준으로 하여 볼 때 객관적 주의의무를 결하여 그 행정처분이 객관적 정당성을 상실하였다고 인정될 정도에 이른 경우에 국가배상법 제2조 소정의 국가배상책임의 요건을 충족하였다고 봄이 상당할 것이며, 이 때에 객관적 정당성을 상실하였는지 여부는 피침해이익의 종류 및 성질, 침해행위가 되는 행정처분의 태양 및 그 원인, 행정처분의 발동에 대한 피해자측의 관여의 유무, 정도 및 손해의 정도 등 제반 사정을 종합하여 손해의 전보책임을 국가 또는 지방자치단체에게 부담시켜야 할 실질적인 이유가 있는지 여부에 의하여 판단하여야 한다(대판 2003.12.11. 2001다65236).

① 일반적으로 국가 또는 지방자치단체가 권한을 행사할 때에는 국민에 대한 손해를 방지하여야 하고, 국민의 안전을 배려하여야 하며, 소속 공무원이 전적으로 또는 부수적으로라도 국민 개개인의 안전과 이익을 보호하기 위하여 법령에서 정한 직무상 의무를 위반하여 국민에게 손해를 가하면 상당인과관계가 인정되는 범위 안에서 국가 또는 지방자치단체가 배상책임을 부담하는 것이지만, 공무원이 직무를 수행하면서 근거되는 법령의 규정에 따라 구체적으로 의무를 부여받았어도 그것이 국민의 이익과는 관계없이 순전히 행정기관 내부의 질서를 유지하기 위한 것이거나, 또는 국민의 이익과 관련된 것이라도 직접 국민 개개인의 이익을 위한 것이 아니라 전체적으로 공공 일반의 이익을 도모하기 위한 것이라면 그 의무를 위반하여 국민에게 손해를 가하여도 국가 또는 지방자치단체는 배상책임을 부담하지 아니한다. 이때 공무원이 준수하여야 할 직무상 의무가 오로지 공공 일반의 전체적인 이익을 도모하기 위한 것에 불과한지 혹은 국민 개개인의 안전과 이익을 보호하기 위하여 설정된 것인지는 결국 근거 법령 전체의 기본적인 취지 · 목적과 그 의무를 부과하고 있는 개별 규정의 구체적 목적 · 내용 및 직무의 성질, 가해행위의 태양 및 피해의 정도 등의 제반 사정을 개별적 · 구체적으로 고려하여 판단하여야 한다(대판 2015. 5.28. 2013다41431).

② 헌법재판소 재판관이 청구기간 내에 제기된 헌법소원심판청구 사건에서 청구기간을 오인하여 각하결정을 한 경우, 이에 대한 불복절차 내지 시정절차가 없는 때에는 국가배상책임(위법성)을 인정할 수 있다(대판 2003. 7.11. 99다24218).

④ 국가배상법이 정한 손해배상청구의 요건인 '공무원의 직무'에는 국가나 지방자치단체의 권력적 작용뿐만 아니라 비권력적 작용도 포함되지만 단순한 사경제의 주체로서 하는 작용은 포함되지 않는다(대판 2004. 4. 9. 2002다10691).

ANSWER 6.③ 7.③

8 행정소송에 있어 처분사유의 추가 · 변경에 대한 설명으로 가장 옳은 것은?

① 처분사유의 추가 · 변경은 사실심의 확정판결시까지만 허용된다.

② 추가 또는 변경된 사유가 처분 당시 이미 존재하고 있었거나 당사자가 그 사실을 알고 있었던 경우, 이러한 사정만으로도 당초의 처분사유와 동일성이 인정된다.

③ 외국인 갑(甲)이 법무부장관에게 귀화신청을 하였으나 법무부장관이 '품행 미단정'을 불허사유로 「국적법」상의 요건을 갖추지 못하였다며 신청을 받아들이지 않는 처분을 하였는데, 법무부장관이 갑을 '품행 미단정'이라고 판단한 이유에 대하여 제1심 변론절차에서 「자동차관리법」 위반죄로 기소유예를 받은 전력 등을 고려하였다고 주장한 후, 제2심 변론절차에서 불법 체류전력 등의 제반사정을 추가로 주장할 수 있다.

④ 이동통신요금 원가 관련 정보공개청구에 대해 행정청이 별다른 이유를 제시하지 아니한 채 통신요금과 관련한 총괄원가액수만을 공개한 후, 정보공개거부처분 취소소송에서 원가 관련 정보가 법인의 영업상 비밀에 해당한다는 비공개사유를 주장하는 것은, 그 기본적 사실관계가 동일하다고 볼 수 있는 사유를 추가하는 것이다.

ADVICE ③ 외국인 甲이 법무부장관에게 귀화신청을 하였으나 법무부장관이 심사를 거쳐 '품행 미단정'을 불허사유로 국적법상의 요건을 갖추지 못하였다며 신청을 받아들이지 않는 처분을 하였는데, 법무부장관이 甲을 '품행 미단정'이라고 판단한 이유에 대하여 제1심 변론절차에서 자동차관리법위반죄로 기소유예를 받은 전력 등을 고려하였다고 주장하였다가 원심 변론절차에서 불법 체류한 전력이 있다는 추가적인 사정까지 고려하였다고 주장한 사안에서, 법무부장관이 처분 당시 甲의 전력 등을 고려하여 甲이 구 국적법 제5조 제3호의 '품행단정' 요건을 갖추지 못하였다고 판단하여 처분을 하였고, 그 처분서에 처분사유로 '품행 미단정'이라고 기재하였으므로, '품행 미단정'이라는 판단 결과를 위 처분의 처분사유로 보아야 하는데, 법무부장관이 원심에서 추가로 제시한 불법 체류 전력 등의 제반 사정은 불허가처분의 처분사유 자체가 아니라 그 근거가 되는 기초 사실 내지 평가요소에 지나지 않으므로, 법무부장관이 이러한 사정을 추가로 주장할 수 있다(대판 2018.12.13. 2016두31616).

① 과세관청은 소송 도중이라도 당해 처분에서 인정한 과세표준 또는 세액의 정당성을 뒷받침할 수 있는 새로운 자료를 제출하거나 처분의 동일성이 유지되는 범위 내에서 그 사유를 교환 · 변경할 수 있다고 할 것이나 이는 사실심 변론종결시까지만 허용된다(대판 1999. 2. 9. 98두16675).

참고) 행정처분의 위법 여부는 행정처분이 있을 때의 법령과 사실 상태를 기준으로 판단하여야 하며, 법원은 행정처분 당시 행정청이 알고 있었던 자료뿐만 아니라 사실심 변론종결 당시까지 제출된 모든 자료를 종합하여 처분 당시 존재하였던 객관적 사실을 확정하고 그 사실에 기초하여 처분의 위법 여부를 판단할 수 있다. 행정청으로부터 행정처분을 받았으나 나중에 그 행정처분이 행정쟁송절차에서 취소되었다면, 그 행정처분은 처분 시에 소급하여 효력을 잃게 된다(대판 2019. 7.25. 2017두55077).

② 행정처분의 취소를 구하는 항고소송에 있어 처분청은 당초 처분의 근거로 삼은 사유와 기본적 사실관계가 동일성이 있다고 인정되는 한도 내에서만 다른 사유를 추가 또는 변경할 수 있고, 이러한 기본적 사실관계의 동일성 유무는 처분사유를 법률적으로 평가하기 이전의 구체적 사실에 착안하여 그 기초인 사회적 사실관계가 기본적인 점에서 동일한지 여부에 따라 결정되므로, 추가 또는 변경된 사유가 처분 당시에 이미 존재하고 있었다거나 당사자가 그 사실을 알고 있었다고 하여 당초의 처분사유와 동일성이 있다고 할 수 없다(대판 2011.11.24. 2009두19021).

④ 정보공개청구에 대하여 행정청이 별다른 이유를 제시하지 않은 채 이동통신요금과 관련한 총괄원가액수만을 공개한 것은, 이 사건 원가 관련 정보에 대하여 비공개결정을 하면서 비공개이유를 명시하지 않은 경우에 해당하여 위법하고, 행정청이 이 사건 소송에서 비로소 이 사건 원가 관련 정보가 법인의 영업상 비밀에 해당한다는 비공개사유를 주장하는 것은, 그 기본적 사실관계가 동일하다고 볼 수 없는 사유를 추가하는 것이어서 허용될 수 없다(대판 2018. 4.12. 2014두5477).

9 「행정대집행법」상 대집행에 대한 설명으로 가장 옳지 않은 것은?

① 계고서라는 명칭의 1장의 문서로서 일정기간 내에 위법 건축물의 자진철거를 명함과 동시에 그 소정기한 내에 자진철거를 하지 아니할 때에는 대집행할 뜻을 미리 계고한 경우라도 「건축법」에 의한 철거명령과 「행정대집행법」에 의한 계고처분의 각 요건이 충족되었다고 볼 수 있다.

② 부작위의무 위반행위에 대하여 대체적 작위의무로 전환하는 규정을 두고 있지 아니하더라도 그 금지 규정으로부터 그 위반결과의 시정을 명하는 원상복구 명령을 할 수 있는 권한이 도출될 수 있다.

③ 명도의무는 대체적 작위의무라고 볼 수 없으므로 특별한 사정이 없는 한 「행정대집행법」에 의한 대집행의 대상이 될 수 없다.

④ 행정청이 대집행계고를 함에 있어서는 의무자가 스스로 이행하지 아니하는 경우에 대집행할 행위의 내용 및 범위가 구체적으로 특정되어야 하지만, 그 행위의 내용 및 범위는 반드시 대집행계고서에 의하여서만 특정되어야 하는 것은 아니다.

ADVICE ② 행정대집행법 제2조는 대집행의 대상이 되는 의무를 "법률(법률의 위임에 의한 명령, 지방자치단체의 조례를 포함)에 의하여 직접 명령되었거나 또는 법률에 의거한 행정청의 명령에 의한 행위로서 타인이 대신하여 행할 수 있는 행위"라고 규정하고 있으므로, 대집행계고처분을 하기 위하여는 법령에 의하여 직접 명령되거나 법령에 근거한 행정청의 명령에 의한 의무자의 대체적 작위의무 위반행위가 있어야 한다. 따라서 단순한 부작위의무의 위반, 즉 관계 법령에 정하고 있는 절대적 금지나 허가를 유보한 상대적 금지를 위반한 경우에는 당해 법령에서 그 위반자에 대하여 위반에 의하여 생긴 유형적 결과의 시정을 명하는 행정처분의 권한을 인정하는 규정(예컨대, 건축법 제69조, 도로법 제74조, 하천법 제67조, 도시공원법 제20조, 옥외광고물등관리법 제10조 등)을 두고 있지 아니한 이상, 법치주의의 원리에 비추어 볼 때 위와 같은 부작위의무로부터 그 의무를 위반함으로써 생긴 결과를 시정하기 위한 작위의무를 당연히 끌어낼 수는 없으며, 또 위 금지규정(특히 허가를 유보한 상대적 금지규정)으로부터 작위의무, 즉 위반결과의 시정을 명하는 권한이 당연히 추론(推論)되는 것도 아니다(대판 1996. 6.28. 96누4374).

① 계고서라는 명칭의 1장의 문서로서 일정기간 내에 위법건축물의 자진철거를 명함과 동시에 그 소정기한 내에 자진철거를 하지 아니할 때에는 대집행할 뜻을 미리 계고한 경우라도 건축법에 의한 철거명령과 행정대집행법에 의한 계고처분은 독립하여 있는 것으로서 각 그 요건이 충족되었다고 볼 것이다(대판 1992. 6.12. 91누13564).

③ 피수용자 등이 기업자에 대하여 부담하는 수용대상 토지의 인도의무에 관한 구 토지수용법 제63조, 제64조, 제77조 규정에서의 '인도'에는 명도도 포함되는 것으로 보아야 하고, 이러한 명도의무는 그것을 강제적으로 실현하면서 직접적인 실력행사가 필요한 것이지 대체적 작위의무라고 볼 수 없으므로 특별한 사정이 없는 한 행정대집행법에 의한 대집행의 대상이 될 수 있는 것이 아니다(대판 2005. 8.19. 2004다2809).

④ 행정청이 행정대집행법 제3조 제1항에 의한 대집행계고를 함에 있어서는 의무자가 스스로 이행하지 아니하는 경우에 대집행할 행위의 내용 및 범위가 구체적으로 특정되어야 하지만, 그 행위의 내용 및 범위는 반드시 대집행계고서에 의하여서만 특정되어야 하는 것이 아니고 계고처분 전후에 송달된 문서나 기타 사정을 종합하여 행위의 내용이 특정되거나 대집행 의무자가 그 이행의무의 범위를 알 수 있으면 족하다(대판 1997. 2.14. 96누15428).

ANSWER 8.③ 9.②

10 행정소송에 대한 설명으로 가장 옳지 않은 것은?

① 검사의 불기소결정에 대해서는 항고소송을 제기할 수 없다.

② 망인(亡人)에게 수여된 서훈을 취소하는 경우, 그 유족은 서훈취소처분의 상대방이 되지 않는다.

③ 주택건설사업계획 승인처분에 따라 의제된 지구단위계획결정에 하자가 있음을 다투고자 하는 경우, 의제된 지구단위계획결정이 아니라 주택건설사업계획 승인 처분을 항고소송의 대상으로 삼아야 한다.

④ 공장설립승인처분이 위법하다는 이유로 쟁송취소되었다고 하더라도 그 승인처분에 기초한 공장건축허가처분이 잔존하는 이상, 인근 주민들은 여전히 공장건축허가처분의 취소를 구할 법률상 이익이 있다.

ADVICE ③ 주택건설사업계획 승인권자가 관계 행정청의 장과 미리 협의한 사항에 한하여 승인처분을 할 때에 인허가 등이 의제될 뿐이고, 각호에 열거된 모든 인허가 등에 관하여 일괄하여 사전협의를 거칠 것을 주택건설사업계획 승인처분의 요건으로 규정하고 있지 않다. 따라서 인허가 의제 대상이 되는 처분에 어떤 하자가 있더라도, 그로써 해당 인허가 의제의 효과가 발생하지 않을 여지가 있게 될 뿐이고, 그러한 사정이 주택건설사업계획 승인처분 자체의 위법사유가 될 수는 없다. 또한 의제된 인허가는 통상적인 인허가와 동일한 효력을 가지므로, 적어도 '부분 인허가 의제'가 허용되는 경우에는 그 효력을 제거하기 위한 법적 수단으로 의제된 인허가의 취소나 철회가 허용될 수 있고, 이러한 직권 취소·철회가 가능한 이상 그 의제된 인허가에 대한 쟁송취소 역시 허용된다. 따라서 주택건설사업계획 승인처분에 따라 의제된 인허가가 위법함을 다투고자 하는 이해관계인은, 주택건설사업계획 승인처분의 취소를 구할 것이 아니라 의제된 인허가의 취소를 구하여야 하며, 의제된 인허가는 주택건설사업계획 승인처분과 별도로 항고소송의 대상이 되는 처분에 해당한다(대판 2018.11.29. 2016두38792).

① 행정소송법상 거부처분 취소소송의 대상인 '거부처분'이란 '행정청이 행하는 구체적 사실에 관한 법집행으로서의 공권력의 행사 또는 이에 준하는 행정작용', 즉 적극적 처분의 발급을 구하는 신청에 대하여 그에 따른 행위를 하지 않았다고 거부하는 행위를 말하고, 부작위위법확인소송의 대상인 '부작위'란 '행정청이 당사자의 신청에 대하여 상당한 기간 내에 일정한 처분을 하여야 할 법률상 의무가 있음에도 불구하고 이를 하지 아니하는 것'을 말한다(제2조 제1항 제1호, 제2호). 여기에서 '처분'이란 행정소송법상 항고소송의 대상이 되는 처분을 의미하는 것으로서, 행정소송법 제2조의 처분의 개념 정의에는 해당한다고 하더라도 그 처분의 근거 법률에서 행정소송 이외의 다른 절차에 의하여 불복할 것을 예정하고 있는 처분은 항고소송의 대상이 될 수 없다. 검사의 불기소결정에 대해서는 검찰청법에 의한 항고와 재항고, 형사소송법에 의한 재정신청에 의해서만 불복할 수 있는 것이므로, 이에 대해서는 행정소송법상 항고소송을 제기할 수 없다(대판 2018. 9.28. 2017두47465).

② 서훈은 어디까지나 서훈대상자 본인의 공적과 영예를 기리기 위한 것이므로 비록 유족이라고 하더라도 제3자는 서훈수여 처분의 상대방이 될 수 없고, 구 상훈법 제33조, 제34조 등에 따라 망인을 대신하여 단지 사실행위로서 훈장 등을 교부받거나 보관할 수 있는 지위에 있을 뿐이다. 이러한 서훈의 일신전속적 성격은 서훈취소의 경우에도 마찬가지이므로, 망인에게 수여된 서훈의 취소에서도 유족은 그 처분의 상대방이 되는 것이 아니다. 이와 같이 망인에 대한 서훈취소는 유족에 대한 것이 아니므로 유족에 대한 통지에 의해서만 성립하여 효력이 발생한다고 볼 수 없고, 그 결정이 처분권자의 의사에 따라 상당한 방법으로 대외적으로 표시됨으로써 행정행위로서 성립하여 효력이 발생한다고 봄이 타당하다(대판 2014. 9.26. 2013두2518).

④ 공장설립승인처분이 있고 난 뒤에 또는 그와 동시에 공장건축허가처분을 하는 것이 허용되므로, 공장설립승인처분이 취소된 경우에는 그 승인처분을 기초로 한 공장건축허가처분 역시 취소되어야 하고, 공장설립승인처분에 근거하여 토지의 형질변경이 이루어진 경우에는 원상회복을 해야 함이 원칙이다. 따라서 개발제한구역 안에서의 공장설립을 승인한 처분이 위법하다는 이유로 쟁송취소되었다고 하더라도 그 승인처분에 기초한 공장건축허가처분이 잔존하

는 이상, 공장설립승인처분이 취소되었다는 사정만으로 인근 주민들의 환경상 이익이 침해되는 상태나 침해될 위험이 종료되었다거나 이를 시정할 수 있는 단계가 지나버렸다고 단정할 수는 없고, 인근 주민들은 여전히 공장건축허가처분의 취소를 구할 법률상 이익이 있다고 보아야 한다(대판 2018. 7.12. 2015두3485).

11 행정행위의 부관에 대한 설명으로 가장 옳은 것은?

① 기속행위 행정처분에 부담인 부관을 붙인 경우 그 부관은 무효이므로 그 처분을 받은 사람이 그 부담의 이행으로서 하게 된 증여의 의사표시 자체도 당연히 무효가 된다.

② 행정처분과 실제적 관련성이 없어 부관으로 붙일 수 없는 부담을 사법상 계약의 형식으로 행정처분의 상대방에게 부과하였더라도 법치행정의 원리에 반하지 않는다.

③ 부담을 부가한 처분을 한 후에 부담의 전제가 된 주된 행정처분의 근거 법령이 개정됨으로써 행정청이 더 이상 부관을 붙일 수 없게 되었다면 그 부담은 곧바로 효력이 소멸된다.

④ 사정변경으로 인하여 당초에 부담을 부가한 목적을 달성할 수 없는 경우에 그 목적달성에 필요한 범위 내에서 부관의 사후변경은 허용될 수 있다.

ADVICE ④ 행정처분에 이미 부담이 부가되어 있는 상태에서 그 의무의 범위 또는 내용 등을 변경하는 부관의 사후변경은, 법률에 명문의 규정이 있거나 그 변경이 미리 유보되어 있는 경우 또는 상대방의 동의가 있는 경우에 한하여 허용되는 것이 원칙이지만, 사정변경으로 인하여 당초에 부담을 부가한 목적을 달성할 수 없게 된 경우에도 그 목적달성에 필요한 범위 내에서 예외적으로 허용된다(대판 1997. 5.30. 97누2627).

① 기속행위 내지 기속적 재량행위 행정처분에 부담인 부관을 붙인 경우 일반적으로 그 부관은 무효라 할 것이고 그 부관의 무효화에 의하여 본체인 행정처분 자체의 효력에도 영향이 있게 될 수는 있지만, 그러한 사유는 그 처분을 받은 사람이 그 부담의 이행으로서의 증여의 의사표시를 하게 된 동기 내지 연유로 작용하였을 뿐이므로 취소사유가 될 수 있음은 별론으로 하여도 그 의사표시 자체를 당연히 무효화하는 것은 아니다(대판 1998.12.22. 98다51305).

② 공무원이 인·허가 등 수익적 행정처분을 하면서 상대방에게 그 처분과 관련하여 이른바 부관으로서 부담을 붙일 수 있다 하더라도, 그러한 부담은 법치주의와 사유재산 존중, 조세법률주의 등 헌법의 기본원리에 비추어 비례의 원칙이나 부당결부금지의 원칙에 위배되지 않아야만 적법한 것인바, 행정처분과 부관 사이에 실제적 관련성이 있다고 볼 수 없는 경우 공무원이 위와 같은 공법상의 제한을 회피할 목적으로 행정처분의 상대방과 사이에 사법상 계약을 체결하는 형식을 취하였다면 이는 법치행정의 원리에 반하는 것으로서 위법하다고 보지 않을 수 없다(대판 2010. 1.28. 2007도9331).

③ 행정처분의 상대방이 수익적 행정처분을 얻기 위하여 행정청과 사이에 행정처분에 부가할 부담에 관한 협약을 체결하고 행정청이 수익적 행정처분을 하면서 협약상의 의무를 부담으로 부가하였으나 부담의 전제가 된 주된 행정처분의 근거 법령이 개정됨으로써 행정청이 더 이상 부관을 붙일 수 없게 된 경우에도 곧바로 그 전에 행하여진 협약의 효력이 소멸하게 되는 것은 아니다(대판 2009. 2.12. 2008다56262).

ANSWER 10.③ 11.④

12 「행정소송법」상 항고소송에 대한 설명으로 가장 옳지 않은 것은?

① 행정처분에 대한 무효확인과 취소청구는 서로 양립할 수 없는 청구로서 선택적 청구로서의 병합만이 가능하고 단순 병합은 허용되지 아니한다.

② 행정처분의 무효확인을 구하는 소에는 특단의 사정이 없는 한 그 취소를 구하는 취지도 포함되어 있다고 보아야 한다.

③ 행정소송에서 쟁송의 대상이 되는 행정처분의 존재를 당사자들이 다투지 아니한다 하더라도 그 존부에 관하여 의심이 있는 경우에 법원은 이를 직권으로 밝혀야 한다.

④ 「행정소송법」 제2조 소정의 행정처분이라고 하더라도 그 처분의 근거 법률에서 행정소송 이외의 다른 절차에 의하여 불복할 것을 예정하고 있는 처분은 항고소송의 대상이 될 수 없다.

ADVICE ① 행정처분에 대한 무효확인과 취소청구는 서로 양립할 수 없는 청구로서 주위적 · 예비적 청구로서만 병합이 가능하고 선택적 청구로서의 병합이나 단순 병합은 허용되지 아니한다(대판 1999. 8.20. 97누6889).

② 행정처분의 무효확인을 구하는 소에는 원고가 그 처분의 취소를 구하지 아니한다고 밝히지 아니한 이상 그 처분이 당연무효가 아니라면 그 취소를 구하는 취지도 포함되어 있는 것으로 보아야 하고, 그와 같은 경우에 취소청구를 인용하려면 먼저 취소를 구하는 항고소송으로서의 제소요건을 구비하여야 한다(대판 1986. 9.23. 85누838).

③ 행정소송에서 쟁송의 대상이 되는 행정처분의 존부는 소송요건으로서 직권조사사항이고, 자백의 대상이 될 수 없는 것이므로, 설사 그 존재를 당사자들이 다투지 아니한다 하더라도 그 존부에 관하여 의심이 있는 경우에는 이를 직권으로 밝혀 보아야 할 것이고, 사실심에서 변론종결시까지 당사자가 주장하지 않던 직권조사사항에 해당하는 사항을 상고심에서 비로소 주장하는 경우 그 직권조사사항에 해당하는 사항은 상고심의 심판범위에 해당한다(대판 2004.12.24. 2003두15195).

④ 행정소송법상 거부처분 취소소송의 대상인 '거부처분'이란 '행정청이 행하는 구체적 사실에 관한 법집행으로서의 공권력의 행사 또는 이에 준하는 행정작용', 즉 적극적 처분의 발급을 구하는 신청에 대하여 그에 따른 행위를 하지 않았다고 거부하는 행위를 말하고, 부작위위법확인소송의 대상인 '부작위'란 '행정청이 당사자의 신청에 대하여 상당한 기간 내에 일정한 처분을 하여야 할 법률상 의무가 있음에도 불구하고 이를 하지 아니하는 것'을 말한다(제2조 제1항 제1호, 제2호). 여기에서 '처분'이란 행정소송법상 항고소송의 대상이 되는 처분을 의미하는 것으로서, 행정소송법 제2조의 처분의 개념 정의에는 해당한다고 하더라도 그 처분의 근거 법률에서 행정소송 이외의 다른 절차에 의하여 불복할 것을 예정하고 있는 처분은 항고소송의 대상이 될 수 없다. 검사의 불기소결정에 대해서는 검찰청법에 의한 항고와 재항고, 형사소송법에 의한 재정신청에 의해서만 불복할 수 있는 것이므로, 이에 대해서는 행정소송법상 항고소송을 제기할 수 없다(대판 2018. 9.28. 2017두47465).

13 단계적 행정결정에 대한 설명으로 가장 옳지 않은 것은?

① 행정청이 내인가를 한 후 이를 취소하는 행위는 별다른 사정이 없는 한 인가신청을 거부하는 처분으로 보아야 한다.

② 가행정행위인 선행처분이 후행처분으로 흡수되어 소멸하는 경우에도 선행처분의 취소를 구하는 소는 가능하다.

③ 구 「원자력법」상 원자로 및 관계 시설의 부지사전승인 처분은 그 자체로서 건설부지를 확정하고 사전공사를 허용하는 법률효과를 지닌 독립한 행정처분이다.

④ 폐기물처리업 허가 전의 사업계획에 대한 부적정통보는 행정처분에 해당한다.

ADVICE ② 공정거래위원회가 부당한 공동행위를 행한 사업자로서 구 독점규제 및 공정거래에 관한 법률(이하 '공정거래법') 제22조의2에서 정한 자진신고자나 조사협조자에 대하여 과징금 부과처분(이하 '선행처분')을 한 뒤, 공정거래법 시행령 제35조 제3항에 따라 다시 그 자진신고자 등에 대한 사건을 분리하여 자진신고 등을 이유로 한 과징금 감면처분(이하 '후행처분')을 하였다면, 후행처분은 자진신고 감면까지 포함하여 그 처분 상대방이 실제로 납부하여야 할 최종적인 과징금액을 결정하는 종국적 처분이고, 선행처분은 이러한 종국적 처분을 예정하고 있는 일종의 잠정적 처분으로서 후행처분이 있을 경우 선행처분은 후행처분에 흡수되어 소멸한다고 봄이 타당하다. 따라서 위와 같은 경우에 선행처분의 취소를 구하는 소는 이미 효력을 잃은 처분의 취소를 구하는 것으로 부적법하다(대판 2015. 2.12. 2013두987).

① 자동차운송사업양도양수계약에 기한 양도양수인가신청에 대하여 피고 시장이 내인가를 한 후 위 내인가에 기한 본인가 신청이 있었으나 자동차운송사업 양도양수인가신청서가 합의에 의한 정당한 신청서라고 할 수 없다는 이유로 위 내인가를 취소한 경우, 위 내인가의 법적 성질이 행정행위의 일종으로 볼 수 있든 아니든 그것이 행정청의 상대방에 대한 의사표시임이 분명하고, 피고가 위 내인가를 취소함으로써 다시 본인가에 대하여 따로이 인가 여부의 처분을 한다는 사정이 보이지 않는다면 위 내인가취소를 인가신청을 거부하는 처분으로 보아야 할 것이다(대판 1991. 6.28. 90누4402).

③ 원자로 및 관계 시설의 부지사전승인처분은 그 자체로서 건설부지를 확정하고 사전공사를 허용하는 법률효과를 지닌 독립한 행정처분이기는 하지만, 건설허가 전에 신청자의 편의를 위하여 미리 그 건설허가의 일부 요건을 심사하여 행하는 사전적 부분 건설허가처분의 성격을 갖고 있는 것이어서 나중에 건설허가처분이 있게 되면 그 건설허가처분에 흡수되어 독립된 존재가치를 상실함으로써 그 건설허가처분만이 쟁송의 대상이 되는 것이므로, 부지사전승인처분의 취소를 구하는 소는 소의 이익을 잃게 되고, 따라서 부지사전승인처분의 위법성은 나중에 내려진 건설허가처분의 취소를 구하는 소송에서 이를 다투면 된다(대판 1998. 9. 4. 97누19588).

④ 폐기물관리법 관계 법령의 규정에 의하면 폐기물처리업의 허가를 받기 위하여는 먼저 사업계획서를 제출하여 허가권자로부터 사업계획에 대한 적정통보를 받아야 하고, 그 적정통보를 받은 자만이 일정기간 내에 시설, 장비, 기술능력, 자본금을 갖추어 허가신청을 할 수 있으므로, 결국 부적정통보는 허가신청 자체를 제한하는 등 개인의 권리 내지 법률상의 이익을 개별적이고 구체적으로 규제하고 있어 행정처분에 해당한다(대판 1998. 4.28. 97누21086).

ANSWER 12.① 13.②

14 **준법률행위적 행정행위에 대한 설명으로 가장 옳지 않은 것은?**

① 토지대장상의 소유자명의변경신청을 거부하는 행위는 실체적 권리관계에 영향을 미치는 사항으로 행정처분이다.

② 친일반민족행위자재산조사위원회의 친일재산 국가귀속결정은 문제된 재산이 친일재산에 해당한다는 사실을 확인하는 준법률행위적 행정행위이다.

③ 「국가공무원법」에 근거하여 정년에 달한 공무원에게 발하는 정년퇴직 발령은 정년퇴직 사실을 알리는 관념의 통지이다.

④ 「국세징수법」에 의한 가산금과 중가산금의 납부독촉에 절차상 하자가 있는 경우 그 징수처분에 대하여 취소소송에 의한 불복이 가능하다.

ADVICE ① 토지대장에 기재된 일정한 사항을 변경하는 행위는, 그것이 지목의 변경이나 정정 등과 같이 토지소유권 행사의 전제요건으로서 토지소유자의 실체적 권리관계에 영향을 미치는 사항에 관한 것이 아닌 한 행정사무집행의 편의와 사실증명의 자료로 삼기 위한 것일 뿐이어서, 그 소유자 명의가 변경된다고 하여도 이로 인하여 당해 토지에 대한 실체상의 권리관계에 변동을 가져올 수 없고 토지 소유권이 지적공부의 기재만에 의하여 증명되는 것도 아니다. 따라서 소관청이 토지대장상의 소유자명의변경신청을 거부한 행위는 이를 항고소송의 대상이 되는 행정처분이라고 할 수 없다(대판 2012. 1.12. 2010두12354).

② 친일반민족행위자 재산의 국가귀속에 관한 특별법 제3조 제1항 본문, 제9조 규정들의 취지와 내용에 비추어 보면, 같은 법 제2조 제2호에 정한 친일재산은 친일반민족행위자재산조사위원회가 국가귀속결정을 하여야 비로소 국가의 소유로 되는 것이 아니라 특별법의 시행에 따라 그 취득·증여 등 원인행위시에 소급하여 당연히 국가의 소유로 되고, 위 위원회의 국가귀속결정은 당해 재산이 친일재산에 해당한다는 사실을 확인하는 이른바 준법률행위적 행정행위의 성격을 가진다(대판 2008.11.13. 2008두13491).

③ 국가공무원법 제74조에 의하면 공무원이 소정의 정년에 달하면 그 사실에 대한 효과로서 공무담임권이 소멸되어 당연히 퇴직되고 따로 그에 대한 행정처분이 행하여져야 비로소 퇴직되는 것은 아니라 할 것이며 피고(영주지방철도청장)의 원고에 대한 정년퇴직 발령은 정년퇴직 사실을 알리는 이른바 관념의 통지에 불과하므로 행정소송의 대상이 되지 아니한다(대판 1983. 2. 8. 81누263).

④ 징수절차상 고유의 하자가 있는 경우 독촉이나 압류 등의 체납처분뿐만 아니라 징수고지 자체를 다툴 수도 있는데, 어떠한 공동상속인이 상속재산 중 받았거나 받을 재산을 한도로 한 연대납부의무만을 부담함에도 과세관청이 공동상속인이 부담하는 상속세 전액에 대하여 징수고지를 한 경우 연대납부의무의 한도는 다른 공동상속인에 대한 부과처분을 다투는 방법으로는 불복할 수 없는 공동상속인 자신에 한정된 징수절차상 고유의 하자에 해당하므로, 연대납부의무의 한도를 다투려는 공동상속인은 자신의 연대납부의무에 직접 영향을 미치는 과세관청의 처분인 징수고지를 대상으로 항고소송을 제기할 수 있다(대판 2016. 1.28. 2014두3471).

15 「행정소송법」상 당사자소송에 대한 설명으로 가장 옳은 것은?

① 부가가치세법령상 납세의무자에 대한 국가의 부가가치세 환급세액 지급의무는 부당이득 반환의무이므로 그 지급청구는 당사자소송이 아니라 민사소송의 절차에 따라야 한다.

② 재개발조합은 공법인이므로 재개발조합과 조합장 사이의 선임 · 해임 등을 둘러싼 법률관계는 공법상 법률관계이고 그 조합장의 지위를 다투는 소송은 공법상 당사자소송이다.

③ 명예퇴직한 법관이 미지급 명예퇴직수당액에 대하여 가지는 권리는 공법상 법률관계에 관한 권리이므로 그 지급을 구하는 소송은 당사자소송에 해당한다.

④ 납세의무부존재확인의 소는 당사자소송이고 항고소송의 성격을 가지므로 해당 과세처분 관할 행정청이 피고가 된다.

ADVICE ③ 법관은 퇴직규정에서 정한 정당한 산정 기준에 따라 산정된 명예퇴직수당액을 수령할 구체적인 권리를 가진다. 따라서 위 법관이 이미 수령한 수당액이 위 규정에서 정한 정당한 명예퇴직수당액에 미치지 못한다고 주장하며 차액의 지급을 신청함에 대하여 법원행정처장이 거부하는 의사를 표시했더라도, 그 의사표시는 명예퇴직수당액을 형성 · 확정하는 행정처분이 아니라 공법상의 법률관계의 한쪽 당사자로서 지급의무의 존부 및 범위에 관하여 자신의 의견을 밝힌 것에 불과하므로 행정처분으로 볼 수 없다. 결국 명예퇴직한 법관이 미지급 명예퇴직수당액에 대하여 가지는 권리는 명예퇴직수당 지급대상자 결정 절차를 거쳐 명예퇴직수당규칙에 의하여 확정된 공법상 법률관계에 관한 권리로서, 그 지급을 구하는 소송은 행정소송법의 당사자소송에 해당하며, 그 법률관계의 당사자인 국가를 상대로 제기하여야 한다(대판 2016. 5.24. 2013두14863).

① 납세의무자에 대한 국가의 부가가치세 환급세액 지급의무는 그 납세의무자로부터 어느 과세기간에 과다하게 거래징수된 세액 상당을 국가가 실제로 납부받았는지와 관계없이 부가가치세법령의 규정에 의하여 직접 발생하는 것으로서, 그 법적 성질은 정의와 공평의 관념에서 수익자와 손실자 사이의 재산상태 조정을 위해 인정되는 부당이득 반환의무가 아니라 부가가치세법령에 의하여 그 존부나 범위가 구체적으로 확정되고 조세 정책적 관점에서 특별히 인정되는 공법상 의무라고 봄이 타당하다. 그렇다면 납세의무자에 대한 국가의 부가가치세 환급세액 지급의무에 대응하는 국가에 대한 납세의무자의 부가가치세 환급세액 지급청구는 민사소송이 아니라 행정소송법 제3조 제2호에 규정된 당사자소송의 절차에 따라야 한다(대판 2013. 3.21. 2011다95564(전합)).

② 재개발조합이 공법인이라는 사정만으로 재개발조합과 조합장 또는 조합임원 사이의 선임 · 해임 등을 둘러싼 법률관계가 공법상의 법률관계에 해당한다거나 그 조합장 또는 조합임원의 지위를 다투는 소송이 당연히 공법상 당사자소송에 해당한다고 볼 수는 없고, 구 도시 및 주거환경정비법의 규정들이 재개발조합과 조합장 및 조합임원과의 관계를 특별히 공법상의 근무관계로 설정하고 있다고 볼 수도 없으므로, 재개발조합과 조합장 또는 조합임원 사이의 선임 · 해임 등을 둘러싼 법률관계는 사법상의 법률관계로서 그 조합장 또는 조합임원의 지위를 다투는 소송은 민사소송에 의하여야 할 것이다(대판 2009. 9.24. 2009마168,169).

④ 납세의무부존재확인의 소는 공법상의 법률관계 그 자체를 다투는 소송으로서 당사자소송이라 할 것이므로 행정소송법 제3조 제2호, 제39조에 의하여 그 법률관계의 한쪽 당사자인 국가 · 공공단체 그 밖의 권리주체가 피고적격을 가진다(대판 2000. 9. 8. 99두2765).

ANSWER 14.① 15.③

16 수익적 행정행위에 대한 설명으로 가장 옳지 않은 것은?

① 배출시설 설치허가의 신청이 구 「대기환경보전법」에서 정한 허가기준에 부합하고 동 법령상 허가제한사유에 해당하지 아니하는 한 환경부장관은 원칙적으로 허가를 하여야 한다.

② 구 「주택건설촉진법」에 의한 주택건설사업계획의 승인의 경우 승인 받으려는 주택건설사업계획에 관계 법령이 정하는 제한사유가 없는 경우에도 공익상 필요가 있으면 처분권자는 그 승인을 받기 위한 신청에 대하여 불허가 결정을 할 수 있다.

③ 재량행위와 기속행위의 구분기준에 관한 효과재량설에 따르면 수익적 행정행위는 법규상 또는 해석상 특별한 기속이 없는 한 재량행위이다.

④ 야생동·식물보호법령에 따른 용도변경승인의 경우 용도변경이 불가피한 경우에만 용도변경을 할 수 있도록 제한하는 규정을 두고 있으므로 환경부장관의 용도변경승인처분은 기속행위이다.

ADVICE ④ 원칙적으로 국제적멸종위기종 및 그 가공품의 수입 또는 반입 목적 외의 용도로의 사용을 금지하면서 용도변경이 불가피한 경우로서 환경부장관의 용도변경승인을 받은 경우에 한하여 용도변경을 허용하도록 하고 있으므로, 용도변경승인은 특정인에게만 용도 외의 사용을 허용해주는 권리나 이익을 부여하는 이른바 수익적 행정행위로서 법령에 특별한 규정이 없는 한 재량행위이고, 용도변경이 불가피한 경우에만 용도변경을 할 수 있도록 제한하는 규정을 두면서도 시행규칙에서 용도변경 신청을 할 수 있는 경우에 대하여만 확정적 규정을 두고 있을 뿐 용도변경이 불가피한 경우에 대하여는 아무런 규정을 두지 아니하여 용도변경 승인을 할 수 있는 용도변경의 불가피성에 대한 판단에 있어 재량의 여지를 남겨 두고 있는 이상, 용도변경을 승인하기 위한 요건으로서의 용도변경의 불가피성에 관한 판단에 필요한 기준을 정하는 것도 역시 행정청의 재량에 속하는 것이므로, 그 설정된 기준이 객관적으로 합리적이 아니라거나 타당하지 않다고 볼 만한 다른 특별한 사정이 없는 이상 행정청의 의사는 가능한 한 존중되어야 한다(대판 2011. 1.27. 2010두23033).

① 환경부장관은 배출시설 설치허가 신청이 구 대기환경보전법 제23조 제5항에서 정한 허가 기준에 부합하고 구 대기환경보전법 제23조 제6항, 같은 법 시행령 제12조에서 정한 허가제한사유에 해당하지 아니하는 한 원칙적으로 허가를 하여야 한다. 다만 배출시설의 설치는 국민건강이나 환경의 보전에 직접적으로 영향을 미치는 행위라는 점과 대기오염으로 인한 국민건강이나 환경에 관한 위해를 예방하고 대기환경을 적정하고 지속가능하게 관리·보전하여 모든 국민이 건강하고 쾌적한 환경에서 생활할 수 있게 하려는 구 대기환경보전법의 목적(제1조) 등을 고려하면, 환경부장관은 같은 법 시행령 제12조 각 호에서 정한 사유에 준하는 사유로서 환경 기준의 유지가 곤란하거나 주민의 건강·재산, 동식물의 생육에 심각한 위해를 끼칠 우려가 있다고 인정되는 등 중대한 공익상의 필요가 있을 때에는 허가를 거부할 수 있다고 보는 것이 타당하다(대판 2013. 5. 9. 2012두22799).

② 주택건설사업계획의 승인은 상대방에게 권리나 이익을 부여하는 효과를 수반하는 이른바 수익적 행정처분으로서 법령에 행정처분의 요건에 관하여 일의적으로 규정되어 있지 아니한 이상 행정청의 재량행위에 속하므로, 이러한 승인을 받으려는 주택건설사업계획이 관계 법령이 정하는 제한에 배치되는 경우는 물론이고 그러한 제한사유가 없는 경우에도 공익상 필요가 있으면 처분권자는 그 승인신청에 대하여 불허가 결정을 할 수 있으며, 여기에서 말하는 '공익상 필요'에는 자연환경보전의 필요도 포함된다(대판 2007. 5.10. 2005두13315).

③ 효과재량설은 행정행위의 성질에 따라 재량행위와 기속행위를 구분하는 학설이다. 이 경우 침익적 행위는 기속행위로 보며 수익적 행위는 원칙적으로 재량행위로 보게 된다.

참고) 행정행위가 그 재량성의 유무 및 범위와 관련하여 이른바 기속행위 내지 기속재량행위와 재량행위 내지 자유재량행위로 구분된다고 할 때, 그 구분은 당해 행위의 근거가 된 법규의 체재·형식과 그 문언, 당해 행위가 속하는 행정 분야의 주된 목적과 특성, 당해 행위 자체의 개별적 성질과 유형 등을 모두 고려하여 판단하여야 하고, 이렇게 구분되는 양자에 대한 사법심사는, 전자(기속행위)의 경우 그 법규에 대한 원칙적인 기속성으로 인하여 법원이 사실인정과 관련 법규의 해석 · 적용을 통하여 일정한 결론을 도출한 후 그 결론에 비추어 행정청이 한 판단의 적법 여부를 독자의 입장에서 판정하는 방식에 의하게 되나, 후자(재량행위)의 경우 행정청의 재량에 기한 공익판단의 여지를 감안하여 법원은 독자의 결론을 도출함이 없이 당해 행위에 재량권의 일탈 · 남용이 있는지 여부만을 심사하게 되고, 이러한 재량권의 일탈 · 남용 여부에 대한 심사는 사실오인, 비례 · 평등의 원칙 위배, 당해 행위의 목적 위반이나 동기의 부정 유무 등을 그 판단 대상으로 한다(대판 2001. 2. 9. 98두17593).

17 **「행정심판법」상 행정심판의 청구에 대한 설명으로 가장 옳지 않은 것은?**

① 대통령의 처분 또는 부작위에 대하여는 다른 법률에서 행정심판을 청구할 수 있도록 정한 경우 외에는 행정심판을 청구할 수 없다.
② 처분의 효과가 기간의 경과, 처분의 집행, 그 밖의 사유로 소멸된 뒤에도 그 처분의 취소로 회복되는 법률상 이익이 있는 자는 취소심판을 청구할 수 있다.
③ 행정청이 심판청구 기간을 알리지 아니한 경우에는 청구인은 언제든지 심판청구를 할 수 있다.
④ 행정심판을 청구하려는 자는 심판청구서를 작성하여 피청구인이나 위원회에 제출하여야 한다.

ADVICE ③ 행정심판법 제27조 제6항.

> 제27조(심판청구의 기간)
> ③ 행정심판은 처분이 있었던 날부터 180일이 지나면 청구하지 못한다. 다만, 정당한 사유가 있는 경우에는 그러하지 아니하다.
> ⑥ 행정청이 심판청구 기간을 알리지 아니한 경우에는 제3항에 규정된 기간에 심판청구를 할 수 있다.

① 행정심판법 제3조 제2항.
② 행정심판법 제13조 제1항.

> 제13조(청구인 적격)
> ① 취소심판은 처분의 취소 또는 변경을 구할 법률상 이익이 있는 자가 청구할 수 있다. 처분의 효과가 기간의 경과, 처분의 집행, 그 밖의 사유로 소멸된 뒤에도 그 처분의 취소로 회복되는 법률상 이익이 있는 자의 경우에도 또한 같다.

④ 행정심판법 제23조 제1항.

ANSWER 16.④ 17.③

18 지방자치에서의 주민참가에 대한 설명으로 가장 옳지 않은 것은?

① 「지방자치법」상의 주민투표권은 법률이 보장하는 권리일 뿐 헌법상의 기본권이거나 헌법상 제도적으로 보장되는 주관적 공권은 아니다.

② 주민소송의 대상으로서의 '공금의 지출에 관한 사항'은 지출원인행위를 의미하며, 이에는 지출원인행위를 수반하게 하는 당해 지방자치단체의 장 및 직원, 지방의회의원의 결정 등과 같은 행위도 포함된다.

③ 도로 등 공물이나 공공용물을 특정 사인이 배타적으로 사용하도록 하는 점용허가가 도로 등의 본래 기능 및 목적과 무관하게 그 사용가치를 실현 · 활용하기 위한 것으로 평가되는 경우에는 주민소송의 대상이 되는 재산의 관리 · 처분에 해당한다.

④ 「지방자치법」 제14조에 따라 주민투표의 대상이 되는 사항이라 하더라도 주민투표의 시행 여부는 지방자치단체의 장의 임의적 재량에 맡겨져 있으므로, 지방의회가 조례로 정한 특정한 사항은 반드시 주민투표를 거치도록 규정한 조례안은 지방자치단체의 장의 고유권한을 침해하는 규정이다.

ADVICE ② 주민소송의 대상으로서 '공금의 지출에 관한 사항'이란 지출원인행위 즉, 지방자치단체의 지출원인이 되는 계약 그 밖의 행위로서 당해 행위에 의하여 지방자치단체가 지출의무를 부담하는 예산집행의 최초 행위와 그에 따른 지급명령 및 지출 등에 한정되고, 특별한 사정이 없는 한 이러한 지출원인행위 등에 선행하여 그러한 지출원인행위를 수반하게 하는 당해 지방자치단체의 장 및 직원, 지방의회 의원의 결정 등과 같은 행위는 포함되지 않는다고 보아야 한다(대판 2011.12.22. 2009두14309).

① 우리 헌법은 법률이 정하는 바에 따른 '선거권'과 '공무담임권' 및 국가안위에 관한 중요정책과 헌법개정에 대한 '국민투표권'만을 헌법상의 참정권으로 보장하고 있으므로, 지방자치법 제13조의2에서 규정한 주민투표권은 그 성질상 선거권, 공무담임권, 국민투표권과 전혀 다른 것이어서 이를 법률이 보장하는 참정권이라고 할 수 있을지언정 헌법이 보장하는 참정권이라고 할 수는 없다(헌재결 2001. 6.28. 2000헌마735).

③ 주민소송 제도는 지방자치단체 주민이 지방자치단체의 위법한 재무회계행위의 방지 또는 시정을 구하거나 그로 인한 손해의 회복 청구를 요구할 수 있도록 함으로써 지방자치단체의 재무행정의 적법성과 지방재정의 건전하고 적정한 운영을 확보하려는 데 목적이 있다. 그러므로 주민소송은 원칙적으로 지방자치단체의 재무회계에 관한 사항의 처리를 직접 목적으로 하는 행위에 대하여 제기할 수 있고, 지방자치법 제17조 제1항에서 주민소송의 대상으로 규정한 '재산의 취득 · 관리 · 처분에 관한 사항'에 해당하는지도 그 기준에 의하여 판단하여야 한다. 특히 도로 등 공물이나 공공용물을 특정 사인이 배타적으로 사용하도록 하는 점용허가가 도로 등의 본래 기능 및 목적과 무관하게 그 사용가치를 실현 · 활용하기 위한 것으로 평가되는 경우에는 주민소송의 대상이 되는 재산의 관리 · 처분에 해당한다(대판 2016. 5.27. 2014두8490).

④ 지방자치법은 지방의회와 지방자치단체의 장에게 독자적 권한을 부여하고 상호 견제와 균형을 이루도록 하고 있으므로, 법률에 특별한 규정이 없는 한 조례로써 견제의 범위를 넘어서 고유권한을 침해하는 규정을 둘 수 없다 할 것인바, 위 지방자치법 제13조의2 제1항에 의하면, 주민투표의 대상이 되는 사항이라 하더라도 주민투표의 시행 여부는 지방자치단체의 장의 임의적 재량에 맡겨져 있음이 분명하므로, 지방자치단체의 장의 재량으로서 투표실시 여부를 결정할 수 있도록 한 법규정에 반하여 지방의회가 조례로 정한 특정한 사항에 관하여는 일정한 기간 내에 반드시 투표를 실시하도록 규정한 조례안은 지방자치단체의 장의 고유권한을 침해하는 규정이다(대판 2002. 4.26. 2002추23).

19 행정기관의 권한에 대한 설명으로 가장 옳지 않은 것은?

① 대리권을 수여받은 데 불과하여 그 자신의 명의로는 행정처분을 할 권한이 없는 행정청이 대리관계를 밝힘이 없이 그 자신의 명의로 행정처분을 하였다면, 원칙적으로 처분명의자인 당해 행정청이 그에 대한 항고소송의 피고가 되어야 한다.

② 행정관청 내부의 사무처리규정인 전결규정에 위반하여 원래의 전결권자 아닌 보조기관 등이 처분권자인 행정관청의 이름으로 행정처분을 하였다면 그 처분은 무효이다.

③ 「정부조직법」 제6조 제1항과 이에 근거한 「행정권한의 위임 및 위탁에 관한 규정」 제4조는 행정기관의 권한의 재위임에 관한 일반적인 근거규정이 된다.

④ 행정처분을 하게 된 연유가 상급행정청이나 타행정청의 지시나 통보에 의한 것이라 하여도, 취소소송에서의 피고는 원칙적으로 행정처분 등을 외부적으로 그의 명의로 행한 행정청이 된다.

ADVICE ② 전결과 같은 행정권한의 내부위임은 법령상 처분권자인 행정관청이 내부적인 사무처리의 편의를 도모하기 위하여 그의 보조기관 또는 하급 행정관청으로 하여금 그의 권한을 사실상 행사하게 하는 것으로서 법률이 위임을 허용하지 않는 경우에도 인정되는 것이므로, 설사 행정관청 내부의 사무처리규정에 불과한 전결규정에 위반하여 원래의 전결권자 아닌 보조기관 등이 처분권자인 행정관청의 이름으로 행정처분을 하였다고 하더라도 그 처분이 권한 없는 자에 의하여 행하여진 무효의 처분이라고는 할 수 없다(대판 1998. 2.27. 97누1105).

① 대리권을 수여받은 데 불과하여 그 자신의 명의로는 행정처분을 할 권한이 없는 행정청의 경우 대리관계를 밝힘이 없이 그 자신의 명의로 행정처분을 하였다면 그에 대하여는 처분명의자인 당해 행정청이 항고소송의 피고가 되어야 하는 것이 원칙이지만, 비록 대리관계를 명시적으로 밝히지는 아니하였다 하더라도 처분명의자가 피대리 행정청 산하의 행정기관으로서 실제로 피대리 행정청으로부터 대리권한을 수여받아 피대리 행정청을 대리한다는 의사로 행정처분을 하였고 처분명의자는 물론 그 상대방도 그 행정처분이 피대리 행정청을 대리하여 한 것임을 알고서 이를 받아들인 예외적인 경우에는 피대리 행정청이 피고가 되어야 한다(대결 2006. 2.23. 2005부4).

③ 건설부장관의 권한에 속하는 관리처분계획의 인가 등 처분권한은 시·도지사에게 위임되었을 뿐 시·도지사가 이를 구청장, 시장, 군수에게 재위임할 수 있는 근거규정은 없으나, 정부조직법 제5조 제1항(현행 제6조 제1항)과 이에 기한 행정권한의위임및위탁에관한규정 제4조에 재위임에 관한일반적인 근거규정이 있으므로, 시·도지사는 그 재위임에 관한 일반적인 규정에 따라 위임받은 위 처분권한을 구청장 등에게 재위임할 수 있다(대판 1995. 8.22. 94누5694).

④ 행정처분의 취소 또는 무효확인을 구하는 행정소송은 다른 법률에 특별한 규정이 없는 한 소송의 대상인 행정처분 등을 외부적으로 그의 명의로 행한 행정청을 피고로 하여야 하는 것으로서 그 행정처분을 하게 된 연유가 상급행정청이나 타행정청의 지시나 통보에 의한 것이라 하여 다르지 않다고 할 것이며, 권한의 위임이나 위탁을 받아 수임행정청이 정당한 권한에 기하여 그 명의로 한 처분에 대하여는 말할 것도 없고, 내부위임이나 대리권을 수여받은 데 불과하여 원행정청 명의나 대리관계를 밝히지 아니하고는 그의 명의로 처분 등을 할 권한이 없는 행정청이 권한 없이 그의 명의로 한 처분에 대하여도 처분명의자인 행정청이 피고가 되어야 할 것이다(대판 1995.12.22. 95누14688).

ANSWER 18.② 19.②

20 지방자치에 대한 설명으로 가장 옳지 않은 것은?

① 폐기물처리시설 설치비용 부과처분의 근거가 된 「서울특별시 송파구 택지개발에 따른 폐기물처리시설 설치비용 산정에 관한 조례」의 규정은 사업시행자에게 주민 편익시설 설치비용에 상응하는 금액까지 납부할 의무를 부과하도록 하고 있는데 이는 법률의 위임이 없어 효력이 없다.

② 조례 제정권의 범위를 벗어나 국가사무를 대상으로 한 무효인 「서울특별시행정권한위임조례」에 근거하여 영등포구청장이 건설업영업정지처분을 한 경우 그 하자는 중대하나 당연무효는 아니다.

③ 매립지가 속할 지방자치단체를 정하는 결정에 대하여 대법원에 소송을 제기할 수 있는 주체는 관계 지방자치단체의 장일 뿐 지방자치단체가 아니다.

④ 지방자치단체의 장, 주무부장관, 시·도지사에 의해 제기되는 위법한 조례안의 재의결에 대한 무효확인소송은 사전적·구체적 규범통제의 성질을 갖는다.

ADVICE ④ 위법한 조례안에 대한 지방자치단체 장 또는 감독기관의 제소에 대해서 대법원은 추상적 규범통제를 할 수 있다(지방자치법 제107조 3항, 제172조). 조례는 일반적으로 처분성이 없기 때문에 원칙적으로는 일반 법원에 의한 구체적 규범통제의 대상이 되지 않으며, 예외적으로 처분적 조례의 경우에만 항고소송으로 다툴 수 있다.

> 제107조(지방의회의 의결에 대한 재의요구와 제소)
> ① 지방자치단체의 장은 지방의회의 의결이 월권이거나 법령에 위반되거나 공익을 현저히 해친다고 인정되면 그 의결사항을 이송받은 날부터 20일 이내에 이유를 붙여 재의를 요구할 수 있다.
> ② 제1항의 요구에 대하여 재의한 결과 재적의원 과반수의 출석과 출석의원 3분의 2 이상의 찬성으로 전과 같은 의결을 하면 그 의결사항은 확정된다.
> ③ 지방자치단체의 장은 제2항에 따라 재의결된 사항이 법령에 위반된다고 인정되면 대법원에 소(訴)를 제기할 수 있다. 이 경우에는 제172조 제3항을 준용한다.
>
> 제172조(지방의회 의결의 재의와 제소)
> ① 지방의회의 의결이 법령에 위반되거나 공익을 현저히 해친다고 판단되면 시·도에 대하여는 주무부장관이, 시·군 및 자치구에 대하여는 시·도지사가 재의를 요구하게 할 수 있고, 재의요구를 받은 지방자치단체의 장은 의결사항을 이송받은 날부터 20일 이내에 지방의회에 이유를 붙여 재의를 요구하여야 한다.
> ② 제1항의 요구에 대하여 재의의 결과 재적의원 과반수의 출석과 출석의원 3분의 2 이상의 찬성으로 전과 같은 의결을 하면 그 의결사항은 확정된다.
> ③ 지방자치단체의 장은 제2항에 따라 재의결된 사항이 법령에 위반된다고 판단되면 재의결된 날부터 20일 이내에 대법원에 소를 제기할 수 있다. 이 경우 필요하다고 인정되면 그 의결의 집행을 정지하게 하는 집행정지결정을 신청할 수 있다.
> ④ 주무부장관이나 시·도지사는 재의결된 사항이 법령에 위반된다고 판단됨에도 불구하고 해당 지방자치단체의 장이 소(訴)를 제기하지 아니하면 그 지방자치단체의 장에게 제소를 지시하거나 직접 제소 및 집행정지결정을 신청할 수 있다.
> ⑤ 제4항에 따른 제소의 지시는 제3항의 기간이 지난 날부터 7일 이내에 하고, 해당 지방자치단체의 장은 제소 지시를 받은 날부터 7일 이내에 제소하여야 한다.
> ⑥ 주무부장관이나 시·도지사는 제5항의 기간이 지난 날부터 7일 이내에 직접 제소할 수 있다.
> ⑦ 제1항에 따라 지방의회의 의결이 법령에 위반된다고 판단되어 주무부장관이나 시·도지사로부터 재의요구지시를 받은 지방자치단체의 장이 재의를 요구하지 아니하는 경우(법령에 위반되는 지방의회의 의결사항이 조례안인 경우로서 재의요구지시를 받기 전에 그 조례안을 공포한 경우를 포함한다)에는 주무부장관이나 시·도지사는 제1항에 따른 기간이 지난 날부터 7일 이내에 대법원에 직접 제소 및 집행정지결정을 신청할 수 있다.
> ⑧ 제1항에 따른 지방의회의 의결이나 제2항에 따라 재의결된 사항이 둘 이상의 부처와 관련되거나 주무부장관이 불분명하면 행정안전부장관이 재의요구 또는 제소를 지시하거나 직접 제소 및 집행정지결정을 신청할 수 있다.

① 폐기물처리시설 설치비용 부과처분의 근거가 된 「서울특별시 송파구 택지개발에 따른 폐기물처리시설 설치비용 산정에 관한 조례」 규정은 사업시행자에게 주민편익시설 설치비용에 상응하는 금액까지 납부할 의무를 부과하도록 규정하고 있으므로, 이러한 조례규정이 유효하기 위해서는 법률의 위임이 있어야 하고, 그러한 위임 없이 제정되었다면 그 효력이 없다고 보아야 한다(대판 2019. 1.10. 2016두54039).

② 조례 제정권의 범위를 벗어나 국가사무를 대상으로 한 무효인 서울특별시행정권한위임조례의 규정에 근거하여 구청장이 건설업영업정지처분을 한 경우, 그 처분은 결과적으로 적법한 위임 없이 권한 없는 자에 의하여 행하여진 것과 마찬가지가 되어 그 하자가 중대하나, 지방자치단체의 사무에 관한 조례와 규칙은 조례가 보다 상위규범이라고 할 수 있고, 또한 헌법 제107조 제2항의 "규칙"에는 지방자치단체의 조례와 규칙이 모두 포함되는 등 이른바 규칙의 개념이 경우에 따라 상이하게 해석되는 점 등에 비추어 보면 위 처분의 위임 과정의 하자가 객관적으로 명백한 것이라고 할 수 없으므로 이로 인한 하자는 결국 당연무효사유는 아니라고 봄이 상당하다(대판 1995. 7.11. 94누4615(전합)).

③ 지방자치단체의 구역에 관하여 지방자치법은, 공유수면 관리 및 매립에 관한 법률에 따른 매립지가 속할 지방자치단체는 안전행정부장관이 결정한다고 규정하면서(제4조 제3항), 관계 지방자치단체의 장은 그 결정에 이의가 있으면 결과를 통보받은 날로부터 15일 이내에 대법원에 소송을 제기할 수 있다고 규정하고 있다(제4조 제8항). 따라서 매립지가 속할 지방자치단체를 정하는 결정에 대하여 대법원에 소송을 제기할 수 있는 주체는 관계 지방자치단체의 장일 뿐 지방자치단체가 아니다(대판 2013.11.14. 2010추73, 2013).

지방자치법 제120조(지방의회의 의결에 대한 재의 요구와 제소)
① 지방자치단체의 장은 지방의회의 의결이 월권이거나 법령에 위반되거나 공익을 현저히 해친다고 인정되면 그 의결사항을 이송받은 날부터 20일 이내에 이유를 붙여 재의를 요구할 수 있다.
② 제1항의 요구에 대하여 재의한 결과 재적의원 과반수의 출석과 출석의원 3분의 2 이상의 찬성으로 전과 같은 의결을 하면 그 의결사항은 확정된다.
③ 지방자치단체의 장은 제2항에 따라 재의결된 사항이 법령에 위반된다고 인정되면 대법원에 소(訴)를 제기할 수 있다. 이 경우에는 제192조제4항을 준용한다.

제192조(지방의회 의결의 재의와 제소)
① 지방의회의 의결이 법령에 위반되거나 공익을 현저히 해친다고 판단되면 시·도에 대해서는 주무부장관이, 시·군 및 자치구에 대해서는 시·도지사가 해당 지방자치단체의 장에게 재의를 요구하게 할 수 있고, 재의 요구 지시를 받은 지방자치단체의 장은 의결사항을 이송받은 날부터 20일 이내에 지방의회에 이유를 붙여 재의를 요구하여야 한다.
② 시·군 및 자치구의회의 의결이 법령에 위반된다고 판단됨에도 불구하고 시·도지사가 제1항에 따라 재의를 요구하게 하지 아니한 경우 주무부장관이 직접 시장·군수 및 자치구의 구청장에게 재의를 요구하게 할 수 있고, 재의 요구 지시를 받은 시장·군수 및 자치구의 구청장은 의결사항을 이송받은 날부터 20일 이내에 지방의회에 이유를 붙여 재의를 요구하여야 한다.
③ 제1항 또는 제2항의 요구에 대하여 재의한 결과 재적의원 과반수의 출석과 출석의원 3분의 2 이상의 찬성으로 전과 같은 의결을 하면 그 의결사항은 확정된다.
④ 지방자치단체의 장은 제3항에 따라 재의결된 사항이 법령에 위반된다고 판단되면 재의결된 날부터 20일 이내에 대법원에 소를 제기할 수 있다. 이 경우 필요하다고 인정되면 그 의결의 집행을 정지하게 하는 집행정지결정을 신청할 수 있다.

ANSWER 20.④

⑤ 주무부장관이나 시 · 도지사는 재의결된 사항이 법령에 위반된다고 판단됨에도 불구하고 해당 지방자치단체의 장이 소를 제기하지 아니하면 시 · 도에 대해서는 주무부장관이, 시 · 군 및 자치구에 대해서는 시 · 도지사(제2항에 따라 주무부장관이 직접 재의 요구 지시를 한 경우에는 주무부장관을 말한다. 이하 이 조에서 같다)가 그 지방자치단체의 장에게 제소를 지시하거나 직접 제소 및 집행정지결정을 신청할 수 있다.
⑥ 제5항에 따른 제소의 지시는 제4항의 기간이 지난 날부터 7일 이내에 하고, 해당 지방자치단체의 장은 제소 지시를 받은 날부터 7일 이내에 제소하여야 한다.
⑦ 주무부장관이나 시 · 도지사는 제6항의 기간이 지난 날부터 7일 이내에 제5항에 따른 직접 제소 및 집행정지 결정을 신청할 수 있다.
⑧ 제1항 또는 제2항에 따라 지방의회의 의결이 법령에 위반된다고 판단되어 주무부장관이나 시 · 도지사로부터 재의 요구 지시를 받은 해당 지방자치단체의 장이 재의를 요구하지 아니하는 경우(법령에 위반되는 지방의회의 의결사항이 조례안인 경우로서 재의 요구 지시를 받기 전에 그 조례안을 공포한 경우를 포함한다)에는 주무부장관이나 시 · 도지사는 제1항 또는 제2항에 따른 기간이 지난 날부터 7일 이내에 대법원에 직접 제소 및 집행정지 결정을 신청할 수 있다.
⑨ 제1항 또는 제2항에 따른 지방의회의 의결이나 제3항에 따라 재의결된 사항이 둘 이상의 부처와 관련되거나 주무부장관이 불분명하면 행정안전부장관이 재의 요구 또는 제소를 지시하거나 직접 제소 및 집행정지 결정을 신청할 수 있다.
〈2022. 1.13. 시행〉

2020. 9. 26. 인사혁신처 시행

1 공무원법관계에 대한 설명으로 옳은 것은? (다툼이 있는 경우 판례에 의함)

① 징계권자이자 임용권자인 지방자치단체장은 소속 공무원의 구체적인 행위가 「지방공무원법」상 징계사유에 해당하는지 여부에 관하여 판단할 재량은 있지만, 징계사유에 해당하는 것이 명백하다면 관할 인사위원회에 징계를 요구할 의무가 있다.

② 공무원법상 정년은 공무원의 정년퇴직 시 구비서류로 요구되는 가족관계기록사항에 관한 증명서 중 기본증명서에 기재된 실제의 생년월일이 아니라, 공무원 임용신청 당시의 공무원인사기록카드에 기재된 생년월일을 기준으로 산정해야 한다.

③ 공무원이 국가를 상대로 실질이 보수에 해당하는 금원의 지급을 구하려면 국가공무원법령 등 공무원의 보수에 관한 법률에 그 보수의 지급근거가 되는 명시적 규정이 있으면 족하고, 그 보수항목이 국가예산에 계상되어 있어야 하는 것은 아니다.

④ 국가공무원이 금고 이상의 형의 집행유예를 선고받고 집행유예 기간의 경과로 형의 선고가 효력을 잃게 되었다면, 이미 발생한 그 공무원에 대한 당연퇴직의 효력은 소멸한다.

ADVICE ① 지방공무원의 징계와 관련된 규정을 종합해 보면, 징계권자이자 임용권자인 지방자치단체장은 소속 공무원의 구체적인 행위가 과연 지방공무원법 제69조 제1항에 규정된 징계사유에 해당하는지 여부에 관하여 판단할 재량은 있지만, 징계사유에 해당하는 것이 명백한 경우에는 관할 인사위원회에 징계를 요구할 의무가 있다(대판 2007. 7.12. 2006도1390).

② 지방공무원의 정년퇴직시 구비서류로 가족관계기록사항에 관한 증명서 중 기본증명서 1통을 요구하고 있는 점 등을 고려하면, 지방공무원법상의 정년은 지방공무원의 정년퇴직시 구비서류로 요구되는 가족관계기록사항에 관한 증명서 중 기본증명서에 기재된 실제의 생년월일을 기준으로 산정해야 한다고 봄이 상당하다(대판 2009. 3.26. 2008두21300).

③ 공무원보수규정 제31조에 따라 공무원의 수당 등 보수는 예산의 범위에서 지급되는데, 여기서 '예산의 범위에서'란 문제 되는 보수 항목이 국가예산에 계상되어 있을 것을 요한다는 의미이다. 이와 같이 공무원 보수 등 근무조건은 법률로 정하여야 하고, 국가예산에 계상되어 있지 아니하면 공무원 보수의 지급이 불가능한 점 등에 비추어 볼 때, 공무원이 국가를 상대로 실질이 보수에 해당하는 금원의 지급을 구하려면 공무원의 '근무조건 법정주의'에 따라 국가공무원법령 등 공무원의 보수에 관한 법률에 지급근거가 되는 명시적 규정이 존재하여야 하고, 나아가 해당 보수 항목이 국가예산에도 계상되어 있어야만 한다(대판 2016. 8.25. 2013두14610).

④ 구 국가공무원법 제69조는 "공무원이 제33조 각 호의 1에 해당할 때에는 당연히 퇴직한다"고 규정하고, 같은 법 제33조 제1항 제4호는 결격사유 중의 하나로 '금고 이상의 형을 받고 그 집행유예의 기간이 완료된 날로부터 2년을 경과하지 아니한 자'를 들고 있다. 구 국가공무원법 제69조에서 규정하고 있는 당연퇴직제도는 같은 법 제33조

ANSWER 1.①

제1항 각 호에 규정되어 있는 결격사유가 발생하는 것 자체에 의하여 임용권자의 의사표시 없이 결격사유에 해당하게 된 시점에 당연히 그 공무원으로서의 신분을 상실하게 하는 것이고, 당연퇴직의 효력이 생긴 후에 당연퇴직사유가 소멸한다는 것은 있을 수 없으므로, 국가공무원이 금고 이상의 형의 집행유예를 받은 경우에는 그 이후 형법 제65조에 따라 형의 선고의 효력을 잃게 되었다 하더라도 이미 발생한 당연퇴직의 효력에는 영향이 없다(대판 2011. 3.24. 2008다49714).

2 **「경찰관 직무집행법」에 따른 경찰권발동에 대한 설명으로 옳지 않은 것은? (다툼이 있는 경우 판례에 의함)**

① 경찰관으로부터 임의동행 요구를 받은 상대방은 이를 거절할 수 있을 뿐만 아니라 임의동행 후 언제든지 경찰관서에서 퇴거할 자유가 있다.

② 불심검문을 하는 경찰관이 신분증을 제시하지 않았다 하더라도 검문하는 사람이 경찰관이고 검문하는 이유가 범죄행위에 관한 것임을 상대방이 충분히 알고 있었다면 그 불심검문은 위법한 공무집행이라고 할 수 없다.

③ 경찰관이 불심검문을 하기 위해서는 불심검문 대상자에게 반드시 「형사소송법」상 체포나 구속에 이를 정도의 혐의가 있을 것이 요구되지는 않는다.

④ 경찰관의 보호조치의 발동에 관하여는 재량이 인정되므로 술에 취하여 응급구호가 필요한 자를 가족에게 인계할 수 있음에도 특별한 사정없이 경찰관서에 보호조치하는 것은 위법이라 할 수 없다.

ADVICE ④ 경찰관직무집행법 제4조 제1항 제1호에서 규정하는 술에 취한 상태로 인하여 자기 또는 타인의 생명 · 신체와 재산에 위해를 미칠 우려가 있는 피구호자에 대한 보호조치는 경찰 행정상 즉시강제에 해당하므로, 그 조치가 불가피한 최소한도 내에서만 행사되도록 발동 · 행사 요건을 신중하고 엄격하게 해석하여야 한다. 따라서 이 사건 조항의 '술에 취한 상태'란 피구호자가 술에 만취하여 정상적인 판단능력이나 의사능력을 상실할 정도에 이른 것을 말하고, 이 사건 조항에 따른 보호조치를 필요로 하는 피구호자에 해당하는지는 구체적인 상황을 고려하여 경찰관 평균인을 기준으로 판단하되, 그 판단은 보호조치의 취지와 목적에 비추어 현저하게 불합리하여서는 아니 되며, 피구호자의 가족 등에게 피구호자를 인계할 수 있다면 특별한 사정이 없는 한 경찰관서에서 피구호자를 보호하는 것은 허용되지 않는다(대판 2012.12.13. 2012도11162).

① 임의동행은 상대방의 동의 또는 승낙을 그 요건으로 하는 것이므로 경찰관으로부터 임의동행 요구를 받은 경우 상대방은 이를 거절할 수 있을 뿐만 아니라 임의동행 후 언제든지 경찰관서에서 퇴거할 자유가 있다 할 것이고, 경찰관직무집행법 제3조 제6항이 임의동행한 경우 당해인을 6시간을 초과하여 경찰관서에 머물게 할 수 없다고 규정하고 있다고 하여 그 규정이 임의동행한 자를 6시간 동안 경찰관서에 구금하는 것을 허용하는 것은 아니다(대판 1997. 8.22. 97도1240).

② 경찰관직무집행법 제3조 제4항은 경찰관이 불심검문을 하고자 할 때에는 자신의 신분을 표시하는 증표를 제시하여야 한다고 규정하고, 경찰관직무집행법 시행령 제5조는 위 법에서 규정한 신분을 표시하는 증표는 경찰관의 공무원증이라고 규정하고 있는데, 불심검문을 하게 된 경위, 불심검문 당시의 현장상황과 검문을 하는 경찰관들의 복장, 피고인이 공무원증 제시나 신분 확인을 요구하였는지 여부 등을 종합적으로 고려하여, 검문하는 사람이 경찰관이고 검문하는 이유가 범죄행위에 관한 것임을 피고인이 충분히 알고 있었다고 보이는 경우에는 신분증을 제시하지 않았다고 하여 그 불심검문이 위법한 공무집행이라고 할 수 없다(대판 2014.12.11. 2014도7976).

③ 경찰관직무집행법의 목적, 법 제1조 제1항, 제2항, 제3조 제1항, 제2항, 제3항, 제7항의 내용 및 체계 등을 종합하면, 경찰관이 법 제3조 제1항에 규정된 대상자 해당 여부를 판단할 때에는 불심검문 당시의 구체적 상황은 물론 사전에

얻은 정보나 전문적 지식 등에 기초하여 불심검문 대상자인지를 객관적 · 합리적인 기준에 따라 판단하여야 하나, 반드시 불심검문 대상자에게 형사소송법상 체포나 구속에 이를 정도의 혐의가 있을 것을 요한다고 할 수는 없다. 그리고 경찰관은 불심검문 대상자에게 질문을 하기 위하여 범행의 경중, 범행과의 관련성, 상황의 긴박성, 혐의의 정도, 질문의 필요성 등에 비추어 목적 달성에 필요한 최소한의 범위 내에서 사회통념상 용인될 수 있는 상당한 방법으로 대상자를 정지시킬 수 있고 질문에 수반하여 흉기의 소지 여부도 조사할 수 있다(대판 2014. 2.27. 2011도13999).

3 지방자치에 대한 설명으로 옳은 것은? (다툼이 있는 경우 판례에 의함)

① 「지방자치법」 제17조 제2항 제2호에 규정된 주민소송에서 다툼의 대상이 된 처분은 그 처분으로 인해 지방자치단체의 재정에 손실이 발생하였다는 사실만으로도 위법성이 인정된다.
② 지방자치단체는 기관위임사무의 집행에 관한 권한의 존부 및 범위에 관한 권한분쟁을 이유로 기관위임사무를 집행하는 국가기관을 상대로 권한쟁의심판을 청구할 당사자적격이 없다.
③ 교육감이 「지방교육자치에 관한 법률」에 따라 독자적인 권한으로 지방의회의 조례안 의결에 대해 재의요구를 한 경우 지방의회가 재의결하기 전이라도 교육감은 그 재의요구를 철회할 수 없다.
④ 지방자치단체의 장이 국가가 위임한 사무에 대해 국가기관의 지위에서 처분을 한 경우 그 지방자치단체의 장은 권한쟁의 심판청구의 당사자가 될 수 없다.

ADVICE ② 기관위임사무는 국가 또는 상급 지방자치단체가 해당 지방자치단체장에게 위임한 사무를 의미한다. 지방자치단체는 기관위임사무의 수임기관에 해당하지 않아 권한이 인정되지 않으므로 기관위임사무를 집행하는 국가기관을 상대로 권한쟁의심판을 청구할 수 없다.

참고) 시장 또는 군수가 직접 도시공원을 설치한 경우뿐만 아니라 시장 또는 군수 외의 자가 도시공원을 설치하거나 위탁받아 관리하는 경우에도 당해 공원의 관리청은 원칙적으로 그 공원이 위치한 행정구역을 관할하는 시장 또는 군수이다. 그러나 공원 관리에 관한 상위 지방자치단체장의 행정권한이 행정권한 위임조례에 의하여 하위 지방자치단체장 등에게 위임되었다면 권한을 위임받은 하위 지방자치단체장 등이 그 공원의 관리청이 된다(대판 2010. 3.25. 2007다22897).

① 주민소송에서 다툼의 대상이 된 처분의 위법성은 행정소송법상 항고소송에서와 마찬가지로 헌법, 법률, 그 하위의 법규명령, 법의 일반원칙 등 객관적 법질서를 구성하는 모든 법규범에 위반되는지 여부를 기준으로 판단하여야 하는 것이지, 해당 처분으로 인하여 지방자치단체의 재정에 손실이 발생하였는지만을 기준으로 판단할 것은 아니다(대판 2019.10.17. 2018두104).

③ 지방교육자치에 관한 법률 제28조 제1항 제1문이 규정한 교육 · 학예에 관한 시 · 도의회의 의결사항에 대한 교육감의 재의요구 권한과, 같은 항 제2문이 규정한 교육부장관의 재의요구 요청 권한은 중복하여 행사될 수 있는 별개의 독립된 권한이다. 지방의회의 조례안 의결에 대하여 재의요구를 한 교육감은 지방의회가 재의결을 하기 전까지 재의요구를 철회할 수 있다. 그렇다면, 서울특별시교육감의 재의요구 철회가 교육부장관의 재의요구 요청권한을 침해하지 아니한다(헌재결 2013. 9.26. 2012헌라1).

④ 권한쟁의 심판청구는 헌법과 법률에 의하여 권한을 부여받은 자가 그 권한의 침해를 다투는 헌법소송으로서 이러한 권한쟁의심판을 청구할 수 있는 자에 대하여는 헌법 제111조 제1항 제4호와 헌법재판소법 제62조 제1항 제3호가 정하고 있는바, 이에 의하면 지방자치단체의 장은 원칙적으로 권한쟁의 심판청구의 당사자가 될 수 없다. 다만 지방자치단체의 장이 국가위임 사무에 대해 국가기관의 지위에서 처분을 행한 경우에는 권한쟁의 심판청구의 당사자가 될 수 있다(헌재결 2006. 8.31. 2003헌라1).

ANSWER 2.④ 3.②

4 공물에 대한 설명으로 옳지 않은 것은? (다툼이 있는 경우 판례에 의함)

① 관재당국이 착오로 행정재산을 사인의 재산과 교환하였다 하더라도 그러한 사정만으로 그 행정재산에 대한 적법한 공용폐지의 의사표시가 있다고 볼 수 없다.

② 「지방재정법」상 공유재산에 대한 취득시효가 완성되기 위하여는 그 공유재산이 취득시효기간 동안 계속하여 시효취득의 대상이 될 수 있는 일반재산이어야 한다.

③ 국유재산의 관리청은 국유재산에 대하여 점용 · 사용허가를 받지 아니한 채 국유재산을 사용한 자에 대하여 「국유재산법」에 따른 국유재산 사용료를 부과할 수 있다.

④ 도로의 관리청은 도로부지에 대한 소유권을 취득하였는지 여부와 관계없이 도로를 무단점용하는 자에 대하여 「도로법」에 따라 변상금을 부과할 수 있다.

ADVICE ③ 甲 시가 국유재산인 토지 상에 근로자 종합복지관 등을 건축하여 점유 · 사용하고 있다는 이유로 해당 국유지의 관리청인 乙 시가 사용료 부과처분을 한 사안에서, 구 국유재산법 제32조 제1항에 의하면 행정재산을 사용허가한 때에는 대통령령으로 정하는 요율과 산출방법에 따라 매년 사용료를 징수하고, 공유수면 관리 및 매립에 관한 법률 제13조 제1항에 의하면 공유수면관리청은 점용 · 사용허가나 공유수면의 점용 · 사용협의 또는 승인을 받은 자로부터 대통령령으로 정하는 바에 따라 매년 공유수면 점용료 또는 사용료를 징수하여야 하므로, 乙 시가 甲 시에 국유재산에 대한 사용료 또는 점용료를 부과하기 위해서는 乙 시가 甲 시에 국유재산의 점용 · 사용을 허가하였거나 그에 관한 협의 또는 승인이 있었던 경우라야 함에도, 점용 · 사용허가 등이 있었는지에 관하여 심리하지 아니한 채 오히려 甲 시가 국유재산에 관한 점용 · 사용허가를 받지 않고 이를 점유 · 사용하고 있다고 보면서도 사용료 부과처분이 적법하다고 본 원심의 판단에 법리를 오해하여 필요한 심리를 다하지 아니한 잘못이 있다(대판 2017. 4.27. 2017두31248).

국유재산에 대한 사용료 또는 점용료를 부과하기 위해서는 국유재산의 점용 · 사용을 허가하였거나 그에 관한 협의 또는 승인이 있었던 경우여야 한다. 국유재산에 관한 점용 · 사용허가를 받지 않고 이를 점유 · 사용하고 있다고 보면서도 사용료 부과처분을 한 것은 적법하지 않다.

① 공용폐지의 의사표시는 묵시적인 방법으로도 가능하나 행정재산이 본래의 용도에 제공되지 않는 상태에 있다는 사정만으로는 묵시적인 공용폐지의 의사표시가 있다고 볼 수 없으며, 또한 공용폐지의 의사표시는 적법한 것이어야 하는바, 행정재산은 공용폐지가 되지 아니한 상태에서는 사법상 거래의 대상이 될 수 없으므로 관재당국이 착오로 행정재산을 다른 재산과 교환하였다 하여 그러한 사정만으로 적법한 공용폐지의 의사표시가 있다고 볼 수도 없다 (대판 1998.11.19. 98다42974).

② 구 지방재정법 제74조 제2항은 "공유재산은 민법 제245조의 규정에 불구하고 시효취득의 대상이 되지 아니한다. 다만, 잡종재산의 경우에는 그러하지 아니하다."라고 규정하고 있으므로, 구 지방재정법상 공유재산에 대한 취득시효가 완성되기 위하여는 그 공유재산이 취득시효기간 동안 계속하여 시효취득의 대상이 될 수 있는 잡종재산(일반재산)이어야 하고, 이러한 점에 대한 증명책임은 시효취득을 주장하는 자에게 있다(대판 2009.12.10. 2006다19177).

④ 도로법의 제반 규정에 비추어 보면, 같은 법 제80조의2의 규정에 의한 변상금 부과권한은 적정한 도로관리를 위하여 도로의 관리청에게 부여된 권한이라 할 것이지 도로부지의 소유권에 기한 권한이라고 할 수 없으므로, 도로의 관리청은 도로부지에 대한 소유권을 취득하였는지 여부와는 관계없이 도로를 무단점용하는 자에 대하여 변상금을 부과할 수 있다(대판 2005.11.25. 2003두7194).

5 **조세행정 및 그에 대한 불복수단에 대한 설명으로 옳지 않은 것은? (다툼이 있는 경우 판례에 의함)**

① 세무서장이 납세자의 국세환급금지급청구에 대하여 거부를 한 경우 납세자는 그 거부행위에 대한 취소소송을 제기할 수 없다.

② 신고납세방식의 조세의 경우 원칙적으로 납세의무자가 스스로 과세표준과 세액을 정하여 신고하는 행위에 의하여 납세의무가 구체적으로 확정된다.

③ 조세를 부과·징수하기 위해서는 법률의 근거가 필요하지만 조세를 감면하기 위해서 법률의 근거가 필요한 것은 아니다.

④ 과세처분에 대한 이의신청절차에서 과세관청이 이의신청 사유가 옳다고 인정하여 과세처분을 직권으로 취소한 이상 과세관청은 특별한 사유 없이 이를 번복하고 종전 처분을 되풀이할 수 없다.

ADVICE ③ 조세의 감면에 관한 규정은 조세의 부과·징수의 요건이나 절차와 직접 관련되는 것은 아니지만, 조세란 공공경비를 국민에게 강제적으로 배분하는 것으로서 납세의무자 상호간에는 조세의 전가관계가 있으므로 특정인이나 특정계층에 대하여 정당한 이유없이 조세감면의 우대조치를 하는 것은 특정한 납세자군이 조세의 부담을 다른 납세자군의 부담으로 떠맡기는 것에 다름아니므로 조세감면의 근거 역시 법률로 정하여야만 하는 것이 국민주권주의나 법치주의의 원리에 부응하는 것이다(헌재결 1996. 6.26. 93헌바2).

① 구 국세기본법 제51조의 오납액과 초과납부액은 조세채무가 처음부터 존재하지 않거나 그 후 소멸되었음에도 불구하고 국가가 법률상 원인 없이 수령하거나 보유하고 있는 부당이득에 해당하고, 그 국세환급금결정에 관한 규정은 이미 납세의무자의 환급청구권이 확정된 국세환급금에 대하여 내부적 사무처리절차로서 과세관청의 환급절차를 규정한 것에 지나지 않고 위 규정에 의한 국세환급금결정에 의하여 비로소 환급청구권이 확정되는 것은 아니므로, 위 국세환급금결정이나 이 결정을 구하는 신청에 대한 환급거부결정은 납세의무자가 갖는 환급청구권의 존부나 범위에 구체적이고 직접적인 영향을 미치는 처분이 아니어서 항고소송의 대상이 되는 처분이라고 볼 수 없다(대판 2009.11.26. 2007두4018).

② 신고납부방식의 조세는 원칙적으로 납세의무자가 스스로 과세표준과 세액을 정하여 신고하는 행위에 의하여 납세의무가 구체적으로 확정되고, 그 납부행위는 신고에 의하여 확정된 구체적 납세의무의 이행으로 하는 것이며, 국가나 지방자치단체는 그와 같이 확정된 조세채권에 기하여 납부된 세액을 보유한다. 납세의무자의 신고행위가 중대하고 명백한 하자로 인하여 당연무효로 되지 아니하는 한 그것이 바로 부당이득에 해당한다고 할 수 없다. 여기에서 신고행위의 하자가 중대하고 명백하여 당연무효에 해당하는지 여부는 신고행위의 근거가 되는 법규의 목적, 의미, 기능 및 하자 있는 신고행위에 대한 법적 구제수단 등을 목적론적으로 고찰함과 동시에 신고행위에 이르게 된 구체적 사정을 개별적으로 파악하여 합리적으로 판단하여야 한다(대판 2009. 4.23. 2006다81257).

④ 과세처분에 관한 불복절차과정에서 불복사유가 옳다고 인정하여 이에 따라 필요한 처분을 하였을 경우에는, 불복제도와 이에 따른 시정방법을 인정하고 있는 국세기본법 취지에 비추어 볼 때 동일 사항에 관하여 특별한 사유 없이 이를 번복하고 종전과 동일한 처분을 하는 것은 허용될 수 없다. 따라서 과세관청이 과세처분에 대한 이의신청절차에서 납세자의 이의신청 사유가 옳다고 인정하여 과세처분을 직권으로 취소한 경우, 납세자가 허위의 자료를 제출하는 등 부정한 방법에 기초하여 직권취소되었다는 등의 특별한 사유가 없는데도 이를 번복하고 종전과 동일한 과세처분을 하는 것은 위법하다(대판 2017. 3. 9. 2016두56790).

ANSWER 4.③ 5.③

6 자동차운전면허 및 운송사업면허에 대한 설명으로 옳지 않은 것은? (다툼이 있는 경우 판례에 의함)

① 운전면허취소처분에 대한 취소소송에서 취소판결이 확정되었다면 운전면허취소처분 이후의 운전행위를 무면허운전이라 할 수는 없다.

② 음주운전 여부에 대한 조사 과정에서 운전자 본인의 동의를 받지 아니하고 법원의 영장도 없이 채혈 조사가 행해졌다면, 그 조사 결과를 근거로 한 운전면허취소처분은 특별한 사정이 없는 한 위법하다.

③ 개인택시 운송사업의 양도·양수에 대한 인가가 있은 후에 그 양도·양수 이전에 있었던 양도인에 대한 운송사업면허 취소사유를 들어 양수인의 사업면허를 취소할 수 있다.

④ 음주운전으로 인해 운전면허를 취소하는 경우의 이익형량에서 음주운전으로 인한 교통사고를 방지할 공익상의 필요가 취소의 상대방이 입게 될 불이익보다 강조되어야 하는 것은 아니다.

ADVICE ④ 자동차가 대중적인 교통수단이고 그에 따라 자동차운전면허가 대량으로 발급되어 교통상황이 날로 혼잡해짐에 따라 교통법규를 엄격히 지켜야 할 필요성은 더욱 커지는 점, 음주운전으로 인한 교통사고 역시 빈번하고 그 결과가 참혹한 경우가 많아 대다수의 선량한 운전자 및 보행자를 보호하기 위하여 음주운전을 엄격하게 단속하여야 할 필요가 절실한 점 등에 비추어 보면, 음주운전으로 인한 교통사고를 방지할 공익상의 필요는 더욱 중시되어야 하고 운전면허의 취소는 일반의 수익적 행정행위의 취소와는 달리 그 취소로 인하여 입게 될 당사자의 불이익보다는 이를 방지하여야 하는 일반예방적 측면이 더욱 강조되어야 한다(대판 2019. 1.17. 2017두59949).

① 피고인이 행정청으로부터 자동차 운전면허취소처분을 받았으나 나중에 그 행정처분 자체가 행정쟁송절차에 의하여 취소되었다면, 위 운전면허취소처분은 그 처분시에 소급하여 효력을 잃게 되고, 피고인은 위 운전면허취소처분에 복종할 의무가 원래부터 없었음이 후에 확정되었다고 봄이 타당할 것이고, 행정행위에 공정력의 효력이 인정된다고 하여 행정소송에 의하여 적법하게 취소된 운전면허취소처분이 단지 장래에 향하여서만 효력을 잃게 된다고 볼 수는 없다(대판 1999. 2. 5. 98도4239).

② 수사기관이 범죄 증거를 수집할 목적으로 운전자의 동의 없이 혈액을 취득·보관하는 행위는 형사소송법상 '감정에 필요한 처분' 또는 '압수'로서 법원의 감정처분허가장이나 압수영장이 있어야 가능하고, 다만 음주운전 중 교통사고를 야기한 후 운전자가 의식불명 상태에 빠져 있는 등으로 호흡조사에 의한 음주측정이 불가능하고 채혈에 대한 동의를 받을 수도 없으며 법원으로부터 감정처분허가장이나 사전 압수영장을 발부받을 시간적 여유도 없는 긴급한 상황이 발생한 경우에는 수사기관은 예외적인 요건하에 음주운전 범죄의 증거 수집을 위하여 운전자의 동의나 사전 영장 없이 혈액을 채취하여 압수할 수 있으나 이 경우에도 형사소송법에 따라 사후에 지체 없이 법원으로부터 압수영장을 받아야 한다. 따라서 음주운전 여부에 대한 조사 과정에서 운전자 본인의 동의를 받지 아니하고 또한 법원의 영장도 없이 채혈조사를 한 결과를 근거로 한 운전면허 정지·취소 처분은 도로교통법 제44조 제3항을 위반한 것으로서 특별한 사정이 없는 한 위법한 처분으로 볼 수밖에 없다(대판 2016.12.27. 2014두46850).

③ 개인택시운송사업의 양도·양수가 있고 그에 대한 인가가 있은 후 그 양도·양수 이전에 있었던 양도인에 대한 운송사업면허취소사유(음주운전 등으로 인한 자동차운전면허의 취소)를 들어 양수인의 운송사업면허를 취소한 것은 정당하다(대판 1998. 6.26. 96누18960).

7 「공익사업을 위한 토지 등의 취득 및 보상에 관한 법률」상 토지수용절차 및 보상에 대한 설명으로 옳지 않은 것은? (다툼이 있는 경우 판례에 의함)

① 토지수용위원회가 토지에 대하여 사용재결을 하는 경우 사용할 토지의 위치와 면적, 권리자, 손실보상액, 사용 개시일뿐만 아니라 사용방법, 사용기간도 구체적으로 재결서에 특정하여야 한다.

② 사업인정기관은 어떠한 사업이 외형상 토지 등을 수용 또는 사용할 수 있는 사업에 해당한다 하더라도, 사업시행자에게 해당 공익사업을 수행할 의사와 능력이 없다면 사업인정을 거부할 수 있다.

③ 협의취득으로 인한 사업시행자의 토지에 대한 소유권 취득은 승계취득이므로 관할 토지수용위원회에 의한 협의 성립의 확인이 있었더라도 사업시행자는 수용재결의 경우와 동일하게 그 토지에 대한 원시취득의 효과를 누릴 수 없다.

④ 사업시행자의 이주대책 수립 · 실시의무 및 이주대책의 내용에 관한 규정은 당사자의 합의 또는 사업시행자의 재량에 의하여 적용을 배제할 수 없는 강행법규이다.

ADVICE ③ 토지보상법상 수용은 일정한 요건하에 그 소유권을 사업시행자에게 귀속시키는 행정처분으로서 이로 인한 효과는 소유자가 누구인지와 무관하게 사업시행자가 그 소유권을 취득하게 하는 원시취득이다. 반면, 토지보상법상 '협의취득'의 성격은 사법상 매매계약이므로 그 이행으로 인한 사업시행자의 소유권 취득도 승계취득이다. 그런데 토지보상법 제29조 제3항에 따른 신청이 수리됨으로써 협의 성립의 확인이 있었던 것으로 간주되면, 토지보상법 제29조 제4항에 따라 그에 관한 재결이 있었던 것으로 재차 의제되고, 그에 따라 사업시행자는 사법상 매매의 효력만을 갖는 협의취득과는 달리 확인대상 토지를 수용재결의 경우와 동일하게 원시취득하는 효과를 누리게 된다(대판 2018.12.13. 2016두51719).

① 공익사업을 위한 토지 등의 취득 및 보상에 관한 법령이 재결을 서면으로 하도록 하고, '사용할 토지의 구역, 사용의 방법과 기간'을 재결사항의 하나로 규정한 취지는, 재결에 의하여 설정되는 사용권의 내용을 구체적으로 특정함으로써 재결 내용의 명확성을 확보하고 재결로 인하여 제한받는 권리의 구체적인 내용이나 범위 등에 관한 다툼을 방지하기 위한 것이다. 따라서 관할 토지수용위원회가 토지에 관하여 사용재결을 하는 경우에는 재결서에 사용할 토지의 위치와 면적, 권리자, 손실보상액, 사용 개시일 외에도 사용방법, 사용기간을 구체적으로 특정하여야 한다(대판 2019. 6.13. 2018두42641).

② 공익사업을 수행하여 공익을 실현할 의사나 능력이 없는 자에게 타인의 재산권을 공권력적 · 강제적으로 박탈할 수 있는 수용권을 설정하여 줄 수는 없으므로, 사업시행자에게 해당 공익사업을 수행할 의사와 능력이 있어야 한다는 것도 사업인정의 한 요건이라고 보아야 한다(대판 2019. 2.28. 2017두71031).

④ 구 공익사업법은 공익사업에 필요한 토지 등을 협의 또는 수용에 의하여 취득하거나 사용함에 따른 손실의 보상에 관한 사항을 규정함으로써 공익사업의 효율적인 수행을 통하여 공공복리의 증진과 재산권의 적정한 보호를 도모함을 목적으로 하고 있고, 위 법에 의한 이주대책은 공익사업의 시행에 필요한 토지 등을 제공함으로 인하여 생활의 근거를 상실하게 되는 이주대책대상자들에게 종전의 생활상태를 원상으로 회복시키면서 동시에 인간다운 생활을 보장하여 주기 위하여 마련된 제도이므로, 사업시행자의 이주대책 수립 · 실시의무를 정하고 있는 구 공익사업법 제78조 제1항은 물론 그 이주대책의 내용에 관하여 규정하고 있는 같은 법 제78조 제4항 본문 역시 당사자의 합의 또는 사업시행자의 재량에 의하여 그 적용을 배제할 수 없는 강행법규이다(대판 2013. 6.28. 2011다40465).

ANSWER 6.④ 7.③

8 판례의 입장으로 옳지 않은 것은?

① 어떠한 토지에 대하여 도로로서의 도시계획시설결정 및 지적승인이 있었다면, 그 도시계획사업이 실시되었거나 그 토지가 자연공로로 이용된 적이 없다 하여도 도시계획결정 및 지적승인의 고시에 의해 그 토지는 행정재산이 된다.

② 개발부담금은 국가 또는 지방자치단체가 재정수요를 충족시키기 위하여 반대급부 없이 법률에 규정된 요건에 해당하는 모든 자에 대하여 일반적 기준에 의하여 부과하는 금전급부라는 조세로서의 특징을 가지므로 실질적인 조세로 보아야 한다.

③ 토지거래허가구역 안에서 허가를 받지 아니하고 체결한 토지거래계약이 확정적으로 무효가 된 것이 아니라면, 허가구역 지정이 해제된 경우에는 그 계약은 확정적으로 유효로 된다.

④ 구「공무원연금법」상 공무원연금관리공단이 퇴직연금수급자에게 공무원연금법령이 개정되어 퇴직연금 중 일부 금액의 지급정지대상자가 되었다는 사실을 통보하는 행위는 항고소송의 대상이 되지 않는다.

ADVICE ① 도로와 같은 인공적 공공용 재산은 법령에 의하여 지정되거나 행정처분으로 공공용으로 사용하기로 결정한 경우 또는 행정재산으로 실제 사용하는 경우의 어느 하나에 해당하여야 행정재산이 되는 것이며, 도로는 도로로서의 형태를 갖추어야 하고, 도로법에 따른 노선의 지정 또는 인정의 공고 및 도로구역의 결정 · 고시가 있는 때부터 또는 도시계획법 소정의 절차를 거쳐 도로를 설치하였을 때부터 공공용물로서 공용개시행위가 있는 것이며, 토지에 대하여 도로로서의 도시계획시설결정 및 지적승인만 있었을 뿐 그 도시계획사업이 실시되었거나 그 토지가 자연공로로 이용된 적이 없는 경우에는 도시계획결정 및 지적승인의 고시만으로는 아직 공용개시행위가 있었다고 할 수 없어 그 토지가 행정재산이 되었다고 할 수 없다(대판 2000. 4.25. 2000다348).

② 개발부담금은 비록 그 명칭이 '부담금'이고 국세기본법이나 지방세기본법에서 나열하고 있는 국세나 지방세의 목록에 빠져 있다고 하더라도, '국가 또는 지방자치단체가 재정수요를 충족시키기 위하여 반대급부 없이 법률에 규정된 요건에 해당하는 모든 자에 대하여 일반적 기준에 의하여 부과하는 금전급부'라는 조세로서의 특징을 지니고 있다는 점에서 실질적인 조세라 할 것이다(헌재결 2016. 6.30. 2013헌바191).

③ 토지거래 허가구역 지정기간 중에 허가구역 안의 토지에 관하여 토지거래허가를 받지 아니하고 토지거래계약을 체결한 후 허가구역의 지정이 해제된 때에는, 그 계약은 허가를 배제하거나 잠탈하는 내용의 계약이어서 처음부터 확정적으로 무효인 경우 또는 토지거래 허가신청에 대하여 불허가처분이 있거나 당사자 쌍방이 허가신청 협력의무의 이행거절 의사를 명백히 표시하는 등의 사유로 무효로 확정된 경우가 아닌 한, 관할 행정청으로부터 토지거래허가를 받을 필요가 없이 확정적으로 유효로 된다. 따라서 거래 당사자는 그 계약에 기하여 바로 토지의 소유권 등 권리의 이전 또는 설정에 관한 이행청구를 할 수 있으므로, 더 이상 상대방에 대하여 소송으로써 토지거래 허가신청 절차의 이행을 구할 이익이 없다(대판 1999. 6.17. 98다40459 (전합)).

④ 공무원연금관리공단의 지급정지처분 여부에 관계없이 개정된 구 공무원연금법시행규칙이 시행된 때로부터 그 법규정에 의하여 당연히 퇴직연금 중 일부 금액의 지급이 정지되는 것이므로, 공무원연금관리공단이 위와 같은 법령의 개정 사실과 퇴직연금 수급자가 퇴직연금 중 일부 금액의 지급정지 대상자가 되었다는 사실을 통보한 것은 단지 위와 같이 법령에서 정한 사유의 발생으로 퇴직연금 중 일부 금액의 지급이 정지된다는 점을 알려주는 관념의 통지에 불과하고, 그로 인하여 비로소 지급이 정지되는 것은 아니므로 항고소송의 대상이 되는 행정처분으로 볼 수 없다(대판 2004.12.24. 2003두15195).

9 **사인의 공법행위로서의 신고에 대한 설명으로 옳지 않은 것은? (다툼이 있는 경우 판례에 의함)**

① 「부가가치세법」상 사업자등록은 단순한 사업사실의 신고에 해당하므로, 과세관청이 직권으로 등록을 말소한 행위는 항고소송의 대상인 행정처분에 해당하지 않는다.

② 허가대상 건축물의 양수인이 건축법령에 규정되어 있는 형식적 요건을 갖추어 행정청에 적법하게 건축주 명의변경 신고를 한 경우, 행정청은 실체적인 이유를 들어 신고의 수리를 거부할 수 없다.

③ 구「체육시설의 설치 · 이용에 관한 법률」의 규정에 따라 체육시설의 회원을 모집하고자 하는 자의 '회원모집계획서 제출'은 수리를 요하는 신고이며, 이에 대하여 회원모집계획을 승인하는 시 · 도지사 등의 검토결과 통보는 수리행위로서 행정처분에 해당한다.

④ 장기요양기관의 폐업신고 자체가 효력이 없음에도 행정청이 이를 수리한 경우, 그 수리행위가 당연무효로 되는 것은 아니다.

ADVICE ④ 장기요양기관의 폐업신고와 노인의료복지시설의 폐지신고는, 행정청이 관계 법령이 규정한 요건에 맞는지를 심사한 후 수리하는 이른바 '수리를 필요로 하는 신고'에 해당한다. 그러나 행정청이 그 신고를 수리하였다고 하더라도, 신고서 위조 등의 사유가 있어 신고행위 자체가 효력이 없다면, 그 수리행위는 유효한 대상이 없는 것으로서, 수리행위 자체에 중대 · 명백한 하자가 있는지를 따질 것도 없이 당연히 무효이다(대판 2005.12.23. 2005두3554).

① 부가가치세법상의 사업자등록은 과세관청으로 하여금 부가가치세의 납세의무자를 파악하고 그 과세자료를 확보케 하려는 데 입법취지가 있는 것으로서, 이는 단순한 사업사실의 신고로서 사업자가 소관 세무서장에서 소정의 사업자등록신청서를 제출함으로써 성립되는 것이고, 사업자등록증의 교부는 이와 같은 등록사실을 증명하는 증서의 교부행위에 불과한 것이며, 부가가치세법 제5조 제5항에 의하면 사업자가 폐업하거나 또는 신규로 사업을 개시하고자 하여 사업개시일 전에 등록한 후 사실상 사업을 개시하지 아니하게 되는 때에는 과세관청이 직권으로 이를 말소하도록 하고 있는데, 사업자등록의 말소 또한 폐업사실의 기재일 뿐 그에 의하여 사업자로서의 지위에 변동을 가져오는 것이 아니라는 점에서 과세관청의 사업자등록 직권말소행위는 불복의 대상이 되는 행정처분으로 볼 수가 없다(대판 2000.12.22. 99두6903, 2000).

② 건축허가를 받은 건축물의 양수인이 건축주 명의변경을 위하여 건축관계자 변경신고서에 첨부하여야 하는 구 건축법 시행규칙 제11조 제1항에서 정한 '권리관계의 변경사실을 증명할 수 있는 서류'란 건축할 대지가 아니라 허가대상 건축물에 관한 권리관계의 변경사실을 증명할 수 있는 서류를 의미하고, 그 서류를 첨부하였다면 이로써 구 건축법 시행규칙에 규정된 건축주 명의변경신고의 형식적 요건을 갖추었으며, 허가권자는 양수인에 대하여 구 건축법 시행규칙 제11조 제1항에서 정한 서류에 포함되지 아니하는 '건축할 대지의 소유 또는 사용에 관한 권리를 증명하는 서류'의 제출을 요구하거나, 양수인에게 이러한 권리가 없다는 실체적인 이유를 들어 신고의 수리를 거부하여서는 아니 된다(대판 2015.10.29. 2013두11475).

③ 체육시설의 회원을 모집하고자 하는 자는 시 · 도지사 등으로부터 회원모집계획서에 대한 검토결과 통보를 받은 후에 회원을 모집할 수 있다고 보아야 하고, 따라서 체육시설의 회원을 모집하고자 하는 자의 시 · 도지사 등에 대한 회원모집계획서 제출은 수리를 요하는 신고에서의 신고에 해당하며, 시 · 도지사 등의 검토결과 통보는 수리행위로서 행정처분에 해당한다(대판 2009. 2.26. 2006두16243).

ANSWER 8.① 9.④

10 「행정절차법」상 행정절차에 대한 설명으로 옳지 않은 것은? (다툼이 있는 경우 판례에 의함)

① 행정청이 처분절차를 준수하였는지는 취소소송의 본안에서 고려할 요소이지, 소송요건 심사단계에서 고려할 요소가 아니다.

② 신청인이 신청에 앞서 행정청의 허가업무 담당자에게 한 신청서의 내용에 대한 검토요청은 다른 특별한 사정이 없는 한 명시적이고 확정적인 신청의 의사표시로 보기 어렵다.

③ 「병역법」에 따라 지방병무청장이 산업기능요원에 대하여 산업기능요원 편입취소처분을 할 때에는 「행정절차법」에 따라 처분의 사전통지를 하고 의견제출의 기회를 부여하여야 한다.

④ 행정청은 행정처분의 상대방에 대한 청문통지서가 반송되었거나, 행정처분의 상대방이 청문일시에 불출석하였다는 이유로 청문절차를 생략하고 침해적 행정처분을 할 수 있다.

ADVICE ④ 행정절차법 제21조 제4항 제3호는 침해적 행정처분을 할 경우 청문을 실시하지 않을 수 있는 사유로서 "당해 처분의 성질상 의견청취가 현저히 곤란하거나 명백히 불필요하다고 인정될 만한 상당한 이유가 있는 경우"를 규정하고 있으나, 여기에서 말하는 '의견청취가 현저히 곤란하거나 명백히 불필요하다고 인정될 만한 상당한 이유가 있는지 여부'는 당해 행정처분의 성질에 비추어 판단하여야 하는 것이지, 청문통지서의 반송 여부, 청문통지의 방법 등에 의하여 판단할 것은 아니며, 또한 행정처분의 상대방이 통지된 청문일시에 불출석하였다는 이유만으로 행정청이 관계 법령상 그 실시가 요구되는 청문을 실시하지 아니한 채 침해적 행정처분을 할 수는 없을 것이므로, 행정처분의 상대방에 대한 청문통지서가 반송되었다거나, 행정처분의 상대방이 청문일시에 불출석하였다는 이유로 청문을 실시하지 아니하고 한 침해적 행정처분은 위법하다(대판 2001. 4.13. 2000두3337).

① 행정청의 행위가 항고소송의 대상이 될 수 있는지는 추상적 · 일반적으로 결정할 수 없고, 구체적인 경우에 관련 법령의 내용과 취지, 행위의 주체 · 내용 · 형식 · 절차, 행위와 상대방 등 이해관계인이 입는 불이익 사이의 실질적 견련성, 법치행정의 원리와 행위에 관련된 행정청이나 이해관계인의 태도 등을 고려하여 개별적으로 결정하여야 한다. 또한 어떠한 처분에 법령상 근거가 있는지, 행정절차법에서 정한 처분절차를 준수하였는지는 본안에서 당해 처분이 적법한가를 판단하는 단계에서 고려할 요소이지, 소송요건 심사단계에서 고려할 요소가 아니다(대판 2020. 4. 9. 2015다34444).

② 구 행정절차법 제17조 제3항 본문은 "행정청은 신청이 있는 때에는 다른 법령 등에 특별한 규정이 있는 경우를 제외하고는 그 접수를 보류 또는 거부하거나 부당하게 되돌려 보내서는 아니 되며, 신청을 접수한 경우에는 신청인에게 접수증을 교부하여야 한다."고 규정하고 있는바, 여기에서의 신청인의 행정청에 대한 신청의 의사표시는 명시적이고 확정적인 것이어야 한다고 할 것이므로 신청인이 신청에 앞서 행정청의 허가업무 담당자에게 신청서의 내용에 대한 검토를 요청한 것만으로는 다른 특별한 사정이 없는 한 명시적이고 확정적인 신청의 의사표시가 있었다고 하기 어렵다(대판 2004. 9.24. 2003두13236).

③ 지방병무청장이 병역법 제41조 제1항 제1호, 제40조 제2호의 규정에 따라 산업기능요원에 대하여 한 산업기능요원 편입취소처분은, 행정처분을 할 경우 '처분의 사전통지'와 '의견제출 기회의 부여'를 규정한 행정절차법 제21조 제1항, 제22조 제3항에서 말하는 '당사자의 권익을 제한하는 처분'에 해당하는 한편, 행정절차법의 적용이 배제되는 사항인 행정절차법 제3조 제2항 제9호, 같은법시행령 제2조 제1호에서 규정하는 '병역법에 의한 소집에 관한 사항'에는 해당하지 아니하므로, 행정절차법상의 '처분의 사전통지'와 '의견제출 기회의 부여'등의 절차를 거쳐야 한다(대판 2002. 9. 6. 2002두554).

11 행정입법에 대한 설명으로 옳지 않은 것은? (다툼이 있는 경우 판례에 의함)

① 헌법에서 인정한 법규명령의 형식을 예시적으로 이해하는 견해에 의하면 감사원규칙은 법규명령이 아니라고 본다.

② 고시가 상위법령과 결합하여 대외적 구속력을 갖고 국민의 기본권을 침해하는 법규명령으로 기능하는 경우 헌법소원의 대상이 된다.

③ 집행명령은 상위법령의 집행을 위해 필요한 사항을 규정한 것으로 법규명령에 해당하지만 법률의 수권 없이 제정할 수 있다.

④ 상위법령을 시행하기 위하여 하위법령을 제정하거나 필요한 조치를 함에 있어서는 상당한 기간을 필요로 하며 합리적인 기간 내의 지체를 위헌적인 부작위로 볼 수 없다.

ADVICE ① 헌법에서 인정한 법규명령의 형식을 예시적으로 이해하는 견해에 의하면 감사원 규칙도 법규명령에 해당한다.

② 국립대학인 서울대학교의 "94학년도 대학입학고사주요요강"은 사실상의 준비행위 내지 사전안내로서 행정쟁송의 대상이 될 수 있는 행정처분이나 공권력의 행사는 될 수 없지만 그 내용이 국민의 기본권에 직접 영향을 끼치는 내용이고 앞으로 법령의 뒷받침에 의하여 그대로 실시될 것이 틀림없을 것으로 예상되어 그로 인하여 직접적으로 기본권 침해를 받게 되는 사람에게는 사실상의 규범작용으로 인한 위험성이 이미 현실적으로 발생하였다고 보아야 할 것이므로 이는 헌법소원의 대상이 되는 헌법재판소법 제68조 제1항 소정의 공권력의 행사에 해당된다(헌재결 1992.10. 1. 92헌마68).

③ 헌법 제75조는 '대통령은 법률에서 구체적으로 범위를 정하여 위임받은 사항과 법률을 집행하기 위하여 필요한 사항에 관하여 대통령령을 발할 수 있다.'고 규정하고 있는바, 그 취지는 모든 대통령령의 제정에 있어서 법률의 위임이 있어야 한다는 것이 아니고, 대통령은 국민의 기본권 제한 등 헌법이 반드시 법률에 의하여서만 규율할 수 있도록 하는 것을 제외하고는 법률의 집행을 위한 구체적인 방법과 절차 등에 관하여 대통령령을 제정할 수 있다는 것이다(대판 2007. 1.11. 2004두10432).

④ 통상 상위 법령을 시행하기 위해 하위 법령을 제정하거나 필요한 조치를 함에 있어서는 상당한 기간을 필요로 하며 합리적인 기간 내의 지체를 위헌적인 부작위로 볼 수 없으나, 이 사건의 경우 구법 조항이 신설된 1967년부터 2005년까지 38년여 동안 행정입법 부작위의 상태가 지속되었으므로, 이를 가리켜 합리적인 기간 내의 지체라고 볼 수는 없다(대판 2007.11.29. 2006다3561).

ANSWER 10.④ 11.①

12 **무효인 행정행위에 대한 설명으로 옳은 것은? (다툼이 있는 경우 판례에 의함)**

① 무효인 행정행위에 대해서 무효선언을 구하는 의미의 취소소송을 제기하는 경우 취소소송의 제소요건을 구비하여야 한다.

② 행정행위의 무효사유를 판단하는 기준으로서의 명백성은 행정행위의 법적 안정성 확보를 통하여 행정의 원활한 수행을 도모하는 한편, 그 행정행위를 유효한 것으로 믿은 제3자나 공공의 신뢰를 보호하여야 할 필요가 있는 경우에 보충적으로 요구된다.

③ 무효인 행정행위에 대해서 사정판결을 할 수 있다.

④ 거부처분에 대한 무효확인판결에는 간접강제가 인정된다.

ADVICE ① 행정처분의 당연무효를 선언하는 의미에서 그 취소를 청구하는 행정소송을 제기하는 경우에도 소원의 전치와 제소기간의 준수등 취소소송의 제소요건을 갖추어야 한다(대판 1984. 5.29. 84누175).

② 하자 있는 행정처분이 당연무효가 되기 위하여는 그 하자가 법규의 중요한 부분을 위반한 중대한 것으로서 객관적으로 명백한 것이어야 하며 하자가 중대하고 명백한 것인지 여부를 판별함에 있어서는 그 법규의 목적, 의미, 기능 등을 목적론적으로 고찰함과 동시에 구체적 사안 자체의 특수성에 관하여도 합리적으로 고찰함을 요한다(대판 1995. 7.11. 94누4615).

③④ 행정소송법 제38조 제1항에 의하면 무효등 확인소송에는 취소소송에 관한 사정판결(동법 제28조)과 간접강제(동법 제34조)의 규정이 준용되지 않는다.

- 당연무효의 행정처분을 소송목적물로 하는 행정소송에서는 존치시킬 효력이 있는 행정행위가 없기 때문에 행정소송법 제28조 소정의 사정판결을 할 수 없다(대판 1996. 3.22. 95누5509).

13 기속행위와 재량행위에 대한 설명으로 옳지 않은 것은? (다툼이 있는 경우 판례에 의함)

① 재량행위는 요건이 충족되어도 공익과의 이익형량을 통하여 법에 정해진 효과를 부여하지 않을 수 있다.

② 기속행위의 경우 법원이 사실인정과 관련 법규의 해석 · 적용을 통하여 일정한 결론을 도출한 후 그 결론에 비추어 행정청이 한 판단의 적법 여부를 독자의 입장에서 판정한다.

③ 의제되는 인 · 허가가 재량행위인 경우에는 주된 인 · 허가가 기속행위인 경우에도 인 · 허가가 의제되는 한도 내에서 재량행위로 보아야 한다.

④ 사실의 존부에 대한 판단에도 재량권이 인정될 수 있으므로, 사실을 오인하여 재량권을 행사한 경우라도 처분이 위법한 것은 아니다.

ADVICE ④ 개발제한구역 내에서는 구역 지정의 목적상 건축물의 건축, 공작물의 설치, 토지의 형질변경 등의 행위는 원칙적으로 금지되고, 다만 구체적인 경우에 위와 같은 구역 지정의 목적에 위배되지 아니할 경우 예외적으로 허가에 의하여 그러한 행위를 할 수 있게 되며, 한편 개발제한구역 내에서의 건축물의 건축 등에 대한 예외적 허가는 그 상대방에게 수익적인 것으로서 재량행위에 속하는 것이라고 할 것이므로 그에 관한 행정청의 판단이 사실오인, 비례 · 평등의 원칙 위배, 목적위반 등에 해당하지 아니하는 이상 재량권의 일탈 · 남용에 해당한다고 할 수 없다(대판 2004. 7.22. 2003두7606).

① 산림훼손은 국토 및 자연의 유지와 수질 등 환경의 보전에 직접적으로 영향을 미치는 행위이므로, 법령이 규정하는 산림훼손 금지 또는 제한 지역에 해당하는 경우는 물론 금지 또는 제한 지역에 해당하지 않더라도 허가관청은 산림훼손허가신청 대상토지의 현상과 위치 및 주위의 상황 등을 고려하여 국토 및 자연의 유지와 환경의 보전 등 중대한 공익상 필요가 있다고 인정될 때에는 허가를 거부할 수 있고, 그 경우 법규에 명문의 근거가 없더라도 거부처분을 할 수 있다(대판 2002.10.25. 2002두6651).

② 행정행위를 기속행위와 재량행위로 구분하는 경우 양자에 대한 사법심사는, 전자의 경우 그 법규에 대한 원칙적인 기속성으로 인하여 법원이 사실인정과 관련 법규의 해석 · 적용을 통하여 일정한 결론을 도출한 후 그 결론에 비추어 행정청이 한 판단의 적법 여부를 독자의 입장에서 판정하는 방식에 의하게 되나, 후자의 경우 행정청의 재량에 기한 공익판단의 여지를 감안하여 법원은 독자의 결론을 도출함이 없이 당해 행위에 재량권의 일탈 · 남용이 있는지 여부만을 심사하게 되고 이러한 재량권의 일탈 · 남용 여부에 대한 심사는 사실오인, 비례 · 평등의 원칙 위배 등을 그 판단 대상으로 한다(대판 2001. 2. 9. 98두17593).

③ 국토의계획및이용에관한법률에서 정한 도시지역 안에서 토지의 형질변경행위를 수반하는 건축허가는 건축법 제8조 제1항의 규정에 의한 건축허가와 국토의계획및이용에관한법률 제56조 제1항 제2호의 규정에 의한 토지의 형질변경허가의 성질을 아울러 갖는 것으로 보아야 할 것이고, 토지의 형질변경허가는 그 금지요건이 불확정개념으로 규정되어 있어 그 금지요건에 해당하는지 여부를 판단함에 있어서 행정청에게 재량권이 부여되어 있다고 할 것이므로, 같은 법에 의하여 지정된 도시지역 안에서 토지의 형질변경행위를 수반하는 건축허가는 결국 재량행위에 속한다(대판 2005. 7.14. 2004두6181).

ANSWER 12.① 13.④

14 「공공기관의 정보공개에 관한 법률」상 정보공개에 대한 설명으로 옳지 않은 것은? (다툼이 있는 경우 판례에 의함)

① 정보공개청구권자에는 자연인은 물론 법인, 권리능력 없는 사단·재단도 포함되며, 법인, 권리능력 없는 사단·재단의 경우에는 설립목적을 불문한다.

② 공개청구된 정보가 수사의견서인 경우 수사의 방법 및 절차 등이 공개되더라도 수사기관의 직무수행을 현저히 곤란하게 하지 않는 때에는 비공개대상정보에 해당하지 않는다.

③ 외국 또는 외국 기관으로부터 비공개를 전제로 입수한 정보는 비공개를 전제로 하였다는 이유만으로 비공개대상정보에 해당한다.

④ 교육공무원의 근무성적평정 결과를 공개하지 아니한다고 규정하고 있는 「교육공무원 승진규정」을 근거로 정보공개청구를 거부하는 것은 위법하다.

ADVICE ③ 공공기관의 정보공개에 관한 법률(이하 '정보공개법'이라 한다) 제9조 제1항 제5호가 비공개대상정보로서 규정하고 있는 '공개될 경우 업무의 공정한 수행에 현저한 지장을 초래한다고 인정할 만한 상당한 이유가 있는 정보'란 정보공개법 제1조의 정보공개제도의 목적과 정보공개법 제9조 제1항 제5호의 규정에 의한 비공개대상정보의 입법 취지에 비추어 볼 때, 공개될 경우 업무의 공정한 수행이 객관적으로 현저하게 지장을 받을 것이라는 고도의 개연성이 존재하는 경우를 말한다. 이러한 경우에 해당하는지는 비공개에 의하여 보호되는 업무수행의 공정성 등의 이익과 공개에 의하여 보호되는 국민의 알 권리 보장과 국정에 대한 국민의 참여 및 국정운영 투명성 확보 등의 이익을 비교·교량하여 구체적인 사안에 따라 신중하게 판단하여야 한다. 한편 외국 또는 외국 기관으로부터 비공개를 전제로 정보를 입수하였다는 이유만으로 이를 공개할 경우 업무의 공정한 수행에 현저한 지장을 받을 것이라고 단정할 수는 없다. 다만 위와 같은 사정은 정보 제공자와의 관계, 정보 제공자의 의사, 정보의 취득 경위, 정보의 내용 등과 함께 업무의 공정한 수행에 현저한 지장이 있는지를 판단할 때 고려하여야 할 형량 요소이다(대판 2018. 9.28. 2017두69892).

① 공공기관의정보공개에관한법률 제6조 제1항(현행 제5조 제1항)은 "모든 국민은 정보의 공개를 청구할 권리를 가진다."고 규정하고 있는데, 여기에서 말하는 국민에는 자연인은 물론 법인, 권리능력 없는 사단·재단도 포함되고, 법인, 권리능력 없는 사단·재단 등의 경우에는 설립목적을 불문하며, 한편 정보공개청구권은 법률상 보호되는 구체적인 권리이므로 청구인이 공공기관에 대하여 정보공개를 청구하였다가 거부처분을 받은 것 자체가 법률상 이익의 침해에 해당한다(대판 2003.12.12. 2003두8050).

② 공공기관의 정보공개에 관한 법률(이하 '정보공개법') 제9조 제1항 제4호는 '수사'에 관한 사항으로서 공개될 경우 그 직무수행을 현저히 곤란하게 한다고 인정할 만한 상당한 이유가 있는 정보를 비공개대상정보의 하나로 규정하고 있다. 그 취지는 수사의 방법 및 절차 등이 공개되어 수사기관의 직무수행에 현저한 곤란을 초래할 위험을 막고자 하는 것으로서, 수사기록 중의 의견서, 보고문서, 메모, 법률검토, 내사자료 등(이하 '의견서 등'이라 한다)이 이에 해당한다고 할 수 있으나 공개청구대상인 정보가 의견서 등에 해당한다고 하여 곧바로 정보공개법 제9조 제1항 제4호에 규정된 비공개대상정보라고 볼 것은 아니고, 의견서 등의 실질적인 내용을 구체적으로 살펴 수사의 방법 및 절차 등이 공개됨으로써 수사기관의 직무수행을 현저히 곤란하게 한다고 인정할 만한 상당한 이유가 있어야만 위 비공개대상정보에 해당한다고 봄이 타당하다(대판 2012. 7.12. 2010두7048).

④ 교육공무원법 제13조, 제14조의 위임에 따라 제정된 교육공무원승진규정은 정보공개에 관한 사항에 관하여 구체적인 법률의 위임에 따라 제정된 명령이라고 할 수 없고, 따라서 교육공무원승진규정 제26조에서 근무성적평정의 결과를 공개하지 아니한다고 규정하고 있다고 하더라도 위 교육공무원승진규정은 공공기관의 정보공개에 관한 법률 제9조 제1항 제1호에서 말하는 법률이 위임한 명령에 해당하지 아니하므로 위 규정을 근거로 정보공개청구를 거부하는 것은 잘못이다(대판 2006.10.26. 2006두11910).

15 **공법관계와 사법관계에 대한 설명으로 옳은 것은? (다툼이 있는 경우 판례에 의함)**

① 구「예산회계법」에 따른 입찰보증금의 국고귀속조치는 국가가 공법상의 재산권의 주체로서 행위하는 것으로 그 행위는 공법행위에 속한다.

② 공유재산의 관리청이 행하는 행정재산의 사용·수익에 대한 허가는 순전히 사경제주체로서 행하는 사법상의 법률행위이다.

③ 개발부담금 부과처분이 취소된 후의 부당이득으로서의 과오납금 반환에 관한 법률관계는 공법상 법률관계이다.

④ 공익사업을 위한 토지 등의 취득 및 보상에 관한 법령에 의한 협의취득은 사법상의 법률행위이다.

ADVICE ④ 공익사업을 위한 토지 등의 취득 및 보상에 관한 법령에 의한 협의취득은 사법상의 법률행위이므로 당사자 사이의 자유로운 의사에 따라 채무불이행책임이나 매매대금 과부족금에 대한 지급의무를 약정할 수 있다(대판 2012. 2.23. 2010다91206).

① 예산회계법에 따라 체결되는 계약은 사법상의 계약이라고 할 것이고 동법 제70조의5의 입찰보증금은 낙찰자의 계약체결의무이행의 확보를 목적으로 하여 그 불이행시에 이를 국고에 귀속시켜 국가의 손해를 전보하는 사법상의 손해배상 예정으로서의 성질을 갖는 것이라고 할 것이므로 입찰보증금의 국고귀속조치는 국가가 사법상의 재산권의 주체로서 행위하는 것이지 공권력을 행사하는 것이거나 공권력작용과 일체성을 가진 것이 아니라 할 것이므로 이에 관한 분쟁은 행정소송이 아닌 민사소송의 대상이 될 수밖에 없다고 할 것이다(대판 1983.12.27. 81누366).

② 공유재산의 관리청이 행정재산의 사용·수익에 대한 허가는 순전히 사경제주체로서 행하는 사법상의 행위가 아니라 관리청이 공권력을 가진 우월적 지위에서 행하는 행정처분으로서 특정인에게 행정재산을 사용할 수 있는 권리를 설정하여 주는 강학상 특허에 해당한다. 행정재산의 사용·수익허가처분의 성질에 비추어 국민에게는 행정재산의 사용·수익허가를 신청할 법규상 또는 조리상의 권리가 있다고 할 것이므로 공유재산의 관리청이 행정재산의 사용·수익에 대한 허가 신청을 거부한 행위 역시 행정처분에 해당한다(대판 1998. 2.27. 97누1105). 그 행정재산이 구 지방재정법 제75조의 규정에 따라 기부채납받은 재산이라 하여 그에 대한 사용·수익허가의 성질이 달라진다고 할 수는 없다(대판 2001. 6.15. 99두509).

③ 개발부담금 부과처분이 취소된 이상 그 후의 부당이득으로서의 과오납금 반환에 관한 법률관계는 단순한 민사 관계에 불과한 것이고, 행정소송 절차에 따라야 하는 관계로 볼 수 없다(대판 1995.12.22. 94다51253).

ANSWER 14.③ 15.④

16 「행정대집행법」상 행정대집행에 대한 설명으로 옳은 것은? (다툼이 있는 경우 판례에 의함)

① 대집행계고 시 대집행할 행위의 내용 및 범위는 반드시 대집행계고서에 의해서만 특정되어야 하는 것은 아니다.

② 관계 법령에 위반하여 장례식장 영업을 하고 있는 자에 대한 장례식장 사용중지의무는 대집행의 대상이 된다.

③ 대체적 작위의무가 법률의 위임을 받은 조례에 의해 직접 부과된 경우에는 대집행의 대상이 되지 아니한다.

④ 대집행의 계고는 대집행의 의무적 절차의 하나이므로 생략할 수 없지만, 철거명령과 계고처분을 1장의 문서로 동시에 행할 수는 있다.

ADVICE ①④ 대집행 계고와 대집행영장에 의한 통지 절차는 비상시 또는 위험이 절박한 경우 생략할 수 있다(행정대집행법 제3조 제3항).

- 계고서라는 명칭의 1장의 문서로서 일정기간 내에 위법건축물의 자진철거를 명함과 동시에 그 소정기한 내에 자진철거를 하지 아니할 때에는 대집행할 뜻을 미리 계고한 경우라도 건축법에 의한 철거명령과 행정대집행법에 의한 계고처분은 독립하여 있는 것으로서 각 그 요건이 충족되었다고 볼 것이다. 계고를 함에 있어서는 의무자가 이행하여야 할 행위와 그 의무불이행시 대집행할 행위의 내용 및 범위가 구체적으로 특정되어야 할 것이지만 그 특정여부는 실제건물의 위치, 구조, 평수 등을 계고서의 표시와 대조검토하여 대집행의무자가 그 이행의무의 범위를 알 수 있을 정도로 하면 족하다(대판 1992. 6.12. 91누13564).

> 행정대집행법
> 제3조(대집행의 절차)
> ① 전조의 규정에 의한 처분을 하려함에 있어서는 상당한 이행기한을 정하여 그 기한까지 이행되지 아니할 때에는 대집행을 한다는 뜻을 미리 문서로써 계고하여야 한다. 이 경우 행정청은 상당한 이행기한을 정함에 있어 의무의 성질·내용 등을 고려하여 사회통념상 해당 의무를 이행하는 데 필요한 기간이 확보되도록 하여야 한다.
> ② 의무자가 전항의 계고를 받고 지정기한까지 그 의무를 이행하지 아니할 때에는 당해 행정청은 대집행영장으로써 대집행을 할 시기, 대집행을 시키기 위하여 파견하는 집행책임자의 성명과 대집행에 요하는 비용의 개산에 의한 견적액을 의무자에게 통지하여야 한다.
> ③ 비상시 또는 위험이 절박한 경우에 있어서 당해 행위의 급속한 실시를 요하여 전2항에 규정한 수속을 취할 여유가 없을 때에는 그 수속을 거치지 아니하고 대집행을 할 수 있다.

② 행정대집행법 제2조는 '행정청의 명령에 의한 행위로서 타인이 대신하여 행할 수 있는 행위를 의무자가 이행하지 아니하는 경우'에 대집행할 수 있도록 규정하고 있는데, 이 사건 용도위반 부분을 장례식장으로 사용하는 것이 관계 법령에 위반한 것이라는 이유로 장례식장의 사용을 중지할 것과 이를 불이행할 경우 행정대집행법에 의하여 대집행하겠다는 내용의 이 사건 처분은, 이 사건 처분에 따른 '장례식장 사용중지 의무'가 원고 이외의 '타인이 대신'할 수도 없고, 타인이 대신하여 '행할 수 있는 행위'라고도 할 수 없는 비대체적 부작위 의무에 대한 것이므로, 그 자체로 위법함이 명백하다(대판 2005. 9.28. 2005두7464).

③ 행정대집행법 제2조는 대집행의 대상이 되는 의무를 '법률(법률의 위임에 의한 명령, 지방자치단체의 조례를 포함한다)에 의하여 직접 명령되었거나 또는 법률에 의거한 행정청의 명령에 의한 행위로서 타인이 대신하여 행할 수 있는 행위'라고 규정하고 있으므로, 대집행계고처분을 하기 위하여는 법령에 의하여 직접 명령되거나 법령에 근거한 행정청의 명령에 의한 의무자의 대체적 작위의무 위반행위가 있어야 한다(대판 1996. 6.28. 96누4374).

17 **행정의 실효성 확보수단에 대한 설명으로 옳지 않은 것은? (다툼이 있는 경우 판례에 의함)**

① 하나의 납세고지서에 의하여 본세와 가산세를 함께 부과할 때 납세고지서에 본세와 가산세 각각의 세액과 산출근거 등을 구분하여 기재하여야 한다.

② 「농지법」상 이행강제금 부과처분은 항고소송의 대상이 되는 처분에 해당하므로 이에 불복하는 경우 항고소송을 제기할 수 있다.

③ 지방자치단체 소속 공무원이 지방자치단체 고유의 자치사무를 수행하던 중 「도로법」 규정에 의한 위반행위를 한 경우 지방자치단체는 「도로법」의 양벌규정에 따라 처벌대상이 되는 법인에 해당한다.

④ 구「여객자동차 운수사업법」상 과징금부과처분은 원칙적으로 위반자의 고의 · 과실을 요하지 아니하나, 위반자의 의무 해태를 탓할 수 없는 정당한 사유가 있는 등의 특별한 사정이 있는 경우에는 이를 부과할 수 없다.

ADVICE ② 농지법은 농지 처분명령에 대한 이행강제금 부과처분에 불복하는 자가 그 처분을 고지받은 날부터 30일 이내에 부과권자에게 이의를 제기할 수 있고, 이의를 받은 부과권자는 지체 없이 관할 법원에 그 사실을 통보하여야 하며, 그 통보를 받은 관할 법원은 비송사건절차법에 따른 과태료 재판에 준하여 재판을 하도록 정하고 있다. 따라서 농지법 제62조 제1항에 따른 이행강제금 부과처분에 불복하는 경우에는 비송사건절차법에 따른 재판절차가 적용되어야 하고, 행정소송법상 항고소송의 대상은 될 수 없다(대판 2019. 4.11. 2018두42955).

① 하나의 납세고지서에 의하여 본세와 가산세를 함께 부과할 때에는 납세고지서에 본세와 가산세 각각의 세액과 산출근거 등을 구분하여 기재하여야 하고, 여러 종류의 가산세를 함께 부과하는 경우에는 가산세 상호 간에도 종류별로 세액과 산출근거 등을 구분하여 기재하여야 한다. 본세와 가산세 각각의 세액과 산출근거 및 가산세 상호 간의 종류별 세액과 산출근거 등을 제대로 구분하여 기재하지 않은 채 본세와 가산세의 합계액 등만을 기재한 경우에도 과세처분은 위법하다(대판 2018.12.13. 2018두128).

③ 국가가 본래 그의 사무의 일부를 지방자치단체의 장에게 위임하여 그 사무를 처리하게 하는 기관위임사무의 경우에는 지방자치단체는 국가기관의 일부로 볼 수 있는 것이지만, 지방자치단체가 그 고유의 자치사무를 처리하는 경우에는 지방자치단체는 국가기관의 일부가 아니라 국가기관과는 별도의 독립한 공법인이므로, 지방자치단체 소속 공무원이 지방자치단체 고유의 자치사무를 수행하던 중 도로법 제81조 내지 제85조의 규정에 의한 위반행위를 한 경우에는 지방자치단체는 도로법 제86조의 양벌규정에 따라 처벌대상이 되는 법인에 해당한다. 지방자치단체 소속 공무원이 압축트럭 청소차를 운전하여 고속도로를 운행하던 중 제한축중을 초과 적재 운행함으로써 도로관리청의 차량운행제한을 위반한 사안에서, 해당 지방자치단체가 도로법 제86조의 양벌규정에 따른 처벌대상이 된다(대판 2005.11.10. 2004도2657).

④ 구 여객자동차 운수사업법 제88조 제1항의 과징금부과처분은 제재적 행정처분으로서 여객자동차 운수사업에 관한 질서를 확립하고 여객의 원활한 운송과 여객자동차 운수사업의 종합적인 발달을 도모하여 공공복리를 증진한다는 행정목적의 달성을 위하여 행정법규 위반이라는 객관적 사실에 착안하여 가하는 제재이므로 반드시 현실적인 행위자가 아니라도 법령상 책임자로 규정된 자에게 부과되고 원칙적으로 위반자의 고의 · 과실을 요하지 아니하나, 위반자의 의무 해태를 탓할 수 없는 정당한 사유가 있는 등의 특별한 사정이 있는 경우에는 이를 부과할 수 없다(대판 2014.10.15. 2013두5005).

ANSWER 16.① 17.②

18 「공익사업을 위한 토지 등의 취득 및 보상에 관한 법률」상 손실보상에 대한 설명으로 옳지 않은 것은? (다툼이 있는 경우 판례에 의함)

① 잔여지 수용청구권은 그 요건을 구비한 때에는 잔여지를 수용하는 토지수용위원회의 재결이 없더라도 그 청구에 의하여 수용의 효과가 발생하는 형성권적 성질을 가진다.

② 공익사업에 영업시설 일부가 편입됨으로 인하여 잔여 영업시설에 손실을 입은 자는 재결절차를 거치지 않은 채 곧바로 사업시행자를 상대로 잔여 영업시설의 손실에 대한 보상을 청구할 수 있다.

③ 국가 등의 공적 기관이 직접 수용의 주체가 되는 것이든 그러한 공적 기관의 최종적인 허부판단과 승인결정하에 민간기업이 수용의 주체가 되는 것이든, 양자 사이에 공공필요에 대한 판단과 수용의 범위에 있어서 본질적인 차이가 있는 것은 아니다.

④ 손실보상금 산정을 위한 감정평가 중 어느 한 가지 점이라도 위법사유가 있으면 그것으로써 감정평가결과는 위법하게 되나, 법원은 그 감정내용 중 위법하지 않은 부분을 추출하여 판결에서 참작할 수 있다.

ADVICE ② 공익사업에 영업시설 일부가 편입됨으로 인하여 잔여 영업시설에 손실을 입은 자가 사업시행자로부터 구 공익사업을 위한 토지 등의 취득 및 보상에 관한 법률 시행규칙에 따라 잔여 영업시설의 손실에 대한 보상을 받기 위해서는, 토지보상법에 규정된 재결절차를 거친 다음 그 재결에 대하여 불복이 있는 때에 비로소 토지보상법에 따라 권리구제를 받을 수 있을 뿐이다. 이러한 재결절차를 거치지 않은 채 곧바로 사업시행자를 상대로 손실보상을 청구하는 것은 허용되지 않는다(대판 2018. 7.20. 2015두4044).

① 잔여지 수용청구권은 손실보상의 일환으로 토지소유자에게 부여되는 권리로서 그 요건을 구비한 때에는 잔여지를 수용하는 토지수용위원회의 재결이 없더라도 그 청구에 의하여 수용의 효과가 발생하는 형성권적 성질을 가지므로, 잔여지 수용청구를 받아들이지 않은 토지수용위원회의 재결에 대하여 토지소유자가 불복하여 제기하는 소송은 위 법 제85조 제2항에 규정되어 있는 '보상금의 증감에 관한 소송'에 해당하여 사업시행자를 피고로 하여야 한다(대판 2010. 8.19. 2008두822).

③ 헌법 제23조 제3항은 정당한 보상을 전제로 하여 재산권의 수용 등에 관한 가능성을 규정하고 있지만, 수용의 주체를 한정하지 않고 있으므로 위 헌법조항의 핵심은 그 수용의 주체가 국가인지 민간개발자인지에 달려 있다고 볼 수 없다. 관광단지의 지정은 시장 · 군수 · 구청장의 신청에 의하여 시 · 도지사가 사전에 문화체육관광부장관 및 관계 행정기관의 장과 협의하여 정하도록 되어 있어, 민간개발자가 수용의 주체가 된다 하더라도 궁극적으로 수용에 요구되는 공공의 필요성 등에 대한 최종적인 판단권한은 공적 기관에 유보되어 있음을 알 수 있다(헌재결 2013. 2.28. 2011헌바250).

④ 감정은 법원이 어떤 사항을 판단하기 위하여 특별한 지식과 경험을 필요로 하는 경우 판단의 보조수단으로 그러한 지식이나 경험을 이용하는 데 지나지 아니하는 것이므로, 보상금의 증감에 관한 소송에서 동일한 사실에 관하여 상반되는 여러 개의 감정평가가 있고, 그 중 어느 하나의 감정평가가 오류가 있음을 인정할 자료가 없는 이상 법원이 각 감정평가 중 어느 하나를 채용하거나 하나의 감정평가 중 일부만에 의거하여 사실을 인정하였다 하더라도 그것이 논리나 경험의 법칙에 반하지 않는 한 위법하다고 할 수 없다. 그리고 손실보상금 산정을 위한 감정평가 중 어느 한 가지 점이라도 위법사유가 있으면 그것으로써 감정평가결과는 위법하게 되나, 감정평가가 위법하다고 하여도 법원은 그 감정내용 중 위법하지 않은 부분을 추출하여 판결에서 참작할 수 있다(대판 2014.12.11. 2012두1570).

19 **행정소송에 대한 설명으로 옳지 않은 것은? (다툼이 있는 경우 판례에 의함)**

① 무효확인소송에서 '무효확인을 구할 법률상 이익'이 있는지를 판단할 때, 행정처분의 무효를 전제로 한 이행소송 등과 같은 직접적인 구제수단이 있는지를 먼저 따질 필요는 없다.

② 「국토의 계획 및 이용에 관한 법률」상 토지소유자 등이 도시 · 군계획시설 사업시행자의 토지의 일시 사용에 대하여 정당한 사유 없이 동의를 거부한 경우, 사업시행자가 토지소유자를 상대로 동의의 의사표시를 구하는 소송은 당사자소송으로 보아야 한다.

③ 합의제행정청의 처분에 대하여는 합의제행정청이 피고가 되므로 부당노동행위에 대한 구제명령 등 중앙노동위원회의 처분에 대한 소송에서는 중앙노동위원회가 피고가 된다.

④ 권한의 내부위임이 있는 경우 내부수임기관이 착오 등으로 원처분청의 명의가 아닌 자기명의로 처분을 하였다면, 내부수임기관이 그 처분에 대한 항고소송의 피고가 된다.

ADVICE ③ 노동위원회법 제27조.

제27조(중앙노동위원회의 처분에 대한 소송)
① 중앙노동위원회의 처분에 대한 소송은 중앙노동위원회 위원장을 피고로 하여 처분의 송달을 받은 날부터 15일 이내에 제기하여야 한다.
② 이 법에 따른 소송의 제기로 처분의 효력은 정지하지 아니한다.
③ 제1항의 기간은 불변기간으로 한다.

① 행정소송법 제4조에서는 무효확인소송을 항고소송의 일종으로 규정하고 있고, 행정소송법 제38조 제1항에서는 처분 등을 취소하는 확정판결의 기속력 및 행정청의 재처분 의무에 관한 행정소송법 제30조를 무효확인소송에도 준용하고 있으므로 무효확인판결 자체만으로도 실효성을 확보할 수 있다. 그리고 무효확인소송의 보충성을 규정하고 있는 외국의 일부 입법례와는 달리 우리나라 행정소송법에는 명문의 규정이 없어 이로 인한 명시적 제한이 존재하지 않는다. 이와 같은 사정을 비롯하여 행정에 대한 사법통제, 권익구제의 확대와 같은 행정소송의 기능 등을 종합하여 보면, 행정처분의 근거 법률에 의하여 보호되는 직접적이고 구체적인 이익이 있는 경우에는 행정소송법 제35조에 규정된 '무효확인을 구할 법률상 이익'이 있다고 보아야 하고, 이와 별도로 무효확인소송의 보충성이 요구되는 것은 아니므로 행정처분의 무효를 전제로 한 이행소송 등과 같은 직접적인 구제수단이 있는지 여부를 따질 필요가 없다고 해석함이 상당하다(대판 2008. 3.20. 2007두6342).

② 국토의 계획 및 이용에 관한 법률 제130조 제3항에서 정한 토지의 소유자 · 점유자 또는 관리인이 사업시행자의 일시 사용에 대하여 정당한 사유 없이 동의를 거부하는 경우, 사업시행자는 해당 토지의 소유자 등을 상대로 동의의 의사표시를 구하는 소를 제기할 수 있다. 이와 같은 토지의 일시 사용에 대한 동의의 의사표시를 할 의무는 '국토의 계획 및 이용에 관한 법률'에서 특별히 인정한 공법상의 의무이므로, 그 의무의 존부를 다투는 소송은 '공법상의 법률관계에 관한 소송으로서 그 법률관계의 한쪽 당사자를 피고로 하는 소송', 즉 행정소송법 제3조 제2호에서 규정한 당사자소송이라고 보아야 한다(대판 2019. 9. 9. 2016다262550).

④ 항고소송은 원칙적으로 소송의 대상인 행정처분 등을 외부적으로 그의 명의로 행한 행정청을 피고로 하여야 하는 것으로서, 그 행정처분을 하게 된 연유가 상급행정청이나 타 행정청의 지시나 통보에 의한 것이라 하여 다르지 않고, 권한의 위임이나 위탁을 받아 수임행정청이 정당한 권한에 기하여 수임행정청 명의로 한 처분에 대하여도 마찬가지이다(대판 1994. 6.14. 94누1197).

ANSWER 18.② 19.③

20 「국가배상법」 제5조상 영조물의 설치·관리의 하자로 인한 손해배상책임에 대한 설명으로 옳지 않은 것은? (다툼이 있는 경우 판례에 의함)

① '공공의 영조물'에는 철도시설물인 대합실과 승강장 및 도로 상에 설치된 보행자 신호기와 차량 신호기도 포함된다.

② 하천의 제방이 계획홍수위를 넘고 있더라도, 하천이 그 후 새로운 하천시설을 설치할 때 '하천시설기준'으로 정한 여유고(餘裕高)를 확보하지 못하고 있다면 그 사정만으로 안정성이 결여된 하자가 있다고 보아야 한다.

③ 국가나 지방자치단체가 손해를 배상할 책임이 있는 경우에 영조물의 설치·관리를 맡은 자와 영조물의 설치·관리 비용을 부담하는 자가 동일하지 아니하면 그 비용을 부담하는 자도 손해를 배상하여야 한다.

④ 사실상 군민(郡民)의 통행에 제공되고 있던 도로라고 하여도 군(郡)에 의하여 노선인정 기타 공용개시가 없었던 이상 이 도로를 '공공의 영조물'이라 할 수 없다.

ADVICE ② 관리상의 특질과 특수성을 감안한다면, 하천의 관리청이 관계 규정에 따라 설정한 계획홍수위를 변경시켜야 할 사정이 생기는 등 특별한 사정이 없는 한, 이미 존재하는 하천의 제방이 계획홍수위를 넘고 있다면 그 하천은 용도에 따라 통상 갖추어야 할 안전성을 갖추고 있다고 보아야 하고, 그와 같은 하천이 그 후 새로운 하천시설을 설치할 때 기준으로 삼기 위하여 제정한 '하천시설기준'이 정한 여유고를 확보하지 못하고 있다는 사정만으로 바로 안전성이 결여된 하자가 있다고 볼 수는 없다. 100년 발생빈도의 강우량을 기준으로 책정된 계획홍수위를 초과하여 600년 또는 1,000년 발생빈도의 강우량에 의한 하천의 범람은 예측가능성 및 회피가능성이 없는 불가항력적인 재해로서 그 영조물의 관리청에게 책임을 물을 수 없다(대판 2003.10.23. 2001다48057).

① 공공의 목적에 공여된 철도시설물인 대합실과 승강장(대판 1999. 6. 22. 99다7008) 및 도로상에 설치된 신호기(대판 2001. 7.27. 2000다56822) 등도 공공의 영조물에 해당한다.

③ 국가배상법 제6조 제1항.

> 제6조(비용부담자 등의 책임)
> ① 제2조(배상책임)·제3조(배상기준) 및 제5조(공공시설 등의 하자로 인한 책임)에 따라 국가나 지방자치단체가 손해를 배상할 책임이 있는 경우에 공무원의 선임·감독 또는 영조물의 설치·관리를 맡은 자와 공무원의 봉급·급여, 그 밖의 비용 또는 영조물의 설치·관리 비용을 부담하는 자가 동일하지 아니하면 그 비용을 부담하는 자도 손해를 배상하여야 한다.
> ② 제1항의 경우에 손해를 배상한 자는 내부관계에서 그 손해를 배상할 책임이 있는 자에게 구상할 수 있다.

④ 국가배상법 제5조 소정의 공공의 영조물이란 공유나 사유임을 불문하고 행정주체에 의하여 특정공공의 목적에 공여된 유체물 또는 물적 설비를 의미하므로 사실상 군민의 통행에 제공되고 있던 도로 옆의 암벽으로부터 떨어진 낙석에 맞아 소외인이 사망하는 사고가 발생하였다고 하여도 동 사고지점 도로가 피고 군에 의하여 노선인정 기타 공용개시가 없었으면 이를 영조물이라 할 수 없다(대판 1981. 7. 7. 80다2478).

2020. 10. 17. 제2회 지방직 시행

1 행정행위의 효력에 대한 설명으로 옳지 않은 것은? (다툼이 있는 경우 판례에 의함)

① 선행처분과 후행처분이 서로 독립하여 별개의 법률효과를 목적으로 하는 때에도 선행처분이 당연무효이면 선행처분의 하자를 이유로 후행처분의 효력을 다툴 수 있다.

② 도시·군계획시설결정과 실시계획인가는 서로 결합하여 도시·군계획시설사업의 실시라는 하나의 법적 효과를 완성하므로, 도시·군계획시설결정의 하자는 실시계획인가에 승계된다.

③ 도지사의 인사교류안 작성과 그에 따른 인사교류의 권고가 전혀 이루어지지 않은 상태에서, 관할구역 내 A시의 시장이 인사교류로서 소속 지방공무원인 甲에게 B시 지방공무원으로 전출을 명한 처분은 당연무효이다.

④ 물품세 과세대상이 아닌 것을 세무공무원이 직무상 과실로 과세대상으로 오인하여 과세처분을 행함으로 인하여 손해가 발생된 경우에는, 동 과세처분이 취소되지 아니하였다 하더라도, 국가는 이로 인한 손해를 배상할 책임이 있다.

ADVICE ②① 2개 이상의 행정처분이 연속적 또는 단계적으로 이루어지는 경우 선행처분과 후행처분이 서로 합하여 1개의 법률효과를 완성하는 때에는 선행처분에 하자가 있으면 그 하자는 후행처분에 승계된다. 이러한 경우에는 선행처분에 불가쟁력이 생겨 그 효력을 다툴 수 없게 되더라도 선행처분의 하자를 이유로 후행처분의 효력을 다툴 수 있다. 그러나 선행처분과 후행처분이 서로 독립하여 별개의 법률효과를 발생시키는 경우에는 선행처분에 불가쟁력이 생겨 그 효력을 다툴 수 없게 되면 선행처분의 하자가 당연무효인 경우를 제외하고는 특별한 사정이 없는 한 선행처분의 하자를 이유로 후행처분의 효력을 다툴 수 없는 것이 원칙이다. 도시·군계획시설결정과 실시계획인가는 도시·군계획시설사업을 위하여 이루어지는 단계적 행정절차에서 별도의 요건과 절차에 따라 별개의 법률효과를 발생시키는 독립적인 행정처분이다. 그러므로 선행처분인 도시·군계획시설결정에 하자가 있더라도 그것이 당연무효가 아닌 한 원칙적으로 후행처분인 실시계획인가에 승계되지 않는다(대판 2017. 7.18. 2016두49938).

③ 도지사의 인사교류안 작성과 그에 따른 인사교류의 권고가 전혀 이루어지지 않은 상태에서 행하여진 관할구역 내 시장의 인사교류에 관한 처분은 지방공무원법 제30조의2 제2항의 입법 취지에 비추어 그 하자가 중대하고 객관적으로 명백하여 당연무효이다(대판 2005. 6.24. 2004두10968).

④ 물품세 과세대상이 아닌 것을 세무공무원이 직무상 과실로 과세대상으로 오인하여 과세처분을 행함으로 인하여 손해가 발생된 경우에는, 동 과세처분이 취소되지 아니하였다 하더라도, 국가는 이로 인한 손해를 배상할 책임이 있다(대판 1979. 4.10. 79다262).

ANSWER 20.② / 1.②

2 신뢰보호원칙에 대한 설명으로 옳지 않은 것은? (다툼이 있는 경우 판례에 의함)

① 신뢰보호의 원칙과 행정의 법률적합성의 원칙이 충돌하는 경우 국민보호를 위해 원칙적으로 신뢰보호의 원칙이 우선한다.

② 수익적 행정처분의 하자가 당사자의 사실은폐에 의한 신청행위에 기인한 것이라면 당사자는 그 처분에 관한 신뢰이익을 원용할 수 없다.

③ 면허세의 근거법령이 제정되어 폐지될 때까지의 4년 동안 과세관청이 면허세를 부과할 수 있음을 알면서도 수출확대라는 공익상 필요에서 한 건도 부과한 일이 없었다면 비과세의 관행이 이루어졌다고 보아도 무방하다.

④ 행정청이 상대방에게 장차 어떤 처분을 하겠다고 공적인 의사표명을 하면서 상대방에게 언제까지 처분의 발령을 신청하도록 유효기간을 둔 경우, 그 기간 내에 상대방의 신청이 없었다면 그 공적인 의사표명은 행정청의 별다른 의사표시를 기다리지 않고 실효된다.

ADVICE ① 행정의 법률적합성의 원칙을 통해서 실현하고자 하는 공익과 침해되는 국민의 신뢰이익을 비교 형량하여 개별적으로 결정하여야 한다.

② 행정행위를 한 처분청은 그 행위에 하자가 있는 경우에는 별도의 법적 근거가 없더라도 스스로 이를 취소할 수 있고, 다만 수익적 행정처분을 취소할 때에는 이를 취소하여야 할 공익상의 필요와 그 취소로 인하여 당사자가 입게 될 기득권과 신뢰보호 및 법률생활 안정의 침해 등 불이익을 비교·교량한 후 공익상의 필요가 당사자가 입을 불이익을 정당화할 만큼 강한 경우에 한하여 취소할 수 있다. 그런데 수익적 행정처분의 하자가 당사자의 사실은폐나 기타 사위의 방법에 의한 신청행위에 기인한 것이라면, 당사자는 처분에 의한 이익을 위법하게 취득하였음을 알아 취소가능성도 예상하고 있었을 것이므로, 그 자신이 처분에 관한 신뢰이익을 원용할 수 없음은 물론, 행정청이 이를 고려하지 않았다 하여도 재량권의 남용이 되지 않는다(대판 2017. 4.27. 2015두41791).

③ 보세운송면허세의 과세관청은 면허부여기관인 세관장이 아니라 피고(서울특별시 영등포구청장)이므로 과세관청인 피고가 면허세를 부과할 수 있는 점을 알면서 면허세를 부과하지 아니한 것이라고 볼 수 있는 경우라야만 비과세의 관행이 성립되었다고 인정할 여지가 있는 것이다. 과세관청(서울특별시 영등포구청장)은 면허부여기관으로부터 면허지령서 교부통보가 없어 과세원인발생사실을 모르고 있었기 때문에 4년 동안 면허세의 과세처분이 없었다고 보여지는 바, 이 사건 면허세의 경우와 같이 면허세납부가 면허부여사무와 직결되어 면허부여기관의 사무처리에 따라 과세관청의 과세 및 징수처리가 이루어져 온 경우에 있어서는 납세자인 국민으로서는 면허세의 과세관청이 그 정을 알고 비과세처리를 하여온 것으로 믿을 수밖에 없으니 납세자에 대한 관계에 있어서 외관상 과세관청이 그 정을 알고 면허세를 과세하지 아니한 것과 같이 해석함이 타당한 바이니 이로써 비과세의 관행이 성립된 것으로 볼 것이다(대판 1982.11.23. 81누21).

④ 행정청이 상대방에게 장차 어떤 처분을 하겠다고 확약 또는 공적인 의사표명을 하였다고 하더라도, 그 자체에서 상대방으로 하여금 언제까지 처분의 발령을 신청을 하도록 유효기간을 두었는데도 그 기간 내에 상대방의 신청이 없었다거나 확약 또는 공적인 의사표명이 있은 후에 사실적·법률적 상태가 변경되었다면, 그와 같은 확약 또는 공적인 의사표명은 행정청의 별다른 의사표시를 기다리지 않고 실효된다(대판 1996. 8.20. 95누10877).

3 행정입법에 대한 설명으로 옳은 것은? (다툼이 있는 경우 판례에 의함)

① 처분적 조례에 대한 무효확인소송을 제기함에 있어서 피고적격이 있는 처분 등을 행한 행정청은 지방의회이다.

② 상위법령에서 세부사항 등을 시행규칙으로 정하도록 위임하였음에도 이를 고시 등 행정규칙으로 정하였다면 대외적 구속력을 가지는 법규명령으로서 효력이 인정될 수 없다.

③ 법률의 위임에 따라 효력을 갖는 법규명령이 위임의 근거가 없어 무효였더라도 나중에 법개정으로 위임의 근거가 부여되면 당해 법규명령의 제정 시에 소급하여 유효한 법규명령이 된다.

④ 의료기관의 명칭표시판에 진료과목을 함께 표시하는 경우 글사 크기를 제한하고 있는 구「의료법 시행규칙」 제31조는 그 자체로 국민의 구체적 권리의무나 법률관계에 직접적 변동을 초래하므로 항고소송의 대상이 될 수 있다.

ADVICE ② 법령의 규정이 특정 행정기관에게 법령 내용의 구체적 사항을 정할 수 있는 권한을 부여하면서 권한행사의 절차나 방법을 특정하지 아니한 경우에는 수임 행정기관은 행정규칙이나 규정 형식으로 법령 내용이 될 사항을 구체적으로 정할 수 있다. 이 경우 행정규칙 등은 당해 법령의 위임한계를 벗어나지 않는 한 대외적 구속력이 있는 법규명령으로서 효력을 가지게 되지만, 이는 행정규칙이 갖는 일반적 효력이 아니라 행정기관에 법령의 구체적 내용을 보충할 권한을 부여한 법령 규정의 효력에 근거하여 예외적으로 인정되는 것이다. 따라서 그 행정규칙이나 규정이 상위법령의 위임범위를 벗어난 경우에는 법규명령으로서 대외적 구속력을 인정할 여지는 없다. 이는 행정규칙이나 규정 '내용'이 위임범위를 벗어난 경우뿐 아니라 상위법령의 위임규정에서 특정하여 정한 권한행사의 '절차'나 '방식'에 위배되는 경우도 마찬가지이므로, 상위법령에서 세부사항 등을 시행규칙으로 정하도록 위임하였음에도 이를 고시 등 행정규칙으로 정하였다면 그 역시 대외적 구속력을 가지는 법규명령으로서 효력이 인정될 수 없다(대판 2012. 7. 5. 2010다72076).

① 조례가 집행행위의 개입 없이도 그 자체로서 직접 국민의 구체적인 권리의무나 법적 이익에 영향을 미치는 등의 법률상 효과를 발생하는 경우 그 조례는 항고소송의 대상이 되는 행정처분에 해당하고, 이러한 조례에 대한 무효확인소송을 제기함에 있어서 행정소송법 제38조 제1항, 제13조에 의하여 피고적격이 있는 처분 등을 행한 행정청은, 행정주체인 지방자치단체 또는 지방자치단체의 내부적 의결기관으로서 지방자치단체의 의사를 외부에 표시한 권한이 없는 지방의회가 아니라, 구 지방자치법 제19조 제2항, 제92조에 의하여 지방자치단체의 집행기관으로서 조례로서의 효력을 발생시키는 공포권이 있는 지방자치단체의 장이다(대판 1996. 9.20. 95누8003).

③ 일반적으로 법률의 위임에 따라 효력을 갖는 법규명령의 경우에 위임의 근거가 없어 무효였더라도 나중에 법 개정으로 위임의 근거가 부여되면 그때부터는 유효한 법규명령으로 볼 수 있다. 그러나 법규명령이 개정된 법률에 규정된 내용을 함부로 유추·확장하는 내용의 해석규정이어서 위임의 한계를 벗어난 것으로 인정될 경우에는 법규명령은 여전히 무효이다(대판 2017. 4.20. 2015두45700(전합)).

④ 의료기관의 명칭표시판에 진료과목을 함께 표시하는 경우 글자 크기를 제한하고 있는 구 의료법 시행규칙 제31조가 그 자체로서 국민의 구체적인 권리의무나 법률관계에 직접적인 변동을 초래하지 아니하므로 항고소송의 대상이 되는 행정처분이라고 할 수 없다(대판 2007. 4.12. 2005두15168).

ANSWER 2.① 3.②

4 공법상 계약에 대한 설명으로 옳은 것은? (다툼이 있는 경우 판례에 의함)

① 지방자치단체가 사인과 체결한 자원회수시설에 대한 위탁운영협약은 사법상 계약에 해당하므로 그에 관한 다툼은 민사소송의 대상이 된다.

② 구 「사회간접자본시설에 대한 민간투자법」에 근거한 서울－춘천 간 고속도로 민간투자시설사업의 사업시행자 지정은 공법상 계약에 해당한다.

③ 과학기술기본법령상 사업 협약의 해지 통보는 대등 당사자의 지위에서 형성된 공법상 계약을 계약당사자의 지위에서 종료시키는 의사표시에 해당한다.

④ A광역시립합창단원으로서 위촉기간이 만료되는 자들의 재위촉 신청에 대하여 A광역시문화예술회관장이 실기와 근무성적에 대한 평정을 실시하여 재위촉을 하지 아니한 것은 항고소송의 대상이 되는 불합격 처분에 해당한다.

ADVICE ① 지방자치법 제104조 제3항은 지방자치단체의 장은 조례나 규칙으로 정하는 바에 따라 그 권한에 속하는 사무 중 조사·검사·검정·관리업무 등 주민의 권리·의무와 직접 관련되지 아니하는 사무를 법인·단체 또는 그 기관이나 개인에게 위탁할 수 있다고 규정하고 있다. 그리고 지방자치단체가 일방 당사자가 되는 이른바 '공공계약'이 사경제의 주체로서 상대방과 대등한 위치에서 체결하는 사법상 계약에 해당하는 경우 그에 관한 법령에 특별한 정함이 있는 경우를 제외하고는 사적 자치와 계약자유의 원칙 등 사법의 원리가 그대로 적용된다(대판 2017. 1.25. 2015다205796).

② 선행처분인 서울–춘천 간 고속도로 민간투자시설사업의 사업시행자 지정처분의 무효를 이유로 그 후행처분인 도로구역결정처분의 취소를 구하는 소송에서, 선행처분인 사업시행자 지정처분을 무효로 할 만큼 중대하고 명백한 하자가 없다(대판 2009. 4.23. 2007두13159).

③ 과학기술기본법령상 사업 협약의 해지 통보는 단순히 대등 당사자의 지위에서 형성된 공법상계약을 계약당사자의 지위에서 종료시키는 의사표시에 불과한 것이 아니라 행정청이 우월적 지위에서 연구개발비의 회수 및 관련자에 대한 국가연구개발사업 참여제한 등의 법률상 효과를 발생시키는 행정처분에 해당한다(대판 2011. 6.30. 2010두23859).

참고) 재단법인 한국연구재단이 甲 대학교 총장에게 연구개발비의 부당집행을 이유로 '해양생물유래 고부가식품·향장·한약 기초소재 개발 인력양성사업에 대한 2단계 두뇌한국(BK)21 사업' 협약을 해지하고 연구팀장 乙에 대한 대학자체 징계 요구 등을 통보한 사안에서, 乙에 대한 대학자체 징계 요구는 항고소송의 대상이 되는 행정처분에 해당하지 않는다(대판 2014.12.11. 2012두28704).

④ 광주광역시문화예술회관장의 단원 위촉은 광주광역시문화예술회관장이 행정청으로서 공권력을 행사하여 행하는 행정처분이 아니라 공법상의 근무관계의 설정을 목적으로 하여 광주광역시와 단원이 되고자 하는 자 사이에 대등한 지위에서 의사가 합치되어 성립하는 공법상 근로계약에 해당한다고 보아야 할 것이므로, 광주광역시립합창단원으로서 위촉기간이 만료되는 자들의 재위촉 신청에 대하여 광주광역시문화예술회관장이 실기와 근무성적에 대한 평정을 실시하여 재위촉을 하지 아니한 것을 항고소송의 대상이 되는 불합격처분이라고 할 수는 없다(대판 2001.12.11. 2001두7794).

5 행정행위의 직권취소 및 철회에 대한 설명으로 옳은 것만을 모두 고르면? (다툼이 있는 경우 판례에 의함)

> ㉠ 과세관청은 세금부과처분을 취소한 처분에 취소원인인 하자가 있다는 이유로 취소처분을 다시 취소함으로써 원부과처분을 소생시킬 수 있다.
>
> ㉡ 행정처분을 한 행정청은 원래의 처분을 존속시킬 필요가 없게 된 사정변경이 생겼거나 중대한 공익상의 필요가 생긴 경우 이를 철회할 별도의 법적 근거가 없다 하더라도 별개의 행정행위로 이를 철회할 수 있다.
>
> ㉢ 보건복지부장관이 어린이집에 대한 평가인증이 이루어진 이후에 새로이 발생한 사유를 들어 「영유아보육법」 제30조 제5항에 따라 평가인증을 철회하는 처분을 하면서도, 그 평가인증의 효력을 과거로 소급하여 상실시키기 위해서는, 특별한 사정이 없는 한 「영유아보육법」 제30조 제5항과는 별도의 법적 근거가 필요하다.
>
> ㉣ 면허의 취소처분에는 그 근거가 되는 법령이나 취소권 유보의 부관 등을 명시하여야 함은 물론 처분을 받은 자가 어떠한 위반사실에 대하여 당해 처분이 있었는지를 알 수 있을 정도로 사실을 적시할 것을 요하지만, 이와 같은 취소처분의 근거와 위반사실의 적시를 빠뜨린 하자는 피처분자가 처분 당시 그 취지를 알고 있었거나 그 후 알게 되었다면 그 하자는 치유될 수 있다.

① ㉠, ㉡　　② ㉠, ㉣

③ ㉡, ㉢　　④ ㉢, ㉣

ADVICE ㉡ 처분청은 비록 처분 당시에 별다른 하자가 없었고, 또 처분 후에 이를 철회할 별도의 법적 근거가 없더라도 원래의 처분을 존속시킬 필요가 없게 된 사정변경이 생겼거나 또는 중대한 공익상의 필요가 발생한 경우에는 그 효력을 상실케 하는 별개의 처분으로 이를 철회할 수 있다. 다만 수익적 처분을 취소 또는 철회하는 경우에는 이미 부여된 국민의 기득권을 침해하는 것이 되므로, 비록 취소 등의 사유가 있더라도 취소권 등의 행사는 기득권의 침해를 정당화할 만한 중대한 공익상의 필요 또는 제3자의 이익보호의 필요가 있는 때에 한하여 상대방이 받는 불이익과 비교·형량하여 결정하여야 하고, 그 처분으로 인하여 공익상의 필요보다 상대방이 받게 되는 불이익 등이 막대한 경우에는 재량권의 한계를 일탈한 것으로서 허용되지 않는다(대판 2020. 4.29. 2017두31064).

㉢ 영유아보육법 제30조 제5항 제3호에 따른 평가인증의 취소는 평가인증 당시에 존재하였던 하자가 아니라 그 이후에 새로이 발생한 사유로 평가인증의 효력을 소멸시키는 경우에 해당하므로, 법적 성격은 평가인증의 '철회'에 해당한다. 그런데 행정청이 평가인증을 철회하면서 그 효력을 철회의 효력발생일 이전으로 소급하게 하면, 철회 이전의 기간에 평가인증을 전제로 지급한 보조금 등의 지원이 그 근거를 상실하게 되어 이를 반환하여야 하는 법적 불이익이 발생한다. 이는 장래를 향하여 효력을 소멸시키는 철회가 예정한 법적 불이익의 범위를 벗어나는 것이다. 이처럼 행정청이 평가인증이 이루어진 이후에 새로이 발생한 사유를 들어 영유아보육법 제30조 제5항에 따라 평가인증을 철회하는 처분을 하면서도, 평가인증의 효력을 과거로 소급하여 상실시키기 위해서는, 특별한 사정이 없는 한 영유아보육법 제30조 제5항과는 별도의 법적 근거가 필요하다(대판 2018. 6.28. 2015두58195).

ANSWER 4.① 5.③

㉠ 국세기본법 제26조 제1호는 부과의 취소를 국세납부의무 소멸사유의 하나로 들고 있으나, 그 부과의 취소에 하자가 있는 경우의 부과의 취소의 취소에 대하여는 법률이 명문으로 그 취소요건이나 그에 대한 불복절차에 대하여 따로 규정을 둔 바도 없으므로, 설사 부과의 취소에 위법사유가 있다고 하더라도 당연무효가 아닌 한 일단 유효하게 성립하여 부과처분을 확정적으로 상실시키는 것이므로, 과세관청은 부과의 취소를 다시 취소함으로써 원부과처분을 소생시킬 수는 없고 납세의무자에게 종전의 과세대상에 대한 납부의무를 지우려면 다시 법률에서 정한 부과절차에 좇아 동일한 내용의 새로운 처분을 하는 수밖에 없다(대판 1995. 3.10. 94누7027).

㉣ 면허의 취소처분에는 그 근거가 되는 법령이나 취소권 유보의 부관 등을 명시하여야 함은 물론 처분을 받은 자가 어떠한 위반사실에 대하여 당해 처분이 있었는지를 알 수 있을 정도로 사실을 적시할 것을 요하며, 이와 같은 취소처분의 근거와 위반사실의 적시를 빠뜨린 하자는 피처분자가 처분 당시 그 취지를 알고 있었다거나 그후 알게 되었다 하여도 치유될 수 없다고 할 것인바, 세무서장인 피고가 주류도매업자인 원고에 대하여 한 이 사건 일반주류도매업면허취소통지에 "상기 주류도매장은 무면허 주류판매업자에게 주류를 판매하여 주세법 제11조 및 국세법 사무처리규정 제26조에 의거 지정조건위반으로 주류판매면허를 취소합니다"라고만 되어 있어서 원고의 영업기간과 거래상대방 등에 비추어 원고가 어떠한 거래행위로 인하여 이 사건 처분을 받았는지 알 수 없게 되어 있다면 이 사건 면허취소처분은 위법하다(대판 1990. 9.11. 90누1786).

6 정보공개제도에 대한 설명으로 옳지 않은 것은? (다툼이 있는 경우 판례에 의함)

① 정보공개를 청구하는 자가 공개를 구하는 정보를 행정기관이 보유·관리하고 있을 상당한 개연성이 있다는 점을 입증하여야 한다.

② 국민의 알 권리, 즉 정보에의 접근·수집·처리의 자유는 자유권적 성질과 청구권적 성질을 공유하는 것으로서, 헌법 제21조에 의하여 직접 보장되는 권리이다.

③ 사립대학교에 정보공개를 청구하였다가 거부될 경우 사립대학교에 대한 국가의 지원이 한정적·국부적·일시적임을 고려한다면 사립대학교 총장을 피고로 하여 취소소송을 제기할 수 없다.

④ 공개를 구하는 정보를 공공기관이 한때 보유·관리하였으나 그 후에 그 정보가 담긴 문서 등이 폐기되어 존재하지 않게 된 것이라면 그 정보를 더 이상 보유·관리하고 있지 아니하다는 점에 대한 증명책임은 공공기관에 있다.

ADVICE ③ 사립대학교는 정보공개법상 정보공개의무를 지는 공공기관에 해당하기 때문에 정보공개청구가 거부되었을 때 사립대학교 총장을 피고로 하여 취소소송을 제기할 수 있다.

- 정보공개 의무기관을 정하는 것은 입법자의 입법형성권의 범위에 속하고, 이에 따라 정보공개법 제2조 제3호는 정보공개의무를 지는 '공공기관'에 관하여 국가기관에 한정하지 않고 지방자치단체, 정부투자기관, 그 밖에 공동체 전체의 이익에 중요한 역할이나 기능을 수행하는 기관도 포함하여 정한 것이므로, 정보공개의 목적, 교육의 공공성 및 공·사립학교의 동질성, 사립대학교에 대한 국가의 재정지원 및 보조 등 여러 사정에 비추어 보면, 사립대학교에 대한 국비 지원이 한정적·일시적·국부적이라는 점을 고려하더라도, 정보공개법 시행령 제2조 제1호가 정보공개의무를 지는 공공기관의 하나로 사립대학교를 들고 있는 것이 헌법이 정한 대학의 자율성 보장 이념 등에 반하거나 모법인 정보공개법의 위임 범위를 벗어났다고 볼 수 없다(대판 2006. 8.24. 2004두2783).

①④ 공공기관의 정보공개에 관한 법률(이하 '정보공개법')에서 말하는 공개대상 정보는 정보 그 자체가 아닌 정보공개법 제2조 제1호에서 예시하고 있는 매체 등에 기록된 사항을 의미하고, 공개대상 정보는 원칙적으로 공개를 청구하는 자가 정보공개법 제10조 제1항 제2호에 따라 작성한 정보공개청구서의 기재내용에 의하여 특정되며, 만일 공개청구자가 특정한 바와 같은 정보를 공공기관이 보유·관리하고 있지 않은 경우라면 특별한 사정이 없는 한 해당 정보에 대한 공개거부처분에 대하여는 취소를 구할 법률상 이익이 없다. 이와 관련하여 공개청구자는 그가 공개를 구하는 정보를 공공기관이 보유·관리하고 있을 상당한 개연성이 있다는 점에 대하여 입증할 책임이 있으나, 공개를 구하는 정보를 공공기관이 한때 보유·관리하였으나 후에 그 정보가 담긴 문서들이 폐기되어 존재하지 않게 된 것이라면 그 정보를 더 이상 보유·관리하고 있지 않다는 점에 대한 증명책임은 공공기관에 있다(대판 2013. 1.24. 2010두18918).

② 국민의 '알권리', 즉 정보에의 접근·수집·처리의 자유는 자유권적 성질과 청구권적 성질을 공유하는 것으로서 헌법 제21조에 의하여 직접 보장되는 권리이고, 그 구체적 실현을 위하여 제정된 공공기관의 정보공개에 관한 법률도 제3조에서 공공기관이 보유·관리하는 정보를 원칙적으로 공개하도록 하여 정보공개의 원칙을 천명하고 있고, 위 법 제9조가 예외적인 비공개사유를 열거하고 있는 점에 비추어 보면, 국민으로부터 보유·관리하는 정보에 대한 공개를 요구받은 공공기관으로서는 위 법 제9조 제1항 각 호에서 정하고 있는 비공개사유에 해당하지 않는 한 이를 공개하여야 하고, 이를 거부하는 경우라 할지라도 대상이 된 정보의 내용을 구체적으로 확인·검토하여 어느 부분이 어떠한 법익 또는 기본권과 충돌되어 위 각 호의 어디에 해당하는지를 주장·증명하여야만 하며, 여기에 해당하는지 여부는 비공개에 의하여 보호되는 업무수행의 공정성 등의 이익과 공개에 의하여 보호되는 국민의 알권리의 보장과 국정에 대한 국민의 참여 및 국정운영의 투명성 확보 등의 이익을 비교·교량하여 구체적인 사안에 따라 개별적으로 판단하여야 한다(대판 2009.12.10. 2009두12785, 2009).

7 행정심판에 대한 설명으로 옳은 것은?

① 「행정심판법」은 당사자심판을 규정하여 당사자소송과 연동시키고 있다.
② 피청구인의 경정은 행정심판위원회에서 결정하며 언제나 당사자의 신청을 전제로 한다.
③ 조정은 당사자가 합의한 사항을 조정서에 기재한 후 당사자가 서명 또는 날인함으로써 완성된다.
④ 법령의 규정에 따라 공고하거나 고시한 처분이 재결로써 취소되거나 변경되면 처분을 한 행정청은 지체 없이 그 처분이 취소 또는 변경되었다는 것을 공고하거나 고시하여야 한다.

ADVICE ④ 행정심판법 제49조 제5항.

① 행정심판의 종류에는 취소심판, 무효등확인심판, 의무이행심판이 있으며, 당사자심판은 현행법상 인정되지 않는다(행정심판법 제5조).

② 청구인이 피청구인을 잘못 지정한 경우에는 위원회는 직권으로 또는 당사자의 신청에 의하여 결정으로써 피청구인을 경정할 수 있다(행정심판법 제17조 제2항).

③ 조정은 당사자가 합의한 사항을 조정서에 기재한 후 당사자가 서명 또는 날인하고 위원회가 이를 확인함으로써 성립한다(행정심판법 제43조의2 제3항).

ANSWER 6.③ 7.④

8 「행정소송법」상 당사자소송에 대한 설명으로 옳은 것만을 모두 고르면? (다툼이 있는 경우 판례에 의함)

> ㉠ 공법상 당사자소송에서 재산권의 청구를 인용하는 판결을 하는 경우 가집행선고를 할 수 있다.
> ㉡ 소송형태는 당사자소송의 형식을 취하지만 실질적으로는 처분 등의 효력을 다투는 항고소송의 성질을 가지는 소송은 현행법상 인정되지 아니한다.
> ㉢ 「도시 및 주거환경정비법」상 행정주체인 주택재건축정비사업조합을 상대로 관리처분계획안에 대한 조합 총회결의의 효력 등을 다투는 소송은 민사상 법률관계에 관한 것이므로 민사소송에 해당한다.
> ㉣ 「석탄산업법」과 관련하여 피재근로자는 석탄산업합리화사업단이 한 재해위로금 지급거부의 의사표시에 불복이 있는 경우 공법상의 당사자소송을 제기하여야 한다.

① ㉠, ㉡　　② ㉠, ㉣

③ ㉡, ㉢　　④ ㉢, ㉣

ADVICE ㉠ 행정소송법 제8조 제2항에 의하면 행정소송에도 민사소송법의 규정이 일반적으로 준용되므로 법원으로서는 공법상 당사자소송에서 재산권의 청구를 인용하는 판결을 하는 경우 가집행선고를 할 수 있다(대판 2000.11.28. 99두3416).

㉣ 석탄산업법 각 규정의 취지를 모아보면, 피재근로자가 석탄산업합리화사업단에 대하여 가지는 재해위로금의 지급청구권은 위 규정이 정하는 지급요건이 충족되면 당연히 발생함과 아울러 그 금액도 확정되는 것이지 위 사업단의 지급결정 여부에 의하여 그 청구권의 발생이나 금액이 좌우되는 것이 아니므로 위 사업단이 그 재해위로금의 전부 또는 일부에 대하여 지급거부의 의사표시를 하였다고 하더라도 그 의사표시는 재해위로금청구권을 형성 · 확정하는 행정처분이 아니라 공법상의 법률관계의 한쪽 당사자로서 그 지급의무의 존부 및 범위에 관하여 나름대로의 사실상 · 법률상 의견을 밝힌 것에 불과하다고 할 것이므로, 위 사업단이 표시한 재해위로금 지급거부의 의사표시에 불복이 있는 경우에는 위 사업단을 상대로 그 지급거부의 의사표시에 대한 항고소송을 제기하여야 하는 것이 아니라 직접 공법상의 당사자소송을 제기하여야 한다(대판 1999. 1.26. 98두12598).

㉡ 실질은 처분 등의 효력을 다투지만 당사자소송의 형태로 제기하는 소송을 형식적 당사자 소송이라고 한다. 현행법상 토지보상법 제85조 제2항의 보상금증감청구소송이 형식적 당사자소송에 해당한다.

㉢ 도시 및 주거환경정비법(이하 '도시정비법')상 행정주체인 주택재건축정비사업조합을 상대로 관리처분계획안에 대한 조합 총회결의의 효력을 다투는 소송은 행정처분에 이르는 절차적 요건의 존부나 효력 유무에 관한 소송으로서 소송결과에 따라 행정처분의 위법 여부에 직접 영향을 미치는 공법상 법률관계에 관한 것이므로, 이는 행정소송법상 당사자소송에 해당한다. 그리고 이러한 당사자소송에 대하여는 행정소송법 제23조 제2항의 집행정지에 관한 규정이 준용되지 아니하므로(행정소송법 제44조 제1항 참조), 이를 본안으로 하는 가처분에 대하여는 행정소송법 제8조 제2항에 따라 민사집행법상 가처분에 관한 규정이 준용되어야 한다(대판 2015. 8.21. 2015무26).

9 「행정절차법」의 적용 대상이 되지 않는 것만을 모두 고르면? (다툼이 있는 경우 판례에 의함)

> ㉠ 「병역법」에 따른 징집 · 소집
> ㉡ 산업기능요원편입취소처분
> ㉢ 「국가공무원법」상 직위해제처분
> ㉣ 헌법재판소의 심판을 거쳐 행하는 사항
> ㉤ 대통령의 한국방송공사 사장의 해임처분

① ㉠, ㉡, ㉢
② ㉠, ㉢, ㉣
③ ㉡, ㉣, ㉤
④ ㉢, ㉣, ㉤

ADVICE ㉠㉣ 행정절차법 제3조 제2항 3호, 9호.

> 제3조(적용 범위)
> ② 이 법은 다음 각 호의 어느 하나에 해당하는 사항에 대하여는 적용하지 아니한다.
> 1. 국회 또는 지방의회의 의결을 거치거나 동의 또는 승인을 받아 행하는 사항
> 2. 법원 또는 군사법원의 재판에 의하거나 그 집행으로 행하는 사항
> 3. 헌법재판소의 심판을 거쳐 행하는 사항
> 4. 각급 선거관리위원회의 의결을 거쳐 행하는 사항
> 5. 감사원이 감사위원회의의 결정을 거쳐 행하는 사항
> 6. 형사(刑事), 행형(行刑) 및 보안처분 관계 법령에 따라 행하는 사항
> 7. 국가안전보장 · 국방 · 외교 또는 통일에 관한 사항 중 행정절차를 거칠 경우 국가의 중대한 이익을 현저히 해칠 우려가 있는 사항
> 8. 심사청구, 해양안전심판, 조세심판, 특허심판, 행정심판, 그 밖의 불복절차에 따른 사항
> 9. 「병역법」에 따른 징집 · 소집, 외국인의 출입국 · 난민인정 · 귀화, 공무원 인사 관계 법령에 따른 징계와 그 밖의 처분, 이해 조정을 목적으로 하는 법령에 따른 알선 · 조정 · 중재(仲裁) · 재정(裁定) 또는 그 밖의 처분 등 해당 행정작용의 성질상 행정절차를 거치기 곤란하거나 거칠 필요가 없다고 인정되는 사항과 행정절차에 준하는 절차를 거친 사항으로서 대통령령으로 정하는 사항

㉢ 국가공무원법상 직위해제처분은 구 행정절차법 제3조 제2항 제9호, 구 행정절차법 시행령 제2조 제3호에 의하여 당해 행정작용의 성질상 행정절차를 거치기 곤란하거나 불필요하다고 인정되는 사항 또는 행정절차에 준하는 절차를 거친 사항에 해당하므로, 처분의 사전통지 및 의견청취 등에 관한 행정절차법의 규정이 별도로 적용되지 않는다(대판 2014. 5.16. 2012두26180).

㉡ 지방병무청장이 병역법에 따라 산업기능요원에 대하여 한 산업기능요원 편입취소처분은, 행정처분을 할 경우 '처분의 사전통지'와 '의견제출 기회의 부여'를 규정한 행정절차법 제21조 제1항, 제22조 제3항에서 말하는 '당사자의 권익을 제한하는 처분'에 해당하는 한편, 행정절차법의 적용이 배제되는 사항인 행정절차법 제3조 제2항 제9호, 같은법시행령 제2조 제1호에서 규정하는 '병역법에 의한 소집에 관한 사항'에는 해당하지 아니하므로, 행정절차법상의 '처분의 사전통지'와 '의견제출 기회의 부여' 등의 절차를 거쳐야 한다(대판 2002. 9. 6. 2002두554).

㉤ 대통령의 한국방송공사 사장의 해임처분이 행정절차법과 그 시행령에서 열거적으로 규정한 예외 사유에 해당한다고 볼 수 없으므로 행정절차법이 적용된다고 할 것이다(대판 2012.2.23. 2011두5001).

ANSWER 8.② 9.②

10 공무원의 의무에 대한 설명으로 옳지 않은 것은? (다툼이 있는 경우 판례에 의함)

① 공무원의 비밀엄수의무의 대상이 되는 직무상 비밀은 행정기관이 비밀이라고 형식적으로 정한 것을 의미한다.

② 공무원의 법정연가일수의 범위 내에서의 연가신청에 대한 허가가 있기 전에 근무지를 이탈한 행위는 직장 이탈 금지 의무 위반에 해당한다.

③ 다수의 공무원이 일반계약직 공무원에 대한 계약연장 거부결정에 대하여 비난하면서 릴레이 1인 시위 등을 한 행위는 '공무 외의 일을 위한 집단행위'에 해당하지 않는다.

④ 군인이 상관의 지시나 명령에 대하여 재판청구권을 행사하는 경우에 그것이 위헌 · 위법인 지시와 명령을 시정하려는 데 목적이 있을 뿐, 군 내부의 상명하복관계를 파괴하고 명령불복종 수단으로서 재판청구권의 외형만을 빌리거나 그 밖에 다른 불순한 의도가 있지 않다면, 군인의 복종의무를 위반하였다고 볼 수 없다.

ADVICE ① 형법 제127조는 공무원 또는 공무원이었던 자가 법령에 의한 직무상 비밀을 누설하는 것을 구성요건으로 하고, 비밀 그 자체를 보호하는 것이 아니라 공무원의 비밀엄수의무의 침해에 의하여 위험하게 되는 이익, 즉 비밀 누설에 의하여 위협받는 국가의 기능을 보호하기 위한 것이다. 여기에서 '법령에 의한 직무상 비밀'이란 반드시 법령에서 비밀로 규정되었거나 비밀로 분류 명시된 사항에 한정되지 않고, 정치 · 군사 · 외교 · 경제 · 사회적 필요에 따라 비밀로 된 사항은 물론 정부나 공무소 또는 국민이 객관적, 일반적인 입장에서 외부에 알려지지 않는 것에 상당한 이익이 있는 사항도 포함하나, 실질적으로 그것을 비밀로서 보호할 가치가 있다고 인정할 수 있는 것이어야 한다(대판 2018. 2.13. 2014도11441).

② 공무원이 법정연가일수의 범위 내에서 연가신청을 하였고 그와 같은 연가신청에 대하여 행정기관의 장은 공무수행상 특별한 지장이 없는 한 이를 허가하여야 한다고 되어 있더라도 그 연가신청에 대한 허가도 있기 전에 근무지를 이탈한 행위는 지방공무원법 제50조 제1항(직장이탈 금지)에 위반되는 행위로서 징계사유가 된다(대판 1987.12. 8. 87누657, 658).

③ 공무원들의 어느 행위가 국가공무원법 제66조 제1항에 규정된 '집단행위'에 해당하려면, 그 행위가 반드시 같은 시간, 장소에서 행하여져야 하는 것은 아니지만, 공익에 반하는 어떤 목적을 위한 다수인의 행위로서 집단성이라는 표지를 갖추어야만 한다고 해석함이 타당하다. 따라서 여럿이 같은 시간에 한 장소에 모여 집단의 위세를 과시하는 방법으로 의사를 표현하거나 여럿이 단체를 결성하여 그 단체 명의로 의사를 표현하는 경우, 실제 여럿이 모이는 형태로 의사표현을 하는 것은 아니지만 발표문에 서명날인을 하는 등의 수단으로 여럿이 가담한 행위임을 표명하는 경우 또는 일제 휴가나 집단적인 조퇴, 초과근무 거부 등과 같이 정부활동의 능률을 저해하기 위한 집단적 태업 행위로 볼 수 있는 경우에 속하거나 이에 준할 정도로 행위의 집단성이 인정되어야 국가공무원법 제66조 제1항(집단행위의 금지)에 해당한다고 볼 수 있다. 릴레이 1인 시위, 릴레이 언론기고, 릴레이 내부 전산망 게시는 모두 후행자가 선행자에 동조하여 동일한 형태의 행위를 각각 한 것에 불과하고, 여럿이 같은 시간에 한 장소에 모여 집단의 위세를 과시하는 방법으로 의사를 표현하거나 여럿이 단체를 결성하여 그 단체 명의로 의사를 표현하는 경우, 여럿이 가담한 행위임을 표명하는 경우 또는 정부활동의 능률을 저해하기 위한 집단적 태업행위에 해당한다거나 이에 준할 정도로 행위의 집단성이 있다고 보기 어렵다.(대판 2017. 4.13. 2014두8469).

④ 상명하복에 의한 지휘통솔체계의 확립이 필수적인 군의 특수성에 비추어 군인은 상관의 명령에 복종하여야 한다. 구 군인복무규율 제23조 제1항은 그와 같은 취지를 규정하고 있다. 군인이 일반적인 복종의무가 있는 상관의 지시나 명령에 대하여 재판청구권을 행사하는 경우에는 재판청구권이 군인의 복종의무와 외견상 충돌하는 모습으로 나타날 수 있다. 그러나 상관의 지시나 명령 그 자체를 따르지 않는 행위와 상관의 지시나 명령은 준수하면서도 그것이 위법 · 위헌이라는 이유로 재판청구권을 행사하는 행위는 구별되어야 한다. 법원이나 헌법재판소에 법적 판단을

청구하는 것 자체로는 상관의 지시나 명령에 직접 위반되는 결과가 초래되지 않으며, 재판절차가 개시되더라도 종국적으로는 사법적 판단에 따라 위법·위헌 여부가 판가름 나므로 재판청구권 행사가 곧바로 군에 대한 심각한 위해나 혼란을 야기한다고 상정하기도 어렵다. 상관의 지시나 명령을 준수하는 이상 그에 대하여 소를 제기하거나 헌법소원을 청구하였다는 사실만으로 상관의 지시나 명령을 따르지 않겠다는 의사를 표명한 것으로 간주할 수도 없다. 종래 군인이 상관의 지시나 명령에 대하여 사법심사를 청구하는 행위를 무조건 하극상이나 항명으로 여겨 극도의 거부감을 보이는 태도 역시 모든 국가권력에 대하여 사법심사를 허용하는 법치국가의 원리에 반하는 것으로 마땅히 배격되어야 한다. 따라서 군인이 상관의 지시나 명령에 대하여 재판청구권을 행사하는 경우에 그것이 위법·위헌인 지시와 명령을 시정하려는 데 목적이 있을 뿐, 군 내부의 상명하복관계를 파괴하고 명령불복종 수단으로서 재판청구권의 외형만을 빌리거나 그 밖에 다른 불순한 의도가 있지 않다면, 정당한 기본권의 행사이므로 군인의 복종의무를 위반하였다고 볼 수 없다(대판 2018. 3.22. 2012두26401(전합)).

11 「지방공무원법」상 징계의 종류에 해당하는 것만을 모두 고르면?

㉠ 강등	㉡ 경고
㉢ 견책	㉣ 직권면직
㉤ 불문경고	㉥ 직위해제
㉦ 자격정지	

① ㉠, ㉢
② ㉠, ㉦
③ ㉡, ㉣, ㉥
④ ㉢, ㉤, ㉥

ADVICE 징계는 파면 · 해임 · 강등 · 정직 · 감봉 및 견책으로 구분한다(지방공무원법 제70조).
참고) 징계는 파면 · 해임 · 강등 · 정직 · 감봉 · 견책으로 구분한다(국가공무원법 제79조).

ANSWER 10.① 11.①

12 행정상 제재에 대한 설명으로 옳지 않은 것은? (다툼이 있는 경우 판례에 의함)

① 관할 행정청이 이행강제금의 부과 · 징수를 게을리한 행위는 주민소송의 대상이 되는 공금의 부과 · 징수를 게을리한 사항에 해당한다.

② 구「독점규제 및 공정거래에 관한 법률」상의 부당내부거래에 대한 과징금에는 행정상의 제재금으로서의 기본적 성격에 부당이득환수적 요소도 부가되어 있다.

③ 구「법인세법」 제76조 제9항에 근거하여 부과하는 가산세는 형벌이 아니므로 행위자의 고의 또는 과실 · 책임능력 · 책임조건 등을 고려하지 아니하며, 조세의 부과절차에 따라 과징할 수 있다.

④ 양벌규정에 의한 영업주의 처벌은 금지위반행위자인 종업원의 처벌에 종속하는 것이므로 종업원의 범죄성립이나 처벌이 영업주 처벌의 전제조건이 된다.

ADVICE ④ 양벌규정에 의한 영업주의 처벌은 금지위반행위자인 종업원의 처벌에 종속하는 것이 아니라 독립하여 그 자신의 종업원에 대한 선임감독상의 과실로 인하여 처벌되는 것이므로 종업원의 범죄성립이나 처벌이 영업주 처벌의 전제조건이 될 필요는 없다. 여행사 종업원이 여행사 홈페이지에 사진을 게시할 당시 사진의 저작권자가 누구인지 몰랐다 하더라도 타인의 저작물을 영리를 위하여 임의로 게시한다는 인식이 있었으므로 저작권 침해행위에 해당한다(대판 2006. 2.24. 2005도7673).

① 이행강제금은 지방자치단체의 재정수입을 구성하는 재원 중 하나로서 '지방세외수입금의 징수 등에 관한 법률'에서 이행강제금의 효율적인 징수 등에 필요한 사항을 특별히 규정하는 등 그 부과 · 징수를 재무회계 관점에서도 규율하고 있으므로, 이행강제금의 부과 · 징수를 게을리한 행위는 주민소송의 대상이 되는 공금의 부과 · 징수를 게을리한 사항에 해당한다(대판 2015. 9.10. 2013두16746).

② 구 독점규제및공정거래에관한법률 제23조 제1항 제7호, 같은 법 제24조의2 소정의 부당지원행위를 한 지원주체에 대한 과징금은 그 취지와 기능, 부과의 주체와 절차 등을 종합할 때 부당지원행위의 억지(抑止)라는 행정목적을 실현하기 위한 입법자의 정책적 판단에 기하여 그 위반행위에 대하여 제재를 가하는 행정상의 제재금으로서의 기본적 성격에 부당이득환수적 요소도 부가되어 있는 것이라고 할 것이어서 그것이 헌법 제13조 제1항에서 금지하는 국가형벌권 행사로서의 처벌에 해당한다고 할 수 없으므로 구 독점규제및공정거래에관한법률에서 형사처벌과 아울러 과징금의 부과처분을 할 수 있도록 규정하고 있다 하더라도 이중처벌금지원칙이나 무죄추정원칙에 위반된다거나 사법권이나 재판청구권을 침해한다고 볼 수 없고, 또한 같은 법 제55조의3 제1항에 정한 각 사유를 참작하여 부당지원행위의 불법의 정도에 비례하여 상당한 금액의 범위 내에서만 과징금을 부과할 수 있도록 하고 있음에 비추어 비례원칙에 반한다고 할 수도 없다(대판 2004. 4. 9. 2001두6197).

③ 조세법의 실효성 내지 납세의무자에 대한 의무이행을 확보하기 위하여 과하는 제재 중 중추적인 위치를 차지하고 있는 것으로 조세형벌과 가산세를 들 수 있는데, 가산세는 세법상의 의무불이행 또는 의무위반에 대하여 조세의 형식으로 과징하는 반면, 조세형벌은 세법상의 의무위반에 대하여 형벌[형법에 형명(刑名)이 있는 처벌]의 형식으로 과하는 제재라는 점에서 차이가 있다. 이러한 차이로 인해, 가산세는 형법총칙의 규정이 적용될 수 없고 따라서 행위자의 고의 또는 과실 · 책임능력 · 책임조건 등을 고려하지 아니하고 가산세 과세요건의 충족 여부만을 확인하여 조세의 부과 절차에 따라 과징할 수 있다(헌재결 2006. 4. 27. 2003헌바79).

13 경찰작용에 대한 설명으로 옳지 않은 것은?

① 경찰서장은 범인을 검거하여 경찰공무원에게 인도한 사람에게 보상금심사위원회의 심사 · 의결에 따라 보상금을 지급할 수 있다.

② 경찰서장은 주차위반 차의 견인 · 보관 업무의 전부 또는 일부를 일정한 자격요건을 갖춘 법인 · 단체 또는 개인으로 하여금 대행하게 할 수 있다.

③ 경찰서장이 주차위반 차를 이동하거나 보관한 경우에 이에 들어간 비용은 그 차의 사용자가 부담하며, 그 비용 징수는 「행정대집행법」이 정한 바에 따른다.

④ 경찰관의 적법한 직무집행으로 인하여, 손실발생의 원인에 대하여 책임이 없는 자가 생명 · 신체 또는 재산상의 손실을 입은 경우 국가는 정당한 보상을 하여야 하되, 손실보상의 청구는 손실이 발생한 날부터 3년간 행사하지 않으면 소멸한다.

ADVICE ④ 경찰관직무집행법 제11조의2 제2항.

> 제11조의2(손실보상)
>
> ① 국가는 경찰관의 적법한 직무집행으로 인하여 다음 각 호의 어느 하나에 해당하는 손실을 입은 자에 대하여 정당한 보상을 하여야 한다.
>
> 1. 손실발생의 원인에 대하여 책임이 없는 자가 생명 · 신체 또는 재산상의 손실을 입은 경우(손실발생의 원인에 대하여 책임이 없는 자가 경찰관의 직무집행에 자발적으로 협조하거나 물건을 제공하여 생명 · 신체 또는 재산상의 손실을 입은 경우를 포함한다)
> 2. 손실발생의 원인에 대하여 책임이 있는 자가 자신의 책임에 상응하는 정도를 초과하는 생명 · 신체 또는 재산상의 손실을 입은 경우
>
> ② 제1항에 따른 보상을 청구할 수 있는 권리는 손실이 있음을 안 날부터 3년, 손실이 발생한 날부터 5년간 행사하지 아니하면 시효의 완성으로 소멸한다.

① 경찰관직무집행법 제11조의3.

> 제11조의3(범인검거 등 공로자 보상)
>
> ① 경찰청장, 시 · 도경찰청장 또는 경찰서장은 다음 각 호의 어느 하나에 해당하는 사람에게 보상금을 지급할 수 있다.
>
> 1. 범인 또는 범인의 소재를 신고하여 검거하게 한 사람
> 2. 범인을 검거하여 경찰공무원에게 인도한 사람
> 3. 테러범죄의 예방활동에 현저한 공로가 있는 사람
> 4. 그 밖에 제1호부터 제3호까지의 규정에 준하는 사람으로서 대통령령으로 정하는 사람
>
> ② 경찰청장, 지방경찰청장 및 경찰서장은 제1항에 따른 보상금 지급의 심사를 위하여 대통령령으로 정하는 바에 따라 각각 보상금심사위원회를 설치 · 운영하여야 한다.
>
> ⑤ 경찰청장, 지방경찰청장 또는 경찰서장은 제2항에 따른 보상금심사위원회의 심사 · 의결에 따라 보상금을 지급하고, 거짓 또는 부정한 방법으로 보상금을 받은 사람에 대하여는 해당 보상금을 환수한다.

ANSWER 12.④ 13.④

② 도로교통법 제36조 제1항.

> 제36조(차의 견인 및 보관업무 등의 대행)
> ① 경찰서장이나 시장등은 제35조(주차위반에 대한 조치)에 따라 견인하도록 한 차의 견인 · 보관 및 반환 업무의 전부 또는 일부를 그에 필요한 인력 · 시설 · 장비 등 자격요건을 갖춘 법인 · 단체 또는 개인으로 하여금 대행하게 할 수 있다.

③ 도로교통법 제35조 제6항.

> 제35조(주차위반에 대한 조치)
> ⑥ 제2항부터 제5항까지의 규정에 따른 주차위반 차의 이동 · 보관 · 공고 · 매각 또는 폐차 등에 들어간 비용은 그 차의 사용자가 부담한다. 이 경우 그 비용의 징수에 관하여는 「행정대집행법」 제5조 및 제6조를 적용한다.

14 **국가배상에 대한 설명으로 옳은 것은? (다툼이 있는 경우 판례에 의함)**

① 행정처분의 담당공무원이 주관적 주의의무를 결하여 그 행정처분이 주관적 정당성을 상실하였다고 인정될 정도에 이른 경우에 「국가배상법」 제2조의 요건을 충족하였다고 봄이 상당하다.

② 「국가배상법」 제6조 제1항에 의하면 지방자치단체장이 설치하여 관할 지방경찰청장에게 관리권한이 위임된 교통신호기의 고장으로 인하여 교통사고가 발생한 경우, 지방자치단체가 손해배상책임을 지고 국가는 피해자에 대하여 배상책임을 지지 않는다.

③ 국민이 법령에 정하여진 수질기준에 미달한 상수원수로 생산된 수돗물을 마심으로써 건강상의 위해 발생에 대한 염려 등에 따른 정신적 고통을 받았다고 하더라도, 이러한 사정만으로는 국가 또는 지방자치단체가 국민에게 손해배상책임을 부담하지 아니한다.

④ 「국가배상법」 제5조 제1항 소정의 '공공의 영조물'이라 함은 국가 또는 지방자치단체에 의하여 특정 공공의 목적에 공여된 유체물 내지 물적 설비를 말하며, 국가 또는 지방자치단체가 소유권, 임차권, 그 밖의 권한에 기하여 관리하고 있는 경우로 한정되고, 사실상의 관리를 하고 있는 경우는 포함되지 않는다.

ADVICE ③ 상수원수의 수질을 환경기준에 따라 유지하도록 규정하고 있는 관련 법령의 취지 · 목적 · 내용과 그 법령에 따라 국가 또는 지방자치단체가 부담하는 의무의 성질 등을 고려할 때, 국가 등에게 일정한 기준에 따라 상수원수의 수질을 유지하여야 할 의무를 부과하고 있는 법령의 규정은 국민에게 양질의 수돗물이 공급되게 함으로써 국민 일반의 건강을 보호하여 공공 일반의 전체적인 이익을 도모하기 위한 것이지, 국민 개개인의 안전과 이익을 직접적으로 보호하기 위한 규정이 아니므로, 국민에게 공급된 수돗물의 상수원의 수질이 수질기준에 미달한 경우가 있고, 이로 말미암아 국민이 법령에 정하여진 수질기준에 미달한 상수원수로 생산된 수돗물을 마심으로써 건강상의 위해 발생에 대한 염려 등에 따른 정신적 고통을 받았다고 하더라도, 이러한 사정만으로는 국가 또는 지방자치단체가 국민에게 손해배상책임을 부담하지 아니한다(대판 2001.10.23. 99다36280).

① 행정청의 처분을 구하는 신청에 대하여 상당한 기간 처분 여부 결정이 지체되었다고 하여 곧바로 공무원의 고의 또는 과실에 의한 불법행위를 구성한다고 단정할 수는 없고, 행정처분의 담당공무원이 보통 일반의 공무원을 표준으로 하여 볼 때 객관적 주의의무를 결하여 처분 여부 결정을 지체함으로써 객관적 정당성을 상실하였다고 인정될 정도에 이른 경우에 비로소 국가배상법 제2조가 정한 국가배상책임의 요건을 충족한다. 이때 객관적 정당성을 상실하였는지는 신청의 대상이 된 처분이 기속행위인지 재량행위인지 등 처분의 성질, 처분의 지연에 따라 신청인이 입은 불이익의 내용과 정도, 행정처분의 담당공무원이 정당한 이유 없이 처리를 지연하였는지 등을 종합적으로 고려하되, 손해의 전보책임을 국가 또는 지방자치단체에게 부담시킬 만한 실질적인 이유가 있는지도 살펴서 판단하여야 한다(대판 2015.11.27. 2013다6759).

② 지방자치단체장이 교통신호기를 설치하여 그 관리권한이 도로교통법 제71조의2 제1항의 규정에 의하여 관할 지방경찰청장에게 위임되어 지방자치단체 소속 공무원과 지방경찰청 소속 공무원이 합동 근무하는 교통종합관제센터에서 그 관리업무를 담당하던 중 위 신호기가 고장난 채 방치되어 교통사고가 발생한 경우, 국가배상법 제2조 또는 제5조에 의한 배상책임을 부담하는 것은 지방경찰청장이 소속된 국가가 아니라, 그 권한을 위임한 지방자치단체장이 소속된 지방자치단체라고 할 것이나, 한편 국가배상법 제6조 제1항은 같은 법 제2조, 제3조 및 제5조의 규정에 의하여 국가 또는 지방자치단체가 손해를 배상할 책임이 있는 경우에 공무원의 선임·감독 또는 영조물의 설치·관리를 맡은 자와 공무원의 봉급·급여 기타의 비용 또는 영조물의 설치·관리의 비용을 부담하는 자가 동일하지 아니한 경우에는 그 비용을 부담하는 자도 손해를 배상하여야 한다고 규정하고 있으므로 교통신호기를 관리하는 지방경찰청장 산하 경찰관들에 대한 봉급을 부담하는 국가도 국가배상법 제6조 제1항에 의한 배상책임을 부담한다(대판 1999. 6.25. 99다11120).

④ 국가배상법 제5조 제1항 소정의 "공공의 영조물"이라 함은 국가 또는 지방자치단체에 의하여 특정 공공의 목적에 공여된 유체물 내지 물적 설비를 지칭하며, 특정 공공의 목적에 공여된 물이라 함은 일반공중의 자유로운 사용에 직접적으로 제공되는 공공용물에 한하지 아니하고, 행정주체 자신의 사용에 제공되는 공용물도 포함하며 국가 또는 지방자치단체가 소유권, 임차권 그밖의 권한에 기하여 관리하고 있는 경우뿐만 아니라 사실상의 관리를 하고 있는 경우도 포함한다(대판 1995. 1.24. 94다45302).

ANSWER 14.③

15 「국민건강보험법」에 대한 설명으로 옳지 않은 것은?

① 가입자는 직장가입자의 피부양자가 된 날에 그 자격을 잃는다.

② 직장가입자인 근로자 등이 그 사용관계가 끝난 날에는 그 당일에 가입자의 자격이 변동된다.

③ 국내에 거주하는 국민은 건강보험의 가입자 또는 피부양자가 되나 「의료급여법」에 따라 의료급여를 받는 사람은 적용 대상에서 제외된다.

④ 국민건강보험공단은 보험급여를 받을 수 있는 사람이 다른 법령에 따라 국가나 지방자치단체로부터 보험급여에 상당하는 급여를 받거나 보험급여에 상당하는 비용을 지급받게 되는 경우에는 그 한도에서 보험급여를 하지 아니한다.

ADVICE ② 국민건강보험법 제9조 제1항 3호.

> 제9조(자격의 변동 시기 등)
> ① 가입자는 다음 각 호의 어느 하나에 해당하게 된 날에 그 자격이 변동된다.
> 1. 지역가입자가 적용대상사업장의 사용자로 되거나, 근로자 · 공무원 또는 교직원(이하 "근로자등"이라 한다)으로 사용된 날
> 2. 직장가입자가 다른 적용대상사업장의 사용자로 되거나 근로자등으로 사용된 날
> 3. 직장가입자인 근로자등이 그 사용관계가 끝난 날의 다음 날
> 4. 적용대상사업장에 제7조제2호에 따른 사유가 발생한 날의 다음 날
> 5. 지역가입자가 다른 세대로 전입한 날

① 국민건강보험법 제10조 제1항 4호.

> 제10조(자격의 상실 시기 등)
> ① 가입자는 다음 각 호의 어느 하나에 해당하게 된 날에 그 자격을 잃는다.
> 1. 사망한 날의 다음 날
> 2. 국적을 잃은 날의 다음 날
> 3. 국내에 거주하지 아니하게 된 날의 다음 날
> 4. 직장가입자의 피부양자가 된 날
> 5. 수급권자가 된 날
> 6. 건강보험을 적용받고 있던 사람이 유공자등 의료보호대상자가 되어 건강보험의 적용배제신청을 한 날

③ 국민건강보험법 제5조 제1항 1호.

> 제5조(적용 대상 등)
> ① 국내에 거주하는 국민은 건강보험의 가입자(이하 "가입자") 또는 피부양자가 된다. 다만, 다음 각 호의 어느 하나에 해당하는 사람은 제외한다.
> 1. 「의료급여법」에 따라 의료급여를 받는 사람(이하 "수급권자"
> 2. 「독립유공자예우에 관한 법률」 및 「국가유공자 등 예우 및 지원에 관한 법률」에 따라 의료보호를 받는 사람(이하 "유공자등 의료보호대상자"라). 다만, 다음 각 목의 어느 하나에 해당하는 사람은 가입자 또는 피부양자가 된다.
> 가. 유공자등 의료보호대상자 중 건강보험의 적용을 보험자에게 신청한 사람
> 나. 건강보험을 적용받고 있던 사람이 유공자등 의료보호대상자로 되었으나 건강보험의 적용배제신청을 보험자에게 하지 아니한 사람

④ 국민건강보험법 제53조 제2항.

> 제53조(급여의 제한)
> ② 공단은 보험급여를 받을 수 있는 사람이 다른 법령에 따라 국가나 지방자치단체로부터 보험급여에 상당하는 급여를 받거나 보험급여에 상당하는 비용을 지급받게 되는 경우에는 그 한도에서 보험급여를 하지 아니한다.

16 자영업에 종사하는 甲은 일정요건의 자영업자에게는 보조금을 지급하도록 한 법령에 근거하여 관할 행정청에 보조금 지급을 신청하였으나 1차 거부되었고, 이후 다시 동일한 보조금을 신청하였다. 이에 대한 설명으로 옳은 것은? (다툼이 있는 경우 판례에 의함)

① 관할 행정청이 다시 2차의 거부처분을 하더라도 甲은 2차 거부처분에 대해서는 취소소송으로 다툴 수 없다.
② 甲이 보조금을 우편으로 신청한 경우, 특별한 규정이 없다면 신청서를 발송한 때에 신청의 효력이 발생한다.
③ 명문으로 금지되거나 성질상 불가능한 경우가 아닌 한, 甲은 신청에 대한 관할 행정청의 처분이 있기 전까지 신청의 내용을 변경할 수 있다.
④ 甲의 신청에 형식적 요건의 하자가 있었다면 그 하자의 보완이 가능함에도 보완을 요구하지 않고 바로 거부하였다고 하여 그 거부가 위법한 것은 아니다.

ADVICE ③④ 행정절차법 제17조 제8항, 제5항 · 제6항.

> 제17조(처분의 신청)
> ⑤ 행정청은 신청에 구비서류의 미비 등 흠이 있는 경우에는 보완에 필요한 상당한 기간을 정하여 지체 없이 신청인에게 보완을 요구하여야 한다.
> ⑥ 행정청은 신청인이 제5항에 따른 기간 내에 보완을 하지 아니하였을 때에는 그 이유를 구체적으로 밝혀 접수된 신청을 되돌려 보낼 수 있다.
> ⑧ 신청인은 처분이 있기 전에는 그 신청의 내용을 보완 · 변경하거나 취하(取下)할 수 있다. 다만, 다른 법령등에 특별한 규정이 있거나 그 신청의 성질상 보완 · 변경하거나 취하할 수 없는 경우에는 그러하지 아니하다.

① 1차 거부처분 후 동일한 내용의 새로운 신청에 대한 행정청의 2차 거부처분은 독립하여 항고소송의 대상이 된다.
- 거부처분은 관할 행정청이 국민의 처분신청에 대하여 거절의 의사표시를 함으로써 성립되고, 그 이후 동일한 내용의 새로운 신청에 대하여 다시 거절의 의사표시를 한 경우에는 새로운 거부처분이 있는 것으로 보아야 할 것이다(대판 2002. 3.29. 2000두6084).

② 발신주의의 특례를 규정하고 있지 않는 한, 우편으로 신청한 경우 그것이 행정청에 도달한 때 신청의 효력이 발생한다.

ANSWER 15.② 16.③

17 판례의 입장으로 옳은 것(○)과 옳지 않은 것(×)을 바르게 연결한 것은?

> ㉠ 환지처분이 고시되어 효력을 발생한 이상, 환지처분의 대상이 된 특정 토지에 대한 개별적인 환지가 지정되어 있어야만 환지처분에 따른 소유권 상실의 효과가 그 토지에 대하여 발생하는 것은 아니다.
>
> ㉡ 국민건강보험공단에 의한 '직장가입자 자격상실 및 자격변동 안내' 통보 및 '사업장 직권탈퇴에 따른 가입자 자격상실 안내' 통보는 가입자 자격이 변동되는 효력을 가져오므로 항고소송의 대상이 되는 처분에 해당한다.
>
> ㉢ 감사원의 변상판정 처분에 대하여 위법 또는 부당하다고 인정하는 본인 등은 이 처분에 대하여 행정소송을 제기할 수 없고, 재결에 해당하는 재심의 판정에 대하여서만 감사원을 피고로 행정소송을 제기할 수 있다.
>
> ㉣ 직무집행과 관련하여 공상을 입은 군인 등이 먼저 「국가배상법」에 따라 손해배상금을 지급받은 다음, 구「국가유공자 등 예우 및 지원에 관한 법률」이 정한 보상금 등 보훈급여금의 지급을 청구하는 경우, 「국가배상법」에 따라 손해배상을 받았다는 이유로 그 지급을 거부할 수 없다.

	㉠	㉡	㉢	㉣
①	○	○	○	○
②	○	×	○	○
③	○	×	×	○
④	×	○	×	×

ADVICE ㉠ 구 농촌근대화촉진법에 의하면, '구획정리'는 농지개량사업의 내용 중 하나이고, 농지개량사업시행자는 농지개량사업의 공사를 준공한 후 필요하다고 인정할 때에는 지체 없이 환지계획을 작성하여 농수산부장관의 인가를 받아야 하며, 농수산부장관이 인가를 한 때에는 지체 없이 그 사실을 고시하여야 하고, 고시된 환지계획에 의하여 교부될 환지는 같은 법 제162조 제1항의 경우를 제외하고는 그 환지계획을 고시한 날의 다음 날부터 이를 종전의 토지로 본다(위 규정들에 의하여 인가·고시된 환지계획을 이하에서는 '환지처분'이라고 한다). 이러한 관련 규정과 도시개발법 제42조 제1항 등의 문언·체계·취지 등에 의하면, 환지계획에서 환지를 정하지 아니한 종전의 토지에 있던 권리는 환지계획이 고시된 날의 다음 날에 소멸하는 것으로 보아야 하고, 개인 소유이던 어떤 토지가 구획정리사업의 환지처분에 의하여 소유권이 상실되었다고 하기 위해서는 그 토지가 구획정리사업구역 내의 토지로서 환지처분에 따른 '환지의 대상'에 포함되는 것임이 전제되어야 한다. 일단 환지처분이 고시되어 효력을 발생한 이상, 환지처분의 대상이 된 특정 토지에 대한 개별적인 '환지'가 지정되어 있어야만 환지처분에 따른 소유권 상실의 효과가 그 토지에 대하여 발생하는 것은 아니다(대판 2019. 1.31. 2018다255105).

㉡ 국민건강보험공단이 甲 등에게 '직장가입자 자격상실 및 자격변동 안내' 통보 및 '사업장 직권탈퇴에 따른 가입자 자격상실 안내' 통보를 한 사안에서, 국민건강보험 직장가입자 또는 지역가입자 자격 변동은 법령이 정하는 사유가 생기면 별도 처분 등의 개입 없이 사유가 발생한 날부터 변동의 효력이 당연히 발생하므로, 국민건강보험공단이 甲 등에 대하여 가입자 자격이 변동되었다는 취지의 '직장가입자 자격상실 및 자격변동 안내' 통보를 하였거나, 그로 인하여 사업장이 국민건강보험법상의 적용대상사업장에서 제외되었다는 취지의 '사업장 직권탈퇴에 따른 가입자 자격상실 안내' 통보를 하였더라도, 이는 甲 등의 가입자 자격의 변동 여부 및 시기를 확인하는 의미에서 한 사실상

통지행위에 불과할 뿐, 위 각 통보에 의하여 가입자 자격이 변동되는 효력이 발생한다고 볼 수 없고, 또한 위 각 통보로 甲 등에게 지역가입자로서의 건강보험료를 납부하여야 하는 의무가 발생함으로써 甲 등의 권리의무에 직접적 변동을 초래하는 것도 아니다(대판 2019. 2.14. 2016두41729).

㉢ 감사원의 변상판정처분에 대하여서는 행정소송을 제기할 수 없고, 재결에 해당하는 재심의 판정에 대하여서만 감사원을 피고로 하여 행정소송을 제기할 수 있다(대판 1984. 4.10. 84누91).

㉣ 전투 · 훈련 등 직무집행과 관련하여 공상을 입은 군인 · 군무원 · 경찰공무원 또는 향토예비군대원이 먼저 국가배상법에 따라 손해배상금을 지급받은 다음 보훈보상대상자 지원에 관한 법률(이하 '보훈보상자법')이 정한 보상금 등 보훈급여금의 지급을 청구하는 경우, 국가배상법 제2조 제1항 단서가 명시적으로 '다른 법령에 따라 보상을 지급받을 수 있을 때에는 국가배상법 등에 따른 손해배상을 청구할 수 없다'고 규정하고 있는 것과 달리 보훈보상자법은 국가배상법에 따른 손해배상금을 지급받은 자를 보상금 등 보훈급여금의 지급대상에서 제외하는 규정을 두고 있지 않은 점, 국가배상법 제2조 제1항 단서의 입법 취지 및 보훈보상자법이 정한 보상과 국가배상법이 정한 손해배상의 목적과 산정방식의 차이 등을 고려하면 국가배상법 제2조 제1항 단서가 보훈보상자법 등에 의한 보상을 받을 수 있는 경우 국가배상법에 따른 손해배상청구를 하지 못한다는 것을 넘어 국가배상법상 손해배상금을 받은 경우 보훈보상자법상 보상금 등 보훈급여금의 지급을 금지하는 것으로 해석하기는 어려운 점 등에 비추어, 국가보훈처장은 국가배상법에 따라 손해배상을 받았다는 사정을 들어 보상금 등 보훈급여금의 지급을 거부할 수 없다(대판 2017. 2. 3. 2015두60075).

ANSWER 17.②

18 **공물의 성립 및 소멸에 대한 설명으로 옳지 않은 것은? (다툼이 있는 경우 판례에 의함)**

① 토지의 지목이 도로이고 국유재산대장에 등재되어 있다는 사정만으로 바로 토지가 도로로서 행정재산에 해당한다.

② 국유 하천부지는 자연의 상태 그대로 공공용에 제공될 수 있는 실체를 갖추고 있는 이른바 자연공물로서, 별도의 공용개시행위가 없더라도 행정재산이 된다.

③ 공유수면의 일부가 사실상 매립되어 대지화되었다고 하더라도 국가가 공유수면으로서의 공용폐지를 하지 아니하는 이상 법률상으로는 여전히 공유수면으로서의 성질을 보유하고 있다.

④ 학교장이, 학교 밖에 위치한 관사를 용도폐지한 후 국가로 귀속시키라는 지시를 어기고 사친회 이사회의 의결을 거쳐 개인에게 매각하였고, 그 후 오랫동안 국가가 이 매각절차상의 문제 등을 제기하지도 않았다면 이 용도폐지 자체는 국가의 지시에 의한 것으로 유효하다.

ADVICE ① 도로와 같은 인공적 공공용 재산은 법령에 의하여 지정되거나 행정처분으로써 공공용으로 사용하기로 결정한 경우 또는 행정재산으로 실제로 사용하는 경우의 어느 하나에 해당하여야 비로소 행정재산이 되는데, 특히 도로는 도로로서의 형태를 갖추고 도로법에 따른 노선의 지정 또는 인정의 공고 및 도로구역 결정 · 고시를 한 때 또는 도시계획법 또는 도시재개발법에서 정한 절차를 거쳐 도로를 설치하였을 때에 공공용물로서 공용개시행위가 있으므로, 토지의 지목이 도로이고 국유재산대장에 등재되어 있다는 사정만으로 바로 토지가 도로로서 행정재산에 해당한다고 할 수는 없다. 이는 국유재산대장에 행정재산으로 등재되어 있다가 용도폐지된 바가 있더라도 마찬가지이다. 그러므로 택지개발사업 시행지구 내에 있는 토지가 지목이 도로이고 국유재산대장에 행정재산으로 등재되었다가 용도폐지되었다는 사정만으로는 당연히 무상귀속 대상인 종래의 공공시설에 해당한다고 할 수 없고, 대상 시설에 해당한다는 점은 사업시행자가 증명하여야 한다(대판 2016. 5.12. 2015다255524).

② 국유 하천부지는 자연의 상태 그대로 공공용에 제공될 수 있는 실체를 갖추고 있는 이른바 자연공물로서 별도의 공용개시행위가 없더라도 행정재산이 되고 그 후 본래의 용도에 공여되지 않는 상태에 놓여 있더라도 국유재산법령에 의한 용도폐지를 하지 않은 이상 당연히 잡종재산으로 된다고는 할 수 없으며, 농로나 구거와 같은 이른바 인공적 공공용 재산은 법령에 의하여 지정되거나 행정처분으로 공공용으로 사용하기로 결정한 경우, 또는 행정재산으로 실제 사용하는 경우의 어느 하나에 해당하면 행정재산이 된다(대판 2007. 6. 1. 2005도7523).

③ 공유수면은 소위 자연공물로서 그 자체가 직접 공공의 사용에 제공되는 것이므로 공유수면의 일부가 사실상 매립되어 대지화되었다 하더라도 국가가 공유수면으로서의 공용폐지를 하지 아니하는 이상 법률상으로는 여전히 공유수면으로서의 성질을 보유하고 있다(대판 1995.12. 5. 95누10327).

④ 학교 교장이 학교 밖에 위치한 관사를 용도폐지한 후 재무부로 귀속시키라는 국가의 지시를 어기고 사친회 이사회의 의결을 거쳐 개인에게 매각한 경우, 이와 같이 교장이 국가의 지시대로 위 부동산을 용도폐지한 다음 비록 재무부에 귀속시키지 않고 바로 매각하였다고 하더라도 위 용도폐지 자체는 국가의 지시에 의한 것으로 유효하다고 아니할 수 없고, 그 후 오랫동안 국가가 위 매각절차상의 문제를 제기하지도 않고, 위 부동산이 관사 등 공공의 용도에 전혀 사용된 바가 없다면, 이로써 위 부동산은 적어도 묵시적으로 공용폐지 되어 시효취득의 대상이 되었다고 봄이 상당하다(대판 1999. 7.23. 99다15924).

19 「행정대집행법」상 대집행에 대한 설명으로 옳지 않은 것은? (다툼이 있는 경우 판례에 의함)

① 행정청은 해가 지기 전에 대집행을 착수한 경우라도 해가 진 후에는 대집행을 할 수 없다.

② 무허가증축부분으로 인하여 건물의 미관이 나아지고 증축부분을 철거하는 데 비용이 많이 소요된다고 하더라도 건물철거대집행계고처분을 할 요건에 해당된다.

③ 계고처분의 후속절차인 대집행에 위법이 있다고 하더라도, 그와 같은 후속절차에 위법성이 있다는 점을 들어 선행절차인 계고처분이 부적법하다는 사유로 삼을 수는 없다.

④ 「건축법」에 위반하여 증·개축함으로써 철거의무가 있더라도 그 철거의무를 대집행하기 위한 계고처분을 하려면 다른 방법으로는 그 이행의 확보가 어렵고, 그 불이행을 방치함이 심히 공익을 해하는 것으로 인정되는 경우에 한한다.

ADVICE ① 행정대집행법 제4조 제1항 2호.

> 제4조(대집행의 실행 등)
> ① 행정청(제2조에 따라 대집행을 실행하는 제3자를 포함한다. 이하 이 조에서 같다)은 해가 뜨기 전이나 해가 진 후에는 대집행을 하여서는 아니 된다. 다만, 다음 각 호의 어느 하나에 해당하는 경우에는 그러하지 아니하다.
> 1. 의무자가 동의한 경우
> 2. 해가 지기 전에 대집행을 착수한 경우
> 3. 해가 뜬 후부터 해가 지기 전까지 대집행을 하는 경우에는 대집행의 목적 달성이 불가능한 경우
> 4. 그 밖에 비상시 또는 위험이 절박한 경우

② 무허가증축부분으로 인하여 건물의 미관이 나아지고 위 증축부분을 철거하는 데 비용이 많이 소요된다고 하더라도 위 무허가증축부분을 그대로 방치한다면 이를 단속하는 당국의 권능이 무력화되어 건축행정의 원활한 수행이 위태롭게 되며 건축법 소정의 제한규정을 회피하는 것을 사전예방하고 또한 도시계획구역 안에서 토지의 경제적이고 효율적인 이용을 도모한다는 더 큰 공익을 심히 해할 우려가 있다고 보아 건물철거대집행계고처분을 할 요건에 해당된다(대판 1992. 3.10. 91누4140).

③ 계고처분의 후속절차인 대집행에 위법이 있다고 하더라도, 그와 같은 후속절차에 위법성이 있다는 점을 들어 선행절차인 계고처분이 부적법하다는 사유로 삼을 수는 없다(대판 1997. 2.14. 96누15428).

④ 건축법에 위반하여 증, 개축함으로써 철거의무가 있더라도 행정대집행법 제2조에 의하여 그 철거의무를 대집행하기 위한 계고처분을 하려면 다른 방법으로는 그 이행의 확보가 어렵고, 그 불이행을 방치함이 심히 공익을 해하는 것으로 인정되는 경우에 한한다(대판 1989. 7.11. 88누11193).

ANSWER 18.① 19.①

20 판례의 입장으로 옳지 않은 것은?

① 구「부가가치세법」상 명의위장등록가산세는 부가가치세 본세 납세의무와 무관하게 타인 명의로 사업자등록을 하고 실제 사업을 한 것에 대한 제재로서 부과되는 별도의 가산세이고, 그 부과제척기간은 5년으로 봄이 타당하다.

② 국세환급금 충당의 법적 성격과 관련하여 국세환급금의 충당은 납세의무자가 갖는 환급청구권의 존부나 범위 또는 소멸에 구체적이고 직접적인 영향을 미치는 처분이라기보다는 국가의 환급금 채무와 조세채권이 대등액에서 소멸되는 점에서 오히려「민법」상의 상계와 비슷한 것이다.

③ 어떤 보상항목이 손실보상대상에 해당함에도 관할 토지수용위원회가 사실이나 법리를 오해하여 손실보상대상에 해당하지 않는다고 잘못된 내용의 재결을 한 경우, 피보상자는 관할 토지수용위원회를 상대로 그 재결에 대한 취소소송을 제기하여야 한다.

④ 법원이 구체적 규범통제를 통해 위헌·위법으로 선언할 심판대상은, 해당 규정의 전부가 불가분적으로 결합되어 있어 일부를 무효로 하는 경우 나머지 부분이 유지될 수 없는 결과를 가져오는 특별한 사정이 없는 한, 원칙적으로 해당 규정 중 재판의 전제성이 인정되는 조항에 한정된다.

ADVICE ③ 어떤 보상항목이 공익사업을 위한 토지 등의 취득 및 보상에 관한 법령상 손실보상대상에 해당함에도 관할 토지수용위원회가 사실을 오인하거나 법리를 오해함으로써 손실보상대상에 해당하지 않는다고 잘못된 내용의 재결을 한 경우에는, 피보상자는 관할 토지수용위원회를 상대로 그 재결에 대한 취소소송을 제기할 것이 아니라, 사업시행자를 상대로 구 공익사업을 위한 토지 등의 취득 및 보상에 관한 법률 제85조 제2항에 따른 보상금증감소송을 제기하여야 한다(대판 2018. 7.20. 2015두4044).

① 명의위장등록가산세는 부가가치세 본세 납세의무와 무관하게 타인 명의로 사업자등록을 하고 실제 사업을 한 것에 대한 제재로서 부과되는 별도의 가산세이고, 구 국세기본법에 따라 납세자의 부정행위로 부과대상이 되는 경우 10년의 부과제척기간이 적용되는 별도의 가산세에도 포함되어 있지 않으며, 이에 대한 신고의무에 대하여도 별도의 규정이 없으므로, 부과제척기간은 5년으로 봄이 타당하다(대판 2019.8.30. 2016두62726).

부가가치세법 제60조(가산세)

① 사업자가 다음 각 호의 어느 하나에 해당하면 각 호에 따른 금액을 납부세액에 더하거나 환급세액에서 뺀다.

1. 제8조 제1항 본문에 따른 기한까지 등록을 신청하지 아니한 경우에는 사업 개시일부터 등록을 신청한 날의 직전일까지의 공급가액 합계액의 1퍼센트
2. 대통령령으로 정하는 타인의 명의로 제8조에 따른 사업자등록을 하거나 그 타인 명의의 제8조에 따른 사업자등록을 이용하여 사업을 하는 것으로 확인되는 경우 그 타인 명의의 사업 개시일부터 실제 사업을 하는 것으로 확인되는 날의 직전일까지의 공급가액 합계액의 1퍼센트

국세기본법

제2조(정의) 이 법에서 사용하는 용어의 뜻은 다음과 같다.

1. "국세"(國稅)란 국가가 부과하는 조세 중 다음 각 목의 것을 말한다.
   라. 부가가치세

제26조의2(국세의 부과제척기간)

① 국세를 부과할 수 있는 기간(이하 "부과제척기간"이라 한다)은 국세를 부과할 수 있는 날부터 5년으로 한다. 다만, 역외거래[「국제조세조정에 관한 법률」 제2조제1항제1호에 따른 국제거래(이하 "국제거래") 및 거래 당사자 양쪽이 거주자(내국법인과 외국법인의 국내사업장을 포함)인 거래로서 국외에 있는 자산의 매매·임대차, 국외에서 제공하는 용역과 관련된 거래를 말한다. 이하 같다]의 경우에는 국세를 부과할 수 있는 날부터 7년으로 한다.

② 국세환급금의 충당은 납세의무자가 갖는 환급청구권의 존부나 범위 또는 소멸에 구체적이고 직접적인 영향을 미치는 처분이라기보다는 국가의 환급금 채무와 조세채권이 대등액에서 소멸되는 점에서 오히려 민법상의 상계와 비슷하고, 소멸대상인 조세채권이 존재하지 아니하거나 당연무효 또는 취소되는 경우에는 충당의 효력이 없는 것으로서 이러한 사유가 있는 경우에 납세의무자로서는 충당의 효력이 없음을 주장하여 언제든지 이미 결정된 국세환급금의 반환을 청구할 수 있다(대판 2019. 6.13. 2016다239888).

④ 법원이 법률 하위의 법규명령, 규칙, 조례, 행정규칙 등(이하 '규정')이 위헌·위법인지를 심사하려면 그것이 '재판의 전제'가 되어야 한다. 여기에서 '재판의 전제'란 구체적 사건이 법원에 계속 중이어야 하고, 위헌·위법인지가 문제 된 경우에는 규정의 특정 조항이 해당 소송사건의 재판에 적용되는 것이어야 하며, 그 조항이 위헌·위법인지에 따라 그 사건을 담당하는 법원이 다른 판단을 하게 되는 경우를 말한다. 따라서 법원이 구체적 규범통제를 통해 위헌·위법으로 선언할 심판대상은, 해당 규정의 전부가 불가분적으로 결합되어 있어 일부를 무효로 하는 경우 나머지 부분이 유지될 수 없는 결과를 가져오는 특별한 사정이 없는 한, 원칙적으로 해당 규정 중 재판의 전제성이 인정되는 조항에 한정된다(대판 2019. 6.13. 2017두33985).

ANSWER 20.③

2021. 9. 11. 인사혁신처 시행

1 신뢰보호의 원칙에 대한 설명으로 옳지 않은 것은? (다툼이 있는 경우 판례에 의함)

① 「개발이익환수에 관한 법률」에 정한 개발사업을 시행하기 전에, 행정청이 민원예비심사에 대하여 관련부서 의견으로 '저촉사항 없음'이라고 기재한 것은 공적인 견해표명에 해당한다.

② 행정청이 공적 견해를 표명하였는지를 판단할 때는 반드시 행정조직상의 형식적인 권한분장에 구애될 것은 아니다.

③ 행정청은 공익 또는 제3자의 이익을 현저히 해칠 우려가 있는 경우를 제외하고는 행정에 대한 국민의 정당하고 합리적인 신뢰를 보호하여야 한다.

④ 신뢰보호의 원칙이 적용되기 위한 요건 중 귀책사유의 유무는 상대방과 그로부터 신청행위를 위임받은 수임인 등 관계자 모두를 기준으로 판단하여야 한다.

ADVICE ①③ 일반적으로 행정상의 법률관계에 있어서 행정청의 행위에 대하여 신뢰보호의 원칙이 적용되기 위해서는, 첫째 행정청이 개인에 대하여 신뢰의 대상이 되는 공적인 견해표명을 하여야 하고, 둘째 행정청의 견해표명이 정당하다고 신뢰한 데에 대하여 그 개인에게 귀책사유가 없어야 하며, 셋째 그 개인이 그 견해표명을 신뢰하고 이에 상응하는 어떠한 행위를 하였어야 하고, 넷째 행정청이 위 견해표명에 반하는 처분을 함으로써 그 견해표명을 신뢰한 개인의 이익이 침해되는 결과가 초래되어야 하며, 마지막으로 위 견해표명에 따른 행정처분을 할 경우 이로 인하여 공익 또는 제3자의 정당한 이익을 현저히 해할 우려가 있는 경우가 아니어야 한다. 개발이익환수에 관한 법률에 정한 개발사업을 시행하기 전에, 행정청이 토지 지상에 예식장 등을 건축하는 것이 관계 법령상 가능한지 여부를 질의하는 민원예비심사에 대하여 관련부서 의견으로 개발이익환수에 관한 법률에 '저촉사항 없음'이라고 기재하였다고 하더라도, 이후의 개발부담금부과처분에 관하여 신뢰보호의 원칙을 적용하기 위한 요건인, 개인에 대하여 신뢰의 대상이 되는 공적인 견해표명을 한 것이라고는 보기 어렵다(대판 2006. 6. 9. 2004두46).

② 신의성실의 원칙 내지 금반언의 원칙은 합법성을 희생하여서라도 납세자의 신뢰를 보호함이 정의, 형평에 부합하는 것으로 인정되는 특별한 사정이 있는 경우에 적용되는 것으로서 납세자의 신뢰보호라는 점에 그 법리의 핵심적 요소가 있는 것이므로, 위 요건의 하나인 과세관청의 공적 견해표명이 있었는지의 여부를 판단하는데 있어 반드시 행정조직상의 형식적인 권한분장에 구애될 것은 아니고 담당자의 조직상의 지위와 임무, 당해 언동을 하게 된 구체적인 경위 및 그에 대한 납세자의 신뢰가능성에 비추어 실질에 의하여 판단하여야 하는 것이다(대판 1995. 6.16. 94누12159).

④ 일반적으로 행정상의 법률관계에 있어서 행정청의 행위에 대하여 신뢰보호의 원칙이 적용되기 위하여는, 첫째 행정청이 개인에 대하여 신뢰의 대상이 되는 공적인 견해표명을 하여야 하고, 둘째 행정청의 견해표명이 정당하다고 신뢰한 데에 대하여 그 개인에게 귀책사유가 없어야 하며, 셋째 그 개인이 그 견해표명을 신뢰하고 이에 상응하는 어떠한 행위를 하였어야 하고, 넷째 행정청이 그 견해표명에 반하는 처분을 함으로써 그 견해표명을 신뢰한 개인의 이익이 침해되는 결과가 초래되어야 하며, 마지막으로 위 견해표명에 따른 행정처분을 할 경우 이로 인하여 공익

또는 제3자의 정당한 이익을 현저히 해할 우려가 있는 경우가 아니어야 하는바, 둘째 요건에서 말하는 귀책사유라 함은 행정청의 견해표명의 하자가 상대방 등 관계자의 사실은폐나 기타 사위의 방법에 의한 신청행위 등 부정행위에 기인한 것이거나 그러한 부정행위가 없다고 하더라도 하자가 있음을 알았거나 중대한 과실로 알지 못한 경우 등을 의미한다고 해석함이 상당하고, 귀책사유의 유무는 상대방과 그로부터 신청행위를 위임받은 수임인 등 관계자 모두를 기준으로 판단하여야 한다(대판 2002.11.8. 2001두1512).

2 **강학상 인가에 대한 설명으로 옳지 않은 것은? (다툼이 있는 경우 판례에 의함)**

① 인가는 당사자의 법률적 행위를 보충하여 그 법률적 효력을 완성시키는 행정주체의 보충적 의사표시로서의 법률행위적 행정행위이다.

② 재단법인의 정관변경 결의가 적법 유효하고 보충행위인 인가처분 자체에만 하자가 있다면 그 인가처분의 무효나 취소를 주장할 수 있다.

③ 재단법인의 정관변경 결의에 하자가 있더라도, 그에 대한 인가가 있었다면 기본행위인 정관변경 결의는 유효한 것으로 된다.

④ 재단법인의 임원취임이 사법인인 재단법인의 정관에 근거하였다 할지라도 재단법인의 임원취임승인 신청에 대하여 주무관청이 그 신청을 당연히 승인하여야 하는 것은 아니다.

ADVICE ③①② 민법 제45조와 제46조에서 말하는 재단법인의 정관변경 "허가"는 법률상의 표현이 허가로 되어 있기는 하나, 그 성질에 있어 법률행위의 효력을 보충해 주는 것이지 일반적 금지를 해제하는 것이 아니므로, 그 법적 성격은 인가라고 보아야 한다. 인가는 기본행위인 재단법인의 정관변경에 대한 법률상의 효력을 완성시키는 보충행위로서, 그 기본이 되는 정관변경 결의에 하자가 있을 때에는 그에 대한 인가가 있었다 하여도 기본행위인 정관변경 결의가 유효한 것으로 될 수 없으므로 기본행위인 정관변경 결의가 적법 유효하고 보충행위인 인가처분 자체에만 하자가 있다면 그 인가처분의 무효나 취소를 주장할 수 있지만, 인가처분에 하자가 없다면 기본행위에 하자가 있다 하더라도 따로 그 기본행위의 하자를 다투는 것은 별론으로 하고 기본행위의 무효를 내세워 바로 그에 대한 행정청의 인가처분의 취소 또는 무효확인을 소구할 법률상의 이익이 없다(대판 1996. 5.16. 95누4810).

④ 종교법인 임원의 취임이 사법인인 그 법인의 정관에 근거한다 할지라도 이에 대한 행정청의 승인(인가)행위는 법인에 대한 주무관청의 감독권에 연유하는 이상 그 인가행위 또는 인가거부행위는 공법상의 행정처분으로서, 그 임원취임을 인가 또는 거부할 것인지 여부는 주무관청의 권한에 속하는 사항이므로, 종교법인의 임원취임승인신청에 대하여 주무관청이 이에 기속되어 이를당연히 승인(인가)하여야 하는 것은 아니다(대판 1995. 7.25. 95누2883).

ANSWER 1.① 2.③

3 **행정행위의 부관에 대한 설명으로 옳지 않은 것은? (다툼이 있는 경우 판례에 의함)**

① 행정청은 처분에 재량이 없는 경우에는 법률에 근거가 있는 경우에 부관을 붙일 수 있다.

② 행정청은 부관을 붙일 수 있는 처분이 당사자의 동의가 있는 경우에는 그 처분을 한 후에도 부관을 새로 붙이거나 종전의 부관을 변경할 수 있다.

③ 행정처분에 붙인 부담인 부관이 무효가 되면 그 부담의 이행으로 한 사법상 법률행위도 당연히 무효가 되는 것은 아니다.

④ 행정처분에 붙인 부담인 부관이 제소기간 도과로 불가쟁력이 생긴 경우에는 그 부담의 이행으로 한 사법상 법률행위의 효력을 다툴 수 없다.

ADVICE ④③ 행정처분에 부담인 부관을 붙인 경우 부관의 무효화에 의하여 본체인 행정처분 자체의 효력에도 영향이 있게 될 수는 있지만, 그 처분을 받은 사람이 부담의 이행으로 사법상 매매 등의 법률행위를 한 경우에는 그 부관은 특별한 사정이 없는 한 법률행위를 하게 된 동기 내지 연유로 작용하였을 뿐이므로 이는 법률행위의 취소사유가 될 수 있음은 별론으로 하고 그 법률행위 자체를 당연히 무효화하는 것은 아니다. 또한, 행정처분에 붙은 부담인 부관이 제소기간의 도과로 확정되어 이미 불가쟁력이 생겼다면 그 하자가 중대하고 명백하여 당연 무효로 보아야 할 경우 외에는 누구나 그 효력을 부인할 수 없을 것이지만, 부담의 이행으로서 하게 된 사법상 매매 등의 법률행위는 부담을 붙인 행정처분과는 어디까지나 별개의 법률행위이므로 그 부담의 불가쟁력의 문제와는 별도로 법률행위가 사회질서 위반이나 강행규정에 위반되는지 여부 등을 따져보아 그 법률행위의 유효 여부를 판단하여야 한다(대판 2009. 6.25. 2006다18174).

① 기속행위에 대하여는 법령상 특별한 근거가 없는 한 부관을 붙일 수 없고 가사 부관을 붙였다 하더라도 이는 무효이다(대판 1993. 7.27. 92누13998).

② 부관은 면허 발급 당시에 붙이는 것뿐만 아니라 면허 발급 이후에 붙이는 것도 법률에 명문의 규정이 있거나 변경이 미리 유보되어 있는 경우 또는 상대방의 동의가 있는 경우 등에는 특별한 사정이 없는 한 허용된다. 따라서 관할 행정청은 면허 발급 이후에도 운송사업자의 동의하에 여객자동차운송사업의 질서 확립을 위하여 운송사업자가 준수할 의무를 정하고 이를 위반할 경우 감차명령을 할 수 있다는 내용의 면허 조건을 붙일 수 있고, 운송사업자가 조건을 위반하였다면 여객자동차법 제85조 제1항 제38호에 따라 감차명령을 할 수 있으며, 감차명령은 행정소송법 제2조 제1항 제1호가 정한 처분으로서 항고소송의 대상이 된다(대판 2016.11.24. 2016두45028).

4 기속행위와 재량행위에 대한 판례의 입장으로 옳지 않은 것은?

① 「여객자동차 운수사업법」에 의한 개인택시운송사업면허는 특정인에게 권리나 이익을 부여하는 행정행위로서 법령에 특별한 규정이 없는 한 재량행위이다.

② 공유수면점용허가는 특정인에게 공유수면 이용권이라는 독점적 권리를 설정하여 주는 처분으로서 그 처분의 여부 및 내용의 결정은 원칙적으로 행정청의 재량에 속한다.

③ 「국토의 계획 및 이용에 관한 법률」상 토지의 형질변경허가는 그 금지요건이 불확정개념으로 규정되어 있으므로, 동법상 지정된 도시지역 안에서 토지의 형질변경행위를 수반하는 「건축법」상의 건축허가는 재량행위이다.

④ 귀화허가는 강학상 허가에 해당하므로, 귀화신청인이 귀화 요건을 갖추어서 귀화허가를 신청한 경우에 법무부장관은 귀화허가를 해 주어야 한다.

ADVICE ④ 국적법 제4조 제1항은 "외국인은 법무부장관의 귀화허가를 받아 대한민국의 국적을 취득할 수 있다."라고 규정하고, 그 제2항은 "법무부장관은 귀화 요건을 갖추었는지를 심사한 후 그 요건을 갖춘 자에게만 귀화를 허가한다."라고 정하고 있다. 국적은 국민의 자격을 결정짓는 것이고, 이를 취득한 사람은 국가의 주권자가 되는 동시에 국가의 속인적 통치권의 대상이 되므로, 귀화허가는 외국인에게 대한민국 국적을 부여함으로써 국민으로서의 법적 지위를 포괄적으로 설정하는 행위에 해당한다. 한편, 국적법 등 관계 법령 어디에도 외국인에게 대한민국의 국적을 취득할 권리를 부여하였다고 볼 만한 규정이 없다. 이와 같은 귀화허가의 근거 규정의 형식과 문언, 귀화허가의 내용과 특성 등을 고려해 보면, 법무부장관은 귀화신청인이 귀화 요건을 갖추었다 하더라도 귀화를 허가할 것인지 여부에 관하여 재량권을 가진다고 보는 것이 타당하다(대판 2010.10.28. 2010두6496).

ANSWER 3.④ 4.④

5 행정입법에 대한 판례의 입장으로 옳지 않은 것은?

① 고시가 비록 법령에 근거를 둔 것이더라도 규정 내용이 법령의 위임 범위를 벗어난 것일 경우에는 법규명령으로서의 대외적 구속력을 인정할 여지는 없다.

② 법률의 위임에 따라 효력을 갖는 법규명령의 경우에 위임의 근거가 없어 무효였더라도 나중에 법 개정으로 위임의 근거가 다시 부여된 경우에는 이전부터 소급하여 유효한 법규명령이 있었던 것으로 본다.

③ 어떠한 고시가 다른 집행행위의 매개 없이 그 자체로서 직접 국민의 구체적인 권리의무나 법률관계를 규율하는 성격을 가질 때에는 행정처분에 해당한다.

④ 법률의 시행령이나 시행규칙의 내용이 모법의 입법 취지와 관련 조항 전체를 유기적 · 체계적으로 살펴보아 모법의 해석상 가능한 것을 명시한 것에 지나지 아니하는 때에는 모법에 이에 관하여 직접 위임하는 규정을 두지 아니하였다고 하더라도 이를 무효라고 볼 수는 없다.

ADVICE ② 일반적으로 법률의 위임에 따라 효력을 갖는 법규명령의 경우에 위임의 근거가 없어 무효였더라도 나중에 법 개정으로 위임의 근거가 부여되면 그때부터는 유효한 법규명령으로 볼 수 있다. 그러나 법규명령이 개정된 법률에 규정된 내용을 함부로 유추 · 확장하는 내용의 해석규정이어서 위임의 한계를 벗어난 것으로 인정될 경우에는 법규명령은 여전히 무효이다(대판 2017. 4.20. 2015두45700).

① 행정 각부의 장이 정하는 특정 고시가 비록 법령에 근거를 둔 것이더라도 규정 내용이 법령의 위임 범위를 벗어난 것일 경우에는 법규명령으로서의 대외적 구속력을 인정할 여지는 없다. 그리고 특정 고시가 위임의 한계를 준수하고 있는지를 판단할 때에는, 당해 법률 규정의 입법 목적과 규정 내용, 규정의 체계, 다른 규정과의 관계 등을 종합적으로 살펴야 하고, 법률의 위임 규정 자체가 의미 내용을 정확하게 알 수 있는 용어를 사용하여 위임의 한계를 분명히 하고 있는데도 고시에서 문언적 의미의 한계를 벗어났다든지, 위임 규정에서 사용하고 있는 용어의 의미를 넘어 범위를 확장하거나 축소함으로써 위임 내용을 구체화하는 단계를 벗어나 새로운 입법을 한 것으로 평가할 수 있다면, 이는 위임의 한계를 일탈한 것으로서 허용되지 아니한다(대판 2019. 5.30. 2016다276177).

③ 어떠한 고시가 일반적 · 추상적 성격을 가질 때에는 법규명령 또는 행정규칙에 해당할 것이지만, 다른 집행행위의 매개 없이 그 자체로서 직접 국민의 구체적인 권리의무나 법률관계를 규율하는 성격을 가질 때에는 항고소송의 대상이 되는 행정처분에 해당한다(대판 2003.10. 9. 2003무23).

④ 법률 하위의 법규명령은 법률에 의한 위임이 없으면 개인의 권리 · 의무에 관한 내용을 변경 · 보충하거나 법률이 규정하지 아니한 새로운 내용을 정할 수는 없지만, 법률의 시행령이나 시행규칙의 내용이 모법의 입법 취지와 관련 조항 전체를 유기적 · 체계적으로 살펴보아 모법의 해석상 가능한 것을 명시한 것에 지나지 아니하거나 모법 조항의 취지에 근거하여 이를 구체화하기 위한 것인 때에는 모법의 규율 범위를 벗어난 것으로 볼 수 없으므로, 모법에 이에 관하여 직접 위임하는 규정을 두지 아니하였다고 하더라도 이를 무효라고 볼 수는 없다(대판 2020. 4. 9. 2015다34444).

6 **행정의 실효성확보수단에 대한 설명으로 옳은 것만을 모두 고른 것은? (다툼이 있는 경우 판례에 의함)**

> ㉠ 위반 결과의 시정을 명하는 권한은 금지규정으로부터 당연히 추론되는 것은 아니다.
> ㉡ 양벌규정에 의해 영업주를 처벌하는 경우, 금지위반행위자인 종업원을 처벌할 수 없는 경우에도 영업주만 따로 처벌할 수 있다.
> ㉢ 「농지법」상 이행강제금부과처분은 행정소송의 대상이다.
> ㉣ 행정상 의무위반행위자에 대하여 과징금을 부과하기 위해서는 원칙적으로 위반자의 고의 또는 과실이 있어야 한다.

① ㉠　　② ㉠, ㉡
③ ㉢, ㉣　　④ ㉠, ㉡, ㉢, ㉣

ADVICE ㉠ 행정대집행법 제2조는 대집행의 대상이 되는 의무를 "법률(법률의 위임에 의한 명령, 지방자치단체의 조례를 포함)에 의하여 직접 명령되었거나 또는 법률에 의거한 행정청의 명령에 의한 행위로서 타인이 대신하여 행할 수 있는 행위"라고 규정하고 있으므로, 대집행계고처분을 하기 위하여는 법령에 의하여 직접 명령되거나 법령에 근거한 행정청의 명령에 의한 의무자의 대체적 작위의무 위반행위가 있어야 한다. 따라서 단순한 부작위의무의 위반, 즉 관계 법령에 정하고 있는 절대적 금지나 허가를 유보한 상대적 금지를 위반한 경우에는 당해 법령에서 그 위반자에 대하여 위반에 의하여 생긴 유형적 결과의 시정을 명하는 행정처분의 권한을 인정하는 규정(예컨대, 건축법 제69조, 도로법 제74조, 하천법 제67조, 도시공원법 제20조, 옥외광고물등관리법 제10조 등)을 두고 있지 아니한 이상, 법치주의의 원리에 비추어 볼 때 위와 같은 부작위의무로부터 그 의무를 위반함으로써 생긴 결과를 시정하기 위한 작위의무를 당연히 끌어낼 수는 없으며, 또 위 금지규정(특히 허가를 유보한 상대적 금지규정)으로부터 작위의무, 즉 위반결과의 시정을 명하는 권한이 당연히 추론(推論)되는 것도 아니다(대판 1996. 6.28. 96누4374).

㉡ 양벌규정에 의한 영업주의 처벌은 금지위반행위자인 종업원의 처벌에 종속하는 것이 아니라 독립하여 그 자신의 종업원에 대한 선임감독상의 과실로 인하여 처벌되는 것이므로 종업원의 범죄성립이나 처벌이 영업주 처벌의 전제조건이 될 필요는 없다(대판 1987.11.10. 87도1213).

㉢ 농지법은 농지 처분명령에 대한 이행강제금 부과처분에 불복하는 자가 그 처분을 고지받은 날부터 30일 이내에 부과권자에게 이의를 제기할 수 있고, 이의를 받은 부과권자는 지체 없이 관할 법원에 그 사실을 통보하여야 하며, 그 통보를 받은 관할 법원은 비송사건절차법에 따른 과태료 재판에 준하여 재판을 하도록 정하고 있다(제62조 제1항, 제6항, 제7항). 따라서 농지법 제62조 제1항에 따른 이행강제금 부과처분에 불복하는 경우에는 비송사건절차법에 따른 재판절차가 적용되어야 하고, 행정소송법상 항고소송의 대상은 될 수 없다(대판 2019. 4.11. 2018두42955).

㉣ 행정법규 위반에 대한 제재처분은 행정목적의 달성을 위하여 행정법규 위반이라는 객관적 사실에 착안하여 가하는 제재이므로, 반드시 현실적인 행위자가 아니라도 법령상 책임자로 규정된 자에게 부과되고, 특별한 사정이 없는 한 위반자에게 고의나 과실이 없더라도 부과할 수 있다(대판 2017. 5.11. 2014두8773).

ANSWER 5.② 6.②

7 **다음 사례에 관한 설명으로 옳은 것만을 모두 고른 것은? (다툼이 있는 경우 판례에 의함)**

> 甲은 1991. 10. 10. A행정청의 공무원으로 신규임용되어 근무하였는데, 2007. 12. 5. A행정청의 자체 조사 결과 위 신규임용 당시 甲은 범죄행위로 징역 3년형을 선고받고 집행이 종료된 지 5년을 지나지 아니한 자였음이 밝혀져, 임용당시 시행되던 「국가공무원법」상 공무원임용 결격사유에 해당함을 이유로 A행정청은 2008. 1. 25. 甲에 대한 임용을 취소하였다.

> ㉠ 甲에 대한 신규 임용행위의 하자는 취소사유에 해당한다.
> ㉡ 甲에 대한 임용행위는 신뢰보호원칙에 따라 보호된다.
> ㉢ 甲은 공무원으로 신규임용되어 임용이 취소될 때까지 사실상 근무를 하였더라도 「공무원연금법」에 의한 퇴직급여를 청구할 수 없다.
> ㉣ 甲이 신규임용되어 임용이 취소될 때까지 공무원으로서 한 행위는 당연무효라고 할 수 없다.

① ㉢
② ㉢, ㉣
③ ㉠, ㉡, ㉣
④ ㉠, ㉡, ㉢, ㉣

ADVICE ㉢㉠㉡ 임용당시 공무원임용결격사유가 있었다면 비록 국가의 과실에 의하여 임용결격자임을 밝혀내지 못하였다 하더라도 그 임용행위는 당연무효로 보아야 한다. 국가가 공무원임용결격사유가 있는 자에 대하여 결격사유가 있는 것을 알지 못하고 공무원으로 임용하였다가 사후에 결격사유가 있는 자임을 발견하고 공무원 임용행위를 취소하는 것은 당사자에게 원래의 임용행위가 당초부터 당연무효이었음을 통지하여 확인시켜 주는 행위에 지나지 아니하는 것이므로, 그러한 의미에서 당초의 임용처분을 취소함에 있어서는 신의칙 내지 신뢰의 원칙을 적용할 수 없고 또 그러한 의미의 취소권은 시효로 소멸하는 것도 아니다. 공무원연금법이나 근로기준법에 의한 퇴직금은 적법한 공무원으로서의 신분취득 또는 근로고용관계가 성립되어 근무하다가 퇴직하는 경우에 지급되는 것이고, 당연무효인 임용결격자에 대한 임용행위에 의하여서는 공무원의 신분을 취득하거나 근로고용관계가 성립될 수 없는 것이므로 임용결격자가 공무원으로 임용되어 사실상 근무하여 왔다고 하더라도 그러한 피임용자는 위 법률소정의 퇴직금청구를 할 수 없다(대판 1987. 4.14. 86누459).

8 「공익사업을 위한 토지 등의 취득 및 보상에 관한 법률」상 토지수용절차로서 사업인정에 대한 설명으로 옳은 것만을 모두 고른 것은? (다툼이 있는 경우 판례에 의함)

> ㉠ 사업시행자가 해당 공익사업을 수행할 의사와 능력이 있어야 한다는 것은 사업인정의 요건에 해당한다.
> ㉡ 사업인정의 고시로 수용의 목적물은 확정되고 관계인의 범위가 제한된다.
> ㉢ 사업인정은 고시한 날부터 효력이 발생한다.
> ㉣ 사업시행자가 사업인정고시가 된 날부터 1년 이내에 재결신청을 하지 아니한 경우에는 사업인정고시가 된 날부터 1년이 되는 날의 다음 날에 사업인정은 그 효력을 상실한다.

① ㉠
② ㉡, ㉢
③ ㉠, ㉡, ㉣
④ ㉠, ㉡, ㉢, ㉣

ADVICE ㉠ 사업인정이란 공익사업을 토지 등을 수용 또는 사용할 사업으로 결정하는 것으로서 공익사업의 시행자에게 그 후 일정한 절차를 거칠 것을 조건으로 일정한 내용의 수용권을 설정하여 주는 형성행위이므로, 해당 사업이 외형상 토지 등을 수용 또는 사용할 수 있는 사업에 해당한다고 하더라도 사업인정기관으로서는 그 사업이 공용수용을 할 만한 공익성이 있는지의 여부와 공익성이 있는 경우에도 그 사업의 내용과 방법에 관하여 사업인정에 관련된 자들의 이익을 공익과 사익 사이에서는 물론, 공익 상호간 및 사익 상호간에도 정당하게 비교 · 교량하여야 하고, 그 비교 · 교량은 비례의 원칙에 적합하도록 하여야 한다. 그뿐만 아니라 해당 공익사업을 수행하여 공익을 실현할 의사나 능력이 없는 자에게 타인의 재산권을 공권력적 · 강제적으로 박탈할 수 있는 수용권을 설정하여 줄 수는 없으므로, 사업시행자에게 해당 공익사업을 수행할 의사와 능력이 있어야 한다는 것도 사업인정의 한 요건이라고 보아야 한다(대판 2011. 1.27. 2009두1051).

㉡ 국토교통부장관은 사업인정을 하였을 때에는 지체 없이 그 뜻을 사업시행자, 토지소유자 및 관계인, 관계 시 · 도지사에게 통지하고 사업시행자의 성명이나 명칭, 사업의 종류, 사업지역 및 수용하거나 사용할 토지의 세목을 관보에 고시하여야 한다(토지보상법 제22조 제1항). 사업인정 고시로 목적물과 관계인의 범위가 제한된다.

㉢ 토지보상법 제22조 제3항.

㉣ 토지보상법 제23조 제1항.

ANSWER 7.② 8.④

9 **공물에 대한 설명으로 옳은 것은? (다툼이 있는 경우 판례에 의함)**

① 행정재산은 공용폐지가 되지 아니하는 한 사법상 거래의 대상이 될 수 없으므로 관재당국이 이를 모르고 행정재산을 매각하였다 하더라도 그 매매를 당연무효라 할 수 없다.

② 행정재산이 본래의 용도에 제공되지 않는 상태에 놓여 있다는 사실만으로도 관리청의 이에 대한 공용폐지의 의사표시가 있었다고 볼 수 있다.

③ 하천의 점용허가권은 특허에 의한 공물사용권의 일종으로서 대세적 효력이 있는 물권이라 할 수 있다.

④ 구체적으로 공물을 사용하지 않고 있는 이상 그 공물의 인접주민이라는 사정만으로는 공물에 대한 고양된 일반사용권이 인정될 수 없다.

ADVICE ④ 공물의 인접주민은 다른 일반인보다 인접공물의 일반사용에 있어 특별한 이해관계를 가지는 경우가 있고, 그러한 의미에서 다른 사람에게 인정되지 아니하는 이른바 고양된 일반사용권이 보장될 수 있으며, 이러한 고양된 일반사용권이 침해된 경우 다른 개인과의 관계에서 민법상으로도 보호될 수 있으나, 그 권리도 공물의 일반사용의 범위 안에서 인정되는 것이므로, 특정인에게 어느 범위에서 이른바 고양된 일반사용권으로서의 권리가 인정될 수 있는지의 여부는 당해 공물의 목적과 효용, 일반사용관계, 고양된 일반사용권을 주장하는 사람의 법률상의 지위와 당해 공물의 사용관계의 인접성, 특수성 등을 종합적으로 고려하여 판단하여야 한다. 따라서 구체적으로 공물을 사용하지 않고 있는 이상 그 공물의 인접주민이라는 사정만으로는 공물에 대한 고양된 일반사용권이 인정될 수 없다(대판 2006.12.22. 2004다68311).

① 행정재산은 공용폐지가 되지 아니하는 한 사법상 거래의 대상이 될 수 없으므로 시효취득의 대상이 되지 아니하고, 관재당국이 이를 모르고 행정재산을 매각하였다 하더라도 그 매매는 당연무효이다(대판 1996. 5.28. 95다52383).

② 공용폐지의 의사표시는 명시적 의사표시뿐만 아니라 묵시적 의사표시이어도 무방하나 적법한 의사표시이어야 하고, 행정재산이 본래의 용도에 제공되지 않는 상태에 놓여 있다는 사실만으로 관리청의 이에 대한 공용폐지의 의사표시가 있었다고 볼 수 없고, 원래의 행정재산이 공용폐지되어 취득시효의 대상이 된다는 입증책임은 시효취득을 주장하는 자에게 있다(대판 1999. 1.15. 98다49548).

③ 하천의 점용허가권은 특허에 의한 공물사용권의 일종으로서 하천의 관리주체에 대하여 일정한 특별사용을 청구할 수 있는 채권에 지나지 아니하고 대세적 효력이 있는 물권이라 할 수 없다(대판 2015. 1.29. 2012두27404).

10 도로에 대한 설명으로 옳은 것은? (다툼이 있는 경우 판례에 의함)

① 토지의 지목이 도로이고 국유재산대장에 등재되어 있다면 그 토지는 도로로서 행정재산에 해당한다.

② 일반적인 시민생활에 있어 도로를 이용만 하는 사람은 원칙적으로 도로의 용도폐지를 다툴 법률상의 이익이 있다.

③ 도로의 지하는 「도로법」상의 도로점용의 대상이 될 수 있다.

④ 집중호우로 제방도로가 유실되면서 보행자가 강물에 휩쓸려 익사한 경우, 사고 당일의 집중호우가 50년 빈도의 최대강우량에 해당한다면 불가항력에 기인한 것으로 볼 수 있다.

ADVICE ③ 방송통신시설을 구축하기 위하여 도로의 각 지하에 어스앙카를 설치함으로써 그 도로 부분을 점용하는 것이 도로점용료감면대상이 되는 '전기통신시설을 설치하는 사업을 위한' 도로점용에 해당한다(대판 1998. 5.29. 97누13689).

① 국유재산법상의 행정재산이란 국가가 소유하는 재산으로서 직접 공용, 공공용, 또는 기업용으로 사용하거나 사용하기로 결정한 재산을 말하는 것이고(국유재산법 제4조 제2항 참조), 그 중 도로와 같은 인공적 공공용 재산은 법령에 의하여 지정되거나 행정처분으로써 공공용으로 사용하기로 결정한 경우, 또는 행정재산으로 실제로 사용하는 경우의 어느 하나에 해당하여야 비로소 행정재산이 되는 것인데, 특히 도로는 도로로서의 형태를 갖추고, 도로법에 따른 노선의 지정 또는 인정의 공고 및 도로구역 결정 · 고시를 한 때 또는 도시계획법 또는 도시재개발법 소정의 절차를 거쳐 도로를 설치하였을 때에 공공용물로서 공용개시행위가 있다고 할 것이므로, 토지의 지목이 도로이고 국유재산대장에 등재되어 있다는 사정만으로 바로 그 토지가 도로로서 행정재산에 해당한다고 할 수는 없다(대판 2009.10.15. 2009다41533).

② 일반적으로 도로는 국가나 지방자치단체가 직접 공중의 통행에 제공하는 것으로서 일반국민은 이를 자유로이 이용할 수 있는 것이기는 하나, 그렇다고 하여 그 이용관계로부터 당연히 그 도로에 관하여 특정한 권리나 법령에 의하여 보호되는 이익이 개인에게 부여되는 것이라고까지는 말할 수 없으므로, 일반적인 시민생활에 있어 도로를 이용만 하는 사람은 그 용도폐지를 다툴 법률상의 이익이 있다고 말할 수 없지만, 공공용재산이라고 하여도 당해 공공용재산의 성질상 특정개인의 생활에 개별성이 강한 직접적이고 구체적인 이익을 부여하고 있어서 그에게 그로 인한 이익을 가지게 하는 것이 법률적인 관점으로도 이유가 있다고 인정되는 특별한 사정이 있는 경우에는 그와 같은 이익은 법률상 보호되어야 할 것이고, 따라서 도로의 용도폐지처분에 관하여 이러한 직접적인 이해관계를 가지는 사람이 그와 같은 이익을 현실적으로 침해당한 경우에는 그 취소를 구할 법률상의 이익이 있다(대판 1992. 9.22. 91누13212).

④ 관리청이 하천법 등 관련 규정에 의해 책정한 하천정비기본계획 등에 따라 개수를 완료한 하천 또는 아직 개수 중이라 하더라도 개수를 완료한 부분에 있어서는, 위 하천정비기본계획 등에서 정한 계획홍수량 및 계획홍수위를 충족하여 하천이 관리되고 있다면 당초부터 계획홍수량 및 계획홍수위를 잘못 책정하였다거나 그 후 이를 시급히 변경해야 할 사정이 생겼음에도 불구하고 이를 해태하였다는 등의 특별한 사정이 없는 한, 그 하천은 용도에 따라 통상 갖추어야 할 안전성을 갖추고 있다고 봄이 상당하다(대판 2007. 9.21. 2005다65678).

ANSWER 9.④ 10.③

11 행정정보의 공개에 대한 설명으로 옳지 않은 것은? (다툼이 있는 경우 판례에 의함)

① 공개청구의 대상이 되는 정보가 인터넷 등을 통하여 공개되어 인터넷검색 등을 통하여 쉽게 알 수 있는 경우에는 비공개결정이 정당화될 수 있다.

② 정보의 공개에 관하여 법률의 구체적인 위임이 없는 「교육공무원승진규정」상 근무성적평정 결과를 공개하지 않는다는 규정을 근거로 정보공개청구를 거부할 수 없다.

③ 의사결정과정에 제공된 회의관련자료나 의사결정과정이 기록된 회의록은 의사가 결정되거나 의사가 집행된 경우에도 비공개대상정보에 포함될 수 있다.

④ 공공기관이 정보를 보유·관리하고 있지 아니한 경우에는 특별한 사정이 없는 한 정보공개거부처분의 취소를 구할 법률상의 이익이 없다.

ADVICE ① 국민의 정보공개청구권은 법률상 보호되는 구체적인 권리이므로, 공공기관에 대하여 정보의 공개를 청구하였다가 공개거부처분을 받은 청구인은 행정소송을 통하여 그 공개거부처분의 취소를 구할 법률상의 이익이 있고, 공개청구의 대상이 되는 정보가 이미 다른 사람에게 공개되어 널리 알려져 있다거나 인터넷 등을 통하여 공개되어 인터넷 검색 등을 통하여 쉽게 알 수 있다는 사정만으로는 소의 이익이 없다거나 비공개결정이 정당화될 수 없다(대판 2010.12.23. 2008두13101).

② 정보공개법 제9조.

> 제9조(비공개 대상 정보)
> ① 공공기관이 보유·관리하는 정보는 공개 대상이 된다. 다만, 다음 각 호의 어느 하나에 해당하는 정보는 공개하지 아니할 수 있다.
> 1. 다른 법률 또는 법률에서 위임한 명령(국회규칙·대법원규칙·헌법재판소규칙·중앙선거관리위원회규칙·대통령령 및 조례로 한정한다)에 따라 비밀이나 비공개 사항으로 규정된 정보
> 5. 감사·감독·검사·시험·규제·입찰계약·기술개발·인사관리에 관한 사항이나 의사결정 과정 또는 내부검토 과정에 있는 사항 등으로서 공개될 경우 업무의 공정한 수행이나 연구·개발에 현저한 지장을 초래한다고 인정할 만한 상당한 이유가 있는 정보.

③ 의사결정과정에 제공된 회의관련자료나 의사결정과정이 기록된 회의록 등은 의사가 결정되거나 의사가 집행된 경우에는 더 이상 의사결정과정에 있는 사항 그 자체라고는 할 수 없으나, 의사결정과정에 있는 사항에 준하는 사항으로서 구 공공기관의 정보공개에 관한 법률 제9조 제1항 제5호에서 정한 비공개 대상정보에 포함될 수 있다(대판 2015. 2.26. 2014두43356).

④ 공공기관의 정보공개에 관한 법률(이하 '정보공개법')에서 말하는 공개대상 정보는 정보 그 자체가 아닌 정보공개법 제2조 제1호에서 예시하고 있는 매체 등에 기록된 사항을 의미하고, 공개대상 정보는 원칙적으로 공개를 청구하는 자가 정보공개법 제10조 제1항 제2호에 따라 작성한 정보공개청구서의 기재내용에 의하여 특정되며, 만일 공개청구자가 특정한 바와 같은 정보를 공공기관이 보유·관리하고 있지 않은 경우라면 특별한 사정이 없는 한 해당 정보에 대한 공개거부처분에 대하여는 취소를 구할 법률상 이익이 없다. 이와 관련하여 공개청구자는 그가 공개를 구하는 정보를 공공기관이 보유·관리하고 있을 상당한 개연성이 있다는 점에 대하여 입증할 책임이 있으나, 공개를 구하는 정보를 공공기관이 한때 보유·관리하였으나 후에 그 정보가 담긴 문서들이 폐기되어 존재하지 않게 된 것이라면 그 정보를 더 이상 보유·관리하고 있지 않다는 점에 대한 증명책임은 공공기관에 있다(대판 2013. 1.24. 2010두18918).

12 **행정질서벌과 「질서위반행위규제법」에 대한 설명으로 옳은 것은? (다툼이 있는 경우 판례에 의함)**

① 신분에 의하여 과태료를 감경 또는 가중하거나 과태료를 부과하지 아니하는 때에는 그 신분의 효과는 신분이 없는 자에게는 미치지 않는다.

② 「질서위반행위규제법」 원칙상 고의 또는 과실이 없는 질서위반행위에 대해서도 과태료를 부과할 수 있다.

③ 행정청의 과태료 부과에 불복하는 이의제기가 있더라도 과태료 부과처분은 그 효력을 상실하지 않는다.

④ 행정질서벌인 과태료는 죄형법정주의의 규율 대상이다.

ADVICE ① 질서위반행위규제법 제12조 제3항.

제12조(다수인의 질서위반행위 가담) ① 2인 이상이 질서위반행위에 가담한 때에는 각자가 질서위반행위를 한 것으로 본다. ② 신분에 의하여 성립하는 질서위반행위에 신분이 없는 자가 가담한 때에는 신분이 없는 자에 대하여도 질서위반행위가 성립한다. ③ 신분에 의하여 과태료를 감경 또는 가중하거나 과태료를 부과하지 아니하는 때에는 그 신분의 효과는 신분이 없는 자에게는 미치지 아니한다.

②③ 질서위반행위규제법 제7조, 제20조 제2항.

제7조(고의 또는 과실) 고의 또는 과실이 없는 질서위반행위는 과태료를 부과하지 아니한다. 제20조(이의제기) ① 행정청의 과태료 부과에 불복하는 당사자는 제17조제1항에 따른 과태료 부과 통지를 받은 날부터 60일 이내에 해당 행정청에 서면으로 이의제기를 할 수 있다. ② 제1항에 따른 이의제기가 있는 경우에는 행정청의 과태료 부과처분은 그 효력을 상실한다.

④ 죄형법정주의는 무엇이 범죄이며 그에 대한 형벌이 어떠한 것인가는 국민의 대표로 구성된 입법부가 제정한 법률로써 정하여야 한다는 원칙인데, 부동산등기특별조치법 제11조 제1항 본문 중 제2조 제1항에 관한 부분이 정하고 있는 과태료는 행정상의 질서유지를 위한 행정질서벌에 해당할 뿐 형벌이라고 할 수 없어 죄형법정주의의 규율대상에 해당하지 아니한다(헌재 1998. 5.28. 96헌바83).

ANSWER 11.① 12.①

13 재산권 보장과 손실보상에 대한 설명으로 옳은 것은? (다툼이 있는 경우 판례에 의함)

① 공용수용은 공공필요에 부합하여야 하므로, 수용 등의 주체를 국가 등의 공적 기관에 한정하여야 한다.

② 공익사업시행으로 인한 개발이익은 완전보상의 범위에 포함되는 피수용토지의 객관적 가치 내지 피수용자의 손실에 해당한다.

③ 구「공유수면매립법」상 간척사업의 시행으로 인하여 관행어업권이 상실된 경우, 실질적이고 현실적인 피해가 발생한 경우에만「공유수면매립법」에서 정하는 손실보상청구권이 발생한다.

④「공익사업을 위한 토지 등의 취득 및 보상에 관한 법률」에 따른 보상은 토지소유자나 관계인 개인별로 하는 것이 아니라 수용 또는 사용의 대상이 되는 물건별로 행해지는 것이다.

ADVICE ③ 손실보상은 공공필요에 의한 행정작용에 의하여 사인에게 발생한 특별한 희생에 대한 전보라는 점에서 그 사인에게 특별한 희생이 발생하여야 하는 것은 당연히 요구되는 것이고, 공유수면 매립면허의 고시가 있다고 하여 반드시 그 사업이 시행되고 그로 인하여 손실이 발생한다고 할 수 없으므로, 매립면허 고시 이후 매립공사가 실행되어 관행어업권자에게 실질적이고 현실적인 피해가 발생한 경우에만 공유수면매립법에서 정하는 손실보상청구권이 발생하였다고 할 것이다(대판 2010.12. 9. 2007두6571).

① 사업시행자가 사인인 경우에는 위와 같은 공익의 우월성이 인정되는 것 외에도 사인은 경제활동의 근본적인 목적이 이윤을 추구하는 일에 있으므로, 그 사업 시행으로 획득할 수 있는 공익이 현저히 해태되지 않도록 보장하는 제도적 규율도 갖추어져 있어야 한다(헌재 2009. 9.24. 2007헌바114).

② 헌법 제23조 제3항이 규정하는 정당한 보상이란 원칙적으로 대상 재산의 객관적인 가치를 완전하게 보상하는 완전보상을 의미하나, 구획정리사업으로 생긴 개발이익은 그 성질상 완전보상의 범위에 포함된다고 볼 수 없다(대판 2016.12.15. 2015다256312).

④ 토지보상법 제64조의 규정에 따르면 손실보상은 수용의 대상이 되는 물건별로 하는 것이 아니라 토지소유자나 관계인에게 개인별로 하는 것이 원칙이므로, 피보상자는 수용대상 물건 중 일부에 대하여만 불복이 있는 경우에는 그 부분에 대하여만 불복의 사유를 주장하여 행정소송을 제기할 수 있다고 할 것이나, 행정소송의 대상이 된 물건 중 일부 항목에 관한 보상액이 과소하고 다른 항목의 보상액은 과다한 경우에는 그 항목 상호 간의 유용을 허용하여 과다 부분과 과소 부분을 합산하여 보상금의 합계액을 결정하여야 한다(대판 1998. 1.20. 96누12597).

14 당사자소송에 대한 설명으로 옳지 않은 것은? (다툼이 있는 경우 판례에 의함)

① 당사자소송에는 항고소송에서의 집행정지규정은 적용되지 않고 「민사집행법」상의 가처분규정은 준용된다.

② 지방자치단체가 보조금 지급결정을 하면서 일정 기한 내에 보조금을 반환하도록 교부 조건을 부가한 경우, 보조사업자에 대한 지방자치단체의 보조금반환청구는 당사자소송의 대상이 된다.

③ 국가에 대한 납세의무자의 부가가치세 환급세액 지급청구는 당사자소송이 아니라 민사소송의 절차에 따라야 한다.

④ 조세부과처분의 당연무효를 전제로 하여 이미 납부한 세금의 반환을 청구하는 것은 민사상 부당이득반환청구로서 당사자소송이 아니라 민사소송절차에 따른다.

ADVICE ③ 부가가치세법령의 내용, 형식 및 입법 취지 등에 비추어 보면, 납세의무자에 대한 국가의 부가가치세 환급세액 지급의무는 그 납세의무자로부터 어느 과세기간에 과다하게 거래징수된 세액 상당을 국가가 실제로 납부받았는지와 관계없이 부가가치세법령의 규정에 의하여 직접 발생하는 것으로서, 그 법적 성질은 정의와 공평의 관념에서 수익자와 손실자 사이의 재산상태 조정을 위해 인정되는 부당이득 반환의무가 아니라 부가가치세법령에 의하여 그 존부나 범위가 구체적으로 확정되고 조세 정책적 관점에서 특별히 인정되는 공법상 의무라고 봄이 타당하다. 그렇다면 납세의무자에 대한 국가의 부가가치세 환급세액 지급의무에 대응하는 국가에 대한 납세의무자의 부가가치세 환급세액 지급청구는 민사소송이 아니라 행정소송법 제3조 제2호에 규정된 당사자소송의 절차에 따라야 한다(대판 2013. 3.21. 2011다95564(전합)).

① 당사자소송에 대하여는 행정소송법 제8조 제2항에 따라 민사집행법상 가처분에 관한 규정이 준용되므로, 사업시행자는 민사집행법 제300조 제2항에 따라 현저한 손해를 피하기 위해 필요한 경우 '임시의 지위를 정하기 위한 가처분'을 통하여 공익사업을 신속하고 원활하게 수행할 수 있다(대판 2019. 9. 9. 2016다262550).

② 지방자치단체가 보조금 지급결정을 하면서 일정 기한 내에 보조금을 반환하도록 하는 교부조건을 부가한 사안에서, 보조사업자의 지방자치단체에 대한 보조금 반환의무는 행정처분인 위 보조금 지급결정에 부가된 부관상 의무이고, 이러한 부관상 의무는 보조사업자가 지방자치단체에 부담하는 공법상 의무이므로, 보조사업자에 대한 지방자치단체의 보조금반환청구는 공법상 권리관계의 일방 당사자를 상대로 하여 공법상 의무이행을 구하는 청구로서 행정소송법 제3조 제2호에 규정한 당사자소송의 대상이다(대판 2011. 6. 9. 2011다2951).

④ 조세부과처분이 당연무효임을 전제로 하여 이미 납부한 세금의 반환을 청구하는 것은 민사상의 부당이득반환청구로서 민사소송절차에 따라야 한다(대판 1995. 4.28. 94다55019).

ANSWER 13.③ 14.③

15 「경찰관직무집행법」상 경찰권 발동에 대한 설명으로 옳은 것은? (다툼이 있는 경우 판례에 의함)

① 야간에 집에서 음악을 크게 틀어 놓는 등 「경범죄처벌법」상 금지하는 인근소란행위에 해당하면서도 경찰관의 개문 요청을 거부하는 자를 집 밖으로 나오게 하기 위해 일시적으로 전기를 차단한 것은 「경찰관직무집행법」에 따른 적법한 직무집행으로 볼 수 있다.

② 임의동행의 형식으로 수사기관에 연행된 피내사자에게는 변호인 또는 변호인이 되려는 자와의 접견교통권이 인정되지 않는다.

③ 보호조치는 경찰관서에서 해야 하고 보건의료기관이나 공공구호기관에서는 할 수 없다.

④ 경찰관의 제지 조치가 적법한지 여부는 사후적으로 순수한 객관적 기준으로 판단할 것이지 제지 조치 당시의 구체적 상황을 기초로 판단할 것은 아니다.

ADVICE ① 피고인이 자정에 가까운 한밤중에 음악을 크게 켜놓거나 소리를 지른 것은 경범죄 처벌법 제3조 제1항 제21호에서 금지하는 인근소란행위에 해당하고, 그로 인하여 인근 주민들이 잠을 이루지 못하게 될 수 있으며, 甲과 乙이 112신고를 받고 출동하여 눈앞에서 벌어지고 있는 범죄행위를 막고 주민들의 피해를 예방하기 위해 피고인을 만나려 하였으나 피고인은 문조차 열어주지 않고 소란행위를 멈추지 않았던 상황이라면 피고인의 행위를 제지하고 수사하는 것은 경찰관의 직무상 권한이자 의무라고 볼 수 있으므로, 위와 같은 상황에서 甲과 乙이 피고인의 집으로 통하는 전기를 일시적으로 차단한 것은 피고인을 집 밖으로 나오도록 유도한 것으로서, 피고인의 범죄행위를 진압·예방하고 수사하기 위해 필요하고도 적절한 조치로 보이고, 경찰관 직무집행법 제1조의 목적에 맞게 제2조의 직무 범위 내에서 제6조에서 정한 즉시강제의 요건을 충족한 적법한 직무집행으로 볼 여지가 있다는 이유로, 이와 달리 보아 공소사실을 무죄로 판단한 원심판결에 필요한 심리를 다하지 않은 채 논리와 경험의 법칙에 반하여 자유심증주의의 한계를 벗어나거나 경찰관 직무집행법의 해석과 적용, 공무집행의 적법성 등에 관한 법리를 오해한 잘못이 있다(대판 2018.12.13. 2016도19417).

② 변호인의 조력을 받을 권리를 실질적으로 보장하기 위하여는 변호인과의 접견교통권의 인정이 당연한 전제가 되므로, 임의동행의 형식으로 수사기관에 연행된 피의자에게도 변호인 또는 변호인이 되려는 자와의 접견교통권은 당연히 인정된다고 보아야 하고, 임의동행의 형식으로 연행된 피내사자의 경우에도 이는 마찬가지이다(대판 1996. 6. 3. 96모18).

③ 경찰관직무집행법 제4조 제1항.

> 제4조(보호조치 등)
> ① 경찰관은 수상한 행동이나 그 밖의 주위 사정을 합리적으로 판단해 볼 때 다음 각 호의 어느 하나에 해당하는 것이 명백하고 응급구호가 필요하다고 믿을 만한 상당한 이유가 있는 사람(이하 "구호대상자"라 한다)을 발견하였을 때에는 보건의료기관이나 공공구호기관에 긴급구호를 요청하거나 경찰관서에 보호하는 등 적절한 조치를 할 수 있다.
> 1. 정신착란을 일으키거나 술에 취하여 자신 또는 다른 사람의 생명·신체·재산에 위해를 끼칠 우려가 있는 사람
> 2. 자살을 시도하는 사람
> 3. 미아, 병자, 부상자 등으로서 적당한 보호자가 없으며 응급구호가 필요하다고 인정되는 사람. 다만, 본인이 구호를 거절하는 경우는 제외한다.

④ 경찰관직무집행법 제6조 제1항에 따른 경찰관의 제지 조치가 적법한 직무집행으로 평가될 수 있기 위해서는, 형사처벌의 대상이 되는 행위가 눈앞에서 막 이루어지려고 하는 것이 객관적으로 인정될 수 있는 상황이고, 그 행위를 당장 제지하지 않으면 곧 인명·신체에 위해를 미치거나 재산에 중대한 손해를 끼칠 우려가 있는 상황이어서, 직접 제지하는 방법 외에는 위와 같은 결과를 막을 수 없는 절박한 사태이어야 한다. 다만, 경찰관의 제지 조치가 적법한지 여부는 제지 조치 당시의 구체적 상황을 기초로 판단하여야 하고 사후적으로 순수한 객관적 기준에서 판단할 것은 아니다(대판 2013. 6. 13. 2012도9937).

16 「국가배상법」에 대한 설명으로 옳지 않은 것은? (다툼이 있는 경우 판례에 의함)

① 공무원들의 공무원증 발급 업무를 하는 공무원이 다른 공무원의 공무원증을 위조하는 행위는 「국가배상법」 상의 직무집행에 해당하지 않는다.

② 국가의 철도운행사업과 관련하여 발생한 사고로 인한 손해배상청구의 경우 그 사고에 공무원이 간여하였다고 하더라도 「국가배상법」이 아니라 「민법」이 적용되어야 하지만, 철도시설물의 설치 또는 관리의 하자로 인한 손해배상청구의 경우에는 「국가배상법」이 적용된다.

③ 재판작용에 대한 국가배상의 경우, 재판에 대하여 불복절차 내지 시정절차 자체가 없는 경우에는 부당한 재판으로 인하여 불이익 내지 손해를 입은 사람은 국가배상책임의 요건이 충족된다면 국가배상을 청구할 수 있다.

④ 영업허가취소처분이 나중에 행정심판에 의하여 재량권을 일탈한 위법한 처분이 되었더라도 그 처분이 당시 시행되던 「공중위생법시행규칙」에 정하여진 행정처분의 기준에 따른 것이라면 그 영업허가취소처분을 한 공무원에게 그와 같은 위법한 처분을 한 데 있어 어떤 직무집행상의 과실이 있다고 할 수 없다.

ADVICE ① 구 국가배상법 제2조 제1항의 '직무를 집행함에 당하여'라 함은 직접 공무원의 직무집행행위이거나 그와 밀접한 관련이 있는 행위를 말하고, 이를 판단함에 있어서는 행위 자체의 외관을 관찰하여 객관적으로 공무원의 직무행위로 보여질 때에는 비록 그것이 실질적으로 직무행위가 아니거나 또는 행위자로서는 주관적으로 공무집행의 의사가 없었다고 하더라도 공무원이 '직무를 집행함에 당하여'한 행위로 보아야 한다 (대판 1995. 4.21. 93다14240).

② 국가 또는 지방자치단체라 할지라도 공권력의 행사가 아니고 단순한 사경제의 주체로 활동하였을 경우에는 그 손해배상책임에 국가배상법이 적용될 수 없고 민법상의 사용자책임 등이 인정되는 것이고 국가의 철도운행사업은 국가가 공권력의 행사로서 하는 것이 아니고 사경제적 작용이라 할 것이므로, 이로 인한 사고에 공무원이 간여하였다고 하더라도 국가배상법을 적용할 것이 아니고 일반 민법의 규정에 따라야 하므로, 국가배상법상의 배상전치절차를 거칠 필요가 없으나, 공공의 영조물인 철도시설물의 설치 또는 관리의 하자로 인한 불법행위를 원인으로 하여 국가에 대하여 손해배상청구를 하는 경우에는 국가배상법이 적용되므로 배상전치절차를 거쳐야 한다(대판 1999. 6.22. 99다7008).

③ 재판에 대하여 따로 불복절차 또는 시정절차가 마련되어 있는 경우에는 재판의 결과로 불이익 내지 손해를 입었다고 여기는 사람은 그 절차에 따라 자신의 권리 내지 이익을 회복하도록 함이 법이 예정하는 바이므로, 불복에 의한 시정을 구할 수 없었던 것 자체가 법관이나 다른 공무원의 귀책사유로 인한 것이라거나 그와 같은 시정을 구할 수 없었던 부득이한 사정이 있었다는 등의 특별한 사정이 없는 한, 스스로 그와 같은 시정을 구하지 아니한 결과 권리 내지 이익을 회복하지 못한 사람은 원칙적으로 국가배상에 의한 권리구제를 받을 수 없다고 봄이 상당하다고 하겠으나, 재판에 대하여 불복절차 내지 시정절차 자체가 없는 경우에는 부당한 재판으로 인하여 불이익 내지 손해를 입은 사람은 국가배상 이외의 방법으로는 자신의 권리 내지 이익을 회복할 방법이 없으므로, 이와 같은 경우에는 배상책임의 요건이 충족되는 한 국가배상책임을 인정하지 않을 수 없다(대판 2003. 7.11. 99다24218).

④ 영업허가취소처분이 나중에 행정심판에 의하여 재량권을 일탈한 위법한 처분임이 판명되어 취소되었다고 하더라도 그 처분이 당시 시행되던 공중위생법시행규칙에 정하여진 행정처분의 기준에 따른 것인 이상 그 영업허가취소처분을 한 행정청 공무원에게 그와 같은 위법한 처분을 한 데 있어 어떤 직무집행상의 과실이 있다고 할 수는 없다(대판 1994.11. 8. 94다26141).

ANSWER 15.① 16.①

17 공무원법관계에 대한 판례의 입장으로 옳은 것은?

① 직위해제 중에 자격정지 이상의 형의 선고유예를 받아 당연퇴직된 경찰공무원에게 임용권자가 복직처분을 한 상태에서 선고유예 기간이 경과된 경우 그 공무원의 신분이 회복된다 할 것이다.

② 공무원에 대한 직위해제처분은 공무원에 대하여 불이익한 처분에 해당하므로 동일한 사유에 대한 직위해제처분이 있은 후 다시 해임처분이 있었다면 일사부재리의 법리에 어긋난다.

③ 국가공무원이 금고 이상의 형의 집행유예를 받고 그 후 형의 선고가 효력을 잃게 된 경우 이미 발생한 당연퇴직의 효력은 소멸한다.

④ 구「경찰공무원법」 소정의 부적격사유가 있어 직위해제처분을 받은 자가 그 처분에 대하여 소청심사위원회에 심사청구를 하지 않았다면 그 처분이 당연무효 사유가 아닌 한 이를 행정소송으로 다툴 수 없다.

ADVICE ④ 구 경찰공무원법 제50조 제1항 제1호(직무수행능력의 부족) 제2호(소속부하에 대한 지휘감독능력의 현저한 부족) 소정의 부적격사유가 있는 자에 해당한다 하여 직위해제처분을 받은 자가 그 처분에 대하여 동법 제52조의 규정에 따라 소청심사위원회에 심사청구를 한 바 없다면 그 처분에 설사 위법사유가 있다 하더라도 그것이 당연무효 사유가 아닌 한 다툴 수 없다(대판 1984. 9. 11. 84누191).

① 경찰공무원이 재직 중 자격정지 이상의 형의 선고유예를 받음으로써 경찰공무원법 제7조 제2항 제5호에 정하는 임용결격사유에 해당하게 되면, 같은 법 제21조의 규정에 의하여 임용권자의 별도의 행위(공무원의 신분을 상실시키는 행위)를 기다리지 아니하고 그 선고유예 판결의 확정일에 당연히 경찰공무원의 신분을 상실(당연퇴직)하게 되는 것이고, 나중에 선고유예기간(2년)이 경과하였다고 하더라도 이미 발생한 당연퇴직의 효력이 소멸되어 경찰공무원의 신분이 회복되는 것은 아니며, 한편 직위해제처분은 형사사건으로 기소되는 등 국가공무원법 제73조의2 제1항 각 호에 정하는 귀책사유가 있을 때 당해 공무원에게 직위를 부여하지 아니하는 처분이고, 복직처분은 직위해제사유가 소멸되었을 때 직위해제된 공무원에게 국 가공무원법 제73조의2 제2항의 규정에 의하여 다시 직위를 부여하는 처분일 뿐, 이들 처분들이 공무원의 신분을 박탈하거나 설정하는 처분은 아닌 것이므로, 임용권자가 임용결격사유의 발생 사실을 알지 못하고 직위해제되어 있던 중 임용결격사유가 발생하여 당연퇴직된 자에게 복직처분을 하였다고 하더라도 이 때문에 그 자가 공무원의 신분을 회복하는 것은 아니다(대판 1997. 7. 8. 96누4275).

② 해임처분과 직위해제사유 변경처분은 각 별개의 처분으로서 해임처분이 직위해제사유 변경처분의 유효 여부에 따라서 영향을 받는 것이 아니라 할 것이다.나. 직위해제처분은 공무원에 대하여 불이익한 처분이긴 하나 징계처분과 같은 성질의 처분이라고는 볼 수 없으므로 동일한 사유에 대한 직위해제처분이 있은 후 다시 해임처분이 있었다 하여 일사부재리의 법리에 어긋난다고 할 수 없다(대판 1984. 2.28. 83누489).

③ 구 국가공무원법 제69조에서 규정하고 있는 당연퇴직제도는 같은 법 제33조 제1항 각 호에 규정되어 있는 결격사유가 발생하는 것 자체에 의하여 임용권자의 의사표시 없이 결격사유에 해당하게 된 시점에 당연히 그 공무원으로서의 신분을 상실하게 하는 것이고, 당연퇴직의 효력이 생긴 후에 당연퇴직사유가 소멸한다는 것은 있을 수 없으므로, 국가공무원이 금고 이상의 형의 집행유예를 받은 경우에는 그 이후 형법 제65조에 따라 형의 선고의 효력을 잃게 되었다 하더라도 이미 발생한 당연퇴직의 효력에는 영향이 없다(대판 2011. 3.24. 2008다49714).

18 「지방자치법」의 내용에 대한 설명으로 옳은 것만을 모두 고른 것은? (다툼이 있는 경우 판례에 의함)

> ㉠ 「지방자치법」에 따른 자치사무에 관한 명령이나 처분에 대한 취소 또는 정지의 적용대상은 항고소송의 대상이 되는 행정처분에 제한되지 않는다.
> ㉡ 이행강제금의 부과 · 징수를 게을리한 행위는 주민소송의 대상이 되는 공금의 부과 · 징수를 게을리한 사항에 해당한다.
> ㉢ 행정안전부장관의 지방자치단체 또는 지방자치단체의 장 상호 간 분쟁에 대한 조정결정은 항고소송의 대상이 된다.
> ㉣ 교육감의 교육청 소속 국가공무원인 교사에 대한 징계사무는 자치사무에 해당한다.

① ㉠　　② ㉠, ㉡
③ ㉡, ㉢　　④ ㉠, ㉡, ㉢, ㉣

ADVICE ㉠ 행정소송법상 항고소송은 행정청이 행하는 구체적 사실에 관한 법집행으로서의 공권력의 행사 또는 거부와 그 밖에 이에 준하는 행정작용을 대상으로 하여 위법상태를 배제함으로써 국민의 권익을 구제함을 목적으로 하는 것과 달리, 지방자치법 제169조 제1항(위법 · 부당한 명령 · 처분의 시정)은 지방자치단체의 자치행정 사무처리가 법령 및 공익의 범위 내에서 행해지도록 감독하기 위한 규정이므로 적용대상을 항고소송의 대상이 되는 행정처분으로 제한할 이유가 없다(대판 2017. 3.30. 2016추5087).

㉡ 이행강제금은 지방자치단체의 재정수입을 구성하는 재원 중 하나로서 '지방세외수입금의 징수 등에 관한 법률'에서 이행강제금의 효율적인 징수 등에 필요한 사항을 특별히 규정하는 등 그 부과 · 징수를 재무회계 관점에서도 규율하고 있으므로, 이행강제금의 부과 · 징수를 게을리한 행위는 주민소송의 대상이 되는 공금의 부과 · 징수를 게을리한 사항에 해당한다(대판 2015. 9. 10. 2013두16746).

㉢ 지방자치법 제148조 제4항, 제7항, 제170조 제3항의 내용과 체계, 지방자치법 제148조 제1항에 따른 지방자치단체 또는 지방자치단체의 장 상호 간 분쟁에 대한 조정결정(이하 '분쟁조정결정')의 법적 성격 및 분쟁조정결정과 이행명령 사이의 관계 등에 비추어 보면, 행정자치부장관이나 시 · 도지사의 분쟁조정결정에 대하여는 후속의 이행명령을 기다려 대법원에 이행명령을 다투는 소를 제기한 후 그 사건에서 이행의무의 존부와 관련하여 분쟁조정결정의 위법까지 함께 다투는 것이 가능할 뿐, 별도로 분쟁조정결정 자체의 취소를 구하는 소송을 대법원에 제기하는 것은 지방자치법상 허용되지 아니한다. 나아가 분쟁조정결정은 상대방이나 내용 등에 비추어 행정소송법상 항고소송의 대상이 되는 처분에 해당한다고 보기 어려우므로, 통상의 항고소송을 통한 불복의 여지도 없다(대판 2015. 9.24. 2014추613).

㉣ 교육공무원 징계사무의 성격, 그 권한의 위임에 관한 교육공무원법령의 규정 형식과 내용 등에 비추어 보면, 국가공무원인 교사에 대한 징계는 국가사무이고, 그 일부인 징계의결요구 역시 국가사무에 해당한다고 봄이 타당하다. 따라서 교육감이 담당 교육청 소속 국가공무원인 교사에 대하여 하는 징계의결요구 사무는 국가위임사무라고 보아야 한다(대판 2013. 6.27. 2009추206).

ANSWER 17.④ 18.②

19 다음 사례에 관한 설명으로 옳은 것은? (다툼이 있는 경우 판례에 의함)

> 관할 행정청은 2019. 4. 17. 「청소년보호법」의 규정에 따라 ㉠A주식회사가 운영하는 인터넷 사이트를 청소년유해매체물로 결정하는 내용, ㉡일반 불특정 다수인을 상대방으로 하여 일률적으로 표시의무, 포장의무, 청소년에 대한 판매·대여 등의 금지의무 등 각종 의무를 발생시키는 내용, ㉢그 결정·고시의 효력발생일을 2019. 4. 24.로 정하는 내용 등을 포함한 「청소년유해매체물 결정·고시」를 하였다.

① 위 결정·고시는 항고소송의 대상이 되는 행정처분에 해당하지 않는다.

② 관할 행정청이 위 결정·고시를 함에 있어서 A주식회사에게 이를 통지하지 않았다고 하여 결정·고시의 효력 자체가 발생하지 않는 것은 아니다.

③ A주식회사가 위 결정을 통지받지 못하였다는 것은 취소소송의 제소기간을 준수하지 못한 것에 대한 정당한 사유가 될 수 있다.

④ 위 결정·고시에 대한 취소소송의 제소기간을 계산함에 있어서는, A주식회사가 위 결정·고시가 있었다는 사실을 현실적으로 알았는지 여부에 관계없이 고시일인 2019. 4. 17.에 위 결정·고시가 있음을 알았다고 보아야 한다.

ADVICE 구 청소년보호법에 따른 청소년유해매체물 결정 및 고시처분은 당해 유해매체물의 소유자 등 특정인만을 대상으로 한 행정처분이 아니라 일반 불특정 다수인을 상대방으로 하여 일률적으로 표시의무, 포장의무, 청소년에 대한 판매·대여 등의 금지의무 등 각종 의무를 발생시키는 행정처분으로서, 정보통신윤리위원회가 특정 인터넷 웹사이트를 청소년유해매체물로 결정하고 청소년보호위원회가 효력발생시기를 명시하여 고시함으로써 그 명시된 시점에 효력이 발생하였다고 봄이 상당하고, 정보통신윤리위원회와 청소년보호위원회가 위 처분이 있었음을 위 웹사이트 운영자에게 제대로 통지하지 아니하였다고 하여 그 효력 자체가 발생하지 아니한 것으로 볼 수는 없다. 통상 고시 또는 공고에 의하여 행정처분을 하는 경우에는 그 처분의 상대방이 불특정 다수인이고 그 처분의 효력이 불특정 다수인에게 일률적으로 적용되는 것이므로, 그 행정처분에 이해관계를 갖는 자가 고시 또는 공고가 있었다는 사실을 현실적으로 알았는지 여부에 관계없이 고시가 효력을 발생하는 날 행정처분이 있음을 알았다고 보아야 한다. 인터넷 웹사이트에 대하여 구 청소년보호법에 따른 청소년유해매체물 결정 및 고시처분을 한 사안에서, 위 결정은 이해관계인이 고시가 있었음을 알았는지 여부에 관계없이 관보에 고시됨으로써 효력이 발생하고, 그가 위 결정을 통지받지 못하였다는 것이 제소기간을 준수하지 못한 것에 대한 정당한 사유가 될 수 없다(대판 2007. 6.14. 2004두619).

20 취소판결의 기속력에 대한 설명으로 옳은 것(○)과 옳지 않은 것(×)을 바르게 연결한 것은? (다툼이 있는 경우 판례에 의함)

> ㉠ 취소 확정판결의 기속력은 판결의 주문(主文)에 대해서만 발생하며, 처분의 구체적 위법사유에 대해서는 발생하지 않는다.
> ㉡ 처분청이 재처분을 하였는데 종전 거부처분에 대한 취소 확정판결의 기속력에 반하는 경우에는 간접강제의 대상이 될 수 있다.
> ㉢ 취소 확정판결의 기속력에 대한 규정은 무효확인판결에도 준용되므로, 무효확인판결의 취지에 따른 처분을 하지 아니할 때에는 1심 수소법원은 간접강제결정을 할 수 있다.
> ㉣ 특별한 사정이 없는 한 간접강제결정에서 정한 의무이행기한이 경과한 후에라도 확정판결의 취지에 따른 재처분의 이행이 있으면 더 이상 배상금의 추심은 허용되지 않는다.

	㉠	㉡	㉢	㉣
①	○	×	○	○
②	×	○	×	○
③	×	○	×	×
④	×	×	○	○

ADVICE ㉠(×) 취소 확정판결의 기속력은 판결의 주문 및 전제가 되는 처분 등의 구체적 위법사유에 관한 판단에도 미치나, 종전 처분이 판결에 의하여 취소되었더라도 종전 처분과 다른 사유를 들어서 새로이 처분을 하는 것은 기속력에 저촉되지 않는다. 여기에서 동일 사유인지 다른 사유인지는 확정판결에서 위법한 것으로 판단된 종전 처분사유와 기본적 사실관계에서 동일성이 인정되는지 여부에 따라 판단되어야 하고, 기본적 사실관계의 동일성 유무는 처분사유를 법률적으로 평가하기 이전의 구체적인 사실에 착안하여 그 기초인 사회적 사실관계가 기본적인 점에서 동일한지에 따라 결정된다(대판 2016. 3.24. 2015두48235).

㉡(○) 거부처분에 대한 취소의 확정판결이 있음에도 행정청이 아무런 재처분을 하지 아니하거나, 재처분을 하였다 하더라도 그것이 종전 거부처분에 대한 취소의 확정판결의 기속력에 반하는 등으로 당연무효라면 이는 아무런 재처분을 하지 아니한 때와 마찬가지라 할 것이므로 이러한 경우에는 행정소송법 제30조 제2항, 제34조 제1항 등에 의한 간접강제신청에 필요한 요건을 갖춘 것으로 보아야 한다(대판 2002.12.11. 2002무22).

㉢(×) 행정소송법 제38조에 의하면 취소판결의 기속력에 관한 규정(제30조)은 무효등 확인소송에도 준용되지만, 간접 강제 규정(제34조)은 준용되지 않는다.

㉣(○) 행정소송법 제34조 소정의 간접강제결정에 기한 배상금은 거부처분취소판결이 확정된 경우 그 처분을 행한 행정청으로 하여금 확정판결의 취지에 따른 재처분의무의 이행을 확실히 담보하기 위한 것으로서, 확정판결의 취지에 따른 재처분의무내용의 불확정성과 그에 따른 재처분에의 해당 여부에 관한 쟁송으로 인하여 간접강제결정에서 정한 재처분의무의 기한 경과에 따른 배상금이 증가될 가능성이 자칫 행정청으로 하여금 인용처분을 강제하여 행정청의 재량권을 박탈하는 결과를 초래할 위험성이 있는 점 등을 감안하면, 이는 확정판결의 취지에 따른 재처분의 지연에 대한 제재나 손해배상이 아니고 재처분의 이행에 관한 심리적 강제수단에 불과한 것으로 보아야 하므로, 특별한 사정이 없는 한 간접강제결정에서 정한 의무이행기한이 경과한 후에라도 확정판결의 취지에 따른 재처분의 이행이 있으면 배상금을 추심함으로써 심리적 강제를 꾀할 목적이 상실되어 처분상대방이 더 이상 배상금을 추심하는 것은 허용되지 않는다(대판 2004. 1.15. 2002두2444).

ANSWER 19.② 20.②

21 **행정절차에 대한 설명으로 옳은 것은? (다툼이 있는 경우에는 판례에 의함)**

① 「도로법」상 도로구역을 변경할 경우, 이를 고시하고 그 도면을 일반인이 열람할 수 있도록 하고 있는바, 도로구역을 변경한 처분은 「행정절차법」상 사전통지나 의견청취의 대상이 되는 처분이 아니다.

② 「군인사법」에 따라 당해 직무를 수행할 능력이 없다고 인정하여 장교를 보직해임 하는 경우, 처분의 근거와 이유 제시 등에 관하여 「행정절차법」의 규정이 적용된다.

③ 특별한 사정이 없는 한, 신청에 대한 거부처분은 사전통지 및 의견제출의 대상이 된다.

④ 「식품위생법」상의 영업자지위승계신고를 수리하는 경우, 영업시설을 인수하여 영업자의 지위를 승계한 자에 대하여 사전통지를 하고, 그에게 의견제출의 기회를 주어야 한다.

ADVICE ① 행정절차법 제2조 제4호가 행정절차법의 당사자를 행정청의 처분에 대하여 직접 그 상대가 되는 당사자로 규정하고, 도로법 제25조 제3항이 도로구역을 결정하거나 변경할 경우 이를 고시에 의하도록 하면서, 그 도면을 일반인이 열람할 수 있도록 한 점 등을 종합하여 보면, 도로구역을 변경한 이 사건 처분은 행정절차법 제21조 제1항의 사전통지나 제22조 제3항의 의견청취의 대상이 되는 처분은 아니라고 할 것이다(대판 2008. 6.12. 2007두1767).

② 구 군인사법상 보직해임처분은 구 행정절차법 제3조 제2항 제9호, 같은 법 시행령 제2조 제3호에 의하여 당해 행정작용의 성질상 행정절차를 거치기 곤란하거나 불필요하다고 인정되는 사항 또는 행정절차에 준하는 절차를 거친 사항에 해당하므로, 처분의 근거와 이유 제시 등에 관한 구 행정절차법의 규정이 별도로 적용되지 아니한다고 봄이 상당하다(대판 2014.10.15. 2012두5756).

③ 신청에 따른 처분이 이루어지지 아니한 경우에는 아직 당사자에게 권익이 부과되지 아니하였으므로, 특별한 사정이 없는 한 신청에 대한 거부처분이라고 하더라도 직접 당사자의 권익을 제한하는 것은 아니어서 여기에서 말하는 '당사자의 권익을 제한하는 처분'에 해당한다고 할 수 없고, 따라서 처분의 사전통지대상이나 의견청취대상이 된다고 할 수 없다(대판 2003.11.28. 2003두674).

④ 행정청이 구 식품위생법 규정에 의하여 영업자지위승계신고를 수리하는 처분은 종전의 영업자의 권익을 제한하는 처분이라 할 것이고 따라서 종전의 영업자는 그 처분에 대하여 직접 그 상대가 되는 자에 해당한다고 봄이 상당하므로, 행정청으로서는 위 신고를 수리하는 처분을 함에 있어서 행정절차법 규정 소정의 당사자에 해당하는 종전의 영업자에 대하여 위 규정 소정의 행정절차를 실시하고 처분을 하여야 한다(대판 2003. 2.14. 2001두7015).

22 행정상 손실보상에 대한 설명으로 옳지 않은 것은? (다툼이 있는 경우 판례에 의함)

① 「하천법」 제50조에 따른 하천수 사용권은 「공익사업을 위한 토지 등의 취득 및 보상에 관한 법률」이 손실보상의 대상으로 규정하고 있는 '물의 사용에 관한 권리'에 해당한다.

② 국가지정문화재에 대하여 관리단체로 지정된 지방자치단체의 장은 「문화재보호법」 및 「공익사업을 위한 토지 등의 취득 및 보상에 관한 법률」에 따라 국가지정문화재나 그 보호구역에 있는 토지 등을 수용할 수 있다.

③ 「공익사업을 위한 토지 등의 취득 및 보상에 관한 법률」상 보상 대상이 되는 '기타 토지에 정착한 물건에 대한 소유권 그 밖의 권리를 가진 관계인'에는 수거 · 철거권 등 실질적 처분권을 가진 자도 포함된다.

④ 「공익사업을 위한 토지 등의 취득 및 보상에 관한 법률」상 보상금증액소송은 처분청인 토지수용위원회를 피고로 한다.

ADVICE ④ 토지보상법 제85조 제2항.

> 제85조(행정소송의 제기)
> ① 사업시행자, 토지소유자 또는 관계인은 제34조에 따른 재결에 불복할 때에는 재결서를 받은 날부터 90일 이내에, 이의신청을 거쳤을 때에는 이의신청에 대한 재결서를 받은 날부터 60일 이내에 각각 행정소송을 제기할 수 있다. 이 경우 사업시행자는 행정소송을 제기하기 전에 제84조에 따라 늘어난 보상금을 공탁하여야 하며, 보상금을 받을 자는 공탁된 보상금을 소송이 종결될 때까지 수령할 수 없다.
> ② 제1항에 따라 제기하려는 행정소송이 보상금의 증감(增減)에 관한 소송인 경우 그 소송을 제기하는 자가 토지소유자 또는 관계인일 때에는 사업시행자를, 사업시행자일 때에는 토지소유자 또는 관계인을 각각 피고로 한다.

① 하천법 제50조에 의한 하천수 사용권(2007. 4. 6. 하천법 개정 이전에 종전의 규정에 따라 유수의 점용 · 사용을 위한 관리청의 허가를 받음으로써 2007. 4. 6. 개정 하천법 부칙 제9조에 따라 현행 하천법 제50조에 의한 하천수 사용허가를 받은 것으로 보는 경우를 포함)은 하천법 제33조에 의한 하천의 점용허가에 따라 해당 하천을 점용할 수 있는 권리와 마찬가지로 특허에 의한 공물사용권의 일종으로서, 양도가 가능하고 이에 대한 민사집행법상의 집행 역시 가능한 독립된 재산적 가치가 있는 구체적인 권리라고 보아야 한다. 따라서 하천법 제50조에 의한 하천수 사용권은 공익사업을 위한 토지 등의 취득 및 보상에 관한 법률 제76조 제1항이 손실보상의 대상으로 규정하고 있는 '물의 사용에 관한 권리'에 해당한다(대판 2018.12.27. 2014두11601).

② 문화재보호법은 지방자치단체 또는 지방자치단체의 장에게 시 · 도지정문화재뿐 아니라 국가지정문화재에 대하여도 일정한 권한 또는 책무를 부여하고 있고, 문화재보호법에 해당 문화재의 지정권자만이 토지 등을 수용할 수 있다는 등의 제한을 두고 있지 않으므로, 국가지정문화재에 대하여 관리단체로 지정된 지방자치단체의 장은 문화재보호법 제83조 제1항 및 토지보상법에 따라 국가지정문화재나 그 보호구역에 있는 토지 등을 수용할 수 있다(대판 2019. 2.28. 2017두71031).

③ 공익사업을 위한 토지 등의 취득 및 보상에 관한 법률상 보상 대상이 되는 '기타 토지에 정착한 물건에 대한 소유권 그 밖의 권리를 가진 관계인'에는 수거 · 철거권 등 실질적 처분권을 가진 자도 포함된다(대판 2019. 4.11. 2018다277419).

ANSWER 21.① 22.④

23 항고소송의 대상인 재결에 대한 설명으로 옳지 않은 것은? (다툼이 있는 경우 판례에 의함)

① 행정심판청구가 부적법하지 않음에도 각하한 재결은 심판청구인의 실체심리를 받을 권리를 박탈한 것으로서 원처분에 없는 고유한 하자가 있는 경우에 해당하고, 따라서 위 재결은 취소소송의 대상이 된다.

② 제3자효를 수반하는 행정행위에 대한 행정심판청구에 있어서 그 청구를 인용하는 내용의 재결로 인하여 비로소 권리이익을 침해받게 되는 자는 그 인용재결에 대하여 다툴 필요가 있고, 그 인용재결은 원처분과 내용을 달리하는 것이므로 그 인용재결의 취소를 구하는 것은 원처분에는 없는 재결에 고유한 하자를 주장하는 셈이어서 당연히 항고소송의 대상이 된다.

③ 토지수용에 관한 행정소송에 있어서 토지소유자는 중앙토지수용위원회의 이의재결에 대하여 불복이 있을 때 제기할 수 있고 수용재결은 행정소송의 대상이 될 수 없다.

④ 제3자효 행정행위에 대하여 재결청이 직접 당해 사업계획승인처분을 취소하는 형성적 재결을 한 경우에는 그 재결 외에 그에 따른 행정청의 별도의 처분이 있지 않기 때문에 재결 자체를 쟁송의 대상으로 할 수 있다.

ADVICE ③ 사업시행자, 토지소유자 또는 관계인은 제34조에 따른 재결에 불복할 때에는 재결서를 받은 날부터 90일 이내에, 이의신청을 거쳤을 때에는 이의신청에 대한 재결서를 받은 날부터 60일 이내에 각각 행정소송을 제기할 수 있다(토지보상법 제85조 제1항).

① 행정소송법 제19조에 의하면 행정심판에 대한 재결에 대하여도 그 재결 자체에 고유한 위법이 있음을 이유로 하는 경우에는 항고소송을 제기하여 그 취소를 구할 수 있고, 여기에서 말하는 '재결 자체에 고유한 위법'이란 그 재결 자체에 주체, 절차, 형식 또는 내용상의 위법이 있는 경우를 의미하는데, 행정심판청구가 부적법하지 않음에도 각하한 재결은 심판청구인의 실체심리를 받을 권리를 박탈한 것으로서 원처분에 없는 고유한 하자가 있는 경우에 해당하고, 따라서 위 재결은 취소소송의 대상이 된다(대판 2001. 7.27. 99두2970).

②④ 이른바 복효적 행정행위, 특히 제3자효를 수반하는 행정행위에 대한 행정심판청구에 있어서 그 청구를 인용하는 내용의 재결로 인하여 비로소 권리이익을 침해받게 되는 자는 그 인용재결에 대하여 다툴 필요가 있고, 그 인용재결은 원처분과 내용을 달리하는 것이므로 그 인용재결의 취소를 구하는 것은 원처분에는 없는 재결에 고유한 하자를 주장하는 셈이어서 당연히 항고소송의 대상이 된다. 당해 재결과 같이 그 인용재결청인 문화체육부장관 스스로가 직접 당해 사업계획승인처분을 취소하는 형성적 재결을 한 경우에는 그 재결 외에 그에 따른 행정청의 별도의 처분이 있지 않기 때문에 재결 자체를 쟁송의 대상으로 할 수밖에 없다(대판 1997.12.23. 96누10911).

24 **행정심판에 대한 설명으로 옳지 않은 것은? (다툼이 있는 경우 판례에 의함)**

① 취소심판의 인용재결로서 취소재결, 변경재결, 변경명령재결을 할 수 있다.

② 당사자의 신청을 받아들이지 않은 거부처분이 재결에서 취소된 경우에 행정청은 재결 후에 발생한 새로운 사유를 내세워 다시 거부처분을 할 수 있다.

③ 정보공개명령재결은 행정심판위원회에 의한 직접처분의 대상이 된다.

④ 인용재결의 기속력은 피청구인과 그 밖의 관계 행정청에 미치고, 행정심판위원회의 간접강제 결정의 효력은 피청구인인 행정청이 소속된 국가 · 지방자치단체 또는 공공단체에 미친다.

ADVICE ③ 행정심판위원회에 해당 정보가 없다는 점에서 정보공개명령재결에 대해서는 직접처분이 제한된다.

① 위원회는 취소심판의 청구가 이유가 있다고 인정하면 처분을 취소 또는 다른 처분으로 변경하거나 처분을 다른 처분으로 변경할 것을 피청구인에게 명한다(행정심판법 제43조 제3항).

② 행정청이 한 처분 등의 취소를 구하는 소송은 처분에 의하여 발생한 위법 상태를 배제하여 원래 상태로 회복시키고 처분으로 침해된 권리나 이익을 구제하고자 하는 것이다. 따라서 해당 처분 등의 취소를 구하는 것보다 실효적이고 직접적인 구제수단이 있음에도 처분 등의 취소를 구하는 것은 특별한 사정이 없는 한 분쟁해결의 유효적절한 수단이라고 할 수 없어 법률상 이익이 있다고 할 수 없다. 그런데 당사자의 신청을 받아들이지 않은 거부처분이 재결에서 취소된 경우에 행정청은 종전 거부처분 또는 재결 후에 발생한 새로운 사유를 내세워 다시 거부처분을 할 수 있다(대판 2017.10.31. 2015두45045).

④ 행정심판법 제49조 제1항, 제50조의2 제5항.

> 제49조(재결의 기속력 등)
> ① 심판청구를 인용하는 재결은 피청구인과 그 밖의 관계 행정청을 기속(羈束)한다.
> ② 재결에 의하여 취소되거나 무효 또는 부존재로 확인되는 처분이 당사자의 신청을 거부하는 것을 내용으로 하는 경우에는 그 처분을 한 행정청은 재결의 취지에 따라 다시 이전의 신청에 대한 처분을 하여야 한다.
> ③ 당사자의 신청을 거부하거나 부작위로 방치한 처분의 이행을 명하는 재결이 있으면 행정청은 지체 없이 이전의 신청에 대하여 재결의 취지에 따라 처분을 하여야 한다.
> 제50조의2(위원회의 간접강제)
> ① 위원회는 피청구인이 제49조제2항(제49조제4항에서 준용하는 경우를 포함한다) 또는 제3항에 따른 처분을 하지 아니하면 청구인의 신청에 의하여 결정으로 상당한 기간을 정하고 피청구인이 그 기간 내에 이행하지 아니하는 경우에는 그 지연기간에 따라 일정한 배상을 하도록 명하거나 즉시 배상을 할 것을 명할 수 있다.
> ② 위원회는 사정의 변경이 있는 경우에는 당사자의 신청에 의하여 제1항에 따른 결정의 내용을 변경할 수 있다.
> ③ 위원회는 제1항 또는 제2항에 따른 결정을 하기 전에 신청 상대방의 의견을 들어야 한다.
> ④ 청구인은 제1항 또는 제2항에 따른 결정에 불복하는 경우 그 결정에 대하여 행정소송을 제기할 수 있다.
> ⑤ 제1항 또는 제2항에 따른 결정의 효력은 피청구인인 행정청이 소속된 국가 · 지방자치단체 또는 공공단체에 미치며, 결정서 정본은 제4항에 따른 소송제기와 관계없이 「민사집행법」에 따른 강제집행에 관하여는 집행권원과 같은 효력을 가진다. 이 경우 집행문은 위원장의 명에 따라 위원회가 소속된 행정청 소속 공무원이 부여하다

ANSWER 23.③ 24.③

25 **행정법관계에 대한 설명으로 옳지 않은 것은? (다툼이 있는 경우 판례에 의함)**

① 행정에 관한 기간의 계산에 관하여는 「행정기본법」 또는 다른 법령등에 특별한 규정이 있는 경우를 제외하고는 「민법」을 준용한다.

② 구「산림법」에 의해 형질변경허가를 받지 아니하고 산림을 형질변경한 자가 사망한 경우, 해당 토지의 소유권을 승계한 상속인은 그 복구의무를 부담하지 않으므로, 행정청은 그 상속인에 대하여 복구명령을 할 수 없다.

③ 구「지방재정법」에 의한 변상금부과처분이 당연무효인 경우, 이 변상금부과처분에 의하여 납부자가 납부한 오납금은 지방자치단체가 법률상 원인 없이 취득한 부당이득에 해당한다.

④ 주민등록의 신고는 행정청에 도달하기만 하면 신고로서의 효력이 발생하는 것이 아니라 행정청이 수리한 경우에 비로소 신고의 효력이 발생한다.

ADVICE ② 원상회복명령에 따른 복구의무는 타인이 대신하여 행할 수 있는 의무로서 일신전속적인 성질을 가진 것으로 보기 어려운 점, 같은 법 제4조가 법에 의하여 행한 처분 · 신청 · 신고 기타의 행위는 토지소유자 및 점유자의 승계인 등에 대하여도 그 효력이 있다고 규정하고 있는 것은 산림의 보호 · 육성을 통하여 국토의 보전 등을 도모하려는 법의 목적을 감안하여 법에 의한 처분 등으로 인한 권리와 아울러 그 의무까지 승계시키려는 취지인 점 등에 비추어 보면, 산림을 무단형질변경한 자가 사망한 경우 당해 토지의 소유권 또는 점유권을 승계한 상속인은 그 복구의무를 부담한다고 봄이 상당하고, 따라서 관할 행정청은 그 상속인에 대하여 복구명령을 할 수 있다고 보아야 한다(대판 2005. 8.19. 2003두9817).

① 행정기본법 제6조 제1항.

③ 지방재정법 제87조 제1항에 의한 변상금부과처분이 당연무효인 경우에 이 변상금부과처분에 의하여 납부자가 납부하거나 징수당한 오납금은 지방자치단체가 법률상 원인 없이 취득한 부당이득에 해당하고, 이러한 오납금에 대한 납부자의 부당이득반환청구권은 처음부터 법률상 원인이 없이 납부 또는 징수된 것이므로 납부 또는 징수시에 발생하여 확정되며, 그 때부터 소멸시효가 진행한다(대판 2005. 1.27. 2004다50143).

④ 주민등록은 단순히 주민의 거주관계를 파악하고 인구의 동태를 명확히 하는 것 외에도 주민등록에 따라 공법관계상의 여러 가지 법률상 효과가 나타나게 되는 것으로서, 주민등록의 신고는 행정청에 도달하기만 하면 신고로서의 효력이 발생하는 것이 아니라 행정청이 수리한 경우에 비로소 신고의 효력이 발생한다. 따라서 주민등록 신고서를 행정청에 제출하였다가 행정청이 이를 수리하기 전에 신고서의 내용을 수정하여 위와 같이 수정된 전입신고서가 수리되었다면 수정된 사항에 따라서 주민등록 신고가 이루어진 것으로 보는 것이 타당하다(대판 2009. 1.30. 2006다17850).

2021. 10. 16. 제2회 지방직 시행

1 사인의 공법행위에 대한 설명으로 옳지 않은 것은? (다툼이 있는 경우 판례에 의함)

① 사인의 공법상 행위는 명문으로 금지되거나 성질상 불가능한 경우가 아닌 한 그에 따른 행정행위가 행하여질 때까지 자유로이 철회할 수 있다.

② 수리를 요하는 신고에서 행정청의 수리행위에 신고필증 교부의 행위가 반드시 필요한 것은 아니다.

③ 「식품위생법」에 의하여 허가영업의 양도에 따른 지위승계신고를 수리하는 허가관청의 행위는 사업허가자의 변경이라는 법률효과를 발생시키는 행위이다.

④ 사인의 공법행위에 적용되는 일반규정은 없으며, 특별한 규정이 없는 한 「민법」상 비진의 의사표시의 무효에 관한 규정은 사인의 공법행위에 적용된다.

ADVICE ④ 이른바 1980년의 공직자숙정계획의 일환으로 일괄사표의 제출과 선별수리의 형식으로 공무원에 대한 의원면직처분이 이루어진 경우, 사직원 제출행위가 강압에 의하여 의사결정의 자유를 박탈당한 상태에서 이루어진 것이라고 할 수 없고 민법상 비진의 의사표시의 무효에 관한 규정은 사인의 공법행위에 적용되지 않는다는 등의 이유로 그 의원면직처분을 당연무효라고 할 수 없다(대판 2000.11.14. 99두5481).

① 사인의 공법상 행위는 명문으로 금지되거나 성질상 불가능한 경우가 아닌 한 그에 따른 행정행위가 행하여질 때까지 자유로이 철회하거나 보정할 수 있으므로 사업시행자 지정 처분이 행하여질 때까지 토지 소유자는 새로이 동의를 하거나 동의를 철회할 수 있다고 보아야 하는 점, 사업시행자로 지정받은 민간기업이 실시계획 인가를 받으면 도시계획시설사업의 대상인 토지를 수용할 수 있게 되는데, 동의요건은 이러한 민간기업에 대한 수용권 부여를 정당화하는 근거로서 의미가 있으므로 도시계획시설결정 내지 사업시행자 지정 신청이 있은 후라도 사업시행자 지정 처분이 행하여질 때까지 권리변동이나 사정변경이 있는 경우에는 그 의사에 반하여 소유권을 상실하게 되는 해당 권리자의 의사를 존중하는 것이 국토계획법의 취지에 부합하는 점 등을 종합하여 보면, 동의요건의 충족 여부를 판단하는 기준시기는 사업시행자 지정 처분 시로 봄이 타당하다(대판 2014. 7.10. 2013두7025).

② 납골당설치 신고는 이른바 '수리를 요하는 신고'라 할 것이므로, 납골당설치 신고가 구 장사법 관련 규정의 모든 요건에 맞는 신고라 하더라도 신고인은 곧바로 납골당을 설치할 수는 없고, 이에 대한 행정청의 수리처분이 있어야만 신고한 대로 납골당을 설치할 수 있다. 한편 수리란 신고를 유효한 것으로 판단하고 법령에 의하여 처리할 의사로 이를 수령하는 수동적 행위이므로 수리행위에 신고필증 교부 등 행위가 꼭 필요한 것은 아니다(대판 2011. 9. 8. 2009두6766).

③ 식품위생법 제25조 제3항에 의한 영업양도에 따른 지위승계신고를 수리하는 허가관청의 행위는 단순히 양도·양수인 사이에 이미 발생한 사법상의 사업양도의 법률효과에 의하여 양수인이 그 영업을 승계하였다는 사실의 신고를 접수하는 행위에 그치는 것이 아니라, 영업허가자의 변경이라는 법률효과를 발생시키는 행위라고 할 것이다(대판 1995. 2.24. 94누9146).

ANSWER 25.② / 1.④

2 **행정입법에 대한 설명으로 옳지 않은 것은? (다툼이 있는 경우 판례에 의함)**

① 어느 시행령의 규정이 모법에 저촉되는지가 명백하지 않은 경우에는 모법과 시행령의 다른 규정들과 그 입법 취지, 연혁 등을 종합적으로 살펴 모법에 합치된다는 해석도 가능한 경우라면 그 규정을 모법위반으로 무효라고 선언해서는 안 된다.

② 법령의 위임이 없음에도 법령에 규정된 처분 요건에 해당하는 사항을 부령에서 변경하여 규정한 경우에 처분의 적법 여부는 그러한 부령에서 정한 요건을 기준으로 판단하여야 한다.

③ 제재적 행정처분의 기준이 부령의 형식으로 규정되어 있는 경우 그러한 처분기준에 적합하다 하여 곧바로 당해 처분이 적법한 것이라고 할 수는 없다.

④ 행정규칙이 이를 정한 행정기관의 재량에 속하는 사항에 관한 것인 때에는 그 규정 내용이 객관적 합리성을 결여하였다는 등의 특별한 사정이 없는 한 법원은 이를 존중하는 것이 바람직하다.

ADVICE ② 법령에서 행정처분의 요건 중 일부 사항을 부령으로 정할 것을 위임한 데 따라 시행규칙 등 부령에서 이를 정한 경우에 그 부령의 규정은 국민에 대해서도 구속력이 있는 법규명령에 해당한다고 할 것이지만, 법령의 위임이 없음에도 법령에 규정된 처분 요건에 해당하는 사항을 부령에서 변경하여 규정한 경우에는 그 부령의 규정은 행정청 내부의 사무처리 기준 등을 정한 것으로서 행정조직 내에서 적용되는 행정명령의 성격을 지닐 뿐 국민에 대한 대외적 구속력은 없다고 보아야 한다. 따라서 어떤 행정처분이 그와 같이 법규성이 없는 시행규칙 등의 규정에 위배된다고 하더라도 그 이유만으로 처분이 위법하게 되는 것은 아니라 할 것이고, 또 그 규칙 등에서 정한 요건에 부합한다고 하여 반드시 그 처분이 적법한 것이라고 할 수도 없다. 이 경우 처분의 적법 여부는 그러한 규칙 등에서 정한 요건에 합치하는지 여부가 아니라 일반 국민에 대하여 구속력을 가지는 법률 등 법규성이 있는 관계 법령의 규정을 기준으로 판단하여야 한다(대판 2013. 9.12. 2011두10584).

① 어느 시행령 규정이 모법에 저촉되는지가 명백하지 않는 경우에는 모법과 시행령의 다른 규정들과 그 입법 취지, 연혁 등을 종합적으로 살펴 모법에 합치된다는 해석도 가능한 경우라면 그 규정을 모법위반으로 무효라고 선언해서는 안 된다(대판 2014. 1.16. 2011두6264).

③ 제재적 행정처분이 재량권의 범위를 일탈하였거나 남용하였는지는, 처분사유인 위반행위의 내용과 위반의 정도, 처분에 의하여 달성하려는 공익상의 필요와 개인이 입게 될 불이익 및 이에 따르는 여러 사정 등을 객관적으로 심리하여 공익침해의 정도와 처분으로 인하여 개인이 입게 될 불이익을 비교 · 교량하여 판단하여야 한다. 이러한 제재적 행정처분의 기준이 부령 형식으로 규정되어 있더라도 그것은 행정청 내부의 사무처리준칙을 규정한 것에 지나지 않아 대외적으로 국민이나 법원을 기속하는 효력이 없다. 따라서 그 처분의 적법 여부는 처분기준만이 아니라 관계 법령의 규정 내용과 취지에 따라 판단하여야 한다. 그러므로 처분기준에 부합한다 하여 곧바로 처분이 적법한 것이라고 할 수는 없지만, 처분기준이 그 자체로 헌법 또는 법률에 합치되지 않거나 그 기준을 적용한 결과가 처분사유인 위반행위의 내용 및 관계 법령의 규정과 취지에 비추어 현저히 부당하다고 인정할 만한 합리적인 이유가 없는 한, 섣불리 그 기준에 따른 처분이 재량권의 범위를 일탈하였다거나 재량권을 남용한 것으로 판단해서는 안 된다(대판 2019. 9.26. 2017두48406).

④ 국토계획법 제56조 제1항에 의한 개발행위허가는 허가기준 및 금지요건이 불확정개념으로 규정된 부분이 많아 그 요건에 해당하는지 여부는 행정청의 재량판단의 영역에 속한다. 특히 환경의 훼손이나 오염을 발생시킬 우려가 있는 개발행위에 대한 행정청의 허가와 관련하여 재량권의 일탈 · 남용 여부를 심사할 때에는, 해당 지역 주민들의 토지이용실태와 생활환경 등 구체적 지역 상황과 상반되는 이익을 가진 이해관계자들 사이의 권익 균형 및 환경권의 보호에 관한 각종 규정의 입법 취지 등을 종합하여 신중하게 판단하여야 한다. '환경오염 발생 우려'와 같이 장래에 발생할 불확실한 상황과 파급효과에 대한 예측이 필요한 요건에 관한 행정청의 재량적 판단은 그 내용이 현저히 합리성을 결여하였다거나 상반되는 이익이나 가치를 대비해 볼 때 형평이나 비례의 원칙에 뚜렷하게 배치되는 등의 사정이 없는 한 법원은 이를 존중하는 것이 바람직하다(대판 2017. 3.15. 2016두55490).

ANSWER 2.②

3 **판례상 취소소송의 대상이 되는 행정작용에 해당하는 경우만을 모두 고르면?**

> ㉠ 한국마사회의 조교사 · 기수 면허취소처분
> ㉡ 임용기간이 만료된 국립대학 조교수에 대하여 재임용을 거부하는 취지로 한 임용기간만료의 통지
> ㉢ 「국가공무원법」상 당연퇴직의 인사발령
> ㉣ 어업권면허에 선행하는 확약인 우선순위결정
> ㉤ 과세관청의 소득처분에 따른 소득금액변동통지

① ㉠, ㉢　　② ㉡, ㉤
③ ㉠, ㉡, ㉣　　④ ㉢, ㉣, ㉤

ADVICE ㉡ 기간제로 임용되어 임용기간이 만료된 국 · 공립대학의 조교수는 교원으로서의 능력과 자질에 관하여 합리적인 기준에 의한 공정한 심사를 받아 위 기준에 부합되면 특별한 사정이 없는 한 재임용되리라는 기대를 가지고 재임용 여부에 관하여 합리적인 기준에 의한 공정한 심사를 요구할 법규상 또는 조리상 신청권을 가진다고 할 것이니, 임용권자가 임용기간이 만료된 조교수에 대하여 재임용을 거부하는 취지로 한 임용기간만료의 통지는 위와 같은 대학교원의 법률관계에 영향을 주는 것으로서 행정소송의 대상이 되는 처분에 해당한다(대판 2004. 4.22. 2000두7735(전합)).

㉤ 과세관청의 소득처분과 그에 따른 소득금액변동통지가 있는 경우 원천징수의무자인 법인은 소득금액변동통지서를 받은 날에 그 통지서에 기재된 소득의 귀속자에게 당해 소득금액을 지급한 것으로 의제되어 그 때 원천징수하는 소득세의 납세의무가 성립함과 동시에 확정되고, 원천징수의무자인 법인으로서는 소득금액변동통지서에 기재된 소득처분의 내용에 따라 원천징수세액을 그 다음달 10일까지 관할 세무서장 등에게 납부하여야 할 의무를 부담하며, 만일 이를 이행하지 아니하는 경우에는 가산세의 제재를 받게 됨은 물론이고 형사처벌까지 받도록 규정되어 있는 점에 비추어 보면, 소득금액변동통지는 원천징수의무자인 법인의 납세의무에 직접 영향을 미치는 과세관청의 행위로서, 항고소송의 대상이 되는 조세행정처분이라고 봄이 상당하다(대판 2006. 4.20. 2002두1878(전합)).

㉠ 한국마사회가 조교사 또는 기수의 면허를 부여하거나 취소하는 것은 경마를 독점적으로 개최할 수 있는 지위에서 우수한 능력을 갖추었다고 인정되는 사람에게 경마에서의 일정한 기능과 역할을 수행할 수 있는 자격을 부여하거나 이를 박탈하는 것에 지나지 아니하므로, 이는 국가 기타 행정기관으로부터 위탁받은 행정권한의 행사가 아니라 일반 사법상의 법률관계에서 이루어지는 단체 내부에서의 징계 내지 제재처분이다(대판 2008. 1.31. 2005두8269).

㉢ 국가공무원법 제69조에 의하면 공무원이 제33조 각 호의 1에 해당할 때에는 당연히 퇴직한다고 규정하고 있으므로, 국가공무원법상 당연퇴직은 결격사유가 있을 때 법률상 당연히 퇴직하는 것이지 공무원관계를 소멸시키기 위한 별도의 행정처분을 요하는 것이 아니며, 당연퇴직의 인사발령은 법률상 당연히 발생하는 퇴직사유를 공적으로 확인하여 알려주는 이른바 관념의 통지에 불과하고 공무원의 신분을 상실시키는 새로운 형성적 행위가 아니므로 행정소송의 대상이 되는 독립한 행정처분이라고 할 수 없다(대판 1995.11.14. 95누2036).

㉣ 어업권면허에 선행하는 우선순위결정은 행정청이 우선권자로 결정된 자의 신청이 있으면 어업권면허처분을 하겠다는 것을 약속하는 행위로서 강학상 확약에 불과하고 행정처분은 아니므로, 우선순위결정에 공정력이나 불가쟁력과 같은 효력은 인정되지 아니하며, 따라서 우선순위결정이 잘못되었다는 이유로 종전의 어업권면허처분이 취소되면 행정청은 종전의 우선순위결정을 무시하고 다시 우선순위를 결정한 다음 새로운 우선순위결정에 기하여 새로운 어업권면허를 할 수 있다(대판 1995. 1.20. 94누6529).

4 「공공기관의 정보공개에 관한 법률」상 정보공개에 대한 설명으로 옳지 않은 것은? (다툼이 있는 경우 판례에 의함)

① 청구인이 공공기관에 대하여 정보공개를 청구하였다가 거부처분을 받은 것 자체가 법률상 이익의 침해에 해당한다고 할 것이고, 거부처분을 받은 것 이외에 추가로 어떤 법률상의 이익을 가질 것을 요구하는 것은 아니다.

② 비공개대상정보로 '진행 중인 재판에 관련된 정보'는 재판에 관련된 일체의 정보가 그에 해당하는 것은 아니고, 진행 중인 재판의 심리 또는 재판결과에 구체적으로 영향을 미칠 위험이 있는 정보에 한정된다.

③ 법원이 행정기관의 정보공개거부처분의 위법 여부를 심리한 결과 공개를 거부한 정보에 비공개사유에 해당하는 부분과 그렇지 않은 부분이 혼합되어 있고, 공개청구의 취지에 어긋나지 않는 범위 안에서 두 부분을 분리할 수 있음을 인정할 수 있을 때에도 공개가 가능한 정보에 국한하여 정보공개거부 처분의 일부취소를 명할 수는 없다.

④ 정보공개를 요구받은 공공기관이 법률에서 정한 비공개사유에 해당하는지를 주장 · 증명하지 아니한 채 개괄적인 사유만을 들어 공개를 거부하는 것은 허용되지 아니한다.

ADVICE ③ 법원이 행정기관의 정보공개거부처분의 위법 여부를 심리한 결과 공개를 거부한 정보에 비공개사유에 해당하는 부분과 그렇지 않은 부분이 혼합되어 있고, 공개청구의 취지에 어긋나지 않는 범위 안에서 두 부분을 분리할 수 있음을 인정할 수 있을 때에는 공개가 가능한 정보에 국한하여 일부취소를 명할 수 있다. 이러한 정보의 부분 공개가 허용되는 경우란 그 정보의 공개방법 및 절차에 비추어 당해 정보에서 비공개대상정보에 관련된 기술 등을 제외 혹은 삭제하고 나머지 정보만을 공개하는 것이 가능하고 나머지 부분의 정보만으로도 공개의 가치가 있는 경우를 의미한다(대판 2009.12.10. 2009두12785).

① 공공기관의정보공개에관한법률 제6조 제1항은 "모든 국민은 정보의 공개를 청구할 권리를 가진다."고 규정하고 있는데, 여기에서 말하는 국민에는 자연인은 물론 법인, 권리능력 없는 사단 · 재단도 포함되고, 법인, 권리능력 없는 사단 · 재단 등의 경우에는 설립목적을 불문하며, 한편 정보공개청구권은 법률상 보호되는 구체적인 권리이므로 청구인이 공공기관에 대하여 정보공개를 청구하였다가 거부처분을 받은 것 자체가 법률상 이익의 침해에 해당한다(대판 2003.12.12. 2003두8050).

② 공공기관의 정보공개에 관한 법률(이하 '정보공개법')은 공공기관이 보유 · 관리하는 정보에 대한 국민의 공개청구 및 공공기관의 공개의무에 관한 필요한 사항을 정함으로써 국민의 알 권리를 보장하고 국정에 대한 국민의 참여와 국정 운영의 투명성을 확보함을 목적으로, 공공기관이 보유 · 관리하는 모든 정보를 원칙적 공개대상으로 하면서도, 재판의 독립성과 공정성 등 국가의 사법작용이 훼손되는 것을 막기 위하여 제9조 제1항 제4호에서 '진행 중인 재판에 관련된 정보'를 비공개대상정보로 규정하고 있다. 이와 같은 정보공개법의 입법 목적, 정보공개의 원칙, 위 비공개대상정보의 규정 형식과 취지 등을 고려하면, 법원 이외의 공공기관이 위 규정이 정한 '진행 중인 재판에 관련된 정보'에 해당한다는 사유로 정보공개를 거부하기 위하여는 반드시 그 정보가 진행 중인 재판의 소송기록 그 자체에 포함된 내용의 정보일 필요는 없으나, 재판에 관련된 일체의 정보가 그에 해당하는 것은 아니고 진행 중인 재판의 심리 또는 재판 결과에 구체적으로 영향을 미칠 위험이 있는 정보에 한정된다고 보는 것이 타당하다(대판 2018. 9.28. 2017두69892).

④ 국민으로부터 보유 · 관리하는 정보에 대한 공개를 요구받은 공공기관으로서는, 정보공개법 제9조 제1항 각호에서 정하고 있는 비공개사유에 해당하지 않는 한 이를 공개하여야 한다. 이를 거부하는 경우라 할지라도, 대상이 된 정보의 내용을 구체적으로 확인 · 검토하여, 어느 부분이 어떠한 법익 또는 기본권과 충돌되어 정보공개법 제9조 제1항 몇 호에서 정하고 있는 비공개사유에 해당하는지를 주장 · 증명하여야만 하고, 그에 이르지 아니한 채 개괄적인 사유만을 들어 공개를 거부하는 것은 허용되지 아니한다(대판 2018. 4.12. 2014두5477).

ANSWER 3.② 4.③

5 「행정기본법」상 처분에 대한 설명으로 옳은 것은?

① 행정청은 적법한 처분의 경우 당사자의 신청이 있는 경우에만 철회가 가능하다.
② 행정청은 처분에 재량이 있는 경우 법령이나 행정규칙이 정하는 바에 따라 완전히 자동화된 시스템으로 처분할 수 있다.
③ 당사자의 신청에 따른 처분은 다른 법령에 특별한 규정이 있는 경우를 제외하고는 신청 당시의 법령 등에 따른다.
④ 새로운 법령등은 법령등에 특별한 규정이 있는 경우를 제외하고는 그 법령등의 효력 발생 전에 완성되거나 종결된 사실관계 또는 법률관계에 대해서는 적용되지 아니한다.

ADVICE ④ 행정기본법 제14조 제1항.
① 행정기본법 제19조 제1항.

> 제19조(적법한 처분의 철회)
> ① 행정청은 적법한 처분이 다음 각 호의 어느 하나에 해당하는 경우에는 그 처분의 전부 또는 일부를 장래를 향하여 철회할 수 있다.
> 1. 법률에서 정한 철회 사유에 해당하게 된 경우
> 2. 법령등의 변경이나 사정변경으로 처분을 더 이상 존속시킬 필요가 없게 된 경우
> 3. 중대한 공익을 위하여 필요한 경우
>
> ② 행정청은 제1항에 따라 처분을 철회하려는 경우에는 철회로 인하여 당사자가 입게 될 불이익을 철회로 달성되는 공익과 비교·형량하여야 한다.

②③ 행정기본법 제20조, 제14조 제2항.

> 제20조(자동적 처분) 행정청은 법률로 정하는 바에 따라 완전히 자동화된 시스템(인공지능 기술을 적용한 시스템을 포함한다)으로 처분을 할 수 있다. 다만, 처분에 재량이 있는 경우는 그러하지 아니하다.
> 제14조(법 적용의 기준)
> ① 새로운 법령등은 법령등에 특별한 규정이 있는 경우를 제외하고는 그 법령등의 효력 발생 전에 완성되거나 종결된 사실관계 또는 법률관계에 대해서는 적용되지 아니한다.
> ② 당사자의 신청에 따른 처분은 법령등에 특별한 규정이 있거나 처분 당시의 법령등을 적용하기 곤란한 특별한 사정이 있는 경우를 제외하고는 처분 당시의 법령등에 따른다.

6 **행정계획에 대한 설명으로 옳지 않은 것은? (다툼이 있는 경우 판례에 의함)**

① 도시관리계획결정 · 고시와 그 도면에 특정 토지가 도시관리계획에 포함되지 않았음이 명백한데도 도시관리계획을 집행하기 위한 후속 계획이나 처분에서 그 토지가 도시관리계획에 포함된 것처럼 표시되어 있는 경우, 이는 원칙적으로 취소사유에 해당한다.

② 구「도시계획법」상 행정청이 정당하게 도시계획결정의 처분을 하였다고 하더라도 이를 관보에 게재하여 고시하지 아니한 이상 대외적으로는 아무런 효력이 발생하지 않는다.

③ 행정주체가 행정계획을 입안 · 결정함에 있어서 이익형량을 하였으나 정당성과 객관성이 결여된 경우 그 행정계획결정은 위법하다.

④ 산업단지개발계획상 산업단지 안의 토지 소유자로서 산업단지개발계획에 적합한 시설을 설치하여 입주하려는 자는 산업단지지정권자 또는 그로부터 권한을 위임받은 기관에 대하여 산업단지개발 계획의 변경을 요청할 수 있는 법규상 또는 조리상 신청권이 있다.

ADVICE ① 도시관리계획결정 · 고시와 그 도면에 특정 토지가 도시관리계획에 포함되지 않았음이 명백한데도 도시관리계획을 집행하기 위한 후속 계획이나 처분에서 그 토지가 도시관리계획에 포함된 것처럼 표시되어 있는 경우가 있다. 이것은 실질적으로 도시관리계획결정을 변경하는 것에 해당하여 구 국토의 계획 및 이용에 관한 법률 제30조 제5항에서 정한 도시관리계획 변경절차를 거치지 않는 한 당연무효이다(대판 2019. 7.11. 2018두47783).

② 구 도시계획법 제7조가 도시계획결정등 처분의 고시를 도시계획구역, 도시계획결정등의 효력발생요건으로 규정하였다고 볼 것이어서 건설부장관 또는 그의 권한의 일부를 위임받은 서울특별시장, 도지사등 지방장관이 기안, 결재등의 과정을 거쳐 정당하게 도시계획결정등의 처분을 하였다고 하더라도 이를 관보에 게재하여 고시하지 아니한 이상 대외적으로는 아무런 효력도 발생하지 아니한다(대판 1985.12.10. 85누186).

③ 행정주체의 위와 같은 형성의 자유가 무제한적이라고 할 수는 없고, 행정계획에서는 그에 관련되는 자들의 이익을 공익과 사익 사이에서는 물론이고 공익 사이에서나 사익 사이에서도 정당하게 비교 · 교량하여야 한다는 제한이 있으므로, 행정주체가 행정계획을 입안 · 결정할 때 이익형량을 전혀 행하지 아니하거나 이익형량의 고려 대상에 마땅히 포함시켜야 할 사항을 누락한 경우 또는 이익형량을 하였으나 정당성과 객관성이 결여된 경우에는 그 행정계획 결정은 이익형량에 하자가 있어 위법하게 될 수 있다(대판 2011. 2.24. 2010두21464).

④ 산업입지에 관한 법령은 산업단지에 적합한 시설을 설치하여 입주하려는 자와 토지 소유자에게 산업단지 지정과 관련한 산업단지개발계획 입안과 관련한 권한을 인정하고, 산업단지 지정뿐만 아니라 변경과 관련해서도 이해관계인에 대한 절차적 권리를 보장하는 규정을 두고 있다. 또한 산업단지 안에는 다수의 기반시설 등 도시계획시설 등을 포함하고 있고, 국토의 계획 및 이용에 관한 법률의 해석상 도시계획시설부지 소유자에게는 그에 관한 도시 · 군관리계획의 변경 등을 요구할 수 있는 법규상 또는 조리상 신청권이 인정된다고 해석되고 있다. 헌법상 재산권 보장의 취지에 비추어 보면 토지의 소유자에게 위와 같은 절차적 권리와 신청권을 인정한 것은 정당하다고 볼 수 있다. 이러한 법리는 이미 산업단지 지정이 이루어진 상황에서 산업단지 안의 토지 소유자로서 종전 산업단지개발계획을 일부 변경하여 산업단지개발계획에 적합한 시설을 설치하여 입주하려는 자가 종전 계획의 변경을 요청하는 경우에도 그대로 적용될 수 있다. 그러므로 산업단지개발계획상 산업단지 안의 토지 소유자로서 산업단지개발계획에 적합한 시설을 설치하여 입주하려는 자는 산업단지지정권자 또는 그로부터 권한을 위임받은 기관에 대하여 산업단지개발계획의 변경을 요청할 수 있는 법규상 또는 조리상 신청권이 있고, 이러한 신청에 대한 거부행위는 항고소송의 대상이 되는 행정처분에 해당한다고 보아야 한다(대판 2017. 8.29. 2016두44186).

ANSWER 5.④ 6.①

7 「행정절차법」상 행정절차에 대한 설명으로 옳지 않은 것은? (다툼이 있는 경우 판례에 의함)

① 「국가공무원법」상 직위해제처분은 처분의 사전통지 및 의견청취 등에 관한 「행정절차법」의 규정이 적용되지 않는다.

② 행정예고기간은 예고 내용의 성격 등을 고려하여 정하되, 특별한 사정이 없으면 40일 이상으로 한다.

③ 신청인이 신청에 앞서 행정청의 허가업무 담당자에게 신청서의 내용에 대한 검토를 요청한 것만으로는 다른 특별한 사정이 없는 한 명시적이고 확정적인 신청의 의사표시가 있었다고 하기 어렵다.

④ 신청에 따른 처분이 이루어지지 아니한 경우에는 아직 당사자에게 권익이 부과되지 아니하였으므로 특별한 사정이 없는 한 신청에 대한 거부처분은 직접 당사자의 권익을 제한하는 것은 아니어서 처분의 사전통지대상이 된다고 할 수 없다.

ADVICE ② 행정예고기간은 예고 내용의 성격 등을 고려하여 정하되, 특별한 사정이 없으면 20일 이상으로 한다(행정절차법 제46조 제3항).

① 국가공무원법상 직위해제처분은 구 행정절차법 제3조 제2항 제9호, 구 행정절차법 시행령 제2조 제3호에 의하여 당해 행정작용의 성질상 행정절차를 거치기 곤란하거나 불필요하다고 인정되는 사항 또는 행정절차에 준하는 절차를 거친 사항에 해당하므로, 처분의 사전통지 및 의견청취 등에 관한 행정절차법의 규정이 별도로 적용되지 않는다(대판 2014. 5.16. 2012두26180).

③ 구 행정절차법 제17조 제3항 본문은 "행정청은 신청이 있는 때에는 다른 법령 등에 특별한 규정이 있는 경우를 제외하고는 그 접수를 보류 또는 거부하거나 부당하게 되돌려 보내서는 아니되며, 신청을 접수한 경우에는 신청인에게 접수증을 교부하여야 한다."고 규정하고 있는바, 여기에서의 신청인의 행정청에 대한 신청의 의사표시는 명시적이고 확정적인 것이어야 한다고 할 것이므로 신청인이 신청에 앞서 행정청의 허가업무 담당자에게 신청서의 내용에 대한 검토를 요청한 것만으로는 다른 특별한 사정이 없는 한 명시적이고 확정적인 신청의 의사표시가 있었다고 하기 어렵다고 할 것이다(대판 2004.10.15. 2003두13243).

④ 행정절차법 제21조 제1항은 행정청은 당사자에게 의무를 과하거나 권익을 제한하는 처분을 하는 경우에는 미리 처분의 제목, 당사자의 성명 또는 명칭과 주소, 처분하고자 하는 원인이 되는 사실과 처분의 내용 및 법적 근거, 그에 대하여 의견을 제출할 수 있다는 뜻과 의견을 제출하지 아니하는 경우의 처리방법, 의견제출기관의 명칭과 주소, 의견제출기한 등을 당사자 등에게 통지하도록 하고 있는바, 신청에 따른 처분이 이루어지지 아니한 경우에는 아직 당사자에게 권익이 부과되지 아니하였으므로 특별한 사정이 없는 한 신청에 대한 거부처분이라고 하더라도 직접 당사자의 권익을 제한하는 것은 아니어서 신청에 대한 거부처분을 여기에서 말하는 '당사자의 권익을 제한하는 처분'에 해당한다고 할 수 없는 것이어서 처분의 사전통지대상이 된다고 할 수 없다(대판 2003.11.28. 2003두674).

8 행정쟁송에 대한 설명으로 옳지 않은 것은? (다툼이 있는 경우 판례에 의함)

① 「공익사업을 위한 토지 등의 취득 및 보상에 관한 법률」상 사업시행자, 토지소유자 또는 관계인은 토지수용위원회의 재결에 불복할 때에는 재결서를 받은 날부터 90일 이내에, 이의신청을 거쳤을 때에는 이의신청에 대한 재결서를 받은 날부터 60일 이내에 각각 행정소송을 제기할 수 있다.

② 해당 행위를 계속하면 회복하기 곤란한 손해를 발생시킬 우려가 있는 경우 그 행위의 전부나 일부를 중지할 것을 요구하는 소송은 「지방자치법」상 주민소송의 한 종류로 규정되어 있다.

③ 지방자치단체의 장은 직무이행명령에 이의가 있으면 이행명령서를 접수한 날부터 15일 이내에 대법원에 소를 제기할 수 있으며, 이 경우 지방자치단체의 장은 이행명령의 집행을 정지하게 하는 집행정지결정을 신청할 수 있다.

④ 지방자치단체의 장은 자치사무에 관한 시정명령이나 처분의 취소 또는 정지에 대하여 이의가 있으면 그 시정명령, 취소처분 또는 정지처분을 통보받은 날부터 15일 이내에 대법원에 소를 제기할 수 있다.

ADVICE ④ 지방자치법 제169조 제2항.

제169조(위법 · 부당한 명령 · 처분의 시정)

① 지방자치단체의 사무에 관한 그 장의 명령이나 처분이 법령에 위반되거나 현저히 부당하여 공익을 해친다고 인정되면 시 · 도에 대하여는 주무부장관이, 시 · 군 및 자치구에 대하여는 시 · 도지사가 기간을 정하여 서면으로 시정할 것을 명하고, 그 기간에 이행하지 아니하면 이를 취소하거나 정지할 수 있다. 이 경우 자치사무에 관한 명령이나 처분에 대하여는 법령을 위반하는 것에 한한다.

② 지방자치단체의 장은 제1항에 따른 자치사무에 관한 명령이나 처분의 취소 또는 정지에 대하여 이의가 있으면 그 취소처분 또는 정지처분을 통보받은 날부터 15일 이내에 대법원에 소(訴)를 제기할 수 있다.

지방자치법 제188조(위법 · 부당한 명령이나 처분의 시정)

① 지방자치단체의 사무에 관한 지방자치단체의 장(제103조제2항에 따른 사무의 경우에는 지방의회의 의장을 말한다. 이하 이 조에서 같다)의 명령이나 처분이 법령에 위반되거나 현저히 부당하여 공익을 해친다고 인정되면 시 · 도에 대해서는 주무부장관이, 시 · 군 및 자치구에 대해서는 시 · 도지사가 기간을 정하여 서면으로 시정할 것을 명하고, 그 기간에 이행하지 아니하면 이를 취소하거나 정지할 수 있다.

② 주무부장관은 지방자치단체의 사무에 관한 시장 · 군수 및 자치구의 구청장의 명령이나 처분이 법령에 위반되거나 현저히 부당하여 공익을 해침에도 불구하고 시 · 도지사가 제1항에 따른 시정명령을 하지 아니하면 시 · 도지사에게 기간을 정하여 시정명령을 하도록 명할 수 있다.

③ 주무부장관은 시 · 도지사가 제2항에 따른 기간에 시정명령을 하지 아니하면 제2항에 따른 기간이 지난 날부터 7일 이내에 직접 시장 · 군수 및 자치구의 구청장에게 기간을 정하여 서면으로 시정할 것을 명하고, 그 기간에 이행하지 아니하면 주무부장관이 시장 · 군수 및 자치구의 구청장의 명령이나 처분을 취소하거나 정지할 수 있다.

④ 주무부장관은 시 · 도지사가 시장 · 군수 및 자치구의 구청장에게 제1항에 따라 시정명령을 하였으나 이를 이행하지 아니한 데 따른 취소 · 정지를 하지 아니하는 경우에는 시 · 도지사에게 기간을 정하여 시장 · 군수 및 자치구의 구청장의 명령이나 처분을 취소하거나 정지할 것을 명하고, 그 기간에 이행하지 아니하면 주무부장관이 이를 직접 취소하거나 정지할 수 있다.

⑤ 제1항부터 제4항까지의 규정에 따른 자치사무에 관한 명령이나 처분에 대한 주무부장관 또는 시 · 도지사의 시정명령, 취소 또는 정지는 법령을 위반한 것에 한정한다.

⑥ 지방자치단체의 장은 제1항, 제3항 또는 제4항에 따른 자치사무에 관한 명령이나 처분의 취소 또는 정지에 대하여 이의가 있으면 그 취소처분 또는 정지처분을 통보받은 날부터 15일 이내에 대법원에 소를 제기할 수 있다. 〈2022. 1.13. 시행〉

ANSWER 7.② 8.④

① 토지보상법 제85조 제1항.

제85조(행정소송의 제기)
① 사업시행자, 토지소유자 또는 관계인은 제34조에 따른 재결에 불복할 때에는 재결서를 받은 날부터 90일 이내에, 이의신청을 거쳤을 때에는 이의신청에 대한 재결서를 받은 날부터 60일 이내에 각각 행정소송을 제기할 수 있다. 이 경우 사업시행자는 행정소송을 제기하기 전에 제84조에 따라 늘어난 보상금을 공탁하여야 하며, 보상금을 받을 자는 공탁된 보상금을 소송이 종결될 때까지 수령할 수 없다.
② 제1항에 따라 제기하려는 행정소송이 보상금의 증감(增減)에 관한 소송인 경우 그 소송을 제기하는 자가 토지소유자 또는 관계인일 때에는 사업시행자를, 사업시행자일 때에는 토지소유자 또는 관계인을 각각 피고로 한다.

② 지방자치법 제17조 제2항 1호.

③ 지방자치법 제170조 제3항.

제170조(지방자치단체의 장에 대한 직무이행명령)
① 지방자치단체의 장이 법령의 규정에 따라 그 의무에 속하는 국가위임사무나 시·도위임사무의 관리와 집행을 명백히 게을리하고 있다고 인정되면 시·도에 대하여는 주무부장관이, 시·군 및 자치구에 대하여는 시·도지사가 기간을 정하여 서면으로 이행할 사항을 명령할 수 있다.
② 주무부장관이나 시·도지사는 해당 지방자치단체의 장이 제1항의 기간에 이행명령을 이행하지 아니하면 그 지방자치단체의 비용부담으로 대집행하거나 행정상·재정상 필요한 조치를 할 수 있다. 이 경우 행정대집행에 관하여는 「행정대집행법」을 준용한다.
③ 지방자치단체의 장은 제1항의 이행명령에 이의가 있으면 이행명령서를 접수한 날부터 15일 이내에 대법원에 소를 제기할 수 있다. 이 경우 지방자치단체의 장은 이행명령의 집행을 정지하게 하는 집행정지결정을 신청할 수 있다.

지방자치법 제189조(지방자치단체의 장에 대한 직무이행명령)
① 지방자치단체의 장이 법령에 따라 그 의무에 속하는 국가위임사무나 시·도위임사무의 관리와 집행을 명백히 게을리하고 있다고 인정되면 시·도에 대해서는 주무부장관이, 시·군 및 자치구에 대해서는 시·도지사가 기간을 정하여 서면으로 이행할 사항을 명령할 수 있다.
② 주무부장관이나 시·도지사는 해당 지방자치단체의 장이 제1항의 기간에 이행명령을 이행하지 아니하면 그 지방자치단체의 비용부담으로 대집행 또는 행정상·재정상 필요한 조치(이하 이 조에서 "대집행등"이라 한다)를 할 수 있다. 이 경우 행정대집행에 관하여는 「행정대집행법」을 준용한다.
③ 주무부장관은 시장·군수 및 자치구의 구청장이 법령에 따라 그 의무에 속하는 국가위임사무의 관리와 집행을 명백히 게을리하고 있다고 인정됨에도 불구하고 시·도지사가 제1항에 따른 이행명령을 하지 아니하는 경우 시·도지사에게 기간을 정하여 이행명령을 하도록 명할 수 있다.
④ 주무부장관은 시·도지사가 제3항에 따른 기간에 이행명령을 하지 아니하면 제3항에 따른 기간이 지난 날부터 7일 이내에 직접 시장·군수 및 자치구의 구청장에게 기간을 정하여 이행명령을 하고, 그 기간에 이행하지 아니하면 주무부장관이 직접 대집행등을 할 수 있다.
⑤ 주무부장관은 시·도지사가 시장·군수 및 자치구의 구청장에게 제1항에 따라 이행명령을 하였으나 이를 이행하지 아니한 데 따른 대집행등을 하지 아니하는 경우에는 시·도지사에게 기간을 정하여 대집행등을 하도록 명하고, 그 기간에 대집행등을 하지 아니하면 주무부장관이 직접 대집행등을 할 수 있다.
⑥ 지방자치단체의 장은 제1항 또는 제4항에 따른 이행명령에 이의가 있으면 이행명령서를 접수한 날부터 15일 이내에 대법원에 소를 제기할 수 있다. 이 경우 지방자치단체의 장은 이행명령의 집행을 정지하게 하는 집행정지결정을 신청할 수 있다.
〈2022. 1.13. 시행〉

9 **공법상 계약에 대한 설명으로 옳지 않은 것은? (다툼이 있는 경우 판례에 의함)**

① 구「정부투자기관 관리기본법」의 적용 대상인 정부투자기관이 일방 당사자가 되는 계약은 사법상의 계약으로서 그에 관한 법령에 특별한 정함이 있는 경우를 제외하고는 사적 자치의 원칙이 그대로 적용된다.

② 구「중소기업 기술혁신촉진법」상 중소기업 정보화지원사업에 따른 지원금 출연을 위하여 중소기업청장이 체결하는 협약은 공법상 대등한 당사자 사이의 의사표시의 합치로 성립하는 공법상 계약에 해당한다.

③ 행정청이 자신과 상대방 사이의 법률관계를 일방적인 의사표시로 종료시켰다면 그 의사표시는 공법상 계약관계의 일방 당사자로서 대등한 지위에서 행하는 의사표시가 아니라 공권력행사로서 행정처분에 해당한다.

④ 공법상 계약의 한쪽 당사자가 다른 당사자를 상대로 효력을 다투거나 이행을 청구하는 소송은 분쟁의 실질이 공법상 권리·의무의 존부·범위에 관한 다툼이 아니라 손해배상액의 구체적인 산정방법·금액에 국한되는 등의 특별한 사정이 없는 한 공법상 당사자소송으로 제기하여야 한다.

ADVICE ③② 행정청이 자신과 상대방 사이의 법률관계를 일방적인 의사표시로 종료시켰다고 하더라도 곧바로 의사표시가 행정청으로서 공권력을 행사하여 행하는 행정처분이라고 단정할 수는 없고, 관계 법령이 상대방의 법률관계에 관하여 구체적으로 어떻게 규정하고 있는지에 따라 의사표시가 항고소송의 대상이 되는 행정처분에 해당하는지 아니면 공법상 계약관계의 일방 당사자로서 대등한 지위에서 행하는 의사표시인지를 개별적으로 판단하여야 한다. 중소기업 기술정보진흥원장이 甲 주식회사와 중소기업 정보화지원사업 지원대상인 사업의 지원에 관한 협약을 체결하였는데, 협약이 甲 회사에 책임이 있는 사업실패로 해지되었다는 이유로 협약에서 정한 대로 지급받은 정부지원금을 반환할 것을 통보한 사안에서, 중소기업 정보화지원사업에 따른 지원금 출연을 위하여 중소기업청장이 체결하는 협약은 공법상 대등한 당사자 사이의 의사표시의 합치로 성립하는 공법상 계약에 해당하는 점, 구 중소기업 기술혁신 촉진법 제32조 제1항은 제10조가 정한 기술혁신사업과 제11조가 정한 산학협력 지원사업에 관하여 출연한 사업비의 환수에 적용될 수 있을 뿐 이와 근거 규정을 달리하는 중소기업 정보화지원사업에 관하여 출연한 지원금에 대하여는 적용될 수 없고 달리 지원금 환수에 관한 구체적인 법령상 근거가 없는 점 등을 종합하면, 협약의 해지 및 그에 따른 환수통보는 공법상 계약에 따라 행정청이 대등한 당사자의 지위에서 하는 의사표시로 보아야 하고, 이를 행정청이 우월한 지위에서 행하는 공권력의 행사로서 행정처분에 해당한다고 볼 수는 없다(대판 2015. 8.27. 2015두41449).

① 구 정부투자기관 관리기본법의 적용 대상인 정부투자기관이 일방 당사자가 되는 계약(이하 '공공계약')은 정부투자기관이 사경제의 주체로서 상대방과 대등한 위치에서 체결하는 사법(私法)상의 계약으로서 본질적인 내용은 사인 간의 계약과 다를 바가 없으므로 그에 관한 법령에 특별한 정함이 있는 경우를 제외하고는 사적 자치와 계약자유의 원칙 등 사법의 원리가 그대로 적용된다(대판 2014.12.24. 2010다83182).

④ 공법상 당사자소송이란 행정청의 처분 등을 원인으로 하는 법률관계에 관한 소송 그 밖에 공법상의 법률관계에 관한 소송으로서 그 법률관계의 한쪽 당사자를 피고로 하는 소송을 말한다(행정소송법 제3조 제2호). 공법상 계약이란 공법적 효과의 발생을 목적으로 하여 대등한 당사자 사이의 의사표시의 합치로 성립하는 공법행위를 말한다. 공법상 계약의 한쪽 당사자가 다른 당사자를 상대로 효력을 다투거나 이행을 청구하는 소송은 공법상의 법률관계에 관한 분쟁이므로 분쟁의 실질이 공법상 권리·의무의 존부·범위에 관한 다툼이 아니라 손해배상액의 구체적인 산정방법·금액에 국한되는 등의 특별한 사정이 없는 한 공법상 당사자소송으로 제기하여야 한다(대판 2021. 2. 4. 2019다277133).

ANSWER 9.③

10 국가배상에 대한 설명으로 옳지 않은 것은? (다툼이 있는 경우 판례에 의함)

① 공무원이 고의 또는 과실로 그에게 부과된 직무상 의무를 위반하였을 경우라고 하더라도 국가는 그러한 직무상의 의무 위반과 피해자가 입은 손해 사이에 상당인과관계가 인정되는 범위 내에서만 배상책임을 진다.

② 공무원의 부작위로 인한 국가배상책임을 인정할 것인지 여부가 문제되는 경우에 관련 공무원에 대하여 작위의무를 명하는 형식적 법률의 규정이 없는 경우에는 국가배상책임이 인정되지 않는다.

③ 「국가배상법」 제5조 소정의 공공의 영조물이란 공유나 사유임을 불문하고 행정주체에 의하여 특정 공공의 목적에 공여된 유체물 또는 물적 설비를 의미한다.

④ 설치 공사 중인 옹벽은 아직 완성되지 아니하여 일반 공중의 이용에 제공되지 않고 있었던 이상 공공의 영조물에 해당한다고 할 수 없다.

ADVICE ② 공무원의 부작위로 인한 국가배상책임을 인정하기 위해서는 공무원의 작위로 인한 국가배상책임을 인정하는 경우와 마찬가지로 '공무원이 직무를 집행하면서 고의 또는 과실로 법령을 위반하여 타인에게 손해를 입힌 때'라고 하는 국가배상법 제2조 제1항의 요건이 충족되어야 한다. 여기서 '법령을 위반하여'란 엄격하게 형식적 의미의 법령에 명시적으로 공무원의 작위의무가 정하여져 있음에도 이를 위반하는 경우만을 의미하는 것은 아니고, 인권존중 · 권력남용금지 · 신의성실과 같이 공무원으로서 마땅히 지켜야 할 준칙이나 규범을 지키지 아니하고 위반한 경우를 포함하여 널리 그 행위가 객관적인 정당성을 결여하고 있는 경우도 포함한다(대판 2021. 7.21. 2021두33838).

① 공무원의 직무집행상 과실이란 공무원이 직무를 수행하면서 해당 직무를 담당하는 평균인이 통상 갖추어야 할 주의의무를 게을리한 것을 말한다. 공무원에게 부과된 직무상 의무의 내용이 단순히 공공 일반의 이익을 위한 것이거나 행정기관 내부의 질서를 규율하기 위한 것이 아니고 전적으로 또는 부수적으로 사회구성원 개인의 안전과 이익을 보호하기 위하여 설정된 것이라면, 공무원이 그와 같은 직무상 의무를 위반함으로써 피해자가 입은 손해에 대해서는 상당인과관계가 인정되는 범위에서 국가가 배상책임을 진다. 이때 상당인과관계의 유무는 일반적인 결과 발생의 개연성은 물론 직무상 의무를 부과하는 법령을 비롯한 행동규범의 목적, 가해행위의 양태와 피해의 정도 등을 종합적으로 고려하여 판단하여야 한다(대판 2021. 6.10. 2017다286874).

③ 국가배상법 제5조 소정의 공공의 영조물이란 공유나 사유임을 불문하고 행정주체에 의하여 특정 공공의 목적에 공여된 유체물 또는 물적 설비를 의미하므로 사실상 군민의 통행에 제공되고 있던 도로 옆의 암벽으로부터 떨어진 낙석에 맞아 소외인이 사망하는 사고가 발생하였다고 하여도 동 사고지점 도로가 피고 군에 의하여 노선인정 기타 공용개시가 없었으면 이를 영조물이라 할 수 없다(대판 1981. 7. 7. 80다2478).

④ 지방자치단체가 비탈사면인 언덕에 대하여 현장조사를 한 결과 붕괴의 위험이 있음을 발견하고 이를 붕괴위험지구로 지정하여 관리하여 오다가 붕괴를 예방하기 위하여 언덕에 옹벽을 설치하기로 하고 소외 회사에게 옹벽시설공사를 도급 주어 소외 회사가 공사를 시행하다가 깊이 3m의 구덩이를 파게 되었는데, 피해자가 공사현장 주변을 지나가다가 흙이 무너져 내리면서 위 구덩이에 추락하여 상해를 입게된 사안에서, 위 사고 당시 설치하고 있던 옹벽은 소외 회사가 공사를 도급받아 공사 중에 있었을 뿐만 아니라 아직 완성도 되지 아니하여 일반 공중의 이용에 제공되지 않고 있었던 이상 국가배상법 제5조 제1항 소정의 영조물에 해당한다고 할 수 없다(대판 1998.10.23. 98다17381).

11 다음 설명 중 옳지 않은 것은? (다툼이 있는 경우 판례에 의함)

① 조세심판청구에 대한 결정기관은 국무총리 소속의 조세심판원이며, 조세심판원의 결정은 관계 행정청을 기속한다.

② 공무원연금공단의 인정에 의해 퇴직연금을 지급받아 오던 중 공무원연금법령 개정 등으로 퇴직연금 중 일부 금액에 대해 지급이 정지된 경우, 미지급퇴직연금에 대한 지급청구권은 공법상 권리로서 그의 지급을 구하는 소송은 항고소송이다.

③ 과세처분 이후 조세 부과의 근거가 되었던 법률규정에 대하여 위헌결정이 내려진 경우, 위헌결정이후 그 조세채권의 집행을 위한 체납처분은 당연무효이다.

④ 위법한 세무조사에 의하여 수집된 과세자료를 기초로 한 과세처분은 위법하다.

ADVICE ② 구 공무원연금법 소정의 퇴직연금 등의 급여는 급여를 받을 권리를 가진 자가 당해 공무원이 소속하였던 기관장의 확인을 얻어 신청하는 바에 따라 공무원연금관리공단이 그 지급결정을 함으로써 그 구체적인 권리가 발생하는 것이므로, 공무원연금관리공단의 급여에 관한 결정은 국민의 권리에 직접 영향을 미치는 것이어서 행정처분에 해당할 것이지만, 공무원연금관리공단의 인정에 의하여 퇴직연금을 지급받아 오던 중 구 공무원연금법령의 개정 등으로 퇴직연금 중 일부 금액의 지급이 정지된 경우에는 당연히 개정된 법령에 따라 퇴직연금이 확정되는 것이지 같은 법 제26조 제1항에 정해진 공무원연금관리공단의 퇴직연금 결정과 통지에 의하여 비로소 그 금액이 확정되는 것이 아니므로, 공무원연금관리공단이 퇴직연금 중 일부 금액에 대하여 지급거부의 의사표시를 하였다고 하더라도 그 의사표시는 퇴직연금 청구권을 형성·확정하는 행정처분이 아니라 공법상의 법률관계의 한쪽 당사자로서 그 지급의무의 존부 및 범위에 관하여 나름대로의 사실상·법률상 의견을 밝힌 것일 뿐이어서, 이를 행정처분이라고 볼 수는 없고, 이 경우 미지급퇴직연금에 대한 지급청구권은 공법상 권리로서 그의 지급을 구하는 소송은 공법상의 법률관계에 관한 소송인 공법상 당사자소송에 해당한다(대판 2004. 7. 8. 2004두244).

① 국세기본법 제67조, 제80조 제1항.

제67조(조세심판원) ① 심판청구에 대한 결정을 하기 위하여 국무총리 소속으로 조세심판원을 둔다. 제80조(결정의 효력) ① 제81조에서 준용하는 제65조에 따른 결정은 관계 행정청을 기속(羈束)한다. ② 심판청구에 대한 결정이 있으면 해당 행정청은 결정의 취지에 따라 즉시 필요한 처분을 하여야 한다. 제81조(심사청구에 관한 규정의 준용) 심판청구에 관하여는 제61조제3항·제4항, 제63조, 제65조(제1항제1호가목 중 심사청구와 심판청구를 같은 날 제기한 경우는 제외한다) 및 제65조의2를 준용한다.

③ 조세 부과의 근거가 되었던 법률규정이 위헌으로 선언된 경우, 비록 그에 기한 과세처분이 위헌결정 전에 이루어졌고, 과세처분에 대한 제소기간이 이미 경과하여 조세채권이 확정되었으며, 조세채권의 집행을 위한 체납처분의 근거규정 자체에 대하여는 따로 위헌결정이 내려진 바 없다고 하더라도, 위와 같은 위헌결정 이후에 조세채권의 집행을 위한 새로운 체납처분에 착수하거나 이를 속행하는 것은 더 이상 허용되지 않고, 나아가 이러한 위헌결정의 효력에 위배하여 이루어진 체납처분은 그 사유만으로 하자가 중대하고 객관적으로 명백하여 당연무효라고 보아야 한다(대판 2012. 2.16. 2010두10907).

ANSWER 10.② 11.②

④ 세무조사가 과세자료의 수집 또는 신고내용의 정확성 검증이라는 본연의 목적이 아니라 부정한 목적을 위하여 행하여진 것이라면 이는 세무조사에 중대한 위법사유가 있는 경우에 해당하고 이러한 세무조사에 의하여 수집된 과세자료를 기초로 한 과세처분 역시 위법하다. 세무조사가 국가의 과세권을 실현하기 위한 행정조사의 일종으로서 과세자료의 수집 또는 신고내용의 정확성 검증 등을 위하여 필요불가결하며, 종국적으로는 조세의 탈루를 막고 납세자의 성실한 신고를 담보하는 중요한 기능을 수행하더라도 만약 남용이나 오용을 막지 못한다면 납세자의 영업활동 및 사생활의 평온이나 재산권을 침해하고 나아가 과세권의 중립성과 공공성 및 윤리성을 의심받는 결과가 발생할 것이기 때문이다(대판 2016.12.15. 2016두47659).

12 「경찰관 직무집행법」에 대한 설명으로 옳지 않은 것은? (다툼이 있는 경우 판례에 의함)

① 경찰관은 이미 행하여진 범죄나 행하여지려고 하는 범죄행위에 관한 사실을 안다고 인정되는 사람을 정지시켜 질문할 수 있지만, 질문을 받은 사람은 형사소송에 관한 법률에 따르지 아니하고는 신체를 구속당하지 아니하며, 그 의사에 반하여 답변을 강요당하지 아니한다.

② 경찰관은 보호조치를 하는 경우에 구호대상자가 휴대하고 있는 무기 · 흉기 등 위험을 일으킬 수 있는 것으로 인정되는 물건을 경찰관서에 임시로 영치하여 놓을 수 있지만, 그 기간은 10일을 초과할 수 없다.

③ 「경찰관 직무집행법」 제6조(범죄의 예방과 제지)상 범죄행위가 목전에 행하여지려고 하고 있다고 인정될 때 관계인에게 행하는 경찰관의 경고나 제지는 범죄의 예방을 위하여 범죄행위에 관한 실행의 착수 전에 행하여질 수 없고, 범죄행위가 계속되는 중에 그 진압을 위하여만 행하여질 수 있다.

④ 보호조치가 필요한 피구호자에 해당하는지는 구체적인 상황을 고려하여 경찰관 평균인을 기준으로 판단하되, 그 판단은 보호조치의 취지와 목적에 비추어 현저하게 불합리하여서는 아니 되며, 피구호자의 가족 등에게 피구호자를 인계할 수 있다면 특별한 사정이 없는 한 경찰관서에서 피구호자를 보호하는 것은 허용되지 않는다.

ADVICE ③ 경찰관직무집행법 제6조 제1항에 따른 경찰관의 제지 조치가 적법한 직무집행으로 평가될 수 있기 위해서는, 형사처벌의 대상이 되는 행위가 눈앞에서 막 이루어지려고 하는 것이 객관적으로 인정될 수 있는 상황이고, 그 행위를 당장 제지하지 않으면 곧 인명 · 신체에 위해를 미치거나 재산에 중대한 손해를 끼칠 우려가 있는 상황이어서, 직접 제지하는 방법 외에는 위와 같은 결과를 막을 수 없는 절박한 사태이어야 한다. 다만, 경찰관의 제지 조치가 적법한지 여부는 제지 조치 당시의 구체적 상황을 기초로 판단하여야 하고 사후적으로 순수한 객관적 기준에서 판단할 것은 아니다(대판 2013. 6.13. 2012도9937).

① 경찰관직무집행법 제3조 제1항, 제7항.

> 제3조(불심검문)
> ① 경찰관은 다음 각 호의 어느 하나에 해당하는 사람을 정지시켜 질문할 수 있다.
> 1. 수상한 행동이나 그 밖의 주위 사정을 합리적으로 판단하여 볼 때 어떠한 죄를 범하였거나 범하려 하고 있다고 의심할 만한 상당한 이유가 있는 사람
> 2. 이미 행하여진 범죄나 행하여지려고 하는 범죄행위에 관한 사실을 안다고 인정되는 사람
>
> ② 경찰관은 제1항에 따라 같은 항 각 호의 사람을 정지시킨 장소에서 질문을 하는 것이 그 사람에게 불리하거나 교통에 방해가 된다고 인정될 때에는 질문을 하기 위하여 가까운 경찰서 · 지구대 · 파출소 또는 출장소(지방해양경찰관서를 포함하며, 이하 "경찰관서"라 한다)로 동행할 것을 요구할 수 있다. 이 경우 동행을 요구받은 사람은 그 요구를 거절할 수 있다.
> ③ 경찰관은 제1항 각 호의 어느 하나에 해당하는 사람에게 질문을 할 때에 그 사람이 흉기를 가지고 있는지를 조사할 수 있다.
> ⑦ 제1항부터 제3항까지의 규정에 따라 질문을 받거나 동행을 요구받은 사람은 형사소송에 관한 법률에 따르지 아니하고는 신체를 구속당하지 아니하며, 그 의사에 반하여 답변을 강요당하지 아니한다.

② 경찰관직무집행법 제4조 제3항, 제7항.

> 제4조(보호조치 등)
> ③ 경찰관은 제1항의 조치를 하는 경우에 구호대상자가 휴대하고 있는 무기 · 흉기 등 위험을 일으킬 수 있는 것으로 인정되는 물건을 경찰관서에 임시로 영치(領置)하여 놓을 수 있다.
> ⑦ 제1항에 따라 구호대상자를 경찰관서에서 보호하는 기간은 24시간을 초과할 수 없고, 제3항에 따라 물건을 경찰관서에 임시로 영치하는 기간은 10일을 초과할 수 없다.

④ 경찰관직무집행법 제4조 제1항 제1호에서 규정하는 술에 취한 상태로 인하여 자기 또는 타인의 생명 · 신체와 재산에 위해를 미칠 우려가 있는 피구호자에 대한 보호조치는 경찰 행정상 즉시강제에 해당하므로, 그 조치가 불가피한 최소한도 내에서만 행사되도록 발동 · 행사 요건을 신중하고 엄격하게 해석하여야 한다. 따라서 이 사건 조항의 '술에 취한 상태'란 피구호자가 술에 만취하여 정상적인 판단능력이나 의사능력을 상실할 정도에 이른 것을 말하고, 이 사건 조항에 따른 보호조치를 필요로 하는 피구호자에 해당하는지는 구체적인 상황을 고려하여 경찰관 평균인을 기준으로 판단하되, 그 판단은 보호조치의 취지와 목적에 비추어 현저하게 불합리하여서는 아니 되며, 피구호자의 가족 등에게 피구호자를 인계할 수 있다면 특별한 사정이 없는 한 경찰관서에서 피구호자를 보호하는 것은 허용되지 않는다(대판 2012.12.13. 2012도11162).

ANSWER 12.③

13 「산업재해보상보험법」에 대한 설명으로 옳지 않은 것은? (다툼이 있는 경우 판례에 의함)

① 유족급여의 지급거부에 대하여는 고용노동부장관을 피고로 하여 당사자소송을 제기하여야 한다.

② 사업주가 제공한 교통수단이나 그에 준하는 교통수단을 이용하는 등 사업주의 지배관리하에서 출퇴근하는 도중에 발생한 사고는 업무상 재해이다.

③ 근로복지공단은 보험사업을 효율적으로 수행하기 위하여 필요하면 질병관리청 · 국세청 및 지방자치단체 등 관계 행정기관이나 보험사업과 관련되는 기관 · 단체 등에 필요한 자료의 제공을 요청할 수 있다.

④ 국가는 회계연도마다 예산의 범위에서 보험사업의 사무 집행에 드는 비용을 일반회계에서 부담하여야 한다.

ADVICE ① 유족급여의 지급거부에 대한 소송은 근로복지공단을 피고로 하여야 한다.
② 산업재해보상보험법 제37조 제1항 3호 가목.
③ 산업재해보상보험법 제31조 제1항.
④ 산업재해보상보험법 제3조 제1항.

14 이행강제금에 대한 설명으로 옳지 않은 것은? (다툼이 있는 경우 판례에 의함)

① 「건축법」상 이행강제금은 시정명령의 불이행이라는 과거의 위반행위에 대한 제재가 아니라 시정명령을 이행하지 않고 있는 건축주 등에 대하여 다시 상당한 이행기한을 부여하고 기한 안에 시정명령을 이행하지 않으면 이행강제금이 부과된다는 사실을 고지함으로써 의무자에게 심리적 압박을 주어 시정명령에 따른 의무의 이행을 간접적으로 강제하는 수단의 성질을 가진다.

② 「건축법」상 행정청은 의무자가 행정상 의무를 이행할 때까지 이행강제금을 반복하여 부과할 수 있으나, 의무자가 의무를 이행하면 새로운 이행강제금의 부과를 즉시 중지하여야 하고 이미 부과한 이행강제금은 징수하지 아니한다.

③ 「농지법」에 따른 이행강제금을 부과할 때에는 그때마다 이행강제금을 부과 · 징수한다는 뜻을 미리 문서로 알려야 하고, 이와 같은 절차를 거치지 아니한 채 이행강제금을 부과하는 것은 이행강제금 제도의 취지에 반하는 것으로써 위법하다.

④ 「건축법」상 이행강제금은 위반행위에 대하여 시정명령을 받은 후 시정기간 내에 당해 시정명령을 이행하지 아니한 건축주 등에 대하여 부과하는 것으로서 그 이행강제금 납부의무는 상속인 기타의 사람에게 승계될 수 없는 일신전속적인 성질의 것이므로 이미 사망한 사람에게 이행강제금을 부과하는 내용의 처분이나 결정은 당연무효이다.

ADVICE ②① 건축법 제80조 제6항, 제1항.

> 제80조(이행강제금)
> ① 허가권자는 제79조제1항에 따라 시정명령을 받은 후 시정기간 내에 시정명령을 이행하지 아니한 건축주등에 대하여는 그 시정명령의 이행에 필요한 상당한 이행기한을 정하여 그 기한까지 시정명령을 이행하지 아니하면 다음 각 호의 이행강제금을 부과한다. 다만, 연면적(공동주택의 경우에는 세대 면적을 기준으로 한다)이 60제곱미터 이하인 주거용 건축물과 제2호 중 주거용 건축물로서 대통령령으로 정하는 경우에는 다음 각 호의 어느 하나에 해당하는 금액의 2분의 1의 범위에서 해당 지방자치단체의 조례로 정하는 금액을 부과한다.
> ⑤ 허가권자는 최초의 시정명령이 있었던 날을 기준으로 하여 1년에 2회 이내의 범위에서 해당 지방자치단체의 조례로 정하는 횟수만큼 그 시정명령이 이행될 때까지 반복하여 제1항 및 제2항에 따른 이행강제금을 부과·징수할 수 있다.
> ⑥ 허가권자는 제79조제1항에 따라 시정명령을 받은 자가 이를 이행하면 새로운 이행강제금의 부과를 즉시 중지하되, 이미 부과된 이행강제금은 징수하여야 한다.

③ 이행강제금은 행정법상의 부작위의무 또는 비대체적 작위의무를 이행하지 않은 경우에 '일정한 기한까지 의무를 이행하지 않을 때에는 일정한 금전적 부담을 과할 뜻'을 미리 알림으로써 의무자에게 심리적 압박을 주어 장래를 향하여 그 의무의 이행을 확보하려는 간접적인 행정상 강제집행 수단이므로, 농지법 제62조 제1항에 따른 이행강제금을 부과할 때에는 그때마다 이행강제금을 부과·징수한다는 뜻을 미리 문서로 알려야 하고, 이와 같은 절차를 거치지 아니한 채 이행강제금을 부과하는 것은 이행강제금 제도의 취지에 반하는 것으로서 위법하다(대판 2018.11. 2. 2018마5608).

④ 구 건축법상의 이행강제금은 구 건축법의 위반행위에 대하여 시정명령을 받은 후 시정기간 내에 당해 시정명령을 이행하지 아니한 건축주 등에 대하여 부과되는 간접강제의 일종으로서 그 이행강제금 납부의무는 상속인 기타의 사람에게 승계될 수 없는 일신전속적인 성질의 것이므로 이미 사망한 사람에게 이행강제금을 부과하는 내용의 처분이나 결정은 당연무효이고, 이행강제금을 부과받은 사람의 이의에 의하여 비송사건절차법에 의한 재판절차가 개시된 후에 그 이의한 사람이 사망한 때에는 사건 자체가 목적을 잃고 절차가 종료한다(대판 2006.12. 8. 2006마470).

ANSWER 13.① 14.②

15 **행정상 제재에 대한 설명으로 옳지 않은 것은? (다툼이 있는 경우 판례에 의함)**

① 「도로교통법」에 따른 경찰서장의 통고처분은 행정소송의 대상이 되는 행정처분이다.

② 지방자치단체 소속 공무원이 지방자치단체 고유의 자치사무를 수행하던 중 「도로법」 규정에 의한 위반행위를 한 경우에는 지방자치단체는 「도로법」의 양벌규정에 따라 처벌대상이 되는 법인에 해당한다.

③ 「독점규제 및 공정거래에 관한 법률」상 부당내부거래에 대한 과징금에는 행정상의 제재금으로서의 기본적 성격에 부당이득환수적 요소도 부가되어 있다.

④ 「법인세법」상 가산세는 형벌이 아니므로 행위자의 고의 또는 과실 · 책임능력 · 책임조건 등을 고려하지 아니하며, 조세의 부과절차에 따라 과징할 수 있다.

ADVICE ① 도로교통법 제118조에서 규정하는 경찰서장의 통고처분은 행정소송의 대상이되는 행정처분이 아니므로 그 처분의 취소를 구하는 소송은 부적법하고, 도로교통법상의 통고처분을 받은 자가 그 처분에 대하여 이의가 있는 경우에는 통고처분에 따른 범칙금의 납부를 이행하지 아니함으로써 경찰서장의 즉결심판청구에 의하여 법원의 심판을 받을 수 있게 될 뿐이다(대판 1995. 6.29. 95누4674).

② 국가가 본래 그의 사무의 일부를 지방자치단체의 장에게 위임하여 그 사무를 처리하게 하는 기관위임사무의 경우에는 지방자치단체는 국가기관의 일부로 볼 수 있는 것이지만, 지방자치단체가 그 고유의 자치사무를 처리하는 경우에는 지방자치단체는 국가기관의 일부가 아니라 국가기관과는 별도의 독립한 공법인이므로, 지방자치단체 소속 공무원이 지방자치단체 고유의 자치사무를 수행하던 중 도로법 제81조 내지 제85조의 규정에 의한 위반행위를 한 경우에는 지방자치단체는 도로법 제86조의 양벌규정에 따라 처벌대상이 되는 법인에 해당한다(대판 2005. 11.10. 2004도2657).

③ 구 독점규제및공정거래에관한법률 제23조 제1항 제7호, 같은 법 제24조의2 소정의 부당지원행위를 한 지원주체에 대한 과징금은 그 취지와 기능, 부과의 주체와 절차 등을 종합할 때 부당지원행위의 억지(抑止)라는 행정목적을 실현하기 위한 입법자의 정책적 판단에 기하여 그 위반행위에 대하여 제재를 가하는 행정상의 제재금으로서의 기본적 성격에 부당이득환수적 요소도 부가되어 있는 것이라고 할 것이어서 그것이 헌법 제13조 제1항에서 금지하는 국가형벌권 행사로서의 처벌에 해당한다고 할 수 없으므로 구 독점규제및공정거래에관한법률에서 형사처벌과 아울러 과징금의 부과처분을 할 수 있도록 규정하고 있다 하더라도 이중처벌금지원칙이나 무죄추정원칙에 위반된다거나 사법권이나 재판청구권을 침해한다고 볼 수 없고, 또한 같은 법 제55조의3 제1항에 정한 각 사유를 참작하여 부당지원행위의 불법의 정도에 비례하여 상당한 금액의 범위 내에서만 과징금을 부과할 수 있도록 하고 있음에 비추어 비례원칙에 반한다고 할 수도 없다(대판 22004. 4. 9. 2001두6197).

④ 이 사건 법률조항(구 법인세법)은 납세자의 고의과실을 묻지 아니하나, 가산세는 형벌이 아니므로 행위자의 고의 또는 과실 · 책임능력 · 책임조건 등을 고려하지 아니하고 가산세 과세요건의 충족 여부만을 확인하여 조세의 부과절차에 따라 과징할 수 있다(헌재 2006. 7.27. 2004헌가13).

16 「지방공무원법」상 공무원관계에 대한 설명으로 옳지 않은 것은?

① 교육부장관 또는 행정안전부장관은 지방자치단체의 5급 이상 공무원의 결원을 보충할 때 공개경쟁임용시험 합격자, 공개경쟁승진시험 합격자 및 일반승진시험 합격자의 보충임용이 적절한 균형을 유지하도록 조정할 수 있다.

② 지방자치단체의 장은 다른 지방자치단체의 장의 동의를 받아 그 소속 공무원을 전입하도록 할 수 있다.

③ 지방자치단체의 장은 업무의 특성 또는 기관의 사정 등을 고려하여 신규임용되는 공무원 또는 소속 공무원을 대통령령 또는 조례로 정하는 바에 따라 통상적인 근무시간보다 짧게 근무하는 공무원으로 임용할 수 있다.

④ 파면, 해임, 강등, 견책에 해당하는 징계의결요구 중인 공무원에 대하여 임용권자는 직위를 부여하지 아니할 수 있다.

ADVICE ④ 지방공무원법 제65조의3 제1항 2호.

> 제65조의3(직위해제)
> ① 임용권자는 다음 각 호의 어느 하나에 해당하는 사람에 대하여는 직위를 부여하지 아니할 수 있다.
> 1. 직무수행 능력이 부족하거나 근무성적이 극히 나쁜 사람
> 2. 파면 · 해임 · 강등 · 정직에 해당하는 징계의결이 요구되고 있는 사람
> 3. 형사사건으로 기소된 사람(약식명령이 청구된 사람은 제외한다)

① 지방공무원법 제30조 제2항.
② 지방공무원법 제29조의3.
③ 지방공무원법 제25조의3.

17 「국민기초생활보장법」에 대한 설명으로 옳지 않은 것은?

① 생계급여 최저보장수준은 생계급여와 소득인정액을 포함하여 생계급여 선정기준 이상이 되도록 하여야 한다.

② 지방자치단체인 보장기관은 해당 지방자치단체의 조례로 정하는 바에 따라 「국민기초생활보장법」에 따른 급여의 범위 및 수준을 초과하여 급여를 실시할 수 있다.

③ 사회복지 전담공무원은 급여를 필요로 하는 사람이 누락되지 아니하도록 하기 위하여 관할지역에 거주하는 수급권자에 대한 급여를 수급자의 동의없이 직권으로 신청할 수 있다.

④ 기준 중위소득은 「통계법」에 따라 통계청이 공표하는 통계자료의 가구 경상소득의 중간값에 최근 가구소득 평균 증가율, 가구규모에 따른 소득수준의 차이 등을 반영하여 가구규모별로 산정한다.

ADVICE ③ 사회복지 전담공무원은 이 법에 따른 급여를 필요로 하는 사람이 누락되지 아니하도록 하기 위하여 관할지역에 거주하는 수급권자에 대한 급여를 직권으로 신청할 수 있다. 이 경우 수급권자의 동의를 구하여야 하며 수급권자의 동의는 수급권자의 신청으로 볼 수 있다(국민기초생활보장법 제21조 제2항).

① 국민기초생활보장법 제8조 제3항.
② 국민기초생활보장법 제4조 제4항.
④ 국민기초생활보장법 제6조의2 제1항.

ANSWER 15.① 16.④ 17.③

18 환경영향평가제도 등에 대한 설명으로 옳은 것만을 모두 고르면? (다툼이 있는 경우 판례에 의함)

> ㉠ 「재난 및 안전관리 기본법」 제37조에 따른 응급조치를 위한 사업은 「환경영향평가법」상 환경영향평가 대상에서 제외된다.
> ㉡ 인구 50만 이상의 시의 경우에는 그 지역을 관할하는 도가 환경영향평가의 실시에 관한 조례를 정한 경우에도 해당 시의 조례로 정하는 바에 따라 환경영향평가를 실시할 수 있다.
> ㉢ 「환경영향평가법」을 위반하여 징역 이상의 실형을 선고받고 그 형의 집행이 끝나거나(집행이 끝난 것으로 보는 경우를 포함) 집행을 받지 아니하기로 확정된 날부터 2년이 지나지 아니한 사람은 환경영향평가업의 등록을 할 수 없다.
> ㉣ 환경영향평가 대상지역 밖에 거주하는 주민은 헌법상의 환경권 또는 「환경정책기본법」에 근거하여 공유수면매립면허처분과 농지개량사업 시행인가처분의 무효확인을 구할 원고적격이 있다.

① ㉠, ㉡　　② ㉠, ㉢
③ ㉡, ㉢, ㉣　　④ ㉠, ㉡, ㉢, ㉣

ADVICE ㉠ 환경영향평가법 제23조 1호.

> 제23조(환경영향평가 대상 제외) 제22조에도 불구하고 다음 각 호의 어느 하나에 해당하는 사업은 환경영향평가 대상에서 제외한다.
> 1. 「재난 및 안전관리 기본법」 제37조에 따른 응급조치를 위한 사업
> 2. 국방부장관이 군사상 고도의 기밀보호가 필요하거나 군사작전의 긴급한 수행을 위하여 필요하다고 인정하여 환경부장관과 협의한 사업
> 3. 국가정보원장이 국가안보를 위하여 고도의 기밀보호가 필요하다고 인정하여 환경부장관과 협의한 사업

㉢ 환경영향평가법 제55조 4호.

> 제55조(결격사유) 다음 각 호의 어느 하나에 해당하는 자는 환경영향평가업의 등록을 할 수 없다.
> 1. 피성년후견인 또는 피한정후견인
> 2. 파산선고를 받고 복권되지 아니한 사람
> 3. 제58조에 따라 등록이 취소(이 조 제1호 또는 제2호에 해당하여 등록이 취소된 경우는 제외한다)된 날부터 2년(제58조제1항제4호에 따라 등록이 취소된 경우는 6개월)이 지나지 아니한 자
> 4. 이 법을 위반하여 징역 이상의 실형을 선고받고 그 형의 집행이 끝나거나(집행이 끝난 것으로 보는 경우를 포함한다) 집행을 받지 아니하기로 확정된 날부터 2년이 지나지 아니한 사람
> 5. 대표자 또는 임원 중 제1호부터 제4호까지의 어느 하나에 해당하는 사람이 있는 법인

㉡ 인구 50만 이상의 시의 경우에는 그 지역을 관할하는 도가 환경영향평가의 실시에 관한 조례를 정하지 아니한 경우에만 해당 시의 조례로 정하는 바에 따라 환경영향평가를 실시할 수 있다(환경영향평가법 제42조 제2항).

㉣ 공유수면매립과 농지개량사업시행으로 인하여 직접적이고 중대한 환경피해를 입으리라고 예상되는 환경영향평가 대상지역 안의 주민들이 전과 비교하여 수인한도를 넘는 환경침해를 받지 아니하고 쾌적한 환경에서 생활할 수 있는 개별적 이익까지도 이를 보호하려는 데에 있다고 할 것이므로, 위 주민들이 공유수면매립면허처분 등과 관련하여 갖고 있는 위와 같은 환경상의 이익은 주민 개개인에 대하여 개별적으로 보호되는 직접적 · 구체적 이익으로서 그들에 대하여는 특단의 사정이 없는 한 환경상의 이익에 대한 침해 또는 침해우려가 있는 것으로 사실상 추정되어

공유수면매립면허처분 등의 무효확인을 구할 원고적격이 인정된다. 한편, 환경영향평가 대상지역 밖의 주민이라 할지라도 공유수면매립면허처분 등으로 인하여 그 처분 전과 비교하여 수인한도를 넘는 환경피해를 받거나 받을 우려가 있는 경우에는, 공유수면매립면허처분 등으로 인하여 환경상 이익에 대한 침해 또는 침해우려가 있다는 것을 입증함으로써 그 처분 등의 무효확인을 구할 원고적격을 인정받을 수 있다(대판 2006. 3.16. 2006두330(전합)).

19 「국가재정법」에 대한 설명으로 옳지 않은 것은?

① 공무원의 보수 인상을 위한 인건비 충당을 위하여는 예비비의 사용목적을 지정할 수 있다.

② 중앙관서의 장은 예비비로 사용한 금액의 명세서를 작성하여 다음 연도 2월말까지 기획재정부장관에게 제출하여야 한다.

③ 정부는 예산안을 국회에 제출한 후 부득이한 사유로 인하여 그 내용의 일부를 수정하고자 하는 때에는 국무회의의 심의를 거쳐 대통령의 승인을 얻은 수정예산안을 국회에 제출할 수 있다.

④ 국가의 세출은 국채·차입금 외의 세입을 그 재원으로 하지만, 부득이한 경우에는 국회의 의결을 얻은 금액의 범위 안에서 국채 또는 차입금으로써 국가의 세출을 충당할 수 있다.

ADVICE ① 국가재정법 제22조 제2항.

> 제22조(예비비)
> ① 정부는 예측할 수 없는 예산 외의 지출 또는 예산초과지출에 충당하기 위하여 일반회계 예산총액의 100분의 1 이내의 금액을 예비비로 세입세출예산에 계상할 수 있다. 다만, 예산총칙 등에 따라 미리 사용목적을 지정해 놓은 예비비는 본문에도 불구하고 별도로 세입세출예산에 계상할 수 있다.
> ② 제1항 단서에도 불구하고 공무원의 보수 인상을 위한 인건비 충당을 위하여는 예비비의 사용목적을 지정할 수 없다.

② 국가재정법 제52조 제1항.

③ 국가재정법 제35조.

④ 국가재정법 제18조.

> 제18조(국가의 세출재원) 국가의 세출은 국채·차입금(외국정부·국제협력기구 및 외국법인으로부터 도입되는 차입자금을 포함한다. 이하 같다) 외의 세입을 그 재원으로 한다. 다만, 부득이한 경우에는 국회의 의결을 얻은 금액의 범위 안에서 국채 또는 차입금으로써 충당할 수 있다.

ANSWER 18.② 19.①

20 **지방자치에 대한 설명으로 옳은 것은? (다툼이 있는 경우 판례에 의함)**

① 도 교육감이 도를 대표하여 도지사가 대표하는 도를 상대로 제기한 소유권 확인의 소는 자기가 자기를 상대로 제기한 것으로 권리보호의 이익이 없어 부적법하다.

② 지방의회의원이 지방자치단체의 장이 조례안으로써 제안한 행정기구를 종류 및 업무가 다른 행정기구로 전환하는 수정안을 발의한 경우, 지방의회는 그 수정안을 의결 및 재의결할 수 있다.

③ 구「호적법」상 호적사무는 그 성질상 전국적으로 통일적 처리가 요구되는 국가의 사무로서 국가의 기관위임에 의하여 수행되는 사무이다.

④ 지방자치단체의 장에 대한 직무이행명령의 대상은 법령의 규정에 의하여 지방자치단체의 업무에 속하는 자치사무이다.

ADVICE ① 지방자체단체로서의 도는 1개의 법인이 존재할 뿐이고, 다만 사무의 영역에 따라 도지사와 교육감이 별개의 집행 및 대표기관으로 병존할 뿐이므로 도 교육감이 도를 대표하여 도지사가 대표하는 도를 상대로 제기한 소유권 확인의 소는 자기가 자기를 상대로 제기한 것으로 권리보호의 이익이 없어 부적법하다(대판 2001. 5. 8. 99다69341).

② 지방자치법령은 지방자치단체의 장으로 하여금 지방자치단체의 대표자로서 당해 지방자치단체의 사무와 법령에 의하여 위임된 사무를 관리·집행하는 데 필요한 행정기구를 설치할 고유한 권한과 이를 위한 조례안의 제안권을 가지도록 하는 반면 지방의회로 하여금 지방자치단체의 장의 행정기구의 설치권한을 견제하도록 하기 위하여 지방자치단체의 장이 조례안으로서 제안한 행정기구의 축소, 통폐합의 권한을 가지는 것으로 하고 있으므로, 지방의회의원이 지방자치단체의 장이 조례안으로서 제안한 행정기구를 종류 및 업무가 다른 행정기구로 전환하는 수정안을 발의하여 지방의회가 의결 및 재의결하는 것은 지방자치단체의 장의 고유 권한에 속하는 사항의 행사에 관하여 사전에 적극적으로 개입하는 것으로서 허용되지 아니한다(대판 2005. 8. 19. 2005추48).

③ 호적법 및 지방자치법의 제규정에 비추어 보면 호적사무는 국가의 사무로서 국가의 기관위임에 의하여 수행되는 사무가 아니고 지방자치법 제9조가 정하는 지방자치단체의 사무라 할 것이고, 단지 일반 행정사무와는 달리 사법적 성질이 강하여 법원의 감독을 받게 하는 데 지나지 아니한다(대판 1995. 3.28. 94다45654).

④ 지방자치단체의 장이 법령의 규정에 따라 그 의무에 속하는 국가위임사무나 시·도위임사무의 관리와 집행을 명백히 게을리하고 있다고 인정되면 시·도에 대하여는 주무부장관이, 시·군 및 자치구에 대하여는 시·도지사가 기간을 정하여 서면으로 이행할 사항을 명령할 수 있다(지방자치법 제170조 제1항).

> 지방자치법 189조(지방자치단체의 장에 대한 직무이행명령)
> ① 지방자치단체의 장이 법령에 따라 그 의무에 속하는 국가위임사무나 시·도위임사무의 관리와 집행을 명백히 게을리하고 있다고 인정되면 시·도에 대해서는 주무부장관이, 시·군 및 자치구에 대해서는 시·도지사가 기간을 정하여 서면으로 이행할 사항을 명령할 수 있다.
> 〈2022. 1.13. 시행〉

2022. 10. 15. 인사혁신처 시행

1 행정법의 일반원칙에 대한 설명으로 옳지 않은 것은? (다툼이 있는 경우 판례에 의함)

① 「행정기본법」은 비례의 원칙을 명문으로 규정하고 있다.

② 행정처분이 수차례에 걸쳐 반복적으로 행하여졌다면 그 처분이 위법한 것인 때에도 행정청에 대하여 자기구속력을 갖게 된다.

③ 공적 견해표명 당시의 사정이 사후에 변경된 경우 특별한 사정이 없는 한 행정청이 그 견해표명에 반하는 처분을 하더라도 신뢰보호원칙에 위반된다고 할 수 없다.

④ 주택사업계획승인을 하면서 그 주택사업과 아무 관련이 없는 토지를 기부채납하도록 하는 부관을 붙인 경우, 그 부관은 부당결부금지원칙에 위반되어 위법하다.

ADVICE ② 자기구속의 원칙은 처분 등의 행정행위가 적법한 경우에만 적용된다.
cf. 신뢰보호의 원칙은 위법한 선행행위의 경우에도 적용

① 행정기본법 제10조

행정기본법 제10조(비례의 원칙) 행정작용은 다음 각 호의 원칙에 따라야 한다. 1. 행정목적을 달성하는 데 유효하고 적절할 것 2. 행정목적을 달성하는 데 필요한 최소한도에 그칠 것 3. 행정작용으로 인한 국민의 이익 침해가 그 행정작용이 의도하는 공익보다 크지 아니할 것

③ 신뢰보호의 원칙은 행정청이 공적인 견해를 표명할 당시의 사정이 그대로 유지됨을 전제로 적용되는 것이 원칙이므로, 사후에 그와 같은 사정이 변경된 경우에는 그 공적 견해가 더 이상 개인에게 신뢰의 대상이 된다고 보기 어려운 만큼, 특별한 사정이 없는 한 행정청이 그 견해표명에 반하는 처분을 하더라도 신뢰보호의 원칙에 위반된다고 할 수 없다(대판 2020. 6. 25. 2018두34732).

④ 지방자치단체장이 사업자에게 주택사업계획승인을 하면서 그 주택사업과는 아무런 관련이 없는 토지를 기부채납하도록 하는 부관을 주택사업계획승인에 붙인 경우, 그 부관은 부당결부금지의 원칙에 위반되어 위법하지만, 지방자치단체장이 승인한 사업자의 주택사업계획은 상당히 큰 규모의 사업임에 반하여, 사업자가 기부채납한 토지 가액은 그 100분의 1 상당의 금액에 불과한 데다가, 사업자가 그 동안 그 부관에 대하여 아무런 이의를 제기하지 아니하다가 지방자치단체장이 업무착오로 기부채납한 토지에 대하여 보상협조요청서를 보내자 그 때서야 비로소 부관의 하자를 들고 나온 사정에 비추어 볼 때 부관의 하자가 중대하고 명백하여 당연무효라고는 볼 수 없다(대판 1997. 3. 11. 96다49650).

ANSWER 20.① / 1.②

2 **행정행위의 하자에 대한 설명으로 옳지 않은 것은? (다툼이 있는 경우 판례에 의함)**

① 인가처분에 하자가 없다면 기본행위에 하자가 있다 하더라도 기본행위의 무효를 내세워 바로 그에 대한 행정청의 인가처분의 취소 또는 무효확인을 소구할 법률상의 이익이 없다.

② 행정처분의 당연무효를 선언하는 의미에서 취소를 구하는 행정소송을 제기한 경우에는 취소소송의 제소요건을 갖추어야 한다.

③ 행정처분이 발하여진 후에 헌법재판소가 그 행정처분의 근거가 된 법률을 위헌으로 결정하였다면, 그 행정처분은 특별한 사정이 없는 한 당연무효이다.

④ 납세자가 아닌 제3자의 재산을 대상으로 한 압류처분은 그 처분의 내용이 법률상 실현될 수 없는 것이어서 당연무효이다.

ADVICE ③ 법률에 근거하여 행정처분이 발하여진 후에 헌법재판소가 그 행정처분의 근거가 된 법률을 위헌으로 결정하였다면 결과적으로 그 행정처분은 법률의 근거가 없이 행하여진 것과 마찬가지가 되어 하자가 있는 것이 된다고 할 것이다. 그러나 하자 있는 행정처분이 당연무효가 되기 위하여는 그 하자가 중대할 뿐만 아니라 명백한 것이어야 하는데, 일반적으로 법률이 헌법에 위반된다는 사정이 헌법재판소의 위헌결정이 있기 전에는 객관적으로 명백한 것이라고 할 수는 없으므로 헌법재판소의 위헌결정 전에 행정처분의 근거되는 당해 법률이 헌법에 위반된다는 사유는 특별한 사정이 없는 한 그 행정처분의 취소소송의 전제가 될 수 있을 뿐 당연무효사유는 아니라고 봄이 타당하다(대판 2013. 10. 31. 2012두17803).

① 도시재개발법 제34조에 의한 행정청의 인가는 주택개량재개발조합의 관리처분계획에 대한 법률상의 효력을 완성시키는 보충행위로서 그 기본 되는 관리처분계획에 하자가 있을 때에는 그에 대한 인가가 있었다 하여도 기본행위인 관리처분계획이 유효한 것으로 될 수 없으며, 다만 그 기본행위가 적법·유효하고 보충행위인 인가처분 자체에만 하자가 있다면 그 인가처분의 무효나 취소를 주장할 수 있다고 할 것이지만, 인가처분에 하자가 없다면 기본행위에 하자가 있다 하더라도 따로 그 기본행위의 하자를 다투는 것은 별론으로 하고 기본행위의 무효를 내세워 바로 그에 대한 행정청의 인가처분의 취소 또는 무효확인을 소구할 법률상의 이익이 있다고 할 수 없다(대판 2001. 12. 11. 2001두7541).

② 행정처분의 당연무효를 선언하는 의미에서 그 취소를 청구하는 행정소송을 제기한 경우에도 전심절차와 제소기간의 준수 등 취소소송의 제소요건을 갖추어야 한다(대판 1990. 12. 26. 90누6279).

④ 체납처분으로서 압류의 요건을 규정한 국세징수법 제24조 각 항의 규정을 보면 어느 경우에나 압류의 대상을 납세자의 재산에 국한하고 있으므로, 납세자가 아닌 제3자의 재산을 대상으로 한 압류처분은 그 처분의 내용이 법률상 실현될 수 없는 것이어서 당연무효이다(대판 2012. 6. 28. 2011두16865).

3 **행정규칙에 대한 설명으로 옳지 않은 것은? (다툼이 있는 경우 판례에 의함)**

① 중앙행정기관의 장이 정한 훈령 · 예규 및 고시 등 행정규칙은 상위법령의 위임이 있다고 하더라도 「행정기본법」상의 '법령'에 해당하지 않는다.

② 처분이 행정규칙을 위반하였다고 해서 그러한 사정만으로 곧바로 위법하게 되는 것은 아니다.

③ 처분의 근거나 법적인 효과가 행정규칙에 규정되어 있더라도 그 상대방의 권리 · 의무에 직접 영향을 미치는 행위라면, 항고소송의 대상이 되는 행정처분에 해당한다.

④ 행정규칙의 내용이 상위법령이나 법의 일반원칙에 반하는 것이라면 행정내부적 효력도 인정될 수 없다.

ADVICE ① 법령의 규정이 특정 행정기관에 그 법령 내용의 구체적 사항을 정할 수 있는 권한을 부여하면서 그 권한 행사의 절차나 방법을 특정하고 있지 않아 수임행정기관이 행정규칙인 고시의 형식으로 그 법령의 내용이 될 사항을 구체적으로 정하고 있는 경우, 그 고시가 당해 법령의 위임 한계를 벗어나지 않는 한, 그와 결합하여 대외적으로 구속력이 있는 법규명령으로서 효력을 가진다(대판 2008. 4. 10. 2007두4841).

② 행정기관 내부의 업무처리지침이나 법령의 해석 · 적용 기준을 정한 행정규칙은 특별한 사정이 없는 한 대외적으로 국민이나 법원을 구속하는 효력이 없다. 처분이 행정규칙을 위반하였다고 해서 그러한 사정만으로 곧바로 위법하게 되는 것은 아니고, 처분이 행정규칙을 따른 것이라고 해서 적법성이 보장되는 것도 아니다. 처분이 적법한지는 행정규칙에 적합한지 여부가 아니라 상위법령의 규정과 입법 목적 등에 적합한지 여부에 따라 판단해야 한다(대판 2021. 10. 14. 2021두39362).

③ 항고소송의 대상이 되는 행정처분이란 원칙적으로 행정청의 공법상 행위로서 특정 사항에 대하여 법규에 의한 권리의 설정 또는 의무의 부담을 명하거나 기타 법률상 효과를 발생하게 하는 등으로 일반 국민의 권리 의무에 직접 영향을 미치는 행위를 가리키는 것이지만, 어떠한 처분의 근거나 법적인 효과가 행정규칙에 규정되어 있다고 하더라도, 그 처분이 행정규칙의 내부적 구속력에 의하여 상대방에게 권리의 설정 또는 의무의 부담을 명하거나 기타 법적인 효과를 발생하게 하는 등으로 그 상대방의 권리 의무에 직접 영향을 미치는 행위라면, 이 경우에도 항고소송의 대상이 되는 행정처분에 해당한다고 보아야 한다(대판 2021. 2. 10. 2020두47564).

④ 행정기관이 소속 공무원이나 하급행정기관에 대하여 세부적인 업무처리절차나 법령의 해석 · 적용 기준을 정해 주는 '행정규칙'은 상위법령의 구체적 위임이 있지 않는 한 조직 내부에서만 효력을 가질 뿐 대외적으로 국민이나 법원을 구속하는 효력이 없다. 행정규칙이 이를 정한 행정기관의 재량에 속하는 사항에 관한 것인 때에는 그 규정 내용이 객관적 합리성을 결여하였다는 등의 특별한 사정이 없는 한 법원은 이를 존중하는 것이 바람직하다. 그러나 행정규칙의 내용이 상위법령이나 법의 일반원칙에 반하는 것이라면 법치국가원리에서 파생되는 법질서의 통일성과 모순금지 원칙에 따라 그것은 법질서상 당연무효이고, 행정내부적 효력도 인정될 수 없다. 이러한 경우 법원은 해당 행정규칙이 법질서상 부존재하는 것으로 취급하여 행정기관이 한 조치의 당부를 상위법령의 규정과 입법 목적 등에 따라서 판단하여야 한다(대판 2020. 5. 28. 2017두66541).

ANSWER 2.③ 3.①

4 행정계획에 대한 설명으로 옳지 않은 것은? (다툼이 있는 경우 판례에 의함)

① '4대강 살리기 마스터플랜'은 4대강 정비사업 지역 인근에 거주하는 주민의 권리 · 의무에 직접 영향을 미치는 것이어서 행정처분에 해당한다.

② 구 도시계획법령상 도시계획안의 내용에 대한 공고 및 공람 절차에 하자가 있는 도시계획결정은 위법하다.

③ 행정주체는 구체적인 행정계획을 입안 · 결정함에 있어서 비교적 광범위한 형성의 자유를 가진다.

④ 행정주체가 행정계획을 입안 · 결정함에 있어서 이익형량의 고려 대상에 마땅히 포함시켜야 할 사항을 누락한 경우 그 행정계획결정은 재량권을 일탈 · 남용한 것으로서 위법하다.

ADVICE ① 국토해양부, 환경부, 문화체육관광부, 농림수산부, 식품부가 합동으로 2009. 6. 8. 발표한 '4대강 살리기 마스터플랜' 등은 4대강 정비사업과 주변 지역의 관련 사업을 체계적으로 추진하기 위하여 수립한 종합계획이자 '4대강 살리기 사업'의 기본방향을 제시하는 계획으로서, 행정기관 내부에서 사업의 기본방향을 제시하는 것일 뿐, 국민의 권리 · 의무에 직접 영향을 미치는 것이 아니어서 행정처분에 해당하지 않는다(대판 2011. 4. 21. 2010무111).

② 도시계획법 제16조의2 제2항과 같은법시행령 제14조의2 제6항 내지 제8항의 규정을 종합하여 보면 도시계획의 입안에 있어 해당 도시계획안의 내용을 공고 및 공람하게 한 것은 다수 이해관계자의 이익을 합리적으로 조정하여 국민의 권리자유에 대한 부당한 침해를 방지하고 행정의 민주화와 신뢰를 확보하기 위하여 국민의 의사를 그 과정에 반영시키는데 있는 것이므로 이러한 공고 및 공람 절차에 하자가 있는 도시계획결정은 위법하다(대판 2000. 3. 23. 98두2768).

③④행정계획이라 함은 행정에 관한 전문적 · 기술적 판단을 기초로 하여 도시의 건설 · 정비 · 개량 등과 같은 특정한 행정목표를 달성하기 위하여 서로 관련되는 행정수단을 종합 · 조정함으로써 장래의 일정한 시점에 있어서 일정한 질서를 실현하기 위한 활동기준으로 설정된 것으로서, 도시계획법 등 관계 법령에는 추상적인 행정목표와 절차만이 규정되어 있을 뿐 행정계획의 내용에 대하여는 별다른 규정을 두고 있지 아니하므로 행정주체는 구체적인 행정계획을 입안 · 결정함에 있어서 비교적 광범위한 형성의 자유를 가지는 한편, 행정주체가 가지는 이와 같은 형성의 자유는 무제한적인 것이 아니라 그 행정계획에 관련되는 자들의 이익을 공익과 사익 사이에서는 물론이고 공익 상호간과 사익 상호간에도 정당하게 비교교량하여야 한다는 제한이 있는 것이고, 따라서 행정주체가 행정계획을 입안 · 결정함에 있어서 이익형량을 전혀 행하지 아니하거나 이익형량의 고려 대상에 마땅히 포함시켜야 할 사항을 누락한 경우 또는 이익형량을 하였으나 정당성 · 객관성이 결여된 경우에는 그 행정계획결정은 재량권을 일탈 · 남용한 것으로서 위법하게 된다(대판 2011. 2. 24. 2010두21464).

5 「행정기본법」상 처분의 취소 및 철회에 대한 설명으로 옳지 않은 것은?

① 행정청은 당사자의 신뢰를 보호할 가치가 있는 등 정당한 사유가 있는 경우에는 위법한 처분을 장래를 향하여 취소할 수 있다.

② 당사자가 부정한 방법으로 수익적 처분을 받은 경우에도 행정청이 그 처분을 취소하려면 취소로 인하여 당사자가 입게 될 불이익을 취소로 달성되는 공익과 비교 · 형량하여야 한다.

③ 행정청은 중대한 공익을 위하여 필요한 경우에는 적법한 처분의 전부 또는 일부를 장래를 향하여 철회할 수 있다.

④ 처분은 무효가 아닌 한 권한이 있는 기관이 취소 또는 철회하거나 기간의 경과 등으로 소멸되기 전까지는 유효한 것으로 통용된다.

ADVICE ② 행정행위를 한 처분청은 그 행위에 하자가 있는 경우에는 별도의 법적 근거가 없더라도 스스로 이를 취소할 수 있다. 다만 수익적 행정처분을 취소할 때에는 이를 취소하여야 할 공익상의 필요와 그 취소로 당사자가 입게 될 기득권과 신뢰보호 및 법률생활 안정의 침해 등 불이익을 비교 · 교량한 후 공익상의 필요가 당사자가 입을 불이익을 정당화할 만큼 강한 경우에 한하여 취소할 수 있다. 나아가 수익적 행정처분의 하자가 당사자의 사실은폐나 기타 사위의 방법에 의한 신청행위에 기인한 것이라면 당사자는 처분에 의한 이익이 위법하게 취득되었음을 알아 취소가능성도 예상하고 있었다고 보아야 하므로, 그 자신이 처분에 관한 신뢰이익을 원용할 수 없음은 물론 행정청이 이를 고려하지 아니하였더라도 재량권의 남용이라고 볼 수 없다(대판 2020. 2. 27. 2019두39611).

① 행정기본법 제18조 제1항

③ 행정기본법 제19조 제1항

④ 행정기본법 제15조

> 행정기본법 제15조(처분의 효력) 처분은 권한이 있는 기관이 취소 또는 철회하거나 기간의 경과 등으로 소멸되기 전까지는 유효한 것으로 통용된다. 다만, 무효인 처분은 처음부터 그 효력이 발생하지 아니한다.
>
> 제18조(위법 또는 부당한 처분의 취소) ① 행정청은 위법 또는 부당한 처분의 전부나 일부를 소급하여 취소할 수 있다. 다만, 당사자의 신뢰를 보호할 가치가 있는 등 정당한 사유가 있는 경우에는 장래를 향하여 취소할 수 있다.
>
> 제19조(적법한 처분의 철회) ① 행정청은 적법한 처분이 다음 각 호의 어느 하나에 해당하는 경우에는 그 처분의 전부 또는 일부를 장래를 향하여 철회할 수 있다.
>
> 1. 법률에서 정한 철회 사유에 해당하게 된 경우
> 2. 법령등의 변경이나 사정변경으로 처분을 더 이상 존속시킬 필요가 없게 된 경우
> 3. 중대한 공익을 위하여 필요한 경우

ANSWER 4.① 5.②

6 행정행위에 대한 설명으로 옳은 것은? (다툼이 있는 경우 판례에 의함)

① 상대방 있는 행정처분이 상대방에게 고지되지 아니한 경우에는 특별한 규정이 없는 한 상대방이 다른 경로를 통해 행정처분의 내용을 알게 되었다고 하더라도 행정처분의 효력이 발생한다고 볼 수 없다.

② 기한의 도래로 실효한 종전의 허가에 대한 기간연장신청은 새로운 허가를 내용으로 하는 행정처분을 구하는 것이 아니라, 종전의 허가처분을 전제로 하여 단순히 그 유효기간을 연장하여 주는 행정처분을 구하는 것으로 보아야 한다.

③ 공무원에 대한 당연퇴직의 인사발령은 공무원의 신분을 상실시키는 새로운 형성적 행위이므로 행정소송의 대상이 되는 행정처분이다.

④ 지적공부 소관청의 지목변경신청 반려행위는 국민의 권리관계에 영향을 미친다고 볼 수 없어서 행정처분에 해당하지 않는다.

ADVICE ① 상대방 있는 행정처분은 특별한 규정이 없는 한 의사표시에 관한 일반법리에 따라 상대방에게 고지되어야 효력이 발생하고, 상대방 있는 행정처분이 상대방에게 고지되지 아니한 경우에는 상대방이 다른 경로를 통해 행정처분의 내용을 알게 되었다고 하더라도 행정처분의 효력이 발생한다고 볼 수 없다(대판 2019. 8. 9. 2019두38656).

② 종전의 허가가 기한의 도래로 실효한 이상 원고가 종전 허가의 유효기간이 지나서 신청한 이 사건 기간연장신청은 그에 대한 종전의 허가처분을 전제로 하여 단순히 그 유효기간을 연장하여 주는 행정처분을 구하는 것이라기 보다는 종전의 허가처분과는 별도의 새로운 허가를 내용으로 하는 행정처분을 구하는 것이라고 보아야 할 것이어서, 이러한 경우 허가권자는 이를 새로운 허가신청으로 보아 법의 관계 규정에 의하여 허가요건의 적합 여부를 새로이 판단하여 그 허가 여부를 결정하여야 할 것이다(대판 1995. 11. 10. 94누11866).

③ 지방공무원법 제61조의 규정에 의하면 공무원에게 같은 법 제31조 소정의 결격사유가 있을 때에는 당연히 퇴직한다고 되어 있으므로 이러한 당연퇴직의 경우에는 결격사유가 있어 법률상 당연퇴직되는 것이지 공무원관계를 소멸시키기 위한 별도의 행정처분을 요하지 아니한다 할 것이며 위와 같은 사유의 발생으로 당연퇴직의 인사발령이 있었다 하여도 이는 퇴직사실을 알리는 이른바 관념의 통지에 불과하여 행정소송의 대상이 되지 아니한다(대판 1992. 1. 21. 91누2687).

④ 지목은 토지에 대한 공법상의 규제, 개발부담금의 부과대상, 지방세의 과세대상, 공시지가의 산정, 손실보상가액의 산정 등 토지행정의 기초로서 공법상의 법률관계에 영향을 미치고, 토지소유자는 지목을 토대로 토지의 사용 · 수익 · 처분에 일정한 제한을 받게 되는 점 등을 고려하면, 지목은 토지소유권을 제대로 행사하기 위한 전제요건으로서 토지소유자의 실체적 권리관계에 밀접하게 관련되어 있으므로 지적공부 소관청의 지목변경신청 반려행위는 국민의 권리관계에 영향을 미치는 것으로서 항고소송의 대상이 되는 행정처분에 해당한다(대판 2004. 4. 22. 2003두9015).

7 행정절차에 대한 설명으로 옳지 않은 것은? (다툼이 있는 경우 판례에 의함)

① 당사자가 근거규정 등을 명시하여 신청하는 인·허가 등을 거부하는 처분을 함에 있어 당사자가 그 근거를 알 수 있을 정도로 상당한 이유를 제시한 경우에는 당해 처분의 근거 및 이유를 구체적 조항 및 내용까지 명시하지 않았더라도 그로 말미암아 그 처분이 위법한 것이 된다고 할 수 없다.

② 환경영향평가절차를 거쳤다면, 환경영향평가의 내용이 다소 부실하다 하더라도, 그 부실의 정도가 환경영향평가를 하지 아니한 것과 다를 바 없는 정도의 것이 아니라면 당연히 당해 승인 등 처분이 위법하게 되는 것은 아니다.

③ 행정청이 당사자와 도시계획사업의 시행과 관련한 협약을 체결하면서 관계 법령 및 「행정절차법」에 규정된 청문의 실시 등 의견청취절차를 배제하는 조항을 두었다고 하더라도, 청문의 실시에 관한 규정의 적용을 배제할 수 있다고 볼 만한 법령상의 규정이 없는 한, 청문의 실시에 관한 규정의 적용이 배제된다거나 청문을 실시하지 않아도 되는 예외적인 경우에 해당한다고 할 수 없다.

④ 「국가공무원법」상 직위해제처분을 할 경우 처분의 사전통지 및 의견청취 등에 관한 「행정절차법」의 규정이 적용된다.

ADVICE ④ 국가공무원법상 직위해제처분은 구 행정절차법(2012. 10. 22. 법률 제11498호로 개정되기 전의 것) 제3조 제2항 제9호, 구 행정절차법 시행령 제2조 제3호에 의하여 당해 행정작용의 성질상 행정절차를 거치기 곤란하거나 불필요하다고 인정되는 사항 또는 행정절차에 준하는 절차를 거친 사항에 해당하므로, 처분의 사전통지 및 의견청취 등에 관한 행정절차법의 규정이 별도로 적용되지 않는다(대판 2014. 5. 16. 2012두26180).

① 행정절차법 제23조 제1항은 행정청은 처분을 하는 때에는 당사자에게 그 근거와 이유를 제시하여야 한다고 규정하고 있는바, 일반적으로 당사자가 근거규정 등을 명시하여 신청하는 인·허가 등을 거부하는 처분을 함에 있어 당사자가 그 근거를 알 수 있을 정도로 상당한 이유를 제시한 경우에는 당해 처분의 근거 및 이유를 구체적 조항 및 내용까지 명시하지 않았더라도 그로 말미암아 그 처분이 위법한 것이 된다고 할 수 없다(대판2002. 5. 17. 2000두8912).

② 비록 그 사전환경성검토의 내용이 다소 부실하다 하더라도 그 부실의 정도가 사전환경성검토 제도를 둔 입법 취지를 달성할 수 없을 정도이어서 사전환경성검토를 하지 아니한 것과 다를 바 없는 정도의 것이 아닌 이상, 그 부실은 당해 처분에 재량권 일탈·남용의 위법이 있는지 여부를 판단하는 하나의 요소로 됨에 그칠 뿐, 그 부실로 인하여 당연히 당해 처분이 위법하게 되는 것은 아니라고 할 것이다(대판 2014. 7. 24. 2012두4616).

③ 행정청이 당사자와 사이에 도시계획사업의 시행과 관련한 협약을 체결하면서 관계 법령 및 행정절차법에 규정된 청문의 실시 등 의견청취절차를 배제하는 조항을 두었다고 하더라도, 국민의 행정참여를 도모함으로써 행정의 공정성·투명성 및 신뢰성을 확보하고 국민의 권익을 보호한다는 행정절차법의 목적 및 청문제도의 취지 등에 비추어 볼 때, 위와 같은 협약의 체결로 청문의 실시에 관한 규정의 적용을 배제할 수 있다고 볼 만한 법령상의 규정이 없는 한, 이러한 협약이 체결되었다고 하여 청문의 실시에 관한 규정의 적용이 배제된다거나 청문을 실시하지 않아도 되는 예외적인 경우에 해당한다고 할 수 없다(대판 2004. 7. 8. 2002두8350).

ANSWER 6.① 7.④

8 **행정조사에 대한 설명으로 옳지 않은 것은? (다툼이 있는 경우 판례에 의함)**

① 세무조사에 중대한 위법사유가 있는 경우 이러한 세무조사에 의하여 수집된 과세자료를 기초로 한 과세처분 역시 위법하다.

② 과세관청의 질문조사권이 행해지는 세무조사결정은 납세의무자의 권리 · 의무에 직접 영향을 미치는 공권력의 행사에 따른 행정작용으로서 항고소송의 대상이 된다.

③ 「행정조사기본법」 제4조(행정조사의 기본원칙)는 조세 · 보안처분에 관한 사항에 대하여 적용하지 아니한다.

④ 행정기관의 장은 법령등에 특별한 규정이 있는 경우를 제외하고는 행정조사의 결과를 확정한 날부터 7일 이내에 그 결과를 조사대상자에게 통지하여야 한다.

ADVICE ③ 행정조사기본법 제3조 제3항

행정조사기본법 제3조(적용범위)

② 다음 각 호의 어느 하나에 해당하는 사항에 대하여는 이 법을 적용하지 아니한다.

1. 행정조사를 한다는 사실이나 조사내용이 공개될 경우 국가의 존립을 위태롭게 하거나 국가의 중대한 이익을 현저히 해칠 우려가 있는 국가안전보장 · 통일 및 외교에 관한 사항
2. 국방 및 안전에 관한 사항 중 다음 각 목의 어느 하나에 해당하는 사항
   가. 군사시설 · 군사기밀보호 또는 방위사업에 관한 사항
   나. 「병역법」 · 「예비군법」 · 「민방위기본법」 · 「비상대비에 관한 법률」에 따른 징집 · 소집 · 동원 및 훈련에 관한 사항
3. 「공공기관의 정보공개에 관한 법률」 제4조제3항의 정보에 관한 사항
4. 「근로기준법」 제101조에 따른 근로감독관의 직무에 관한 사항
5. 조세 · 형사 · 행형 및 보안처분에 관한 사항
6. 금융감독기관의 감독 · 검사 · 조사 및 감리에 관한 사항
7. 「독점규제 및 공정거래에 관한 법률」, 「표시 · 광고의 공정화에 관한 법률」, 「하도급거래 공정화에 관한 법률」, 「가맹사업거래의 공정화에 관한 법률」, 「방문판매 등에 관한 법률」, 「전자상거래 등에서의 소비자보호에 관한 법률」, 「약관의 규제에 관한 법률」 및 「할부거래에 관한 법률」에 따른 공정거래위원회의 법률위반행위 조사에 관한 사항

③ 제2항에도 불구하고 제4조(행정조사의 기본원칙), 제5조(행정조사의 근거) 및 제28조(정보통신수단을 통한 행정조사)는 제2항 각 호의 사항에 대하여 적용한다.

① 세무조사가 과세자료의 수집 또는 신고내용의 정확성 검증이라는 본연의 목적이 아니라 부정한 목적을 위하여 행하여진 것이라면 이는 세무조사에 중대한 위법사유가 있는 경우에 해당하고 이러한 세무조사에 의하여 수집된 과세자료를 기초로 한 과세처분 역시 위법하다. 세무조사가 국가의 과세권을 실현하기 위한 행정조사의 일종으로서 과세자료의 수집 또는 신고내용의 정확성 검증 등을 위하여 필요불가결하며, 종국적으로는 조세의 탈루를 막고 납세자의 성실한 신고를 담보하는 중요한 기능을 수행하더라도 만약 남용이나 오용을 막지 못한다면 납세자의 영업활동 및 사생활의 평온이나 재산권을 침해하고 나아가 과세권의 중립성과 공공성 및 윤리성을 의심받는 결과가 발생할 것이기 때문이다(대판 2016. 12. 15. 2016두47659).

② 부과처분을 위한 과세관청의 질문조사권이 행해지는 세무조사결정이 있는 경우 납세의무자는 세무공무원의 과세자료 수집을 위한 질문에 대답하고 검사를 수인하여야 할 법적 의무를 부담하게 되는 점, 세무조사는 기본적으로 적정하고

공평한 과세의 실현을 위하여 필요한 최소한의 범위 안에서 행하여져야 하고, 더욱이 동일한 세목 및 과세기간에 대한 재조사는 납세자의 영업의 자유 등 권익을 심각하게 침해할 뿐만 아니라 과세관청에 의한 자의적인 세무조사의 위험마저 있으므로 조세공평의 원칙에 현저히 반하는 예외적인 경우를 제외하고는 금지될 필요가 있는 점, 납세의무자로 하여금 개개의 과태료 처분에 대하여 불복하거나 조사 종료 후의 과세처분에 대하여만 다툴 수 있도록 하는 것보다는 그에 앞서 세무조사결정에 대하여 다툼으로써 분쟁을 조기에 근본적으로 해결할 수 있는 점 등을 종합하면, 세무조사결정은 납세의무자의 권리·의무에 직접 영향을 미치는 공권력의 행사에 따른 행정작용으로서 항고소송의 대상이 된다(대판 2011. 3. 10. 2009두23617,23624).

④ 행정조사기본법 제24조

9 제재처분에 대한 설명으로 옳지 않은 것은? (다툼이 있는 경우 판례에 의함)

① 일정한 법규위반 사실이 행정처분의 전제사실이자 형사법규의 위반사실이 되는 경우, 형사판결이 확정되기 전에 그 위반사실을 이유로 제재처분을 하였다면 절차적 위반에 해당한다.

② 행정청이 여러 개의 위반행위에 대하여 하나의 제재처분을 하였으나, 위반행위별로 제재처분의 내용을 구분하는 것이 가능하고 여러 개의 위반행위 중 일부의 위반행위에 대한 제재처분 부분만이 위법하다면, 법원은 제재처분 전부를 취소하여서는 아니 된다.

③ 법령위반 행위가 2022년 3월 23일 있은 후 법령이 개정되어 그 위반행위에 대한 제재처분 기준이 감경된 경우, 특별한 규정이 없다면 해당 제재처분에 대해서는 개정된 법령을 적용한다.

④ 행정법규 위반에 대한 영업정지 처분은 행정목적의 달성을 위하여 행정법규 위반이라는 객관적 사실에 착안하여 가하는 제재이므로, 반드시 현실적인 행위자가 아니라도 법령상 책임자로 규정된 자에게 부과되고, 특별한 사정이 없는 한 위반자에게 고의나 과실이 없더라도 부과할 수 있다.

ADVICE ① 행정처분과 형벌은 각각 그 권력적 기초, 대상, 목적이 다르다. 일정한 법규 위반 사실이 행정처분의 전제사실이자 형사법규의 위반 사실이 되는 경우에 동일한 행위에 관하여 독립적으로 행정처분이나 형벌을 부과하거나 이를 병과할 수 있다. 법규가 예외적으로 형사소추 선행 원칙을 규정하고 있지 않은 이상 형사판결 확정에 앞서 일정한 위반사실을 들어 행정처분을 하였다고 하여 절차적 위반이 있다고 할 수 없다(대판 2017. 6. 19. 2015두59808).

② 여러 처분사유에 관하여 하나의 제재처분을 하였을 때 그중 일부가 인정되지 않는다고 하더라도 나머지 처분사유들만으로도 처분의 정당성이 인정되는 경우에는 그 처분을 위법하다고 보아 취소하여서는 아니 된다. 행정청이 여러 개의 위반행위에 대하여 하나의 제재처분을 하였으나, 위반행위별로 제재처분의 내용을 구분하는 것이 가능하고 여러 개의 위반행위 중 일부의 위반행위에 대한 제재처분 부분만이 위법하다면, 법원은 제재처분 중 위법성이 인정되는 부분만 취소하여야 하고 제재처분 전부를 취소하여서는 아니 된다(대판 2020. 5. 14. 2019두63515).

ANSWER 8.③ 9.①

③ 행정기본법 제14조 제3항

> 행정기본법 제14조(법 적용의 기준) ① 새로운 법령등은 법령등에 특별한 규정이 있는 경우를 제외하고는 그 법령등의 효력 발생 전에 완성되거나 종결된 사실관계 또는 법률관계에 대해서는 적용되지 아니한다.
> ② 당사자의 신청에 따른 처분은 법령등에 특별한 규정이 있거나 처분 당시의 법령등을 적용하기 곤란한 특별한 사정이 있는 경우를 제외하고는 처분 당시의 법령등에 따른다.
> ③ 법령등을 위반한 행위의 성립과 이에 대한 제재처분은 법령등에 특별한 규정이 있는 경우를 제외하고는 법령등을 위반한 행위 당시의 법령등에 따른다. 다만, 법령등을 위반한 행위 후 법령등의 변경에 의하여 그 행위가 법령등을 위반한 행위에 해당하지 아니하거나 제재처분 기준이 가벼워진 경우로서 해당 법령등에 특별한 규정이 없는 경우에는 변경된 법령등을 적용한다.

④ 행정법규 위반에 대한 제재처분은 행정목적의 달성을 위하여 행정법규 위반이라는 객관적 사실에 착안하여 가하는 제재이므로, 반드시 현실적인 행위자가 아니라도 법령상 책임자로 규정된 자에게 부과되고, 특별한 사정이 없는 한 위반자에게 고의나 과실이 없더라도 부과할 수 있다(대판 2020. 7. 9. 2020두36472).

10 항고소송에 대한 판례의 입장으로 옳은 것만을 모두 고르면?

> ㉠ 건축물대장 소관청의 용도변경신청 거부행위는 국민의 권리관계에 영향을 미치는 것으로서 항고소송의 대상이 되는 행정처분에 해당한다.
> ㉡ 자동차운전면허대장에 일정한 사항을 등재하는 행위와 운전경력증명서상의 기재행위는 행정소송의 대상이 되는 독립한 행정처분으로 볼 수 없다.
> ㉢ 「병역법」에 따라 관할 지방병무청장이 1차로 병역의무기피자 인적사항 공개 대상자 결정을 하고 그에 따라 병무청장이 같은 내용으로 최종적 공개결정을 하였더라도, 해당 공개 대상자는 관할 지방병무청장의 공개 대상자 결정을 다툴 수 있다.
> ㉣ 한국마사회가 조교사 또는 기수의 면허를 취소하는 것은 국가 기타 행정기관으로부터 위탁받은 행정권한의 행사가 아니라 일반 사법상의 법률관계에서 이루어지는 단체 내부에서의 징계 내지 제재처분이다.

① ㉠, ㉡, ㉢
② ㉠, ㉡, ㉣
③ ㉠, ㉢, ㉣
④ ㉡, ㉢, ㉣

ADVICE ㉠ 건축물의 용도는 토지의 지목에 대응하는 것으로서 건물의 이용에 대한 공법상의 규제, 건축법상의 시정명령, 지방세 등의 과세대상 등 공법상 법률관계에 영향을 미치고, 건물소유자는 용도를 토대로 건물의 사용·수익·처분에 일정한 영향을 받게 된다. 이러한 점 등을 고려해 보면, 건축물대장의 용도는 건축물의 소유권을 제대로 행사하기 위한 전제요건으로서 건축물 소유자의 실체적 권리관계에 밀접하게 관련되어 있으므로, 건축물대장 소관청의 용도변경신청 거부행위는 국민의 권리관계에 영향을 미치는 것으로서 항고소송의 대상이 되는 행정처분에 해당한다(대판 2009. 1. 30. 2007두7277).

ⓛ 자동차운전면허대장상 일정한 사항의 등재행위는 운전면허행정사무집행의 편의와 사실증명의 자료로 삼기 위한 것일 뿐 그 등재행위로 인하여 당해 운전면허 취득자에게 새로이 어떠한 권리가 부여되거나 변동 또는 상실되는 효력이 발생하는 것은 아니므로 이는 행정소송의 대상이 되는 독립한 행정처분으로 볼 수 없고, 운전경력증명서상의 기재행위 역시 당해 운전면허 취득자에 대한 자동차운전면허대장상의 기재사항을 옮겨 적는 것에 불과할 뿐이므로 운전경력증명서에 한 등재의 말소를 구하는 소는 부적법하다 할 것이다(대판 1991. 9. 24. 91누1400).

ⓡ 한국마사회가 조교사 또는 기수의 면허를 부여하거나 취소하는 것은 경마를 독점적으로 개최할 수 있는 지위에서 우수한 능력을 갖추었다고 인정되는 사람에게 경마에서의 일정한 기능과 역할을 수행할 수 있는 자격을 부여하거나 이를 박탈하는 것에 지나지 아니하므로, 이는 국가 기타 행정기관으로부터 위탁받은 행정권한의 행사가 아니라 일반 사법상의 법률관계에서 이루어지는 단체 내부에서의 징계 내지 제재처분이다(대판 2008. 1. 31. 2005두8269).

ⓒ 관할 지방병무청장이 1차로 공개 대상자 결정을 하고, 그에 따라 병무청장이 같은 내용으로 최종적 공개결정을 하였다면, 공개 대상자는 병무청장의 최종적 공개결정만을 다투는 것으로 충분하고, 관할 지방병무청장의 공개 대상자 결정을 별도로 다툴 소의 이익은 없어진다고 보아야 한다(대판 2018. 6. 15. 2016두57564).

11 **「행정심판법」에 따른 행정심판기관이 아닌 특별행정심판기관에 의하여 처리되는 특별행정심판에 해당하는 것만을 모두 고르면? (다툼이 있는 경우 판례에 의함)**

> ㉠ 「국세기본법」상 조세심판
> ㉡ 「도로교통법」상 행정심판
> ㉢ 「국가공무원법」상 소청심사
> ㉣ 「공익사업을 위한 토지 등의 취득 및 보상에 관한 법률」상 토지수용재결에 대한 이의신청

① ㉠, ㉡
② ㉠, ㉢, ㉣
③ ㉡, ㉢, ㉣
④ ㉠, ㉡, ㉢, ㉣

ADVICE 국가공무원법상의 소청(소청심사위원회), 국세기본법상의 조세심판(조세심판원), 특허법상 특허심판(특허심판원), 공익사업을위한토지등의취득및보상에관한법률(토지보상법)상의 토지수용재결에 대한 이의신청(중앙토지수용위원회) 등은 특별행정심판 절차에 해당한다.

〈참고판례〉어떤 보상항목이 토지보상법령상 손실보상대상에 해당하는데도 관할 토지수용위원회가 사실을 오인하거나 법리를 오해함으로써 손실보상대상에 해당하지 않는다고 잘못된 내용의 재결을 한 경우에는, 피보상자는 관할 토지수용위원회를 상대로 그 재결에 대한 취소소송을 제기할 것이 아니라 사업시행자를 상대로 토지보상법 제85조 제2항에 따른 보상금 증감의 소를 제기하여야 한다(대판 2010. 8. 19. 선고 2008두822).

ANSWER 10.② 11.②

12 행정벌에 대한 설명으로 옳지 않은 것은? (다툼이 있는 경우 판례에 의함)

① 「지방자치법」상 사기나 부정한 방법으로 사용료 징수를 면한 자에 대한 과태료의 부과 · 징수 등의 절차에 관한 사항은 「질서위반행위규제법」에 따른다.

② 구「행형법」에 의한 징벌을 받은 뒤에 형사처벌을 한다고 하여 일사부재리의 원칙에 반하는 것은 아니다.

③ 「도로교통법」상 경찰서장의 통고처분은 행정소송의 대상이 되는 행정처분이 아니다.

④ 「질서위반행위규제법」상 법원의 과태료 재판이 확정된 후에는 법률이 변경되어 그 행위가 질서위반행위에 해당하지 아니하게 된 경우라 하더라도 과태료의 집행을 면제하지 못한다.

ADVICE ④ 질서위반행위규제법 제3조 제3항

> 질서위반행위규제법 제3조(법 적용의 시간적 범위) ① 질서위반행위의 성립과 과태료 처분은 행위 시의 법률에 따른다.
> ② 질서위반행위 후 법률이 변경되어 그 행위가 질서위반행위에 해당하지 아니하게 되거나 과태료가 변경되기 전의 법률보다 가볍게 된 때에는 법률에 특별한 규정이 없는 한 변경된 법률을 적용한다.
> ③ 행정청의 과태료 처분이나 법원의 과태료 재판이 확정된 후 법률이 변경되어 그 행위가 질서위반행위에 해당하지 아니하게 된 때에는 변경된 법률에 특별한 규정이 없는 한 과태료의 징수 또는 집행을 면제한다.

① 지방자치법 제156조 제3항

> 지방자치법 제156조(사용료의 징수조례 등)
> ② 사기나 그 밖의 부정한 방법으로 사용료 · 수수료 또는 분담금의 징수를 면한 자에게는 그 징수를 면한 금액의 5배 이내의 과태료를, 공공시설을 부정사용한 자에게는 50만원 이하의 과태료를 부과하는 규정을 조례로 정할 수 있다.
> ③ 제2항에 따른 과태료의 부과 · 징수, 재판 및 집행 등의 절차에 관한 사항은 「질서위반행위규제법」에 따른다.

② 피고인이 행형법에 의한 징벌을 받아 그 집행을 종료하였다고 하더라도 행형법상의 징벌은 수형자의 교도소 내의 준수사항위반에 대하여 과하는 행정상의 질서벌의 일종으로서 형법 법령에 위반한 행위에 대한 형사책임과는 그 목적, 성격을 달리하는 것이므로 징벌을 받은 뒤에 형사처벌을 한다고 하여 일사부재리의 원칙에 반하는 것은 아니다(대판 2000. 10. 27. 2000도3874).

③ 도로교통법 제118조에서 규정하는 경찰서장의 통고처분은 행정소송의 대상이되는 행정처분이 아니므로 그 처분의 취소를 구하는 소송은 부적법하고, 도로교통법상의 통고처분을 받은 자가 그 처분에 대하여 이의가 있는 경우에는 통고처분에 따른 범칙금의 납부를 이행하지 아니함으로써 경찰서장의 즉결심판청구에 의하여 법원의 심판을 받을 수 있게 될 뿐이다(대판 1995. 6. 29. 95누4674).

13 정보공개에 대한 판례의 입장으로 옳지 않은 것은?

① 정보공개 청구권자의 권리구제 가능성은 정보의 공개 여부 결정에 영향을 미치지 못한다.

② 정보공개청구에 대하여 행정청이 전부공개 결정을 하는 경우에는, 청구인이 지정한 정보공개방법에 의하지 않았다고 하더라도 청구인은 이를 다툴 수 없다.

③ 정보공개거부처분취소소송에서 행정기관이 청구정보를 증거 등으로 법원에 제출하여 결과적으로 청구인에게 정보를 공개하는 결과가 되었다고 하더라도, 당해 정보의 비공개결정의 취소를 구할 소의 이익은 소멸되지 않는다.

④ 「형사소송법」은 형사재판확정기록의 공개 여부 등에 대하여 「공공기관의 정보공개에 관한 법률」과 달리 규정하고 있으므로, 형사재판확정기록의 공개에 관하여는 「공공기관의 정보공개에 관한 법률」에 의한 공개청구가 허용되지 아니한다.

ADVICE ② 정보의 공개를 청구하는 이(이하 '청구인')가 정보공개방법도 아울러 지정하여 정보공개를 청구할 수 있도록 하고 있고, 전자적 형태의 정보를 전자적으로 공개하여 줄 것을 요청한 경우에는 공공기관은 원칙적으로 요청에 응할 의무가 있고, 나아가 비전자적 형태의 정보에 관해서도 전자적 형태로 공개하여 줄 것을 요청하면 재량판단에 따라 전자적 형태로 변환하여 공개할 수 있도록 하고 있다. 이는 정보의 효율적 활용을 도모하고 청구인의 편의를 제고함으로써 구 정보공개법의 목적인 국민의 알 권리를 충실하게 보장하려는 것이므로, 청구인에게는 특정한 공개방법을 지정하여 정보공개를 청구할 수 있는 법령상 신청권이 있다. 따라서 공공기관이 공개청구의 대상이 된 정보를 공개는 하되, 청구인이 신청한 공개방법 이외의 방법으로 공개하기로 하는 결정을 하였다면, 이는 정보공개청구 중 정보공개방법에 관한 부분에 대하여 일부 거부처분을 한 것이고, 청구인은 그에 대하여 항고소송으로 다툴 수 있다(대판 2016. 11. 10. 2016두44674).

① 공공기관의 정보공개에 관한 법률은 국민의 알권리를 보장하고 국정에 대한 국민의 참여와 국정 운영의 투명성을 확보함을 목적으로 하고(제1조), 공공기관이 보유·관리하는 정보는 국민의 알권리 보장 등을 위하여 적극적으로 공개하여야 한다는 정보공개의 원칙을 선언하고 있으며(제3조), 모든 국민은 정보의 공개를 청구할 권리를 가진다고 하면서(제5조 제1항) 비공개대상정보에 해당하지 않는 한 공공기관이 보유·관리하는 정보는 공개 대상이 된다고 규정하고 있을 뿐(제9조 제1항) 정보공개 청구권자가 공개를 청구하는 정보와 어떤 관련성을 가질 것을 요구하거나 정보공개청구의 목적에 특별한 제한을 두고 있지 아니하므로 정보공개 청구권자의 권리구제 가능성 등은 정보의 공개 여부 결정에 아무런 영향을 미치지 못한다(대판 2017. 9. 7. 2017두44558).

③ 청구인이 정보공개거부처분의 취소를 구하는 소송에서 공공기관이 청구정보를 증거 등으로 법원에 제출하여 법원을 통하여 그 사본을 청구인에게 교부 또는 송달되게 하여 결과적으로 청구인에게 정보를 공개하는 셈이 되었다고 하더라도, 이러한 우회적인 방법은 정보공개법이 예정하고 있지 아니한 방법으로서 정보공개법에 의한 공개라고 볼 수는 없으므로, 당해 정보의 비공개결정의 취소를 구할 소의 이익은 소멸되지 않는다(대판 2004. 3. 26. 2002두6583).

④ 형사소송법 제59조의2는 재판이 확정된 사건의 소송기록, 즉 형사재판확정기록의 공개 여부나 공개 범위, 불복절차 등에 관하여 공공기관의 정보공개에 관한 법률(이하 '정보공개법'이라 한다)과 달리 규정하고 있는 것으로 정보공개법 제4조 제1항에서 정한 '정보의 공개에 관하여 다른 법률에 특별한 규정이 있는 경우'에 해당한다. 따라서 형사재판확정기록의 공개에 관하여는 정보공개법에 의한 공개청구가 허용되지 않는다. 따라서 형사재판확정기록에 관해서는 형사소송법 제59조의2에 따른 열람·등사신청이 허용되고 그 거부나 제한 등에 대한 불복은 준항고에 의하며, 형사재판확정기록이 아닌 불기소처분으로 종결된 기록에 관해서는 정보공개법에 따른 정보공개청구가 허용되고 그 거부나 제한 등에 대한 불복은 항고소송절차에 의한다(대판 2022. 2. 11. 2021모3175).

ANSWER 12.④ 13.②

14 국가배상에 대한 판례의 입장으로 옳은 것은?

① 공익근무요원은 「국가배상법」 제2조제1항 단서규정에 의하여 손해배상청구가 제한된다.

② 외국인이 피해자인 경우에는 해당 국가와 상호보증이 있을 때에만 「국가배상법」이 적용되며, 상호보증은 해당 국가와 조약이 체결되어 있어야 한다.

③ 공무원에 대한 전보인사가 인사권을 다소 부적절하게 행사한 것으로 볼 여지가 있다 하더라도 그러한 사유만으로 그 전보인사가 당연히 불법행위를 구성한다고 볼 수는 없다.

④ 직무집행과 관련하여 공상을 입은 군인이 먼저 「국가배상법」에 따라 손해배상금을 지급받았다면 「국가유공자 등 예우 및 지원에 관한 법률」이 정한 보상금 등 보훈급여금의 지급을 청구하는 것은 이중배상금지원칙에 따라 인정되지 아니한다.

ADVICE ③ 공무원에 대한 전보인사가 법령이 정한 기준과 원칙에 위배되거나 인사권을 다소 부적절하게 행사한 것으로 볼 여지가 있다 하더라도 그러한 사유만으로 그 전보인사가 당연히 불법행위를 구성한다고 볼 수는 없고, 인사권자가 당해 공무원에 대한 보복감정 등 다른 의도를 가지고 인사재량권을 일탈·남용하여 객관적 정당성을 상실하였음이 명백한 경우 등 전보인사가 우리의 건전한 사회통념이나 사회상규상 도저히 용인될 수 없음이 분명한 경우에, 그 전보인사는 위법하게 상대방에게 정신적 고통을 가하는 것이 되어 당해 공무원에 대한 관계에서 불법행위를 구성한다(대판 2009. 5. 28. 2006다16215).

① 공익근무요원은 병역법 제2조 제1항 제9호, 제5조 제1항의 규정에 의하면 국가기관 또는 지방자치단체의 공익목적 수행에 필요한 경비·감시·보호 또는 행정업무 등의 지원과 국제협력 또는 예술·체육의 육성을 위하여 소집되어 공익분야에 종사하는 사람으로서 보충역에 편입되어 있는 자이기 때문에, 소집되어 군에 복무하지 않는 한 군인이라고 말할 수 없으므로, 비록 병역법 제75조 제2항이 공익근무요원으로 복무 중 순직한 사람의 유족에 대하여 국가유공자등예우 및 지원에 관한법률에 따른 보상을 하도록 규정하고 있다고 하여도, 공익근무요원이 국가배상법 제2조 제1항 단서의 규정에 의하여 국가배상법상 손해배상청구가 제한되는 군인·군무원·경찰공무원 또는 향토예비군대원에 해당한다고 할 수 없다(대판 1997. 3. 28. 97다4036).

② 국가배상법 제7조는 우리나라만이 입을 수 있는 불이익을 방지하고 국제관계에서 형평을 도모하기 위하여 외국인의 국가배상청구권의 발생요건으로 '외국인이 피해자인 경우에는 해당 국가와 상호보증이 있을 것'을 요구하고 있는데, 해당 국가에서 외국인에 대한 국가배상청구권의 발생요건이 우리나라의 그것과 동일하거나 오히려 관대할 것을 요구하는 것은 지나치게 외국인의 국가배상청구권을 제한하는 결과가 되어 국제적인 교류가 빈번한 오늘날의 현실에 맞지 아니할 뿐만 아니라 외국에서 우리나라 국민에 대한 보호를 거부하게 하는 불합리한 결과를 가져올 수 있는 점을 고려할 때, 우리나라와 외국 사이에 국가배상청구권의 발생요건이 현저히 균형을 상실하지 아니하고 외국에서 정한 요건이 우리나라에서 정한 그것보다 전체로서 과중하지 아니하여 중요한 점에서 실질적으로 거의 차이가 없는 정도라면 국가배상법 제7조가 정하는 상호보증의 요건을 구비하였다고 봄이 타당하다. 그리고 상호보증은 외국의 법령, 판례 및 관례 등에 의하여 발생요건을 비교하여 인정되면 충분하고 반드시 당사국과의 조약이 체결되어 있을 필요는 없으며, 당해 외국에서 구체적으로 우리나라 국민에게 국가배상청구를 인정한 사례가 없더라도 실제로 인정될 것이라고 기대할 수 있는 상태이면 충분하다(대판 2015. 6. 11. 2013다208388).

④ 전투·훈련 등 직무집행과 관련하여 공상을 입은 군인·군무원·경찰공무원 또는 향토예비군대원이 먼저 국가배상법에 따라 손해배상금을 지급받은 다음 보훈보상대상자 지원에 관한 법률(이하 '보훈보상자법'이라 한다)이 정한 보상금 등 보훈급여금의 지급을 청구하는 경우, 국가배상법 제2조 제1항 단서가 명시적으로 '다른 법령에 따라 보상을 지급받을 수 있을 때에는 국가배상법 등에 따른 손해배상을 청구할 수 없다'고 규정하고 있는 것과 달리 보훈보

상자법은 국가배상법에 따른 손해배상금을 지급받은 자를 보상금 등 보훈급여금의 지급대상에서 제외하는 규정을 두고 있지 않은 점, 국가배상법 제2조 제1항 단서의 입법 취지 및 보훈보상자법이 정한 보상과 국가배상법이 정한 손해배상의 목적과 산정방식의 차이 등을 고려하면 국가배상법 제2조 제1항 단서가 보훈보상자법 등에 의한 보상을 받을 수 있는 경우 국가배상법에 따른 손해배상청구를 하지 못한다는 것을 넘어 국가배상법상 손해배상금을 받은 경우 보훈보상자법상 보상금 등 보훈급여금의 지급을 금지하는 것으로 해석하기는 어려운 점 등에 비추어, 국가보훈처장은 국가배상법에 따라 손해배상을 받았다는 사정을 들어 보상금 등 보훈급여금의 지급을 거부할 수 없다(대판 2017. 2. 3. 2015두60075).

15 **부작위위법확인소송에 대한 설명으로 옳지 않은 것은? (다툼이 있는 경우 판례에 의함)**

① 부작위위법확인소송은 처분의 신청을 한 자로서 부작위의 위법의 확인을 구할 법률상의 이익이 있는 자만이 제기할 수 있다.

② 당사자가 행정청에 대하여 어떠한 행정처분을 하여 줄 것을 요청할 수 있는 법규상 또는 조리상의 권리를 갖고 있지 아니한 경우에 제기한 부작위위법확인의 소는 부적법하다.

③ 부작위위법확인소송의 경우 사실심의 구두변론종결시점의 법적 · 사실적 상황을 근거로 행정청의 부작위의 위법성을 판단하여야 한다.

④ 부작위위법확인소송은 행정심판 등 전심절차를 거친 경우라 하더라도 「행정소송법」 제20조가 정한 제소기간 내에 제기해야 하는 것은 아니다.

ADVICE ④ 부작위위법확인의 소는 부작위상태가 계속되는 한 그 위법의 확인을 구할 이익이 있다고 보아야 하므로 원칙적으로 제소기간의 제한을 받지 않는다. 그러나 행정소송법 제38조 제2항이 제소기간을 규정한 같은 법 제20조를 부작위위법확인소송에 준용하고 있는 점에 비추어 보면, 행정심판 등 전심절차를 거친 경우에는 행정소송법 제20조가 정한 제소기간 내에 부작위위법확인의 소를 제기하여야 한다(대판 2009. 7. 23. 2008두10560).

① 행정소송법 제36조

② 부작위위법확인소송은 처분의 신청을 한 자로서 부작위가 위법하다는 확인을 구할 법률상의 이익이 있는 자만이 제기 할 수 있는 것이므로, 당사자가 행정청에 대하여 어떠한 행정처분을 하여 줄 것을 요청할 수 있는 법규상 또는 조리상의 권리를 갖고 있지 아니하거나 부작위의 위법확인을 구할 법률상의 이익이 없는 경우에는 항고소송의 대상이 되는 위법한 부작위가 있다고 볼 수 없거나 원고적격이 없어 그 부작위위법확인의 소는 부적법하다(대판 2000. 2. 25. 99두11455).

③ 부작위위법확인의 소는 행정청이 국민의 법규상 또는 조리상의 권리에 기한 신청에 대하여 상당한 기간내에 그 신청을 인용하는 적극적 처분 또는 각하하거나 기각하는 등의 소극적 처분을 하여야 할 법률상의 응답의무가 있음에도 불구하고 이를 하지 아니하는 경우, 판결(사실심의 구두변론 종결)시를 기준으로 그 부작위의 위법을 확인함으로써 행정청의 응답을 신속하게 하여 부작위 내지 무응답이라고 하는 소극적인 위법상태를 제거하는 것을 목적으로 하는 것이다(대판 1990. 9. 25. 89누4758).

ANSWER 14.③ 15.④

16 「국가공무원법」상 소청심사와 징계에 대한 설명으로 옳은 것은?

① 소청심사위원회는 소청심사를 할 때 필요하면 검증 · 감정, 그 밖의 사실조사를 할 수 있으나 증인을 소환할 수 없다.

② 2022년 9월 30일 청구된 소청사건에서 소청심사위원회가 정직처분을 취소하려는 경우에는 재적위원 3분의 2 이상의 출석과 출석위원 과반수의 합의가 있어야 한다.

③ 본인의 의사에 반하여 파면처분을 하면 그 처분을 한 날부터 60일 이내에는 후임자의 보충발령을 하지 못한다.

④ 파면과 해임은 징계위원회의 의결을 거쳐 각 임용권자 또는 임용권을 위임한 상급 감독기관의 장이 한다.

ADVICE ④ 국가공무원법 제82조 제1항 단서

> 국가공무원법 제82조(징계 등 절차) ① 공무원의 징계처분등은 징계위원회의 의결을 거쳐 징계위원회가 설치된 소속 기관의 장이 하되, 국무총리 소속으로 설치된 징계위원회(국회 · 법원 · 헌법재판소 · 선거관리위원회에 있어서는 해당 중앙인사관장기관에 설치된 상급 징계위원회를 말한다. 이하 같다)에서 한 징계의결등에 대하여는 중앙행정기관의 장이 한다. 다만, 파면과 해임은 징계위원회의 의결을 거쳐 각 임용권자 또는 임용권을 위임한 상급 감독기관의 장이 한다.

① 국가공무원법 제12조 제2항

> 국가공무원법 제12조(소청심사위원회의 심사) ① 소청심사위원회는 이 법에 따른 소청을 접수하면 지체 없이 심사하여야 한다.
>
> ② 소청심사위원회는 제1항에 따른 심사를 할 때 필요하면 검증(檢證) · 감정(鑑定), 그 밖의 사실조사를 하거나 증인을 소환하여 질문하거나 관계 서류를 제출하도록 명할 수 있다.

② 국가공무원법 제14조 제2항

> 국가공무원법 제14조(소청심사위원회의 결정) ① 소청 사건의 결정은 재적 위원 3분의 2 이상의 출석과 출석 위원 과반수의 합의에 따르되, 의견이 나뉘어 출석 위원 과반수의 합의에 이르지 못하였을 때에는 과반수에 이를 때까지 소청인에게 가장 불리한 의견에 차례로 유리한 의견을 더하여 그 중 가장 유리한 의견을 합의된 의견으로 본다.
>
> ② 제1항에도 불구하고 파면 · 해임 · 강등 또는 정직에 해당하는 징계처분을 취소 또는 변경하려는 경우와 효력 유무 또는 존재 여부에 대한 확인을 하려는 경우에는 재적 위원 3분의 2 이상의 출석과 출석 위원 3분의 2 이상의 합의가 있어야 한다. 이 경우 구체적인 결정의 내용은 출석 위원 과반수의 합의에 따르되, 의견이 나뉘어 출석 위원 과반수의 합의에 이르지 못하였을 때에는 과반수에 이를 때까지 소청인에게 가장 불리한 의견에 차례로 유리한 의견을 더하여 그 중 가장 유리한 의견을 합의된 의견으로 본다.

③ 국가공무원법 제76조 제2항

> 국가공무원법 제76조(심사청구와 후임자 보충 발령)
> ② 본인의 의사에 반하여 파면 또는 해임이나 제70조제1항제5호에 따른 면직처분을 하면 그 처분을 한 날부터 40일 이내에는 후임자의 보충발령을 하지 못한다. 다만, 인력 관리상 후임자를 보충하여야 할 불가피한 사유가 있고, 제3항에 따른 소청심사위원회의 임시결정이 없는 경우에는 국회사무총장, 법원행정처장, 헌법재판소사무처장, 중앙선거관리위원회사무총장 또는 인사혁신처장과 협의를 거쳐 후임자의 보충발령을 할 수 있다.

17 지방자치단체의 조례에 대한 설명으로 옳은 것은? (다툼이 있는 경우 판례에 의함)

① 지방자치단체는 조례를 위반한 행위에 대하여 조례로써 3천만원 이하의 과태료를 정할 수 있다.
② 기관위임사무에 있어서 그에 관한 개별법령에서 일정한 사항을 조례로 정하도록 위임하고 있는 경우 위임받은 사항에 관하여 개별법령의 취지에 부합하는 범위 내에서라도 위임조례를 정할 수는 없다.
③ 법령에서 조례로 정하도록 위임한 사항은 그 법령의 하위 법령에서 그 위임의 내용과 범위를 제한하거나 직접 규정할 수 없다.
④ 지방자치단체 사무의 민간위탁에 관하여 지방의회의 사전 동의를 받도록 한 조례안은 민간위탁의 권한을 지방자치단체장으로부터 박탈하려는 것으로 지방자치단체장의 집행권한을 본질적으로 침해하는 것이다.

ADVICE ③ 상위 법령에서 지방자치단체의 장에게 기관구성원 임명 · 위촉권한을 부여하면서도 임명 · 위촉권의 행사에 대한 지방의회의 동의를 받도록 하는 등의 견제나 제약을 규정하고 있거나 그러한 제약을 조례 등에서 할 수 있다고 규정하고 있지 아니하는 한, 당해 법령에 의한 임명 · 위촉권은 지방자치단체의 장에게 전속적으로 부여된 것이라고 보아야 한다. 따라서 하위 법규인 조례로써는 지방자치단체장의 임명 · 위촉권을 제약할 수 없고, 지방의회의 지방자치단체 사무에 대한 비판, 감시, 통제를 위한 행정사무감사 및 조사권 행사의 일환으로 위와 같은 제약을 규정하는 조례를 제정할 수도 없다(대판 2017. 12. 13. 2014추644).
〈참고판례〉법률에서 위임받은 사항을 전혀 규정하지 않고 재위임하는 것은 복위임금지 원칙에 반할 뿐 아니라 위임명령의 제정 형식에 관한 수권법의 내용을 변경하는 것이 되므로 허용되지 않으나 위임받은 사항에 관하여 대강을 정하고 그 중의 특정사항을 범위를 정하여 하위법령에 다시 위임하는 경우에는 재위임이 허용된다. 이러한 법리는 조례가 지방자치법 제22조 단서에 따라 주민의 권리제한 또는 의무부과에 관한 사항을 법률로부터 위임받은 후, 이를 다시 지방자치단체장이 정하는 '규칙'이나 '고시' 등에 재위임하는 경우에도 마찬가지이다(대판 2015. 1. 15. 2013두14238).

① 지방자치법 제34조 제1항

> 지방자치법 제34조(조례 위반에 대한 과태료) ① 지방자치단체는 조례를 위반한 행위에 대하여 조례로써 1천만원 이하의 과태료를 정할 수 있다.

ANSWER 16.④ 17.③

② 지방자치법 제15조, 제9조에 의하면, 지방자치단체가 자치조례를 제정할 수 있는 사항은 지방자치단체의 고유사무인 자치사무와 개별법령에 의하여 지방자치단체에 위임된 단체위임사무에 한하는 것이고, 국가사무가 지방자치단체의 장에게 위임된 기관위임사무는 원칙적으로 자치조례의 제정범위에 속하지 않는다 할 것이고, 다만 기관위임사무에 있어서도 그에 관한 개별법령에서 일정한 사항을 조례로 정하도록 위임하고 있는 경우에는 위임받은 사항에 관하여 개별법령의 취지에 부합하는 범위 내에서 이른바 위임조례를 정할 수 있다(대판 2000. 5. 30. 99추85).

④ '서울특별시 중구 사무의 민간위탁에 관한 조례안' 제4조 제3항 등이 지방자치단체 사무의 민간위탁에 관하여 지방의회의 사전 동의를 받도록 한 것과 지방자치단체장이 동일 수탁자에게 위탁사무를 재위탁하거나 기간연장 등 기존 위탁계약의 중요한 사항을 변경하고자 할 때 지방의회의 동의를 받도록 한 것은, 지방자치단체장의 집행권한을 본질적으로 침해하는 것으로 볼 수 없다(대판 2011. 2. 10. 2010추11).

18 「지방자치법」상 국가의 지도 · 감독에 대한 설명으로 옳지 않은 것은?

① 중앙행정기관의 장이나 시 · 도지사는 지방자치단체의 사무에 관하여 조언 또는 권고하거나 지도할 수 있다.

② 시장 · 군수가 법령에 따라 그 의무에 속하는 시 · 도위임사무의 관리와 집행을 게을리하고 있다고 의심되면 행정안전부장관은 기간을 정하여 서면으로 이행할 사항을 명령할 수 있다.

③ 주무부장관은 지방자치단체의 자치사무에 관한 군수 및 자치구의 구청장의 처분이 법령에 위반됨에도 불구하고 시 · 도지사가 시정명령을 하지 아니하면 시 · 도지사에게 기간을 정하여 시정명령을 하도록 명할 수 있다.

④ 행정안전부장관이나 시 · 도지사는 지방자치단체의 자치사무에 관하여 보고를 받거나 서류 · 장부 또는 회계를 감사할 수 있으나, 감사는 법령 위반사항에 대해서만 한다.

ADVICE ② 지방자치법 제189조 제1항

지방자치법 제189조(지방자치단체의 장에 대한 직무이행명령) ① 지방자치단체의 장이 법령에 따라 그 의무에 속하는 국가위임사무나 시 · 도위임사무의 관리와 집행을 명백히 게을리하고 있다고 인정되면 시 · 도에 대해서는 주무부장관이, 시 · 군 및 자치구에 대해서는 시 · 도지사가 기간을 정하여 서면으로 이행할 사항을 명령할 수 있다.

① 지방자치법 제184조

지방자치법 제184조(지방자치단체의 사무에 대한 지도와 지원) ① 중앙행정기관의 장이나 시 · 도지사는 지방자치단체의 사무에 관하여 조언 또는 권고하거나 지도할 수 있으며, 이를 위하여 필요하면 지방자치단체에 자료 제출을 요구할 수 있다.

③ 지방자치법 제188조 제2항

> 지방자치법 제188조(위법 · 부당한 명령이나 처분의 시정)
> ② 주무부장관은 지방자치단체의 사무에 관한 시장 · 군수 및 자치구의 구청장의 명령이나 처분이 법령에 위반되거나 현저히 부당하여 공익을 해침에도 불구하고 시 · 도지사가 제1항에 따른 시정명령을 하지 아니하면 시 · 도지사에게 기간을 정하여 시정명령을 하도록 명할 수 있다.

④ 지방지치법 제190조 제1항

> 지방자치법 제190조(지방자치단체의 자치사무에 대한 감사) ① 행정안전부장관이나 시 · 도지사는 지방자치단체의 자치사무에 관하여 보고를 받거나 서류 · 장부 또는 회계를 감사할 수 있다. 이 경우 감사는 법령 위반사항에 대해서만 한다.

19 경찰조직과 경찰행정에 대한 설명으로 옳은 것은? (다툼이 있는 경우 판례에 의함)

① 시 · 도에 2개의 시 · 도경찰청을 두는 경우라도 시 · 도지사 소속으로 2개의 시 · 도자치경찰위원회를 둘 수 없다.

② 임의동행은 상대방의 동의 또는 승낙을 그 요건으로 하는 것이므로 경찰관으로부터 임의동행 요구를 받은 경우 상대방은 이를 거절할 수 있지만 임의동행 후에는 경찰관서에서 언제든지 퇴거할 자유가 있는 것은 아니다.

③ 위해성 경찰장비인 살수차와 물포는 집회나 시위 참가자들을 해산하기 위한 목적의 경찰장비이고, 경찰관이 직사살수의 방법으로 집회나 시위 참가자들을 해산시키는 것은 집회의 자유나 신체의 자유를 침해할 우려가 있으므로 적법절차의 원칙을 준수하여야 한다.

④ 국가경찰위원회의 사무는 경찰청에서 수행하며 국가경찰위원회의 회의는 재적위원 과반수의 찬성으로 의결한다.

ADVICE ③ 위해성 경찰장비인 살수차와 물포는 필요한 최소한의 범위에서만 사용되어야 하고, 특히 인명 또는 신체에 위해를 가할 가능성이 더욱 커지는 직사살수는 타인의 법익이나 공공의 안녕질서에 직접적이고 명백한 위험이 현존하는 경우에 한해서만 사용이 가능하다고 보아야 한다. 또한 위해성 경찰장비인 살수차와 물포는 집회나 시위 참가자들을 해산하기 위한 목적의 경찰장비이고 경찰관이 직사살수의 방법으로 집회나 시위 참가자들을 해산시키는 것은 집회의 자유나 신체의 자유를 침해할 우려가 있으므로 적법절차의 원칙을 준수하여야 한다(대판 2019. 1. 17. 2015다236196).

ANSWER 18.② 19.③

① 경찰법 제18조 제1항 단서

> 경찰법 제13조(경찰사무의 지역적 분장기관) 경찰의 사무를 지역적으로 분담하여 수행하게 하기 위하여 특별시 · 광역시 · 특별자치시 · 도 · 특별자치도(이하 "시 · 도"라 한다)에 시 · 도경찰청을 두고, 시 · 도경찰청장 소속으로 경찰서를 둔다. 이 경우 인구, 행정구역, 면적, 지리적 특성, 교통 및 그 밖의 조건을 고려하여 시 · 도에 2개의 시 · 도경찰청을 둘 수 있다.
>
> 경찰법 제18조(시 · 도자치경찰위원회의 설치) ① 자치경찰사무를 관장하게 하기 위하여 특별시장 · 광역시장 · 특별자치시장 · 도지사 · 특별자치도지사(이하 "시 · 도지사"라 한다) 소속으로 시 · 도자치경찰위원회를 둔다. 다만, 제13조 후단에 따라 시 · 도에 2개의 시 · 도경찰청을 두는 경우 시 · 도지사 소속으로 2개의 시 · 도자치경찰위원회를 둘 수 있다.
>
> ② 시 · 도자치경찰위원회는 합의제 행정기관으로서 그 권한에 속하는 업무를 독립적으로 수행한다.

② 임의동행은 상대방의 동의 또는 승낙을 그 요건으로 하는 것이므로 경찰관으로부터 임의동행 요구를 받은 경우 상대방은 이를 거절할 수 있을 뿐만 아니라 임의동행 후 언제든지 경찰관서에서 퇴거할 자유가 있다 할 것이고, 경찰관직무집행법 제3조 제6항이 임의동행한 경우 당해인을 6시간을 초과하여 경찰관서에 머물게 할 수 없다고 규정하고 있다고 하여 그 규정이 임의동행한 자를 6시간 동안 경찰관서에 구금하는 것을 허용하는 것은 아니다(대판 1997. 8. 22. 97도1240).

④ 경찰법 제11조 제2항

> 경찰법 제11조(국가경찰위원회의 운영 등) ① 국가경찰위원회의 사무는 경찰청에서 수행한다.
>
> ② 국가경찰위원회의 회의는 재적위원 과반수의 출석과 출석위원 과반수의 찬성으로 의결한다.

20 공물의 사용관계에 대한 설명으로 옳지 않은 것은? (다툼이 있는 경우 판례에 의함)

① 공유수면은 자연공물로서 그 자체가 직접 공공의 사용에 제공되는 것이고, 공유수면의 일부가 사실상 매립되었다 하더라도 국가가 공유수면으로서의 공용폐지를 하지 아니하는 이상 법률상으로는 여전히 공유수면으로서의 성질을 보유한다.

② 공용폐지의 의사표시는 명시적 의사표시뿐 아니라 묵시적 의사표시이어도 무방하나 적법한 의사표시이어야 하고, 행정재산이 본래의 용도에 제공되지 않는 상태에 놓여 있다는 사실만으로 관리청의 이에 대한 공용폐지의 의사표시가 있었다고 볼 수 없다.

③ 도로의 특별사용은 반드시 독점적, 배타적인 것이 아니라 그 사용목적에 따라서는 도로의 일반사용과 병존이 가능한 경우도 있다.

④ 공공용물에 관하여 적법한 개발행위 등이 이루어짐으로 말미암아 이에 대한 일정범위의 사람들의 일반사용이 종전에 비하여 제한받게 되었다면 원칙적으로 그로 인한 불이익은 손실보상의 대상이 되는 특별한 손실에 해당한다.

ADVICE ④ 일반 공중의 이용에 제공되는 공공용물에 대하여 특허 또는 허가를 받지 않고 하는 일반사용은 다른 개인의 자유이용과 국가 또는 지방자치단체 등의 공공목적을 위한 개발 또는 관리 · 보존행위를 방해하지 않는 범위 내에서만 허용된다 할 것이므로, 공공용물에 관하여 적법한 개발행위 등이 이루어짐으로 말미암아 이에 대한 일정범위의 사람들의 일반사용이 종전에 비하여 제한받게 되었다 하더라도 특별한 사정이 없는 한 그로 인한 불이익은 손실보상의 대상이 되는 특별한 손실에 해당한다고 할 수 없다(대판 2002. 2. 26. 99다35300).

①② 공유수면은 소위 자연공물로서 그 자체가 직접 공공의 사용에 제공되는 것이고, 공유수면의 일부가 사실상 매립되었다 하더라도 국가가 공유수면으로서의 공용폐지를 하지 아니하는 이상 법률상으로는 여전히 공유수면으로서의 성질을 보유하고 있다. 공용폐지의 의사표시는 명시적 의사표시뿐 아니라 묵시적 의사표시이어도 무방하나 적법한 의사표시이어야 하고, 행정재산이 본래의 용도에 제공되지 않는 상태에 놓여 있다는 사실만으로 관리청의 이에 대한 공용폐지의 의사표시가 있었다고 볼 수 없으며, 행정재산에 관하여 체결된 것이기 때문에 무효인 매매계약을 가지고 적법한 공용폐지의 의사표시가 있었다고 볼 수도 없다(대판 1996. 5. 28. 95다52383).

③ 도로의 특별사용은 반드시 독점적, 배타적인 것이 아니라 그 사용목적에 따라서는 도로의 일반사용과 병존이 가능한 경우도 있고, 이러한 경우에는 도로점용 부분이 동시에 일반공중의 교통에 공용되고 있다고 하여 도로점용이 아니라고 말할 수 없다(대판 1998. 9. 22. 96누7342).

21 「사회보장기본법」에 대한 설명으로 옳지 않은 것은?

① 사회보험은 국가와 지방자치단체의 책임으로 시행하고, 공공부조와 사회서비스는 지방자치단체의 책임으로 시행하는 것을 원칙으로 하며, 국가는 지방자치단체의 재정 형편 등을 고려하여 이를 협의 · 조정하여야 한다.

② 부담 능력이 있는 국민에 대한 사회서비스에 드는 비용은 그 수익자가 부담함을 원칙으로 하되, 관계 법령에서 정하는 바에 따라 국가와 지방자치단체가 그 비용의 일부를 부담할 수 있다.

③ 국가와 지방자치단체는 국민의 사회보장수급권의 보장 및 재정의 효율적 운용을 위하여 사회보장급여의 관리체계를 구축 · 운영하여야 한다.

④ 보건복지부장관은 관계 중앙행정기관, 지방자치단체 및 관련 기관 · 단체에 사회보장정보시스템의 운영에 필요한 정보의 제공을 요청하고 제공받은 목적의 범위에서 보유 · 이용할 수 있다.

ADVICE ① 사회보험은 국가의 책임으로 시행하고, 공공부조와 사회서비스는 국가와 지방자치단체의 책임으로 시행하는 것을 원칙으로 한다. 다만, 국가와 지방자치단체의 재정 형편 등을 고려하여 이를 협의 · 조정할 수 있다(사회보장기본법 제25조 제5항).

② 사회보장기본법 제28조 제4항

③ 사회보장기본법 제30조 제1항

④ 사회보장기본법 제37조 제5항

ANSWER 20.④ 21.①

22 조세의 부과 · 징수 및 그 구제에 대한 설명으로 옳지 않은 것은? (다툼이 있는 경우 판례에 의함)

① 심판청구 등에 대한 결정의 한 유형으로 실무상 행해지고 있는 재조사 결정은 재결청의 결정에서 지적된 사항에 관하여 처분청의 재조사결과를 기다려 그에 따른 후속 처분의 내용을 심판청구 등에 대한 결정의 일부분으로 삼겠다는 의사가 내포된 변형결정에 해당하므로, 처분청은 재조사 결정의 취지에 따라 재조사를 한 후 그 내용을 보완하는 후속 처분만을 할 수 있다.

② 납세의무자에 대한 국가의 부가가치세 환급세액 지급의무는 그 납세의무자로부터 어느 과세기간에 과다하게 거래징수된 세액 상당을 국가가 실제로 납부받았는지와 관계없이 부가가치세법령의 규정에 의하여 직접 발생하는 것으로서, 그 법적 성질은 부당이득 반환의무가 아니다.

③ 과세표준과 세액을 감액하는 경정처분에 대해서 그 감액경정처분으로도 아직 취소되지 아니하고 남아 있는 부분을 다투는 경우, 적법한 전심절차를 거쳤는지 여부, 제소기간의 준수 여부는 당해 경정처분을 기준으로 판단하여야 한다.

④ 증액경정처분이 있는 경우, 원칙적으로는 당초 신고나 결정에 대한 불복기간의 경과 여부 등에 관계없이 증액경정처분만이 항고소송의 심판대상이 되고, 납세의무자는 그 항고소송에서 당초 신고나 결정에 대한 위법사유도 함께 주장할 수 있다.

ADVICE ③ 감액경정처분은 당초의 신고 또는 부과처분과 별개인 독립의 과세처분이 아니라 그 실질은 당초의 신고 또는 부과처분의 변경이고 그에 의하여 세액의 일부취소라는 납세자에게 유리한 효과를 가져오는 처분이므로, 그 경정결정으로도 아직 취소되지 않고 남아 있는 부분이 위법하다 하여 다투는 경우 항고소송의 대상은 당초 신고나 부과처분 중 경정결정에 의하여 취소되지 않고 남은 부분이며, 감액경정결정이 항고소송의 대상이 되는 것은 아니다(대판 1996. 11. 15. 95누8904). 따라서 제소기간 등의 준수여부도 경정결정에 의하여 취소되지 않고 남은 부분을 기준으로 판단한다.

① 심판청구 등에 대한 결정의 한 유형으로 실무상 행해지고 있는 재조사 결정은 재결청의 결정에서 지적된 사항에 관하여 처분청의 재조사결과를 기다려 그에 따른 후속 처분의 내용을 심판청구 등에 대한 결정의 일부분으로 삼겠다는 의사가 내포된 변형결정에 해당하므로, 처분청은 재조사 결정의 취지에 따라 재조사를 한 후 그 내용을 보완하는 후속 처분만을 할 수 있다. 따라서 처분청이 재조사 결정의 주문 및 그 전제가 된 요건사실의 인정과 판단, 즉 처분의 구체적 위법사유에 관한 판단에 반하여 당초 처분을 그대로 유지하는 것은 재조사 결정의 기속력에 저촉된다(대판 2017. 5. 11. 2015두37549).

② 부가가치세법령의 내용, 형식 및 입법 취지 등에 비추어 보면, 납세의무자에 대한 국가의 부가가치세 환급세액 지급의무는 그 납세의무자로부터 어느 과세기간에 과다하게 거래징수된 세액 상당을 국가가 실제로 납부받았는지와 관계없이 부가가치세법령의 규정에 의하여 직접 발생하는 것으로서, 그 법적 성질은 정의와 공평의 관념에서 수익자와 손실자 사이의 재산상태 조정을 위해 인정되는 부당이득 반환의무가 아니라 부가가치세법령에 의하여 그 존부나 범위가 구체적으로 확정되고 조세 정책적 관점에서 특별히 인정되는 공법상 의무라고 봄이 타당하다. 그렇다면 납세의무자에 대한 국가의 부가가치세 환급세액 지급의무에 대응하는 국가에 대한 납세의무자의 부가가치세 환급세액 지급청구는 민사소송이 아니라 행정소송법 제3조 제2호에 규정된 당사자소송의 절차에 따라야 한다(대판 22013. 3. 21. 2011다95564).

④ 과세표준과 세액을 증액하는 증액경정처분은 당초 납세의무자가 신고하거나 과세관청이 결정한 과세표준과 세액을 그대로 둔 채 탈루된 부분만을 추가로 확정하는 처분이 아니라 당초신고나 결정에서 확정된 과세표준과 세액을 포함하여 전체로서 하나의 과세표준과 세액을 다시 결정하는 것이므로, 당초신고나 결정에 대한 불복기간의 경과 여

부 등에 관계없이 오직 증액경정처분만이 항고소송의 심판대상이 되는 점, 증액경정처분의 취소를 구하는 항고소송에서 증액경정처분의 위법 여부는 그 세액이 정당한 세액을 초과하는지 여부에 의하여 판단하여야 하고 당초신고에 관한 과다신고사유나 과세관청의 증액경정사유는 증액경정처분의 위법성을 뒷받침하는 개개의 위법사유에 불과한 점, 경정청구나 부과처분에 대한 항고소송은 모두 정당한 과세표준과 세액의 존부를 정하고자 하는 동일한 목적을 가진 불복수단으로서 납세의무자로 하여금 과다신고사유에 대하여는 경정청구로써, 과세관청의 증액경정사유에 대하여는 항고소송으로써 각각 다투게 하는 것은 납세의무자의 권익보호나 소송경제에도 부합하지 않는 점 등에 비추어 보면, 납세의무자는 증액경정처분의 취소를 구하는 항고소송에서 과세관청의 증액경정사유뿐만 아니라 당초신고에 관한 과다신고사유도 함께 주장하여 다툴 수 있다고 할 것이다(대판 2013. 4. 18 2010두11733).

23 다음 사례에 대한 설명으로 옳은 것은? (다툼이 있는 경우 판례에 의함)

> 경기도 A군수는 개발촉진지구에서 시행되는 지역개발사업의 시행자로 B를 지정 · 고시하고 실시계획을 승인 · 고시하였다. B는 개발사업구역에 편입된 甲 소유 토지에 관하여 「공익사업을 위한 토지 등의 취득 및 보상에 관한 법률」에 따라 甲과 협의를 하였으나 협의가 이루어지지 아니하자 경기도 지방토지수용위원회에 위 토지에 대한 수용재결 신청을 하여 수용재결서 정본을 송달받았다.

① 甲은 수용재결에 불복할 때에는 그 재결서를 받은 날부터 60일 이내에, 이의신청을 거쳤을 때에는 이의신청에 대한 재결서를 받은 날부터 30일 이내에 각각 행정소송을 제기하여야 한다.
② 甲이 수용재결에 이의가 있을 경우 경기도 지방토지수용위원회를 거쳐 중앙토지수용위원회에 이의를 신청할 수 있다.
③ 甲이 수용재결에 대하여 중앙토지수용위원회의 이의재결을 거친 후 취소소송을 제기할 경우, 이의재결에 고유한 위법이 없는 경우에도 중앙토지수용위원회를 피고로 하여 수용재결의 취소를 구하여야 한다.
④ 甲이 보상금의 증액청구를 하고자 하는 경우에는 경기도 지방토지수용위원회를 피고로 하여 당사자소송을 제기하여야 한다.

ADVICE ② 토지보상법 제83조 제2항

> 토지보상법 제83조(이의의 신청) ① 중앙토지수용위원회의 제34조에 따른 재결에 이의가 있는 자는 중앙토지수용위원회에 이의를 신청할 수 있다.
> ② 지방토지수용위원회의 제34조에 따른 재결에 이의가 있는 자는 해당 지방토지수용위원회를 거쳐 중앙토지수용위원회에 이의를 신청할 수 있다.
> ③ 제1항 및 제2항에 따른 이의의 신청은 재결서의 정본을 받은 날부터 30일 이내에 하여야 한다.

ANSWER 22.③ 23.②

①④토지보상법 제85조

토지보상법 제85조(행정소송의 제기) ① 사업시행자, 토지소유자 또는 관계인은 제34조에 따른 재결에 불복할 때에는 재결서를 받은 날부터 90일 이내에, 이의신청을 거쳤을 때에는 이의신청에 대한 재결서를 받은 날부터 60일 이내에 각각 행정소송을 제기할 수 있다. 이 경우 사업시행자는 행정소송을 제기하기 전에 제84조에 따라 늘어난 보상금을 공탁하여야 하며, 보상금을 받을 자는 공탁된 보상금을 소송이 종결될 때까지 수령할 수 없다.
② 제1항에 따라 제기하려는 행정소송이 보상금의 증감(增減)에 관한 소송인 경우 그 소송을 제기하는 자가 토지소유자 또는 관계인일 때에는 사업시행자를, 사업시행자일 때에는 토지소유자 또는 관계인을 각각 피고로 한다.

③ 공익사업을 위한 토지 등의 취득 및 보상에 관한 법률 제85조 제1항 전문의 문언 내용과 같은 법 제83조, 제85조가 중앙토지수용위원회에 대한 이의신청을 임의적 절차로 규정하고 있는 점, 행정소송법 제19조 단서가 행정심판에 대한 재결은 재결 자체에 고유한 위법이 있음을 이유로 하는 경우에 한하여 취소소송의 대상으로 삼을 수 있도록 규정하고 있는 점 등을 종합하여 보면, 수용재결에 불복하여 취소소송을 제기하는 때에는 이의신청을 거친 경우에도 수용재결을 한 중앙토지수용위원회 또는 지방토지수용위원회를 피고로 하여 수용재결의 취소를 구하여야 하고, 다만 이의신청에 대한 재결 자체에 고유한 위법이 있음을 이유로 하는 경우에는 그 이의재결을 한 중앙토지수용위원회를 피고로 하여 이의재결의 취소를 구할 수 있다고 보아야 한다(대판 2010. 1. 28. 2008두1504).

24 다음 사례에 대한 설명으로 옳지 않은 것은? (다툼이 있는 경우 판례에 의함)

甲은 구「주택건설촉진법」상 아파트를 건설하기 위해 관할 행정청인 A시장으로부터 주택건설사업계획승인을 받았는데, 그 후 乙에게 위 주택건설사업에 관한 일체의 권리를 양도하였다. 乙은 A시장에 대하여 사업주체가 변경되었음을 이유로 사업계획변경승인신청서를 제출하였는데, A시장은 사업계획승인을 받은 날로부터 4년여 간 공사에 착수하지 않았다는 이유로 주택건설사업계획승인을 취소한다고 甲과 乙에게 통지하고, 乙의 사업계획변경승인신청을 반려하였다.

① A시장의 주택건설사업계획승인의 취소는 취소하여야 할 공익상의 필요와 그 취소로 인하여 당사자가 입게 될 기득권의 침해 · 신뢰보호 등을 비교 · 교량하였을 때 공익상의 필요가 당사자가 입을 불이익을 정당화할 만큼 강하지 않다면 적법성을 인정받을 수 없다.
② 사실상 내지 사법상으로 주택건설사업 등이 양도 · 양수되었을지라도 아직 변경승인을 받기 이전에는 그 사업계획의 피승인자는 여전히 종전의 사업주체인 甲이다.
③ 주택건설사업계획승인취소처분이 甲과 乙에게 같이 통지되었다 하더라도 아직 乙이 사업계획변경승인을 받지 못한 이상 乙로서는 자신에 대한 것이든 甲에 대한 것이든 사업계획승인취소를 다툴 원고적격이 인정되지 않는다.
④ A시장이 乙에 대하여 한 주택건설사업계획승인취소의 통지는 항고소송의 대상이 되는 행정처분이 아니다.

ADVICE ③ 주택건설촉진법 제33조 제1항, 구 같은법시행규칙(1996. 2. 13. 건설교통부령 제54호로 개정되기 전의 것) 제20조의 각 규정에 의하면 주택건설 사업주체의 변경승인신청은 양수인이 단독으로 할 수 있고 위 변경승인은 실질적으로 양수인에 대하여 종전에 승인된 사업계획과 동일한 사업계획을 새로이 승인해 주는 행위라 할 것이므로, 사업주체의 변경승인신청이 된 이후에 행정청이 양도인에 대하여 그 사업계획변경승인의 전제로 되는 사업계획승인을 취소하는 처분을 하였다면 양수인은 그 처분 이전에 양도인으로부터 토지와 사업승인권을 사실상 양수받아 사업주체의 변경승인신청을 한 자로서 그 취소를 구할 법률상의 이익을 가진다(대판 2000. 9. 26. 99두646).

① 주택건설촉진법상의 주택건설사업계획승인과 건축법상의 건축허가는 처분의 주체나 절차 및 효과 등이 서로 다르고, 특히 건축법 제8조 제8항이 소정의 기간 내에 착공하지 아니한 것을 취소사유의 하나로 규정한 것은 시의에 맞는 합리적인 건축규제 등을 기하기 위한 것이나, 주택건설사업은 관할 관청의 주택건설종합계획이 정하는 바에 따라 그 사업을 시행하여야 할 뿐 아니라 통상 그 공사 규모가 크고 이해관계인이 많아 비교적 장기간의 공사준비기간이 소요되는 점 등을 고려할 때, 주택건설사업계획승인에 관하여 건축법 제8조 제8항의 취소사유에 관한 부분을 그대로 유추적용할 수는 없고, 관할 관청이 주택건설촉진법 제48조의 규정 등에 의하여 주택건설사업계획승인을 취소할 때에는 취소하여야 할 공익상의 필요와 그 취소로 인하여 당사자가 입게 될 기득권과 신뢰 보호, 법률생활의 안정과 침해 등을 비교·교량한 후 공익상의 필요가 당사자가 입을 불이익을 정당화할 만큼 강한 경우에 한하여 취소할 수 있다(대판 2005. 7. 14. 2004두10180).

②④주택건설촉진법 제33조 제1항, 구 같은법시행규칙(1996. 2. 13. 건설교통부령 제54호로 개정되기 전의 것) 제20조의 각 규정에 의한 주택건설사업계획에 있어서 사업주체변경의 승인은 그로 인하여 사업주체의 변경이라는 공법상의 효과가 발생하는 것이므로, 사실상 내지 사법상으로 주택건설사업 등이 양도·양수되었을지라도 아직 변경승인을 받기 이전에는 그 사업계획의 피승인자는 여전히 종전의 사업주체인 양도인이고 양수인이 아니라 할 것이어서, 사업계획승인취소처분 등의 사유가 있는지의 여부와 취소사유가 있다고 하여 행하는 취소처분은 피승인자인 양도인을 기준으로 판단하여 그 양도인에 대하여 행하여져야 할 것이므로 행정청이 주택건설사업의 양수인에 대하여 양도인에 대한 사업계획승인을 취소하였다는 사실을 통지한 것만으로는 양수인의 법률상 지위에 어떠한 변동을 일으키는 것은 아니므로 위 통지는 항고소송의 대상이 되는 행정처분이라고 할 수는 없다(대판 2000. 9. 26. 99두646).

ANSWER 24.③

25 공법상 계약에 대한 설명으로 옳지 않은 것은? (다툼이 있는 경우 판례에 의함)

① 행정청은 공법상 계약의 상대방을 선정하고 계약 내용을 정할 때 공법상 계약의 공공성과 제3자의 이해관계를 고려하여야 한다.

② 중소기업 정보화지원사업에 따른 지원금 출연을 위하여 중소기업청장이 체결하는 협약은 공법상 대등한 당사자 사이의 의사표시의 합치로 성립하는 공법상 계약에 해당하고 그 협약의 해지 및 그에 따른 환수통보는 공법상 계약에 따라 행정청이 대등한 당사자의 지위에서 하는 의사표시이다.

③ 공법상 계약의 한쪽 당사자가 다른 당사자를 상대로 그 효력을 다투거나 그 이행을 청구하는 소송은 공법상의 법률관계에 관한 분쟁이므로 특별한 사정이 없는 한 공법상 당사자소송으로 제기하여야 한다.

④ 민간투자사업 실시협약을 체결한 당사자가 공법상 당사자소송에 의하여 그 실시협약에 따른 재정지원금의 지급을 구하는 경우에, 수소법원은 주무관청이 재정지원금액을 산정한 절차 등에 위법이 있는지 여부를 심사할 수는 있지만 실시협약에 따른 적정한 재정지원금액이 얼마인지를 구체적으로 심리 · 판단할 수 없다.

ADVICE ④ 민간투자사업 실시협약을 체결한 당사자가 공법상 당사자소송에 의하여 그 실시협약에 따른 재정지원금의 지급을 구하는 경우에, 수소법원은 단순히 주무관청이 재정지원금액을 산정한 절차 등에 위법이 있는지 여부를 심사하는 데 그쳐서는 아니 되고, 실시협약에 따른 적정한 재정지원금액이 얼마인지를 구체적으로 심리 · 판단하여야 한다(대판 2019. 1. 31. 2017두46455).

① 행정기본법 제27조 제2항

> 행정기본법 제27조(공법상 계약의 체결) ① 행정청은 법령등을 위반하지 아니하는 범위에서 행정목적을 달성하기 위하여 필요한 경우에는 공법상 법률관계에 관한 계약(이하 "공법상 계약"이라 한다)을 체결할 수 있다. 이 경우 계약의 목적 및 내용을 명확하게 적은 계약서를 작성하여야 한다.
> ② 행정청은 공법상 계약의 상대방을 선정하고 계약 내용을 정할 때 공법상 계약의 공공성과 제3자의 이해관계를 고려하여야 한다.

② 중소기업기술정보진흥원장이 甲 주식회사와 중소기업 정보화지원사업 지원대상인 사업의 지원에 관한 협약을 체결하였는데, 협약이 甲 회사에 책임이 있는 사업실패로 해지되었다는 이유로 협약에서 정한 대로 지급받은 정부지원금을 반환할 것을 통보한 사안에서, 중소기업 정보화지원사업에 따른 지원금 출연을 위하여 중소기업청장이 체결하는 협약은 공법상 대등한 당사자 사이의 의사표시의 합치로 성립하는 공법상 계약에 해당하는 점, 구 중소기업 기술혁신 촉진법(2010. 3. 31. 법률 제10220호로 개정되기 전의 것) 제32조 제1항은 제10조가 정한 기술혁신사업과 제11조가 정한 산학협력 지원사업에 관하여 출연한 사업비의 환수에 적용될 수 있을 뿐 이와 근거 규정을 달리하는 중소기업 정보화지원사업에 관하여 출연한 지원금에 대하여는 적용될 수 없고 달리 지원금 환수에 관한 구체적인 법령상 근거가 없는 점 등을 종합하면, 협약의 해지 및 그에 따른 환수통보는 공법상 계약에 따라 행정청이 대등한 당사자의 지위에서 하는 의사표시로 보아야 하고, 이를 행정청이 우월한 지위에서 행하는 공권력의 행사로서 행정처분에 해당한다고 볼 수는 없다(대판 2015. 8. 27. 2015두41449).

③ 공법상 당사자소송이란 행정청의 처분 등을 원인으로 하는 법률관계에 관한 소송 그 밖에 공법상의 법률관계에 관한 소송으로서 그 법률관계의 한쪽 당사자를 피고로 하는 소송을 말한다(행정소송법 제3조 제2호). 공법상 계약이란 공법적 효과의 발생을 목적으로 하여 대등한 당사자 사이의 의사표시의 합치로 성립하는 공법행위를 말한다. 공법상 계약의 한쪽 당사자가 다른 당사자를 상대로 효력을 다투거나 이행을 청구하는 소송은 공법상의 법률관계에 관한 분쟁이므로 분쟁의 실질이 공법상 권리 · 의무의 존부 · 범위에 관한 다툼이 아니라 손해배상액의 구체적인 산정방법 · 금액에 국한되는 등의 특별한 사정이 없는 한 공법상 당사자소송으로 제기하여야 한다(대판 2021. 2. 4. 2019다277133).

ANSWER 25.④

2022. 10. 29. 제1회 지방직 시행

1 **행정행위의 하자에 대한 판례의 입장으로 옳지 않은 것은?**

① 과세처분 이후 과세의 근거가 되었던 법률규정에 대하여 위헌결정이 내려진 경우, 그 조세채권의 집행을 위해 새로운 체납처분에 착수하거나 이를 속행하는 것은 당연무효로 볼 수 없다.

② 행정청이 어느 법률관계나 사실관계에 대하여 어느 법률의 규정을 적용하여 행정처분을 한 경우에, 그 법률관계나 사실관계에 대하여는 그 법률의 규정을 적용할 수 없다는 법리가 명백히 밝혀져 해석에 다툼의 여지가 없음에도 행정청이 그 규정을 적용하여 처분을 한 때에는 하자가 중대하고 명백하다.

③ 행정청이 청문서 도달기간을 다소 어겼다 하더라도 당사자가 이에 대하여 이의하지 아니한 채 스스로 청문일에 출석하여 그 의견을 진술하고 변명하는 등 방어의 기회를 충분히 가졌다면 청문서 도달기간을 준수하지 아니한 하자는 치유되었다고 볼 수 있다.

④ 선행처분인 소득금액변동통지에 하자가 존재하더라도 당연무효 사유에 해당하지 않는 한 그 하자는 후행처분인 소득세 납세고지처분에 그대로 승계되지 아니한다.

ADVICE ① 조세 부과의 근거가 되었던 법률규정이 위헌으로 선언된 경우, 비록 그에 기한 과세처분이 위헌결정 전에 이루어졌고, 과세처분에 대한 제소기간이 이미 경과하여 조세채권이 확정되었으며, 조세채권의 집행을 위한 체납처분의 근거규정 자체에 대하여는 따로 위헌결정이 내려진 바 없다고 하더라도, 위와 같은 위헌결정 이후에 조세채권의 집행을 위한 새로운 체납처분에 착수하거나 이를 속행하는 것은 더 이상 허용되지 않고, 나아가 이러한 위헌결정의 효력에 위배하여 이루어진 체납처분은 그 사유만으로 하자가 중대하고 객관적으로 명백하여 당연무효라고 보아야 한다(대판 2012. 2. 16. 2010두10907).

② 하자 있는 행정처분이 당연무효가 되기 위해서는 그 하자가 법규의 중요한 부분을 위반한 중대한 것으로서 객관적으로 명백한 것이어야 하며, 하자가 중대하고 명백한지 여부를 판별할 때에는 그 법규의 목적, 의미, 기능 등을 목적론적으로 고찰함과 동시에 구체적 사안 자체의 특수성에 관하여도 합리적으로 고찰함을 요한다. 행정청이 어느 법률관계나 사실관계에 대하여 어느 법률의 규정을 적용하여 행정처분을 한 경우에 그 법률관계나 사실관계에 대하여는 그 법률의 규정을 적용할 수 없다는 법리가 명백히 밝혀져 그 해석에 다툼의 여지가 없음에도 행정청이 위 규정을 적용하여 처분을 한 때에는 그 하자가 중대하고도 명백하다고 할 것이나, 그 법률관계나 사실관계에 대하여 그 법률의 규정을 적용할 수 없다는 법리가 명백히 밝혀지지 아니하여 그 해석에 다툼의 여지가 있는 때에는 행정관청이 이를 잘못 해석하여 행정처분을 하였더라도 이는 그 처분 요건사실을 오인한 것에 불과하여 그 하자가 명백하다고 할 수 없다(대판 2012. 11. 29. 2012두3743).

③ 행정청이 식품위생법상의 청문절차를 이행함에 있어 소정의 청문서 도달기간을 지키지 아니하였다면 이는 청문의 절차적 요건을 준수하지 아니한 것이므로 이를 바탕으로 한 행정처분은 일단 위법하다고 보아야 할 것이지만 이러한 청문제도의 취지는 처분으로 말미암아 받게 될 영업자에게 미리 변명과 유리한 자료를 제출할 기회를 부여함으로써 부당한 권리침해를 예방하려는 데에 있는 것임을 고려하여 볼 때, 가령 행정청이 청문서 도달기간을 다소 어겼다하더라도 영업자가 이에 대하여 이의하지 아니한 채 스스로 청문일에 출석하여 그 의견을 진술하고 변명하는 등 방어의 기회를 충분히 가졌다면 청문서 도달기간을 준수하지 아니한 하자는 치유되었다고 봄이 상당하다(대판 1992. 10. 23. 92누2844).

④ 과세관청의 소득처분과 그에 따른 소득금액변동통지가 있는 경우 원천징수의무자인 법인은 소득금액변동통지서를 받은 날에 그 통지서에 기재된 소득의 귀속자에게 당해 소득금액을 지급한 것으로 의제되어 그때 원천징수하는 소득세의 납세의무가 성립함과 동시에 확정되므로 소득금액변동통지는 원천징수의무자인 법인의 납세의무에 직접 영향을 미치는 과세관청의 행위로서 항고소송의 대상이 된다. 그리고 원천징수의무자인 법인이 원천징수하는 소득세의 납세의무를 이행하지 아니함에 따라 과세관청이 하는 납세고지는 확정된 세액의 납부를 명하는 징수처분에 해당하므로 선행처분인 소득금액변동통지에 하자가 존재하더라도 당연무효 사유에 해당하지 않는 한 후행처분인 징수처분에 그대로 승계되지 아니한다. 따라서 과세관청의 소득처분과 그에 따른 소득금액변동통지가 있는 경우 원천징수하는 소득세의 납세의무에 관하여는 이를 확정하는 소득금액변동통지에 대한 항고소송에서 다투어야 하고, 소득금액변동통지가 당연무효가 아닌 한 징수처분에 대한 항고소송에서 이를 다툴 수는 없다(대판 2012. 1. 26. 2009두14439).

ANSWER 1.①

2 **인허가의제에 대한 설명으로 옳지 않은 것은? (다툼이 있는 경우 판례에 의함)**

① 도시계획시설인 주차장에 대한 건축허가신청을 받은 행정청으로서는 「건축법」상 허가 요건뿐 아니라 그에 의해 의제되는 국토의 계획 및 이용에 관한 법령이 정한 도시계획시설사업에 관한 실시계획인가 요건도 충족하는 경우에 한하여 이를 허가해야 한다.

② 주된 인허가에 의해 의제된 인허가는 통상적인 인허가와 동일한 효력을 가지나, '부분 인허가의제'가 허용되는 경우 의제된 인허가의 취소나 철회는 허용되지 않으므로 이해관계인이 의제된 인허가의 위법함을 다투고자 하는 경우에는 주된 인허가처분을 항고소송의 대상으로 삼아야 한다.

③ 행정청이 「주택법」상 주택건설사업계획을 승인하면 「국토의 계획 및 이용에 관한 법률」상의 도시 · 군관리계획결정이 이루어진 것으로 의제되는데, 이 경우 도시 · 군관리계획 결정권자와의 협의절차와 별도로 「국토의 계획 및 이용에 관한 법률」에서 정한 도시 · 군관리계획 입안을 위한 주민 의견청취 절차를 거칠 필요는 없다.

④ 행정청이 건축불허가처분을 하면서 그 처분사유로 건축불허가 사유뿐만 아니라 그 의제의 대상이 되는 형질변경불허가 사유나 농지전용불허가 사유를 들고 있다고 하여 그 건축불허가처분 외에 별개로 형질변경불허가처분이나 농지전용불허가처분이 존재하는 것은 아니다.

ADVICE ② 인허가 의제 대상이 되는 처분에 어떤 하자가 있더라도, 그로써 해당 인허가 의제의 효과가 발생하지 않을 여지가 있게 될 뿐이고, 그러한 사정이 주택건설사업계획 승인처분 자체의 위법사유가 될 수는 없다. 또한 의제된 인허가는 통상적인 인허가와 동일한 효력을 가지므로, 적어도 '부분 인허가 의제'가 허용되는 경우에는 그 효력을 제거하기 위한 법적 수단으로 의제된 인허가의 취소나 철회가 허용될 수 있고, 이러한 직권 취소 · 철회가 가능한 이상 그 의제된 인허가에 대한 쟁송취소 역시 허용된다. 따라서 주택건설사업계획 승인처분에 따라 의제된 인허가가 위법함을 다투고자 하는 이해관계인은, 주택건설사업계획 승인처분의 취소를 구할 것이 아니라 의제된 인허가의 취소를 구하여야 하며, 의제된 인허가는 주택건설사업계획 승인처분과 별도로 항고소송의 대상이 되는 처분에 해당한다(대판 2018. 11. 29. 2016두38792).

① 건축법에서 인 · 허가의제 제도를 둔 취지는, 인 · 허가의제사항과 관련하여 건축허가의 관할 행정청으로 그 창구를 단일화하고 절차를 간소화하며 비용과 시간을 절감함으로써 국민의 권익을 보호하려는 것이지, 인 · 허가의제사항 관련 법률에 따른 각각의 인 · 허가 요건에 관한 일체의 심사를 배제하려는 것으로 보기는 어려우므로, 도시계획시설인 주차장에 대한 건축허가신청을 받은 행정청으로서는 건축법상 허가 요건뿐 아니라 국토계획법령이 정한 도시계획시설사업에 관한 실시계획인가 요건도 충족하는 경우에 한하여 이를 허가해야 한다고 보아야 한다(대판 2011. 1. 20. 2010두14954(전합)).

③ 주택건설사업을 시행하는 데 필요한 각종 인허가 사항과 관련하여 주택건설사업계획 승인권자로 그 창구를 단일화하고 절차를 간소화함으로써 각종 인허가에 드는 비용과 시간을 절감하여 주택의 건설 · 공급을 활성화하려는 데에 있다. 이러한 인허가 의제 규정의 입법 취지를 고려하면, 주택건설사업계획 승인권자가 구 주택법 제17조 제3항에 따라 도시 · 군관리계획 결정권자와 협의를 거쳐 관계 주택건설사업계획을 승인하면 같은 조 제1항 제5호에 따라 도시 · 군관리계획결정이 이루어진 것으로 의제되고, 이러한 협의 절차와 별도로 국토계획법 제28조 등에서 정한 도시 · 군관리계획 입안을 위한 주민 의견청취 절차를 거칠 필요는 없다고 보아야 한다(대판 1992. 11. 10. 92누1162).

④ 건축허가권자가 건축허가를 하고자 하는 경우 당해 용도 · 규모 또는 형태의 건축물을 그 건축하고자 하는 대지에 건축하는 것이 건축법 관련 규정이나 같은 도시계획법 제4조, 농지법 제36조 등 관계 법령의 규정에 적합한지의 여부를 검토하여야 하는 것일 뿐, 건축불허가처분을 하면서 그 처분사유로 건축불허가 사유뿐만 아니라 형질변경불허가 사유

나 농지전용불허가 사유를 들고 있다고 하여 그 건축불허가처분 외에 별개로 형질변경불허가처분이나 농지전용불허가처분이 존재하는 것이 아니므로, 그 건축불허가처분을 받은 사람은 그 건축불허가처분에 관한 쟁송에서 건축법상의 건축불허가 사유뿐만 아니라 같은 도시계획법상의 형질변경불허가 사유나 농지법상의 농지전용불허가 사유에 관하여도 다툴 수 있는 것이지, 그 건축불허가처분에 관한 쟁송과는 별개로 형질변경불허가처분이나 농지전용불허가처분에 관한 쟁송을 제기하여 이를 다투어야 하는 것은 아니며, 그러한 쟁송을 제기하지 아니하였어도 형질변경불허가 사유나 농지전용불허가 사유에 관하여 불가쟁력이 생기지 아니한다(대판 2001. 1. 16. 99두10988).

3 행정입법에 대한 설명으로 옳지 않은 것은? (다툼이 있는 경우 판례에 의함)

① 행정기관 내부의 사무처리준칙에 불과한 행정규칙은 공포되어야 하는 것은 아니므로 특별한 규정이 없는 한, 수명기관에 도달된 때부터 효력이 발생한다.

② 부작위위법확인소송의 대상이 될 수 있는 것은 구체적 권리의무에 관한 분쟁이어야 하고 추상적인 법령에 관하여 제정의 여부 등은 그 자체로서 국민의 구체적인 권리의무에 직접적 변동을 초래하는 것이 아니어서 그 소송의 대상이 될 수 없다.

③ 부령에서 제재적 행정처분의 기준을 정하였다고 하더라도 이에 관한 처분의 적법 여부는 부령에 적합한 것인가의 여부에 따라 판단할 것이 아니라 처분의 근거 법률의 규정 및 그 취지에 적합한 것인가의 여부에 따라 판단하여야 한다.

④ 법률이 공법적 단체 등의 정관에 자치법적 사항을 위임한 경우에도 원칙적으로 헌법 제75조가 정하는 포괄적인 위임입법 금지 원칙이 적용되므로 이와 별도로 법률유보 내지 의회유보의 원칙을 적용할 필요는 없다.

ADVICE ④ 법률이 공법적 단체 등의 정관에 자치법적 사항을 위임한 경우에는 헌법 제75조가 정하는 포괄적인 위임입법의 금지는 원칙적으로 적용되지 않는다고 봄이 상당하고, 그렇다 하더라도 그 사항이 국민의 권리 · 의무에 관련되는 것일 경우에는 적어도 국민의 권리 · 의무에 관한 기본적이고 본질적인 사항은 국회가 정하여야 한다(대판 2007. 10. 12. 2006두14476).

① 법규명령은 공포되어야 효력이 발생하지만, 행정규칙은 공포를 요하지 않으며 수명기관에 도달한 때에 효력이 발생한다.

② 행정소송은 구체적 사건에 대한 법률상 분쟁을 법에 의하여 해결함으로써 법적 안정을 기하자는 것이므로 부작위위법확인소송의 대상이 될 수 있는 것은 구체적 권리의무에 관한 분쟁이어야 하고 추상적인 법령에 관하여 제정의 여부 등은 그 자체로서 국민의 구체적인 권리의무에 직접적 변동을 초래하는 것이 아니어서 그 소송의 대상이 될 수 없다(대판 1992. 5. 8. 91누11261).

③ 제재적 행정처분의 기준이 부령 형식으로 규정되어 있더라도 그것은 행정청 내부의 사무처리준칙을 규정한 것에 지나지 않아 대외적으로 국민이나 법원을 기속하는 효력이 없다. 따라서 그 처분의 적법 여부는 처분기준만이 아니라 관계 법령의 규정 내용과 취지에 따라 판단하여야 한다. 그러므로 처분기준에 부합한다 하여 곧바로 처분이 적법한 것이라고 할 수는 없지만, 처분기준이 그 자체로 헌법 또는 법률에 합치되지 않거나 그 기준을 적용한 결과가 처분사유인 위반행위의 내용 및 관계 법령의 규정과 취지에 비추어 현저히 부당하다고 인정할 만한 합리적인 이유가 없는 한, 섣불리 그 기준에 따른 처분이 재량권의 범위를 일탈하였다거나 재량권을 남용한 것으로 판단해서는 안 된다(대판 2019. 9. 26. 2017두48406).

ANSWER 2.② 3.④

4 행정절차에 대한 설명으로 옳지 않은 것은? (다툼이 있는 경우 판례에 의함)

① 「행정절차법」상 문서주의 원칙에도 불구하고, 행정청의 처분서의 문언만으로는 행정청이 어떤 처분을 하였는지 불분명하다는 등 특별한 사정이 있는 때에는 처분 경위나 처분 이후의 상대방의 태도 등 다른 사정을 고려하여 처분서의 문언과 달리 그 처분의 내용을 해석할 수도 있다.

② '고시'의 방법으로 불특정 다수인을 상대로 의무를 부과하거나 권익을 제한하는 처분은 성질상 의견제출의 기회를 주어야 하는 상대방을 특정할 수 없으므로, 이와 같은 처분에 있어서까지 그 상대방에게 의견제출의 기회를 주어야 하는 것은 아니다.

③ 행정청이 당사자와 도시계획사업의 시행과 관련한 협약을 체결하면서 관계 법령 및 「행정절차법」에 규정된 청문의 실시 등 의견청취절차를 배제하는 조항을 두었다면, 이는 청문을 실시하지 않아도 되는 예외적인 경우에 해당한다.

④ 공무원에 대한 징계절차에서 징계심의대상자가 대리인으로 선임한 변호사가 징계위원회 심의에 출석하여 진술하려고 하였음에도 불구하고 징계권자나 그 소속직원이 변호사가 심의에 출석하는 것을 막았다면 징계위원회의 심의 · 의결의 절차적 정당성이 상실되어 그 징계의결에 따른 징계처분은 위법하며 원칙적으로 취소되어야 한다.

ADVICE ③ 행정청이 당사자와 사이에 도시계획사업의 시행과 관련한 협약을 체결하면서 관계 법령 및 행정절차법에 규정된 청문의 실시 등 의견청취절차를 배제하는 조항을 두었다고 하더라도, 국민의 행정참여를 도모함으로써 행정의 공정성 · 투명성 및 신뢰성을 확보하고 국민의 권익을 보호한다는 행정절차법의 목적 및 청문제도의 취지 등에 비추어 볼 때, 위와 같은 협약의 체결로 청문의 실시에 관한 규정의 적용을 배제할 수 있다고 볼 만한 법령상의 규정이 없는 한, 이러한 협약이 체결되었다고 하여 청문의 실시에 관한 규정의 적용이 배제된다거나 청문을 실시하지 않아도 되는 예외적인 경우에 해당한다고 할 수 없다(대판 2004. 7. 8. 2002두8350).

① 행정청이 문서에 의하여 처분을 한 경우 처분서의 문언이 불분명하다는 등의 특별한 사정이 없는 한, 문언에 따라 어떤 처분을 하였는지를 확정하여야 한다. 처분서의 문언만으로도 행정청이 어떤 처분을 하였는지가 분명한데도 처분 경위나 처분 이후의 상대방의 태도 등 다른 사정을 고려하여 처분서의 문언과는 달리 다른 처분까지 포함되어 있는 것으로 확대해석해서는 안 된다(대판 2017. 8. 29. 2016두44186).

② 구 행정절차법 제22조 제3항에 따라 행정청이 의무를 부과하거나 권익을 제한하는 처분을 할 때 의견제출의 기회를 주어야 하는 '당사자'는 '행정청의 처분에 대하여 직접 그 상대가 되는 당사자'(구 행정절차법 제2조 제4호)를 의미한다. 그런데 '고시'의 방법으로 불특정 다수인을 상대로 의무를 부과하거나 권익을 제한하는 처분은 성질상 의견제출의 기회를 주어야 하는 상대방을 특정할 수 없으므로, 이와 같은 처분에 있어서까지 구 행정절차법 제22조 제3항에 의하여 그 상대방에게 의견제출의 기회를 주어야 한다고 해석할 것은 아니다(대판 2014. 10. 27. 2012두7745).

④ 육군3사관학교의 사관생도에 대한 징계절차에서 징계심의대상자가 대리인으로 선임한 변호사가 징계위원회 심의에 출석하여 진술하려고 하였음에도, 징계권자나 그 소속 직원이 변호사가 징계위원회의 심의에 출석하는 것을 막았다면 징계위원회 심의 · 의결의 절차적 정당성이 상실되어 그 징계의결에 따른 징계처분은 위법하여 원칙적으로 취소되어야 한다. 다만 징계심의대상자의 대리인이 관련된 행정절차나 소송절차에서 이미 실질적인 증거조사를 하고 의견을 진술하는 절차를 거쳐서 징계심의대상자의 방어권 행사에 실질적으로 지장이 초래되었다고 볼 수 없는 특별한 사정이 있는 경우에는, 징계권자가 징계심의대상자의 대리인에게 징계위원회에 출석하여 의견을 진술할 기회를 주지 아니하였더라도 그로 인하여 징계위원회 심의에 절차적 정당성이 상실되었다고 볼 수 없으므로 징계처분을 취소할 것은 아니다(대판 2018. 3. 13. 2016두33339).

5 **과징금에 대한 설명으로 옳지 않은 것은? (다툼이 있는 경우 판례에 의함)**

① 과징금의 근거가 되는 법률에는 과징금의 상한액을 명확하게 규정하여야 한다.

② 「행정기본법」 제28조제1항에 과징금 부과의 법적 근거를 마련하였으므로 행정청은 직접 이 규정에 근거하여 과징금을 부과할 수 있다.

③ 영업정지처분에 갈음하는 과징금이 규정되어 있는 경우 과징금을 부과할 것인지 영업정지처분을 내릴 것인지는 통상 행정청의 재량에 속한다.

④ 과징금부과처분은 원칙적으로 위반자의 고의·과실을 요하지 아니하나, 위반자의 의무 해태를 탓할 수 없는 정당한 사유가 있는 등의 특별한 사정이 있는 경우에는 이를 부과할 수 없다.

ADVICE ②①행정기본법 제28조

행정기본법 제28조(과징금의 기준) ① 행정청은 법령등에 따른 의무를 위반한 자에 대하여 법률로 정하는 바에 따라 그 위반행위에 대한 제재로서 과징금을 부과할 수 있다. ② 과징금의 근거가 되는 법률에는 과징금에 관한 다음 각 호의 사항을 명확하게 규정하여야 한다. 1. 부과·징수 주체 2. 부과 사유 3. 상한액 4. 가산금을 징수하려는 경우 그 사항 5. 과징금 또는 가산금 체납 시 강제징수를 하려는 경우 그 사항

③ 건설업자의 위반행위에 대한 제재 규정으로서의 관련 규정의 체계 및 내용 등에 비추어 보면, 이 사건 처분기준 중 영업정지처분 조항은, 행정청에 영업정지 또는 그를 갈음한 과징금 중 하나를 선택할 수 있도록 재량을 부여하면서도, 다만 앞서 본 바와 같이 일정한 사유에 해당되면 행정청이 영업정지를 갈음한 과징금을 부과할 수 없도록 함으로써 그 재량 행사의 한계를 규정한 것이라고 봄이 타당하다(대판 2017. 10. 12. 2017두43968.).

④ 구 여객자동차 운수사업법 제88조 제1항의 과징금부과처분은 제재적 행정처분으로서 여객자동차 운수사업에 관한 질서를 확립하고 여객의 원활한 운송과 여객자동차 운수사업의 종합적인 발달을 도모하여 공공복리를 증진한다는 행정목적의 달성을 위하여 행정법규 위반이라는 객관적 사실에 착안하여 가하는 제재이므로 반드시 현실적인 행위자가 아니라도 법령상 책임자로 규정된 자에게 부과되고 원칙적으로 위반자의 고의·과실을 요하지 아니하나, 위반자의 의무 해태를 탓할 수 없는 정당한 사유가 있는 등의 특별한 사정이 있는 경우에는 이를 부과할 수 없다(대판 2014. 10. 15. 2013두5005).

ANSWER 4.③ 5.②

6 정보공개제도에 대한 설명으로 옳은 것은? (다툼이 있는 경우 판례에 의함)

① 공개를 구하는 정보를 공공기관이 한때 보유·관리하였으나 후에 그 정보가 담긴 문서등이 폐기되어 존재하지 않게 된 것이라면 그 정보를 더 이상 보유·관리하고 있지 아니하다는 점에 대한 증명책임은 공공기관에 있다.

② 의사결정과정에 제공된 회의관련자료나 의사결정과정이 기록된 회의록은 의사가 결정되거나 의사가 집행된 경우에는 더 이상 의사결정과정에 있는 사항 그 자체라고는 할 수 없으므로 비공개대상정보에 포함될 수 없다.

③ 정보공개거부처분의 취소를 구하는 소송에서 공공기관이 청구정보를 증거 등으로 법원에 제출하여 법원을 통하여 그 사본을 청구인에게 교부 또는 송달되게 하여 결과적으로 청구인에게 정보를 공개하는 셈이 되었다면, 당해 정보의 비공개결정의 취소를 구할 소의 이익은 소멸된다.

④ 공공기관이 공개청구의 대상이 된 정보를 공개는 하되, 청구인이 신청한 공개방법 이외의 방법으로 공개하기로 하는 결정을 하였다면, 이는 정보공개청구 중 정보공개방법에 관한 부분만을 달리한 것이므로 일부 거부처분이라 할 수 없다.

ADVICE ① 공개청구자는 그가 공개를 구하는 정보를 공공기관이 보유·관리하고 있을 상당한 개연성이 있다는 점에 대하여 입증할 책임이 있으나, 공개를 구하는 정보를 공공기관이 한때 보유·관리하였으나 후에 그 정보가 담긴 문서들이 폐기되어 존재하지 않게 된 것이라면 그 정보를 더 이상 보유·관리하고 있지 않다는 점에 대한 증명책임은 공공기관에 있다(대판 2013. 1. 24. 2010두18918).

② 정보공개법 제9조 제1항 제5호에서의 '감사·감독·검사·시험·규제·입찰계약·기술개발·인사관리·의사결정과정 또는 내부검토과정에 있는 사항'은 비공개대상정보를 예시적으로 열거한 것이라고 할 것이므로, 의사결정과정에 제공된 회의관련자료나 의사결정과정이 기록된 회의록 등은 의사가 결정되거나 의사가 집행된 경우에는 더 이상 의사결정과정에 있는 사항 그 자체라고는 할 수 없으나, 의사결정과정에 있는 사항에 준하는 사항으로서 비공개대상정보에 포함될 수 있다(대판 2015. 2. 26. 2014두43356).

③ 정보공개법 제17조 제1항은 정보의 공개 및 우송 등에 소요되는 비용은 실비의 범위 안에서 청구인의 부담으로 하도록 정하고 있다. 따라서 청구인이 정보공개거부처분의 취소를 구하는 소송에서 공공기관이 청구정보를 증거 등으로 법원에 제출하여 법원을 통하여 그 사본을 청구인에게 교부 또는 송달되게 하여 결과적으로 청구인에게 정보를 공개하는 셈이 되었다고 하더라도, 이러한 우회적인 방법은 정보공개법이 예정하고 있지 아니한 방법으로서 정보공개법에 의한 공개라고 볼 수는 없으므로, 당해 정보의 비공개결정의 취소를 구할 소의 이익은 소멸되지 않는다(대판 2004. 3. 26. 2002두6583).

④ 공공기관이 공개청구의 대상이 된 정보를 공개는 하되, 청구인이 신청한 공개방법 이외의 방법으로 공개하기로 하는 결정을 하였다면, 이는 정보공개청구 중 정보공개방법에 관한 부분에 대하여 일부 거부처분을 한 것이고, 청구인은 그에 대하여 항고소송으로 다툴 수 있다(대판 2016. 11. 10. 2016두44674).

7 **행정행위의 부관에 대한 설명으로 옳은 것은? (다툼이 있는 경우 판례에 의함)**

① 일반적으로 보조금 교부결정은 법령과 예산에서 정하는 바에 엄격히 기속되므로, 행정청은 보조금 교부결정을 할 때 조건을 붙일 수 없다.

② 수익적 행정처분에 있어서는 행정청이 행정처분을 하면서 부담을 일방적으로 부가할 수 있을 뿐, 부담을 부가하기 이전에 상대방과 협의하여 부담의 내용을 협약의 형식으로 미리 정한 다음 부가할 수는 없다.

③ 토지소유자가 토지형질변경행위허가에 붙은 기부채납의 부관에 따라 토지를 국가나 지방자치단체에 기부채납한 경우, 기부채납의 부관이 당연무효이거나 취소되지 아니한 이상 토지소유자는 위 부관으로 인하여 증여계약의 중요 부분에 착오가 있음을 이유로 증여계약을 취소할 수 없다.

④ 부담이 처분 당시 법령을 기준으로 적법하더라도, 처분 후 부담의 전제가 된 주된 행정처분의 근거 법령이 개정됨으로써 행정청이 더 이상 부관을 붙일 수 없게 되었다면 그 부담은 곧바로 위법하게 되거나 그 효력이 소멸한 것으로 보아야 한다.

ADVICE ③ 대판 1999. 5. 25. 98다53134

① 중앙관서의 장은 보조금의 교부를 결정할 때 법령과 예산에서 정하는 보조금의 교부 목적을 달성하는 데에 필요한 조건을 붙일 수 있다(보조금법 제18조 제1항).

② 수익적 행정처분에 있어서는 법령에 특별한 근거규정이 없다고 하더라도 그 부관으로서 부담을 붙일 수 있고, 그와 같은 부담은 행정청이 행정처분을 하면서 일방적으로 부가할 수도 있지만 부담을 부가하기 이전에 상대방과 협의하여 부담의 내용을 협약의 형식으로 미리 정한 다음 행정처분을 하면서 이를 부가할 수도 있다(대판 2009. 2. 12. 2005다65500).

④ 행정청이 재량행위인 수익적 행정처분을 하면서 부가한 부담 역시 처분 당시 법령을 기준으로 위법 여부를 판단하여야 하고, 부담이 처분 당시 법령을 기준으로 적법하다면 처분 후 부담의 전제가 된 주된 행정처분의 근거 법령이 개정됨으로써 행정청이 더 이상 부관을 붙일 수 없게 되었다 하더라도 곧바로 위법하게 되거나 그 효력이 소멸하게 되는 것은 아니라고 할 것이다. 따라서 행정처분의 상대방이 수익적 행정처분을 얻기 위하여 행정청과 사이에 행정처분에 부가할 부담에 관한 협약을 체결하고 행정청이 수익적 행정처분을 하면서 협약상의 의무를 부담으로 부가하였으나 부담의 전제가 된 주된 행정처분의 근거 법령이 개정됨으로써 행정청이 더 이상 부관을 붙일 수 없게 된 경우에도 곧바로 그 전에 행하여진 협약의 효력이 소멸하게 되는 것은 아니다(대판 2009. 2. 12. 2008다56262).

ANSWER 6.① 7.③

8 **공물에 대한 설명으로 옳지 않은 것은? (다툼이 있는 경우 판례에 의함)**

① 공물의 인접주민이 구체적으로 공물을 사용하지 않고 있는 이상 그 공물의 인접주민이라는 사정만으로는 공물에 대한 고양된 일반사용권이 인정될 수 없다.

② 공유수면의 일부가 매립되어 사실상 대지화되었다고 하면, 관리청이 공용폐지를 하지 아니하더라도 법률상으로 더 이상 공유수면으로서의 성질을 보유하지 못한다.

③ 행정재산이 공용폐지되어 시효취득의 대상이 된다는 점에 대한 증명책임은 시효취득을 주장하는 자에게 있다.

④ 하천의 점용허가권은 특허에 의한 공물사용권의 일종으로서 하천의 관리주체에 대하여 일정한 특별사용을 청구할 수 있는 채권에 지나지 아니하고 대세적 효력이 있는 물권이라 할 수 없다.

ADVICE ② 공유수면은 소위 자연공물로서 그 자체가 직접 공공의 사용에 제공되는 것이므로 공유수면의 일부가 사실상 매립되어 대지화되었다 하더라도 국가가 공유수면으로서의 공용폐지를 하지 아니하는 이상 법률상으로는 여전히 공유수면으로서의 성질을 보유하고 있다(대판 1995. 12. 5. 95누10327).

① 공물의 인접주민은 다른 일반인보다 인접공물의 일반사용에 있어 특별한 이해관계를 가지는 경우가 있고, 그러한 의미에서 다른 사람에게 인정되지 아니하는 이른바 고양된 일반사용권이 보장될 수 있으며, 이러한 고양된 일반사용권이 침해된 경우 다른 개인과의 관계에서 민법상으로도 보호될 수 있으나, 그 권리도 공물의 일반사용의 범위 안에서 인정되는 것이므로, 특정인에게 어느 범위에서 이른바 고양된 일반사용권으로서의 권리가 인정될 수 있는지의 여부는 당해 공물의 목적과 효용, 일반사용관계, 고양된 일반사용권을 주장하는 사람의 법률상의 지위와 당해 공물의 사용관계의 인접성, 특수성 등을 종합적으로 고려하여 판단하여야 한다. 따라서 구체적으로 공물을 사용하지 않고 있는 이상 그 공물의 인접주민이라는 사정만으로는 공물에 대한 고양된 일반사용권이 인정될 수 없다(대판 2006. 12. 22. 2004다68311, 68328).

③ 국유 하천부지는 공공용 재산이므로 그 일부가 사실상 대지화되어 그 본래의 용도에 공여되지 않는 상태에 놓여 있더라도 국유재산법령에 의한 용도폐지를 하지 않은 이상 당연히 잡종재산으로 된다고는 할 수 없다. 공용폐지의 의사표시는 명시적이든 묵시적이든 상관없으나 적법한 의사표시가 있어야 하며, 행정재산이 사실상 본래의 용도에 사용되고 있지 않다는 사실만으로 공용폐지의 의사표시가 있었다고 볼 수 없고, 원래의 행정재산이 공용폐지되어 취득시효의 대상이 된다는 입증책임은 시효취득을 주장하는 자에게 있다(대판 1997. 8. 22. 96다10737).

④ 대판 2015. 1. 29. 2012두27404

9 「행정대집행법」상 행정대집행에 대한 설명으로 옳지 않은 것은? (다툼이 있는 경우 판례에 의함)

① 관계 법령상 행정대집행의 절차가 인정되어 행정청이 행정대집행의 방법으로 건물의 철거 등 대체적 작위의무의 이행을 실현할 수 있는 경우에는 따로 민사소송의 방법으로 그 의무의 이행을 구할 수 없다.

② 행정청이 행정대집행을 한 경우 그에 따른 비용의 징수는 「행정대집행법」의 절차에 따라 「국세징수법」의 예에 의하여 징수하여야 하며, 손해배상을 구하는 민사소송으로 징수할 수는 없다.

③ 행정대집행에 있어 대집행 대상인 건물의 점유자가 철거의무자일 때에는 건물철거의무에 퇴거의무도 포함되어 있는 것이어서 별도로 퇴거를 명하는 집행권원이 필요하지 않다.

④ 법령이 일정한 행위를 금지하고 있는 경우, 그 금지규정으로부터 위반결과의 시정을 명하는 행정청의 처분권한은 당연히 도출되므로 행정청은 그 금지규정에 근거하여 시정을 명하고 행정대집행에 나아갈 수 있다.

ADVICE ④ 행정대집행법 제2조는 대집행의 대상이 되는 의무를 "법률(법률의 위임에 의한 명령, 지방자치단체의 조례를 포함)에 의하여 직접 명령되었거나 또는 법률에 의거한 행정청의 명령에 의한 행위로서 타인이 대신하여 행할 수 있는 행위"라고 규정하고 있으므로, 대집행계고처분을 하기 위하여는 법령에 의하여 직접 명령되거나 법령에 근거한 행정청의 명령에 의한 의무자의 대체적 작위의무 위반행위가 있어야 한다. 따라서 단순한 부작위의무의 위반, 즉 관계 법령에 정하고 있는 절대적 금지나 허가를 유보한 상대적 금지를 위반한 경우에는 당해 법령에서 그 위반자에 대하여 위반에 의하여 생긴 유형적 결과의 시정을 명하는 행정처분의 권한을 인정하는 규정(예컨대, 건축법 제69조, 도로법 제74조, 하천법 제67조, 도시공원법 제20조, 옥외광고물등관리법 제10조 등)을 두고 있지 아니한 이상, 법치주의의 원리에 비추어 볼 때 위와 같은 부작위의무로부터 그 의무를 위반함으로써 생긴 결과를 시정하기 위한 작위의무를 당연히 끌어낼 수는 없으며, 또 위 금지규정(특히 허가를 유보한 상대적 금지규정)으로부터 작위의무, 즉 위반결과의 시정을 명하는 권한이 당연히 추론(推論)되는 것도 아니다(대판 1996. 6. 28. 96누4374).

①③관계 법령상 행정대집행의 절차가 인정되어 행정청이 행정대집행의 방법으로 건물의 철거 등 대체적 작위의무의 이행을 실현할 수 있는 경우에는 따로 민사소송의 방법으로 그 의무의 이행을 구할 수 없다. 한편 건물의 점유자가 철거의무자일 때에는 건물철거의무에 퇴거의무도 포함되어 있는 것이어서 별도로 퇴거를 명하는 집행권원이 필요하지 않다. 행정청이 행정대집행의 방법으로 건물철거의무의 이행을 실현할 수 있는 경우에는 건물철거 대집행 과정에서 부수적으로 건물의 점유자들에 대한 퇴거 조치를 할 수 있고, 점유자들이 적법한 행정대집행을 위력을 행사하여 방해하는 경우 형법상 공무집행방해죄가 성립하므로, 필요한 경우에는 '경찰관 직무집행법'에 근거한 위험발생 방지조치 또는 형법상 공무집행방해죄의 범행방지 내지 현행범체포의 차원에서 경찰의 도움을 받을 수도 있다(대판 2017. 4. 28. 2016다213916).

② 대한주택공사가 구 대한주택공사법 및 구 대한주택공사법 시행령에 의하여 대집행권한을 위탁받아 공무인 대집행을 실시하기 위하여 지출한 비용을 행정대집행법 절차에 따라 국세징수법의 예에 의하여 징수할 수 있음에도 민사소송절차에 의하여 그 비용의 상환을 청구한 사안에서, 행정대집행법이 대집행비용의 징수에 관하여 민사소송절차에 의한 소송이 아닌 간이하고 경제적인 특별구제절차를 마련해 놓고 있으므로, 위 청구는 소의 이익이 없어 부적법하다(대판 2011. 9. 8. 2010다48240).

ANSWER 8.② 9.④

10 사인의 공법행위에 대한 설명으로 옳지 않은 것은? (다툼이 있는 경우 판례에 의함)

① 「수산업법」상 신고어업을 하려면 법령이 정한 바에 따라 관할 행정청에 신고하여야 하고, 행정청의 수리가 있을 때에 비로소 법적 효과가 발생하게 된다.

② 「민법」상 비진의 의사표시의 무효에 관한 규정은 그 성질상 공무원이 한 사직(일괄사직)의 의사표시와 같은 사인의 공법행위에 적용되지 않는다.

③ 행정청은 사인의 신청에 구비서류의 미비와 같은 흠이 있는 경우 신청인에게 보완을 요구하여야 하는바, 이때 보완의 대상이 되는 흠은 원칙상 형식적 · 절차적 요건뿐만 아니라 실체적 발급요건상의 흠을 포함한다.

④ 인허가의제 효과를 수반하는 건축신고는 일반적인 건축신고와는 달리, 특별한 사정이 없는 한 행정청이 그 실체적 요건에 관한 심사를 한 후 수리를 하여야 한다.

ADVICE ③ 행정절차법 제17조에 따르면, 행정청은 신청에 구비서류의 미비 등 흠이 있는 경우에는 보완에 필요한 상당한 기간을 정하여 지체 없이 신청인에게 보완을 요구하여야 하고(제5항), 신청인이 그 기간 내에 보완을 하지 않았을 때에는 그 이유를 구체적으로 밝혀 접수된 신청을 되돌려 보낼 수 있으며(제6항), 신청인은 처분이 있기 전에는 그 신청의 내용을 보완 · 변경하거나 취하할 수 있다(제8항 본문). 이처럼 행정절차법 제17조가 '구비서류의 미비 등 흠의 보완'과 '신청 내용의 보완'을 분명하게 구분하고 있는 점에 비추어 보면, 행정절차법 제17조 제5항은 신청인이 신청할 때 관계 법령에서 필수적으로 첨부하여 제출하도록 규정한 서류를 첨부하지 않은 경우와 같이 쉽게 보완이 가능한 사항을 누락하는 등의 흠이 있을 때 행정청이 곧바로 거부처분을 하는 것보다는 신청인에게 보완할 기회를 주도록 함으로써 행정의 공정성 · 투명성 및 신뢰성을 확보하고 국민의 권익을 보호하려는 행정절차법의 입법 목적을 달성하고자 함이지, 행정청으로 하여금 신청에 대하여 거부처분을 하기 전에 반드시 신청인에게 신청의 내용이나 처분의 실체적 발급요건에 관한 사항까지 보완할 기회를 부여하여야 할 의무를 정한 것은 아니라고 보아야 한다(대판 2020. 7. 23. 2020두36007).

① 어업의 신고에 관하여 유효기간을 설정하면서 그 기산점을 '수리한 날'로 규정하고, 나아가 필요한 경우에는 그 유효기간을 단축할 수 있도록까지 하고 있는 수산업법 제44조 제2항의 규정 취지 및 어업의 신고를 한 자가 공익상 필요에 의하여 한 행정청의 조치에 위반한 경우에 어업의 신고를 수리한 때에 교부한 어업신고필증을 회수하도록 하고 있는 구 수산업법시행령 제33조 제1항의 규정 취지에 비추어 보면, 수산업법 제44조 소정의 어업의 신고는 행정청의 수리에 의하여 비로소 그 효과가 발생하는 이른바 '수리를 요하는 신고'라고 할 것이다(대판 2000. 5. 26. 99다37382).

② 이른바 1980년의 공직자숙정계획의 일환으로 일괄사표의 제출과 선별수리의 형식으로 공무원에 대한 의원면직처분이 이루어진 경우, 사직원 제출행위가 강압에 의하여 의사결정의 자유를 박탈당한 상태에서 이루어진 것이라고 할 수 없고 민법상 비진의 의사표시의 무효에 관한 규정은 사인의 공법행위에 적용되지 않는다는 등의 이유로 그 의원면직처분을 당연무효라고 할 수 없다(대판 2001. 8. 24. 99두9971).

④ 건축법에서 인 · 허가의제 제도를 둔 취지는, 인 · 허가의제사항과 관련하여 건축허가 또는 건축신고의 관할 행정청으로 그 창구를 단일화하고 절차를 간소화하며 비용과 시간을 절감함으로써 국민의 권익을 보호하려는 것이지, 인 · 허가의제사항 관련 법률에 따른 각각의 인 · 허가 요건에 관한 일체의 심사를 배제하려는 것으로 보기는 어렵다. 나아가 인 · 허가의제사항 관련 법률에 규정된 요건 중 상당수는 공익에 관한 것으로서 행정청의 전문적이고 종합적인 심사가 요구되는데, 만약 건축신고만으로 인 · 허가의제사항에 관한 일체의 요건 심사가 배제된다고 한다면, 중대한 공익상의 침해나 이해관계인의 피해를 야기하고 관련 법률에서 인 · 허가 제도를 통하여 사인의 행위를 사전에 감독하고자 하는 규율체계 전반을 무너뜨릴 우려가 있다. 또한 무엇보다도 건축신고를 하려는 자는 인 · 허가의제사항 관련 법령에서 제출하도록 의무화하고 있는 신청서와 구비서류를 제출하여야 하는데, 이는 건축신고를

수리하는 행정청으로 하여금 인·허가의제사항 관련 법률에 규정된 요건에 관하여도 심사를 하도록 하기 위한 것으로 볼 수밖에 없다. 따라서 인·허가의제 효과를 수반하는 건축신고는 일반적인 건축신고와는 달리, 특별한 사정이 없는 한 행정청이 그 실체적 요건에 관한 심사를 한 후 수리하여야 하는 이른바 '수리를 요하는 신고'로 보는 것이 옳다(대판 2011. 1. 20. 2010두14954(전합)).

11 **「국가배상법」 제2조의 국가배상책임이 인정되기 위한 요건에 대한 설명으로 옳지 않은 것은? (다툼이 있는 경우 판례에 의함)**

① 공무원의 부작위가 공무원으로서 마땅히 지켜야 할 준칙이나 규범을 위반한 경우를 포함하여 널리 객관적인 정당성이 없는 경우, 그 부작위는 '법령을 위반'하는 경우에 해당한다.

② 상급행정기관이 소속 공무원이나 하급행정기관에 대하여 업무처리지침이나 법령의 해석·적용 기준을 정해 주는 행정규칙을 위반한 공무원의 조치가 있다고 해서 그러한 사정만으로 곧바로 그 조치의 위법성이 인정되는 것은 아니다.

③ '공무원'에는 공무를 위탁받아 실질적으로 공무에 종사하고 있는 자가 포함되나, 공무의 위탁이 일시적이고 한정적인 사항에 관한 활동을 위한 것인 경우 그러한 활동을 하는 자는 포함되지 않는다.

④ 공무원에게 부과된 직무상 의무의 내용이 전적으로 또는 부수적으로라도 사회구성원 개인의 안전과 이익을 보호하기 위하여 설정된 것이어야 직무상 의무위반과 피해자가 입은 손해 사이에 상당인과관계가 인정될 수 있다.

ADVICE ③ 국가배상법 제2조 소정의 '공무원'이라 함은 국가공무원법이나 지방공무원법에 의하여 공무원으로서의 신분을 가진 자에 국한하지 않고, 널리 공무를 위탁받아 실질적으로 공무에 종사하고 있는 일체의 자를 가리키는 것으로서, 공무의 위탁이 일시적이고 한정적인 사항에 관한 활동을 위한 것이어도 달리 볼 것은 아니다. 국가배상청구의 요건인 '공무원의 직무'에는 권력적 작용만이 아니라 비권력적 작용도 포함되며 단지 행정주체가 사경제주체로서 하는 활동만 제외된다(대판 2001. 1. 5. 98다39060).

① 공무원의 부작위로 인한 국가배상책임을 인정하기 위해서는 공무원의 작위로 인한 국가배상책임을 인정하는 경우와 마찬가지로 '공무원이 직무를 집행하면서 고의 또는 과실로 법령을 위반하여 타인에게 손해를 입힌 때'라고 하는 국가배상법 제2조 제1항의 요건이 충족되어야 한다. 여기서 '법령을 위반하여'란 엄격하게 형식적 의미의 법령에 명시적으로 공무원의 작위의무가 정하여져 있음에도 이를 위반하는 경우만을 의미하는 것은 아니고, 인권존중·권력남용금지·신의성실과 같이 공무원으로서 마땅히 지켜야 할 준칙이나 규범을 지키지 아니하고 위반한 경우를 포함하여 널리 그 행위가 객관적인 정당성을 결여하고 있는 경우도 포함한다(대판 2021. 7. 21. 2021두33838).

② 상급행정기관이 소속 공무원이나 하급행정기관에 대하여 업무처리지침이나 법령의 해석·적용 기준을 정해 주는 '행정규칙'은 일반적으로 행정조직 내부에서만 효력을 가질 뿐 대외적으로 국민이나 법원을 구속하는 효력이 없다. 공무원의 조치가 행정규칙을 위반하였다고 해서 그러한 사정만으로 곧바로 위법하게 되는 것은 아니고, 공무원의 조치가 행정규칙을 따른 것이라고 해서 적법성이 보장되는 것도 아니다. 공무원의 조치가 적법한지는 행정규칙에 적합한지 여부가 아니라 상위법령의 규정과 입법 목적 등에 적합한지 여부에 따라 판단해야 한다(대판 2020. 5. 28. 2017다211559).

ANSWER 10.③ 11.③

④ 공무원이 고의 또는 과실로 그에게 부과된 직무상 의무를 위반하였을 경우라고 하더라도 국가는 그러한 직무상의 의무 위반과 피해자가 입은 손해 사이에 상당인과관계가 인정되는 범위 내에서만 배상책임을 지는 것이고, 이 경우 상당인과관계가 인정되기 위하여는 공무원에게 부과된 직무상 의무의 내용이 단순히 공공 일반의 이익을 위한 것이거나 행정기관 내부의 질서를 규율하기 위한 것이 아니고 전적으로 또는 부수적으로 사회구성원 개인의 안전과 이익을 보호하기 위하여 설정된 것이어야 한다(대판 2010. 9. 9. 2008다77795).

12 「행정소송법」상 취소소송에 대한 설명으로 옳지 않은 것은? (다툼이 있는 경우 판례에 의함)

① 상대방의 권리를 제한하는 행위라 하더라도 행정청 또는 그 소속기관이나 권한을 위임받은 공공단체 등의 행위가 아닌 한 이를 행정처분이라고 할 수 없다.

② 국가가 국토이용계획과 관련한 지방자치단체의 장의 기관위임사무의 처리에 관하여 지방자치단체의 장을 상대로 취소소송을 제기하는 것은 허용되지 않는다.

③ 「건축법」상 지방자치단체를 상대방으로 하는 건축협의의 취소는 행정처분에 해당한다고 볼 수 없으므로 지방자치단체가 건축물 소재지 관할 건축허가권자를 상대로 항고소송을 통해 건축협의의 취소의 취소를 구할 수 없다.

④ 어떠한 처분의 근거가 행정규칙에 규정되어 있는 경우에도, 그 처분이 상대방의 권리의무에 직접 영향을 미치는 행위라면 취소소송의 대상이 되는 행정처분에 해당한다.

ADVICE ③ 건축협의의 실질은 지방자치단체 등에 대한 건축허가와 다르지 않으므로, 지방자치단체 등이 건축물을 건축하려는 경우 등에는 미리 건축물의 소재지를 관할하는 허가권자인 지방자치단체의 장과 건축협의를 하지 않으면, 지방자치단체라 하더라도 건축물을 건축할 수 없다. 그리고 구 지방자치법 등 관련 법령을 살펴보아도 지방자치단체의 장이 다른 지방자치단체를 상대로 한 건축협의의 취소에 관하여 다툼이 있는 경우에 법적 분쟁을 실효적으로 해결할 구제수단을 찾기도 어렵다. 따라서 건축협의의 취소는 상대방이 다른 지방자치단체 등 행정주체라 하더라도 '행정청이 행하는 구체적 사실에 관한 법집행으로서의 공권력 행사' (행정소송법 제2조 제1항 제1호)로서 처분에 해당한다고 볼 수 있고, 지방자치단체인 원고가 이를 다툴 실효적 해결 수단이 없는 이상, 원고는 건축물 소재지 관할 허가권자인 지방자치단체의 장을 상대로 항고소송을 통해 건축협의의 취소의 취소를 구할 수 있다(대판 2014. 2. 27. 2012두22980).

① 행정소송의 대상이 되는 행정처분이란 행정청 또는 그 소속기관이나 법령에 의하여 행정권한의 위임 또는 위탁을 받은 공공단체 등이 국민의 권리·의무에 관계되는 사항에 관하여 직접 효력을 미치는 공권력의 발동으로서 하는 공법상의 행위를 말하며, 그것이 상대방의 권리를 제한하는 행위라 하더라도 행정청 또는 그 소속기관이나 권한을 위임받은 공공단체 등의 행위가 아닌 한 이를 행정처분이라고 할 수 없다(대판 2008. 1. 31. 2005두8269).

② 건설교통부장관은 지방자치단체의 장이 기관위임사무인 국토이용계획 사무를 처리함에 있어 자신과 의견이 다를 경우 행정협의조정위원회에 협의·조정 신청을 하여 그 협의·조정 결정에 따라 의견불일치를 해소할 수 있고, 법원에 의한 판결을 받지 않고서도 행정권한의 위임 및 위탁에 관한 규정이나 구 지방자치법에서 정하고 있는 지도·감독을 통하여 직접 지방자치단체의 장의 사무처리에 대하여 시정명령을 발하고 그 사무처리를 취소 또는 정지할 수 있으며, 지방자치단체의 장에게 기간을 정하여 직무이행명령을 하고 지방자치단체의 장이 이를 이행하지 아니할 때에는 직접 필요한 조치를 할 수도 있으므로, 국가가 국토이용계획과 관련한 지방자치단체의 장의 기관위임사무의 처리에 관하여 지방자치단체의 장을 상대로 취소소송을 제기하는 것은 허용되지 않는다(대판 2007. 9. 20. 2005두6935).

④ 항고소송의 대상이 되는 행정처분이란 원칙적으로 행정청의 공법상 행위로서 특정 사항에 대하여 법규에 의한 권리의 설정 또는 의무의 부담을 명하거나 기타 법률상 효과를 발생하게 하는 등으로 일반 국민의 권리 의무에 직접 영향을 미치는 행위를 가리키는 것이지만, 어떠한 처분의 근거나 법적인 효과가 행정규칙에 규정되어 있다고 하더라도, 그 처분이 행정규칙의 내부적 구속력에 의하여 상대방에게 권리의 설정 또는 의무의 부담을 명하거나 기타 법적인 효과를 발생하게 하는 등으로 그 상대방의 권리 의무에 직접 영향을 미치는 행위라면, 이 경우에도 항고소송의 대상이 되는 행정처분에 해당한다고 보아야 한다(대판 2021. 2. 10. 2020두47564).

13 「경찰관 직무집행법」에 따른 경찰권 행사에 대한 설명으로 옳지 않은 것은? (다툼이 있는 경우 판례에 의함)

① 경찰관의 제지 조치가 적법한지는 제지 조치 당시의 구체적 상황을 기초로 판단하여야 하고 사후적으로 순수한 객관적 기준에서 판단할 것은 아니다.

② 술에 취한 상태로 인하여 자기 또는 타인의 생명 · 신체 · 재산에 위해를 미칠 우려가 있어 보호조치가 필요한 피구호자에 해당하는지는 구체적인 상황을 고려하여 경찰관 평균인을 기준으로 판단한다.

③ 범죄행위가 목전에 행하여지려고 하고 있고 그 행위로 인하여 사람의 생명 · 신체에 위해를 끼치거나 재산에 중대한 손해를 끼칠 우려가 있는 경우에 이를 예방하기 위하여 경찰관이 그 행위를 제지할 수 있도록 하고 있는 규정은 범죄 예방을 위한 경찰 행정상 즉시강제에 관한 근거조항이다.

④ 경찰관이 신분증을 제시하지 않고 불심검문을 하였다면, 검문하는 사람이 경찰관이고 검문하는 이유가 범죄행위에 관한 것임을 상대방이 충분히 알고 있었다고 하더라도 그 불심검문은 위법한 공무집행이다.

ADVICE ④ 경찰관직무집행법(이하 '법') 제3조 제4항은 경찰관이 불심검문을 하고자 할 때에는 자신의 신분을 표시하는 증표를 제시하여야 한다고 규정하고, 경찰관직무집행법 시행령 제5조는 위 법에서 규정한 신분을 표시하는 증표는 경찰관의 공무원증이라고 규정하고 있는데, 불심검문을 하게 된 경위, 불심검문 당시의 현장상황과 검문을 하는 경찰관들의 복장, 피고인이 공무원증 제시나 신분 확인을 요구하였는지 여부 등을 종합적으로 고려하여, 검문하는 사람이 경찰관이고 검문하는 이유가 범죄행위에 관한 것임을 피고인이 충분히 알고 있었다고 보이는 경우에는 신분증을 제시하지 않았다고 하여 그 불심검문이 위법한 공무집행이라고 할 수 없다(대판 2014. 12. 11. 2014도7976).

① 경찰관 직무집행법 제6조에 따른 경찰관의 제지 조치가 적법한 직무집행으로 평가되기 위해서는, 형사처벌의 대상이 되는 행위가 눈앞에서 막 이루어지려고 하는 것이 객관적으로 인정될 수 있는 상황이고, 그 행위를 당장 제지하지 않으면 곧 인명 · 신체에 위해를 미치거나 재산에 중대한 손해를 끼칠 우려가 있는 상황이어서, 직접 제지하는 방법 외에는 위와 같은 결과를 막을 수 없는 절박한 사태이어야 한다. 다만 경찰관의 제지 조치가 적법한지는 제지 조치 당시의 구체적 상황을 기초로 판단하여야 하고 사후적으로 순수한 객관적 기준에서 판단할 것은 아니다(대판 2018. 12. 13. 2016도19417).

ANSWER 12.③ 13.④

② 경찰관직무집행법 제4조 제1항 제1호(이하 '이 사건 조항')에서 규정하는 술에 취한 상태로 인하여 자기 또는 타인의 생명·신체와 재산에 위해를 미칠 우려가 있는 피구호자에 대한 보호조치는 경찰 행정상 즉시강제에 해당하므로, 그 조치가 불가피한 최소한도 내에서만 행사되도록 발동·행사 요건을 신중하고 엄격하게 해석하여야 한다. 따라서 이 사건 조항의 '술에 취한 상태'란 피구호자가 술에 만취하여 정상적인 판단능력이나 의사능력을 상실할 정도에 이른 것을 말하고, 이 사건 조항에 따른 보호조치를 필요로 하는 피구호자에 해당하는지는 구체적인 상황을 고려하여 경찰관 평균인을 기준으로 판단하되, 그 판단은 보호조치의 취지와 목적에 비추어 현저하게 불합리하여서는 아니 되며, 피구호자의 가족 등에게 피구호자를 인계할 수 있다면 특별한 사정이 없는 한 경찰관서에서 피구호자를 보호하는 것은 허용되지 않는다(대판 2012. 12. 13. 2012도11162).

③ 경찰관 직무집행법 제6조는 "경찰관은 범죄행위가 목전에 행하여지려고 하고 있다고 인정될 때에는 이를 예방하기 위하여 관계인에게 충분한 경고를 하고, 그 행위로 인하여 사람의 생명·신체에 위해를 끼치거나 재산에 중대한 손해를 끼칠 우려가 있는 긴급한 경우에는 그 행위를 제지할 수 있다."라고 규정하고 있다. 위 조항 중 경찰관의 제지에 관한 부분은 범죄의 예방을 위한 경찰행정상 즉시강제, 즉 눈앞의 급박한 경찰상 장해를 제거하여야 할 필요가 있고 의무를 명할 시간적 여유가 없거나 의무를 명하는 방법으로는 그 목적을 달성하기 어려운 상황에서 의무불이행을 전제로 하지 아니하고 경찰이 직접 실력을 행사하여 경찰상 필요한 상태를 실현하는 권력적 사실행위에 관한 근거조항이다(대판 2021. 11. 11. 2018다288631).

14 조례에 대한 설명으로 옳은 것은? (다툼이 있는 경우 판례에 의함)

① 지방의회는 지방의회의원의 의정활동을 지원하기 위하여 지방의회에 지방공무원으로 보하는 정책지원 전문인력을 두는 것을 내용으로 하는 조례를 제정할 수 있다.

② 기관위임사무에 있어서 그에 관한 개별 법령에서 일정한 사항을 조례로 정하도록 위임하고 있는 경우 지방의회는 지방자치단체의 자치조례 제정권과 무관하게 위임조례를 정할 수 없다.

③ 조례안에 대한 군의회의 의결이 법령에 위반된다고 판단됨에도 불구하고 도지사가 군수에게 재의를 요구하게 하지 아니한 경우, 주무부장관이 직접 군수에게 재의를 요구하게 할 수는 없다.

④ 공유재산의 관리는 지방자치단체장의 고유권한에 속하는 것으로서 지방의회가 사전에 관여하여서는 아니되는 사항이므로 그에 관하여 조례로써 별도로 정하는 것은 허용될 수 없다.

ADVICE ① 지방자치법 제41조

지방자치법 제41조(의원의 정책지원 전문인력) ① 지방의회의원의 의정활동을 지원하기 위하여 지방의회의원 정수의 2분의 1 범위에서 해당 지방자치단체의 조례로 정하는 바에 따라 지방의회에 정책지원 전문인력을 둘 수 있다. ② 정책지원 전문인력은 지방공무원으로 보하며, 직급·직무 및 임용절차 등 운영에 필요한 사항은 대통령령으로 정한다.

② 지방자치단체가 자치조례를 제정할 수 있는 사항은 지방자치단체의 고유사무인 자치사무와 개별법령에 의하여 지방자치단체에 위임된 단체위임사무에 한하는 것이고, 국가사무가 지방자치단체의 장에게 위임된 기관위임사무는 원칙적으로 자치조례의 제정범위에 속하지 않는다 할 것이고, 다만 기관위임사무에 있어서도 그에 관한 개별법령에서 일정한 사항을 조례로 정하도록 위임하고 있는 경우에는 위임받은 사항에 관하여 개별법령의 취지에 부합하는 범위 내에서 이른바 위임조례를 정할 수 있다(대판 2000. 5. 30. 99추85).

③ 지방자치법 제192조 제2항

> 지방자치법 제192조(지방의회 의결의 재의와 제소) ① 지방의회의 의결이 법령에 위반되거나 공익을 현저히 해친다고 판단되면 시 · 도에 대해서는 주무부장관이, 시 · 군 및 자치구에 대해서는 시 · 도지사가 해당 지방자치단체의 장에게 재의를 요구하게 할 수 있고, 재의 요구 지시를 받은 지방자치단체의 장은 의결사항을 이송받은 날부터 20일 이내에 지방의회에 이유를 붙여 재의를 요구하여야 한다.
> ② 시 · 군 및 자치구의회의 의결이 법령에 위반된다고 판단됨에도 불구하고 시 · 도지사가 제1항에 따라 재의를 요구하게 하지 아니한 경우 주무부장관이 직접 시장 · 군수 및 자치구의 구청장에게 재의를 요구하게 할 수 있고, 재의 요구 지시를 받은 시장 · 군수 및 자치구의 구청장은 의결사항을 이송받은 날부터 20일 이내에 지방의회에 이유를 붙여 재의를 요구하여야 한다.
> ③ 제1항 또는 제2항의 요구에 대하여 재의한 결과 재적의원 과반수의 출석과 출석의원 3분의 2 이상의 찬성으로 전과 같은 의결을 하면 그 의결사항은 확정된다.

④ 공유재산의 관리는 지방자치단체의 고유권한에 해당한다(지방자치법 제13조 제2항 1호 자목)

> 지방자치법 제13조(지방자치단체의 사무 범위) ① 지방자치단체는 관할 구역의 자치사무와 법령에 따라 지방자치단체에 속하는 사무를 처리한다.
> ② 제1항에 따른 지방자치단체의 사무를 예시하면 다음 각 호와 같다. 다만, 법률에 이와 다른 규정이 있으면 그러하지 아니하다.
> 1. 지방자치단체의 구역, 조직, 행정관리 등
> 자. 공유재산(公有財産) 관리

ANSWER 14.①

15 **행정청의 권한에 대한 설명으로 옳은 것만을 모두 고르면? (다툼이 있는 경우 판례에 의함)**

> ㉠ 행정관청 내부의 사무처리 규정에 불과한 전결규정에 위반하여 원래의 전결권자 아닌 보조기관 등이 처분권자인 행정관청의 이름으로 행정처분을 하였다고 하더라도 그 처분이 권한 없는 자에 의하여 행하여진 무효의 처분이라고는 할 수 없다.
> ㉡ 내부위임을 받은 데 불과하여 자신의 명의로 처분을 할 권한이 없는 행정청이 권한 없이 자신의 명의로 한 처분은 무효이다.
> ㉢ 시 · 도지사는 국가사무로서 그에게 위임된 기관위임사무를 위임기관의 장의 승인을 얻은 후 당해 시 · 도의 규칙에 의하여 시장 · 군수 및 자치구의 구청장에게 재위임할 수 있다.
> ㉣ 대리권을 수여받은 행정기관이 대리관계를 명시적으로 밝히지 않고 자신의 명의로 처분을 하였다면, 비록 처분명의자가 피대리 행정청 산하의 행정기관으로서 실제로 피대리 행정청으로부터 대리권한을 수여받아 피대리 행정청을 대리한다는 의사로 행정처분을 하였고 처분명의자는 물론 그 상대방도 그 행정처분이 피대리 행정청을 대리하여 한 것임을 알고서 이를 받아들였다 하더라도 그 처분의 취소소송에서의 피고는 처분명의자인 대리 행정기관이 되어야 한다.

① ㉠, ㉡　　② ㉠, ㉡, ㉢
③ ㉠, ㉢, ㉣　　④ ㉡, ㉢, ㉣

ADVICE ㉠ 전결과 같은 행정권한의 내부위임은 법령상 처분권자인 행정관청이 내부적인 사무처리의 편의를 도모하기 위하여 그의 보조기관 또는 하급 행정관청으로 하여금 그의 권한을 사실상 행사하게 하는 것으로서 법률이 위임을 허용하지 않는 경우에도 인정되는 것이므로, 설사 행정관청 내부의 사무처리규정에 불과한 전결규정에 위반하여 원래의 전결권자 아닌 보조기관 등이 처분권자인 행정관청의 이름으로 행정처분을 하였다고 하더라도 그 처분이 권한 없는 자에 의하여 행하여진 무효의 처분이라고는 할 수 없는 것이다(대판 1998. 2. 27. 97누1105).

㉡ 권한없는 행정청이 행한 처분은 무효이다.

〈참고판례〉

운전면허에 대한 정지처분권한은 경찰청장으로부터 경찰서장에게 권한위임된 것이므로 음주운전자를 적발한 단속 경찰관으로서는 관할 경찰서장의 명의로 운전면허정지처분을 대행처리할 수 있을지는 몰라도 자신의 명의로 이를 할 수는 없다 할 것이므로, 단속 경찰관이 자신의 명의로 운전면허행정처분통지서를 작성 · 교부하여 행한 운전면허정지처분은 비록 그 처분의 내용 · 사유 · 근거"등이 기재된 서면을 교부하는 방식으로 행하여졌다고 하더라도 권한 없는 자에 의하여 행하여진 점에서 무효의 처분에 해당한다(대판 1997. 5. 16. 97누2313).

㉢ 지방자치법 제117조 제1항, 제4항

> 지방자치법 제117조(사무의 위임 등) ① 지방자치단체의 장은 조례나 규칙으로 정하는 바에 따라 그 권한에 속하는 사무의 일부를 보조기관, 소속 행정기관 또는 하부행정기관에 위임할 수 있다.
> ④ 지방자치단체의 장이 위임받거나 위탁받은 사무의 일부를 제1항부터 제3항까지의 규정에 따라 다시 위임하거나 위탁하려면 미리 그 사무를 위임하거나 위탁한 기관의 장의 승인을 받아야 한다.

㉣ 대리권을 수여받은 데 불과하여 그 자신의 명의로는 행정처분을 할 권한이 없는 행정청의 경우 대리관계를 밝힘이 없이 그 자신의 명의로 행정처분을 하였다면 그에 대하여는 처분명의자인 당해 행정청이 항고소송의 피고가 되어야 하는 것이 원칙이지만, 비록 대리관계를 명시적으로 밝히지는 아니하였다 하더라도 처분명의자가 피대리 행정청 산하의 행정기관으로서 실제로 피대리 행정청으로부터 대리권한을 수여받아 피대리 행정청을 대리한다는 의사로 행정처분을 하였고 처분명의자는 물론 그 상대방도 그 행정처분이 피대리 행정청을 대리하여 한 것임을 알고서 이를 받아들인 예외적인 경우에는 피대리 행정청이 피고가 되어야 한다(대판 2006. 2. 23. 2005부4).

16 **공익사업을 위한 토지 등의 취득 및 보상에 관한 법령상 재결에 대한 설명으로 옳은 것은? (다툼이 있는 경우 판례에 의함)**

① 관할 토지수용위원회가 사실을 오인하여 어떤 보상항목이 손실보상대상에 해당하지 않는다고 잘못된 내용의 재결을 한 경우, 피보상자가 이를 다투려면 그 재결에 대한 항고소송을 제기하여야 한다.

② 사업시행자가 토지소유자 등의 재결신청의 청구를 거부하는 경우, 토지소유자 등은 민사소송의 방법으로 그 절차 이행을 구할 수 있다.

③ 토지수용위원회의 수용재결이 있은 후에는 토지소유자 등과 사업시행자가 다시 협의하여 토지 등의 취득이나 사용 및 그에 대한 보상에 관하여 임의로 계약을 체결할 수 없다.

④ 토지소유자 등이 손실보상대상에 해당한다고 주장하며 보상을 요구하는데도 사업시행자가 손실보상대상에 해당하지 아니한다며 보상대상에서 이를 제외한 채 협의를 하지 않아 결국 협의가 성립하지 않은 경우, 토지소유자 등에게는 재결신청청구권이 인정된다.

ADVICE ④ 공익사업을 위한 토지 등의 취득 및 보상에 관한 법률(이하 '공익사업법') 제30조 제1항은 재결신청을 청구할 수 있는 경우를 사업시행자와 토지소유자 및 관계인 사이에 '협의가 성립하지 아니한 때'로 정하고 있을 뿐 손실보상대상에 관한 이견으로 협의가 성립하지 아니한 경우를 제외하는 등 그 사유를 제한하고 있지 않은 점, 위 조항이 토지소유자 등에게 재결신청청구권을 부여한 취지는 공익사업에 필요한 토지 등을 수용에 의하여 취득하거나 사용할 때 손실보상에 관한 법률관계를 조속히 확정함으로써 공익사업을 효율적으로 수행하고 토지소유자 등의 재산권을 적정하게 보호하기 위한 것인데, 손실보상대상에 관한 이견으로 손실보상협의가 성립하지 아니한 경우에도 재결을 통해 손실보상에 관한 법률관계를 조속히 확정할 필요가 있는 점 등에 비추어 볼 때, '협의가 성립되지 아니한 때'에는 사업시행자가 토지소유자 등과 공익사업법 제26조에서 정한 협의절차를 거쳤으나 보상액 등에 관하여 협의가 성립하지 아니한 경우는 물론 토지소유자 등이 손실보상대상에 해당한다고 주장하며 보상을 요구하는데도 사업시행자가 손실보상대상에 해당하지 아니한다며 보상대상에서 이를 제외한 채 협의를 하지 않아 결국 협의가 성립하지 않은 경우도 포함된다고 보아야 한다(대판 2011두2309, 2011두2309).

① 어떤 보상항목이 토지보상법령상 손실보상대상에 해당하는데도 관할 토지수용위원회가 사실을 오인하거나 법리를 오해함으로써 손실보상대상에 해당하지 않는다고 잘못된 내용의 재결을 한 경우에는, 피보상자는 관할 토지수용위원회를 상대로 그 재결에 대한 취소소송을 제기할 것이 아니라 사업시행자를 상대로 토지보상법 제85조 제2항에 따른 보상금 증감의 소를 제기하여야 한다(대판 2010. 8. 19. 2008두822).

ANSWER 15.② 16.④

② 공익사업으로 인하여 농업의 손실을 입게 된 자가 사업시행자로부터 토지보상법 제77조 제2항에 따라 농업손실에 대한 보상을 받기 위해서는 토지보상법 제34조, 제50조 등에 규정된 재결절차를 거친 다음 그 재결에 대하여 불복이 있는 때에 비로소 토지보상법 제83조 내지 제85조에 따라 권리구제를 받을 수 있을 뿐, 이러한 재결절차를 거치지 않은 채 곧바로 사업시행자를 상대로 손실보상을 청구하는 것은 허용되지 않는다(대판 2011. 10. 13. 2009다43461).

③ 공익사업을 위한 토지 등의 취득 및 보상에 관한 법률(이하 '토지보상법')은 사업시행자로 하여금 우선 협의취득 절차를 거치도록 하고, 협의가 성립되지 않거나 협의를 할 수 없을 때에 수용재결취득 절차를 밟도록 예정하고 있기는 하다. 그렇지만 일단 토지수용위원회가 수용재결을 하였더라도 사업시행자로서는 수용 또는 사용의 개시일까지 토지수용위원회가 재결한 보상금을 지급 또는 공탁하지 아니함으로써 재결의 효력을 상실시킬 수 있는 점, 토지소유자 등은 수용재결에 대하여 이의를 신청하거나 행정소송을 제기하여 보상금의 적정 여부를 다툴 수 있는데, 그 절차에서 사업시행자와 보상금액에 관하여 임의로 합의할 수 있는 점, 공익사업의 효율적인 수행을 통하여 공공복리를 증진시키고, 재산권을 적정하게 보호하려는 토지보상법의 입법 목적(제1조)에 비추어 보더라도 수용재결이 있은 후에 사법상 계약의 실질을 가지는 협의취득 절차를 금지해야 할 별다른 필요성을 찾기 어려운 점 등을 종합해 보면, 토지수용위원회의 수용재결이 있은 후라고 하더라도 토지소유자 등과 사업시행자가 다시 협의하여 토지 등의 취득이나 사용 및 그에 대한 보상에 관하여 임의로 계약을 체결할 수 있다고 보아야 한다(대판 2017. 4. 13. 2016두64241).

17 **「행정소송법」상 행정소송에 대한 설명으로 옳은 것은? (다툼이 있는 경우 판례에 의함)**

① 「도시 및 주거환경정비법」상 주택재건축정비사업조합을 상대로 관리처분계획안에 대한 조합 총회결의의 효력을 다투는 소송은 당사자소송에 해당하므로 당해 소송에서 「민사집행법」상 가처분에 관한 규정이 준용되지 않는다.

② 원고가 고의 또는 중대한 과실 없이 행정소송으로 제기하여야 할 사건을 민사소송으로 잘못 제기한 경우, 행정소송에 대한 관할을 가지고 있지 아니한 수소법원은 당해 소송이 행정소송으로서의 제소기간을 도과한 것이 명백하더라도 관할법원에 이송하여야 한다.

③ 「도시 및 주거환경정비법」상 주택재건축사업조합이 새로이 조합설립인가처분을 받은 것과 동일한 요건과 절차를 거쳐 조합설립변경인가처분을 받은 경우, 당초의 조합설립인가처분이 유효한 것을 전제로 당해 주택재건축사업조합이 시공사 선정 등의 후속행위를 하였다 하더라도 특별한 사정이 없는 한 당초의 조합설립인가처분의 무효확인을 구할 소의 이익은 없다.

④ 처분에 대한 취소소송에 당해 처분의 취소를 선결문제로 하는 부당이득반환청구가 병합된 경우, 부당이득반환청구가 인용되기 위해서는 당해 처분이 그 소송절차에서 판결에 의해 취소되면 충분하고 당해 처분의 취소가 확정되어야 하는 것은 아니다.

ADVICE ④ 행정소송법 제10조는 처분의 취소를 구하는 취소소송에 당해 처분과 관련되는 부당이득반환소송을 관련 청구로 병합할 수 있다고 규정하고 있는바, 이 조항을 둔 취지에 비추어 보면, 취소소송에 병합할 수 있는 당해 처분과 관련되는 부당이득반환소송에는 당해 처분의 취소를 선결문제로 하는 부당이득반환청구가 포함되고, 이러한 부당이득반환청구가 인용되기 위해서는 그 소송절차에서 판결에 의해 당해 처분이 취소되면 충분하고 그 처분의 취소가 확정되어야 하는 것은 아니라고 보아야 한다(대판 2009. 4. 9. 2008두23153).

① 도시 및 주거환경정비법(이하 '도시정비법')상 행정주체인 주택재건축정비사업조합을 상대로 관리처분계획안에 대한 조합 총회결의의 효력을 다투는 소송은 행정처분에 이르는 절차적 요건의 존부나 효력 유무에 관한 소송으로서 소송결과에 따라 행정처분의 위법 여부에 직접 영향을 미치는 공법상 법률관계에 관한 것이므로, 이는 행정소송법상 당사자소송에 해당한다. 그리고 이러한 당사자소송에 대하여는 행정소송법 제23조 제2항의 집행정지에 관한 규정이 준용되지 아니하므로(행정소송법 제44조 제1항 참조), 이를 본안으로 하는 가처분에 대하여는 행정소송법 제8조 제2항에 따라 민사집행법상 가처분에 관한 규정이 준용되어야 한다(대판 2015. 8. 21. 2015무26).

② 원고가 고의 또는 중대한 과실 없이 행정소송으로 제기하여야 할 사건을 민사소송으로 잘못 제기한 경우, 수소법원으로서는 만약 그 행정소송에 대한 관할도 동시에 가지고 있다면 이를 행정소송으로 심리·판단하여야 하고, 그 행정소송에 대한 관할을 가지고 있지 아니하다면 관할법원에 이송하여야 한다. 다만 해당 소송이 이미 행정소송으로서의 전심절차 및 제소기간을 도과하였거나 행정소송의 대상이 되는 처분 등이 존재하지도 아니한 상태에 있는 등 행정소송으로서의 소송요건을 결하고 있음이 명백하여 행정소송으로 제기되었더라도 어차피 부적법하게 되는 경우에는 이송할 것이 아니라 각하하여야 한다(대판 2020. 10. 15. 2020다222382).

③ 주택재건축사업조합이 새로 조합설립인가처분을 받는 것과 동일한 요건과 절차를 거쳐 조합설립변경인가처분을 받는 경우 당초 조합설립인가처분의 유효를 전제로 당해 주택재건축사업조합이 매도청구권 행사, 시공자 선정에 관한 총회 결의, 사업시행계획의 수립, 관리처분계획의 수립 등과 같은 후속 행위를 하였다면 당초 조합설립인가처분이 무효로 확인되거나 취소될 경우 그것이 유효하게 존재하는 것을 전제로 이루어진 위와 같은 후속 행위 역시 소급하여 효력을 상실하게 되므로, 특별한 사정이 없으면 위와 같은 형태의 조합설립변경인가가 있다고 하여 당초 조합설립인가처분의 무효확인을 구할 소의 이익이 소멸된다고 볼 수는 없다(대판 2012. 10. 25. 2010두25107).

ANSWER 17.④

18 「도시 및 주거환경정비법」상 행정처분에 대한 판례의 입장으로 옳지 않은 것은?

① 주택재개발조합설립추진위원회 구성승인처분은 조합의 설립을 위한 주체인 주택재개발조합설립 추진위원회의 구성행위를 보충하여 그 효력을 부여하는 처분이다.

② 주택재건축조합설립인가처분은 법령상 요건을 갖출 경우 주택재건축사업을 시행할 수 있는 권한을 갖는 행정주체로서의 지위를 부여하는 일종의 설권적 처분의 성격을 갖는다.

③ 주택재건축조합의 정관변경에 대한 시장 · 군수등의 인가는 그 대상이 되는 기본행위를 보충하여 법률상 효력을 완성시키는 행위로서 시장 · 군수등이 변경된 정관을 인가하면 정관변경의 효력이 총회의 의결이 있었던 때로 소급하여 발생한다.

④ 토지 등 소유자들이 도시환경정비사업을 위한 조합을 따로 설립하지 아니하고 직접 그 사업을 시행하고자 하는 경우, 사업시행계획인가처분은 일종의 설권적 처분의 성격을 가지므로 토지 등 소유자들이 작성한 사업시행계획은 독립된 행정처분이 아니다.

ADVICE ③ 구 도시 및 주거환경정비법 제20조 제3항은 조합이 정관을 변경하고자 하는 경우에는 총회를 개최하여 조합원 과반수 또는 3분의 2 이상의 동의를 얻어 시장 · 군수의 인가를 받도록 규정하고 있다. 여기서 시장 등의 인가는 그 대상이 되는 기본행위를 보충하여 법률상 효력을 완성시키는 행위로서 이러한 인가를 받지 못한 경우 변경된 정관은 효력이 없고, 시장 등이 변경된 정관을 인가하더라도 정관변경의 효력이 총회의 의결이 있었던 때로 소급하여 발생한다고 할 수 없다(대판 2014. 7. 10. 2013도11532).

① 조합설립추진위원회(이하 '추진위원회') 구성승인은 조합의 설립을 위한 주체인 추진위원회의 구성행위를 보충하여 효력을 부여하는 처분이므로, 시장 · 군수로부터 추진위원회 구성승인을 받은 추진위원회는 유효하게 설립된 비법인사단으로서 조합설립에 필요한 법률행위 등을 할 수 있다(대판 2014. 2. 27. 2011두2248).

② 행정청이 도시 및 주거환경정비법 등 관련 법령에 근거하여 행하는 조합설립인가처분은 단순히 사인들의 조합설립행위에 대한 보충행위로서의 성질을 갖는 것에 그치는 것이 아니라 법령상 요건을 갖출 경우 도시 및 주거환경정비법상 주택재건축사업을 시행할 수 있는 권한을 갖는 행정주체(공법인)로서의 지위를 부여하는 일종의 설권적 처분의 성격을 갖는다고 보아야 한다(대판 2009. 9. 24. 2008다60568).

④ 도시환경정비사업을 직접 시행하려는 토지 등 소유자들은 시장 · 군수로부터 사업시행인가를 받기 전에는 행정주체로서의 지위를 가지지 못한다. 따라서 그가 작성한 사업시행계획은 인가처분의 요건 중 하나에 불과하고 항고소송의 대상이 되는 독립된 행정처분에 해당하지 아니한다고 할 것이다(대판 2013. 6. 13. 2011두19994).

19 「대기환경보전법」상 개선명령에 관한 다음 조문에 대한 설명으로 옳지 않은 것은? (다툼이 있는 경우 판례에 의함)

> 제1조(목적) 이 법은 대기오염으로 인한 국민건강이나 환경에 관한 위해를 예방하고 대기환경을 적정하고 지속가능하게 관리·보전하여 모든 국민이 건강하고 쾌적한 환경에서 생활할 수 있게 하는 것을 목적으로 한다.
> 제33조(개선명령) 환경부장관은 제30조에 따른 신고를 한 후 조업 중인 배출시설에서 나오는 오염물질의 정도가 제16조나 제29조제3항에 따른 배출허용기준을 초과한다고 인정하면 대통령령으로 정하는 바에 따라 기간을 정하여 사업자(제29조제2항에 따른 공동 방지시설의 대표자를 포함한다)에게 그 오염물질의 정도가 배출허용기준 이하로 내려가도록 필요한 조치를 취할 것(이하 "개선명령"이라 한다)을 명할 수 있다.

① 환경부장관은 위 법률 제33조에서 위임한 사항을 규정한 대통령령을 입법예고를 할 때와 개정하였을 때에는 10일 이내에 이를 국회 소관 상임위원회에 제출하여야 한다.
② 환경부장관이 인근 주민의 개선명령 신청에 대해 거부한 행위가 항고소송의 대상이 되는 처분이 되기 위해서는 인근 주민에게 개선명령을 발할 것을 요구할 수 있는 신청권이 있어야 한다.
③ 인근 주민이 배출시설에서 나오는 대기오염물질로 인하여 생명과 건강에 심각한 위협을 받고 있다면, 환경부장관의 개선명령에 대한 재량권은 축소될 수 있다.
④ 환경부장관에게는 하자 없는 재량행사를 할 의무가 인정되므로, 위 개선명령의 근거 및 관련 조항의 사익보호성 여부를 따질 필요 없이 인근 주민에게는 소위 무하자재량행사청구권이 인정된다.

ADVICE ④ 개인적 공권이 성립되기 위해서는 관련 조항의 사익보호성이 필요하다. 개인적 공권의 확대화의 구체적인 예가 무하자재량행사청구권이므로, 이를 인정하기 위해서는 당연히 사익보호성이 필요하다.

ANSWER 18.③ 19.④

20 「행정소송법」상 행정소송에 대한 설명으로 옳지 않은 것은? (다툼이 있는 경우 판례에 의함)

① 교도소장이 수형자를 '접견내용 녹음 · 녹화 및 접견 시 교도관 참여대상자'로 지정한 행위는 수형자의 구체적 권리의무에 직접적 변동을 가져오는 행정청의 공법상 행위로서 항고소송의 대상이 되는 처분에 해당한다.

② 어느 하나의 처분의 취소를 구하는 소에 당해 처분과 관련되는 처분의 취소를 구하는 청구를 추가적으로 병합한 경우, 추가적으로 병합된 소의 소제기 기간의 준수 여부는 그 청구취지의 추가신청이 있은 때를 기준으로 한다.

③ 일정한 납부기한을 정한 과징금부과처분에 대하여 집행정지결정이 내려졌다면 과징금부과처분에서 정한 과징금의 납부기간은 더 이상 진행되지 아니하고 집행정지결정의 주문에 표시된 종기의 도래로 인하여 집행정지가 실효된 때부터 다시 진행된다.

④ 법원이 어느 하나의 사유에 의한 과징금부과처분에 대하여 그 사유와 기본적 사실관계의 동일성이 인정되지 아니하는 다른 처분사유가 존재한다는 이유로 적법하다고 판단하는 것은 특별한 사정이 없는 한 직권심사주의의 한계를 넘는 것이 아니다.

ADVICE ④ 명의신탁등기 과징금과 장기미등기 과징금은 위반행위의 태양, 부과 요건, 근거 조항을 달리하므로, 각 과징금 부과처분의 사유는 상호 간에 기본적 사실관계의 동일성이 있다고 할 수 없다. 그러므로 그중 어느 하나의 처분사유에 의한 과징금 부과처분에 대하여 당해 처분사유가 아닌 다른 처분사유가 존재한다는 이유로 적법하다고 판단하는 것은 특별한 사정이 없는 한 행정소송법상 직권심사주의의 한계를 넘는 것으로서 허용될 수 없다(대판 2017. 5. 17. 2016두53050).

2023. 9. 24. 인사혁신처 시행

1 사인의 공법행위에 대한 설명으로 옳지 않은 것은?

① 공무원이 한 사직 의사표시는 그에 터잡은 의원면직처분이 있고 난 이후라도 철회나 취소할 수 있다.
② 자기완결적 신고의 경우 적법한 요건을 갖춘 신고를 하면 신고의 대상이 되는 행위를 적법하게 할 수 있고, 별도로 행정청의 수리를 기다릴 필요가 없다.
③ 「건축법」에 의한 인·허가 의제 효과를 수반하는 건축신고는 특별한 사정이 없는 한 행정청이 그 실체적 요건에 관한 심사를 한 후 수리하여야 하는, 수리를 요하는 신고에 해당한다.
④ 구「유통산업발전법」에 따른 대규모점포의 개설등록 및 구「재래시장 및 상점가 육성을 위한 특별법」에 따른 시장관리자 지정은 행정청이 실체적 요건에 관한 심사를 한 후 수리하여야 하는, 수리를 요하는 신고로서 행정처분에 해당한다.

ADVICE ① 공무원이 한 사직 의사표시의 철회나 취소는 그에 터잡은 의원면직처분이 있을 때까지 할 수 있는 것이고, 일단 면직처분이 있고 난 이후에는 철회나 취소할 여지가 없다(대판 2001. 8. 24. 99두9971).

②③인·허가의제 효과를 수반하는 건축신고는 일반적인 건축신고와는 달리, 특별한 사정이 없는 한 행정청이 그 실체적 요건에 관한 심사를 한 후 수리하여야 하는 이른바 '수리를 요하는 신고'로 보는 것이 옳다(대판 2011. 1. 20. 2010두14954).

④ 구 유통산업발전법에 따른 대규모점포의 개설등록 및 구 재래시장법에 따른 시장관리자 지정은 행정청이 실체적 요건에 관한 심사를 한 후 수리하여야 하는 이른바 '수리를 요하는 신고'로서 행정처분에 해당한다. 그러므로 이러한 행정처분에 당연무효에 이를 정도의 중대하고도 명백한 하자가 존재하거나 그 처분이 적법한 절차에 의하여 취소되지 않는 한 구 유통산업발전법에 따른 대규모점포개설자의 지위 및 구 재래시장법에 따른 시장관리자의 지위는 공정력을 가진 행정처분에 의하여 유효하게 유지된다고 봄이 타당하다(대판 2019. 9. 10. 2019다208953).

ANSWER 20.④ / 1.①

2 신뢰보호의 원칙에 대한 설명으로 옳지 않은 것은?

① 「행정기본법」에 의하면 행정청은 공익 또는 제3자의 이익을 현저히 해칠 우려가 있는 경우를 제외하고는 행정에 대한 국민의 정당하고 합리적인 신뢰를 보호하여야 한다.

② 「행정기본법」에 의하면 행정청은 권한 행사의 기회가 있음에도 불구하고 장기간 권한을 행사하지 아니하여 국민이 그 권한이 행사되지 아니할 것으로 믿을 만한 정당한 사유가 있는 경우에는, 공익 또는 제3자의 이익을 현저히 해칠 우려가 있는 경우를 제외하고는 그 권한을 행사해서는 아니 된다.

③ 신법의 효력발생일까지 진행 중인 사건에 대하여 신법을 적용하는 것은 법률의 소급적용에 해당하므로 원칙적으로 허용될 수 없다.

④ 헌법재판소의 위헌결정은 행정청이 개인에 대하여 신뢰의 대상이 되는 공적인 견해를 표명한 것이라고 할 수 없으므로 그 결정에 관련한 개인의 행위에 대하여는 신뢰보호의 원칙이 적용되지 아니한다.

ADVICE ③ 소급입법은 새로운 입법으로 이미 종료된 사실관계 또는 법률관계에 적용케 하는 진정소급입법과 현재 진행 중인 사실관계 또는 법률관계에 적용케 하는 부진정소급입법으로 나눌 수 있는데, 이 중에서 기존의 법에 의하여 이미 형성된 개인의 법적 지위를 사후입법을 통하여 박탈하는 것을 내용으로 하는 진정소급입법은 개인의 신뢰보호와 법적 안정성을 내용으로 하는 법치국가 원리에 의하여 허용되지 아니하는 것이 원칙인 데 반하여, 부진정소급입법은 원칙적으로 허용되지만 소급효를 요구하는 공익상의 사유와 신뢰보호를 요구하는 개인보호의 사유 사이의 교량과정에서 그 범위에 제한이 가하여지는 것이다. 또한, 법률불소급의 원칙은 그 법률의 효력발생 전에 완성된 요건사실에 대하여 당해 법률을 적용할 수 없다는 의미일 뿐, 계속 중인 사실이나 그 이후에 발생한 요건사실에 대한 법률적용까지를 제한하는 것은 아니라고 할 것이다(대판 2007. 10. 11. 2005두5390).

①②행정기본법 제12조

④ 대판 2003. 6. 27. 2002두6965

3 「행정기본법」상 부관에 대한 설명으로 옳지 않은 것은?

① 행정청은 처분에 재량이 있는 경우에는 부관을 붙일 수 있다.
② 행정청은 처분에 재량이 없는 경우에는 법률에 근거가 있는 경우에 부관을 붙일 수 있다.
③ 부관은 해당 처분의 목적에 위배되지 아니하여야 하며, 그 처분과 실질적인 관련이 있어야 하고 또한 그 처분의 목적을 달성하기 위하여 필요한 최소한의 범위 내에서 붙여야 한다.
④ 행정청은 사정이 변경되어 종전의 부관을 변경하지 아니하면 해당 처분의 목적을 달성할 수 없다고 인정되는 경우에도 법률에 근거가 없다면 종전의 부관을 변경할 수 없다.

ADVICE

본법 제17조(부관)
① 행정청은 처분에 재량이 있는 경우에는 부관(조건, 기한, 부담, 철회권의 유보 등을 말한다)을 붙일 수 있다.
② 행정청은 처분에 재량이 없는 경우에는 법률에 근거가 있는 경우에 부관을 붙일 수 있다.
③ 행정청은 부관을 붙일 수 있는 처분이 다음 각 호의 어느 하나에 해당하는 경우에는 그 처분을 한 후에도 부관을 새로 붙이거나 종전의 부관을 변경할 수 있다.
1. 법률에 근거가 있는 경우
2. 당사자의 동의가 있는 경우
3. 사정이 변경되어 부관을 새로 붙이거나 종전의 부관을 변경하지 아니하면 해당 처분의 목적을 달성할 수 없다고 인정되는 경우
④ 부관은 다음 각 호의 요건에 적합하여야 한다.
1. 해당 처분의 목적에 위배되지 아니할 것
2. 해당 처분과 실질적인 관련이 있을 것
3. 해당 처분의 목적을 달성하기 위하여 필요한 최소한의 범위일 것

ANSWER 2.③ 3.④

4 **행정입법에 대한 설명으로 옳지 않은 것은?**

① 법령의 위임이 없음에도 법령에 규정된 처분 요건에 해당하는 사항을 부령에서 변경하여 규정한 경우에는 그 부령의 규정은 행정청 내부의 사무처리 기준 등을 정한 것으로서 행정조직 내에서 적용되는 행정명령의 성격을 지닐 뿐 국민에 대한 대외적 구속력은 없다.

② 법원이 법률 하위의 법규명령이 위헌 · 위법인지를 심사하려면 그것이 재판의 전제가 되어야 하는데, 여기에서 재판의 전제란 구체적 사건이 법원에 계속 중이어야 하고, 위헌 · 위법인지가 문제 된 경우에는 그 법규명령의 특정 조항이 해당 소송사건의 재판에 적용되는 것이어야 하며, 그 조항이 위헌 · 위법인지에 따라 그 사건을 담당하는 법원이 다른 판단을 하게 되는 경우를 말한다.

③ 재량권행사의 준칙인 행정규칙이 그 정한 바에 따라 되풀이 시행되어 행정관행이 이루어지게 되면, 평등의 원칙이나 신뢰보호의 원칙에 따라 행정기관은 그 상대방에 대한 관계에서 그 행정규칙에 따라야 할 자기구속을 받게 되고, 그러한 경우에는 대외적인 구속력을 가지게 된다.

④ 상위법령에서 세부사항 등을 시행규칙으로 정하도록 위임하였음에도 이를 고시 등 행정규칙으로 정한 경우 그 행정규칙은 대외적 구속력을 가지는 법규명령으로서 효력이 인정된다.

ADVICE ④ 법령의 규정이 특정 행정기관에게 법령 내용의 구체적 사항을 정할 수 있는 권한을 부여하면서 권한행사의 절차나 방법을 특정하지 아니한 경우에는 수임 행정기관은 행정규칙이나 규정 형식으로 법령 내용이 될 사항을 구체적으로 정할 수 있다. 이 경우 행정규칙 등은 당해 법령의 위임한계를 벗어나지 않는 한 대외적 구속력이 있는 법규명령으로서 효력을 가지게 되지만, 이는 행정규칙이 갖는 일반적 효력이 아니라 행정기관에 법령의 구체적 내용을 보충할 권한을 부여한 법령 규정의 효력에 근거하여 예외적으로 인정되는 것이다. 따라서 그 행정규칙이나 규정이 상위법령의 위임범위를 벗어난 경우에는 법규명령으로서 대외적 구속력을 인정할 여지는 없다. 이는 행정규칙이나 규정 '내용'이 위임범위를 벗어난 경우뿐 아니라 상위법령의 위임규정에서 특정하여 정한 권한행사의 '절차'나 '방식'에 위배되는 경우도 마찬가지이므로, 상위법령에서 세부사항 등을 시행규칙으로 정하도록 위임하였음에도 이를 고시 등 행정규칙으로 정하였다면 그 역시 대외적 구속력을 가지는 법규명령으로서 효력이 인정될 수 없다(대판 2012. 7. 5. 2010다72076).

① 법령에서 행정처분의 요건 중 일부 사항을 부령으로 정할 것을 위임한 데 따라 시행규칙 등 부령에서 이를 정한 경우에 그 부령의 규정은 국민에 대해서도 구속력이 있는 법규명령에 해당한다고 할 것이지만, 법령의 위임이 없음에도 법령에 규정된 처분 요건에 해당하는 사항을 부령에서 변경하여 규정한 경우에는 그 부령의 규정은 행정청 내부의 사무처리 기준 등을 정한 것으로서 행정조직 내에서 적용되는 행정명령의 성격을 지닐 뿐 국민에 대한 대외적 구속력은 없다고 보아야 한다(대판 2013. 9. 12. 2011두10584).

② 법원이 법률 하위의 법규명령, 규칙, 조례, 행정규칙 등이 위헌 · 위법인지를 심사하려면 그것이 '재판의 전제'가 되어야 한다. 여기에서 '재판의 전제'란 구체적 사건이 법원에 계속 중이어야 하고, 위헌 · 위법인지가 문제 된 경우에는 규정의 특정 조항이 해당 소송사건의 재판에 적용되는 것이어야 하며, 그 조항이 위헌 · 위법인지에 따라 그 사건을 담당하는 법원이 다른 판단을 하게 되는 경우를 말한다. 따라서 법원이 구체적 규범통제를 통해 위헌 · 위법으로 선언할 심판대상은, 해당 규정의 전부가 불가분적으로 결합되어 있어 그 일부를 무효로 하는 경우 나머지 부분이 유지될 수 없는 결과를 가져오는 특별한 사정이 없는 한, 원칙적으로 해당 규정 중 재판의 전제성이 인정되는 조항에 한정된다(대판 2019. 6. 13. 2017두33985).

③ 재량준칙이 정한 바에 따라 되풀이 시행되어 행정 관행이 이루어지게 되면 평등의 원칙이나 신뢰보호의 원칙에 따라 행정기관은 상대방에 대한 관계에서 그 규칙에 따라야 할 자기구속을 받게 되므로, 이러한 경우에는 특별한 사정이 없는 한 그에 반하는 처분은 평등의 원칙이나 신뢰보호의 원칙에 어긋나 재량권을 일탈 · 남용한 위법한 처분이 된다(대판 2013. 11. 14. 2011두28783).

5 **확약에 대한 설명으로 옳지 않은 것은?**

① 「행정절차법」상 법령등에서 당사자가 신청할 수 있는 처분을 규정하고 있는 경우 행정청은 당사자의 신청에 따라 장래에 어떤 처분을 하거나 하지 아니할 것을 내용으로 하는 확약을 할 수 있으며, 문서 또는 말에 의한 확약도 가능하다.

② 「행정절차법」상 행정청은 확약을 한 후에 확약의 내용을 이행할 수 없을 정도로 법령등이나 사정이 변경된 경우에는 확약에 기속되지 아니하며, 그 확약을 이행할 수 없는 경우에는 지체 없이 당사자에게 그 사실을 통지하여야 한다.

③ 행정청이 상대방에게 장차 어떤 처분을 하겠다고 확약을 하였더라도, 그 자체에서 상대방으로 하여금 언제까지 처분의 발령을 신청하도록 유효기간을 두었는데도 그 기간 내에 상대방의 신청이 없었다면, 그 확약은 행정청의 별다른 의사표시를 기다리지 않고 실효된다.

④ 어업권면허에 선행하는 우선순위결정은 행정청이 우선권자로 결정된 자의 신청이 있으면 어업권면허처분을 하겠다는 것을 약속하는 행위로서 강학상 확약에 불과하고 행정처분은 아니다.

ADVICE ①②행정절차법 제40조의2

> 제40조의2(확약) ① 법령등에서 당사자가 신청할 수 있는 처분을 규정하고 있는 경우 행정청은 당사자의 신청에 따라 장래에 어떤 처분을 하거나 하지 아니할 것을 내용으로 하는 의사표시(이하 "확약")를 할 수 있다.
>
> ② 확약은 문서로 하여야 한다.
>
> ③ 행정청은 다른 행정청과의 협의 등의 절차를 거쳐야 하는 처분에 대하여 확약을 하려는 경우에는 확약을 하기 전에 그 절차를 거쳐야 한다.
>
> ④ 행정청은 다음 각 호의 어느 하나에 해당하는 경우에는 확약에 기속되지 아니한다.
>
> 1. 확약을 한 후에 확약의 내용을 이행할 수 없을 정도로 법령등이나 사정이 변경된 경우
> 2. 확약이 위법한 경우
>
> ⑤ 행정청은 확약이 제4항 각 호의 어느 하나에 해당하여 확약을 이행할 수 없는 경우에는 지체 없이 당사자에게 그 사실을 통지하여야 한다.

③ 행정청이 상대방에게 장차 어떤 처분을 하겠다고 확약 또는 공적인 의사표명을 하였다고 하더라도, 그 자체에서 상대방으로 하여금 언제까지 처분의 발령을 신청을 하도록 유효기간을 두었는데도 그 기간 내에 상대방의 신청이 없었다거나 확약 또는 공적인 의사표명이 있은 후에 사실적·법률적 상태가 변경되었다면, 그와 같은 확약 또는 공적인 의사표명은 행정청의 별다른 의사표시를 기다리지 않고 실효된다(대판 1996. 8. 20. 95누10877).

④ 어업권면허에 선행하는 우선순위결정은 행정청이 우선권자로 결정된 자의 신청이 있으면 어업권면허처분을 하겠다는 것을 약속하는 행위로서 강학상 확약에 불과하고 행정처분은 아니므로, 우선순위결정에 공정력이나 불가쟁력과 같은 효력은 인정되지 아니하며, 따라서 우선순위결정이 잘못되었다는 이유로 종전의 어업권면허처분이 취소되면 행정청은 종전의 우선순위결정을 무시하고 다시 우선순위를 결정한 다음 새로운 우선순위결정에 기하여 새로운 어업권면허를 할 수 있다(대판 1995. 1. 20. 94누6529).

ANSWER 4.④ 5.①

6 행정행위에 대한 설명으로 옳은 것은?

① 행정청의 의사표시를 요소로 하는 법률행위적 행정행위 중에서 명령적 행위에는 하명, 허가, 대리가 속한다.

② 상대방에게 권리, 능력, 법적 지위, 포괄적 법률관계를 설정하는 특허는 형성적 행정행위이며 원칙적으로 기속행위이다.

③ 인가는 기본행위의 효력을 완성시켜 주는 보충적 행위이므로 기본행위가 무효인 경우에는 이에 대한 인가가 내려지더라도 그 인가는 무효이다.

④ 특정의 사실 또는 법률관계의 존재를 공적으로 증명하여 공적 증거력을 부여하는 행정행위는 확인행위로서 당선인결정, 장애등급결정, 행정심판의 재결 등이 그 예이다.

ADVICE ① 명령적 행위에는 하명, 허가, 면제가 있고, 형성적 행위에는 특허, 인가, 대리가 있다.
② 특허는 공익적 사정이 고려되고 행위의 상대방에게 수익적이므로 대부분 재량행위이다.
④ 특정의 사실, 법률관계의 존재 여부를 공적으로 증명하여 공적 증거력을 부여하는 행위는 공증이다.

7 기속행위와 재량행위에 대한 설명으로 옳은 것은?

① 재량행위에 대한 법원의 심사는 재량권의 일탈 또는 남용 및 재량권의 한계 내에서의 행정청의 판단, 즉 합목적성 내지 공익성의 판단 등을 대상으로 한다.

② 육아휴직 중 「국가공무원법」 제73조제2항에서 정한 복직 요건인 '휴직사유가 없어진 때'에 하는 복직명령은 기속행위이므로 휴직사유가 소멸하였음을 이유로 복직을 신청하는 경우 임용권자는 지체 없이 복직명령을 하여야 한다.

③ 재외동포에 대한 사증발급은 행정청의 기속행위에 속하는 것으로서, 재외동포가 사증발급을 신청한 경우에 구「출입국관리법 시행령」 [별표 1의2]에서 정한 재외동포체류자격의 요건을 갖추었다면 사증을 발급해야 한다.

④ 구「주택건설촉진법」 제33조에 의한 주택건설사업계획의 승인은 인간이 본래 가지고 있는 자연적 자유의 회복을 내용으로 하는 행정청의 기속행위에 속한다.

ADVICE ② 자녀양육을 위한 육아휴직 기간 중 다른 자녀를 출산하거나 또는 출산이 예정되어 있어 구 국가공무원 복무규정 제20조 제2항에 따른 출산휴가 요건을 갖춘 경우에는 더 이상 기존 자녀의 양육을 위하여 휴직할 필요가 없는 사유가 발생한 때에 해당한다. 따라서 육아휴직 중인 여성 교육공무원이 출산휴가 요건을 갖추어 복직신청을 하는 경우는 물론 그 이전에 미리 출산을 이유로 복직신청을 하는 경우에도 임용권자는 출산휴가 개시 시점에 휴직사유가 없어졌다고 보아 복직명령과 동시에 출산휴가를 허가하여야 한다(대판 2014. 6. 12. 2012두4852).
① 재량행위에 대한 법원의 사법심사는 당해 행위가 사실오인, 비례·평등의 원칙 위배, 당해 행위의 목적 위반이나 부정한 동기 등에 근거하여 이루어짐으로써 재량권의 일탈·남용이 있는지 여부만을 심사하게 되는 것이나, 법원의 심사결과 행정청의 재량행위가 사실오인 등에 근거한 것이라고 인정되는 경우에는 이는 재량권을 일탈·남용한 것으로서 위법하여 그 취소를 면치 못한다 할 것이다(대판 2001. 7. 27. 99두8589).

③ 재외동포에 대한 사증발급은 행정청의 재량행위에 속하는 것으로서, 재외동포가 사증발급을 신청한 경우에 출입국관리법 시행령에서 정한 재외동포체류자격의 요건을 갖추었다고 해서 무조건 사증을 발급해야 하는 것은 아니다(대판 2019. 7. 11. 2017두38874).

④ 구 주택건설촉진법 제33조에 의한 주택건설사업계획의 승인은 상대방에게 권리나 이익을 부여하는 효과를 수반하는 이른바 수익적 행정처분으로서 법령에 행정처분의 요건에 관하여 일의적으로 규정되어 있지 아니한 이상 행정청의 재량행위에 속하므로, 이러한 승인을 받으려는 주택건설사업계획이 관계 법령이 정하는 제한에 배치되는 경우는 물론이고 그러한 제한사유가 없는 경우에도 공익상 필요가 있으면 처분권자는 그 승인신청에 대하여 불허가 결정을 할 수 있으며, 여기에서 말하는 '공익상 필요'에는 자연환경보전의 필요도 포함된다(대판 2007. 5. 10. 2005두13315).

8 **「행정절차법」상 행정절차에 대한 설명으로 옳지 않은 것은?**

① 행정청이 처분기준 사전공표 의무를 위반하여 미리 공표하지 아니한 기준을 적용하여 처분을 하였다고 하더라도, 그러한 사정만으로 곧바로 해당 처분에 취소사유에 이를 정도의 흠이 존재한다고 볼 수는 없다.

② 처분의 처리기간에 관한 규정은 강행규정이므로 행정청이 처리기간이 지나 처분을 하였다면 이는 처분을 취소할 절차상 하자로 볼 수 있다.

③ 행정청은 위반사실등의 공표를 할 때에는 특별한 사정이 없는 한 미리 당사자에게 그 사실을 통지하고 의견제출의 기회를 주어야 하며, 의견제출의 기회를 받은 당사자는 공표 전에 관할 행정청에 서면이나 말 또는 정보통신망을 이용하여 의견을 제출할 수 있다.

④ 다수의 당사자등이 공동으로 행정절차에 관한 행위를 할 때에는 대표자를 선정할 수 있고, 다수의 대표자가 있는 경우 그중 1인에 대한 행정청의 행위는 모든 당사자등에게 효력이 있지만, 행정청의 통지는 대표자 모두에게 하여야 그 효력이 있다.

ADVICE ② 처리기간에 관한 규정은 훈시규정에 불과할 뿐 강행규정이라고 볼 수 없다. 행정청이 처리기간이 지나 처분을 하였더라도 이를 처분을 취소할 절차상 하자로 볼 수 없다. 민원처리법 시행령 제23조에 따른 민원처리진행상황 통지도 민원인의 편의를 위한 부가적인 제도일 뿐, 그 통지를 하지 않았더라도 이를 처분을 취소할 절차상 하자로 볼 수 없다(대판 2019. 12. 13. 2018두41907).

① 행정청이 행정절차법 제20조 제1항의 처분기준 사전공표 의무를 위반하여 미리 공표하지 아니한 기준을 적용하여 처분을 하였다고 하더라도, 그러한 사정만으로 곧바로 해당 처분에 취소사유에 이를 정도의 흠이 존재한다고 볼 수는 없다(대판 2020. 12. 24. 2018두45633).

ANSWER 6.③ 7.② 8.②

③ 행정절차법 제40조의3

제40조의3(위반사실 등의 공표) ③ 행정청은 위반사실등의 공표를 할 때에는 미리 당사자에게 그 사실을 통지하고 의견제출의 기회를 주어야 한다. 다만, 다음 각 호의 어느 하나에 해당하는 경우에는 그러하지 아니하다. 1. 공공의 안전 또는 복리를 위하여 긴급히 공표를 할 필요가 있는 경우 2. 해당 공표의 성질상 의견청취가 현저히 곤란하거나 명백히 불필요하다고 인정될 만한 타당한 이유가 있는 경우 3. 당사자가 의견진술의 기회를 포기한다는 뜻을 명백히 밝힌 경우 ④ 제3항에 따라 의견제출의 기회를 받은 당사자는 공표 전에 관할 행정청에 서면이나 말 또는 정보통신망을 이용하여 의견을 제출할 수 있다.

④ 행정절차법 제11조

제11조(대표자) ① 다수의 당사자등이 공동으로 행정절차에 관한 행위를 할 때에는 대표자를 선정할 수 있다. ⑥ 다수의 대표자가 있는 경우 그중 1인에 대한 행정청의 행위는 모든 당사자등에게 효력이 있다. 다만, 행정청의 통지는 대표자 모두에게 하여야 그 효력이 있다.

9 「공공기관의 정보공개에 관한 법률」상 정보공개에 대한 설명으로 옳지 않은 것은?

① 지방자치단체는 그 소관 사무에 관하여 법령의 범위에서 정보공개에 관한 조례를 정할 수 있다.

② 정보공개청구인은 공공기관의 비공개결정에 불복하는 행정심판을 청구하려면 「공공기관의 정보공개에 관한 법률」에서 정하는 이의신청 절차를 거쳐야 한다.

③ 정보공개거부처분 취소소송에서 공개청구의 취지에 어긋나지 아니하는 범위 안에서 공개를 거부한 정보가 비공개대상정보에 해당하는 부분과 공개가 가능한 부분으로 분리될 수 있다고 인정되면 법원은 공개가 가능한 부분을 특정하고 판결의 주문에 공개가 가능한 정보에 관한 부분만을 취소한다고 표시해야 한다.

④ 공공기관이 공개청구의 대상이 된 정보를 청구인이 신청한 공개방법 이외의 방법으로 공개하는 결정을 하였다면, 이는 정보공개청구 중 정보공개방법에 관한 부분에 대하여 일부 거부처분을 한 것이므로 청구인은 그에 대하여 항고소송으로 다툴 수 있다.

ADVICE ②정보공개법 제19조 제2항

제19조(행정심판) ① 청구인이 정보공개와 관련한 공공기관의 결정에 대하여 불복이 있거나 정보공개 청구 후 20일이 경과하도록 정보공개 결정이 없는 때에는 「행정심판법」에서 정하는 바에 따라 행정심판을 청구할 수 있다. 이 경우 국가기관 및 지방자치단체 외의 공공기관의 결정에 대한 감독행정기관은 관계 중앙행정기관의 장 또는 지방자치단체의 장으로 한다. ② 청구인은 제18조에 따른 이의신청 절차를 거치지 아니하고 행정심판을 청구할 수 있다.

① 정보공개법 제4조 제2항

③ 법원이 정보공개거부처분의 위법 여부를 심리한 결과, 공개가 거부된 정보에 비공개대상정보에 해당하는 부분과 공개가 가능한 부분이 혼합되어 있으며, 공개청구의 취지에 어긋나지 아니하는 범위 안에서 두 부분을 분리할 수 있다고 인정할 수 있을 때에는, 공개가 거부된 정보 중 공개가 가능한 부분을 특정하고, 판결의 주문에 정보공개거부처분 중 공개가 가능한 정보에 관한 부분만을 취소한다고 표시하여야 한다(대판 2010. 2. 11. 2009두6001).

④ 대판 2016. 11. 10. 2016두44674

10 행정상 의무이행 확보수단에 대한 설명으로 옳은 것은?

① 병무청장이 구「병역법」에 따라 병역의무 기피자의 인적사항 등을 인터넷 홈페이지에 게시하는 등의 방법으로 공개한 경우 병무청장의 공개결정은 항고소송의 대상이 되는 행정처분이 아니다.

② 「부동산 실권리자명의 등기에 관한 법률」 제5조에 의하여 부과된 과징금 채무는 대체적 급부가 가능한 의무이므로 과징금을 부과받은 자가 사망한 경우 그 상속인에게 포괄승계된다.

③ 가산세는 세법에서 규정하는 의무의 성실한 이행을 확보하기 위하여 세법에 따라 산출한 본세액에 가산하여 징수하는 조세로서, 본세에 감면사유가 인정된다면 가산세도 감면대상에 포함된다.

④ 가산세는 납세자가 정당한 이유 없이 법에 규정된 신고, 납세 등 각종 의무를 위반한 경우에 개별세법이 정하는 바에 따라 부과되는 행정상의 제재로서 납세자의 고의·과실 또한 중요한 고려 요소가 된다.

ADVICE ② 부동산실권리자명의 등기에 관한법률 제5조에 의하여 부과된 과징금 채무는 대체적 급부가 가능한 의무이므로 위 과징금을 부과받은 자가 사망한 경우 그 상속인에게 포괄승계 된다(대판 1999. 5. 14. 99두35).

① 병무청장이 병역법 제81조의2 제1항에 따라 병역의무 기피자의 인적사항 등을 인터넷 홈페이지에 게시하는 등의 방법으로 공개한 경우 병무청장의 공개결정을 항고소송의 대상이 되는 행정처분으로 보아야 한다(대판 2019. 6. 27. 2018두49130).

③ 국세기본법 제47조 제2항

제47조(가산세 부과) ② 가산세는 해당 의무가 규정된 세법의 해당 국세의 세목(稅目)으로 한다. 다만, 해당 국세를 감면하는 경우에는 가산세는 그 감면대상에 포함시키지 아니하는 것으로 한다.

④ 세법상 가산세는 과세권의 행사 및 조세채권의 실현을 용이하게 하기 위하여 납세자가 정당한 이유 없이 법에 규정된 신고, 납세 등 각종 의무를 위반한 경우에 개별세법이 정하는 바에 따라 부과하는 행정상의 제재로서, 납세자의 고의·과실은 고려되지 아니하고 법령의 부지·착오 등은 그 의무위반을 탓할 수 없는 정당한 사유에 해당하지 아니한다(대판 2004. 6. 24. 2002두10780).

ANSWER 9.② 10.②

11 이행강제금에 대한 설명으로 옳지 않은 것은?

① 이행강제금 납부의무는 상속인 기타의 사람에게 승계될 수 없는 일신전속적인 성질의 것이므로 이미 사망한 사람에게 이행강제금을 부과하는 내용의 처분이나 결정은 당연무효이다.

② 이행강제금은 대체적 작위의무의 위반에 대하여도 부과될 수 있으며, 「건축법」상 위법건축물에 대한 이행강제수단으로 행정대집행과 이행강제금을 합리적인 재량에 의해 선택적으로 활용하는 이상 이는 중첩적인 제재에 해당하지 않는다.

③ 「건축법」상 시정명령을 받은 의무자가 이행강제금이 부과되기 전에 그 의무를 이행하였더라도 그 시정명령에서 정한 기간을 지나서 이행한 경우라면 행정청은 이행강제금을 부과할 수 있다.

④ 건축주 등이 「건축법」상 시정명령을 장기간 이행하지 아니하였더라도, 그 기간 중에는 시정명령의 이행 기회가 제공되지 아니하였다가 뒤늦게 시정명령의 이행 기회가 제공된 경우라면, 행정청은 시정명령의 이행 기회 제공을 전제로 한 1회분의 이행강제금만을 부과할 수 있고 시정명령의 이행 기회가 제공되지 아니한 과거의 기간에 대한 이행강제금까지 한꺼번에 부과할 수는 없다.

ADVICE ③ 건축법상의 이행강제금은 시정명령의 불이행이라는 과거의 위반행위에 대한 제재가 아니라, 의무자에게 시정명령을 받은 의무의 이행을 명하고 그 이행기간 안에 의무를 이행하지 않으면 이행강제금이 부과된다는 사실을 고지함으로써 의무자에게 심리적 압박을 주어 의무의 이행을 간접적으로 강제하는 행정상의 간접강제 수단에 해당한다. 이러한 이행강제금의 본질상 시정명령을 받은 의무자가 이행강제금이 부과되기 전에 그 의무를 이행한 경우에는 비록 시정명령에서 정한 기간을 지나서 이행한 경우라도 이행강제금을 부과할 수 없다. 나아가 시정명령을 받은 의무자가 그 시정명령의 취지에 부합하는 의무를 이행하기 위한 정당한 방법으로 행정청에 신청 또는 신고를 하였으나 행정청이 위법하게 이를 거부 또는 반려함으로써 결국 그 처분이 취소되기에 이르렀다면, 특별한 사정이 없는 한 그 시정명령의 불이행을 이유로 이행강제금을 부과할 수는 없다고 보는 것이 위와 같은 이행강제금 제도의 취지에 부합한다(대판 2018. 1. 25. 2015두35116).

12 행정벌에 대한 설명으로 옳지 않은 것은?

① 양벌규정에 의한 영업주의 처벌은 그 자신의 종업원에 대한 선임감독상의 과실로 인하여 처벌되는 것이므로 종업원의 범죄성립이나 처벌이 영업주 처벌의 전제조건이 될 필요는 없다.

② 질서위반행위를 한 자가 자신의 책임 없는 사유로 위반행위에 이르렀다고 주장하는 경우 법원은 그 내용을 살펴 행위자에게 고의나 과실이 있는지를 따져보아야 한다.

③ 지방국세청장 또는 세무서장이 「조세범 처벌절차법」에 따라 통고처분을 거치지 아니하고 즉시 고발하였다면 이로써 조세범칙사건에 대한 조사 및 처분 절차는 종료되고 형사사건 절차로 이행되어 지방국세청장 또는 세무서장으로서는 동일한 조세범칙행위에 대하여 더 이상 통고처분을 할 권한이 없다.

④ 「질서위반행위규제법」상 과태료 사건은 다른 법령에 특별한 규정이 있는 경우를 제외하고는 행정청의 주소지의 지방법원 또는 그 지원의 관할로 한다.

ADVICE ④ 질서위반행위규제법 제25조

제25조(관할 법원) 과태료 사건은 다른 법령에 특별한 규정이 있는 경우를 제외하고는 당사자의 주소지의 지방법원 또는 그 지원의 관할로 한다.

13 「행정소송법」상 취소소송의 판결의 효력에 대한 설명으로 옳지 않은 것은?

① 전소의 판결이 확정된 경우 후소의 소송물이 전소의 소송물과 동일하지 않더라도 전소의 소송물에 관한 판단이 후소의 선결문제가 되는 경우에 후소에서 전소 판결의 판단과 다른 주장을 하는 것은 기판력에 반한다.

② 행정처분을 취소하는 확정판결이 있으면 그 취소판결 자체의 효력에 의해 그 행정처분을 기초로 하여 새로 형성된 제3자의 권리는 당연히 그 행정처분 전의 상태로 환원된다.

③ 처분의 취소판결이 확정된 후 새로운 처분을 하는 경우, 새로운 처분의 사유가 취소된 처분의 사유와 기본적 사실관계에서 동일하지 않다면 취소된 처분과 같은 내용의 처분을 하는 것은 기속력에 반하지 않는다.

④ 법원이 간접강제결정에서 정한 의무이행기한이 경과한 후에라도 확정판결의 취지에 따른 재처분이 행하여지면, 처분상대방이 더 이상 배상금을 추심하는 것은 허용되지 않는다.

ADVICE ② 행정처분을 취소하는 확정판결이 제3자에 대하여도 효력이 있다고 하더라도 일반적으로 판결의 효력은 주문에 포함한 것에 한하여 미치는 것이니 그 취소판결 자체의 효력으로써 그 행정처분을 기초로 하여 새로 형성된 제3자의 권리까지 당연히 그 행정처분 전의 상태로 환원되는 것이라고는 할 수 없고, 단지 취소판결의 존재와 취소판결에 의하여 형성되는 법률관계를 소송당사자가 아니었던 제3자라 할지라도 이를 용인하지 않으면 아니된다는 것을 의미하는 것에 불과하다 할 것이다(대판 1986. 8. 19. 83다카2022).

ANSWER 11.③ 12.④ 13.②

14 「국가배상법」상 영조물의 설치 · 관리의 하자로 인한 손해배상책임에 대한 설명으로 옳지 않은 것은?

① 국가 또는 지방자치단체에 의하여 특정 공공의 목적에 공여된 유체물 내지 물적 설비는 국가 또는 지방자치단체가 사실상의 관리를 하고 있는 경우에도 '공공의 영조물'이라 볼 수 있다.

② 영조물이 그 용도에 따라 갖추어야 할 안전성을 갖추지 못한 상태에는 영조물이 공공의 목적에 이용됨에 있어 그 이용 상태 및 정도가 일정한 한도를 초과하여 제3자에게 사회통념상 수인할 것이 기대되는 한도를 넘는 피해를 입히는 경우까지 포함된다.

③ 영조물이 안전성을 갖추었는지 여부는 영조물의 설치자 또는 관리자가 그 영조물의 위험성에 비례하여 사회통념상 일반적으로 요구되는 정도의 방호조치의무를 다하였는지를 기준으로 판단하여야 하고, 그 설치자 또는 관리자의 재정적 · 인적 · 물적 제약 등은 고려하지 않는다.

④ 객관적으로 보아 영조물의 결함이 영조물의 설치 · 관리자의 관리행위가 미칠 수 없는 상황 아래에 있는 경우에는 영조물의 설치 · 관리의 하자를 인정할 수 없다.

ADVICE ③ 국가배상법 제5조 제1항에 규정된 '영조물 설치 · 관리상의 하자'는 공공의 목적에 공여된 영조물이 그 용도에 따라 통상 갖추어야 할 안전성을 갖추지 못한 상태에 있음을 말한다. 그리고 위와 같은 안전성의 구비 여부는 영조물의 설치자 또는 관리자가 그 영조물의 위험성에 비례하여 사회통념상 일반적으로 요구되는 정도의 방호조치의무를 다하였는지를 기준으로 판단하여야 하고, 아울러 그 설치자 또는 관리자의 재정적 · 인적 · 물적 제약 등도 고려하여야 한다(대판 2022. 7. 28. 2022다225910).

① 대판 1998. 10. 23. 98다17381

② 국가배상법 제5조 제1항에 정하여진 '영조물의 설치 또는 관리의 하자'라 함은 공공의 목적에 공여된 영조물이 그 용도에 따라 갖추어야 할 안전성을 갖추지 못한 상태에 있음을 말하고, 안전성을 갖추지 못한 상태, 즉 타인에게 위해를 끼칠 위험성이 있는 상태라 함은 당해 영조물을 구성하는 물적 시설 그 자체에 있는 물리적 · 외형적 흠결이나 불비로 인하여 그 이용자에게 위해를 끼칠 위험성이 있는 경우뿐만 아니라, 그 영조물이 공공의 목적에 이용됨에 있어 그 이용상태 및 정도가 일정한 한도를 초과하여 제3자에게 사회통념상 수인할 것이 기대되는 한도를 넘는 피해를 입히는 경우까지 포함된다고 보아야 한다(대판 2005. 1. 27. 2003다49566).

④ 객관적으로 보아 시간적 · 장소적으로 영조물의 기능상 결함으로 인한 손해발생의 예견가능성과 회피가능성이 없는 경우 즉 그 영조물의 결함이 영조물의 설치관리자의 관리행위가 미칠 수 없는 상황 아래에 있는 경우에는 영조물의 설치 · 관리상의 하자를 인정할 수 없다(대판 2000. 2. 25. 99다54004).

15 「행정소송법」상 취소소송에 대한 설명으로 옳지 않은 것은?

① 부당해고 구제신청에 관한 중앙노동위원회의 결정에 대하여 취소소송을 제기하는 경우, 법원은 중앙노동위원회의 결정 후에 생긴 사유를 들어 그 결정의 적법 여부를 판단할 수 있다.

② 취소소송에서 쟁송의 대상이 되는 행정처분의 존부는 소송요건으로서 법원의 직권조사사항이고 자백의 대상이 될 수 없다.

③ 이미 직위해제처분을 받아 직위해제된 공무원에 대하여 행정청이 새로운 사유에 기하여 직위해제처분을 하였다면, 이전 직위해제처분의 취소를 구하는 소송을 제기하는 것은 부적법하다.

④ 취소소송 계속 중에 처분청이 계쟁 처분을 직권으로 취소하더라도, 동일한 소송 당사자 사이에서 그 처분과 동일한 사유로 위법한 처분이 반복될 위험성이 있어 그 처분에 대한 위법성의 확인이 필요한 경우에는 그 처분의 취소를 구할 소의 이익이 있다.

ADVICE ① 부당해고 구제신청에 관한 중앙노동위원회의 명령 또는 결정의 취소를 구하는 소송에서 그 명령 또는 결정이 적법한지는 그 명령 또는 결정이 이루어진 시점을 기준으로 판단하여야 하고, 그 명령 또는 결정 후에 생긴 사유를 들어 적법 여부를 판단할 수는 없으나, 그 명령 또는 결정의 기초가 된 사실이 동일하다면 노동위원회에서 주장하지 아니한 사유도 행정소송에서 주장할 수 있다(대판 2021. 7. 29. 2016두64876).

② 행정소송에서 쟁송의 대상이 되는 행정처분의 존부는 소송요건으로서 직권조사사항이고, 자백의 대상이 될 수 없는 것이므로, 설사 그 존재를 당사자들이 다투지 아니한다 하더라도 그 존부에 관하여 의심이 있는 경우에는 이를 직권으로 밝혀 보아야 할 것이다(대판 2004. 12. 24. 2003두15195).

④ 원상회복이 불가능하게 보이는 경우라 하더라도, 동일한 소송 당사자 사이에서 그 행정처분과 동일한 사유로 위법한 처분이 반복될 위험성이 있어 행정처분의 위법성 확인 내지 불분명한 법률문제에 대한 해명이 필요하다고 판단되는 경우 등에는 행정의 적법성 확보와 그에 대한 사법통제, 국민의 권리구제 확대 등의 측면에서 여전히 그 처분의 취소를 구할 이익이 있다(대판 2019. 5. 10. 2015두46987).

ANSWER 14.③ 15.①

16 「행정소송법」상 항고소송에 대한 설명으로 옳은 것은?

① 부작위위법확인소송에서 부작위상태가 계속되는 한 그 위법의 확인을 구할 이익이 있다고 보아야 하므로 행정심판 등 전심절차를 거친 경우에도 제소기간에 관한 규정은 적용되지 않는다.

② 외국 국적의 甲이 위명(僞名)인 乙 명의의 여권으로 대한민국에 입국한 뒤 乙 명의로 난민 신청을 하였고 법무부장관이 乙 명의를 사용한 甲을 직접 면담하여 조사한 후에 甲에 대하여 난민불인정 처분을 한 경우, 甲은 난민불인정 처분의 취소를 구할 법률상 이익이 없다.

③ 주민 등의 도시관리계획의 입안 제안을 거부하는 처분에 대하여 이익형량의 하자를 이유로 취소판결이 확정된 후에 행정청이 다시 이익형량을 하여 주민 등이 제안한 것과는 다른 내용의 계획을 수립한다면 이는 재처분의무를 이행한 것으로 볼 수 없다.

④ 무효확인소송에서 '무효확인을 구할 법률상 이익'을 판단함에 있어 행정처분의 무효를 전제로 한 이행소송 등과 같은 직접적인 구제수단이 있는지 여부를 따질 필요가 없다.

ADVICE ① 부작위위법확인의 소는 부작위상태가 계속되는 한 그 위법의 확인을 구할 이익이 있다고 보아야 하므로 원칙적으로 제소기간의 제한을 받지 않는다. 그러나 행정소송법 제38조 제2항이 제소기간을 규정한 같은 법 제20조를 부작위위법확인소송에 준용하고 있는 점에 비추어 보면, 행정심판 등 전심절차를 거친 경우에는 행정소송법 제20조가 정한 제소기간 내에 부작위위법확인의 소를 제기하여야 한다(대판 2009. 7. 23. 2008두10560).

② 미얀마 국적의 甲이 위명(僞名)인 '乙' 명의의 여권으로 대한민국에 입국한 뒤 乙 명의로 난민 신청을 하였으나 법무부장관이 乙 명의를 사용한 甲을 직접 면담하여 조사한 후 甲에 대하여 난민불인정 처분을 한 사안에서, 처분의 상대방은 허무인이 아니라 '乙'이라는 위명을 사용한 甲이라는 이유로, 甲이 처분의 취소를 구할 법률상 이익이 있다(대판 2017. 3. 9. 2013두16852).

③ 주민 등의 도시관리계획 입안 제안을 거부한 처분을 이익형량에 하자가 있어 위법하다고 판단하여 취소하는 판결이 확정되었더라도 행정청에 그 입안 제안을 그대로 수용하는 내용의 도시관리계획을 수립할 의무가 있다고는 볼 수 없고, 행정청이 다시 새로운 이익형량을 하여 적극적으로 도시관리계획을 수립하였다면 취소판결의 기속력에 따른 재처분의무를 이행한 것이라고 보아야 한다(대판 2020. 6. 25. 2019두56135).

17 행정기관의 권한에 대한 설명으로 옳지 않은 것은?

① 「정부조직법」 제6조제1항은 권한위임 등에 관한 대강을 정한 것에 불과할 뿐 권한위임의 근거규정이 될 수 없으므로 권한의 위임을 위해서는 법률의 개별적 근거가 필요하다.

② 대외적으로 처분 권한이 있는 처분청이 상급행정기관의 지시를 위반하는 처분을 한 경우, 그러한 사정만으로 처분이 곧바로 위법하게 되는 것은 아니다.

③ 피대리행정청의 의사에 의해 대리권을 수여받은 행정기관이 대리관계를 표시하면서 피대리행정청을 대리하여 처분을 한 경우, 당해 처분에 대한 취소소송의 피고는 피대리행정청이 된다.

④ 「국세징수법」에 근거하여 한국자산관리공사가 행하는 공매의 대행은 세무서장의 공매권한의 위임에 해당하므로 한국자산관리공사의 공매처분에 대한 취소소송에서 피고는 한국자산관리공사이다.

ADVICE 정부조직법 제6조 제1항

> 제6조(권한의 위임 또는 위탁) ① 행정기관은 법령으로 정하는 바에 따라 그 소관사무의 일부를 보조기관 또는 하급행정기관에 위임하거나 다른 행정기관·지방자치단체 또는 그 기관에 위탁 또는 위임할 수 있다. 이 경우 위임 또는 위탁을 받은 기관은 특히 필요한 경우에는 법령으로 정하는 바에 따라 위임 또는 위탁을 받은 사무의 일부를 보조기관 또는 하급행정기관에 재위임할 수 있다.

① 정부조직법 제5조 제1항(현 제6조 제1항)은 법문상 권한의 위임 및 재위임의 근거규정임이 명백하고 같은 법이 국가행정기관의 설치, 조직, 직무범위의 대상을 정하는데 그 목적이 있다는 이유만으로 권한위임, 재위임에 관한 위 규정마저 권한위임 등에 관한 대강을 정한 것에 불과할 뿐 권한위임의 근거규정이 아니라고 할 수는 없으므로 충청남도지사가 자기의 수임권한을 위임기관인 동력자원부장관의 승인을 얻은 후 충청남도의 사무 시, 군위임 규칙에 따라 군수에게 재위임하였다면 이는 위 조항 후문 및 행정권한의위임 및 위탁에 한 규정 제4조에 근거를 둔 것으로서 적법한 권한의 재위임에 해당하는 것이다(대판 1990. 2. 27. 89누5287).

ANSWER 16.④ 17.①

18 공무원의 종류 및 공무원법관계에 대한 설명으로 옳은 것은?

① 「국가공무원법」상 실적과 자격에 따라 임용되고 그 신분이 보장되며 평생 동안(근무기간을 정하여 임용하는 공무원의 경우에는 그 기간 동안) 공무원으로 근무할 것이 예정되는 공무원에는 법관이나 검사도 포함된다.

② 공무원연금법령상 급여청구권은 법령상 요건이 충족되면 성립하는 권리이므로 급여의 신청에 대하여 공무원연금공단이 이를 거부한 경우 그 거부결정에 대한 항고소송은 허용되지 않는다.

③ 공무원임용의 결격사유에 해당하는 자를 국가공무원에 임용하는 행위는 당연무효이지만, 임용결격자와 국가 간에 실제로 근로고용관계가 성립하였으므로 임용결격자는 퇴직 시에 「공무원연금법」상 퇴직급여를 받을 수 있다.

④ 국가공무원이 금고 이상의 형의 집행유예를 선고받아 당연퇴직하게 된 경우, 그 후 「형법」에 따라 그 형의 선고가 효력을 잃게 되었다면 이미 발생한 당연퇴직의 효력은 소멸한다.

ADVICE ② 공무원연금법에서 정한 급여를 받으려고 하는 자는 우선 관계 법령에 따라 공단에 급여지급을 신청하여 공단이 이를 거부하거나 일부 금액만 인정하는 급여지급결정을 하는 경우 그 결정을 대상으로 항고소송을 제기하는 등 구체적인 권리를 인정받은 다음 비로소 당사자소송으로 그 급여의 지급을 구하여야 할 것이고, 구체적인 권리가 발생하지 않은 상태에서 곧바로 공단 등을 상대로 한 당사자소송으로 급여의 지급을 소구하는 것은 허용되지 아니한다(대판 2004. 7. 8. 2004두244).

③ 공무원연금법에 의한 퇴직급여 등은 적법한 공무원으로서의 신분을 취득하여 근무하다가 퇴직하는 경우에 지급되는 것이고, 임용 당시 공무원임용결격사유가 있었다면 그 임용행위는 당연무효이며, 당연무효인 임용행위에 의하여 공무원의 신분을 취득할 수는 없으므로 임용결격자가 공무원으로 임용되어 사실상 근무하여 왔다고 하더라도 적법한 공무원으로서의 신분을 취득하지 못한 자로서는 공무원연금법 소정의 퇴직급여 등을 청구할 수 없고, 또 당연퇴직사유에 해당되어 공무원으로서의 신분을 상실한 자가 그 이후 사실상 공무원으로 계속 근무하여 왔다고 하더라도 당연퇴직 후의 사실상의 근무기간은 공무원연금법상의 재직기간에 합산될 수 없다(대판 2003. 5. 16. 2001다61012).

④ 당연퇴직의 효력이 생긴 후에 당연퇴직사유가 소멸한다는 것은 있을 수 없으므로, 국가공무원이 금고 이상의 형의 집행유예를 받은 경우에는 그 이후 「형법」제65조에 따라 형의 선고의 효력을 잃게 되었다 하더라도 이미 발생한 당연퇴직의 효력에는 영향이 없다(대판 2002. 7. 26. 2001두205).

19 「지방자치법」상 주민의 권리에 대한 설명으로 옳지 않은 것은?

① 주민의 감사청구가 적법요건을 모두 갖추었음에도 감사기관이 각하하는 결정을 한 경우, 감사청구한 주민은 주민소송을 제기할 수 있다.
② 주민투표권은 법률이 보장하는 권리라고 할 수 있으므로, 주민투표권이 침해되더라도 헌법상 기본권으로서 참정권의 침해에 해당하지 않는다.
③ 주민소송의 대상은 주민감사를 청구한 사항과 관련이 있는 것으로 충분하고, 주민감사를 청구한 사항과 반드시 동일할 필요는 없다.
④ 주민은 주민의 권리 · 의무와 직접 관련되는 사항에 한하여 지방자치단체의 규칙을 제정하거나 개정하거나 폐지할 것을 해당 지방자치단체의 장에게 청구할 수 있으며 그 청구 절차 등에 관한 사항은 법률로 정한다.

ADVICE ④ 지방자치법 제20조 제1항

제20조(규칙의 제정과 개정 · 폐지 의견 제출) ① 주민은 제29조에 따른 규칙(권리 · 의무와 직접 관련되는 사항으로 한정한다)의 제정, 개정 또는 폐지와 관련된 의견을 해당 지방자치단체의 장에게 제출할 수 있다. ② 법령이나 조례를 위반하거나 법령이나 조례에서 위임한 범위를 벗어나는 사항은 제1항에 따른 의견 제출 대상에서 제외한다.

20 조세행정에 대한 설명으로 옳지 않은 것은?

① 납세의무자가 국세를 납부하면서 오납액이 발생한 경우에 부당이득의 반환을 구하는 납세의무자의 국세환급금채권은 오납액을 납부 또는 징수한 시점에 이미 확정된다.
② 원천징수의무자가 원천납세의무자로부터 징수하여야 할 세액을 초과하여 징수 · 납부한 경우, 초과한 세액에 대한 환급청구권은 원천징수의무자가 아니라 원천납세의무자에게 귀속된다.
③ 과세처분에 대한 증액경정처분이 있는 경우 당초의 과세처분은 증액경정처분에 흡수되어 소멸하고, 소멸한 당초 과세처분의 절차적 하자는 증액경정처분에 승계되지 아니한다.
④ 신고납세방식의 조세의 경우 납세의무자의 신고행위가 중대하고 명백한 하자로 인하여 당연무효로 되지 아니하는 한 신고에 따라 납부한 세액이 바로 부당이득에 해당하는 것은 아니다.

ADVICE ② 원천징수 세제에 있어 원천징수의무자가 원천납세의무자로부터 원천징수대상이 아닌 소득에 대하여 세액을 징수 · 납부하였거나 징수하여야 할 세액을 초과하여 징수 · 납부하였다면, 이로 인한 환급청구권은 원천납세의무자가 아닌 원천징수의무자에게 귀속되는 것인바, 이는 원천징수의무자가 원천납세의무자에 대한 관계에서는 법률상 원인 없이 이익을 얻은 것이라 할 것이므로 원천납세의무자는 원천징수의무자에 대하여 환급청구권 상당액을 부당이득으로 구상할 수 있다(대판 2003. 3. 14. 2002다68294).

ANSWER 18.① 19.④ 20.②

21 「지방자치법」상 국가와 지방자치단체 및 지방자치단체 상호 간의 관계에 대한 설명으로 옳은 것은?

① 구청장이 징계사유가 있는 공무원을 승진임용하는 처분을 하자 광역시장이 그 처분에 대한 시정명령을 내린 경우, 구청장은 그 시정명령의 취소를 구하는 소송을 제기할 수 있다.

② 도지사의 재의요구지시 및 군수의 재의요구에 따른 군의회의 재의결이 법령에 위반된다고 판단됨에도 군수가 제소하지 않고 도지사도 제소를 지시하거나 직접 제소하지 않는 경우, 주무부장관은 그 재의결에 대하여 군수에게 제소를 지시할 수 있다.

③ 지방자치단체의 자치사무가 다른 지방자치단체나 그 주민의 보호할 만한 가치가 있는 이익을 침해하는 경우 제165조에서 정한 분쟁조정 대상 사무가 될 수 있다.

④ 지방자치단체 또는 지방자치단체의 장 상호 간의 분쟁조정결정의 통보를 받은 지방자치단체의 장은 분쟁조정결정 자체에 대하여 대법원에 직접 제소할 수는 없고 「행정소송법」상의 항고소송을 통해 불복할 수 있다.

ADVICE ① 지방공무원법에서 정한 공무원의 집단행위금지의무 등에 위반하여 전국공무원노동조합의 불법 총파업에 참가한 지방자치단체 소속 공무원들의 행위는 임용권자의 징계의결요구 의무가 인정될 정도의 징계사유에 해당함이 명백하므로, 임용권자인 하급 지방자치단체장으로서는 위 공무원들에 대하여 지체 없이 관할 인사위원회에 징계의결의 요구를 하여야 함에도 불구하고 상급 지방자치단체장의 여러 차례에 걸친 징계의결요구 지시를 이행하지 않고 오히려 그들을 승진임용시키기에 이른 경우, 하급 지방자치단체장의 위 승진처분은 법률이 임용권자에게 부여한 승진임용에 관한 재량권의 범위를 현저하게 일탈한 것으로서 위법한 처분이라 할 것이다. 따라서 상급 지방자치단체장이 하급 지방자치단체장에게 기간을 정하여 그 시정을 명하였음에도 이를 이행하지 아니하자 지방자치법 제157조 제1항에 따라 위 승진처분을 취소한 것은 적법하고, 그 취소권 행사에 재량권 일탈·남용의 위법이 있다고 할 수 없다(대판 22007. 3. 22. 2005추62(전합)).

② 지방의회 의결의 재의와 제소에 관한 지방자치법 제172조 제4항, 제6항의 문언과 입법 취지, 제·개정 연혁 및 지방자치법령의 체계 등을 종합적으로 고려하여 보면, 아래에서 보는 바와 같이 지방자치법 제172조 제4항, 제6항에서 지방의회 재의결에 대하여 제소를 지시하거나 직접 제소할 수 있는 주체로 규정된 '주무부장관이나 시·도지사'는 시·도에 대하여는 주무부장관을, 시·군 및 자치구에 대하여는 시·도지사를 각 의미한다(대판 2016. 9. 22. 2014추521(전합)).

④ 지방자치법 제148조 제4항, 제7항, 제170조 제3항의 내용과 체계, 지방자치법 제148조 제1항에 따른 지방자치단체 또는 지방자치단체의 장 상호 간 분쟁에 대한 조정결정(이하 '분쟁조정결정')의 법적 성격 및 분쟁조정결정과 이행명령 사이의 관계 등에 비추어 보면, 행정자치부장관이나 시·도지사의 분쟁조정결정에 대하여는 후속의 이행명령을 기다려 대법원에 이행명령을 다투는 소를 제기한 후 그 사건에서 이행의무의 존부와 관련하여 분쟁조정결정의 위법까지 함께 다투는 것이 가능할 뿐, 별도로 분쟁조정결정 자체의 취소를 구하는 소송을 대법원에 제기하는 것은 지방자치법상 허용되지 아니한다. 나아가 분쟁조정결정은 상대방이나 내용 등에 비추어 행정소송법상 항고소송의 대상이 되는 처분에 해당한다고 보기 어려우므로, 통상의 항고소송을 통한 불복의 여지도 없다(대판 2015. 9. 24. 2014추613).

22 「경찰관 직무집행법」상 경찰권 발동에 대한 설명으로 옳지 않은 것은?

① 경찰관은 수상한 행동이나 그 밖의 주위 사정을 합리적으로 판단하여 볼 때 어떠한 죄를 범하였거나 범하려 하고 있다고 의심할 만한 상당한 이유가 있는 사람을 정지시켜 질문할 수 있다.

② 경찰관은 범죄 · 재난 · 공공갈등 등 공공안녕에 대한 위험의 예방과 대응을 위한 정보의 수집 · 작성 · 배포와 이에 수반되는 사실의 확인을 할 수 있다.

③ 경찰관은 수상한 행동이나 그 밖의 주위 사정을 합리적으로 판단해 볼 때 자살을 시도하는 것이 명백하고 응급구호가 필요하다고 믿을 만한 상당한 이유가 있는 사람을 발견하였을 때에는 보건의료기관이나 공공구호기관에 긴급구호를 요청하거나 경찰관서에 보호하는 등 적절한 조치를 할 수 있다.

④ 경찰관은 소요사태의 예방을 위하여 필요하다고 인정되는 상당한 이유가 있을 때에는 경찰관서 · 무기고 등 국가중요시설에 대한 접근 또는 통행을 제한하거나 금지할 수 있으며 이 사실을 즉시 소속 경찰관서의 장에게 보고해야 한다.

ADVICE ④ 경찰관직무집행법 제5조 제2항

> 제5조(위험 발생의 방지 등) ② 경찰관서의 장은 대간첩 작전의 수행이나 소요(騷擾) 사태의 진압을 위하여 필요하다고 인정되는 상당한 이유가 있을 때에는 대간첩 작전지역이나 경찰관서 · 무기고 등 국가중요시설에 대한 접근 또는 통행을 제한하거나 금지할 수 있다.

23 국 · 공유재산의 사용관계에 대한 설명으로 옳지 않은 것은?

① 「도로법」상 도로점용허가는 공물관리자가 신청인의 적격성, 사용목적 및 공익상 영향 등을 참작하여 허가 여부를 결정하는 재량행위이다.

② 「하천법」상 하천점용허가에 의해 발생한 하천의 점용허가권은 특허에 의한 공물사용권의 일종으로서 하천의 관리주체에 대한 채권에 지나지 아니하고 대세적 효력이 있는 물권이라 할 수 없다.

③ 「도로법」에 따라 도로관리청이 도로점용허가를 하면서 특별사용의 필요가 없는 부분을 점용장소 및 점용면적에 포함시킨 경우에도 그 특별사용의 필요가 없는 부분이 위법하다고 할 수 없다.

④ 「공유재산 및 물품 관리법」에 의하여 도지사로부터 공유재산 관리의 권한을 위임받은 군수가 공유재산인 일반재산을 대부하는 행위는 사법상의 계약에 해당한다.

ADVICE ③ 도로점용허가는 도로의 일부에 대한 특정사용을 허가하는 것으로서 도로의 일반사용을 저해할 가능성이 있으므로 그 범위는 점용목적 달성에 필요한 한도로 제한되어야 한다. 도로관리청이 도로점용허가를 하면서 특별사용의 필요가 없는 부분을 점용장소 및 점용면적에 포함하는 것은 그 재량권 행사의 기초가 되는 사실인정에 잘못이 있는 경우에 해당하므로 그 도로점용허가 중 특별사용의 필요가 없는 부분은 위법하다. 이러한 경우 도로점용허가를 한 도로관리청은 위와 같은 흠이 있다는 이유로 유효하게 성립한 도로점용허가 중 특별사용의 필요가 없는 부분을 직권취소할 수 있음이 원칙이다. 다만 이 경우 행정청이 소급적 직권취소를 하려면 이를 취소하여야 할 공익상 필요와 그 취소로 당사자가 입을 기득권 및 신뢰보호와 법률생활 안정의 침해 등 불이익을 비교 교량한 후 공익상 필요가 당사자의 기득권 침해 등 불이익을 정당화할 수 있을 만큼 강한 경우여야 한다. 이에 따라 도로관리청이 도로점용허가 중 특별사용의 필요가 없는 부분을 소급적으로 직권취소하였다면, 도로관리청은 이미 징수한 점용료 중 취소된 부분의 점용면적에 해당하는 점용료를 반환하여야 한다(대판 2019. 1. 17. 2016두56721).

ANSWER 21.③ 22.④ 23.③

24 「공익사업을 위한 토지 등의 취득 및 보상에 관한 법률」상의 토지 등의 취득 및 그 보상에 대한 설명으로 옳은 것만을 모두 고르면?

> ㉠ 사업인정은 공익사업의 시행자에게 일정한 절차를 거칠 것을 조건으로 일정한 내용의 수용권을 설정하여 주는 형성행위이며, 사업시행자에게 해당 공익사업을 수행할 의사와 능력이 있어야 한다는 것도 사업인정의 한 요건이 된다.
> ㉡ 사업시행자가 「공증인법」에 따른 공증을 받아 협의 성립의 확인을 신청한 경우, 그 신청이 수리되면 협의 성립의 확인이 있었던 것으로 간주되고 그에 관한 재결이 있었던 것으로 재차 의제되므로 그에 따라 사업시행자는 사법상 매매의 효력만을 갖는 협의취득과는 달리 확인대상 토지를 수용재결의 경우와 동일하게 원시취득하는 효과를 누리게 된다.
> ㉢ 토지수용위원회의 수용재결이 있은 후에도 토지소유자 등과 사업시행자는 다시 협의하여 토지 등의 취득이나 사용 및 그에 대한 보상에 관하여 임의로 계약을 체결할 수 있다.
> ㉣ 사업인정고시는 수용재결절차로 나아가 강제적인 방식으로 토지소유자나 관계인의 권리를 취득·보상하기 위한 절차적 요건에 지나지 않고 영업손실보상의 요건이 아니므로, 사업시행자가 시행하는 사업이 공익사업에 해당하고 그 사업으로 인한 폐업이 영업손실 보상대상에 해당한다면 사업인정고시가 없더라도 사업시행자는 영업손실을 보상할 의무가 있다.

① ㉠, ㉡
② ㉠, ㉢, ㉣
③ ㉡, ㉢, ㉣
④ ㉠, ㉡, ㉢, ㉣

ADVICE ㉠ (o) 사업인정이란 공익사업을 토지 등을 수용 또는 사용할 사업으로 결정하는 것으로서 공익사업의 시행자에게 그 후 일정한 절차를 거칠 것을 조건으로 일정한 내용의 수용권을 설정하여 주는 형성행위이므로, 해당 사업이 외형상 토지 등을 수용 또는 사용할 수 있는 사업에 해당한다고 하더라도 사업인정기관으로서는 그 사업이 공용수용을 할 만한 공익성이 있는지의 여부와 공익성이 있는 경우에도 그 사업의 내용과 방법에 관하여 사업인정에 관련된 자들의 이익을 공익과 사익 사이에서는 물론, 공익 상호간 및 사익 상호간에도 정당하게 비교·교량하여야 하고, 그 비교·교량은 비례의 원칙에 적합하도록 하여야 한다. 그뿐만 아니라 해당 공익사업을 수행하여 공익을 실현할 의사나 능력이 없는 자에게 타인의 재산권을 공권력적·강제적으로 박탈할 수 있는 수용권을 설정하여 줄 수는 없으므로, 사업시행자에게 해당 공익사업을 수행할 의사와 능력이 있어야 한다는 것도 사업인정의 한 요건이라고 보아야 한다(대판 2011. 1. 27. 2009두1051).

㉡ (o) 토지보상법상 '협의취득'의 성격은 사법상 매매계약이므로 그 이행으로 인한 사업시행자의 소유권 취득도 승계취득이다. 그런데 토지보상법 제29조 제3항에 따른 신청이 수리됨으로써 협의 성립의 확인이 있었던 것으로 간주되면, 토지보상법 제29조 제4항에 따라 그에 관한 재결이 있었던 것으로 재차 의제되고, 그에 따라 사업시행자는 사법상 매매의 효력만을 갖는 협의취득과는 달리 확인대상 토지를 수용재결의 경우와 동일하게 원시취득하는 효과를 누리게 된다(대판 2018. 12. 13. 2016두51719).

㉢ (o) 공익사업을 위한 토지 등의 취득 및 보상에 관한 법률(이하 '토지보상법')은 사업시행자로 하여금 우선 협의취득 절차를 거치도록 하고, 협의가 성립되지 않거나 협의를 할 수 없을 때에 수용재결취득 절차를 밟도록 예정하고 있기는 하다. 그렇지만 일단 토지수용위원회가 수용재결을 하였더라도 사업시행자로서는 수용 또는 사용의 개시일까지 토지수용위원회가 재결한 보상금을 지급 또는 공탁하지 아니함으로써 재결의 효력을 상실시킬 수 있는 점,

토지소유자 등은 수용재결에 대하여 이의를 신청하거나 행정소송을 제기하여 보상금의 적정 여부를 다툴 수 있는데, 그 절차에서 사업시행자와 보상금액에 관하여 임의로 합의할 수 있는 점, 공익사업의 효율적인 수행을 통하여 공공복리를 증진시키고, 재산권을 적정하게 보호하려는 토지보상법의 입법 목적(제1조)에 비추어 보더라도 수용재결이 있은 후에 사법상 계약의 실질을 가지는 협의취득 절차를 금지해야 할 별다른 필요성을 찾기 어려운 점 등을 종합해 보면, 토지수용위원회의 수용재결이 있은 후라고 하더라도 토지소유자 등과 사업시행자가 다시 협의하여 토지 등의 취득이나 사용 및 그에 대한 보상에 관하여 임의로 계약을 체결할 수 있다고 보아야 한다(대판 2017. 4. 13. 2016두64241).

㉣ (o) 사업인정고시는 수용재결절차로 나아가 강제적인 방식으로 토지소유자나 관계인의 권리를 취득 · 보상하기 위한 절차적 요건에 지나지 않고 영업손실보상의 요건이 아니다. 토지보상법령도 반드시 사업인정이나 수용이 전제되어야 영업손실 보상의무가 발생한다고 규정하고 있지 않다. 따라서 피고가 시행하는 사업이 토지보상법상 공익사업에 해당하고 원고들의 영업이 해당 공익사업으로 폐업하거나 휴업하게 된 것이어서 토지보상법령에서 정한 영업손실 보상대상에 해당하면, 사업인정고시가 없더라도 피고는 원고들에게 영업손실을 보상할 의무가 있다(대판 2021. 11. 11. 2018다204022).

25 다음 사례에 대한 설명으로 옳지 않은 것은?

> 甲은 토지 위에 컨테이너를 설치하여 사무실로 사용하였다. 관할 행정청인 乙은 甲에게 이 컨테이너는 「건축법」상 건축허가를 받아야 하는 건축물인데 건축허가를 받지 않고 건축하였다는 이유로 甲에게 원상복구명령을 하면서, 만약 기한 내에 원상복구를 하지 않을 경우에는 행정대집행을 통하여 컨테이너를 철거할 것임을 계고하였다. 이후 甲은 乙에게 이 컨테이너에 대하여 가설건축물 축조신고를 하였으나 乙은 이 컨테이너는 건축허가대상이라는 이유로 가설건축물 축조신고를 반려하였다.

① 「건축법」에 특별한 규정이 없더라도 「행정절차법」상 예외에 해당하지 않는 한 乙은 원상복구명령을 하면서 甲에게 원상복구명령을 사전통지하고 의견제출의 기회를 주어야 한다.
② 乙이 행한 원상복구명령과 대집행 계고가 계고서라는 1장의 문서로 이루어진 경우라도 원상복구명령과 계고처분은 독립하여 있는 것으로서 각 그 요건이 충족된 것으로 볼 수 있다.
③ 乙이 대집행영장을 통지한 경우, 원상복구명령이 당연무효라면 대집행영장통지도 당연무효이다.
④ 甲이 제기한 원상복구명령 및 계고처분에 대한 취소소송에서, 乙은 처분 시에 제시한 '甲의 건축물은 건축허가를 받지 않은 건축물'이라는 처분사유에 '甲의 건축물은 신고를 하지 않은 가설건축물'이라는 처분사유를 추가할 수 있다.

ADVICE ④ 컨테이너를 설치하여 사무실 등으로 사용하는 甲 등에게 관할 시장이 건축법 제2조 제1항 제2호의 건축물에 해당함에도 같은 법 제11조의 따른 건축허가를 받지 않고 건축하였다는 이유로 원상복구명령 및 계고처분을 하였다가 이에 대한 취소소송에서 같은 법 제20조 제3항 위반을 처분사유로 추가한 사안에서, 당초 처분사유인 '건축법 제11조 위반(건축허가)'과 추가한 추가사유인 '건축법 제20조 제3항 위반(가설건축물)'은 위반행위의 내용이 다르고 위법상태를 해소하기 위하여 거쳐야 하는 절차, 건축기준 및 허용가능성이 달라지므로 그 기초인 사회적 사실관계가 동일하다고 볼 수 없어 처분사유의 추가 · 변경이 허용되지 않는다(대판 2021. 7. 29. 2021두34756).

ANSWER 24.④ 25.④

2023. 10. 28. 제1회 지방직 시행

1 **「행정기본법」상 법 원칙에 대한 설명으로 옳지 않은 것은?**

① 「의료법」 등 관련 법령이 정신병원 등의 개설에 관하여는 허가제로, 정신과의원 개설에 관하여는 신고제로 각 규정하고 있는 것은 합리적 차별로서 평등의 원칙에 반하지 않는다.

② 재량준칙이 공표된 것만으로는 행정의 자기구속의 원칙이 적용될 수 없고, 재량준칙이 되풀이 시행되어 행정관행이 성립한 경우에 행정의 자기구속의 원칙이 적용될 수 있다.

③ 상대방에게 귀책사유가 있어 그 신뢰의 보호가치가 인정되지 않는다면 신뢰보호의 원칙이 적용되지 않는데, 이때 귀책사유의 유무는 상대방을 기준으로 판단하여야 하고, 상대방으로부터 신청행위를 위임받은 수임인 등의 귀책사유 유무는 고려하지 않는다.

④ 음주운전으로 인한 운전면허취소처분의 재량권 일탈·남용 여부를 판단할 때, 운전면허의 취소로 입게 될 당사자의 불이익보다 음주운전으로 인한 교통사고를 방지하여야 하는 일반예방적 측면이 더 강조되어야 한다.

ADVICE ③ 일반적으로 행정상의 법률관계에 있어서 행정청의 행위에 대하여 신뢰보호의 원칙이 적용되기 위하여는, 첫째 행정청이 개인에 대하여 신뢰의 대상이 되는 공적인 견해표명을 하여야 하고, 둘째 행정청의 견해표명이 정당하다고 신뢰한 데에 대하여 그 개인에게 귀책사유가 없어야 하며, 셋째 그 개인이 그 견해표명을 신뢰하고 이에 상응하는 어떠한 행위를 하였어야 하고, 넷째 행정청이 그 견해표명에 반하는 처분을 함으로써 그 견해표명을 신뢰한 개인의 이익이 침해되는 결과가 초래되어야 하며, 마지막으로 위 견해표명에 따른 행정처분을 할 경우 이로 인하여 공익 또는 제3자의 정당한 이익을 현저히 해할 우려가 있는 경우가 아니어야 하는바, 둘째 요건에서 말하는 귀책사유라 함은 행정청의 견해표명의 하자가 상대방 등 관계자의 사실은폐나 기타 사위의 방법에 의한 신청행위 등 부정행위에 기인한 것이거나 그러한 부정행위가 없다고 하더라도 하자가 있음을 알았거나 중대한 과실로 알지 못한 경우 등을 의미한다고 해석함이 상당하고, 귀책사유의 유무는 상대방과 그로부터 신청행위를 위임받은 수임인 등 관계자 모두를 기준으로 판단하여야 한다(대판 2002. 11. 8. 2001두1512).

2 행정규칙에 대한 설명으로 옳지 않은 것은?

① 「여객자동차 운수사업법」의 위임에 따른 시외버스운송사업의 사업계획변경 기준 등에 관한 「여객자동차 운수사업법 시행규칙」의 관련 규정은 대외적인 구속력이 있는 법규명령이라고 할 것이다.

② 법령에 반하는 위법한 행정규칙은 무효이므로 위법한 행정규칙을 위반한 것은 징계사유가 되지 않는다.

③ 법률이 일정한 사항을 고시와 같은 행정규칙에 위임하는 것은 전문적 · 기술적 사항이나 경미한 사항으로서 업무의 성질상 위임이 불가피한 사항에 한정된다.

④ 행정 각부의 장이 정하는 고시가 법령에 근거를 둔 것이라면, 그 규정 내용이 법령의 위임 범위를 벗어난 것이라도 법규명령으로서의 대외적 구속력이 인정된다.

ADVICE ④ 행정 각부의 장이 정하는 특정 고시가 비록 법령에 근거를 둔 것이더라도 규정 내용이 법령의 위임 범위를 벗어난 것일 경우에는 법규명령으로서의 대외적 구속력을 인정할 여지는 없다. 그리고 특정 고시가 위임의 한계를 준수하고 있는지를 판단할 때에는, 당해 법률 규정의 입법 목적과 규정 내용, 규정의 체계, 다른 규정과의 관계 등을 종합적으로 살펴야 하고, 법률의 위임 규정 자체가 의미 내용을 정확하게 알 수 있는 용어를 사용하여 위임의 한계를 분명히 하고 있는데도 고시에서 문언적 의미의 한계를 벗어났다든지, 위임 규정에서 사용하고 있는 용어의 의미를 넘어 범위를 확장하거나 축소함으로써 위임 내용을 구체화하는 단계를 벗어나 새로운 입법을 한 것으로 평가할 수 있다면, 이는 위임의 한계를 일탈한 것으로서 허용되지 아니한다(대판 2019. 5. 30. 2016다276177).

3 행정행위의 취소와 철회에 대한 설명으로 옳지 않은 것은?

① 행정청이 의료법인의 이사에 대한 이사취임승인취소처분(제1처분)을 직권으로 취소(제2처분)한 경우, 제1처분과 제2처분 사이에 법원에 의하여 선임결정된 임시이사들의 지위는 법원의 해임결정이 있어야 소멸된다.

② 행정행위를 한 처분청은 비록 그 처분 당시에 별다른 하자가 없었고, 또 그 처분 후에 이를 철회할 별도의 법적 근거가 없다 하더라도 원래의 처분을 존속시킬 필요가 없게 된 사정변경이 생겼거나 또는 중대한 공익상의 필요가 발생한 경우에는 그 효력을 상실케 하는 별개의 행정행위로 이를 철회할 수 있다.

③ 조세부과처분이 취소되면 그 조세부과처분은 확정적으로 효력이 상실되므로 나중에 취소처분이 취소되어도 원 조세부과처분의 효력이 회복되지 않는다.

④ 행정청은 당사자의 신뢰를 보호할 가치가 있는 등 정당한 사유가 있는 경우에는 위법 또는 부당한 처분의 전부나 일부를 장래를 향하여 취소할 수 있다.

ADVICE ① 행정처분이 취소되면 그 소급효에 의하여 처음부터 그 처분이 없었던 것과 같은 효과를 발생하게 되는바, 행정청이 의료법인의 이사에 대한 이사취임승인취소처분(제1처분)을 직권으로 취소(제2처분)한 경우에는 그로 인하여 이사가 소급하여 이사로서의 지위를 회복하게 되고, 그 결과 위 제1처분과 제2처분 사이에 법원에 의하여 선임결정된 임시이사들의 지위는 법원의 해임결정이 없더라도 당연히 소멸된다(대판 1997. 1. 21. 96누3401).

ANSWER 1.③ 2.④ 3.①

4 **행정계약에 대한 설명으로 옳은 것만을 모두 고르면?**

> ㉠ 행정청은 법령등을 위반하지 아니하는 범위에서 행정목적을 달성하기 위하여 필요한 경우에는 공법상 법률관계에 관한 계약을 체결할 수 있다.
> ㉡ 「행정기본법」에 따르면 신속히 처리할 필요가 있거나 사안이 경미한 경우에는 말 또는 서면으로 공법상 계약을 체결할 수 있다.
> ㉢ 중소기업기술정보진흥원장이 甲 주식회사와 체결한 중소기업 정보화지원사업 지원대상인 사업의 지원에 관한 협약의 해지는 상대방의 권리·의무를 변경시키는 처분에 해당하므로 항고소송의 대상이 된다.
> ㉣ 「국가를 당사자로 하는 계약에 관한 법률」에 따라 국가가 당사자가 되는 이른바 공공계약은 그에 관한 법령에 특별한 정함이 없는 한 사법상 계약에 해당한다.

① ㉠, ㉡
② ㉠, ㉣
③ ㉡, ㉢
④ ㉢, ㉣

ADVICE ㉠ (o), ㉡ (x) 행정기본법 제27조 제1항

> 제27조(공법상 계약의 체결) ① 행정청은 법령등을 위반하지 아니하는 범위에서 행정목적을 달성하기 위하여 필요한 경우에는 공법상 법률관계에 관한 계약(이하 "공법상 계약"이라 한다)을 체결할 수 있다. 이 경우 계약의 목적 및 내용을 명확하게 적은 계약서를 작성하여야 한다.

㉢ (x) 중소기업기술정보진흥원장이 甲 주식회사와 중소기업 정보화지원사업 지원대상인 사업의 지원에 관한 협약을 체결하였는데, 협약이 甲 회사에 책임이 있는 사업실패로 해지되었다는 이유로 협약에서 정한 대로 지급받은 정부지원금을 반환할 것을 통보한 사안에서, 중소기업 정보화지원사업에 따른 지원금 출연을 위하여 중소기업청장이 체결하는 협약은 공법상 대등한 당사자 사이의 의사표시의 합치로 성립하는 공법상 계약에 해당하는 점, 구 중소기업 기술혁신 촉진법 제32조 제1항은 제10조가 정한 기술혁신사업과 제11조가 정한 산학협력 지원사업에 관하여 출연한 사업비의 환수에 적용될 수 있을 뿐 이와 근거 규정을 달리하는 중소기업 정보화지원사업에 관하여 출연한 지원금에 대하여는 적용될 수 없고 달리 지원금 환수에 관한 구체적인 법령상 근거가 없는 점 등을 종합하면, 협약의 해지 및 그에 따른 환수통보는 공법상 계약에 따라 행정청이 대등한 당사자의 지위에서 하는 의사표시로 보아야 하고, 이를 행정청이 우월한 지위에서 행하는 공권력의 행사로서 행정처분에 해당한다고 볼 수는 없다(대판 2015. 8. 27. 2015두41449).

㉣ (o) 지방자치단체가 일방 당사자가 되는 이른바 '공공계약'이 사경제의 주체로서 상대방과 대등한 위치에서 체결하는 사법상 계약에 해당하는 경우 그에 관한 법령에 특별한 정함이 있는 경우를 제외하고는 사적 자치와 계약자유의 원칙 등 사법의 원리가 그대로 적용된다(대판 2018. 2. 13. 2014두11328).

5 행정행위에 대한 설명으로 옳지 않은 것은?

① 개인택시운송사업의 양도 · 양수가 있고 그에 대한인가가 있은 후 그 양도 · 양수 이전에 있었던 양도인에 대한 운송사업면허 취소사유(음주운전 등으로 인한 자동차운전면허의 취소)를 들어 양수인의 운송사업면허를 취소한 것은 위법하다.

② 공무원 임용을 위한 면접전형에서 임용신청자의 능력이나 적격성 등에 관한 판단은 면접위원의 고도의 교양과 학식, 경험에 기초한 자율적 판단에 의존하는 것으로서 면접위원의 자유재량에 속하고, 그와 같은 판단이 현저하게 재량권을 일탈 · 남용하지 않은 한 이를 위법하다고 할 수 없다.

③ 「가축분뇨의 관리 및 이용에 관한 법률」에 따른 가축분뇨 처리방법 변경허가는 허가권자의 재량행위에 해당한다.

④ 처분의 근거 법령이 행정청에 처분의 요건과 효과 판단에 관하여 일정한 재량을 부여하였는데도, 행정청이 자신에게 재량권이 없다고 오인하여 전혀 비교형량하지 않은 채 처분을 하였다면, 이는 재량권 불행사로서 그 자체로 재량권 일탈 · 남용에 해당한다.

ADVICE ① 개인택시운송사업을 양수한 사람은 양도인의 운송사업자로서의 지위를 승계하므로, 관할 관청은 개인택시 운송사업의 양도 · 양수에 대한 인가를 한 후에도 그 양도 · 양수 이전에 있었던 양도인에 대한 운송사업면허 취소사유를 들어 양수인의 사업면허를 취소할 수 있다(대판 2010. 4. 8. 2009두17018).

6 「행정절차법」상 행정절차에 대한 설명으로 옳지 않은 것은?

① 「공무원연금법」상 퇴직연금의 환수결정은 당사자에게 의무를 과하는 처분이기는 하지만 퇴직연금의 환수결정에 앞서 당사자에게 의견진술의 기회를 주지 아니하여도 「행정절차법」에 어긋나지 아니한다.

② 행정청이 처분을 하면서 당사자에게 그 처분에 관하여 행정심판 및 행정소송을 제기할 수 있는지 여부, 그 밖에 불복을 할 수 있는지 여부, 청구절차 및 청구기간 그 밖에 필요한 사항을 고지하지 않았다면 그 처분은 위법하다.

③ 행정청이 미리 공표한 처분의 처리기간을 지나 처분을 하였더라도 이를 처분을 취소할 절차상 하자로 볼 수 없다.

④ 행정청이 당사자와 협약을 체결하면서 관계 법령 및 「행정절차법」에 규정된 청문 등 의견청취절차를 배제하는 조항을 둔 경우, 이를 청문 실시의 배제사유로 인정하는 법령상의 규정이 없다면 청문을 실시하지 않은 것은 절차적 하자를 구성한다.

ADVICE ② 행정절차법 제26조는 "행정청이 처분을 할 때에는 당사자에게 그 처분에 관하여 행정심판 및 행정소송을 제기할 수 있는지 여부, 그 밖에 불복을 할 수 있는지 여부, 청구절차 및 청구기간 그 밖에 필요한 사항을 알려야 한다."라고 규정하고 있다. 이러한 고지절차에 관한 규정은 행정처분의 상대방이 그 처분에 대한 행정심판의 절차를 밟는 데 편의를 제공하려는 것이어서 처분청이 위 규정에 따른 고지의무를 이행하지 아니하였다고 하더라도 경우에 따라 행정심판의 제기기간이 연장될 수 있음에 그칠 뿐, 그 때문에 심판의 대상이 되는 행정처분이 위법하다고 할 수는 없다(대판 2018. 2. 8. 2017두66633).

ANSWER 4.② 5.① 6.②

7 **「공공기관의 정보공개에 관한 법률」(이하 '정보공개법'이라 함)에 대한 설명으로 옳지 않은 것은?**

① 도시공원위원회의 회의관련자료 및 회의록은 시장 등의 결정의 대외적 공표행위가 있은 후에는 이를 의사결정과정이나 내부검토과정에 있는 사항이라고 할 수 없고 위 위원회의 회의관련자료 및 회의록을 공개하더라도 업무의 공정한 수행에 지장을 초래할 염려가 없으므로 공개대상이 된다.

② 전자적 형태로 보유·관리되는 정보의 경우에 그 정보가 청구인이 구하는 대로 되어 있지 않더라도 공개청구를 받은 공공기관이 공개청구대상정보의 기초자료를 검색하여 청구인이 구하는 대로 편집할 수 있으며, 그 작업이 당해 기관의 업무수행에 별다른 지장을 초래하지 않는다면 그 공공기관이 공개청구대상정보를 보유·관리하고 있는 것으로 볼 수 있다.

③ 정보공개법에서 공개대상의 예외로 규정하고 있는 '다른 법률 또는 법률에서 위임한 명령(국회규칙·대법원규칙·헌법재판소규칙·중앙선거관리위원회규칙·대통령령 및 조례로 한정함)에 따라 비밀이나 비공개 사항으로 규정된 정보'의 해석에 있어서 '법률에서 위임한 명령'은 정보의 공개에 관하여 법률의 구체적인 위임 아래 제정된 법규명령(위임명령)을 의미한다.

④ 정보공개청구인이 정보공개와 관련한 공공기관의 비공개 결정 또는 부분 공개 결정에 대하여 불복하는 경우에는 정보공개법상 이의신청절차를 거친 후에야 비로소 행정심판을 청구할 수 있다.

ADVICE ④ 공공기관의 정보공개에 관한 법률 제19조 제2항

> 제19조(행정심판) ① 청구인이 정보공개와 관련한 공공기관의 결정에 대하여 불복이 있거나 정보공개 청구 후 20일이 경과하도록 정보공개 결정이 없는 때에는 「행정심판법」에서 정하는 바에 따라 행정심판을 청구할 수 있다. 이 경우 국가기관 및 지방자치단체 외의 공공기관의 결정에 대한 감독행정기관은 관계 중앙행정기관의 장 또는 지방자치단체의 장으로 한다.
>
> ② 청구인은 제18조에 따른 이의신청 절차를 거치지 아니하고 행정심판을 청구할 수 있다.

8 「질서위반행위규제법」에 대한 설명으로 옳지 않은 것은?

① 행정청의 과태료 처분이 확정된 후 법률이 변경되어 그 행위가 질서위반행위에 해당하지 아니하게 된 때에는 변경된 법률에 특별한 규정이 없는 한 과태료의 징수를 면제한다.

② 심신(心神)장애로 인하여 행위의 옳고 그름을 판단할 능력이 없거나 그 판단에 따른 행위를 할 능력이 없는 자의 질서위반행위는 과태료를 부과하지 아니한다.

③ 행정청은 질서위반행위가 종료된 날(다수인이 질서위반행위에 가담한 경우에는 최종행위가 종료된 날을 말함)부터 5년이 경과한 경우에는 해당 질서위반행위에 대하여 과태료를 부과할 수 없다.

④ 행정청의 과태료 부과에 불복하는 당사자는 과태료 부과 통지를 받은 날부터 90일 이내에 관할 법원에 취소소송을 제기할 수 있다.

ADVICE ④ 질서위반행위규제법상 과태료 부과처분은 행정소송의 대상인 처분이 아니다. 과태료 부과처분에 이의제기가 있는 경우에 과태료 부과처분은 그 효력을 상실하기 때문에(질서위반행위규제법 제20조 제2항) 항고소송의 대상적격인 처분성을 인정할 수 없다.

> 질서위반행위규제법 제20조(이의제기) ① 행정청의 과태료 부과에 불복하는 당사자는 제17조제1항에 따른 과태료 부과 통지를 받은 날부터 60일 이내에 해당 행정청에 서면으로 이의제기를 할 수 있다.
> ② 제1항에 따른 이의제기가 있는 경우에는 행정청의 과태료 부과처분은 그 효력을 상실한다.

① 질서위반행위규제법 제3조 제2항

② 질서위반행위규제법 제10조 제1항

③ 질서위반행위규제법 제19조 제1항

ANSWER 7.④ 8.④

9 행정상 강제집행에 대한 설명으로 옳은 것만을 모두 고르면?

> ㉠ 이행강제금은 행정상 간접적인 강제집행 수단이다.
> ㉡ 행정청은 의무자가 행정상 의무를 이행할 때까지 이행강제금을 반복하여 부과할 수 없다.
> ㉢ 토지 · 건물의 명도의무는 대체적 작위의무가 아니므로 대집행의 대상이 아니다.
> ㉣ 부작위의무도 대체적 작위의무로 전환하는 규정을 두고 있는 경우에는 대체적 작위의무로 전환한 후에 대집행의 대상이 될 수 있다.

① ㉠, ㉢
② ㉠, ㉡, ㉣
③ ㉠, ㉢, ㉣
④ ㉡, ㉢, ㉣

ADVICE ㉠ (o) 건축법상의 이행강제금은 시정명령의 불이행이라는 과거의 위반행위에 대한 제재가 아니라, 의무자에게 시정명령을 받은 의무의 이행을 명하고 그 이행기간 안에 의무를 이행하지 않으면 이행강제금이 부과된다는 사실을 고지함으로써 의무자에게 심리적 압박을 주어 의무의 이행을 간접적으로 강제하는 행정상의 간접강제 수단에 해당한다. 이러한 이행강제금의 본질상 시정명령을 받은 의무자가 이행강제금이 부과되기 전에 그 의무를 이행한 경우에는 비록 시정명령에서 정한 기간을 지나서 이행한 경우라도 이행강제금을 부과할 수 없다. 나아가 시정명령을 받은 의무자가 그 시정명령의 취지에 부합하는 의무를 이행하기 위한 정당한 방법으로 행정청에 신청 또는 신고를 하였으나 행정청이 위법하게 이를 거부 또는 반려함으로써 결국 그 처분이 취소되기에 이르렀다면, 특별한 사정이 없는 한 그 시정명령의 불이행을 이유로 이행강제금을 부과할 수는 없다고 보는 것이 위와 같은 이행강제금 제도의 취지에 부합한다(대판 2018. 1. 25. 2015두35116).

㉡ (X) 행정청은 의무자가 행정상 의무를 이행할 때까지 이행강제금을 반복하여 부과할 수 있다. 다만, 의무자가 의무를 이행하면 새로운 이행강제금의 부과를 즉시 중지하되, 이미 부과한 이행강제금은 징수하여야 한다(행정기본법 제31조 제5항).

㉢ (o) 피수용자 등이 기업자에 대하여 부담하는 수용대상 토지의 인도의무에 관한 구 토지수용법 제63조, 제64조, 제77조 규정에서의 '인도'에는 명도도 포함되는 것으로 보아야 하고, 이러한 명도의무는 그것을 강제적으로 실현하면서 직접적인 실력행사가 필요한 것이지 대체적 작위의무라고 볼 수 없으므로 특별한 사정이 없는 한 행정대집행법에 의한 대집행의 대상이 될 수 있는 것이 아니다(대판 2005. 8. 19. 2004다2809).

㉣ (o) 행정대집행법 제2조는 대집행의 대상이 되는 의무를 "법률(법률의 위임에 의한 명령, 지방자치단체의 조례를 포함)에 의하여 직접 명령되었거나 또는 법률에 의거한 행정청의 명령에 의한 행위로서 타인이 대신하여 행할 수 있는 행위"라고 규정하고 있으므로, 대집행계고처분을 하기 위하여는 법령에 의하여 직접 명령되거나 법령에 근거한 행정청의 명령에 의한 의무자의 대체적 작위의무 위반행위가 있어야 한다. 따라서 단순한 부작위의무의 위반, 즉 관계 법령에 정하고 있는 절대적 금지나 허가를 유보한 상대적 금지를 위반한 경우에는 당해 법령에서 그 위반자에 대하여 위반에 의하여 생긴 유형적 결과의 시정을 명하는 행정처분의 권한을 인정하는 규정을 두고 있지 아니한 이상, 법치주의의 원리에 비추어 볼 때 위와 같은 부작위의무로부터 그 의무를 위반함으로써 생긴 결과를 시정하기 위한 작위의무를 당연히 끌어낼 수는 없으며, 또 위 금지규정(특히 허가를 유보한 상대적 금지규정)으로부터 작위의무, 즉 위반결과의 시정을 명하는 권한이 당연히 추론되는 것도 아니다(대판 1996. 6. 28. 96누4374).

10 선결문제에 대한 설명으로 옳지 않은 것은?

① 계고처분이 위법한 경우 행정대집행이 완료되면 그 처분의 취소를 구할 소의 이익은 없다 하더라도, 미리 그 행정처분의 취소판결이 있어야만 그 행정처분의 위법임을 이유로 한 손해배상 청구를 할 수 있는 것은 아니다.

② 민사소송에서 어느 행정처분의 당연무효 여부가 선결문제로 되는 경우 행정소송 등의 절차에 의하여 그 취소나 무효확인을 받아야 한다.

③ 과세처분의 하자가 단지 취소할 수 있는 정도에 불과할 때에는 과세관청이 이를 스스로 취소하거나 항고쟁송절차에 의하여 취소되지 않는 한, 그로 인한 조세의 납부가 부당이득이 된다고 할 수 없다.

④ 소방시설 등의 설치 또는 유지 · 관리에 대한 명령이 행정처분으로서 하자가 있어 무효인 경우, 위 명령 위반을 이유로 행정형벌을 부과할 수 없다.

ADVICE ② 민사소송에 있어서 어느 행정처분의 당연무효 여부가 선결문제로 되는 때에는 이를 판단하여 당연무효임을 전제로 판결할 수 있고 반드시 행정소송 등의 절차에 의하여 그 취소나 무효확인을 받아야 하는 것은 아니다(대판 1972. 10. 10. 71다2279).

11 「공익사업을 위한 토지 등의 취득 및 보상에 관한 법률」(이하 '토지보상법'이라 함)상 행정상 손실보상에 대한 설명으로 옳지 않은 것은?

① 사업시행자, 토지소유자 또는 관계인은 토지수용위원회의 재결에 불복할 때에는 재결서를 받은 날부터 90일 이내에, 이의신청을 거쳤을 때에는 이의신청에 대한 재결서를 받은 날부터 60일 이내에 각각 행정소송을 제기할 수 있으며, 이 경우 행정소송의 제기는 사업의 진행 및 토지의 수용 또는 사용을 정지시키지 아니한다.

② 동일한 소유자에게 속하는 일단의 토지의 일부가 협의에 의하여 매수되거나 수용됨으로 인하여 잔여지를 종래의 목적에 사용하는 것이 현저히 곤란할 때에는 해당 토지소유자는 사업시행자에게 잔여지를 매수하여 줄 것을 청구할 수 있으며, 사업인정 이후에는 관할 토지수용위원회에 수용을 청구할 수 있고, 이 경우 수용의 청구는 매수에 관한 협의가 성립되지 아니한 경우에만 할 수 있으며 사업완료일까지 하여야 한다.

③ 토지보상법에 의한 보상금증감청구소송은 보상금의 증액 또는 감액 청구에 관한 소송이므로 잔여지 수용청구를 거절한 재결에 불복하는 소송은 '보상금의 증감에 관한 소송'에 해당되지 아니한다.

④ 하나의 재결에서 피보상자별로 여러 가지의 토지, 물건, 권리 또는 영업의 손실에 관하여 심리 · 판단이 이루어졌을 때, 피보상자 또는 사업시행자가 여러 보상항목들 중 일부에 관해서만 불복하는 경우 반드시 재결 전부에 관하여 불복하여야 하는 것은 아니다.

ADVICE ③ 공익사업을 위한 토지 등의 취득 및 보상에 관한 법률(이하 '토지보상법') 제72조의 문언, 연혁 및 취지 등에 비추어 보면, 위 규정이 정한 수용청구권은 토지보상법 제74조 제1항이 정한 잔여지 수용청구권과 같이 손실보상의 일환으로 토지소유자에게 부여되는 권리로서 그 청구에 의하여 수용효과가 생기는 형성권의 성질을 지니므로, 토지소유자의 토지수용청구를 받아들이지 아니한 토지수용위원회의 재결에 대하여 토지소유자가 불복하여 제기하는 소송은 토지보상법 제85조 제2항에 규정되어 있는 '보상금의 증감에 관한 소송'에 해당하고, 피고는 토지수용위원회가 아니라 사업시행자로 하여야 한다(대판 2015. 4. 9. 2014두46669).

ANSWER 9.③ 10.② 11.③

12 **행정청의 권한의 위임에 대한 설명으로 옳지 않은 것은?**

① 내부위임의 경우 수임행정청이 그의 명의로 처분을 한 경우 항고소송의 피고는 실제로 처분을 한 수임행정청이다.

② 권한의 내부위임은 법률의 근거가 없어도 가능하다.

③ 교육감의 학교법인 임원취임의 승인취소권을 조례가 아닌 규칙에 의하여 교육장에게 위임한 경우 해당 규칙은 무효이다.

④ 수임사무의 처리에 관하여 위임기관은 수임기관에 대하여 사전승인을 받거나 협의를 할 것을 요구할 수 있다.

ADVICE ④ 수임 및 수탁사무의 처리에 관하여 위임 및 위탁기관은 수임 및 수탁기관에 대하여 사전승인을 받거나 협의를 할 것을 요구할 수 없다(행정위임위탁규정 제7조)..

① 항고소송은 원칙적으로 소송의 대상인 행정처분 등을 외부적으로 그의 명의로 행한 행정청을 피고로 하여야 하는 것으로서, 그 행정처분을 하게 된 연유가 상급행정청이나 타 행정청의 지시나 통보에 의한 것이라 하여 다르지 않고, 권한의 위임이나 위탁을 받아 수임행정청이 정당한 권한에 기하여 수임행정청 명의로 한 처분에 대하여도 마찬가지이다(대판 1994. 6. 14. 94누1197).

③ 교육감의 학교법인 임원취임의 승인취소권은 교육감이 지방자치단체의 교육·학예에 관한 사무의 특별집행기관으로서 가지는 권한이고 정부조직법상의 국가행정기관의 일부로서 가지는 권한이라고 할 수 없으므로 국가행정기관의 사무나 지방자치단체의 기관위임사무 등에 관한 권한위임의 근거규정인 정부조직법 제5조 제1항, 행정권한의위임및위탁에관한규정 제4조에 의하여 교육장에게 권한위임을 할 수 없고, 구 지방교육자치에관한법률 제36조 제1항, 제44조에 의하여 조례에 의하여서만 교육장에게 권한위임이 가능하다 할 것이므로, 행정권한의위임및위탁에관한규정 제4조에 근거하여 교육감의 학교법인 임원취임의 승인취소권을 교육장에게 위임함을 규정한 대전직할시교육감소관행정권한의위임에관한규칙 제6조 제4호는 조례로 정하여야 할 사항을 규칙으로 정한 것이어서 무효이다(대판 1997. 6. 19. 95누8669).

13 「행정심판법」상 행정심판에 대한 설명으로 옳은 것만을 모두 고르면?

> ㉠ 심판청구에 대한 재결이 있으면 그 재결 및 같은 처분 또는 부작위에 대하여 다시 행정심판을 청구할 수 없다.
> ㉡ 행정심판위원회는 처분 또는 부작위가 위법 · 부당하다고 상당히 의심되는 경우로서 처분 또는 부작위 때문에 당사자가 받을 우려가 있는 중대한 불이익이나 당사자에게 생길 급박한 위험을 막기 위하여 임시지위를 정하여야 할 필요가 있는 경우에는 집행정지로 목적을 달성할 수 있더라도 직권으로 또는 당사자의 신청에 의하여 임시처분을 결정할 수 있다.
> ㉢ 행정심판위원회는 피청구인이 의무이행재결 중 처분명령재결의 취지에 따른 처분을 하지 아니하는 경우에, 청구인의 신청에 의하여 결정으로 상당한 기간을 정하고 피청구인이 그 기간 내에 이행하지 아니하는 경우에는 그 지연기간에 따라 일정한 배상을 하도록 명하거나 즉시 배상을 할 것을 명할 수 있다.
> ㉣ 피청구인 또는 행정심판위원회는 전자정보처리조직을 통하여 행정심판을 청구하거나 심판참가를 한 자가 동의한 경우에 전자정보처리조직과 그와 연계된 정보통신망을 이용하여 재결서나 「행정심판법」에 따른 각종 서류를 청구인 또는 참가인에게 송달할 수 있다.

① ㉠, ㉢
② ㉠, ㉡, ㉣
③ ㉠, ㉢, ㉣
④ ㉡, ㉢, ㉣

ADVICE ㉠ (o) 행정심판법 제51조
㉡ (x) 행정심판법 제31조

> 제31조(임시처분) ① 위원회는 처분 또는 부작위가 위법 · 부당하다고 상당히 의심되는 경우로서 처분 또는 부작위 때문에 당사자가 받을 우려가 있는 중대한 불이익이나 당사자에게 생길 급박한 위험을 막기 위하여 임시지위를 정하여야 할 필요가 있는 경우에는 직권으로 또는 당사자의 신청에 의하여 임시처분을 결정할 수 있다.
> ② 제1항에 따른 임시처분에 관하여는 제30조제3항부터 제7항까지를 준용한다. 이 경우 같은 조 제6항 전단 중 "중대한 손해가 생길 우려"는 "중대한 불이익이나 급박한 위험이 생길 우려"로 본다.
> ③ 제1항에 따른 임시처분은 제30조제2항에 따른 집행정지로 목적을 달성할 수 있는 경우에는 허용되지 아니한다.

㉢ (o) 행정심판법 제50조의 2
㉣ (o) 행정심판법 제54조 제1항

ANSWER 12.④ 13.③

14 「지방자치법」상 주민감사청구 및 주민소송에 대한 설명으로 옳지 않은 것은?

① 자치사무와 단체위임사무뿐만 아니라 기관위임사무도 주민감사청구의 대상이 되며, 감사청구는 사무처리가 있었던 날이나 끝난 날부터 3년이 지나면 제기할 수 없다.

② 감사기관이 해당 주민감사청구가 부적법하다고 오인하거나 구체적인 조사나 판단을 하지 않은 채 각하결정을 한 경우, 감사청구한 주민은 주민소송을 제기할 수는 없고 위법한 각하결정 자체를 별도의 항고소송으로 다투어야 한다.

③ 주민소송의 대상이 되는 위법한 행위나 업무를 게을리한 사실은 감사청구한 사항과 동일할 필요는 없고 관련성이 있으면 된다.

④ 도로 등 공물이나 공공용물을 특정 사인이 배타적으로 사용하도록 하는 점용허가가 도로 등의 본래 기능 및 목적과 무관하게 그 사용가치를 실현 · 활용하기 위한 것으로 평가되는 경우에는 주민소송의 대상이 되는 재산의 관리 · 처분에 해당한다.

ADVICE ② 지방자치법 제17조 제1항 제2호에 정한 '감사결과'에는 감사기관이 주민감사청구를 수리하여 일정한 조사를 거친 후 주민감사청구사항의 실체에 관하여 본안판단을 하는 내용의 결정을 하는 경우뿐만 아니라, 감사기관이 주민감사청구가 부적법하다고 오인하여 위법한 각하결정을 하는 경우까지 포함한다. 주민감사청구가 지방자치법에서 정한 적법요건을 모두 갖추었음에도, 감사기관이 해당 주민감사청구가 부적법하다고 오인하여 더 나아가 구체적인 조사 · 판단을 하지 않은 채 각하하는 결정을 한 경우에는, 감사청구한 주민은 위법한 각하결정 자체를 별도의 항고소송으로 다툴 필요 없이, 지방자치법이 규정한 다음 단계의 권리구제절차인 주민소송을 제기할 수 있다고 보아야 한다(대판 2020. 6. 25. 2018두67251).

15 「국가경찰과 자치경찰의 조직 및 운영에 관한 법률」상 경찰기관에 대한 설명으로 옳지 않은 것은?

① 국가수사본부장이 직무를 집행하면서 헌법이나 법률을 위배하였을 때에는 국회는 탄핵 소추를 의결할 수 있다.

② 시 · 도자치경찰위원회는 합의제 행정기관으로서 그 권한에 속하는 업무를 독립적으로 수행한다.

③ 시 · 도경찰청장은 경찰청장이 시 · 도자치경찰위원회와 협의하여 추천한 사람 중에서 행정안전부장관의 제청으로 국무총리를 거쳐 대통령이 임용한다.

④ 시 · 도경찰청장은 수사에 관한 사무에 대해서는 경찰청장의 지휘 · 감독을 받아 관할구역의 소관 사무를 관장하고 소속 공무원 및 소속 경찰기관의 장을 지휘 · 감독한다.

ADVICE ④ 시 · 도경찰청장은 국가경찰사무에 대해서는 경찰청장의 지휘 · 감독을, 자치경찰사무에 대해서는 시 · 도자치경찰위원회의 지휘 · 감독을 받아 관할구역의 소관 사무를 관장하고 소속 공무원 및 소속 경찰기관의 장을 지휘 · 감독한다. 다만, 수사에 관한 사무에 대해서는 국가수사본부장의 지휘 · 감독을 받아 관할구역의 소관 사무를 관장하고 소속 공무원 및 소속 경찰기관의 장을 지휘 · 감독한다(경찰법 제28조 제3항).

① 경찰법 제16조 제5항

② 경찰법 제18조 제2항

③ 경찰법 제28조 제2항

16 사회보장행정에 대한 설명으로 옳지 않은 것은?

① 보건복지부고시인 「의료급여수가의 기준 및 일반기준」은 전문적이고 정책적인 영역이어서, 구체적인 수가 기준을 반드시 법률로 정하여야 한다고 볼 수 없다.

② 「의료급여법」에 의하여 인정되는 의료급여수급권은 사회권적 기본권의 일종으로서 헌법을 통하여 직접 인정되는 헌법적 권리에 해당한다.

③ 「사회보장기본법」상 국가는 관계 법령에서 정하는 바에 따라 최저보장수준과 최저임금을 매년 공표하여야 한다.

④ 「사회보장기본법」상 사회보장수급권은 관계 법령에서 정하는 바에 따라 다른 사람에게 양도하거나 담보로 제공할 수 없으며, 이를 압류할 수 없다.

ADVICE ② 의료급여법 상의 의료급여수급권은 인간다운 생활의 보장을 위한 사회권에 해당하므로 법률적 권리에 해당한다.

관련판례〉헌법 제34조 제1항이 보장하는 인간다운 생활을 할 권리는 사회권적 기본권의 일종으로서 인간의 존엄에 상응하는 최소한의 물질적인 생활의 유지에 필요한 급부를 요구할 수 있는 권리를 의미하는데, 이러한 권리는 국가가 재정형편 등 여러 가지 상황들을 종합적으로 감안하여 법률을 통하여 구체화할 때에 비로소 인정되는 법률적 권리라고 할 것이다(헌재 2000. 6. 1. 98헌마216).

③ 사회보장기본법 제10조 제2항

④ 사회보장기본법 제12조

17 공물에 대한 설명으로 옳지 않은 것은?

① 국유하천 부지는 별도의 공용개시행위가 없더라도 자연의 상태 그대로 행정재산이 되며, 그 후 본래의 용도에 공여되지 않는 상태에 놓여 있다면 국유재산법령에 의한 용도폐지를 하지 않더라도 일반재산이 된다.

② 하천관리청이 아닌 행정기관이 하천공사허가를 받아 시행한 하천공사로 인하여 손실을 받은 자는 「하천법」상 보상규정을 유추적용하여 손실보상을 청구할 권리가 있다.

③ 공물의 공용폐지에 관하여 국가의 묵시적 의사표시가 있다고 인정되려면 사실상 본래의 용도에 사용되지 않는다거나 행정주체가 점유를 상실하였다는 정도의 사정만으로 부족하고, 주위의 사정을 종합하여 객관적으로 공용폐지의 의사가 추단되어야 한다.

④ 국유재산에 대한 취득시효가 완성되기 위해서는 그 국유재산이 취득시효기간 동안 계속하여 행정재산이 아닌 시효취득의 대상이 될 수 있는 일반재산이어야 한다.

ADVICE ① 국유 하천부지는 자연의 상태 그대로 공공용에 제공될 수 있는 실체를 갖추고 있는 이른바 자연공물로서 별도의 공용개시행위가 없더라도 행정재산이 되고 그 후 본래의 용도에 공여되지 않는 상태에 놓여 있더라도 국유재산법령에 의한 용도폐지를 하지 않은 이상 당연히 잡종재산(일반재산)으로 된다고는 할 수 없으며, 농로나 구거와 같은 이른바 인공적 공공용 재산은 법령에 의하여 지정되거나 행정처분으로 공공용으로 사용하기로 결정한 경우, 또는 행정재산으로 실제 사용하는 경우의 어느 하나에 해당하면 행정재산이 된다(대판 2007. 6. 1. 2005도7523).

③ 대판 2009. 12. 10. 2006다87538

ANSWER 14.② 15.④ 16.② 17.①

18 「국가재정법」에 대한 설명으로 옳지 않은 것은?

① 정부는 매년 해당 회계연도부터 5회계연도 이상의 기간에 대한 재정운용계획을 수립하여 회계연도 개시 120일 전까지 국회에 제출하여야 한다.

② 기획재정부장관은 재정운용에 대한 의견수렴을 위하여 각 중앙관서와 지방자치단체의 공무원 및 민간 전문가 등으로 구성된 재정정책자문회의를 운영하여야 한다.

③ 정부는 여성과 남성이 동등하게 기금의 수혜를 받고 기금이 성차별을 개선하는 방향으로 집행되었는지를 평가하는 성인지 기금결산서를 작성하여야 하며, 성인지 기금결산서에는 집행실적, 성평등 효과분석 및 평가 등을 포함하여야 한다.

④ 자산운용위원회의 위원장은 기금관리주체의 장이 기금의 여건 등을 고려하여 공무원을 제외하고 해당 기금관리주체 및 수탁기관의 임·직원 중에서 선임한다.

ADVICE ④ 자산운용위원회의 위원장은 기금관리주체의 장이 기금의 여건 등을 고려하여 해당 기금관리주체 및 수탁기관의 임·직원 또는 공무원 중에서 선임한다(국가재정법 제76조 제3항).

① 국가재정법 제7조 제1항

② 국가재정법 제10조 제1항

③ 국가재정법 제57조 제1항

19 다음 사례에 대한 설명으로 옳지 않은 것은?

> 甲은 폐기물처리업을 경영하기 위하여 폐기물처리업 사업계획서를 제출하여 관할 도지사 乙로부터 사업계획 적합통보를 받았다. 그 후 甲은 폐기물처리시설의 설치가 허용되지 않는 용도지역을 허용되는 용도지역으로 변경하기 위하여 「국토의 계획 및 이용에 관한 법률」에 따라 乙에게 국토이용계획변경신청을 하였으나, 乙은 위 신청을 거부하였다.

① 만약 乙이 甲에게 사업계획 부적합통보를 하였다면 이는 항고소송의 대상이 되는 행정처분에 해당한다.

② 폐기물처리업 사업계획에 대한 적합통보와 국토이용계획변경은 각기 그 제도적 취지와 결정단계에서 고려해야 할 사항들이 다르다.

③ 乙이 폐기물처리업 사업계획에 대하여 적합통보를 한 것은 그 사업부지 토지에 대한 국토이용계획변경신청을 승인하여 주겠다는 취지의 공적인 견해표명을 한 것으로 볼 수 있다.

④ 甲이 국토이용계획변경신청의 승인을 받을 것으로 신뢰하였더라도 乙의 거부처분이 신뢰보호의 원칙에 위배된다고 할 수 없다.

ADVICS ③④폐기물관리법령에 의한 폐기물처리업 사업계획에 대한 적정통보와 국토이용관리법령에 의한 국토이용계획변경은 각기 그 제도적 취지와 결정단계에서 고려해야 할 사항들이 다르므로, 피고가 위와 같이 폐기물처리업 사업계획에 대하여 적정통보를 한 것만으로 그 사업부지 토지에 대한 국토이용계획변경신청을 승인하여 주겠다는 취지의 공적인 견해표명을 한 것으로 볼 수 없고, 그럼에도 불구하고 원고가 그 승인을 받을 것으로 신뢰하였다면 원고에게 귀책사유가 있다 할 것이므로, 이 사건 처분이 신뢰보호의 원칙에 위배된다고 할 수 없다(대판 2005. 4. 28. 2004두8828).

20 판례의 입장으로 옳지 않은 것은?

① 「도로교통법」상의 통고처분은 처분을 받은 당사자의 임의의 승복을 발효요건으로 하고 있으며, 행정공무원에 의하여 발하여지는 것이지만, 통고처분에 따르지 않고자 하는 당사자에게는 정식재판의 절차가 보장되어 있다.

② 행정처분의 집행정지를 구하는 신청사건에서는 행정처분 자체의 적법 여부는 원칙적으로 판단의 대상이 아니나, 집행정지사건 자체에 의하여도 신청인의 본안청구가 이유 없음이 명백할 때에는 행정처분의 집행정지를 명할 수 없다.

③ 「국가배상법」상의 '공공의 영조물'은 일반공중의 자유로운 사용에 직접적으로 제공되는 공공용물에 한하고, 행정주체 자신의 사용에 제공되는 공용물은 포함하지 않는다.

④ 행정처분에 그 효력기간이 정하여져 있는 경우, 그 처분의 효력 또는 집행이 정지된 바 없다면 위 기간의 경과로 그 행정처분의 효력은 상실되므로 그 기간 경과 후에는 그 처분이 외형상 잔존함으로 인하여 어떠한 법률상 이익이 침해되고 있다고 볼 만한 별다른 사정이 없는 한 그 처분의 취소를 구할 법률상 이익이 없다.

ADVICS ③ 국가배상법 제5조 제1항 소정의 "공공의 영조물"이라 함은 국가 또는 지방자치단체에 의하여 특정 공공의 목적에 공여된 유체물 내지 물적 설비를 지칭하며, 특정 공공의 목적에 공여된 물이라 함은 일반공중의 자유로운 사용에 직접적으로 제공되는 공공용물에 한하지 아니하고, 행정주체 자신의 사용에 제공되는 공용물도 포함하며 국가 또는 지방자치단체가 소유권, 임차권 그밖의 권한에 기하여 관리하고 있는 경우뿐만 아니라 사실상의 관리를 하고 있는 경우도 포함한다(대판 1995. 1. 24. 94다45302).

ANSWER 18.④ 19.③ 20.③

서원각 용어사전 시리즈
상식은 "용어사전"
용어사전으로 중요한 용어만 한눈에 보자
중요한 용어만 공부하자!
시사용어사전 1200
매일 접하는 각종 기사와 정보 속에서 현대인이 놓치기 쉬운, 그러나 꼭 알아야 할 최신 시사상식을 쏙쏙 뽑아 이해하기 쉽도록 정리했다!
경제용어사전 1030
주요 경제용어는 거의 다 실었다! 경제가 쉬워지는 책, 경제용어사전!
부동산용어사전 1300
부동산에 대한 이해를 높이고 부동산의 개발과 활용, 투자 및 부동산 용어 학습에도 적극적으로 이용할 수 있는 부동산용어사전!
· 최신 관련 기사 수록
· 다양한 용어를 수록하여 1000개 이상의 용어 한눈에 파악
· 용어별 중요도 표시 및 꼼꼼한 용어 설명
· 파트별 TEST를 통해 실력점검
가볍게! 빠르게! 한눈에 보는 중요 용어
시사 용어사전 1200
부동산 용어사전 1300
경제 용어사전 1030
SEOWONGAK (주)서원각